WERNER PEEK

GRIECHISCHE
GRABGEDICHTE

# GRIECHISCHE GRABGEDICHTE

GRIECHISCH UND DEUTSCH

VON

WERNER PEEK

1960

WISSENSCHAFTLICHE BUCHGESELLSCHAFT
DARMSTADT

Der Verkauf dieses Buches im Buchhandel ist nicht gestattet

Lizenzausgabe
des Akademie-Verlages GmbH, Berlin
Das Werk erschien gleichzeitig in den
„Schriften und Quellen der alten Welt"
herausgegeben
von der Sektion für Altertumswissenschaft
bei der Deutschen Akademie der Wissenschaften
zu Berlin

Copyright 1960 by Akademie-Verlag GmbH, Berlin
Alle Rechte vorbehalten
Druck: IV/2/14 · VEB Werkdruck Gräfenhainichen · 1043
202 · 100/73/60
Printed in Germany

Grabpfeiler des Arniadas. Korkyra. (Nr. 27).

Die Inschrift ist abwechselnd von unten nach oben und von oben nach unten zu lesen. Die altkorinthische Schrift hat Sonderformen für die Buchstaben σ (ς), ε (η), ι, β, λ, 9, h. In Z. 4 (V. 3) steht irrtümlich ἀριστεύτοντα statt ἀριστεύοντα auf dem Stein.

MEINER UNVERGESSLICHEN MUTTER

ἥ μ' ἔτεκεν καὶ πάντα φιλεῖν ἐδίδαξε τὰ καλά,
τήνδ' ὀλίγην τόσσων ἀντιτίθημι χάριν,
βιβλίον ἔμπλειον μὲν ἄχους προτέρων ποτ' ἐόντων,
σοὶ δέ, φίλη μῆτερ, μνημόσυνον φιλίας.

# INHALT

| | |
|---|---|
| Vorwort | IX |
| Einführung | 1 |
| Abkürzungen | 43 |
| Kritische Zeichen | 45 |

### A. Staatsgräber

| | |
|---|---|
| I. Polyandria (5.—3. Jh. v. Chr.) | 46 |
| II. Ehrengräber für einzelne Tote (6.—1. Jh. v. Chr.) | 54 |

### B. Private Denkmäler

| | |
|---|---|
| I. Von den Anfängen bis zu den Perserkriegen | 58 |
| II. Von den Perserkriegen bis zum Tode Alexanders des Großen | 68 |
|    1. Einzeldisticha | 68 |
|    2. Zwei und mehr Disticha | 74 |
|    3. Hexameter und Pentameter unregelmäßig wechselnd und andere Mischformen | 82 |
|    4. Hexameter | 84 |
| III. Vom Tode Alexanders des Großen bis zum Fall von Alexandreia | 88 |
|    1. Einzeldisticha | 88 |
|    2. Zwei und mehr Disticha | 92 |
|       a) Vorstellung des Toten | 92 |
|       b) Bericht über den Toten | 98 |
|       c) Erzählung vom Toten | 110 |
|       d) Besondere Formen der Anrede | 118 |
|          α) An den Betrachter gerichtete Aufforderung | 118 |
|          β) An den Toten gerichtete Rede | 126 |
|          γ) Andere Anreden | 138 |
|       e) Verschiedenes | 140 |
|    3. Hexameter | 144 |
|    4. Verbindung von Hexameter und Iambos und andere Mischformen | 144 |
|    5. Iamben und Trochäen | 148 |

## Inhalt

- IV. Vom Fall Alexandreias bis zum Ausgang der Antike . . . . . . . . . . 152
  - 1. Einzeldisticha . . . . . . . . . . . . . . . . . . . . . . . . 152
  - 2. Zwei und mehr Disticha . . . . . . . . . . . . . . . . . . . 162
    - a) Vorstellung des Toten . . . . . . . . . . . . . . . . . 162
    - b) Bericht über den Toten . . . . . . . . . . . . . . . . 176
    - c) Erzählung vom Toten . . . . . . . . . . . . . . . . . 184
    - d) Besondere Formen der Anrede . . . . . . . . . . . . . 188
      - α) An den Betrachter gerichtete Aufforderung . . . . . . . . 188
      - β) An den Toten gerichtete Rede . . . . . . . . . . . . 192
      - γ) Andere Anreden . . . . . . . . . . . . . . . . . . 202
    - e) Verschiedenes . . . . . . . . . . . . . . . . . . . . 206
  - 3. Ein oder zwei Hexameter . . . . . . . . . . . . . . . . . . 212
  - 4. Drei und mehr Hexameter . . . . . . . . . . . . . . . . . . 214
    - a) Vorstellung des Toten . . . . . . . . . . . . . . . . . 214
    - b) Bericht (Erzählung) vom Toten . . . . . . . . . . . . . 220
    - c) Besondere Formen der Anrede . . . . . . . . . . . . . 226
  - 5. Iambische Ein- und Zweizeiler . . . . . . . . . . . . . . . . 230
  - 6. Drei und mehr iambische Trimeter . . . . . . . . . . . . . . 232
    - a) Vorstellung des Toten . . . . . . . . . . . . . . . . . 232
    - b) Bericht (Erzählung) vom Toten . . . . . . . . . . . . . 236
  - 7. Trochäen und andere Metra . . . . . . . . . . . . . . . . . 240

- V. Sondergruppen . . . . . . . . . . . . . . . . . . . . . . . . . . 242
  - 1. Dialog-Gedichte . . . . . . . . . . . . . . . . . . . . . . . 242
  - 2. Ergänzungs- und Parallel-Gedichte . . . . . . . . . . . . . . 256
  - 3. Auf dem gleichen Stein vereinigte Gedichte für mehrere Tote . . . 280

- VI. Beigaben . . . . . . . . . . . . . . . . . . . . . . . . . . . . 286
  - 1. Grabgedichte auf Tiere . . . . . . . . . . . . . . . . . . . 286
  - 2. Wünsche — Lebensregeln — Warnungen . . . . . . . . . . . 288

Erläuterungen . . . . . . . . . . . . . . . . . . . . . . . . . . . . 292

Anhang: Metrische Übertragungen . . . . . . . . . . . . . . . . . . 327

Register . . . . . . . . . . . . . . . . . . . . . . . . . . . . . . 354
  - 1. Verzeichnis der Gedichtanfänge . . . . . . . . . . . . . . . . 354
  - 2. Verzeichnis der Eigennamen . . . . . . . . . . . . . . . . . 359
    - a) Die Toten und ihre Angehörigen. Verfasser von Epigrammen . . 359
    - b) Gottheiten. Heroen. Philosophen. Dichter . . . . . . . . . . 366
    - c) Geographische Namen (Ethnika. Demotika) . . . . . . . . . 368
  - 3. Sach- und Motivregister . . . . . . . . . . . . . . . . . . . 369
  - 4. Vergleichende Übersicht: GV — Griechische Grabgedichte . . . . . 377
  - 5. In den GV nicht enthaltene Gedichte . . . . . . . . . . . . . 379
  - 6. Abweichungen vom Text der GV . . . . . . . . . . . . . . . 379

# VORWORT

Seit dem Erscheinen des ersten Bandes der ,,Griechischen Vers-Inschriften" ist dies Buch oft von mir gefordert worden. Daß es jenem erst in einem Abstand von fünf Jahren nachfolgt, bedauert niemand so sehr wie sein Verfasser. Es genüge zu sagen, daß diese wenigen Bogen ihre Entstehung kärglich zugemessenen Mußestunden verdanken und die Ausarbeitung so oft auf längere Zeit unterbrochen werden mußte, daß er für Gleichmäßigkeit weder in den Übersetzungen noch im Kommentar einstehen möchte. Habet suum fatum libellus.

Über Anlage, Auswahl, Text, Übersetzung, Erläuterungen werden nur wenige Worte nötig sein. Von den mehr als 2000 Epigrammen der GV ist hier nur knapp ein Viertel wieder abgedruckt; insofern freilich in veränderter Gestalt, als ich mich den in jenem Werk bekämpften Gepflogenheiten heutiger Ausgaben in diesem für weitere Kreise bestimmten Auswahlband (nicht ganz ohne Widerstreben) angepaßt habe: die Pentameter sind eingerückt und auch archaische Gedichte in die modernen Lesern geläufige Orthographie umgeschrieben worden (nur Digamma habe ich auch diesmal nicht eliminieren mögen). Das Normalisieren erstreckt sich auch auf die Beseitigung von Itazismen (häufig ει für ῑ) und Schreibungen aller Art, die im Sinne der Schulgrammatik als Fehler gelten müßten: Aspirata statt Tenuis und umgekehrt (oft δεχέτης für δεκέτης und οὐκ für οὐχ, dagegen ist hellenistisches οὐθείς nicht angetastet worden), Unterlassung der Gemination von Konsonanten, Verwechslung von Diphthongen, Ersetzung von ε durch αι; hingegen nicht auf Scriptio plena in Fällen wie ἐτέλεσσε(ν) ἐνιαυτούς für ἐτέλεσσ' ἐνιαυτούς.

Auch die Gliederung ist mit Rücksicht auf die hier erwarteten Leser verändert worden; dergestalt, daß die in den GV zugrundegelegte Typologie nun erst als drittes Ordnungsprinzip auftritt (auch dies erst von B III an), die zeitliche Abfolge an die erste Stelle, die dort kaum berücksichtigte Aufteilung nach Metra an die zweite gerückt ist. Die Vorteile des neuen Systems sind so offenkundig, daß es einer Begründung nicht erst bedürfen wird. – Aus der Fülle des Materials das für die einzelnen Zeitabschnitte wirklich Charakteristische herauszufinden und danach die Auswahl zu bemessen, war weder eine leichte noch auch immer eine erfreuliche Aufgabe; viele Texte, die nur das Weiterleben alter Formen und Gedanken hätten illustrieren können, durften zwar von vornherein außer Betracht bleiben, natürlich auch alles Mißlungene, Minderwertige oder Fragmentarische, aber es haben doch auch solche Stücke geopfert werden müssen, deren Fehlen aus sachlichen, literarischen oder religionsgeschichtlichen Gründen schmerzlich empfunden werden wird. Ich hoffe, daß es gelungen ist, trotzdem noch so viel zu erhalten, daß nicht nur der Freund griechischer Dichtung ein zuverlässiges Bild von der Entwicklung dieser eigenartigen Kleinkunst erhält, sondern etwa auch Kulturhistoriker, Theologen und selbst angehende Philologen das Buch mit Nutzen zur Hand nehmen können.

Zur Textgestaltung wäre dem bereits oben vorweg Bemerkten nur hinzuzufügen, daß auf epigraphische Akribie in allen Fällen verzichtet worden ist, in denen der Herausgeber eine Ergänzung mit gutem Gewissen für (salvavi animam meam: so gut wie) sicher halten durfte. Die Beigabe eines kritischen Apparats hätte das optische Mißverhältnis zwischen Text und Übersetzung nur noch vergrößert; sie erübrigte sich aber auch schon deswegen, weil irgendwie problematische Texte gar nicht erst aufgenommen worden sind (der philologische Benutzer wird ohnehin auf die GV zurückgreifen, wenn er ein Epigramm für seine Zwecke behandeln will). Zu jedem Gedicht sind auch jeweils nur die den GV vorausgehende maßgebliche Publikation und jene selbst angeführt; wer weitere Literatur sucht, wird sie (in Auswahl) dort verzeichnet finden. – Zwölf in den GV nicht enthaltene Texte sind neu hinzugekommen, darunter auch Inedita (ihr Verzeichnis findet man auf S. 379). Bei einigen der aus den GV übernommenen Epigramme hat die Lesung verbessert oder vervollständigt werden können, weil ich in der Zwischenzeit Gelegenheit hatte, die Steine selbst zu vergleichen; auch sonst wird man hier und da Abweichungen von der früher gedruckten Fassung bemerken (über all diese Veränderungen vgl. die Zusammenstellung S. 379).

Man glaube nicht, daß die Übersetzungen für den Philologen der Mühe geringster Teil gewesen seien. Sie sind das Stück der Gesamtaufgabe, an das er nächst der Auswahl nicht nur die meiste Zeit gewendet hat, sondern dessen Bewältigung ihn selber am wenigsten zufriedenstellt. Er befand sich sozusagen vom ersten Wort an in ständigem und oft ausweglosem Dilemma zwischen den Anforderungen der Treue gegenüber dem Original, den Erfordernissen der Lesbarkeit und Verständlichkeit des deutschen Wortlauts und der nicht minder gebieterischen Notwendigkeit, auch in der deutschen Wiedergabe eine Höhenlage einzuhalten, die der des Griechischen zwar von vornherein nicht gleichkommen konnte (denn er übersetzte ja in Prosa), die aber doch auch nicht einen Augenblick vergessen machen durfte, daß das, was da übertragen wurde, eben nicht gewöhnliche Alltagsrede war (oder genauer gesagt: weder dieses noch eigentlich Dichtung, wenigstens nicht in der frühen Zeit). Aus dem unbefriedigenden Gefühl, diesen Ansprüchen nur zu oft nicht genügt zu haben, habe ich schließlich das heikle Wagnis auf mich genommen, wenigstens die schönsten (oder doch gelungensten) dieser Kleinmeisterstücke auch im Deutschen in Verse zu übertragen, nicht ohne nun auch hier wieder neuen und im Grunde gar nicht lösbaren Aporien gegenüberzustehen, von denen jeder weiß, der sich je an ähnlichen Aufgaben versucht hat, und über die auch bereits so viel geschrieben worden ist, daß ich gern der Versuchung widerstehe, die Grundsätze darzulegen, denen ich in der Praxis gefolgt bin. Ob sie annehmbar sind, kann im letzten auch nur wieder die Praxis erweisen. Aber ich darf wohl auch versichern, daß ich die Aufgabe nicht leicht genommen habe und daß unter den Versuchen, die schließlich der Mitteilung für wert befunden worden sind, nicht einer ist, der nicht zu wiederholten Malen umgeformt und immer wieder neu durchprobiert worden wäre. Prosodische Freiheiten wie die Zulassung von ungewichtigen Silben in der Thesis spondeisch gebauter Füße waren freilich so wenig immer zu vermeiden wie die Häufung von Einsilbern oder das Fehlen von wirklich ins Ohr fallenden Zäsuren an den Hauptruhepunkten des Verses. In hoher Poesie mit Recht verpönt, wird dergleichen in einem Genos erträglich erscheinen, das solche Höhenlage meistens weder erreicht noch überhaupt anstrebt. Bei den Eigennamen, einem oft mit normalen Mitteln gar nicht zu bewältigenden Problem, deutet ein Punkt unter der zu betonenden Silbe an, wie gelesen werden soll; daß sie gelegentlich leicht abgeändert worden sind, wird man hoffentlich nicht als Pietätlosigkeit schelten, zumal meistens nur Vollnamen in Kurznamen verwandelt sind, der Tote also so benannt worden ist, wie er im Leben wirklich gerufen wurde. Darf ich auf nachsichtige Duldung rechnen?

Die Erläuterungen gehen über das hinaus, was in den Ausgaben dieser Reihe üblich ist. Größere Ausführlichkeit war schon deswegen geboten, weil die sachlichen Voraussetzungen dieser Epigramme für den nichtphilologischen Leser keineswegs immer ganz durchsichtig sind; dann aber auch darum, weil es hier nicht allein auf die Sachen und den „Inhalt" ankommt, sondern sehr wesentlich auch auf Form und Gehalt, und das sind Dinge, die sich auch bei aufmerksamem Lesen oft nicht gleich erschließen, sondern zu deren Würdigung der Benutzer der Führung oder doch eines Hinweises bedarf, besonders für die Frühzeit (zur Ergänzung sei gleich hier auf die Interpretationen der „Einführung" aufmerksam gemacht). – Was darüber hinaus im ganzen über Entstehung, Entwicklung, Sinn und Form der griechischen Grabgedichte zu sagen war bzw. sich zur Zeit sagen läßt (eine wirklich erschöpfende wissenschaftliche Darstellung steht noch aus), versucht die Einführung zusammenzufassen. Sie gibt im wesentlichen die Gedanken eines Vortrags wieder, den ich in früheren Jahren an verschiedenen Universitäten unseres gemeinsamen Vaterlandes gehalten habe und den ich dort unter das von J. Geffcken übernommene Thema „Stimmen der Griechen am Grabe" gestellt hatte. Abgesehen von Veränderungen, welche die Schriftlichkeit erzwang, sind nur die Einleitung und das letzte Kapitel für den neuen Zweck neu geschrieben worden; doch ist natürlich im Druck mancherlei zu Worte gekommen, was im Vortrag keinen Platz hatte, so sind namentlich auch die Interpretationen gegenüber dem alten Bestand stark vermehrt worden, wobei freilich Überschneidungen mit dem Kommentar nicht ganz zu vermeiden waren (der Leser wird gut tun, immer beides heranzuziehen, und wird sich dann hoffentlich auch durch gelegentliche Unstimmigkeiten nicht stören lassen: ich habe schon deswegen nicht immer ausgeglichen, damit man sehe, wie auch der „Spezialist" in schwierigen Fragen durchaus nicht jedesmal eine Patentlösung in Bereitschaft hält). Der Vortragscharakter ist nur insofern erhalten geblieben, als auch hier, wenigstens im ersten Teil, die Hauptstücke selber zu Worte kommen, darunter auch solche, deren Text in der Auswahl selbst nicht enthalten ist (er ist in Fußnoten beigefügt); und natürlich konnte das nur in metrischen Übertragungen geschehen, so daß nun hier deren mehr oder andere stehen als im „Anhang" (einige wurden dafür dort wieder gestrichen, nur die wirklich wesentlichen Gedichte sind stehengeblieben, damit man sie auch ohne Beiwerk lesen kann). Zur Abrundung und Ergänzung des hier skizzierten Bildes sei der Leser ausdrücklich auf die am Schluß angeführten Abhandlungen sowie auf P. Friedländers „Epigrammata" verwiesen, denen sich der Verfasser in der Gesamtauffassung wie in Einzelheiten vielfach verpflichtet fühlt.

Einem Buch, das zum Lesen und nicht zum Nachschlagen bestimmt ist, Register beizugeben, habe ich nur widerstrebend auf mich genommen, und ohne Kompromisse zwischen den Bedürfnissen des gebildeten Lesers und den Forderungen des wissenschaftlichen Benutzers ist es beim Verzetteln nicht abgegangen. Immerhin wird das Sach- und Motivregister wenigstens dazu helfen, sachlich oder inhaltlich Zusammengehöriges leichter zu überschauen, und den Kommentar nach dieser Seite ergänzen; wie es denn auch dem Philologen bis zum Erscheinen der ausführlichen Regesten der GV von einigem Nutzen sein mag (für ihn im besonderen ist das angehängte Verzeichnis der wichtigsten griechischen Termini und das der Eigennamen bestimmt). Aber natürlich konnte es sich von vornherein wieder nur um eine Auswahl handeln und mußte das Allgemeine vor dem Besonderen überall den Vorrang haben.

Die Vorlagen für das Umschlagbild und die Tafel hat das Deutsche Archäologische Institut in Athen freundlichst zur Verfügung gestellt. Mehr Abbildungen beizugeben war verlockend, erschien aber im Rahmen dieser Schriftenreihe weder nötig noch eigentlich zweckdienlich.

Die Langmut des Verlages wie die Geduld meiner Betreuer, deren selbstlose Hilfe und gewissenhafte Kritik dem Einzelnen wie dem Ganzen zugute gekommen ist, habe ich auch diesmal auf eine harte Probe stellen müssen, zumal größere Teile des Manuskriptes bei Beginn des Druckes noch nicht einmal abgeschlossen vorlagen. So ist es nur billig, daß ich für verständnisvolles Entgegenkommen und willige Unterstützung in mancherlei Schwierigkeiten auch an dieser Stelle herzlich danke.

Dieses Buch ist eine Frucht der Muße. Möchte es Leser haben, die sich für einige Stunden der besinnlichen Betrachtung überlassen mögen, zu der es den Empfänglichen aufruft; und möchten sie dann mit dem Herausgeber darin übereinstimmen, daß die an diese Gedichte gewendete Zeit ein Otium cum dignitate gewesen ist.

Halle (Saale), im Oktober 1959

*Werner Peek*

# EINFÜHRUNG

Das Epigramm ist wie Tragödie und Komödie, Lyrik und Chorpoesie eine Urschöpfung des griechischen Genius. Und wird man bei jenen Dichtungsarten gern anerkennen, daß sie unabhängig auch bei anderen Völkern entstanden und zu hoher Blüte gelangt sind, so steht beim Epigramm wohl fest, daß genau Entsprechendes anderen Ortes nicht hervorgebracht worden ist. Alle modernen Epigramme jedenfalls sind in Anlehnung an griechische, meist durch die Römer vermittelte Vorbilder geformt worden, bei uns seit Opitz, Logau, Lessing und Goethe, mögen sie nun die griechische Bezeichnung übernehmen, oder als „Sinngedichte" vor den Leser treten. Es muß somit wohl eine gerade den Griechen eigentümliche Anlage im Spiel gewesen sein, daß die Musen ihren Lieblingskindern dies Geschenk vor allen anderen vorbehalten haben. Und es stellt sich damit von selbst die Frage, was denn nun eigentlich das besondere Wesen des griechischen Epigramms ausmache, welche Momente bei seiner Entstehung wirksam gewesen sein möchten, wie es zu Blüte und Reife gediehen sei.

Nach ersten unzulänglichen Versuchen einer Begriffsbestimmung des Epigramms im ausgehenden Altertum selbst und in der Renaissance gebührt das Verdienst, die Frage nach seinem Wesen energisch aufgegriffen zu haben, einem deutschen Dichter und Kunstkritiker. Gotthold Ephraim Lessing geht in den 1771 erschienenen „Zerstreuten Anmerkungen über das Epigramm und einige der vornehmsten Epigrammatisten"[1] von folgender Fragestellung aus: Wie kommt es, daß wir für ein „Sinngedicht" des römischen Dichters Martial aus der zweiten Hälfte des 1. Jahrhunderts n. Chr. ganz ebenso den Ausdruck Epigramm verwenden wie für „die einfältige Anzeige" eines beliebigen Denkmals, z. B. den iambischen Trimeter, der auf einer angeblich auf dem Isthmos von Korinth von dem mythischen König Theseus errichteten Grenzsäule gestanden haben soll: „Dies ist der Peloponnes nicht, ist Ionien"[2]? Und er abstrahiert: Ein Monument ist „ein sinnlicher Gegenstand, welcher unsere Neugierde reizt", ihrer Befriedigung dient die Aufschrift, die metrische ebensowohl wie die prosaische. Das Epi-

---

[1] Vermischte Schriften, 1. Teil (Sämtliche Schriften, hrsg. von K. Lachmann, 3. Aufl. von F. Muncker, 11. Bd., Stuttgart 1895, 214 ff.).

[2] τάδ' οὐχὶ Πελοπόννησος, ἀλλ' 'Ιωνία (Plutarch, Theseus 25, 4; Strabon 3, 171; 9, 392). Die Inschrift der Gegenseite soll gelautet haben: τάδ' ἐστὶ Πελοπόννησος, οὐκ 'Ιωνία („Dies ist der Peloponnes, ist nicht Ionien"). Denkmal und Aufschrift sind eine spätere Fälschung, vielleicht noch des 5. Jahrhunderts v. Chr. (Wilamowitz, Hermes 9, 1875, 323).

gramm als Aufschrift eines Denkmals enthält somit zwei notwendige Komponenten, „Erwartung" und „Aufschluß". In ganz entsprechender Weise sei das „Sinngedicht" eine Form der Aussage, in welcher „nach Art der eigentlichen Aufschrift unsere Aufmerksamkeit und Neugierde auf irgend einen einzeln Gegenstand erregt und mehr oder weniger hingehalten werden, um sie mit eins zu befriedigen". Man wird unschwer erkennen, daß dies eine rein begriffsmäßige Konstruktion ist, wie da Anfang und Ende einer Entwicklung zusammengezwungen werden. Die geschichtliche Frage, wieso denn aus der „einfältigen Aufschrift" das scharf pointierte „Sinngedicht" geworden sei, wird damit nicht beantwortet, ja sie wird gar nicht einmal erst gestellt. Wie denn auch die andere und gewiß nicht unwichtige Frage ganz aus dem Spiele bleibt: was denn nun Epigramm und Sinngedicht eigentlich zum Kunstwerk mache. Beginn und Endpunkt einer Jahrhunderte umspannenden Entwicklung sind richtig gesehen, aber durch eine künstliche, rationalistische Sinndeutung gewaltsam einander angenähert, als ob ein einfaches frühes Epigramm und das raffiniert auf eine Pointe zugeführte „Sinngedicht" eines Martial nicht doch etwas sehr Verschiedenes wären.

Es steht nun aber überhaupt so: Diese ganze Theorie wird gar nicht entwickelt am eigentlichen griechischen Epigramm, sondern nach einem flüchtigen Blick auf die „Anfänge" der Epigrammatik (daß jene Inschrift vom Isthmos weder alt noch überhaupt echt ist, konnte Lessing noch nicht wissen) so gut wie ausschließlich an dem „Sinngedicht" des römischen Dichters Martial abgelesen, der wie für seine Vorgänger so auch für Lessing als der vollkommenste Typus des Epigrammatikers, ja als der Epigrammatiker schlechthin gilt. Es ist mit dem Epigramm gegangen wie mit der antiken bildenden Kunst: nicht die griechischen Originale haben zuerst zu reden begonnen, sondern die römischen Nach- und Umbildungen. Hinter Martial aber und seinen pointierten „Sinngedichten" stehen als unmittelbare Vorbilder die griechischen Epigramme der Zeit von Nero bis Hadrian, d. h. jene Poeten, die zum ersten Mal die Sonderart der Spottgedichte mit Vorliebe gepflegt haben; noch dem literarischen Epigramm des Hellenismus waren solche Vorwürfe so gut wie fremd gewesen. Entgangen ist dieser historische Befund freilich auch Lessing nicht. Er konnte die Augen nicht wohl davor verschließen, daß die in der sogenannten Anthologia Palatina[1] überlieferten Epigramme (andere kannte man damals kaum) ein wesentlich anderes Erscheinungsbild darboten als die Gedichte Martials. Aber auch der kritischste Geist seines Jahrhunderts stand so sehr unter dem Bann der festgewurzelten Anschauung vom Epigramm als einer pointisierenden Dichtungsart, daß auch er nun nicht den tatsächlichen Befund frei anerkannte, sondern auch hier den Ausweg in einer gewaltsamen, ja dialektischen Konstruktion suchte und zu finden meinte. Er erklärte: eben dies Überlieferungsbild sei trügerisch, indem die byzantinischen Sammler, denen wir die in der Anthologie erhaltenen Gedichte letztlich ver-

---

[1] Diese Heidelberger Handschrift enthält in der Hauptsache nur Epigramme der hellenistischen und der späteren Zeit, und zwar vorwiegend literarische Gedichte, nicht echte von den Steinen abgeschriebene Aufschriften.

danken, in der Hauptsache eben an anderen Abarten des Epigramms interessiert gewesen seien; in den von ihnen benutzten älteren Sammlungen habe das ihnen offenbar unsympathische und daher unterdrückte skoptische Element, Hohn, Spott und Angriffslust, sicher einmal eine ganz andere Rolle gespielt. Nun, wir wissen von der Geschichte der Anthologie und der des Epigramms überhaupt heute genug, daß wir diese Hypothese rundweg für falsch und undiskutabel erklären dürfen. Nicht willkürliche Auswahl bestimmt unser Bild von der griechischen Epigrammatik, sondern wir haben anzuerkennen, daß es das von Lessing postulierte Spottepigramm in der entscheidenden Zeit so wenig gegeben hat, wie überhaupt die „Pointe" für sein Wesen irgend maßgeblich gewesen ist, als es die Form entwickelte, die in ihm angelegt war von Anbeginn. Lessing hat seine Wesensbestimmung des Epigramms aus der Produktion einer Entwicklungsphase abgeleitet, aus der sich für die allein entscheidende Frage: was denn nun ein echtes griechisches Epigramm wirklich sei, nicht nur nichts gewinnen läßt, sondern die für ihre Beantwortung überhaupt nicht erst in Betracht gezogen werden darf.

Wenn so Lessing dem Epigramm weder als einem poetischen noch als einem geschichtlichen Phänomen irgend gerecht werden konnte, so hat ein anderer deutscher Kunstkritiker einen ganz entscheidenden Schritt auf das Richtige hin getan, Johann Gottfried Herder: zuerst in den 1785 veröffentlichten „Anmerkungen über die Anthologie der Griechen, besonders über das griechische Epigramm"[1], dann in Auseinandersetzung mit Lessing 1786 in den „Anmerkungen über das griechische Epigramm"[2]. Schon die Beschränkung auf das griechische Epigramm zeigt den Fortschritt: es geht hier wirklich um das alte Epigramm oder doch das der klassischen Zeit. In der ersten Abhandlung wird das Epigramm beschrieben als „die Exposition eines Bildes oder einer Empfindung über einen einzelnen Gegenstand, der dem Anschauenden interessant war und durch diese Darstellung [denn das meint „Exposition"] auch einem anderen, gleichgestimmten oder gleichgesinnten Wesen interessant werden soll". Herder erläutert: „Wenn ich die Vorstellung des Ganzen [gemeint ist: eines Kunstwerkes] in seinen Teilen verfolgt und alle Schönheiten der Teile in die Idee des Ganzen vereinigt habe: was ist der natürlichste Ausdruck meiner Empfindung, als eine Aufschrift, die dies schöne auf mich wirkende Ganze auch in Worten darstellt und etwa zugleich eine kleine Spur der Empfindung nachläßt, wie ich dasselbe genossen habe?"

In der zweiten Abhandlung kritisiert er Lessings Theorie vom Epigramm als einem Kompositum aus „Erwartung" und „Aufschluß" als zu farblos und flach und setzt dafür Begriffe, „die mehrere Empfindungen in sich fassen und eine tiefere Befriedigung nicht ausschließen", nämlich „Darstellung" (oder „Exposition") und „Befriedigung". Mit „Befriedigung" ist die poetische Wirkung der „Darstellung" gemeint. Denn Herder erläutert: „Das Denkmal selbst würde

---

[1] Zerstreute Blätter. Erste Sammlung, 2. Ausg. 1791 (Sämtliche Werke, hrsg. von B. Suphan, 15. Bd., Berlin 1888, 205ff.).
[2] Zerstreute Blätter. Zweite Sammlung, 2. Ausg. 1796 (a. O. 337ff.).

uns vorgeführt, es wirkte auf jede Empfindung, auf die es seiner Natur nach wirken könnte, bis es den Umfang derselben ausgefüllet hätte, und dies wäre das Ziel der Aufschrift." Das deutliche Bestreben, aus der Lessingschen Zweiteilung das gerade noch Vertretbare herauszuholen, hat allerdings zu keinem ganz überzeugenden Ergebnis geführt. Denn wir dürfen nicht zögern zu erklären: Diese ganze, immer noch begriffliche Zweiteilung muß fallen; Darstellung und Wirkung sind nun und nimmer zwei säuberlich zu scheidende, getrennte Teile eines Kunstwerks. Sie erscheint denn auch im weiteren Verlauf von Herders Darlegungen kaum noch, sondern das Epigramm wird abschließend so definiert: „Als Aufschrift betrachtet wird also das Epigramm nichts als die poetische Exposition eines gegenwärtigen oder als gegenwärtig gedachten Gegenstandes zu irgendeinem genommenen Ziel der Lehre oder der Empfindung."

Der immer wiederkehrende Begriff der „Exposition" oder „Darstellung" ist Herders neue und entscheidende Einsicht. Sie wird im zweiten Teil der Abhandlung, betitelt „Ursprung und erste Gestalt des Epigramms", nun fruchtbar gemacht für jene genetische Betrachtung, die wir bei Lessing vermißt hatten. Hier stehen die von aller Theorie befreienden, wirklich in das Wesen des alten Epigramms vorstoßenden Sätze: „Die ältesten poetischen Epigramme — — enthielten zuvörderst nur historische Umstände, die das Denkmal selbst in seiner stummen Sprache nicht sagen konnte. Bald aber ward die Poesie auch hier ihres Vorzugs inne. Indem sie den Gegenstand oder denjenigen, der ihn gesetzt hatte, nur mit einiger Empfindung nannte: so entstand unvermerkt hieraus eine schönere Exposition, die der Grund und gleichsam die Urform des griechischen Epigramms ist, ob sie gleich lange mit aller historischen Einfalt vorgetragen wurde. So sind die kleinen Epigramme, die man einer Sappho und Erinna — — oder dem Anakreon, Simonides und andern alten Epigrammatisten zuschreibt, meistens nichts als simple Expositionen der Gegenstände, die sie anzeigen. — — Dort sprechen Sachen statt der Worte; die Worte sind nur da, jene vorzuzeigen und mit dem Siegel einer stummen Empfindung, wie mit dem Finger der Andacht oder der Liebe zu bezeichnen." Wenn der Dichter „vom Leben oder der Anmut und Würde einer Person und Sache durchdrungen ist, was wird, was kann er tun, als uns diesen Gegenstand mit seiner Empfindung vorführen und — schweigen?"

Wir können hier innehalten und brauchen auf Herders weitere historische Darlegungen nicht mehr einzugehen, so viel Schönes und richtig Beobachtetes sie im einzelnen enthalten mögen[1]. Das Erstaunliche ist, daß hier aus tiefem Wissen um das Wesen echter Poesie dem Sammler der „Stimmen der Völker in Liedern" intuitiv Erkenntnisse aufgegangen sind, die auch heute noch Gültigkeit haben; und daß sie gewonnen worden sind aus einem Material, das uns, die wir nun wirklich echte Epigramme der griechischen Frühzeit in Fülle besitzen, ärmlich und unbedeutend, ja im Hinblick auf die Tragfähigkeit der aus ihnen abgeleiteten Erkenntnisse geradezu fragwürdig erscheinen will. Denn über das 5. Jahrhundert

---

[1] So die sehr fruchtbaren Begriffe der Einheit oder des „lichten Gesichtspunktes, aus dem der Gegenstand gesehen werden soll", „das Moment seiner Energie".

hinauf führte in Wahrheit keines der Beispiele, die Herder der Anthologie entnehmen konnte, und die wenigsten sind wirklich alte und für die Aufzeichnung auf Stein bestimmte Aufschriften; und doch hat Herder nicht nur ein Gedicht wie „Wanderer, kommst du nach Sparta..." durchaus zutreffend beurteilt, sondern hat hinter solcher „Poesie" auch die Vorstufen, die auf die einsame Höhe klassischer Vollendung führten, instinktiv richtig geahnt.

Aber wir müssen, da wir diese frühen Originale ja nun tatsächlich besitzen, die Frage nach Ursprung und Sinn und Wesen des alten griechischen Epigramms aus unserer Sicht und ausgerüstet mit all dem Handwerkszeug, das uns die Forschung der letzten hundert Jahre in die Hand gegeben hat – wir müssen diese Grundfragen trotz Herder noch einmal stellen; es wäre ja ein Wunder, wenn sich manches nicht heute doch etwas anders darstellte als vor zweihundert Jahren. Und es wird gerade um der Griechen willen gut sein, wenn wir dazu etwas weiter ausholen und unsern Blick über Griechenland hinaus auch auf die andersartige Umwelt richten.

Daß die Griechen der nachmykenischen Zeit ihr Alphabet von den Phoinikern entlehnt haben, ist ihre eigene Überzeugung gewesen und hat die Wissenschaft bestätigt. Mag es immer noch nicht gelungen sein, den Zeitpunkt dieser Übernahme genauer zu bestimmen, so herrscht doch darüber heute wohl Übereinstimmung, daß man unter das 9. Jahrhundert v. Chr. jedenfalls nicht herabgehen darf[1]. Spätestens aus der zweiten Hälfte des 8. Jahrhunderts stammen einige Vasenscherben mit eingeritzten Inschriften aus dem alten Zeusheiligtum auf dem Gipfel des Hymettos nordöstlich von Athen. Noch älter ist wahrscheinlich die berühmte Dipylon-Kanne aus Athen selbst, auf welcher der Vers eingraviert ist: „Wer nun von alle den Tänzern die lieblichste Anmut uns zeiget, | dem sei dieses zu eigen" (nämlich die Kanne, auf der die Inschrift steht)[2]. Gleich drei Verse stehen auf einem irdenen Trinkgefäß des späteren 8. Jahrhunderts, das erst vor wenigen Jahren auf der Insel Ischia im Golf von Neapel gefunden wurde, also schon auf griechischem Kolonialboden[3]. Die Datierung beruht in all

---

[1] Kurz und zuverlässig orientiert über die Probleme der Entstehung des griechischen Alphabets G. Klaffenbach, Griechische Epigraphik, Göttingen 1957 (Studienhefte zur Altertumswissenschaft 6), 28 ff.; dort weitere Literatur.

[2] ὃς νῦν ὀρχηστῶν πάντων ἀταλώτατα παίζει, | τοῦτο δεκᾶν μιν. Abbildung bei J. Kirchner, Imagines inscriptionum Atticarum, Berlin 1935, Taf. 1; dort auch einige der Scherben vom Hymettos.

[3] Atti della Accademia Nazionale dei Lincei, ser. 8, Rendiconti, Cl. di sc. morali, storiche e filologiche 10, 1955, 215 ff.:

Νέστορος ἦν τι εὔποτον ποτήριον.
ὃς δ' ἂν τοῦδε πίησι ποτηρίου, αὐτίκα κεῖνον
ἵμερος αἱρήσει καλλιστεφάνου Ἀφροδίτης.

Ein schönes Trinkgefäß gehörte Nestor einst.
Aber wer aus dem Becher hier trinkt, den wird ohne Säumen
Sehnsucht und Liebe ergreifen der Göttin im goldenen Stirnband.

(D. h. er wird die Macht der Liebesgöttin Aphrodite spüren.)

diesen Fällen nicht auf der Stilbestimmung der Schrift, sondern der des Schriftträgers bzw. sie ist aus den Fundumständen erschlossen. So kann es gut sein, daß wir auch beschriftete S t e i n e aus so früher Zeit schon besitzen. Wir sind nur einstweilen nicht imstande, sie allein vom Schriftcharakter her so früh zu datieren (andere Kriterien zur Zeitbestimmung fehlen bisher). Mit den Schriftdenkmälern auf Stein oder Bronze kommen wir über das ausgehende 7. Jahrhundert v. Chr. vorläufig nicht hinaus.

Auf der anderen Seite ist richtig beobachtet worden, daß die einfachen Formen der archaischen Weih- und Grabsteine ihre ziemlich genaue Entsprechung finden in sehr alten Inschriften aus Phoinikien[1]. Auf diesen lesen wir: „Denkmal, das X dem Gott X weihte", „Stele, welche X dem X errichtete"; die ältesten Belege reichen bis in das 11. Jahrhundert hinauf. Auf den griechischen Steinen steht: „X hat mich dem Gott X geweiht", „X hat dies Grabmal dem X errichtet". Es ist also durchaus wahrscheinlich, daß die Griechen mit dem phoinikischen Alphabet auch die besondere Form seiner Anwendung übernommen haben; daß sie mithin wirklich, sagen wir seit dem 9. Jahrhundert, den Brauch übten, ihre Weihgeschenke und ihre Gräber mit solchen kurzen, der sachlichen Unterrichtung des Lesers dienenden Aufschriften zu versehen. Wenn wir solche Abhängigkeit zugeben, so schmälern wir damit die Eigenständigkeit der Griechen so wenig, wie wir es tun, wenn wir die Möglichkeit in Rechnung stellen, daß auch Tempelbau und Säule, Relief, Stele und Rundplastik vielleicht nicht durchaus originale griechische „Erfindungen" sind, sondern ebenfalls ihre Wurzeln im weiter entwickelten Stadtkulturkreis des Orients gehabt haben können. Im Gegenteil: Wie auf so manchem andern Gebiet noch in späterer Zeit, so haben die Griechen auch hier die äußere Anregung nur aufgenommen, um sie anverwandelt und umgewandelt sich so zu eigen zu machen, daß in Wahrheit ein ganz Neues daraus geworden ist, etwas unverkennbar Griechisches, eine Leistung des griechischen Genius. Denn: soweit wir zu sehen vermögen, hat kein Phoiniker daran gedacht, einem solchen Schriftdenkmal je gebundene Form zu geben, oder auch nur den Versuch einer Stilisierung der prosaischen Aufschrift unternommen: in eintöniger Folge breiten sich da die immer wiederholten stereotypen Formeln vor unserm Auge aus. Im Griechischen dagegen ist mindestens seit dem beginnenden 6. Jahrhundert v. Chr. rhythmische Rede und Erhöhung des Ausdrucks, eben das Epigramm, fast die Regel; die wenigen prosaischen Inschriften auf Weih- und Grabdenkmälern werden seit dieser Zeit geradezu erdrückt von der Menge der in Hexametern und Iamben und bald auch in Distichen abgefaßten Texte. Was sich in solchem Befunde ausdrückt, wie die Griechen dazu gekommen sind, ihre Denkmäler im Verse sprechen zu lassen, das können wir erst fragen, wenn wir die Zeugnisse selbst verhört haben. Wir werden dabei zweckmäßigerweise mit dem Einfachsten beginnen, wollen uns nur darüber klar sein, daß die Gleichsetzung von „einfach" und „ursprünglich" bzw. „alt" hier wie sonst mehr ein Postulat ent-

---

[1] P. Friedländer, Epigrammata, Berkeley u. Los Angeles 1948, 7 Anm. 1 mit Berufung auf den Orientalisten W. F. Albright.

wicklungsgeschichtlich orientierter „Logik" ist als eine unmittelbar beweisbare Tatsache. Immerhin überwiegen Kürze und Schlichtheit in den frühesten Beispielen doch so sehr, daß solche Vereinfachung wenigstens als Arbeitshypothese erlaubt sein wird.

Sicher noch in das ausgehende 7. Jahrhundert v. Chr. gehört die Aufschrift eines schönen dorischen Kapitells in Korfu, dem alten Korkyra, das einmal als Bekrönung einer Säule auf einem Grabe gestanden hat. Die altkorinthische Schrift läuft von rechts nach links; diese Säule spricht[1]:

> Grabmal bin ich dem Meịxias-Sohn Xenvạres zu eigen.

„Stele des Xenvares, des Sohnes des Meixi(a)s bin ich" (wörtlich übersetzt): bis hierher bleibt durchaus offen, ob die Abfolge von Längen und Kürzen, die den Rhythmus des antiken Verses bestimmt, mehr ist als bloßer durch die Namen gegebener Zufall. Erst der Zusatz (wörtlich übersetzt) „auf dem (seinem) Grabe" (ἐπὶ τύμβῳ) rundet die rhythmische Wortfügung zum Vers. Sachlich notwendig war er nicht: die Stele steht ja auf einem Grabhügel (Stele, hier die Säule meinend, bezeichnet sonst gewöhnlich einen flachen rechteckigen Pfeiler). Aber wer empfände nicht, daß τύμβος, „Grab", ein inhaltschweres Wort ist, ein Begriff, in dem noch etwas anderes mitschwingt als nur die Vorstellung der „Sache", die er bezeichnet: „auf dem Grabe", das setzt wirklich ein Ende.

Ins 6. Jahrhundert v. Chr. kommen wir mit einem Epigramm aus Athen (25):

> Lyseas setzte dahier der Vater Sēmon das Grabmal.

Kein Wort, das über die schlichte Setzung des Tatsächlichen irgend hinausginge. Und doch wäre es etwas ganz anderes gewesen, wenn auf dem Stein nur eingemeißelt worden wäre: „Lyseas, der Sohn des Semon". Wer statt dessen den Vers einschreiben ließ, der wollte mehr ausdrücken, etwas, was ihn innerlich bewegte und das sich auch dem Leser mitteilen würde: eben dies, daß hier ein Vater die Hoffnung seines Alters begraben hatte. Solche Empfindung zwar nicht mit direktem Wort auszusprechen, wohl aber sie im Betrachter des Denkmals anklingen zu lassen, dazu taugte prosaische Rede nicht: Gefühl, auch verstecktes, konnte nur im Vers nach adäquatem Ausdruck suchen.

Auf einem böotischen Grabstein des 6. Jahrhunderts steht (24):

> Kallias, Aịgisth's Sohn. Du, Wanderer, ziehe in Frieden.

Die ersten Worte spricht eigentlich der Stein: „Ich gehöre K., dem Sohn des A." Aber vom Wanderer laut gelesen (wie es antiker Brauch immer geblieben ist), werden sie gleichsam zum Gruß, den er dem Toten entbietet. Der Stein, und durch ihn der Tote, dankt mit dem Segenswunsch. Also fast schon eine Wechselrede und jedenfalls in dieser Vergegenwärtigung ein irgendwie „poetisches" Motiv.

---

[1] W. Peek, Griechische Vers-Inschriften 52 (im folgenden immer GV abgekürzt; wo der Zusatz fehlt, sind die Nummern der vorliegenden Sammlung gemeint):

στόλα Ξεν϶άρεος τοῦ Μείξιός εἰμ' ἐπὶ τύμβῳ.

Korinth 6. Jahrhundert (23):

    Dies ist des Dveịnias Mal. Ihn raffte das Meer ohn Erbarmen.

Zum ersten Mal wird hier der Umstände des Todes erwähnt, in einer sehr eigenwilligen Wendung, die aber in einem Epos vorgeprägt gewesen sein mag: „ihn verdarb (vernichtete) das rücksichtslose (mitleidlose) Meer" (wörtlich übersetzt). Mitgefühl mit dem Schicksal des Toten verbirgt sich in bitterem Vorwurf gegenüber der unheimlichen, persönlich empfundenen Macht, der dieses Leben zum Opfer fiel.

Ein anderer Typus, vertreten durch ein attisches Epigramm etwa gleicher Zeit (GV 54)[1]:

    Dies ist des ... Mal. Verständig war er und tapfer.

Ein Vers bar jeder „poetischen" Ambition. Er will nur konstatieren, was wirklich gewesen ist: daß dieser Tote dem attischen Ideal der Vereinigung von verständigem Sinn (Selbstbeherrschung) und tapferem Verhalten vor dem Feind entsprochen hat. Und doch ist ein Unterton nicht wohl zu überhören: so ehrenwert, so tüchtig, und mußte sterben! Das sollte gefühlt werden. Ausgesprochen wurde es nicht.

Mit dem attischen Epigramm auf Damasistratos (26) kommen wir nun schon zu etwas umfangreicheren Gebilden:

    Dem Damasịstratos hat, dem Ẹpikles-Sohne, das Denkmal
    Peịsianạx hier gesetzt. Denn Ehrung gebühret dem Toten.

Zugrunde liegt die einfache Form: „Der Vater hat dem Sohn das Denkmal gesetzt." Aber da diesmal der Freund dem Freunde die Liebespflicht erfüllte, so reichte ein Hexameter nicht aus. Den zweiten zu füllen, wird eine homerische Reminiszenz zugefügt, die in Erinnerung bringt, daß solche Ehre dem Toten zukommt, der Freund also einer Pflicht der Pietät genügt hat. Und vielleicht darf man schon hier auch wohl fragen, ob nicht doch auch der Tote in etwa dadurch erhöht wird, daß mit dem homerischen Halbvers die Vorstellung homerischer Helden beim Leser beschworen wird.

Etwas weiter geht auf diesen Bahnen das troizenische Epigramm auf Praxiteles (28):

    Prạxitelẹs dieses Mal, dem toten, errichtete Vison.
    Wackerer Tat zum Entgelt mit schwerem Stöhnen die Freunde
    schichteten ihm dieses Grab und schafften es selbịgen Tages.

Homerische Klänge in jedem Vers, und auch die Art, wie dieser Kurzbericht seine Aussagen hart nebeneinandersetzt, möchte am ehesten homerisch erscheinen. Nichts von Gefühl; denn das schwere Stöhnen entringt sich nicht dem gequälten Herzen der trauernden Freunde, sondern (die homerischen Parallelen zeigen es)

---

[1] — ∪ ∪ — τόδε σῆμ' ἀγαθοῦ καὶ σώφρονος ἀνδρός.

das geht allein das harte Stück Arbeit an, die da zu leisten war. Unhomerisch nur und die Anschauungen einer anderen Zeit und Gesellschaft widerspiegelnd die Begründung: nur wackere Männer haben jetzt offenbar Anspruch auf solch ein Denkmal. Und etwas Besonderes vollends der Schlußsatz: „,und gleichen Tages noch sind sie damit zum Ziel gekommen", wie es wörtlich übersetzt heißt. Das bedeutet sicher nicht, wie man wohl gemeint hat, Bezugnahme auf irgendein Gesetz über die Beschränkung des Gräberluxus (im Athen der Zeit Solons z. B. waren solche Maßnahmen notwendig geworden). Nein, das ist naiver Stolz: seht euch das an, das haben wir an einem einzigen Tage geschafft! (Es wird ein sehr stattlicher Grabhügel gewesen sein.) Und noch etwas anderes wird der Leser empfunden haben: Das kann kein ganz geringer Mann gewesen sein, wenn die Freunde sich's noch um den Toten keiner Mühe haben verdrießen lassen.

In altertümlicher Furchenschrift, d. h. abwechselnd von rechts nach links und von links nach rechts geschrieben, steht auf einem übermannshohen Pfeiler die Grabschrift des Arniadas von Korkyra (27, vgl. die vorangestellte Tafel):

> Dies des Arniadas Mal. Ihn streckte der grimmige Ares
> an des Aratthos Fluten dahin in der Schlacht bei den Schiffen.
> Mächtig da ragt' er hervor im seufzerreichen Getümmel.

Keine geschichtliche Kunde meldet uns sonst von dieser Schlacht. Es mag sein, daß ihr entscheidende Bedeutung gar nicht zukam. Was verschlägt das: der dies Epigramm machte, der sah sie im Spiegel Homers, ihm wurde sie zum Gegenbild jener anderen „Schlacht bei den Schiffen", von der die Ilias gesungen hatte; und so wuchs ihm auch das Schicksal seines Helden zu heroischer, zu mythischer Größe. Seine Rede bezeugt es: Wendung für Wendung läßt sich mit homerischen Beispielen belegen. So konnte wohl nur denken und sagen, wer selber ein Epiker, ein Homeride war; wir wissen, daß das Epos im Kulturkreis von Korinth, zu dem Korkyra gehört, noch im 6. Jahrhundert eine Nachblüte erlebt hat. Das Arniadas-Epigramm ist das Meisterstück eines Stils, den wir nun wohl den epischen nennen dürfen. Und wenn Erhöhung der Gegenwart im Bilde des Mythos dichterisch ist, so ist dies Epigramm allerdings schon ein Gedicht.

Vom gleichen Ort stammt das wohl etwas ältere Epigramm auf Menekrates, das von rechts nach links geschrieben in einer einzigen Langzeile um den Sockel eines großen Rundgrabes läuft (18):

> Dies des Menekrates Mal, des Tlasias-Sohnes. Die Sippe
> ist in Oianthe zu Haus. Vom Volke ward es errichtet.
> Proxenos war er dem Volk. Doch kam er im Meere zu Tode,
> allem Volke zum Schmerz, denn Freundliches sannen ihm alle.
> Praximenes, der jetzt aus dem Heimatlande daherkam,
> hat mit dem Volk im Verein dies Mal seinem Bruder errichtet.

Wieder wird vom Leben des Toten erzählt. Nur daß sich dieses nun ganz im Bereich des Bürgerlichen abgespielt hat, in der neuen demokratischen Ordnung, die sich die griechische Polis des 6. Jahrhunderts gegeben hatte: nicht zufällig wird das Wort δᾶμος, „Volk" (Gemeinde), dreimal wiederholt. Insofern ist das homerische Gewand, das auch diese Verse übergeworfen haben, dem Vorwurf nicht ganz so angemessen wie beim Arniadas-Gedicht. Es mag auch wohl an solchem Mißverhältnis liegen, wenn dies lange Epigramm im ganzen einen weniger gelungenen Eindruck macht als jenes. Ein Dichter aber hat auch diese Verse gemacht, daran ist kein Zweifel. — Und wer die Epigramme auf Praxiteles, Arniadas, Menekrates, ja auch nur den Vers auf den unbekannten Athener las, mochte doch auch wohl die Verpflichtung mitnehmen, es solchen Toten gleichzutun; das Monument wird zum Mahnmal, das dem Betrachter immer wieder die Werte vor Augen stellt, die der Tote im Leben bewährt hatte. Es brauchte dazu keinerlei Hinweises, am wenigsten einer Mahnrede, wie die späteren Gedichte sie voranstellen oder folgen lassen: die ἀρεταί selber sind Mahnung und Aufruf genug.

Vielleicht dürfen wir hier nun schon eine Antwort suchen auf die Frage, warum die Griechen nun eigentlich ihren Toten Verse auf den Grabstein gesetzt haben. — U. v. Wilamowitz hat einmal gesagt[1]: „Rede, die das Gedächtnis erhalten soll, muß gebunden sein." Diese Formulierung zielte gerade auf das Epigramm. Übertreibend könnte man folgern, es sei somit Zweck oder Anspruch des Epigramms, vom Leser auswendig gelernt zu werden. Gewiß, das ist keine Frage: das Gedächtnis des Toten soll fortdauern über Tod und Vergänglichkeit hinaus. Aber nicht in der kurzlebigen Erinnerung der Menschen, die heute oder morgen zufällig des Weges kommen, sondern für alle Zeiten in der Inschrift des Denkmals selbst, denn beide besitzen in den Augen desjenigen, der sie gesetzt hat, Ewigkeitsdauer. Das gewiß hochaltertümliche, Homer oder Kleobulos von Lindos zugeschriebene Gedicht auf dem Grabe des (oder eines) Midas hat solchen Anspruch bereits gültig formuliert (29):

> Allzeit, solange die Wasser noch fließen, die Bäume noch grünen,
> und solange der Mond erstrahlt und die leuchtende Sonne,
> Ströme zu Tal sich ergießen, die Woge des Meeres sich aufbäumt,
> werde ich, harrend dahier auf vielbeweinetem Hügel,
> künden dem Wanderer stets, daß Midas im Grabe hier lieget.

Aber gewiß enthält der Satz von Wilamowitz einen richtigen Kern: „Lyseas, der Sohn des Semon" — solche Inschrift nahm einfach zur Kenntnis, wer vor das Denkmal hintrat. Hatte er den Toten gekannt, so mochten ihm wohl auch die bloßen Namen mehr sagen; der Fremde wurde von ihrem Klang nicht angerührt. Dagegen „Lyseas setzte dahier der Vater Semon das Grabmal": diesen Spruch mochte selbst der Stadtfremde wohl mehr als einmal lesen, die metrische Form schon erzwang erhöhte Aufmerksamkeit. Und sprach er den Vers dann zwei- oder dreimal (laut, wie es antiker Brauch war), so mußte sich ihm wohl auch etwas von der Stimmung mitteilen, die dazu getrieben hatte, mehr auf den Stein

---

[1] Hellenistische Dichtung I 123.

zu setzen als eben nur die Namen. Insofern mag denn also wirklich gelten, daß die Epigramme sich dem Leser einprägen wollten. Entscheidend bleibt gleichwohl ein anderes: Sobald das Denkmal mehr mitteilen sollte als die Namen (und wir haben gesehen, daß dies schon das Anliegen auch der einfachsten Typen war): in dem gleichen Augenblick war auch die Form solcher Aussage gegeben; es konnte sich nur im Verse äußern, denn eine Prosa von der Art, daß sie das auszudrücken vermocht hätte, was hier zu sagen war (zu sagen eben nicht in der Sprache des Alltags), solche Kunstprosa gab es in dieser frühen Zeit überhaupt noch nicht, wenigstens nicht im griechischen Mutterland.

Wir dürfen also sagen: Das Bedürfnis, Mitteilungen, die zunächst nur der sachlichen Unterrichtung des Lesers dienten, in einer Form darzubieten, die Aufmerksamkeit erzwang und die bei aller Prägnanz über die bloße Gegenständlichkeit hinausführte, indem sie ein nicht immer Wägbares, oft kaum Beschreibbares aus den schlichten, aber sehr bewußt gewählten Worten hervorleuchten ließ: dies Bedürfnis, sich so mitzuteilen, daß davon ein Nachklang zurückbliebe im Ohr wie im Herzen des Lesers, hat der alten Prosaaufschrift seit dem 7. Jahrhundert v. Chr. die metrische Form gegeben und die Inschrift zum Epigramm umgewandelt. Wollten wir solchem Bedürfnis selbst nachspüren, so würden wir den Boden philologisch-literarischer Betrachtung verlassen und müßten uns wohl der Psychologie oder gar der Spekulation anvertrauen. Nur das gilt es noch zu sagen, daß metrische Form, wie sich fast von selbst versteht, zunächst bedeutet: die Versform des homerischen Epos, den Hexameter. Hierin lag eine Verlockung. Das Vorbild Homers konnte leicht dazu führen, den Schmuck homerischer Rede einfach zu übernehmen. Solche Gefahr ist klug vermieden worden. Die frühen Epigramme jedenfalls haben von homerischen schmückenden Beiwörtern und anderen epischen Kunstmitteln nur sehr bescheidenen Gebrauch gemacht. Erst späteren Zeiten ist das sichere Stilgefühl, das sich in solcher Zurückhaltung kundtut, abhanden gekommen (am schlimmsten wird der Mißbrauch Homers in den kleinasiatischen Epigrammen der Kaiserzeit getrieben, die oft so gut wie ganz aus homerischen Wendungen und ganzen homerischen Versen zusammengestückt sind; auf Proben ist in der vorliegenden Auswahlsammlung verzichtet worden). Wohl reden die längeren Gedichte in der Sprache und mit den Worten Homers, aber sie tun es in einem bestimmten Sinn, sie borgen nicht homerische Schmuckwörter und epische Wendungen, um damit den Vers zu füllen, sondern: der Ruhm homerischer Helden strahlt in solchem Antönen zurück auf die Toten einer Zeit, die in Denken und Fühlen wie in ihrer Ordnung von Staat und Gesellschaft dem homerischen Zeitalter weit entrückt war, und für die es gleichwohl ein Ideal blieb, daß ihre Söhne Taten vollbringen möchten wie einst die Kämpfer vor Troia. Dies jedenfalls bedeutet es, wenn der Homeride von Korkyra den Schlachtenruhm seines Helden in homerischen Bildern verkündet[1].

---

[1] Ähnliches ließe sich am „homerischen" Substrat in der frühgriechischen Namengebung ablesen.

Erst seit der Mitte des 6. Jahrhunderts treten neben den epischen Hexameter zwei andere metrische Formen, Iambos und Distichon[1]. — Über den Iambos (Wiederholung der Folge ⏑ –), dem sich seit dem 5. Jahrhundert v. Chr. noch der Trochäus gesellt (– ⏑), können wir uns kurz fassen; er ist auf den Grabmonumenten der frühen Zeit nur in vereinzelten Beispielen vertreten und hat sich auch später größerer Beliebtheit nicht erfreut, denn dieser Vers steht seiner Natur und seiner Herkunft nach der Prosa näher als der Poesie: er ist ja der Sprechvers des griechischen Dramas geworden. — Zwei Beispiele aus Attika (51. 52):

> Myrrhines Grabmal bin ich, die der Pest erlag.

> Archias' Grabmal und der Schwester Phile hier.
> Eukosmides nun heißt, der es so schön gesetzt.
> Den Stein auf ihm doch schuf die Kunst des Phaidimos.

In beiden Fällen ist die Wahl des Metrums wohl einfach durch die Tatsache bestimmt, daß die Namen Myrrhine und Eukosmides sich dem Rhythmus des Hexameters nicht fügen. Der Verfasser des Verses auf Myrrhine wollte nicht mehr geben als die Ursache ihres Todes. Dem des anderen Epigramms lag daran, außer dem Namen der beiden Toten und ihres Vaters (Eukosmides) auch den des Künstlers zu nennen, der die Stele mit ihrem Bild gefertigt hatte (wenn dieser nicht mit dem „Dichter" identisch ist). Bescheidene Ansprüche; aber weder im einen noch im andern Fall wäre die attische Prosa der Zeit imstande gewesen, ihnen zu genügen.

Haben Iambos und Trochäus im griechischen Epigramm immer nur einen bescheidenen Platz gehabt, so ist von um so größerer, ja in mehr als nur einem Sinne entscheidender Bedeutung die Übernahme des sogenannten elegischen Distichons geworden, d. h. die Kombination von Hexameter und Pentameter (– ⏑ ⏑ – ⏑ ⏑ – – ⏑ ⏑ – ⏑ ⏑ –). — Ursprung und Wesen der alten griechischen Elegie, der dies Metrum entstammt, werden wohl für alle Zeit ein ungelöstes Problem bleiben. Aber zweifellos gehört das griechische Fremdwort ἐλεγεῖον zu dem ebenfalls ungriechischen Wort ἔλεγος, das irgendetwas wie „Klage" bedeutet haben muß. Und so mag denn die schon antike Theorie doch vielleicht richtig sein, daß auch die Elegie von Haus aus Klage gewesen ist, Totenklage, gesungen zur Flöte, begleitet oder unterbrochen vom rituellen Scheidegruß der Trauergemeinde oder von den schrillen Rufen der gemieteten Klageweiber, wie sie einem noch heute im Orient zum schaurigen Erlebnis werden können. Wo uns die griechische Elegie freilich literarisch entgegentritt, seit dem 7. Jahrhundert v.Chr. bei Archilochos, Anakreon, Tyrtaios, Kallinos, da hat sie auch andere Inhalte aufgenommen, sie ist kriegerischer Anruf, Mahnrede, Belehrung geworden. Wann und wo solche „Entwicklung" eingesetzt hat oder ob die Elegie bei den Griechen etwa von Anfang an als ein Ausdrucksmittel ekstatischer oder emphatischer Rede überhaupt empfunden und geübt worden ist: das sind Fragen, auf die wir eine

---

[1] Iamben kommen schon seit dem 8. Jahrhundert v. Chr. vereinzelt auch inschriftlich vor (vgl. oben S. 5), aber bisher jedenfalls nicht auf Grabsteinen.

gültige Antwort wohl nie erhalten werden. Genug, daß wir die Wahrscheinlichkeit in Rechnung stellen dürfen, daß die Elegie in sehr früher Zeit bei der ἐκφορά, dem feierlichen Leichenbegängnis, als Liedform erklungen ist.

War die Elegie Totenklage, so mußte es eigentlich naheliegen, daß auch das Grabepigramm von einer Form der Äußerung über Tod und Todesfall angezogen wurde, die man gerade dort zu hören gewöhnt war oder sich gewöhnt hatte, wo nun für die späteren Besucher der Grabstätte das Denkmal seine stumme, aber eindringliche Sprache redete. Und das Elegeion mochte sich überdies auch vom Formalen her noch dadurch besonders empfehlen, daß die Abfolge Hexameter-Pentameter einem dem Epigramm seit je latent innewohnenden Formprinzip auf das glücklichste entgegenkam, dem Abzielen nämlich auf Abrundung und Geschlossenheit. Der Hexameter ist seiner Natur nach der Vers der „offenen" Form: der Vers des Epos läßt sich beliebig oft wiederholen, ein Hexameter an den anderen reihen, ja er fordert solche Reihung durch seinen fallenden Rhythmus geradezu heraus. Der Pentameter dagegen mit seinem ansteigenden, fallenden und im hellen Ausklang wieder ansteigenden Bau setzt ein deutlich empfundenes Ende: Hexameter plus Pentameter, das wäre also in der Tat ein idealer Fall „geschlossener" Form[1].

Aber vergessen wir nicht: Die Elegie wurde zur Flöte gesungen oder doch in einem bewegten, modulierten Sprechgesang vorgetragen, sie war und blieb zunächst eine lyrische Form. Und sie war lyrisch auch in dem modernen Sinn des Wortes, daß sie eben als Totenklage dem durch keinerlei Rücksicht gehemmten Ausdruck eines Gefühls diente. Wir haben aber zu betonen gehabt, wie das auf die Sache und ihre prägnante Benennung gerichtete Epigramm allem unmittelbar Gefühlsmäßigen den Zutritt verwehrte; daß es hinter seiner gegenständlichen Aussage die Empfindung nur ahnen ließ, die solche Mitteilung geformt hatte. Beide Momente, das formale wie das in einem höheren Sinn inhaltliche, werden zusammengewirkt haben, um einer raschen und bedingungslosen Übernahme der neuen Form des Elegeion entgegenzuarbeiten: wir besitzen kein Grabepigramm, überhaupt kein inschriftliches Epigramm im elegischen Versmaß, das über die Mitte des 6. Jahrhunderts v. Chr. hinaufführte, wohl aber ältere tastende Versuche, die das Bestreben ankündigen, den Hexameter in einem Gebilde anderer metrischer Artung ausklingen zu lassen: wohl denkbar, daß sie der schließlichen Übernahme des Pentameters zu ihrem Teil den Weg bereitet haben. Wir werden nun allerdings auch bald erkennen, wie, nachdem dieser Schritt erst einmal getan ist, das Epigramm sehr schnell der Möglichkeiten inne wird, welche die freiere Bewegung und die größere Ausdrucksfähigkeit der Elegie anboten. Daß die Epi-

---

[1] Vom Epigramm her gesehen spiegelt das Nacheinander und Gegeneinander verschiedener Versformen zugleich jenes Spannungsverhältnis wider, das im Setzen der Dinge und im Verschweigen der Gefühle der epigrammatischen Aussage seit Anbeginn eigentümlich gewesen war, jetzt aber erst eigentlich seine Dynamik aufdeckte und zugleich nach einem Ausgleich suchte, der die Antinomien zu einer neuen Einheit zusammenband.

gramme freilich nicht selbst zu Elegien wurden, davor schützte wieder griechisches Formgefühl, das sich der ursprünglichen Zweckbestimmung der Aufschrift bewußt blieb und sich der neuen Elemente nicht einfach bemächtigte, sondern sie sich klug anverwandelte.

Wir spüren den anderen Ton dieser Disticha sofort in dem thasischen Epigramm auf L(e)arete (40):

> Wahrlich gar schön ist das Mal, das der Vater setzte der toten
> Larete — denn diese selbst schaun wir im Leben nicht mehr.

Drei Zeitstufen durchmißt das Epigramm: im Bild der Toten die Gegenwart, in der Erinnerung an den Vater und das Leben dieses Mädchens die Vergangenheit, im resignierten „die Lebende werden wir nicht mehr sehen" die Zukunft. Solche Bewegung war dem „epischen" Epigramm so fremd gewesen wie das emphatische „wahrlich", mit dem es einsetzt. Und „wir", das sind zwar zunächst die Hinterbliebenen; aber wer die Verse laut liest, der nimmt, indem nun auch er das resigniert-traurige „vorbei!" ausspricht, selber teil an der Empfindung, die ihre Form geprägt hat; und er tut das in einer viel unmittelbareren Weise, als wenn er sonst wohl einen Augenblick dem nachgedacht haben mochte, was die sachliche Mitteilung: „hier hat der Vater seinen Sohn (seine Tochter) begraben" an menschlichem Leid verbarg: es ist eine innigere, eine menschlichere Beziehung hergestellt zwischen dem Betrachter des Denkmals auf der einen, dem Toten und den Hinterbliebenen auf der anderen Seite.

Einem Arzt gilt das phokische Epigramm (41):

> Gruß dir, Charon. Auch nun nicht im Tod aus hämischem Munde
> trifft dich ein häßliches Wort. Halfst du doch vielen im Leid.

„Sei uns gegrüßt", so mochte seit langem der Gruß lauten, mit dem die Hinterbliebenen vom Toten Abschied nahmen oder mit dem der Wanderer an das Grab herantrat (vgl. 9. 101. 120. 184. 185. 340. 375; die ältesten Beispiele reichen in das frühe 6. Jahrhundert hinauf): schöne, euphemistische Übertragung eines Brauches, der sonst unter Lebenden galt (bei Begrüßung und Abschied), denn der Wortsinn ist „Freude sei mit dir". Unser Epigramm aber könnte Wort für Wort eine echte Elegie eingeleitet haben, die am Grabe oder dem Toten zum Gedächtnis im Kreise der Freunde vorgetragen wurde, und sicher hat überhaupt erst das Vorbild der Elegie den Weg freigemacht, den Toten so zu preisen, daß man zu ihm spricht, statt zum Beschauer. Noch kühner vielleicht die Vorstellung, daß der Tote solchen Gruß aus dem Grabe emporsendet und nun selber das Wort nimmt, um von sich und seinem Schicksal Kunde zu geben. Ein Ansatz dazu war in dem Epigramm auf Kallias (oben S. 7) gemacht, aber so freies Schalten mit der Du-Rede, wie sie andere Epigramme nun zeigen, war doch wohl erst möglich, nachdem die Elegie die Bereitschaft dafür geschaffen hatte. Ein Beispiel aus Athen mag hier für viele andere stehen (30):

> Dies der Phrasikleia Mal. Ach, Mädchen heiß' ich auf immer,
> denn nicht die Hochzeit ward, nur dieser Name mein Teil.

Rührend in der Naivität seiner resignierenden Reflexion, möchte man sagen; aber diese Tote, die von den Göttern um die Erfüllung ihres Mädchenlebens betrogen wurde, reflektiert ja in Wahrheit gar nicht, sondern setzt nur die Tatsachen, dies nun freilich in einer Weise, die schon im Wechsel der Tempora („ich werde immer Mädchen heißen" steht im Griechischen da) den Einfluß der Elegie nicht verleugnet (vgl. das oben zum Epigramm auf Learete Bemerkte); so mag auch der Gedanke selbst wohl in der Elegie vorgebildet, aus elegischer Klage in den immer noch objektiven Stil des Epigramms umgeformt worden sein.

In Athen galt schon im 6. Jahrhundert das Ideal der Vereinigung von ἀρετή: Tüchtigkeit, insbesondere Bewährung des Mannes daheim und draußen, Tapferkeit, und σωφροσύνη: Selbstzucht, Selbstbescheidung, Verständigkeit, Maßhalten — dies alles begreift sich unter dem Ausdruck, der dem Wortsinn nach einfach „gesundes Denken" bedeutet. Der Preis dieser Tugenden ist uns bereits in dem oben S. 8 besprochenen „epischen" Vers auf einen unbekannten Toten begegnet; aber was dort, Adjektiven anvertraut, lediglich Zusatz zum Namen gewesen war, das begründet die Aufstellung eines offenbar besonders prächtigen Denkmals in folgendem Distichon, das die Bezeichnung dieser Tugenden selbst setzt (34):

> Kleibulos setzte dies Mal dem toten Sohn Xenophantos,
> weil er in Züchten gelebt, weil er die Tugend bewährt.

Die entscheidenden Begriffe, im Griechischen an die Enden der beiden Pentameterhälften gestellt, gewinnen so ein ganz anderes Gewicht als sie es im Hexameter je haben konnten. Der Besitz solcher Tugenden war offensichtlich schon keine Selbstverständlichkeit mehr; es wird kein Zufall sein, daß ἀφροσύνη, das Fehlen von σωφροσύνη, in einer Elegie des athenischen Staatsmannes Solon gerügt wird; vielleicht hat ihm dort das Gegenbild der σωφροσύνη entsprochen, wie denn deren Preis in der attischen Elegie öfter erklungen sein mag.

Außerhalb Athens gilt sonst durchaus noch die Bewährung des Mannes vor dem Feind auch dem freien Bürger in der neuen demokratischen Ordnung der Polis als höchste Tugend. Zwei Beispiele, das erste aus Akarnanien, das zweite aus Böotien (32. 36):

> Prokleidas: so heißet das Mal hier nahe der Straße.
> Kämpfend für Heimat und Herd fand in der Schlacht er den Tod.

> Bürgern und Fremden ein Freund liegt Phaneis in diesem Grabe.
> Tapfer in vorderster Front fand vor dem Feind er den Tod.

Beidemal sind — bezeichnenderweise im Pentameter — die Anklänge an die kriegerische Elegie des altspartanischen Dichters Tyrtaios offenkundig.

Und nun die legitimen Kinder der Elegie, um das Verhältnis im Bilde auszudrücken, d. h. diejenigen Epigramme, welche, wie auch immer gewandelt oder verwandelt, auch der Klage um den Toten Raum geben. Aus Athen (33):

> Stesias setzte dies Mal, dem lieben Sohn, Diodoros,
> den ihm für immer der Tod, tränenreicher, geraubt.

Aus dem böotischen Thespiai (42):

> Für Oligeïdas das Mal, den toten, der Vater hier setzte,
> Osthilos. Bitteres Leid schuf ihm des Sohnes Geschick.

Leid, im ersten Epigramm nur dadurch angedeutet, daß nach elegischem Vorbild der Tod das Beiwort „tränenreich" erhält, im zweiten Gedicht als Tatsache einfach hingestellt: Trauer, Klage und Stöhnen suchen nun auch im Epigramm nach unmittelbarer, sinnfälliger Äußerung. Aber wie solcher Einbruch des Gefühls in die streng gehütete Sachlichkeit und Gegenständlichkeit der epigrammatischen Aufschrift sich vollzieht, vielmehr: wie er doch wieder gebannt und abgefangen wird, das ist nun freilich ein denkwürdiges Schauspiel. Keine Rede davon, daß jetzt etwa das Monument oder gar das Ich, das den Stein und seine Aufschrift setzte, die Klage begänne um frühen Tod und bitteres Scheiden; und noch viel weniger darf der Tote selbst den Rahmen seiner sachlichen Aussage so gewaltsam sprengen. Aber dem Wanderer zuzurufen, wozu Elegos und Elegeion die Trauergemeinde oder den Kreis der Freunde des Toten so manches Mal aufgefordert hatten, „Stimmt ein in die Klage, ihr Freunde!": solches schien dem durch die Elegie an die Du-Form gewöhnten Empfinden das Gesetz der Gattung nun nicht mehr zu verletzen. Die Klage der Elegie wird eingebaut in den Rahmen der sachlichen Aufschrift, indem man sich eines formalen Elementes vergewissert, das dieselbe Elegie ausgebildet hatte; es war dazu nichts weiter erforderlich, als das „Ihr" der Elegie in ein „Du" zu verwandeln.

Solchen unmittelbaren Zusammenhang mit der alten Elegie macht ein Epigramm aus Thasos noch vollkommen deutlich (49):

> Wer an der Bahre nicht stand, als sie zu Grabe mich trugen,
> solcher beklage mich jetzt. Telephos eignet das Grab.

Die folgenden Beispiele sind alle aus Athen oder Attika, wo diese Form offenbar rasch beliebt geworden ist (45. 46. 47):

> Der du das Grabmal schaust des toten Menesaichmos-Sohnes,
> Kleitias', klage es laut: schön war der Jüngling – und starb.

> Steh und klage dahier am Grabe des Kroisos, des toten,
> welchen in vorderster Front Ares gefällt in der Schlacht.

> Mensch, der des Weges du kommst, im Herzen an anderes denkend,
> steh und klage; du siehst: Thrason gehört dieses Grab.

Und das schönste Stück in diesem Stil, wieder aus Athen, nun schon zwei Distichen (50):

> Ob du ein Bürger der Stadt, ob ein Fremder von ferne du herkommst:
> ehe vorüber du gehst, klage um Tettichos' Tod.
> Tapfer erlag er im Kampf, doch ach in der Blüte der Jugend:
> also klag' euer Gruß – geht dann zu löblichem Tun.

Ein beziehungsvoller Schluß dies „geht dann zu löblichem Tun" oder wörtlicher „zieht dann weiter zu guter Verrichtung": vom Grab eines ἀνὴρ ἀγαθός, eines Mannes, der seine Sache gut gemacht hatte, kommt der Wanderer, dem dieser Wunsch mitgegeben wird, auf daß auch er das gut verrichte, wozu er unterwegs ist. Das ist bei weitem noch keine „Pointe", aber ein kleines Kunstwerk, das die vom Distichon gebotenen Vorteile freier Bewegung und geschlossener Form klug zu nutzen weiß, darf man dies Epigramm wohl schon heißen.

Anders klingen diese Verse, wieder aus Athen (48):

> An des Antilochos Grab, des tapferen, zuchtvollen Mannes,
> laß deiner Träne den Lauf: deiner auch wartet der Tod.

Das attische Ideal, das im ersten Vers angesprochen wird, ist uns nun schon mehrfach begegnet. Aber die nachträgliche Begründung der Aufforderung zur Klage, die eine überraschend andere Wendung nimmt nach solchem Einsatz, ist etwas ganz Neues. Der Elegie ist solcher Umbruch fremd: hier ist man wirklich versucht, schon von „epigrammatischer Zuspitzung" zu reden.

Wieder auf einen etwas anderen Ton gestimmt ist ein Distichon aus Thasos (44):

> Unerträglich das Leid, traf Menschen in blühender Jugend,
> wie Anaxipolis hier, neidischen Todes Geschick.

Auch diese Verse nähren sich vom Gehalt der Elegie, die nicht müde wird, um das Welken der Jugend und frühen Tod bewegte Klage zu führen. Aber was sich dort in Schilderung und Anklage frei ergießt, wird hier zurückgedrängt in den einen einfach die Tatsache setzenden Satz, und gerade dessen eigentümlich prägnante und fast harte Form, die den besonderen Fall einem allgemeinen Urteil unterordnet, gehört gewiß wieder erst dem Epigrammatiker.

Ganz für sich steht ein leider sehr zerstörtes Epigramm aus Thessalien, von dem soviel einigermaßen kenntlich ist (GV 1831)[1]:

> Sphinx, du des Hades Hund, was hütest du hier diesen Toten,
> immerdar sitzend zur Wacht hoch über Hügel und Mal? –
> Wanderer, – – –

Ein Gespräch zwischen der Sphinx, die in Stein gehauen über dem Grabhügel thront, und dem Wanderer, der vor das Denkmal des Toten hintritt. Damit ist

---

[1] σφίξ, Ἀίδαο κύον, τίν' ἔ[χουσ'] ὄπιν [δὲ φυ]λάσσεις
ἡμέν[α Ἡ]ροφ[ίλου κᾶ]δο[ς ἀπ]οφθιμ[ένου]; –
ξεῖ[νε – – –

ein Typus des Epigramms vorweggenommen, den wir sonst erst aus sehr viel späterer Zeit kennen, das Dialog-Gedicht, mögen Ansätze dazu auch schon gelegentlich gemacht worden sein (vgl. S. 7; die eigentlichen Dialoggedichte hier Nr. 424ff.). Das Epigramm ist im Begriff, mit der Form bereits zu experimentieren, ja zu spielen; denn ein Spiel bleibt es doch, wenn im fingierten Wechselgespräch Grabfigur und Betrachter oder Toter und Wanderer im Epigramm selbst so zusammengeführt werden. „Wer liegt hier begraben?", gewiß, diese Frage stellte jeder, der an ein Grab herantrat. Aber solche Frage nun formuliert auf das Denkmal zu setzen, das ist doch ein sehr künstlich Ding. Und das Frage- und Antwortspiel hebt mit der Durchbrechung der Illusion auch die künstlerische Einheit des Epigramms auf, seine geschlossene Form. Indes, der Weg, der hier beschritten war, wurde zunächst nicht weiterverfolgt. Es kamen Zeiten, in denen kein Raum mehr war für Spielereien, in denen großes Geschehen auch großen Widerklang forderte: es kamen die Perserkriege.

---

An den Thermopylen bezeichnete das Massengrab (Polyandrion) der mit Leonidas und den Spartanern gefallenen Thespier eine Stele mit dieser Aufschrift (2):

> Männer, dereinst an den Hängen des Helikon heimisch: noch heute
> kündet mit Stolz ihre Tat Thespiais räumige Stadt.

Auf der Insel Salamis, im Angesicht der Meerenge, in der die berühmte Seeschlacht geschlagen war, setzten die Korinther ihren Gefallenen diese Verse auf den Stein (4):

> Fremdling, einst wohneten wir in Korinthos' quellreicher Veste;
> Aias' Eiland doch birgt, Salamis, jetzt unsern Leib.

Beide Epigramme sind auf den Gegensatz von Einst und Jetzt, Dort und Hier gestellt. Im ersten nur angedeutet, tritt er im zweiten in der Antithese der Zeitpartikeln wie im Wechsel von Wir zu Uns scharf heraus. Aber bedeutsamer ist ein anderes: „Thespiais räumige Stadt" (wörtlich: „Thespiai mit den breiten Straßen"), „Korinthos' quellreiche Veste": das ist mehr als nur einfach dem Epos entlehnter und den schlichten Sätzen angehängter äußerer Schmuck, denn das heißt im Munde dieser Toten: seht, solche Heimat gaben wir auf. Und wir würden ihre Rede gröblich verkennen, wollten wir uns dabei beruhigen, der Hinweis auf Aias sei „mythische Reminiszenz": in diesem Vers liegt zunächst die stolze Gewißheit, daß der Heros sie als seinesgleichen für immer bei sich aufgenommen hat; in der Erinnerung an den großen Namen aber wohl noch mehr, der stolze Anspruch nämlich, daß für die Nachwelt in alle Zukunft die Kämpfer von Salamis neben den Heros treten werden, der in mythischer Vorzeit den Ruhm der Insel begründet hat. Die Worte selbst sind schweigsam, aber sie sind es nur scheinbar: man muß nur recht aufmerken auf das, was in ihnen mitschwingt, um ihrer Beziehungen innezuwerden.

In der Heimat selbst errichteten die Korinther ihren Gefallenen ein Kenotaph (Leergrab), und darauf schrieben sie ein (5):

> Als auf des Messers Schneide die Freiheit von Hellas gestanden,
> haben wir Toten dahier mit unserm Leib es geschützt.

Kein Wort von Sieg und Nachruhm, hier sowenig wie in den anderen Gedichten. Nicht einmal der Name der Feinde wird genannt. Wozu auch? Diese Taten sind eingegangen in die Geschichte; wer vor den Gräbern steht, der weiß, welche Schlachten hier geschlagen wurden, weiß auch, wenn er den Spruch auf dem Kenotaph bei Korinth liest, daß einmal nur die Entscheidung um der Griechen Freiheit so auf des Messers Schneide gestanden hat. So dürfen auch die Megarer sicher sein, von allen Nachgeborenen verstanden zu werden, wenn sie ihre Toten aus den Perserkämpfen so reden lassen (6):

> Hellas und Megara hier der Freiheit Licht zu bewahren
> war unser Trachten, und nun hält uns des Todes Geschick.

In solchem Verschweigen also liegt nicht falsche Bescheidenheit, sondern im Gegenteil Stolz: die so beredt zu schweigen wissen, tun es in dem Bewußtsein, daß ihre Siege Geschichte geworden sind.

Und schließlich „Wanderer, kommst du nach Sparta". Viele werden die berühmten Verse nur aus Schillers Übersetzung kennen. Aber diese Verdeutschung ist falsch; nicht durch Schillers Verschulden, sondern weil er statt des griechischen Originals die lateinische Wiedergabe Ciceros (Tuskulanen 1, 42, 101) übertrug, dieser aber einen verfälschten Text benutzt hatte, in dem das von den Späteren nicht mehr verstandene ῥήμασι πειθόμενοι „den Worten (d. h. dem Befehl) gehorchend" in πειθόμενοι νομίμοις „gehorchend den Satzungen" geändert worden war. Sinngemäß haben wir den echten Wortlaut (1) etwa so zu übersetzen:

> Fremdling, in Sparta erstatte die Meldung: wir Toten im Grabe
> haben der Heimat Befehl sterbend gehorsam erfüllt.

Die Anrede an den Wanderer ist uns von den frühen Epigrammen her vertraut. Aber sie gewinnt hier und auf diesem Schlachtfeld allerdings einen ganz eigenen Sinn. Daß die Thermopylenstellung bis zum letzten Mann zu verteidigen sei: mit diesem Befehl waren Leonidas und seine dreihundert Spartaner in den ungleichen Kampf entsandt worden. Er blieb für sie bindend auch dann, als der Verrat des Ephialtes eine neue Situation geschaffen hatte. Leonidas durfte die Verbündeten nach Hause schicken, als die Alternative hieß: Rückzug oder Untergang. Für ihn selber und die Seinen gab es diese Wahl nicht, dafür waren sie Spartaner; sie rechneten nicht, sondern gehorchten – und starben, Mann für Mann. Zum Befehl aber gehört nach alter Soldatenweise die Vollzugsmeldung. Doch denen solche Pflicht obgelegen hätte, deren kehrte keiner heim. Es ist ein schöner, ein wahrhaft dichterischer Gedanke, daß die Toten die Meldung, die sie selbst nicht mehr erstatten können, nun dem Wanderer auftragen, dem

Fremden, der des Weges kommt und vor ihrem Grabmal verweilt. Was liegt diesen Männern an Mitleid und Klage, wozu die Epigramme des 6. Jahrhunderts so oft aufgerufen hatten. Sie haben ein anderes Anliegen, und sie geben ihm anderen, soldatischen Ausdruck: ἀγγέλλειν, „melden!", die scharfe Befehlsform des Infinitivs, das klingt freilich anders als jenes „stimme die Klage an", „mitleidig weile dein Blick", „laß deiner Träne den Lauf": diese Männer reden auch im Grabe noch die karge Sprache ihres spartanischen Soldatenlebens. Überhaupt, in diesem Epigramm, dessen dichterische Kraft wohl einen jeden unmittelbar anspricht, ist nicht ein einziges poetisches Wort, geschweige irgendein Effekt. Diese Verse sind Geist von Spartas Geist und mit Recht so berühmt wie die Tat selbst, welche die Thermopylen zum unvergänglichen Symbol erhoben hat.

Ein würdiges Gegenstück bildet das Gedicht auf den spartanischen Seher Megistias, der noch vor den eigentlichen Thermopylenkämpfen beim Übergang der Perser über den Spercheios den Tod gefunden hatte, das einzige Epigramm, für das die Autorschaft des Dichters Simonides sicher verbürgt ist (76):

> Dies des Megistias Grab, des rühmlichen Helden. Erschlagen
>    haben die Meder ihn einst, die den Spercheios gequert.
> Seher war er und wußte des nahenden Todes Verhängnis.
>    Nimmer doch ließ er darum Spartas Führer allein.

Soviel Worte würde ein dorischer Dichter freilich nicht gemacht haben; aber für spartanisches Ethos sind auch diese Verse eines Ioners ein vollgültiges Zeugnis.

Fast alle Gedichte aus den Perserkriegen standen auf Massengräbern, Polyandria. Wie sonst Vater, Mutter oder Freunde dem Einzelnen das Sēma errichtet hatten, so übernahm hier die Gemeinschaft, der Staat, diese Pflicht der Pietät. Und wenn er das Gedächtnis seiner im Kampf gefallenen Söhne durch ein Epigramm ehrte, so folgte er auch darin privater Übung. Aber auffälligerweise sind nur die dorischen Staaten mit solchen Gedichten vertreten, nicht aber jene Stadt, die wie keine andere die Wechselfälle des Krieges getragen hatte und die sich mit Recht als die Vorkämpferin aller Hellenen gefühlt hat, Athen. Alle jene Gedichte sind nur literarisch erhalten, nur von dem auf die bei Salamis gefallenen Korinther besitzen wir auch das Original. Sollte die literarische Überlieferung gerade an den athenischen Epigrammen achtlos vorübergegangen sein? Das ist gewiß wenig wahrscheinlich, und so müssen wir uns wohl mit der Tatsache abfinden, daß es Gedichte von athenischen Polyandria aus der großen Zeit der ·Abwehrkämpfe wirklich nicht gegeben hat[1].

Die athenischen Grabepigramme auf staatlichen Denkmälern setzen für uns jedenfalls erst mit dem Jahrzehnt nach Salamis und Platää ein. Damals erfochten

---

[1] Wir besitzen zwar Fragmente inschriftlicher Epigramme auf die Kämpfer von Marathon, Salamis und Platää. Aber diese haben, wie sich nunmehr zuversichtlich aussprechen läßt, zu einem auf dem Staatsmarkt errichteten Ehrenmal gehört und sind zudem wahrscheinlich erst einige Zeit nach den Ereignissen gedichtet worden. Vgl. W. Peek, Studies presented to D. M. Robinson II, Saint Louis 1953, 305ff.; B. D. Meritt, Studies presented to H. Goldman, Locust Valley 1956, 268ff.

die im attischen Seebund zusammengeschlossenen Griechenstädte in dem nun zum Offensivkrieg gewordenen Freiheitskampf unter Kimons Führung den vielgerühmten Sieg an der Mündung des Eurymedon. Den in dieser Schlacht gefallenen Athenern gelten folgende Verse (8):

> Am Eurymedon einst verloren die herrliche Jugend
> diese hier, trotzend im Kampf bogenbewaffnetem Feind,
> wackere Streiter zu Fuß und auf windschnell segelnden Schiffen.
> Schönstes Mal ihrer Tat ließen im Tod sie zurück.

Da ist noch einmal die alte Schlichtheit, welche die Klage versteckt in „sie verloren die herrliche Jugend", den Stolz in dem Bekenntnis: sie haben sich ihr Denkmal selbst gesetzt in ihrer Tat. Nichts von Sieg und Ruhm: davon künden für alle Zeiten die Blätter der Geschichte.

Als Gegenstück nun jenes Gedicht, das bestimmt war, im Preis der Gefallenen den siegreichen Abschluß der Perserkriege zu verherrlichen, die beiden Schlachten auf und vor Kypros im Jahre 449. Ihnen folgte und durch sie wurde ermöglicht der sogenannte Kallias-Friede, von dem weniger Rühmens zu machen war, denn er gab die Griechenstädte Kleinasiens zwar nicht de iure, wohl aber de facto preis. Dies Gedicht nun läßt sich so vernehmen (GV 16)[1]:

> Seitdem von Asien trennte des Meeres Scheide Europa,
> heimsucht der Menschen Geschlecht Ares, der furchtbare Gott,
> seither nirgend geschahen schönere Taten von Männern,
> sterblichen, jemals zu Land und auf dem Wasser zugleich.
> Denn die auf Kypros zuvor von den Medern viele erschlagen,
> diese eroberten dann vollbemannt auf dem Meer
> hundert phoinikische Schiffe. Und schwer aufstöhnte getroffen
> Asien doppelten Schlags durch ihren herrlichen Sieg.

Es ist zwar nicht ganz sicher, ob diese Verse wirklich auf dem von Pausanias erwähnten Polyandrion für die Toten von Kypros gestanden haben, doch darf solche Annahme trotz des fehlenden Hinweises auf ihren Heldentod für überwiegend wahrscheinlich gelten. Und auch als Aufschrift eines Ehrenmales bliebe das Epigramm ein höchst eigenartiges Gedicht: die Tat wird in pathetischen Worten gepriesen, ehe sie überhaupt genannt ist; und wie weitet sich hier der geographische und gleichzeitig der historische Aspekt: aus der natur- und schicksalsbestimmten Scheidung der Erdteile hat Herodot (1, 4) den Zusammenstoß zwischen Asiaten und Europäern hergeleitet, und so hat auch dieser Dichter die Ereignisse gesehen,

---

[1]
ἐξ οὗ γ' Εὐρώπην Ἀσίης δίχα πόντος ἔνειμε
  καὶ πόλιας θνητῶν θοῦρος Ἄρης ἐφέπει,
οὐδέν πω κάλλιον ἐπιχθονίων γένετ' ἀνδρῶν
  ἔργον ἐν ἠπείρῳ καὶ κατὰ πόντον ἅμα.
οἵδε γὰρ ἐν Κύπρῳ Μήδων πολλοὺς ὀλέσαντες
  Φοινίκων ἑκατὸν ναῦς ἕλον ἐν πελάγει
ἀνδρῶν πληθούσας· μέγα δ' ἔστενεν Ἀσὶς ὑπ' αὐτῶν,
  πληγεῖσ' ἀμφοτέραις χερσὶ κράτει πολέμου.

dem die ganze Geschichte erfüllt scheint vom klirrenden Schritt des furchtbaren Kriegsgottes. Erst der zweite Teil des Gedichtes bringt die Aufklärung darüber, was denn das für eine Waffentat gewesen ist, die zu Wasser und zu Lande nicht ihresgleichen hat; und hier fällt im sachlichen Bericht der Ton zunächst zurück in den Stil der alten Polyandria-Gedichte, aber nur, um sich nun im machtvollen Abschluß wieder zum packenden Bilde zu erheben: laut aufstöhnt Asien, getroffen vom Doppelschlag siegreicher Schlachtentscheidung. — Die Doppelschlacht von Kypros ist die Krönung der griechischen Siege, der triumphale Abschluß eines Ringens, das in mythischer Urzeit anhob. So will es der Dichter, so wollte es offenbar die offizielle Meinung in Athen, trotz oder gerade wegen des Kalliasfriedens. Hinter diesem Gedicht aber, der Weiträumigkeit seiner Anlage, seinen großen Worten und seinen packenden Bildern, steht nicht mehr die Elegie oder das Epos: aus ihm atmet der Geist der attischen Tragödie; nicht zufällig kehrt das Bild der stöhnenden Asia in den Persern des Aischylos (549) wieder.

Nicht alle Schlachten der griechischen Geschichte waren Siege. Und doch hat frommes Empfinden und dankbare Gesinnung auch solcher Toten nicht vergessen, denen Nike den Kranz verweigert hatte. Unter Simonides' Namen geht ein Gedicht, das wahrscheinlich den Tegeaten gilt, die im Jahre 473/2 vor den Toren von Tegea gegen die Spartaner fielen, unterliegend zwar, aber doch die Heimat vor Plünderung und Vernichtung bewahrend (7):

> Tapfere Tat dieser Männer bewirkte, daß rauchende Schwaden
>     nicht entquollen der Stadt räumiger Straßen dahier.
> Siehe, sie wollten die Heimat in blühender Freiheit den Kindern
>     immerdar lassen; sie selbst wählten den Tod in der Schlacht.

Es liegt viel Ethos in dem inhaltsschweren Schlußsatz. Der Wille der Toten war, die Stadt in Freiheit den Kindern zu hinterlassen (ob dies gelungen ist, läßt der Ausdruck selbst in der Schwebe), ihr Wille war n i c h t, zu sterben; aber blieb ihrem Kampf der Erfolg versagt, dann allerdings lag ihnen nichts mehr am Leben, dann fielen sie lieber in vorderster Front, wie es genau übersetzt heißt.

Im Jahr 457 verloren die Athener im sogenannten 1. Peloponnesischen Krieg gegen die Spartaner und ihre Bundesgenossen die Schlacht von Tanagra. Den bei Tanagra gefallenen athenischen Rittern gilt dies angeblich wieder simonideische Gedicht (9):

> Gruß dir, du adlige Schar, euch ruhmvollen Streitern im Kriege,
>     Söhne der Pallas zusamt, Ritter untadliger Art,
> die ihr die Jugend verlort im Kampf für die tanzfrohe Heimat,
>     tapfer euch stellend an Zahl übergewaltigem Feind.

Sie unterlagen, und doch: „ruhmvolle Streiter im Kriege". Die Niederlage wird verborgen und entschuldigt in der Bezeichnung der Gegner: sie kämpften gegen vielfache Übermacht, „gegen die meisten der Hellenen", wie es wörtlich heißt, übertreibend vielleicht, aber darum noch nicht beschönigend.

Wieder andere Töne schlägt ein Jahrzehnt später das Gedicht für die bei Koroneia gefallenen Athener an; es handelt sich um jenes unglückliche Gefecht, in dem Athen seine Vormachtstellung in Mittelgriechenland endgültig verlor (10):

> Dulder ihr, welch eines Ringens von niemand verhoffte Entscheidung
>   habt ihr bestanden und fielt, wie es sich keiner versah.
> Nicht zwar erlagt ihr den Feinden; es hat unheimlichen Angangs
>   einer der Halbgötter dort in eure Bahn sich gestellt,
> und mit Bedacht euch geschädigt: er hetzte unjagbare Beute
>   jenen ins Fangnetz hinein. Dies denn, zu eurem Verderb
> ward es vollendet. Doch gilt nun in Zukunft für alle die Lehre:
>   göttlichen Spruches Bescheid trog, wer ihn suchte, noch nie.

Die Voraussetzungen dieser einzigartigen und nicht ganz leicht verständlichen Verse lassen sich nur aus ihnen selbst erschließen. Dies ist unten S. 294 in den Erläuterungen versucht worden. Hier genüge zu sagen, daß uns solche Töne noch in keinem Grabgedicht begegnet sind, wie denn auch in späterer Zeit nichts irgend Vergleichbares den Gefallenen einer Schlacht auf den Stein gesetzt worden ist. Und eines wird jeder Leser sofort wieder spüren: die Nähe der griechischen Tragödie. Ja wäre es nicht Vermessenheit, ein anonymes Epigramm auf einen großen Namen zu stellen, man möchte wohl Sophokles in seinem Verfasser vermuten.

Im Jahr 440/39 hatten die Athener sich eines Aufstandes der abtrünnigen Samier zu erwehren, dem sich andere Unzufriedene anschlossen. Die Stele, auf der die Verlustliste dieses Kriegsjahres verzeichnet steht, trägt unter den Namen der Gefallenen dies Epigramm (11):

> Diese hier gaben im Kampf am Strande der Hellē ihr Leben,
>   blühend in Jugend; der Stadt schufen sie Ruhm noch im Tod.
> Stöhnen war bei dem Feind, wie des Krieges Ernte er heimtrug,
>   diese — unsterblicher Tat setzten sie selbst sich ein Mal.

Ein Gedicht, das die alte knappe Form zu wahren trachtet und das doch in dem Bilde von den Feinden, die, indem sie die Gefallenen zu Grabe tragen, des Krieges blutige Ernte einbringen, seine Abhängigkeit von der Ideen- und Bilderwelt der attischen Tragödie wiederum nicht verleugnet.

Knapp ein Jahrzehnt später wurden den bei der Belagerung von Poteidaia gefallenen Athenern diese drei Gedichte auf das Polyandrion im Kerameikos gesetzt (12):

> Sterblichen Männern hier setzten unsterbliches Denkmal die Bürger,
>   kundzutun ihre Tat künftiger Menschen Geschlecht
> und ihre Kraft, die würdig der Ahnen. Der Sieg vor dem Feinde
>   war ihres Todes Gewinn, ist ihrer Tapferkeit Ruhm. —

> Odem und Kraft ging ein in den Äther, die Leiber der Toten
> birgt diese Erde. Im Kampf fielen sie, ferne der Stadt.
> Wer von den Feinden im Staube nicht lag, der wußte des Lebens
> andere Hoffnung sich nicht als hinter Mauer und Tor.
>
> O dieser Toten gedenket in Liebe das Volk des Erechtheus,
> die vor der feindlichen Stadt fielen in vorderster Front,
> Söhne der Pallas. Sie wagten den Einsatz und gaben ihr Leben
> hin um den Ruhm ihrer Tat, Lorbeer erringend Athen.

Da ist zum ersten Mal die Antithese „sterblicher Mensch — unsterblicher Nachruhm", die fortab zum typischen Formelgut der Epigramme gehört; zum ersten Mal auch das nun ebenso weiterwuchernde Gegensatzpaar „Seele — Leib" und das Bild vom Einsatz des Lebens, vom Sterben, das die Arete (Tüchtigkeit, Bewährung) aufwiegt: wir kennen es aus der Tragödie, aus ihr aber auch, vor allem aus Euripides, die Anschauung von der Psyche, der Lebenskraft, die sich im Tode vom Körper löst und in den Äther eingeht. Der Sieg als Denkmal der Gefallenen, der Gedanke, daß sie durch ihr Sterben dem Vaterland Ruhm gebracht haben: dergleichen ist uns schon vertraut. Aber neu ist der Hinweis auf das Beispiel der Ahnen; daß die Nachgeborenen es den Vätern gleichgetan hätten, hatte noch kein Epigramm ausgesprochen: geschichtliches Bewußtsein meldet sich hier zum ersten Mal als ein Motiv der Epigrammatik gewichtig an. Wie es weiterentwickelt wird, mag das erste der beiden Gedichte auf die im Jahr 362 in der Schlacht bei Mantineia gefallenen Tegeaten beispielhaft zeigen (GV 24)[1]:

> Unvergänglicher Ruhm der Taten mythischer Helden
> liegt von den Vorvätern her noch über Landschaft und Stadt.
> Diesen dahier, die sich mühten, der Ahnen sich würdig zu zeigen,
> deckt nun der heimischen Flur dunkele Erde den Leib.

In den späteren Epigrammen wird der Topos „würdig der Ahnen" zum immer verwendungsbereiten traditionellen Formelgut.

Aus dem weiteren Verlauf des Peloponnesischen Bruderkrieges besitzen wir nur noch das Gedicht auf die im Jahre 412 v. Chr. in Sizilien gefallenen Athener; und dies hat nun wirklich einen Tragiker zum Verfasser, Euripides (13):

> Diese Männer hier zwangen achtmal zu Boden den Gegner —
> damals, als noch von Zeus gleich sich die Waage gestellt.

Gesiegt haben diese Männer, in acht Schlachten den Feind niedergerungen. Der Hinweis auf das bittere Ende dieser Siegesreihe, die sizilische Katastrophe, verbirgt sich in der äußerlich so sachlichen, in Wahrheit die schneidendste Kritik am

---

[1] ἀθάνατον Τεγέᾳ τε καὶ Ἀρκάσιν ἐξέτι τηλοῦ
κῦδος ἀπ' ἀρχαίων πέπταται ἀγεμόνων·
οἵδε δ' ἐπειγόμενοι πατέρων κλέος ἴσον ἀρέσθαι
γυίοις λυγαίαν ἀμφιέσαντο κόνιν.

Götterregiment enthaltenden Feststellung: „als die Dinge von den Göttern her noch im Gleichgewicht waren", d. h. als die Götter noch nicht durch einseitige Parteinahme die Waagschale der einen Seite niedergedrückt hatten. Ein Versuch im alten schlichten Stil, aber aus der Mentalität des „unfrommsten" der drei großen Tragiker, und in seiner epigrammatischen Prägnanz fast schon ein raffiniertes Kunststück. Ähnliche Gedanken sind denn auch weder in Athen noch sonst in der griechischen Welt je wieder auf einem staatlichen Denkmal ausgesprochen worden.

Im Sommer des Jahres 338 v. Chr. sank auf dem Schlachtfeld von Chaironeia die Freiheit der Griechen für immer in den Staub. Griechenland, das alte Griechenland, trat endgültig ab vom Schauplatz des großen Welttheaters. Schon die Zeitgenossen haben es so empfunden; sie haben aber auch bekennen dürfen, daß es ein Sterben in Ehren war, kein kraft- und tatenloses Erlöschen.

Wir haben drei Gedichte auf Gefallene aus dieser Zeit, von denen sich zwei mit Sicherheit, das dritte mit großer Wahrscheinlichkeit auf Chaironeia beziehen lassen. Das erste lautet (GV 29)[1]:

> Diese ergriffen die Waffen, das eigene Land zu bewahren,
>     frevelnder Feinde Gewalt fingen im Stoße sie auf.
> Ob sie die Mannheit bewährt, ob bänglich gezagt – doch sie fielen! –,
>     Hades befrage darob, den sie zum Richter bestellt.
> Hellas gesamt doch galt dieser Kampf: es sollte den Nacken
>     nimmerdar beugen dem Joch, Ketten nicht tragen und Fron.
> Heimische Erde nun decket der Männer, die vieles erduldet,
>     sterblichen Leib. Denn so heißt die Entscheidung von Zeus:
> Nichts zu versehen ist Sache der Götter und alles in Richte
>     bringen bei uns – doch den Tod fliehet kein Sterblicher je.

Man hat an Wortlaut und Deutung dieses Gedichtes viel herumgerätselt und gewaltsame Eingriffe nicht gescheut[2]. Auch ich bin nicht so sicher, daß der nur bei Demosthenes (18, 289) überlieferte Text überall wirklich als verbürgt gelten

---

[1]
> οἵδε πάτρας ἕνεκα σφετέρας εἰς δῆριν ἔθεντο
>   ὅπλα καὶ ἀντιπάλων ὕβριν ἀπεσκέδασαν.
> μαρνάμενοι δ' ἀρετῆς καὶ δείματος οὐκ ἐσάωσαν
>   ψυχάς, ἀλλ' Ἀίδην κοινὸν ἔθεντο βραβῆ,
> οὕνεκεν Ἑλλήνων, ὡς μὴ ζυγὸν αὐχένι θέντες
>   δουλοσύνης στυγερὰν ἀμφὶς ἔχωσιν ὕβριν.
> γαῖα δὲ πατρὶς ἔχει κόλποις τῶν πλεῖστα καμόντων
>   σώματ', ἐπεὶ θνητοῖς ἐκ Διὸς ἥδε κρίσις·
> μηδὲν ἁμαρτεῖν ἐστι θεῶν καὶ πάντα κατορθοῦν
>   ἐν βιοτῇ, μοῖραν δ' οὔτι φυγεῖν ἔπορεν.

[2] Darüber zuletzt P. Friedländer, Studi Italiani di filogia classica, N. S. 15, 1938, 110ff., dessen Interpretation hier wie in den beiden folgenden Gedichten zugrunde liegt, wenn ich auch nicht in allen Einzelheiten folgen kann.

darf (die Übersetzung mußte, um verständlich zu bleiben, wenigstens einiges glätten). Es mag aber auch wohl sein, daß der Dichter dieser mit Stimmung und Gefühl fast überladenen Verse von dem, was ihm die Seele bewegte, einfach überwältigt wurde; daß er, bedrängt von den Bildern, die vor seinem Auge aufstiegen, der Form nicht ganz Herr geworden ist — wenn ihm denn überhaupt „klare Gedankenführung" etwas bedeutet hat. In der Tat, ein Bild stellt sich vor das andere: die Kämpfer, die der Hybris der Feinde entgegentreten und die Wucht des ersten Angriffs im Gegenstoß auffangen (die Tatsache der Niederlage wird nicht beschönigt, es ist nur Sorge getragen, daß nicht einen Augenblick der Gedanke aufkommen kann, als hätten diese Toten ihre Pflicht nicht getan); Hades, den die Gefallenen zum Schiedsrichter darüber bestellt haben, ob sie die keinem Tapferen erspart bleibende Bangnis als Männer bestanden; das Joch der Knechtschaft, das die Griechen im Begriff gewesen waren, sich selbst auf den Nacken zu legen durch ihre Erfüllungspolitik; die heimatliche Erde, welche die in der Fremde Gefallenen zurückgenommen hat in ihren mütterlichen Schoß. Und zuletzt der packend ins Allgemeine sich weitende Schluß: des Zeus Entscheidung über das, was da Göttern zukommt und Menschen, beugt auch das bittere Ende dieser Toten unter ein für alle und immerdar gültiges Gesetz: es ist den Menschen nicht gegeben, ans Ziel aller Wünsche und allen Bemühens zu gelangen (was damit hier gemeint ist, bedarf vor solchem Denkmal der Worte nicht), wenn aber derartige Unvollkommenheit Menschenlos ist, so werden auch diese Männer und die, denen aufgegeben ist, das Leben weiter zu tragen, mit ihrem Schicksal nicht hadern; sie haben ihre Pflicht getan, sie haben gelitten („das meiste gelitten" heißt es wörtlich) und nun ausgelitten, Sterben aber ist unser aller unentrinnbares Ende. Es ist kein eigentlich versöhnlicher Gedanke, mit dem das Gedicht ausklingt, aber doch einer, der Halt gibt.

Das zweite Gedicht lautet so (15):

> Zeit, du bei jeglichem Tun allgegenwärtige Gottheit,
>   Künderin sei aller Welt unseres bitteren Leids.
> Sieh, wir versuchten im Kampf die Rettung des heiligen Hellas,
>   nun auf böotischer Flur, ruhmvoller, liegen wir tot.

Jeder, der diese Verse liest, fühlt sich erinnert und soll sich erinnert fühlen an das Gedicht, das am Eingang zur Ruhmeshalle griechischer Geschichte steht, „Wanderer, kommst du nach Sparta". Er wird, hat er jenen Klang im Ohr, die schmerzliche Spannung und die namenlose Trauer nachempfinden, welche diese Umformung des klassischen Vorbildes geprägt haben. — Wieder wird einer aufgerufen, Kunde zu geben von einem Geschehen. Aber diese Toten ordnen keinen Boten ab, die Meldung erfüllter Pflicht in die Heimat zu bringen, denn diese Heimat selbst, der freie Staat Athen, ist tot. Sie rufen die Zeit an, aller Menschheit, gegenwärtiger wie zukünftiger, Zeugnis zu geben von ihrem tapferen Sterben, auf daß nun und in alle Zukunft gewußt werde, was auf Böotiens ruhmvoller Flur sich mit ihnen begeben hat („ruhmvoll": es ist geschichtlicher Boden, auf dem sich ihr Schicksal vollendete; wieder geht mit der Erinnerung an Platää der Blick schmerzlich zurück in die große Zeit der griechischen Freiheitskämpfe). Eine göttlich empfundene Macht, ein Daimon, ist diese Zeit; nicht eine kosmische Potenz, nicht die Weltzeit, wie bei den Naturphilosophen und den Orphikern, sondern die geschichtliche Zeit, die Zeit der Menschen und der Völker, die bei allem, was Geschichte wird, gegenwärtig ist, so gestern wie heute und in alle Zukunft. Eine Vorstellung, die vielleicht in diesem Gedicht zum ersten Mal in dieser Bestimmtheit erscheint, die aber vorbereitet ist durch die Tragödie: „die alles sieht und alles hört, entfaltet alles auch, die Zeit" heißt es z. B. in einem Fragment des Sophokles (280 Nauck[2]); und hier begegnet auch die gleiche Häufung des Begriffes „alles" wie in unserm Epigramm, nur daß dort an der ersten Stelle πάντων „von allen Dingen (Ereignissen)" bedeutungsvoll ersetzt ist durch παντοίων „von Dingen (Ereignissen) jeglicher Art", ein Adjektiv also, das die verschiedenen Qualitäten mit umgreift, welche der Begriff „alles" einschließen kann: ein erster Unheilsklang gleich zu Anfang des Gedichtes. Die hier vorbereitete Spannung löst sich mit dem letzten Wort des ersten Pentameters: von ihrem Leid Kunde zu geben, einen anderen Auftrag haben diese Männer nicht. Was sie litten, darüber belehrt das Schlußdistichon, dessen verhaltene Worte die Niederlage nur andeuten, wie sie allen Stolz der Überwundenen in dem Beiwort verstecken, welches der Kampfplatz erhält, auf dem sie ehrenvoll untergingen. Und doch haben diese Toten nach dem höchsten Ruhmestitel gegriffen, denn indem sie die Erinnerung an die Thermophylenkämpfer beschworen, haben sie sich diesen an die Seite gestellt: dies ist der tiefere Sinn der Umformung von „Wanderer, kommst du nach Sparta". Der Dichter, der sie wagte, konnte den Letzten, die für ein freies Griechenland gestorben waren, keinen schöneren Kranz winden.

Auf die bei Chaironeia Gefallenen bezieht sich schließlich wohl auch dies Epigramm (16):

> Wenn denn ein würdiger Tod der Tapferkeit größtes Teil ist,
>   dann hat vor allen fürwahr uns dieses Tyche geschenkt.
> Sehet, der Freiheit Kranz um Griechenland wollten wir breiten:
>   tot nun liegen wir hier, immer doch dauert die Tat.

Auf ihre Weise sind auch diese Verse ein ergreifendes Symbol ihrer Zeit. Würdig zu sterben, anderes blieb diesen Männern nicht mehr. Und doch bekennen sie sich nur zögernd zu der Maxime von dem schönen Sterben als der Arete größestem Teil; sie wird, ob sie gleich erst Zuflucht eines Geschlechtes ist, dem zu siegen nicht mehr vergönnt war, so eingeführt, als hätte dieser Satz schon lange gegolten, stünde indes in seiner Anerkennung nicht so unantastbar fest. Und wenn sonst die Grabepigramme von ewigem Nachruhm sprachen, so ist εὐλογία „lobende Rede", ein sehr zurückhaltender Ausdruck: daß sie tapfer gestorben sind, diese Anerkennung wird den Toten von Chaironeia auch die Nachwelt nicht versagen, auf Ruhm erheben diese Männer keinen Anspruch. Und eines spürt man auch in diesen Versen unmittelbar: das echte Gefühl einer Zeit, die an der Bahre von Griechenlands einstiger Größe die Letzten, die für seine Freiheit in den Tod gegangen waren, das sagen läßt, was sie selber trauernd empfand.

Damit nehmen wir Abschied von den Polyandria-Gedichten. Die späteren Versuche in diesem Stil bewegen sich in den alten Formen und wiederholen die überkommenen Motive, deren Modifikationen lediglich stilistisches Interesse beanspruchen können. Sie reichen auch über den Anfang des ersten vorchristlichen Jahrhunderts nicht hinab; die Griechen scheinen selbst empfunden zu haben, daß diese Gattung überlebt war. Auch die Epigramme auf einzelne Krieger, die der Staat seit dem fünften Jahrhundert durch ein Staatsgrab auf dem Ehrenfriedhof ausgezeichnet hatte, treten mehr und mehr zurück und sind seit der Wende der Zeiten völlig obsolet. Das Gedicht auf einen im Jahre 287/86 bei den Kämpfen vor Munichia gefallenen Athener mag eine Vorstellung auch von dieser Gattung geben; für Athen ist es schon der letzte Beleg (21):

> Schauet dem Tod ins Gesicht, ihr Jünglinge, gehet dem Feinde
> mutig entgegen und scheut Vater und Mutter und Stadt.
> Denn auch dir hat, Chairipp, dem Toten zu dauerndem Ruhme
> Standbild und Grabmal gesetzt Rat und Gemeinde Athens,
> als du, der Knechtschaft zu wehren, dort unter Munichias Mauern
> für deiner Heimat Bestand Leben hingabest und Leib.

Der Eingang macht sich ein Motiv der alten Elegie zu eigen, ja diese „Mahnrede an die Jünglinge" könnte Wort für Wort so in einer „Aufforderung zum Kampf" gestanden haben, wie wir sie aus Kallinos und Tyrtaios kennen. Und wie dort dann der Hinweis auf den Nachruhm zu folgen pflegt, der denjenigen erwartet, der in tapferem Kampfe fiel, so wird hier am Einzelfall des Chairippos demonstriert, wie tapferes Sterben vom Demos anerkannt wird, wobei die persönliche Hinwendung an den Gefallenen ein Abgleiten ins allzu nüchtern Prosaische klug zu vermeiden weiß; und der Bericht über die Tat selbst, der sich im letzten Distichon entfaltet, sichert dem Epigramm mit der Beschwörung der Begriffe Freiheit, Vaterland, Opfertod vollends den gehobenen, wirkungsvollen Abschluß.

---

Wir sind bei der zusammenfassenden Betrachtung der Kriegergräber nun schon bis ins dritte Jahrhundert v. Chr. vorgestoßen und müssen uns den Weg zurücksuchen in das bürgerliche Dasein des griechischen Menschen im fünften Jahrhundert. Da ist nun freilich gleich zu sagen, daß wir private Grabepigramme aus der eigentlichen Perserzeit wahrscheinlich gar nicht besitzen und daß es ihrer auch aus der zweiten Hälfte des Jahrhunderts nur verhältnismäßig wenige gibt. Das wird schwerlich nur Zufall der Überlieferung sein, mindestens nicht für den ersten Abschnitt, sondern damit zusammenhängen, daß die Zeiten vom erregenden Geschehen auf den Schlachtfeldern noch so erfüllt waren, daß eben zunächst kein Raum blieb für die private Sphäre des einzelnen und sein Leid.

In das Jahrzehnt nach Salamis und Platää fällt immerhin wohl noch das Gedicht auf Archedike, Tochter des Peisistratiden Hippias von Athen und Gattin des Tyrannen Aiantides von Lampsakos (77):

> Adligsten Mannes Geblüt, dem keiner mochte sich gleichen,
>   Hippias' Tochter bedeckt, Archedike, der Staub.
> Vater und Gatte und Brüder, die Kinder auch hießen Tyrannen:
>   dennoch verstieg sich ihr Sinn niemals zu frevelndem Tun.

Vollendeter Typus der geschlossenen Form. Alles Gewicht liegt auf dem durch die vierfache Reihung „Vater, Gatte, Brüder, Kinder waren Tyrannen" vorbereiteten, aber gerade dadurch nun besonders eindrucksvollen, überraschenden Umbruch, der „Pointe" des Gedichtes, οὐκ ἤρθη νοῦν ἐς ἀτασθαλίην: wie dies gewichtige fünfsilbige Wort bis zum Schluß aufbewahrt wird und nun in der Negation seinen Gehalt rückflutend über das ganze Epigramm ergießt, das ist überlegte und sich ihrer Mittel bewußte Kunst. Die Wirkung ist und der Eindruck bleibt: was muß das für eine Frau gewesen sein, die in solcher Umwelt ihre σωφροσύνη zu wahren wußte.

Schon an das Ende des Jahrhunderts gehören zwei athenische Epigramme, die beispielhaft zeigen, wie neben den weiterlebenden alten Formen nun auch neue Möglichkeiten gefunden und genutzt werden. – Das Gedicht auf Ampharete versucht zum ersten Mal den Bildgehalt des „Schriftträgers" auszudeuten, wo denn freilich deutlich wird, daß eben dieser, die Darstellung der Toten, das Wesentliche ist, der erläuternde Text nur noch dienende Funktion hat. Über dem Relief (vgl. die Abbildung auf dem Schutzumschlag), das eine ältere Frau mit einem Kindchen auf dem Schoß zeigt (sie ist gleichwohl nach dem Gesetz, das die griechische Kunst der klassischen Zeit immer bewahrt hat, in jugendlicher Schöne gebildet), – über diesem Bild von Großmutter und Enkelkind stehen die Verse (96):

> Auf meinem Schoße hier halt' ich das Kind meiner Tochter, das liebe.
>   Als wir den strahlenden Tag beide im Leben geschaut,
> hielt ich es oft so im Arm, und halte nun tot auch das tote.

Die Beischrift läßt die Großmutter aus der Situation des Bildes heraus reden. Dem sachlichen Zweck, mitzuteilen, daß diese Frau das Kind ihrer Tochter auf den Armen hält, nicht ihr eigenes, wie jeder Betrachter zunächst annehmen muß, dient der erste Satz. Was dann folgt, ist freilich nicht mehr Beschreibung, sondern verlegt als Vorgang des Lebens in die vergangene Wirklichkeit zurück, was das Relief als Zustand festhält. „Als wir die Strahlen der Sonne mit Augen sahen", heißt es wörtlich übersetzt; das gibt volle sinnliche Anschaulichkeit. Der Lebendigkeit und Gelöstheit dieser Aussage tritt kurz und prägnant die Feststellung entgegen, was jetzt Wirklichkeit ist: „und jetzt halte ich Tote das tote". Damit ist der Kreis geschlossen: „halte ich" greift auf das „halt' ich" des Eingangs zurück. Doch wenn dort die Gegenwart indifferente Bildbeschreibung war, so wird aus dem Gegensatz zum Leben nun die Wirklichkeit des Todes deutlich. Zugleich aber kann die innige, selbst den Tod überdauernde Verbundenheit von Großmutter und Enkelkind nicht selbstverständlicher und tiefer ausgedrückt werden als durch solche einfache Aufnahme des Verbums und das schlichte Nebeneinander „ich Tote das tote". Nur Tatsachen werden vorgeführt, diese freilich so, daß hinter ihnen durchschimmert, was sie dem, der sie ausspricht, wirklich bedeuten.

Im Kerameikos von Athen sind unter einer Lutrophoros (die anzeigt, daß der hier Bestattete unvermählt gestorben ist) folgende Disticha eingemeißelt (80):

> Herrscherin Zucht, der Scham, der hochgemuteten, Tochter,
>     dir nur ergab ich mich ganz und der Bewährung im Kampf,
> ich, Kleidēmides' Sohn Kleidēmos, im Grabe hier liegend,
>     einst meinem Vater ein Stolz, nun meiner Mutter nur Weh.

Der älteren Zeit würde das zweite Verspaar genügt haben. Aber die Eltern, die ihrem Sohn diese Grabschrift setzen ließen, wollten nicht nur der Klage um frühen Tod Ausdruck geben; der Leser sollte auch erfahren, daß dieser Tote im Leben die Tugenden geübt hatte, die zu einem athenischen ἀνὴρ ἀγαθός gehörten. Sie hätten das so schlicht und sachlich sagen können wie es z. B. die Epigramme GV 54 (oben S. 8), 34 (oben S. 15). 57. 61. 63. 69 formulieren. Sie rufen statt dessen die als göttliche Personen vorgestellten Wesenheiten Sophrosyne und Arete feierlich zu Zeugen dafür auf, daß der Sohn ihnen die Ehre gegeben hat, d. h. die in ihnen verkörperten ethischen Qualitäten bewährte, als er noch die Freude und der Stolz seiner Eltern war. Das Gedicht wird durch diesen Anruf, der sein Vorbild in den Hymnen auf die Götter hat, gleich im Anfang von einer inneren Bewegtheit geprägt, die wir in den älteren Epigrammen höchstens in den aus der Elegie abgeleiteten Formen der Klage angetroffen haben.

Wir wollen hier einen Augenblick innehalten und zurückblicken auf die Wegstrecke, die wir durchmessen haben. — Aus dem Wesen der Aufschrift hatte sich uns ergeben, daß auch das Epigramm als eine Species dieses Genos zunächst dem praktischen Zweck verhaftet blieb, Aufschluß zu geben über den Toten und die Umstände seines Lebens und Sterbens. Wir haben aber auch sogleich zu konstatieren gehabt, daß der Trieb, welcher die besondere Form dieser Aussage über den Toten erzeugt hat, aus einer anderen Wurzel kam: aus dem Ergriffensein von ihrem inneren Gehalt, von dem, was in einer so schlichten Tatsache wie der, daß der Vater dem Sohn das Grab hatte richten müssen, implicite enthalten war. Diese andere Seite der Aussage oder die Beziehung zwischen zwei Aussagen aus der knappen sachlichen Mitteilung hervorleuchten zu lassen, ohne selbst mit der Äußerung eines subjektiven Gefühls sich zwischen die Dinge zu stellen, das war die Kunst, welche die frühen Epigrammatiker unbewußt, naiv, geübt hatten. Wir werden unterstellen dürfen, daß die, welche auf diesem Wege weitergingen, sich der Wirkungen, die in solchem Verschweigen lagen, bewußt geworden sind und nun wirklich als Stil gepflegt haben, was den Vorgängern einfach sachliche Notwendigkeit gewesen war. Die Grenze zwischen beiden Entwicklungsstufen bestimmen zu wollen, wäre freilich wohl Vermessenheit. Genug, daß wir sehen, wie dieser Stil in den Gedichten der Perserzeit in unnachahmlichen Mustern kanonisch wird, der Einfluß der Elegie, der seit dem 6. Jahrhundert dem Eindringen subjektiver Elemente neue Möglichkeiten eröffnet hatte, hier wieder völlig zurückgedrängt ist. Erst das neue Lebensgefühl, das die Schöpfung der attischen Tragödie erzeugte, führt kurz vor der Mitte des 5. Jahrhunderts auch dem Epigramm neue Säfte zu, bereichert die bildliche Ausdruckskraft seiner Sprache, durchtränkt es mit dem Pathos seiner großen Gebärde und gibt ihm Weite und eine neue, fast religiöse Weihe. Diese Stufe ist in den Gedichten auf die Gefallenen von Koroneia, Kypros, Poteidaia erreicht. Aber daneben wird die alte schlichte Art weitergeübt, ja sie bleibt wenigstens auf den privaten Denkmälern neben den aus der Elegie entwickelten Formen vorherrschend, bereichert, innerlich bewegter werdend, auch wohl neue Motive suchend (54. 56. 58. 59), aber in ihrem innersten Wesen kaum verändert. Nur darüber ist nun wohl kein Zweifel mehr möglich: wer jetzt wirklich noch im Sinne des alten Epigramms nur die Sachen reden läßt, der weiß darum, daß er mehr sagt, als die Worte selber ausdrücken können, er schweigt nun tatsächlich bewußt, in der Absicht, durch solche Zurückhaltung eine Wirkung zu erzielen.

---

Hatte das 5. Jahrhundert, abgesehen von den Gedichten für die Polyandria, nur wenig Grabepigramme hervorgebracht, so setzt mit dem vierten eine sehr viel reichhaltigere Produktion ein, um dann seit dem Hellenismus fast unübersehbar zu werden, und zwar ziemlich in allen Teilen der griechischen Welt, seit ausgehender hellenistischer Zeit auch im römischen Westen. Es ist im Rahmen einer Einführung nicht möglich, den ganzen Reichtum zu erschöpfen, der sich hier entfaltet und immer wieder neue Ansätze und Versuche aus sich hervortreibt. Genug, wenn wir versuchen, einige Züge des Bildes festzuhalten und die Hauptlinien der Entwicklung anzudeuten. Wir beginnen mit dem 4. Jahrhundert, das die Grundlagen geschaffen hat, auf denen spätere Generationen weiterbauen konnten, mögen sie auch noch manchen Stein anders gerückt und auch wohl Zierat hinzugetan haben, den wir heute lieber wieder entfernt sähen.

Der Einfluß der Tragödie wie der großen Dichtung überhaupt macht sich nun auch in den privaten Grabschriften geltend und führt zu einer ganz neuen Bereicherung der Bilderwelt wie der dichterischen Ausdruckskraft der Epigramme: Dunkel kommt über das Haus, wenn die Trauer darin einkehrt; Hades oder Lethe (die Vergessenheit) breiten ihre nächtigen Schwingen um den Sterbenden; der Tote trinkt aus dem Wasser der Lethe und löscht damit jede Erinnerung aus an sein früheres Leben; Hades wird vorgestellt als der hämische Daimon, der alt und jung, arm und reich gleichermaßen hereinholt in sein düsteres Reich; die Unterwelt wird bezeichnet als die Kammer der Persephone, die allen offensteht; Charon setzt auf seinem Nachen die Toten über den schaurigen Acheron; Hermes geleitet die Seelen der Abgeschiedenen zu ihrer künftigen Wohnstatt; Minos und

Rhadamanthys walten als unerbittliche Richter im Totenreich, ihr Spruch entscheidet darüber, ob die Toten dort verbleiben müssen oder ob sie als verklärte Heroen im Elysium oder auf den Inseln der Seligen wohnen dürfen; es gibt einen Agon der Tugend selbst noch im Hades; Moira oder Tyche, die unbeständige Schicksalsmacht, treiben ihr launisches Spiel mit den Sterblichen. Solche und andere Bilder werden mit dem 4. Jahrhundert so häufig, daß man geradezu von festen Topoi reden darf, die zu beliebigem Gebrauch immer bereitliegen. Sie nutzen sich denn auch rasch ab und sind dann nicht ganz selten so verwandt, daß der ursprüngliche Bildgehalt kaum noch empfunden wird und alle Anschaulichkeit verlorengeht.

Inhaltlich neu ist die (noch knappe) Berücksichtigung einfacher Lebensdaten: Alter, Beruf, Heimat, Todesursache, der Topos „Kinder noch sah sie (er) der Kinder". Im Katalog der bürgerlichen Tugenden, von denen jetzt mehr und öfter geredet wird als früher, spielt neben σωφροσύνη (Verständigkeit, Maßhalten, Bescheidenheit) und ἀρετή (Tüchtigkeit im weitesten Sinne) die δικαιοσύνη, die Gerechtigkeit, eine besondere Rolle, selbst bei Frauen (65): wir sind im Zeitalter Platons. Auch Frömmigkeit, Treue, Gatten- und Kinderliebe werden nun gern gepriesen, ja diese findet im Versuch einer Art Zwiegespräch (86. 101) oder in dem schönen Motiv „darüber befrage den Gatten, er weiß es von allen am besten" (107) einen Ausdruck rührender Innigkeit; wie denn überhaupt die Frau als Gattin und Mutter jetzt ganz anders in den Blick rückt als noch im 5. Jahrhundert. Neben den Eltern wird die Sonne aufgerufen, die „Artigkeit" eines Kindes zu bezeugen (70). Der innere Wert eines Menschen wird abgesetzt vom äußeren Schein, und wenn Tugend und Gattenliebe einer Frau gewürdigt werden, so geht solchem Lob wohl ein Satz voraus wie „nicht Kleider und Gold bestaunte diese Tote im Leben" (92). Selbst aus dem Namen eines Verstorbenen wird ein Motiv herausgeholt, wenn dem, welcher den unschönen Namen „Widder" trug, nachgerühmt wird „aber eines ganz und gar gerechten Mannes Seele besaß er" (59). Zu der Antithese: „sterblicher Leib – unsterbliche Seele" tritt die andere: „sterblicher Mensch – unvergänglicher Ruhm" (75). Zu dem Satz „von Erde genommen – zu Erde geworden" (100), zu der Klage, daß der Mensch nur zu Trauer und Leid geboren wird (93), zu dem mannigfach variierten Vorwurf „Tod, wie sinnlos dein Werk!": zu solchen und anderen „elegischen" Motiven gesellt sich nun zum ersten Mal als Gegenstück der Preis menschlichen Glückes (68. 84), und wo einer Hoffnung die volle Erfüllung versagt geblieben ist, da wagt man doch auch von dieser Hoffnung zu sprechen (81. 85. 91).

Formal wird Neuland erschlossen in der Voranstellung eines allgemeinen Gedankens, der auf den Einzelfall angewendet oder diesem übergeordnet wird (94. 95. 441); ferner in den nun rasch beliebt werdenden einleitenden Bedingungssätzen des Typus „wenn das und das gilt", „wenn es denn wahr ist", „wenn es erlaubt wäre" (16. 71. 99. 108) sowie in dem nun ganz freien Gebrauch der persönlichen Anrede, die sich an den Betrachter, den Toten, die Hinterbliebenen, aber auch an das Grab (101) und im weiteren Verlauf der Entwicklung an die

Gottheiten der Unterwelt, das Schicksal, die Heimat des Toten, ja selbst an abstrakte Begriffe richten kann (einige Beispiele im Abschnitt IV 2 γ).

Eine Sondergruppe noch erheischt Aufmerksamkeit. Schon im 5. Jahrhundert waren gelegentlich mehrere Gedichte auf einem Stein vereinigt worden, die dem gleichen Anlaß galten. Dieser Brauch wird nun seit dem 4. Jahrhundert in einem Maße geübt, daß man geradezu von „Konkurrenzgedichten" gesprochen und gemeint hat, es sei da der Auftrag, ein Grabgedicht zu machen, jedesmal an mehrere konkurrierende Dichter vergeben worden und die Hinterbliebenen hätten dann unter den eingegangenen Entwürfen die (nach ihrem Geschmack) schönsten herausgesucht. Man wird solche Möglichkeit gewiß nicht bestreiten, nur läßt sich in der überwiegenden Mehrzahl der Fälle einfach vom Stil ablesen, daß in Wahrheit fast immer derselbe Dichter spricht; die vorgeblichen Konkurrenzgedichte sind also meistens Variationen über ein und dasselbe Thema, über das mehr ausgesagt werden sollte als die geschlossene Form des einen Epigramms aufnehmen konnte; oder auch das zweite Gedicht ergänzt und erweitert die Mitteilungen des ersten (danach sind in der vorliegenden Ausgabe Parallel- und Ergänzungsgedichte geschieden). Musikalisch gesprochen wird also entweder die eine Melodie in immer neuen Variationen abgewandelt und ausgespielt, oder dem Motiv des ersten „Satzes" antwortet im zweiten, dritten usw. ein neues, das mit dem früheren nur dadurch verknüpft ist, daß eben alle „Sätze" zusammen die eine Kantate zu Ehren des einen Toten bilden. In der Tat tritt damit so etwas wie ein musikalisch-lyrisches Element in die Entwicklungsgeschichte des Epigramms ein.

Man meint das schon in den Gedichten auf die Gefallenen von Poteidaia (12, oben S. 23f.) zu spüren, und man wird dessen vollends innewerden, wenn man etwa die drei Epigramme auf den Hymnoden Theodoros hintereinander liest (443): die lebhaft geschauten und in bewegter Sprache gestalteten Bilder von der Aufnahme des Sängers bei den Helden der Vorzeit im Olymp und der Ehrung des Toten durch die Musen umrahmen da einen ganz auf den Ton der Elegie gestimmten Mittelteil. Wie weit haben wir uns hier schon entfernt von der schlichten Mitteilung objektiver Gegebenheiten. Diese Verse sind wirklich fast schon lyrische Impressionen; die sachliche Unterrichtung des Lesers wird nicht außer acht gelassen, aber sie ist sozusagen nur noch ein Anlaß zu subjektiver Äußerung des nun hinter dem Gedicht hervortretenden dichtenden Individuums. Freilich lag in der Möglichkeit solchermaßen vervielfachter Äußerung auch eine Verführung zu lässiger Breite und Weitschweifigkeit oder doch zur Sprengung der geschlossenen Form, wenn man nun auf mehrere Gedichte verteilen konnte, was in den Rahmen von zwei bis drei Disticha zu spannen der Kanon bisher gefordert hatte. Wer die späteren Gedichte dieser Gruppe durchmustert, wird die Beispiele für derartige Aufweichungstendenzen und Auflösungserscheinungen leicht herausfinden; und doch sind auch hier noch so gelungene, ja köstliche Stücke darunter wie die Epigramme auf Isidora (450), Pomptilla (463) oder die Dialoge 437 und 438.

Wir dürfen die Folgezeit, den Hellenismus und die römischen Jahrhunderte, zusammenfassen, wenn wir nun darangehen, uns Rechenschaft zu geben vom Weiterleben des griechischen Grabepigramms bis in die Zeiten, in denen christlicher Glaube und christliches Denken auch auf den Gräbern zu Worte kommt und nun allerdings das Alte bald so verwandelt, daß die eigentlich christlichen Gedichte hier ganz außer Betracht bleiben müssen. Mag es nämlich auch den Anschein haben, als tauchten manche Gedanken, Vorstellungen, Bilder erst in nachhellenistischer Zeit auf, so können wir doch ziemlich sicher sein, daß dieser Eindruck in der Mehrzahl der Fälle trügt, daß, was uns neu vorkommt, in Wahrheit vielmehr aus dem Hellenismus oder auch schon aus älteren Vorbildern übernommenes Traditionsgut ist (dies ist z. B. unbezweifelbar, wenn wir solche scheinbaren Neuerungen bereits in der Tragödie oder in sonstiger Dichtung nachweisen können). Nur das wird kein Zufall sein, daß Gedichte auf Sklaven erst in römischer Zeit häufiger werden[1], wenn der Boden für solche Bekundung von Philanthropia auch längst durch die Philosophie und die Neue attische Komödie vorbereitet war und das Epigramm auf einen zweiten Eumaios (207) zeigen mag, daß es dergleichen vereinzelt auch schon früher gegeben hat. Ähnliches gilt für die Grabgedichte auf Tiere (458. 473ff.), trotz literarischer Beispiele schon aus hellenistischer Zeit, und eigentlich auch für die Dialoge (424ff.), obwohl einige Typen der Wechselrede wieder älter sind und Vorstufen sogar bis in das 5. Jahrhundert hinaufreichen (oben S. 17). Auch der schöne Gedanke „möge dein Grab zu einem Blumenhügel werden" (341. 462. 463), die Vorstellung, daß der Tote zu einem Stern geworden ist (304. 310. 343), ausführliche Schilderungen der Schrecken der Unterwelt (390) oder der Freuden im Olymp (391. 399), Geschmacklosigkeiten wie der Schönheitskatalog 293, Spielereien wie das Silbenrätsel 395, die ungenierten Aufforderungen, das Leben zu genießen (248. 371. 465. 479. 480), Warnungen und allerlei Lebensregeln sonst (327. 477ff.), die Erinnerung an die Vergeßlichkeit der Erben (242. 379): all dergleichen wird wohl nicht von ungefähr erst in den späten Gedichten auftauchen bzw. dort entwickelt werden. Aber im allgemeinen dürfen wir auf eine Scheidung von „früh" und „spät" hier verzichten; seit dem Hellenismus gibt es wirklich so etwas wie eine Koine in der griechischen Grabepigrammatik: Gedanken, Motive, Formen und Formeln werden von Geschlecht zu Geschlecht und von Ort zu Ort weitertradiert, so daß die gleichen Wendungen dann oft in den verschiedensten Landschaften und in weitem zeitlichem Abstand voneinander wieder auftauchen[2]. Daß gleichwohl

---

[1] In der vorliegenden Auswahl: 240. 241. 243. 258. 265. 291. 298. 336. 411. 420.

[2] Dazu gehören u. a. auch Formeln wie „möge die Erde dir leicht werden" (z. B. 183; zuerst Euripides, Alkestis 463); das Motiv „gemeinsam gelebt, gemeinsam begraben" (114. 156. 412); die Abfolge: Name der Heimat, des Vaters, des Toten; die Gedichteingänge, die den Wanderer ausdrücklich zur Betrachtung des Denkmals aufrufen; die Segenswünsche, mit denen er wieder entlassen wird (etwas Besonderes freilich 139: „möge solche Gattin auch dein Haus einmal schmücken" oder die Bitte des toten Schauspielers an seine Freunde, 278: „klatscht mir noch einmal Beifall wie einst"), die Aufforderung: „haltet ein mit der Klage" (z. B. 211.

Unterschiede des Stiles wie der Qualität vorhanden sind, auch wohl landschaftliche Besonderheiten, soll nicht in Abrede gestellt werden; aber diese Dinge würden eine eigene Untersuchung erfordern, sie haben auch mehr philologisch-literarisches Interesse und brauchen uns hier nicht aufzuhalten.

Die Gedichte des hier zu betrachtenden Zeitraumes sind in der vorliegenden Auswahl nach bestimmten Formgruppen angeordnet. Schon aus dieser Aufgliederung (vgl. die Inhaltsübersicht) läßt sich eine Bestätigung für das eben über die Koine Bemerkte ablesen. Die meisten dieser Typen begegnen zwar schon in der früheren Zeit, aber erst jetzt schließen sich die Beispiele wirklich zu größeren Gruppen zusammen. Zugleich aber verschiebt sich ihr Verhältnis zueinander, indem der Bericht über den Toten die Gruppe „Vorstellung des Toten" zahlenmäßig insofern überwiegt, als sich die immer ausführlicher werdende Unterrichtung des Lesers über die Haupttatsachen aus dem Leben des Verstorbenen nunmehr geradezu zu einer Erzählung ausweiten kann (161ff. 315ff.), andererseits aber auch die „Vorstellung" ihren Charakter verändert, indem nun auch hier an den Eingang „Hier liegt der und der begraben" sich so viele Einzelheiten anhängen können, daß die Vorstellung praktisch wieder zum Bericht wird.

In diesen Verhältnissen spiegelt sich nicht nur ein stärkeres Mitteilungsbedürfnis, sondern hier äußert sich ein typischer Zug der Zeit; der auf die liebevolle Betrachtung des einzelnen gerichtete Blick des hellenistischen Menschen verweilt bei allen Eigentümlichkeiten, Lebensumständen, Beziehungen, äußeren Merkmalen, Charaktereigenschaften, Fähigkeiten, die ihm an dem Dahingeschiedenen bemerkenswert erschienen sind, und ist eifrig bemüht, dies Bild in allen Einzelzügen auch dem Leser vor Augen zu stellen, der vor den Stein hintritt und bei dem er ein gleiches Interesse voraussetzen darf. Von Berufen oder sonstiger Tätigkeit wurde noch in den Epigrammen des 4. Jahrhunderts nicht eben viel geredet. Jetzt hören wir von Ärzten, Gelehrten, Philosophen, Staatsmännern, Verwaltungsbeamten, Richtern, Schulmeistern, Dichtern, Schauspielern, Mimen, Athleten, Soldaten, Kaufleuten, Handwerkern aller Art, Bauern, bis herab zu Lohnarbeitern, Zirkusreitern, Gladiatoren, Sklaven, Ammen. Und was wird da alles der Erwähnung für würdig befunden: Arbeitsamkeit, Fleiß, Sparsamkeit, Verstand, Bildung, Rechtlichkeit, Wahrheitsliebe, Redlichkeit, Treue, Gehorsam, Ergebenheit, Liebe, Züchtigkeit, freundliches Wesen, Bescheidenheit, Anmut, Schönheit, Stärke werden gepriesen, Liebhabereien und besondere Neigungen sowenig vergessen wie etwa die Zugehörigkeit zu einer philosophischen Schule (ein Epikureer 201, ein Platoniker 470).

Mit einfachen Worten geschieht das (der immer seltener werdende Fall), in gewagter Übertreibung („solch eine Frau kommt nicht wieder" 149. 374. 444; wie bescheiden dagegen z. B. die Selbstcharakteristik 311 oder die Antwort der Frau auf das Lob, das der Gatte ihr spendet, 436; sympathisch, wenngleich etwas

---

389); selbst ein Motiv wie das Bekenntnis des Mimen: „oft schon starb ich, doch so noch nie" (410) ist nicht vereinzelt geblieben.

frivol das Selbstporträt eines Hedonikers, 232), in gesuchten Bildern und Umschreibungen (die doch rasch wieder konventionell werden), oder aber auch so, daß der Tote mit einem Heros bzw. einer Heroine der Vorzeit verglichen wird, mit denen er es aufnehmen konnte oder die er gar noch übertroffen hat: er war so schön wie Endymion (323), Hylas (360) oder Phaethon (467), so stark wie Herakles (323), so beredt wie Nestor (364. 443); eine Frau gleicht an Schönheit Leda (393) oder gar Aphrodite (318. 392), an Kunstfertigkeit Athena (318), an Gattenliebe und Treue Penelope (359. 381. 463), Alkestis (393. 463) oder Laodameia (381. 463); eine Tote gar sieht aus wie eine Amazone (392)[1]. Oder auch: ein schönes Mädchen ist aufgegangen wie der Morgenstern (295), die Wangen eines anderen blühen wie ein Pfirsich oder ein Apfel; wieder von anderen heißt es, daß sie einem Reis gleichen, das der Tod nun geknickt hat, einer Rose, einer Knospe, die nun nicht mehr zur Entfaltung kommt (z. B. 297. 307. 351. 383).

Altersangaben werden nun häufig mit präziser Genauigkeit gemacht, bis auf Monate und Tage; Krankheiten und andere Todesursachen (das Wochenbett spielt eine große Rolle) werden geschildert oder doch wieder möglichst genau bestimmt (am weitesten geht darin das lange Epigramm auf den Tod eines Kindes GV 1166, vgl. aber z. B. auch 167 der vorliegenden Sammlung, wo von den Versuchen, ein Geschoß aus dem Körper zu entfernen, berichtet wird). — Das Interesse der literarischen Epigramme des Hellenismus für das Thema „Sonderbare Todesfälle" ist bekannt; in der vorliegenden Auswahl fallen unter diese Rubrik: 150. 152. 153. 167. 217. 305. 317. 325. 439. 458; darunter sind Fälle, die sich dichterischer Behandlung eigentlich entziehen, die aber gleichwohl die Menschen dieser Zeit gerade als „Fall" besonders gereizt haben. Und wenn man mit Recht gesagt hat, erst der Hellenismus habe eigentlich das Kind entdeckt, so liefern auch hier wieder die Grabgedichte Beispiele für ein Eingehen auf kindliche Eigenart, wie sie uns früher nirgends begegnet ist (vgl. z. B. 147. 228. 290. 401. 435).

Die Einbeziehung aller Realitäten des Lebens[2] macht schließlich auch vor solchen Werten nicht mehr Halt, welche die ältere Zeit als Scheinwerte ausgeschlossen oder die sie doch nur angedeutet hatte, Adelsstolz und Prahlen mit Besitz oder Geld (wie zurückhaltend sprechen noch im 4. Jahrhundert die beiden Schwestern des Epigramms 468 davon, daß sie das vom Vater ererbte Vermögen in geschwisterlicher Liebe geteilt haben); und das Pochen auf vornehme Geburt

---

[1] Überhaupt wird vom Vergleich und vom mythologischen Exempel, das dem alten Epigramm ganz fremd ist, nun häufig Gebrauch gemacht. Eine Mutter klagt um ihr totes Kind wie der Eisvogel um sein Junges, Prokne um Philomele oder so, wie Niobe um ihre Kinder gejammert hat (z. B. 231. 335). Ein Vater wird ermahnt, den Tod seines Sohnes so tapfer zu tragen wie Peleus (299). Selbst entlegene Mythen werden herangezogen (vgl. zu 286).

[2] Dahin gehört z. B. auch, daß kaum je vergessen wird, mitzuteilen, ob der oder die Tote verheiratet war, wie viele Kinder der Ehe entsprossen sind (möglichst auch ihr Alter und Geschlecht), ob Vater oder Mutter noch leben, das Geschlecht, aus dem er stammt, zu nennen, und bei Fremden auch die Heimat und den Grund ihrer Aufgabe hinzuzufügen.

führt dann gar zu solchen Verstiegenheiten, daß etwa ein Barbar aus Paphlagonien mit Stolz verkündet, er stamme von jenem Pylaimenes ab, der einst der Ehre teilhaftig geworden sei, vom großen Achill erschlagen zu werden (GV 836). — Auf der anderen Seite hat diese „Biotik" so hübsche hellenistische Genrebildchen geschaffen wie das schöne Gedicht auf die beiden alten Spinnerinnen (127), die sich ebenfalls rühmen, von guter Herkunft zu sein, und die doch vor Tau und Tag aufstehen mußten, um ihr mühseliges Werk zu beginnen, zu dem ihnen noch der Morgenstern ins Zimmer geschaut hat; sie entbieten ihm noch aus dem Grabe heraus ihren Gruß und können auch jetzt nicht wohl anders, als sich ihres frühen Tagwerkes erinnern, wenn ihnen sein Aufgang verkündet, daß es wieder einmal Morgen werden will bei den Menschen da oben. Das ist nun allerdings allem Realen doch wieder weit entrückt, eine dichterische Impression.

Überhaupt darf es nicht so scheinen, als erschöpfe sich das spätere Epigramm sozusagen im Sachlichen und in den Bezirken des Alltags. Davon zu reden, ist nur das eine, aus dem Wesen der Grabschrift resultierende und dadurch hinreichend legitimierte Anliegen. Das zweite ist, auch diese Dinge so zu sagen, daß sie über die Sprache und Anschauungsweise gewöhnlicher Rede hinausgehoben werden: die Verfasser von Grabepigrammen haben nun ganz offenkundig den Ehrgeiz, poetisch zu schreiben, Gedichte zu machen. Das dritte ist ein gesteigertes Bemühen, den Leser mit den Mitteln von Wort und Vers wirklich anzusprechen, ihn zu Aufmerksamkeit, Teilnahme, Mitleid zu bewegen, diejenigen Gefühle in ihm aufzurufen, von denen sich der Dichter selbst im Augenblick innerlich ergriffen fühlt oder in die er sich doch hineingesteigert hat. Und noch etwas kommt hinzu: In weit höherem Maße als ihre Vorgänger haben diese Poeten das Bedürfnis, allgemeine Gedanken auszusprechen, über die Bestimmung des Menschen, über das Schicksal und seine Mächte, über die Götter, über Tod und Leben zu philosophieren; resignierend meist, pessimistisch (wie zuversichtlich waren noch die Epigramme des 4. Jahrhunderts gewesen), aber doch öfter auch so, daß sie versuchen, Trostgründe zu finden, die all das Leid, das dem Menschen aufgegeben ist, ertragen helfen.

Das alte Epigramm hatte sich nicht gescheut, den Vorgang des Sterbens mit nackten Worten zu benennen, etwa vom tränenreichen Tod zu sprechen, der den Menschen packt, oder nach homerischer Weise auch einfach vom „Schicksal des Todes". Im 4. Jahrhundert, vereinzelt auch schon im 5., traten dafür gern Umschreibungen ein, welche die häßlichen Vorstellungen Tod und Sterben vermieden: der Tote erfüllt das allen gemeinsame Geschick, er scheidet vom Licht der Sonne, die Erde nimmt ihn auf in ihrem mütterlichen Schoß, er geht ein in das Haus des Hades, das alle erwartet, oder in die Kammer Persephones, die allen Menschen offensteht, er wird von Hermes in den Hades geleitet. Diese Bilder beherrschen auch die Gedichte der Folgezeit und werden nun mannigfach abgewandelt und durch immer neue Erfindungen bereichert: der Heimgegangene ruht aus von den Mühen des Lebens, er schläft den ewigen Schlaf, er vollendet den Fackellauf seiner Jugend, er geht den Weg, von dem niemand zurückkehrt, sein Lebensschiff geht im Hades vor Anker, er überschreitet den Acheron, betritt die Aue der Persephone, trinkt vom Wasser der Lethe usw.

Namentlich in den Gedichten auf Mädchen und junge Frauen wird nun die Vorstellung vom Räuber Hades, dem gewaltsamen Hochzeiter, immer wieder aufgegriffen und vielfältig ausgeschmückt. Hochzeit und Tod werden in stimmungsvoll kontrastierenden Bildern zueinander in Beziehung gesetzt: die Flöte, die zum Feste rief, erklingt nun der Braut zum Totengeleit, aus dem hochzeitlichen Jubel wird Grabgesang, das Hochzeitsbett verwandelt sich in das Lager des Hades, der neidisch auf soviel Schönheit das Mädchen dem ihm bestimmten Gatten entrissen hat (vgl. in dieser Sammlung 203. 442. 460; das Motiv „Grabstatt Hochzeitskammer" auch bei jungen Männern, z. B. 174. 193. 211. 285). Wie denn die laute Klage um verlorene Hochzeit (wie zurückhaltend hatte die junge Phrasikleia geredet, 30, oben S. 15) geradezu zu einem zentralen Motiv der späteren Epigrammatik wird, bei Mädchen wie bei jungen Männern (vgl. z. B. noch 163. 320)[1]. Natürlich sind das nur noch poetische Bilder, nicht anders als wenn der Tod eines Ertrunkenen so gedeutet wird, als habe eine Najade den schönen Knaben oder das hübsche Mädchen zu sich herabgeholt, mag das auch wieder bis in die kleinsten Züge hinein ausgestaltet werden, wie in den nicht ganz unbeachtlichen Gedichten auf Isidora (450), und mag auch das auf Hygia (351) zum Schluß ausdrücklich mahnen „glaubt nur den alten Mären", wenn es die gleiche Fiktion durchführt.

Wie für den Tod, so werden auch für das Leben, seinen Ablauf, seine Freuden wie für seine Sorgen und Nöte immer neue Bilder und Umschreibungen geprägt, die wir hier im einzelnen nicht zu verfolgen brauchen (am häufigsten ist das Bild vom Weg des Lebens, vom Kurz- oder Langlauf, den die Jugend bzw. das Alter durchmißt, daneben das von der Seefahrt, die so oder so im Hades ihr Ende findet; hier z. B. 287. 300. 419). — Im Unterschied zu den Epigrammen des 4. Jahrhunderts stehen neben solchen Euphemismen freilich auch Ausdrücke, die den Nöten und Schrecken von Alter und Krankheit, Tod und Unterwelt ins unverhüllte Angesicht zu blicken wagen, ja ein alter Mann scheut durchaus nicht davor zurück, von sich als von einem „runzligen Stück alten Leders" zu sprechen (394); wie denn überhaupt die Lasten und Beschwerden des Greisenalters in einer Weise in den Blick genommen werden, die zu der optimistischen Auffassung des 4. Jahrhunderts in starkem Gegensatz steht, so daß man begreift, warum es so oft als ein Glück gepriesen wird, wenn ein Toter die hohen Jahre ohne Krankheit, Verlassenheit und Not überstanden hat.

Wir haben früher verfolgt, wie auch unter dem Einfluß der Elegie der unmittelbare Ausdruck eines Gefühls im Epigramm nur zögernd Boden gewann. Hier tritt nun mit dem Anbruch des Hellenismus wirklich ein entscheidender Wandel ein. Viele Gedichte appellieren jetzt so ausdrücklich oder gar ausschließ-

---

[1] Vorangegangen war überall die Tragödie, vgl. z. B. Sophokles, Antigone 816. 891ff.; Euripides, Orest 1109; Troerinnen 445.

lich an das empfängliche Mitgehen des Lesers, daß sie mehr Elegien gleichen als Epigrammen, namentlich solche, in denen der Betrachter oder der Tote gleich zu Beginn persönlich angeredet wird (Beispiele in den Gruppen IV 2d. 4c; besonders charakteristisch der breite Eingang der Elegie GV 1249 mit der Aufforderung an die Nereiden, den Threnos für den Toten anzustimmen)[1]. Diese Dichter schweigen nicht mehr, sie rufen ihre Klage über bitteren Tod und schweres Scheiden laut hinaus und lassen auch die Hinterbliebenen nun so untröstlich ihrem Schmerz hingegeben sein wie es die Mutter Paula 335 ihrer Tochter, der Vater Leontianos 340 seinem Sohn, der Gatte 347 der Gattin nachruft; wie es am ergreifendsten aber wohl in den Dialogen 437. 438 und in dem Hohenlied getreuer Gattenliebe, den Gedichten auf Atilia Pomptilla (463), von den Steinen klingt. Wie erschütternd aber z. B. auch wieder, wenn in den Gedichten 148 und 292, statt daß solcher Klage Raum gegeben wird, der Vater bzw. die Mutter glücklich gepriesen werden dafür, daß sie ihrem Kind im Tode vorausgegangen sind, so daß es ihnen erspart blieb, an dessen Bahre zu stehen (solch überraschender Umbruch, das ἀπροσδόκητον, ist wieder ein typisch hellenistisches Stilelement). Diese Dichter wissen nun auch für die bittere Wehmut eines einsamen Herzens Töne zu finden, über denen man gern vergißt, daß dies ja wieder gar nicht eigentlich ein Epigramm mehr ist; der Gatte vor dem Grabe der Frau (GV 1920)[2]:

Liebe, ich rufe dich. Bin ich dein Gatte nicht? Warum nur schweigst du?
Hör meine Klage doch. Liebe, ich bitte dich, öffne die Lippen,
laß ihren süßen Laut einmal noch hören nur. – Ach, keine Antwort.
Stille nur rings und das Grab, und ich selber im Aufruhr verlassen. –
Tot bist du, sagen sie alle? Was frommt mir dann fürder das Leben?
Denn ohne dich ist das Dasein ein Nichts, ist ärger als Totsein.

Neben der Klage steht die Anklage, bittere Vorwürfe gegen die Blindheit des Schicksals, den grausamen Neidgott, die „urteilslosen" Entscheidungen der Moira, die Willkür der Tyche[3]. Besonders eindringlich die auf Kindergräbern öfter wiederholte bittere Frage: „Wozu die Eile, Hades? Wir sind doch in jedem Fall deine

---

[1] Ganz unepigrammatisch, ja unrealistisch auch die Aufschrift des Kenotaphs 141: ein Gedicht nicht für einen Toten, sondern eine Betrachtung über die Wirkung, welche die Nachricht von seinem Tode bei den Landsleuten und dem greisen Vater daheim auf Kypros haben wird: „literarisch", wie die Aufforderung an den Wanderer „melde meinen Tod, wenn dich der Weg in meine Heimat führt", z. B. 158. 180 und bei Kallimachos.

[2]
- ‿ ἐμή, καλέω σε. τί τὸ ξένον; οὐκ ἐσαΐεις
[ἀνδρ]ὸς ὀδυρομένοιο καὶ ἄλλιτον ἄλγος ἔχοντος;
ναὶ λίτομαι, γλυκερὴν ἀπὸ χείλεος ἔκβαλε φωνὴν
ὡς πάρος.— οὐ λαλέεις καὶ ὀρίνομαι, ἡ δὲ σιωπὴ
μηδὲν ἀπαγγέλλουσα πολὺ πλέον ἄλγος ἀέξει.
εἰ θάνες, ὡς ἐνέπουσι, τί μοι βιότοιο τὸ κέρδος;
νόσφι σέθεν γὰρ ἐμοὶ ζωὴ θανάτοιο χερείων.

[3] Vgl. z. B. 133. 204. 205. 288. 349. 351. 352. 360. 434. 435.

sichere Beute" (z. B. 268); noch häufiger steht auf den Grabsteinen früh Gestorbener der Spruch: „Nicht das Sterben ist schmerzlich, sondern der Tod vor den Eltern" (z. B. 121). „Wozu erst geboren werden, wenn der Tod die Jugend schon vor der Blüte knickt?", fragen mehrere Epigramme (136. 163. 349; ähnlich schon Euripides, Fr. 285. 908 Nauck²). Ein anderes wieder (309) preist die Menschen glücklich, die unverheiratet geblieben sind, weil ihnen so das Leid um den Verlust eines lieben Kindes erspart blieb.

Es war schon angedeutet, daß allgemeine Formulierungen, wie sie in den letzten Beispielen vorgetragen werden, fortab ebenfalls mehr oder weniger zum festen Repertoire der Grabgedichte zählen. Darunter sind Gemeinplätze wie: „dem Tod kann keiner entfliehen", „Hades wird von keinem Sterblichen bezwungen", „die Moiren spinnen jedem Menschen den Lebensfaden zu", die, schon früher vorkommend, nun immer neu variiert werden; ganze Diatriben über das ebensowenig neue Thema von der launischen Willkür der Schicksalsmächte werden vorgetragen, aber auch Sätze wie: „es ist dem Menschen gut, wenn er einen Sohn und Erben hinterläßt" (361, aus Homer zitiert), „könnten wir uns mit Gold loskaufen vom Tode, so würde kein Reicher je zum Hades niedersteigen" (214), der schon von Euripides (Alkestis 419. 782) ausgesprochene Gedanke „alle Menschen sind Schuldner des Todes" (z. B. 244; vgl. auch [Platon], Axiochos 367B), „das Leben ist eine Leihgabe der Zeit, wir zahlen sie mit dem Tode zurück" (260), „die Guten sterben nicht, sie schlafen nur" (271. 339; zuerst bei Kallimachos), „wen die Götter lieben, den lassen sie in der Jugend sterben" (273, zuerst bei Menander).

Zu solchen Gnomai, die sich jede in ihrer Weise bemühen, mit der Unerbittlichkeit des Todes doch irgendwie fertig zu werden, kommen dann mannigfache andere Versuche, zu Trauer und Leid und bitterem Scheiden ein tröstliches oder doch ein versöhnliches Verhältnis zu gewinnen, indem man den Einzelfall aus seiner Besonderheit löst und ihn in den Zusammenhang des allgemeinen Menschenschicksales stellt. Schon Euripides hatte den Chor zu Admet sagen lassen (Alkestis 987f.): „auch der Götter Kinder sind dem finsteren Tode verfallen", und mit solchem Hinweis auf das Schicksal der Heroen suchen nun auch die Epigramme hinwegzuhelfen über den Schmerz des einzelnen, sei es, daß sie so allgemein formulieren wie Euripides (z. B. 306. 326), sei es, daß sie sich mit dem Beispiel Achill begnügen (137. 417) oder zum Beweis dafür, daß auch Frömmigkeit das allgemeine Gesetz des Todes nicht bricht (ein häufig wiederholter Gedanke), den frommen Heros Minos anführen (284). Auf Euripides (Alkestis 892. 931ff.; Hippolytos 834; vgl. auch Sophokles, Elektra 153) weist letztlich auch der häufig wiederholte Satz zurück „Du bist nicht der (die) erste, der (die) gestorben ist" (z. B. 200).

Zu den Trostgründen gehören schließlich auch die alten Vorstellungen vom Ruhm der Tüchtigkeit, der den Tod überdauert, von der Fortexistenz der Seele, der Entrückung auf die Inseln der Seligen, ins Elysium, ja in den Olymp (breit ausgemalt z. B. 391. 399). Im alten Glauben wenigen Auserwählten oder auch nur den in die Mysterien Eingeweihten vorbehalten, wird dies Weiterleben im Glanz der Verklärten bald jedem zuerkannt, der nur frommen oder auch nur rechtschaffenen Wandels war, vermischt sich auch wohl mit anderen Ideenkreisen[1] (besonders orientalischen) oder nimmt christliche Färbung an[2], sinkt aber schließlich herab zu bloßem, immer verwendungsbereitem poetischem Beiwerk (wobei die Frage offen gelassen werden soll, wieviel von dem allen auch in früheren Zeiten auf wirklichem Glauben beruht hat, wieviel nicht vielleicht schon im 5. Jahrhundert bloße Konvention war).

Im ganzen herrscht in diesen Bezirken ein ernüchternd rationales Denken. Der griechische Mensch hat eben doch vor den Schrecken des Todes letztlich keine andere Zuflucht gefunden als die Rettung in die Philosophie (wenn er sich nicht theologischen Spekulationen oder den Geheimlehren einer Sekte anvertraute). Mit deren Gedankengut aber zeigen die Grabgedichte so geringe Berührungen, daß wir in dieser Skizze ganz davon absehen können[3]. Erst das Christentum hat auch hier frische Impulse gegeben und ganz neue Wege gewiesen.

Von dem wahrhaft quellenden Reichtum epigrammatischer Produktion in der Zeitspanne zwischen dem Anbruch des Hellenismus und dem Aufkommen des Christentums hat dieser Überblick nur eine sehr summarische Vorstellung vermitteln können. Der Leser muß schon die Epigramme selbst vornehmen (von denen der vorliegende Band wieder nur eine bescheidene Auswahl bieten konnte), um gewahr zu werden, wie hier immer neue Bereiche des Dichterischen erschlossen werden und in sie einströmen; wie sie nun wirklich zu Gedichten werden, in dem Grade oft, daß am Ende der Gegenstand, die sachliche Mitteilung objektiver Gegebenheiten, die doch das eigentliche Anliegen des Epigramms gewesen war, fast verschwinden will hinter dem Ausdruck von Schmerz, Trauer und Klage oder auch hinter der Reflexion, den eigenen Gedanken und Empfindungen des Dichters

---

[1] Die Gedichte 304. 310. 343 lassen den Toten zu einem Stern werden (vgl. dazu die Einzelerläuterungen). In den weiteren Zusammenhang der religiösen Ideen gehört auch der seltsame Syllogismus, den die Epigramme 220 und 451 aufbauen: Toter = Erde, Erde = Gottheit : Toter = Gottheit.

[2] Aus den „Seligen" werden die „Heiligen", oder diese sind doch gemeint; die Frage „Noch heidnisch oder schon christlich?" ist hier öfter so schwierig zu entscheiden wie bei den Termini „Gott" und „Himmel".

[3] Nur einzelnes läßt sich gelegentlich fassen. Aus der Philosophie kommt z. B. der Gedanke, daß die Flammen des Scheiterhaufens Seele und Leib läutern (GV 1971; Kaibel 109). Pythagoreisch ist vielleicht der Satz „der Körper ein Kleid der Seele" (353); epikureisch die Negierung der Fortexistenz in Formulierungen wie denen des Epigramms 453 (vgl. Lukrez 3, 978 ff.); am ehesten kynisch die Polemik gegen die Fabeln von der Unterwelt 454 oder die brutale Offenheit der Selbstäußerung über die „Lächerlichkeit" der auf die Grabsteine gesetzten schönen Redensarten 219 (zurückhaltender die Ablehnung der Totenspenden 182. 454). An Lukian (Menippos 15; Totengespräche 18. 25) erinnert die Beischrift des Skeletts 372, die dem alten Satz, daß auch alle Schönheit im Tode nichtig wird, eine ganze neu Wendung gibt. Vieles von dem, was philosophisch klingt, ist billige Popularphilosophie oder altes Dichtergut.

(das veränderte Verhältnis zur „Wirklichkeit" verrät sich oft äußerlich schon dadurch, daß es nötig wird, den Namen des Toten als Überschrift über das Epigramm zu setzen, weil er in diesem gar nicht genannt wird); wie die Sprache sich bereichert, bildhafter, klingender, poetischer und gleichzeitig gelöster, freier und nuancenreicher wird, nun ebenso befähigt, innige Liebe, verhaltenen Schmerz und stille Trauer auszudrücken, wie der Stimmung bitteren Grames und hoffnungsloser Verlassenheit oder dem Ausbruch hemmungslosen Jammers Worte zu leihen; wie sie dann nicht ganz selten freilich auch die Mittel übersteigert, aufdringlich sentimental oder überladen pathetisch wird oder auch zu hohler Rhetorik und breiten Nichtigkeiten absinkt.

Es ist noch manche schöne Blume in diesem Kleingarten griechischer Poesie erblüht, bis ins 6. nachchristliche Jahrhundert hinein, und die Späteren haben recht daran getan, wenn sie ihrer die hübschesten zu einem bunten Stephanos zusammenbanden. Im Ruhmeshain der Menschheit freilich wird einmal nicht dieser Strauß verblühender Blumen aufgehängt sein, sondern der unverwelkliche Kranz jener wahrhaft aristokratischen Kunst, der es genug war, große oder auch nur ernste Dinge in ihrer Dinglichkeit hinzustellen und – zu schweigen.

## LITERATUR

J. GEFFCKEN, Stimmen der Griechen am Grabe, Hamburg u. Leipzig 1893. – Studien zum griechischen Epigramm, Neue Jahrbücher f. d. klass. Altertum 20, 1917, 88ff.

G. KAIBEL, Griechische Friedhofspoesie, Deutsche Revue über d. gesamte nationale Leben d. Gegenwart 19 I, 1894, 367ff.

R. HEINZE, Von altgriechischen Kriegergräbern, Neue Jahrbücher f. d. klass. Altertum 18, 1915, 1ff.

A. OEHLER, Der Kranz des Meleagros von Gadara, Berlin 1920 (Klassiker des Altertums, R. 2, Bd. 15).

U. v. WILAMOWITZ-MOELLENDORFF, Hellenistische Dichtung in der Zeit des Kallimachos, Berlin 1924, I 119ff., II 102ff.

P. FRIEDLÄNDER, Geschichtswende im Gedicht, Studi Italiani di filologia classica, N.S. 15, 1938, 89ff.

R. LATTIMORE, Themes in Greek and Latin Epitaphs, Urbana 1942 (Illinois Studies in Language and Literature 28, 1. 2).

# ABKÜRZUNGEN

| | |
|---|---|
| AbhBerl. | Abhandlungen der Preußischen Akademie der Wissenschaften zu Berlin. Phil-hist. Klasse |
| AEM | Archaeologisch-Epigraphische Mitteilungen aus Österreich |
| AJA | American Journal of Archaeology |
| Anth. Pal. | Anthologia Palatina |
| AnzAkWien | Österreichische Akademie der Wissenschaften. Anzeiger. Phil.-hist. Klasse |
| ’Αρχ. ’Εφημ. | ’Αρχαιολογική ’Εφημερίς |
| ASAntEg. | Annales du Service des Antiquités de l'Égypte |
| Athen. Mitt. | Mitteilungen des Deutschen Archäologischen Instituts. Athenische Abteilung |
| BArchAlex. | Bulletin de la Société Archéologique d'Alexandrie |
| BCH | Bulletin de Correspondance Hellénique |
| CIG | Corpus Inscriptionum Graecarum |
| CIL | Corpus Inscriptionum Latinarum |
| Friedländer | P. Friedländer, Epigrammata, Berkeley u. Los Angeles 1948 |
| Geffcken | J. Geffcken, Griechische Epigramme, Heidelberg 1916 |
| GGS | G. v. Kieseritzky - C. Watzinger, Griechische Grabreliefs aus Südrußland, Berlin 1909 |
| GV | W. Peek, Griechische Vers-Inschriften I, Berlin 1955 |
| Hiller | F. Hiller v. Gaertringen, Historische Griechische Epigramme, Bonn 1926 (Lietzmanns Kleine Texte 156) |
| IBrM | The Collection of Ancient Greek Inscriptions in the British Museum |
| ICr | Inscriptiones Creticae |
| IG | Inscriptiones Graecae |
| IGB | G. Mihailov, Inscriptiones Graecae in Bulgaria repertae I, Serdicae 1956 |
| IGLAlex. | E. Breccia, Iscrizioni Greche e Latine. Catalogue général des Antiquités du Musée d'Alexandrie, Le Caire 1911 |
| IGLSyr. | L. Jalabert - R. Mouterde, Inscriptions Grecques et Latines de la Syrie, Paris 1929 ff. |
| IPE | Inscriptiones Antiquae Orae Septentrionalis Ponti Euxini |

| | |
|---|---|
| IzvArchKom. | Известия Императорской Археологической Коммиссии (Bulletin de la Commission Impériale Archéologique) |
| JEA | The Journal of Egyptian Archaeology |
| Kaibel | G. Kaibel, Epigrammata Graeca e lapidibus conlecta, Berlin 1878 |
| Le Bas-Waddington | Voyage archéologique en Grèce et en Asie mineure. Deuxième partie, Inscriptions grecques et latines. Tome III 5: Asie mineure, 6: Syrie, 7: Ile de Cypre, par Ph. Le Bas et W. H. Waddington, Paris 1870–1876 |
| MAMA | Monumenta Asiae Minoris Antiqua |
| MκB | Μουσεῖον καὶ Βιβλιοθήκη τῆς Εὐαγγελικῆς Σχολῆς ἐν Σμύρνῃ |
| NSc. | Notizie degli Scavi di Antichità |
| ÖJh | Jahreshefte des Österreichischen Archäologischen Instituts in Wien |
| PASAthens | Papers of the American School of Classical Studies at Athens |
| Prentice | Publications of an American Archaeological Expedition to Syria III. W. K. Prentice, Greek and Latin Inscriptions, New York 1908 |
| RA | Revue Archéologique |
| REA | Revue des Études Anciennes |
| REG | Revue des Études Grecques |
| RevPhil. | Revue de Philologie, de Littérature et d'Histoire Anciennes |
| Röm. Mitt. | Mitteilungen des Deutschen Archäologischen Instituts. Römische Abteilung |
| SBBerl. | Sitzungsberichte der Preußischen Akademie der Wissenschaften zu Berlin. Phil.-hist. Klasse |
| SBMünch. | Sitzungsberichte der Bayerischen Akademie der Wissenschaften zu München. Philos.-philolog. u. hist. Klasse |
| Spomenik | Српска Краљевска Академија. Споменик (Beograd) |
| TAM | Tituli Asiae Minoris |

## KRITISCHE ZEICHEN

[αβ]   Die in Klammern eingeschlossenen Buchstaben sind auf dem Stein zerstört bzw. nicht mehr lesbar und vom Herausgeber bzw. seinen Vorgängern vermutungsweise ergänzt worden.
Sichere Ergänzungen sind in dieser Ausgabe nicht bezeichnet.

⟨αβ⟩   Der Steinmetz hat die in Klammern gesetzten Buchstaben ausgelassen oder statt ihrer fälschlich andere geschrieben.
Orthographische Besonderheiten wie Καλίας = Καλλίας sind stillschweigend normalisiert.

⌜αβ⌝   Die in halben Klammern stehenden Buchstaben sind auf dem Stein zerstört und aus der literarischen Überlieferung ergänzt.

# A. STAATSGRÄBER

## I. POLYANDRIA

(5.—3. Jh. v. Chr.)

### 1

ὦ ξεῖν', ἀγγέλλειν Λακεδαιμονίοις, ὅτι τῇδε
κείμεθα τοῖς κείνων ῥήμασι πειθόμενοι.

Thermopylai. Nach 480/79. — Herodot 7, 228, 2. (Geffcken 105. Hiller 16. GV 4).

### 2

ἄνδρες, τοί ποτ' ἔναιον ὑπὸ κροτάφοις Ἑλικῶνος·
λήματι τῶν αὐχεῖ Θεσπιὰς εὐρύχορος.

Thermopylai. Nach 480/79. — Stephanos v. Byzanz s. v. Θέσπεια. (Hiller 19. GV 5).

### 3

τούσδε ποτὲ φθιμένους ὑπὲρ Ἑλλάδος ἀντία Μήδων
μητρόπολις Λοκρῶν εὐθυνόμων Ὀπόεις.

Thermopylai. Nach 480/79. — Strabon 9, 4, 2 (425 C). (Hiller 18. GV 6).

### 4

⌈ὦ ξεῖνε, εὔυδρ⌉όν ποκ' ἐναίομες ἄστυ Κορίνθου·
⌈νῦν δ' ἀμὲ Αἴα⌉ντος ⌈νᾶσος ἔχ⌉ει Σ⌈αλαμίς⌉.

Stele. Salamis. Nach 480/79. — IG I² 927. Plutarch, Moral. 870e. [Dion v. Prusa] 37, 18. (Geffcken 96. Hiller 20. GV 7).

### 5

ἀκμᾶς ἑστακυῖαν ἐπὶ ξυροῦ Ἑλλάδα πᾶσαν
ταῖς αὑτῶν ψυχαῖς κείμεθα ῥυσάμενοι.

Isthmos v. Korinth. Nach 480/79. — Plutarch, Moral. 870e f. Anth. Pal. 7, 250. (Geffcken 108. Hiller 22. GV 8).

# A. STAATSGRÄBER

## I. POLYANDRIA

(5.—3. Jh. v. Chr.)

### 1

Fremdling, überbringe den Spartanern die Meldung, daß wir hier liegen, ihrem Befehle gehorsam.

Vgl. Einführung S. 19 (Anhang S. 327).

### 2

Männer, die einst unter den Hängen des Helikon wohnten (liegen hier): auf deren Gesinnung ist das weiträumige Thespiai stolz.

Vgl. Einführung S. 18.

### 3

Diese Männer hier, die wider die Meder einst starben für Hellas, (ehrte) der rechtlichen Lokrer Mutterstadt Opus.

### 4

Fremdling, einst bewohnten wir die Stadt der schönen Quellen, Korinth; jetzt hat uns des Aias Insel zu eigen, Salamis.

Vgl. Einführung S. 18 (Anhang S. 327).

### 5

Die Sache von ganz Griechenland stand auf des Messers Schneide: die hier liegen, wir haben es damals mit unserm Leben geschützt.

Vgl. Einführung S. 19 (Anhang S. 327).

## 6

Ἑλλάδι καὶ Μεγαρεῦσιν ἐλεύθερον ἆμαρ ἀέξειν
ἱέμενοι θανάτου μοῖραν ἐδεξάμεθα.

Stele. Megara. Nach 479/8? — IG VII 53. (Kaibel 461. Hiller 30. GV 9).

## 7

τῶνδε δι' ἀνθρώπων ἀρετὰν οὐχ ἵκετο καπνός
αἰθέρα δαιομένας εὐρυχόρου Τεγέας·
οἳ βούλοντο πόλιν μὲν ἐλευθερίᾳ τεθαλυῖαν
παισὶ λιπεῖν, αὐτοὶ δ' ἐν προμάχοισι θάνον.

Tegea, Arkadien. 479/8? 473/2? — Anth. Pal. 7, 512. Vgl. Herodot 9, 35. (Hiller 39. GV 11).

## 8

οἵδε παρ' Εὐρυμέδοντά ποτ' ἀγλαὸν ὤλεσαν ἥβην,
μαρνάμενοι Μήδων τοξοφόρων προμάχοις,
αἰχμηταὶ πεζοί τε καὶ ὠκυπόρων ἐπὶ νηῶν·
κάλλιστον δ' ἀρετῆς μνῆμ' ἔλιπον φθίμενοι.

Athen, Kerameikos. Nach 469/8 (465/4). — Anth. Pal. 7, 258. Vgl. Pausanias 1, 29, 14. (Hiller 42. GV 13).

## 9

⌜χαίρετε ἀριστῆες, πολέμου μέγα⌝ κῦδο⌜ς ἔχοντες⌝
⌜κοῦροι Ἀθηναίων, ἔξοχοι ἱππ⌝οσύνᾳ·
⌜οἵ ποτε καλλιχόρου περὶ πατ⌝ρίδος ὠ⌜λέσαθ' ἥβην⌝,
⌜πλείστοις Ἑλλάνων ἀντία μ⌝αρνάμε⌜νοι⌝.

Stele? Athen. Nach 458/7? — IG I² 946. Anth. Pal. 7, 254. (Geffcken 85. Hiller 47. GV 14).

## 10

τλήμονες, οἷον ἀγῶνα μάχης τελέσαντες ἀέλπ[του]
ψυχὰς δαιμονίως ὠλέσατ' ἐν πολέμῳ·
οὐ κατὰ δυσμενέων ἀνδρῶν σθένος, ἀλλά τις ὑμᾶς
ἡμιθέων θείαν [ἤλυσι]ν ἀντιάσας
5 ἔβλαψεν πρόφρων· [προσένειμε] δὲ δύσμαχον ἄγραν
ἐχθροῖς θηρεύσας· [καὶ τὸ μὲν] ὑμετέρῳ
σὺν κακῷ ἐξετέλεσσε, βροτοῖσι δὲ πᾶσι τὸ λοιπὸν
φράζεσθαι λογίων πιστὸν ἔθηκε τέλος.

Deckplatten von einem Polyandrion. Athen, Kerameikos. 447 v. Chr. — Athen. Mitt. 57, 1932, 142ff. (GV 17).

**6**

Hellas und den Megarern den Tag der Freiheit zu mehren waren wir bemüht und haben nun des Todes Anteil empfangen.

Vgl. Einführung S. 19.

**7**

Dank der Tapferkeit dieser Männer hier stieg nicht zum Äther empor Rauch vom Brande des weiträumigen Tegea. |³ Es war ihr Wille, die Stadt in Freiheit blühend ihren Kindern zu hinterlassen; sie selbst sind unter den Vorkämpfern (in vorderster Front) gefallen.

Vgl. Einführung S. 22 (Anhang S. 327).

**8**

Diese Männer hier verloren am Eurymedon einst ihre herrliche Jugend, im Ringen mit den Vorkämpfern der bogentragenden Meder, |³ Streiter zu Fuß und auf schnellsegelnden Schiffen. Ein herrliches Denkmal ihrer Tapferkeit ließen sie zurück, als sie starben.

Vgl. Einführung S. 21 (Anhang S. 327).

**9**

Gruß euch, ihr adligen Kämpfer, großen Ruhmes im Kriege teilhaftig, athenische Jungschar, treffliche Reiter, |³ die ihr eure Jugend hingabt einst für die tanzfrohe Heimat, einer Übermacht von Griechen die Stirne bietend im Kampf.

Vgl. Einführung S. 22 (Anhang S. 327).

**10**

Dulder ihr, welch eines Kampfes unverhoffte Entscheidung habt ihr bestanden und euer Leben wider alles Begreifen hingeben müssen im Krieg: |³ nicht durch feindlicher Männer überlegene Stärke, nein, einer der Halbgötter ist euch in göttlichem Angang entgegengetreten |⁵ und hat euch geschädigt, vollen Bedachtes: „schwer bezwingliche Beute" jagend, hat er sie den Feinden ins Netz geliefert. Und das nun hat er zu euerm |⁷ Verderben hinausgeführt, allen Sterblichen aber der Göttersprüche Ausgang als ein Unverbrüchliches festgesetzt, daß sie es bedächten in Zukunft.

Vgl. Einführung S. 23 (Anhang S. 328).

## 11

οἵδε παρ' Ἑλλήσποντον ἀπώλεσαν ἀγλαὸν ἥβην
βαρνάμενοι, σφετέραν δ' εὐκλέισαν πατρίδα,
ὥστ' ἐχθροὺς στενάχειν πολέμου θέρος ἐκκομίσαντας,
αὐτοῖς δ' ἀθάνατον μνῆμ' ἀρετῆς ἔθεσαν.

Stele. Athen. 440/39. — IG I² 943. (Geffcken 86. Hiller 52. GV 18).

## 12

ἀθάνατόν με θα[νοῦσι πολῖται μνῆμ' ἐπέθηκαν],
σημαίνειν ἀρετ[ὴν τῶνδε καὶ ἐσσομένοις]
καὶ προγόνω⟨ν⟩ σθέν⟨ο⟩ς [ἴσον· οἳ ἀντιπάλων πρὸ πόληος]
νίκην εὐπόλεμον μνῆμ' ἔλαβον φθ[ίμενοι].
5 αἰθὴρ μὲν ψυχὰς ὑπεδέξατο, σώμ[ατα δὲ χθών]
τῶνδε· Ποτειδαίας δ' ἀμφὶ πύλας ἐλ[ύθεν].
ἐχθρῶν δ' οἳ μὲν ἔχουσι τάφου μέρος, ο[ἳ δὲ φυγόντες]
τεῖχος πιστοτάτην ἐλπίδ' ἔθεντο [βίου].
9 ἄνδρας μὲν πόλις ἥδε ποθεῖ καὶ δῆ[μος Ἐρεχθέως],
πρόσθε Ποτειδαίας οἳ θάνον ἐν προμάχοις
παῖδες Ἀθηναίων· ψυχὰς δ' ἀντίρροπα θέντες
ἠλλάξαντ' ἀρετὴν καὶ πατρίδ' εὐκλέισαν.

Bekrönung eines Polyandrion. Athen, Kerameikos. 432 v. Chr.—IG I² 945. (Kaibel 21. Geffcken 87. Hiller 53. GV 20).

## 13

οἵδε Συρακοσίους ὀκτὼ νίκας ἐκράτησαν
ἄνδρες, ὅτ' ἦν τὰ θεῶν ἐξ ἴσου ἀμφοτέροις.

Athen, Kerameikos. 413/2. — Plutarch, Nikias 17, 4. Vgl. Pausanias 1, 29, 11. (Geffcken 117. Hiller 55. GV 21).

## 14

ἄξια σοῦ, Θέλφουσα, καὶ Ἑλλάδος ἄνυσαν ἔργα
μαρνάμενοι πάτρας οἵδε περὶ σφετέρας·
ἦ γὰρ ἔσω νυκτὸς πυμάτας ὑπὲρ ἕρκεα πύργων
βάντα κατ' ἀκροτάτων ἤλασαν ἐκτὸς Ἄρη
5 δυσμενέων, πολλοὺς δὲ δι' αἵματος ἐκτανύσαντες
κάτθανον, εὐνομίαν ῥυσάμενοι πατέρων.

Basis. Thelphusa, Arkadien. 352 v. Chr.? — IG V2, 412. (GV 25).

## 11

Diese Männer hier gaben am Hellespont ihre herrliche Jugend im Kampfe dahin, zum Ruhme der eigenen Heimat. |³ So kam es, daß die Feinde aufstöhnten, als sie des Krieges (blutige) Ernte zu Grabe trugen – sie selbst setzten sich ein unvergängliches Mahnmal ihrer Tapferkeit.

Vgl. Einführung S. 23 (Anhang S. 328).

## 12

Toten zu unsterblichem Gedenken setzten mich die Bürger, kundzutun dieser Männer Tapferkeit hier auch künftigen Geschlechtern |³ und ihre mit den Vorvätern wetteifernde Kraft. Vor der Stadt der Feinde haben sie in ihrem herrlichen Sieg ihr Denkmal empfangen im Tode.

Der Äther hat die Seelen aufgenommen, die Leiber dieser Männer hier die Erde. Vor den Toren von Poteidaia sanken sie hin. |⁷ Von den Feinden aber fanden die einen ihr Grab, die anderen flohen und setzten auf feste Mauern ihres Lebens verläßlichste Hoffnung.

Der Männer gedenkt in Wehmut die Stadt und das Volk des Erechtheus, die vor Poteidaia gefallen sind, in vorderster Front, |¹¹ Söhne der Athener. Indem sie ihr Leben in die Waagschale warfen, tauschten sie den Preis der Tapferkeit dafür ein und gewannen ihrem Vaterland herrlichen Ruhm.

Vgl. Einführung S. 23f. (Anhang S. 328).

## 13

Diese Männer hier haben in acht siegreichen Schlachten die Syrakusaner geworfen: damals, als der Götter Gunst noch für beide Teile gleichstand.

Vgl. Einführung S. 24 (Anhang S. 328).

## 14

Taten, deiner und Griechenlands würdig, verrichteten im Kampfe für ihr Vaterland diese Männer hier, Thelphusa. |³ Denn wahrlich sie jagten die feindliche Schar, die in tiefer Nacht über die Zinnen der Mauer gestiegen war, hoch über die Wehren davon. |⁵ Zu Haufen streckten sie die Angreifer nieder in blutigem Kampf und fielen dann selbst, aber gerettet hatten sie die rechtliche Ordnung der Väter.

Vgl. Anhang S. 328.

## 15

⌜ὦ Χρόν⌝ε, παντοίων θνητο⌜ῖς⌝ πανεπίσκοπε δαῖμον⌝,
⌜ἄγγελ⌝ος ἡμετέρων πᾶσ⌜ι⌝ γενοῦ παθέων⌝·
⌜ὡς ἱερὰν σῴζειν πειρώμενοι Ἑλλάδα χώραν⌝
⌜Βοιωτῶν κλεινοῖς θνήσκομεν ἐν δαπέδοις⌝.

Block von einem Polyandrion. Athen, Kerameikos. 338/7. — IG II/III² 5226.
Anth. Pal. 7, 245. Vgl. Pausanias 1, 29, 13. (Kaibel 27. Geffcken 151. Hiller 74.
GV 27).

## 16

εἰ τὸ καλῶς θνῄσκειν ἀρετῆς μέρος ἐστὶ μέγιστον,
ἡμῖν ἐκ πάντων τοῦτ' ἀπένειμε Τύχη·
Ἑλλάδι γὰρ σπεύδοντες ἐλευθερίην περιθεῖναι
κείμεθ' ἀγηράτῳ χρώμενοι εὐλογίῃ.

Athen, Kerameikos? 338/7? — Anth. Pal. 7, 253. (Geffcken 113. Hiller 31. GV 28).

## 17

οἵδε πάτραν πολύδακρυν ἐπ' αὐχένι δεσμὸν ἔχουσαν
ῥυόμενοι δνοφερὰν ἀμφεβάλοντο κόνιν·
ἄρνυνται δ' ἀρετᾶς αἶνον μέγαν. ἀλλά τις ἀστῶν
τούσδ' ἐσιδὼν θνᾴσκειν τλάτω ὑπὲρ πατρίδος.

Sikyon? 3. Jh. v. Chr. — Mnasalkas, Anth. Pal. 7, 242. (Geffcken 317. GV 31).

## 15

Zeit, den Sterblichen bei jeglichem Ereignis allgegenwärtige Gottheit, werde du allen Menschen Künderin unseres Leides: |³ wie wir versuchten, die heilige griechische Erde zu schützen, und nun tot liegen auf der Böoter ruhmvollem Blachfeld.

Vgl. Einführung S. 26 (Anhang S. 329).

## 16

Wenn wirklich ein schöner Tod der Tapferkeit größtes Teil ist, so hat uns vor allen anderen Tyche dies Los zugeteilt. |³ Denn wir eilten, Hellas mit dem Kranz der Freiheit zu schmücken, und liegen nun hier, nie alternden Preisens teilhaftig.

Vgl. Einführung S. 27 (Anhang S. 329).

## 17

Diese Männer hier, welche der schwarze Staub umhüllt, mühten sich, die Heimat zu retten, die tränenreiche Fessel um den Nacken trug. |³ Großes Lob gewann ihnen ihre Tapferkeit. Jeder Bürger denn, der auf diese Männer hinschaut, wage für sein Vaterland den Einsatz seines Lebens.

## II. EHRENGRÄBER FÜR EINZELNE TOTE

(6.—1. Jh. v. Chr.)

### 18

υἱοῦ Τλασίαϝο Μενεκράτεος τόδε σᾶμα
Οἰανθέος γενεάν· τόδε δ' αὐτῷ δᾶμος ἐποίει·
ἦς γὰρ πρόξενϝος δάμου φίλος· ἀλλ' ἐνὶ πόντῳ
ὤλετο· δαμόσιον δὲ κακὸν πο[τὶ πάντας ἵκανε].
5 Πραξιμένης δ' αὐτῷ γαίας ἀπὸ πατρίδος ἐνθών
σὺν δάμῳ τόδε σᾶμα κασιγνήτοιο πονήθη.

Runder Grabbau. Korkyra. Anf. 6. Jh. v. Chr. — IG IX 1, 867. (Kaibel 179. Geffcken 53. Friedländer 26. GV 42).

### 19

Αἰσχύλον Εὐφορίωνος Ἀθηναῖον τόδε κεύθει
μνῆμα καταφθίμενον πυροφόροιο Γέλας·
ἀλκὴν δ' εὐδόκιμον Μαραθώνιον ἄλσος ἂν εἴποι
καὶ βαθυχαιτήεις Μῆδος ἐπιστάμενος.

Gela. 456/5. — Vita Aeschyli S. 120 Westermann = Wilamowitz, Aeschyli trag. S. 4 f. (GV 43).

### 20

προξενίας ἀρετῆς τε χάριν προγόνων τε καὶ αὐτοῦ
ἐνθάδ' Ἀθηναῖοι Πυθαγόρην ἔθεσαν
υἱὸν δημοσίᾳ Διονυσίου· ἱππόβοτον δέ
πατρίδα Σαλυβρίαν ἵκετ' ἄχος φθιμένου.

Stele mit Basis. Athen, Kerameikos. Mitte 5. Jh. v. Chr. — IG I² 1034. (Kaibel 36. Geffcken 84. GV 45).

### 21

τλῆτε, νέοι, πόδα θέντες ἐναντία δυσμενέεσσιν
θνῄσκειν, αἰδόμενοι πατρίδα καὶ γονέας·
καὶ γὰρ σοί, Χαίριππε, καταφθιμένῳ μέγα κῦδος
εἰκόνα δημοσίᾳ τε εἵσατο σῆμα πόλις,
5 ἡνίκα Μουνιχίας ὑπὸ τείχεσι δούλιον ἦμαρ
ῥυόμενος πρὸ φίλης πνεῦμα ἔλιπες πατρίδος.

Stele. Athen, Kerameikos. 287/6? — IG II/III² 879, 5227 a. (GV 40).

## II. EHRENGRÄBER FÜR EINZELNE TOTE

(6.—1. Jh. v. Chr.)

### 18

Dies ist das Grabmal des Menekrates, Sohnes des Tlasias, dessen Geschlecht in Oianthe zu Hause ist; das Volk (der Demos von Korkyra) hat es ihm hier errichtet, |³ denn er war ein lieber Proxenos des Volkes; doch auf dem Meere fand er den Tod, und Volkstrauer kam über alle. |⁵ Praximenes eilte aus seinem Heimatland herbei und hat ihm mit dem Volk (dem Demos von Korkyra) zusammen dies Bruder-Grabmal aufgeführt.

Vgl. Einführung S. 9 (Anhang S. 329).

### 19

Aischylos, Euphorions Sohn aus Athen, birgt dieses Grabmal des weizenreichen Gela im Tode. |³ Von seiner rühmlichen Wehrkraft weiß der Hain von Marathon zu sagen und der langmähnige Meder: er hat sie erfahren.

Vgl. Anhang S. 329.

### 20

Um der Proxenie und Tüchtigkeit willen, seiner eigenen und der seiner Vorfahren, hat hier die Stadt Athen beigesetzt Pythagoras, |³ des Dionysios Sohn. Über die Heimat aber, das rossenährende Selymbria, kam Leid ob seines Todes.

### 21

Setzt, ihr Jünglinge, dem Feind mutig den Fuß entgegen und wagt den Einsatz des Lebens, Heimat achtend und Eltern. |³ Denn auch dir hat, Chairippos, dem Toten zu hohem Ruhme, in öffentlicher Feier die Stadt Bild und Grabmal gesetzt, |⁵ als du, dem Tag der Knechtschaft zu wehren, unter Munichias Mauern dein Leben ließest für die liebe Heimat.

Vgl. Einführung S. 28 (Anhang S. 329).

## 22

τόνδ' ἀρετᾷ λάμψαντα Λεοντέα Εὐρυδίκοιο
τίμησεν πάτρα γυμνάδος ἐν τεμένει.
ἄρτι γὰρ ἐκ χλαμύδος νεοπενθὴς ᾤχετ' ἐς Ἄιδα
ὀκτωκαιδεκέτης ματρὶ λιπὼν δάκρυα·
5 ὃν στεφάνοις τίμησε πόλις καὶ σήματι τῷδε,
μανύουσ' ἀγαθῶν καὶ προγόνων ἀρετάν.
ὦ Μοίρας ἄτρυτοι ἀναγκαστῆρες ἄτρακτοι,
τόνδ' ἱερὸν πέμψαιτ' εἰς δόμον εὐσεβέων.

Basis. Aigiale, Amorgos. 1. Jh. v. Chr. — IG XII 7, 447. (Kaibel 222. GV 48).

## 22

Leonteus, des Eurydikos Sohn, der Tüchtigkeit Leuchte, hat hier die Heimat geehrt im geweihten Bezirk der Palästra. |³ Denn kaum hatte er den Ephebenmantel angelegt, als er schon, in der Blüte der Jugend betrauert, den Weg zum Hades gehen mußte, mit achtzehn Jahren, Tränen hinterlassend der Mutter. |⁵ Mit Kränzen hat ihn die Stadt geehrt und diesem Grabmal hier, so auch der wackeren Vorfahren Tüchtigkeit kundmachend. |⁷ O ihr Spindeln der Moira, unermüdliche Vollstreckerinnen des Zwanges, sendet diesen Jüngling zu der Frommen heiliger Wohnstatt.

# B. PRIVATE DENKMÄLER

## I. VON DEN ANFÄNGEN BIS ZU DEN PERSERKRIEGEN
(7./6. Jh.—500 v. Chr.)

### 23
ΔϜεινία τόδε σᾶμα, τὸν ὤλεσε πόντος ἀναιδής.

Porospfeiler. Korinth. Anf. 6. Jh. — IG IV 358. (Kaibel 527, 463a. Geffcken 52. Friedländer 2. GV 53).

### 24
Καλλία Αἰγίθθοιο· τὺ δ' εὖ πρᾶσσ', ὦ παροδῶτα.

Stele. Haliartos, Böotien. 6./5. Jh. — IG VII 2852.¹ (Geffcken 90. Friedländer 5. GV 62).

### 25
Λυσέᾳ ἐνθάδε σῆμα πατὴρ Σήμων ἐπέθηκεν.

Marmorbasis mit bemalter Stele. Attika. Ende 6. Jh. — IG I² 1025. (Kaibel 5. Friedländer 3c. GV 140).

\*

### 26
τοὐπικλέος παιδὸς Δαμασιστράτου ἐνθάδε σῆμα
Πεισιάναξ κατέθηκε· τὸ γὰρ γέρας ἐστὶ θανόντος.

Marmorbasis. Sunion, Attika. 6. Jh. — IG I² 1022. (Kaibel 7. Geffcken 40. Friedländer 28. GV 156).

### 27
σᾶμα τόδε 'Αρνιάδα· χαροπὸς τόνδ' ὤλεσεν Ἄρης
βαρνάμενον παρὰ ναυσὶν ἐπ' Ἀράθθοιο ῥοϜαῖσι,
πολλὸν ἀριστεύοντα κατὰ στονόϜεσσαν ἀϜυτάν.

Pfeiler. Korkyra. Anf. 6. Jh. — IG IX 1, 868. (Kaibel 180. Geffcken 54. Hiller 1. Friedländer 25. GV 73).

# B. PRIVATE DENKMÄLER

## I. VON DEN ANFÄNGEN BIS ZU DEN PERSERKRIEGEN
(7./6. Jh. — 500 v. Chr.)

### 23
Dies ist des Dveinias Grabmal, der ein Opfer ward des erbarmungslosen Meeres.
Vgl. Einführung S. 8.

### 24
Kallias, des Aigisthos Sohn (gehört dies Grabmal). Du, Wanderer, fahre in Frieden.
Vgl. Einführung S. 7.

### 25
Über Lyseas hat hier das Grabmal sein Vater Semon errichtet.
Vgl. Einführung S. 7.

\*

### 26
Des Epikles-Sohnes Damasistratos Grabmal hat Peisianax hier errichtet, denn solche Ehrengabe gebühret dem Toten.
Vgl. Einführung S. 8.

### 27
Dies ist das Grabmal des Arniadas. Diesen hat der wilde Ares (der Kriegsgott) vernichtet in der Schlacht bei den Schiffen an des Aratthos Strömung: gewaltig tat er sich dort hervor im Getümmel der stöhnenden Männer.
Vgl. Einführung S. 9 (Anhang S. 329).

## 28

Πραξιτέλει τόδε μνᾶμα Ϝίσων ποίϜησε θανόντι·
τοῦτο δ' ἑταῖροι σᾶμα χέαν βαρέα στενάχοντες
Ϝέργων ἀντ' ἀγαθῶν κἠπάμερον ἐξετέλεσσαν.

Pfeiler. Troizen. 6. Jh. — IG IV 800. (Geffcken 58. Friedländer 29. GV 165).

## 29

ἔστ' ἂν ὕδωρ τε ῥέῃ καὶ δένδρεα μακρὰ τεθήλῃ
ἠέλιός τ' ἀνιὼν φαίνῃ λαμπρά τε σελήνη,
αὐτοῦ τῇδε μένουσα πολυκλαύτου ἐπὶ τύμβου
ἀγγελέω παριοῦσι, Μίδης ὅτι τῇδε τέθαπται.

Phrygien? Aiolis? 7./6. Jh.? — Vita Homeri Herodotea 11 (S. 7, 26ff. Wilamowitz). (GV 1171).

*

## 30

σῆμα Φρασικλείας· κούρη κεκλήσομαι αἰεί,
ἀντὶ γάμου παρὰ θεῶν τοῦτο λαχοῦσ' ὄνομα.

Pfeileraufsatz. Attika. 6. Jh. — IG I² 1014. (Kaibel 6. Geffcken 49. Friedländer 80. GV 68).

## 31

σῆμα Θεόγνιδός εἰμι Σινωπέος, ᾧ μ' ἐπέθηκεν
Γλαῦκος ἑταιρείης ἀντὶ πολυχρονίου.

6./5. Jh. — Anth. Pal. 7, 509 (Σιμωνίδου). (GV 76).

## 32

Προκλείδας τόδε σᾶμα κεκλήσεται ἐγγὺς ὁδοῖο,
ὃς περὶ τᾶς αὐτῶ γᾶς θάνε μαρνάμενος.

Akarnanien. 6./5. Jh. — IG IX 1², 214. (Kaibel 182. Friedländer 64. GV 70).

## 33

σῆμα φίλου παιδὸς τόδε ἰδεῖν Διόδωρος ἔθηκεν
Στησίου, ὃν θάνατος δακρυόεις κατέχει.

Porosbasis. Athen, Kerameikos. Ende 6. Jh. — IG I² 987. (Kaibel 15. Geffcken 42. Friedländer 65. GV 154).

## 34

σῆμα πατὴρ Κλείβουλος ἀποφθιμένῳ Ξενοφάντῳ
θῆκε τόδ' ἀντ' ἀρετῆς ἠδὲ σαοφροσύνης.

Marmorbasis. Athen, Kerameikos. 6. Jh. — IG I² 986. (Kaibel 2. Geffcken 43. Friedländer 71. GV 157).

## 28
Dem Praxiteles hat dieses Mal hier Vison errichtet, dem toten; und den Grabhügel hier haben die Kameraden aufgeschüttet, mit schwerem Stöhnen, wackeren Taten zum Lohn, und gleichen Tages noch sind sie damit zum Ziel gekommen.
Vgl. Einführung S. 8.

## 29
Solange Wasser fließen und hohe Bäume im Laube stehen, die Sonne strahlend aufgeht und der leuchtende Mond, |³ werde ich hierselbst verharren auf dem vielbeweinten Grabe und den Vorübergehenden künden, daß Midas hier begraben liegt.
Vgl. Einführung S. 10 (Anhang S. 329f.).

\*

## 30
Phrasikleia eignet das Grabmal. Jungfrau werde ich immerdar heißen, denn statt der Hochzeit ließen mir die Götter diesen Namen zuteil werden.
Vgl. Einführung S. 15 (Anhang S. 330).

## 31
Das Grabmal des Theognis aus Sinope bin ich. Über ihm hat Glaukos mich errichtet, langjähriger Kameradschaft zum Dank.

## 32
Prokleidas' wird dies Grabmal hier heißen nahe dem Wege. Er starb im Kampf für sein Vaterland.
Vgl. Einführung S. 15.

## 33
Das Grabmal seines lieben Sohnes hat Diodoros hier errichtet, daß man es anschaue, des Stesias: tränenreicher Tod hält ihn fest.
Vgl. Einführung S. 16.

## 34
Der Vater Kleibulos hat dem toten Xenophantos dies Grabmal errichtet, seiner Tüchtigkeit zum Lohn und seiner Verständigkeit.
Vgl. Einführung S. 15 (Anhang S. 330).

## 35

ἐνθάδε Φίλων κεῖται· τὸν δὴ κατὰ γαῖ' ἐκάλυψεν,
ναυτίλον, ὃ ψυχῇ παῦρα δέδωκ' ἀγαθά.

Pfeiler. Eretria 6./5. Jh. — IG XII 9, 287. (Friedländer 79. GV 320).

## 36

ἀστοῖς καὶ ξείνοισι Φάνεις φίλος [ἐνθάδε κεῖται],
ὅς ποτ' ἀριστεύων ἐν προμάχοισ[ι πέσεν].

Stele. Thisbe, Böotien. 6./5. Jh. — IG VII 2247. (Kaibel 487. Geffcken 91. Friedländer 70. GV 321).

## 37

Πλειστίας.
Σπάρτα μὲν πατρίς ἐστιν, ἐν εὐρυχόροισι δὲ 'Αθάναις
ἐτράφθη, θανάτου δὲ ἐνθάδε μοῖρ' ἔκιχε.

Porospfeiler. Eretria. 6. Jh. v. Chr. — IG XII 9, 286. (Friedländer 77. GV 862).

## 38

καρτερὸς ἐν πολέμοις Τιμόκριτος, οὗ τόδε σᾶμα·
Ἄρης δ' οὐκ ἀγαθῶν φείδεται, ἀλλὰ κακῶν.

6./5. Jh. — Anth. Pal. 7, 160 ('Ανακρέοντος). (GV 888).

## 39

[ἦ ῥά τι]ς αἰχμήτου, Ξεινόκλεες, ἀνδρὸς [ἐπισ]τάς
σῆμα τὸ σὸν προσιδὼν γνώ[σετ]αι ἠν[ορέαν].

Porosbasis. Athen, Kerameikos. Mitte 6. Jh. v. Chr. — IG I² 984. (Friedländer 87. GV 1488).

## 40

ἦ καλὸν τὸ μνῆμα πατὴρ ἔστησε θανούσῃ
Λεαρέτῃ· οὐ γὰρ ἔτι ζῶσαν ἐσοψόμεθα.

Stele. Thasos. Kurz nach 500 v. Chr. — IG XII 8, 398. (Friedländer 60. GV 164).

## 41

χαῖρε, Χάρων· οὐδίς τυ κακῶς λέγει οὐδὲ θανόντα,
πολλοὺς ἀνθρώπων λυσάμενος καμάτου.

Pfeiler. Teithronion, Phokis. 6./5. Jh. — SBBerl. 1935, 702. (Friedländer 86. GV 1384).

## 35

Hier liegt Philon begraben. Ihn deckt nun die Erde; ein Seemann war er – ein Los, das dem Leben wenig Gutes zu bieten hatte (und hat sich im Leben wenig Gutes gegönnt?).
Vgl. Anhang S. 330.

## 36

Bürgern und Fremden ein Freund, liegt Phaneis hier begraben. Heldenmütig ist er einst unter den Vorkämpfern gefallen.
Vgl. Einführung S. 15.

## 37

Pleistias. – Sparta ist seine Heimat, im weiträumigen Athen wuchs er heran, des Todes Geschick hat ihn hier ereilt.

## 38

Ein gewaltiger Krieger war Timokritos, dem dies Grabmal hier eignet. Nicht die wackeren Männer verschont Ares (der Kriegsgott), sondern die feigen.

## 39

Wahrlich, Xenokles, wer hier stehenbleibt und dein Grabmal anschaut, wird eines Lanzenkämpfers männliche Tüchtigkeit erkennen (in deinem Bilde).

## 40

Wahrlich, schön ist das Mal, das der Vater der toten Learete errichtet hat – denn lebend werden wir sie nicht mehr schauen.
Vgl. Einführung S. 14 (Anhang S. 330).

## 41

Gruß dir, Charon! Keiner redet dir Schlechtes nach, auch nicht im Tode, und viele Menschen hast du von Mühsal befreit.
Vgl. Einführung S. 14 (Anhang S. 330.)

## 42

μνᾶμ' ἐπ' Ὀλιγείδᾳ μ' ὁ πατὴρ ἐπέθηκε θανόντι
Ὀσθίλος, ᾧ πένθος θῆκεν ἀποφθίμενος.

Stele. Thespiai, Böotien. 6./5. Jh. – IG VII 1880. (Kaibel 486. Friedländer 61a. GV 152).

## 43

τῶν αὑτοῦ τις ἕκαστος ἀπολλυμένων ἀνιᾶται·
Νικόδικον δὲ φίλοι καὶ πόλις ἥδε ποθεῖ.

6./5. Jh. — Anth. Pal. 7, 302 (Σιμωνίδου). (GV 914).

## 44

[ἦ μάλα δὴ πικ]ρὸν πένθος πέλε[ι, εὖτ' ἂν ἄωρον]
[οἷον Ἀναξίπο]λιν μοῖρα κίχῃ θανάτου.

Basis. Thasos. Um 500 v. Chr. — IG XII 8, 397. (Friedländer 90. GV 1636).

## 45

παιδὸς ἀποφθιμένοιο Κλεοίτου τοῦ Μενεσαίχμου
μνῆμ' ἐσορῶν οἴκτιρ', ὡς καλὸς ὢν ἔθανε.

Marmorbasis. Athen. Mitte 6. Jh. v. Chr. — IG I² 982. (Kaibel 517, 1a. Friedländer 81. GV 1223).

## 46

στῆθι καὶ οἴκτιρον Κροίσου παρὰ σῆμα θανόντος,
ὅν ποτ' ἐνὶ προμάχοις ὤλεσε θοῦρος Ἄρης.

Porosbasis. Attika. Um 540 v. Chr. — Hesperia, Suppl. 8, 1949, 361 ff. (Friedländer 82. GV 1224).

## 47

ἄνθρωπε, ὃς στείχεις καθ' ὁδὸν φρασὶν ἄλλα μενοινῶν,
στῆθι καὶ οἴκτιρον σῆμα Θράσωνος ἰδών.

Marmorbasis. Athen, Kerameikos. Mitte 6. Jh. v. Chr. — IG I² 971. (Geffcken 41. Friedländer 83. GV 1225).

## 48

Ἀντιλόχου ποτὶ σῆμ' ἀγαθοῦ καὶ σώφρονος ἀνδρός
[δάκρ]υ [κ]ατάρξον, ἐπεὶ καὶ σὲ μένει θάνατος.

Marmorbasis. Athen. Mitte 6. Jh. v. Chr. — IG I² 972. (Kaibel 4. Geffcken 44. Friedländer 85. GV 1227).

## 42

Über dem toten Oligeidas hat mich der Vater als Mahnmal errichtet, Osthilos: Leid schuf ihm sein Tod.

Vgl. Einführung S. 16 (Anhang S. 330).

## 43

Ein jeder empfindet Schmerz beim Verlust der eigenen Lieben – an Nikodikos denken in Wehmut seine Freunde und diese (ganze) Stadt.

## 44

Wahrlich, gar bitter ist das Leid, wenn wie jetzt Anaxipolis des Todes Schicksal einen Menschen vor seiner Zeit ereilt.

Vgl. Einführung S. 17 (Anhang S. 330).

## 45

Wenn du das Grabmal des toten Menesaichmos-Sohnes Kleoites anschaust, so klage: wie schön war er, und mußte doch sterben.

Vgl. Einführung S. 16 (Anhang S. 330).

## 46

Bleib stehen und erhebe die Klage am Grabmal des toten Kroisos, den unter den Vorkämpfern der stürmische Ares (der Kriegsgott) einst fällte.

Vgl. Einführung S. 16.

## 47

Mensch, der du des Weges ziehst im Herzen an anderes denkend, bleib stehen und erhebe die Klage, wenn du das Grabmal des Thrason schaust.

Vgl. Einführung S. 16 (Anhang S. 330).

## 48

Am Grabmal des Antilochos, des wackeren, verständigen Mannes, weihe eine Träne, denn auch auf dich wartet der Tod.

Vgl. Einführung S. 17 (Anhang S. 330).

### 49

ὅστις μὴ παρετύγχαν', ὅτ' ἐξέφερόν με θανόντα,
νῦν μ' ὀλοφυράσθω· μνῆμα δὲ Τηλεφάνεος.

Pfeiler. Thasos. Um 500 v. Chr. — IG XII 8, 396. (Friedländer 84. GV 1228).

### 50

εἴτε ἀστός τις ἀνὴρ εἴτε ξένος ἄλλοθεν ἐλθών,
Τέττιχον οἰκτίρας ἄνδρ' ἀγαθὸν παρίτω,
ἐν πολέμῳ φθίμενον νεαρὰν ἥβην ὀλέσαντα·
ταῦτ' ἀποδυράμενοι νεῖσθε ἐπὶ πρᾶγμ' ἀγαθόν.

Marmorbasis. Attika. Mitte 6. Jh. v. Chr. — IG I² 976. (Kaibel 1. Geffcken 47. Friedländer 135. GV 1226).

\*

### 51

λοιμῷ θανούσης εἰμὶ σῆμα Μυρρίνης.

Stele. Attika. 6. Jh. v. Chr. — IG I² 1009. (Kaibel 11. Geffcken 48. Friedländer 170. GV 65).

### 52

τόδ' Ἀρχίου 'στὶ σῆμα κἀδελφῆς Φίλης,
Εὐκοσμίδης δὲ τοῦτ' ἐποίησεν καλόν,
στήλην δ' ἐπ' αὐτῷ θῆκε Φαίδιμος σοφός.

Stele. Attika. Mitte 6. Jh. v. Chr. — Ἀρχ. Ἐφημ. 1937, 538 ff. (Friedländer 169. GV 74).

**49**

Wer nicht dabei war, wie man mich zu Grabe trug, den toten, der möge mich jetzt bejammern: Telephanes eignet das Grabmal.

Vgl. Einführung S. 16 (Anhang S. 331).

**50**

Ob einer ein Bürger ist, ob ein Fremdling, von anderwärts herkommend: keiner gehe vorüber, ohne um Tettichos zu klagen, den wackeren, |³ der im Kriege zu Tode kam, seiner Jugendblüte verlustig. Solchermaßen sei euer Wehruf, zieht dann weiter zu guter Verrichtung.

Vgl. Einführung S. 17 (Anhang S. 331).

*

**51**

Der an der Pest gestorbenen Myrrhine Grabmal bin ich.

Vgl. Einführung S. 12.

**52**

Dies hier ist des Archias Grabmal und seiner Schwester Phile. Eukosmides hat dies so schön geschaffen, und die Stele darauf hat der kundige Phaidimos gesetzt.

Vgl. Einführung S. 12.

## II. VON DEN PERSERKRIEGEN BIS ZUM TODE ALEXANDERS DES GROSSEN

(490—320 v. Chr.)

### 1. EINZELDISTICHA

**53**

Γάστρωνος τόδε σᾶμα Φιλοξένου, ὃς μάλα πολλοῖς
ἀστοῖς καὶ ξείνοις δῶκε θανὼν ἀνίαν.

Pfeiler. Thessalien. 2. H. 5. Jh. v. Chr. — Πολέμων 1, 1929, 37f. (GV 77).

**54**

ἀντὶ γυναικὸς ἐγὼ Παρίου λίθου ἐνθάδε κεῖμαι
μνημόσυνον Βίττης, μητρὶ δακρυτὸν ἄχος.

Basis. Aigiale, Amorgos. 2. H. 5. Jh. v. Chr. — Ἀρχ. Ἐφημ. 1953/4 II (1956), 25f.

**55**

ἐνθάδ' Ἀναξάνδρου Δεινῆς δοκιμώτατος ἀστῶν
κεῖται, ἀμώμητος τέρμα λαχὼν θανάτου.

Relief. Apollonia am Pontos. Anf. 5. Jh. v. Chr. —IGB 405. (Friedländer 78. GV 326).

**56**

ἐσλὸς ἐὼν Πολύιδος Ἐχεκρατίδεω φίλος υἱός
οἶκον ἀμαυρώσας ὤλετ' ἄωρος ἐών.

Basis. Arkesine, Amorgos. 5. Jh. v. Chr. — IG XII 7, 107. (Kaibel 221 u. S. 519. GV 889).

**57**

μνῆμα δικαιοσύνης καὶ σωφροσύνης ἀρετῆς τε
Σωσίνου ἔστησαν παῖδες ἀποφθιμένου.

Relief. Athen. Ende 5. Jh. v. Chr. — IG II/III² 8464. (Kaibel 54. GV 167).

**58**

σάρκας μὲν πῦρ ὄμματ' ἀφείλετο τῇδε Ὀνησοῦς,
ὀστέα δ' ἀνθεμόεις χῶρος ὅδ' ἀμφὶς ἔχει.

Pfeiler. Athen, Kerameikos. Ende 5. Jh. v. Chr. — IG II/III² 12378. (GV 1747).

## II. VON DEN PERSERKRIEGEN BIS ZUM TODE ALEXANDERS DES GROSSEN

(490—320 v. Chr.)

### 1. EINZELDISTICHA

#### 53
Dies ist das Grabmal des Gastron, Sohnes des Philoxenos. Gar vielen, Bürgern wie Fremden, hat er Kummer bereitet durch seinen Tod.

#### 54
Für eine Frau stehe ich hier (eine Frau stelle ich dar), aus parischem Marmor ein Denkstein für Bittē, der Mutter zu tränenreichem Weh.
Vgl. Anhang S. 331.

#### 55
Hier ruht des Anaxandros Sohn Deinēs, hochangesehen unter den Bürgern; ohne Tadel gelangte er an das Ziel, das der Tod setzt.
Vgl. Anhang S. 331.

#### 56
Edel war Polyidos, des Echekratides lieber Sohn. Dunkel kam über das Haus, als er hinging vor der Zeit.
Vgl. Anhang S. 331.

#### 57
Ein Erinnerungsmal an seine Gerechtigkeit, seine Besonnenheit, seine Tüchtigkeit, haben des Sosinus Kinder (hier) errichtet, als er gestorben war.

#### 58
Die Glieder hat das Feuer (des Scheiterhaufens) hier den Augen entrückt; die Gebeine Onesos umhegt dieser blumengeschmückte Platz.
Vgl. Anhang S. 331.

## 59

Κρῖος.

οὗτος, ὃς ἐνθάδε κεῖται, ἔχει μὲν τοὔνομα κριοῦ,
φωτὸς δὲ ψυχὴν ἔσχε δικαιοτάτου.

Stele. Athen. Um 400 v. Chr. — IG II/III² 11912. (Kaibel 63. Geffcken 142. GV 1785).

## 60

Κλεομάνδρου τόδε σῆμα, τὸν ἐν πόντῳ κίχε μοῖρα·
δακρυόεν δὲ πόλει πένθος ἔθηκε θανών.

Block. Arkesine, Amorgos. 1. H. 4. Jh. v. Chr. — IG XII 7, 108. (Kaibel 219. GV 80).

## 61

ἐνθάδε τὴν πάσης ἀρετῆς ἐπὶ τέρμα μολοῦσαν
Φαναγόραν κατέχει Φερσεφόνης θάλαμος.

Stele. Piräus. Um 390—60. — IG II/III² 5450. (Kaibel 50. Geffcken 133. GV 488).

## 62

Ἄνδρων ἐνθάδε κεῖται, ὃς αὑτοῦ τὸν μὲν ἐπεῖδεν
υἱὸν ἀποφθίμενον, τὸν δὲ ὑπέδεκτο θανών.

Relief. Piräus. Vor 350 v. Chr. — IG II/III² 10665. (GV 336).

## 63

πόλλ' ἀρετῆς μνημεῖα λιπών, ἔργοις δὲ κρατήσας
κεῖται Ἀθηνοκλῆς ἐνθάδε ἀνὴρ ἀγαθός.

Relief. Athen, Kerameikos. Vor 350 v. Chr. — IG II/III² 10593. (GV 344).

## 64

Ἀγήνακτος Ἀπολλόδοτος τῃδὶ κατάκειται,
ἀθάνατον πένθος πατρί, φίλοις δὲ πόθος.

Basis. Kasara, Rhodische Peraia. 4. Jh. v. Chr. — Ἀρχ. Ἐφημ. 1911, 58, 40. (GV 337).

## 65

ἐνθάδε γῆ κατέχει τίτθην παίδων Διογείτου
ἐκ Πελοποννήσου τήνδε δικαιοτάτην.

Μαλίχα Κυθηρία.

Relief. Athen. Vor 350 v. Chr. — IG II/III² 9112. (Kaibel 47. GV 493).

## 66

Δώσιον ἥδε χθὼν κατέχει τὸν Θευδότου υἱόν,
ὃς νέος ἡλικίας ἄνθος ἔχων ἔθανεν.

Basis. Knidos. 4. Jh. v. Chr. — REG 9, 1896, 422, 11. (GV 496).

## 59

Krios ('Widder'). – Der Tote, der hier ruht, hat seinen Namen vom Widder (trägt den Namen 'Widder'); seine Seele war die eines Mannes von unantastbarer Rechtlichkeit.

Vgl. Anhang S. 331.

## 60

Dies ist das Grabmal des Kleomandros. Auf dem Meer ereilte ihn sein Schicksal. Der Stadt schuf er tränenreiches Leid durch seinen Tod.

## 61

Die zum Ziele jeglicher Tugend gelangte, Phanagora, umschließt hier der Persephone Kammer.

Vgl. Anhang S. 331.

## 62

Andron ruht hier. Seiner Söhne einen sah er sterben, den anderen nahm er zu sich ins Grab.

Vgl. Anhang S. 331.

## 63

Viele Denkmäler seiner Tüchtigkeit hat hinterlassen, durch Taten seine Überlegenheit (vielfach) erwiesen Athenokles, der hier ruht, ein wackerer Mann.

## 64

Des Agenax Sohn Apollodotos ruht in diesem Grabe, seinem Vater zu ewigem Weh, unvergeßlich den Freunden.

## 65

Die Erde hier umschließt der Kinder des Diogeitos Amme; die rechtlichste Frau war sie in der ganzen Peloponnes. – Malicha aus Kythera.

Vgl. Anhang S. 331.

## 66

Dosios umschließt diese Erde, des Theudotos Sohn. In frühen Jahren, in der Blüte der Jugend, verstarb er.

## 67

Αἰνέας Δημοστράτου Ἀθηναῖος.
πᾶσιν ἄμεμπτον ἀεὶ καὶ ἄλυπον γῆ με ἐκάλυψε·
νῦν δὲ θανὼν λύπας ἀθανάτους παρέχω.

Stele. Samos. 4. Jh. v. Chr.

## 68

γηραιὰν ἄνοσον παῖδας παίδων ἐπιδοῦσαν
Λύσιλλαν κατέχει κοινοταφὴς θάλαμος.

Stele. Athen. Bald nach 350 v. Chr. — IG II/III² 11998. (GV 499).

## 69

Ἀντιφῶν Εὐφάνους.
ἀσκήσαντα ὅσα χρὴ θνητοῦ φύσει ἀνδρὸς ἐνεῖναι,
σωφροσύνην, σοφίαν, γῆς με ἐκάλυψε τάφος.

Basis. Athen. Mitte 4. Jh. v. Chr. — Γέρας Ἀ. Κεραμοπούλλου 298 ff. (GV 492).

## 70

μάρτυς ἡέλιος καὶ μήτηρ ἠδὲ πατὴρ σός,
Πανταλέων, τῆς σῆς εὐκολίας βιότῳ.

Stele. Piräus. 4. Jh. v. Chr.? — IG II/III² 12405. (GV 1498).

## 71

εἴ τι δικαιοσύνης ἆθλον τίθεται κατὰ γαίας,
Εὔφανες, οὐ χαλεπὸν τοῦδε σε πρῶτα λαβεῖν.

Stele. Athen. Um 350 v. Chr. — Γέρας Ἀ. Κεραμοπούλλου 300 ff. (GV 1686).

## 72

οὗ σπάνις ἐστὶ γυναικί, ἐσθλὴν καὶ σώφρονα φῦναι
τὴν αὐτὴν δοκίμως, τοῦδ' ἔτυχεν Γλυκέρα.

Trapeza. Piräus. Um 360 v. Chr. — IG II/III² 11016. (Kaibel 53. Geffcken 140. GV 890).

## 73

πλεῖστον ἐν ἀνθρώποισι γυναικῶν ἔσχες ἔπαινον
πασῶν, Ἀνθίππη, νῦν τε θανοῦσα ἔτ' ἔχεις.

Relief. Athen. Mitte 4. Jh. v. Chr. — IG II/III² 10672. (GV 1705).

## 67

Aineas, Sohn des Demostratos aus Athen. — Kein Tadel traf mich je, und nie gab ich Anlaß zu Kummer, bis die Erde mich deckte. Nun ich gestorben bin, wecke ich Kummer, der niemals endet.

Vgl. Anhang S. 332.

## 68

Hohes Alter erreichte, keine Krankheit kannte, Kinder ihrer Kinder noch durfte sehen Lysilla (Lysidike), die nun die Grabkammer umschließt, die für alle bereit ist.

Vgl. Anhang S. 332.

## 69

Antiphon, Sohn des Euphanes. — Was in eines sterblichen Mannes Wesen angelegt sein soll, das habe ich geübt: Verständigkeit und Klugheit. Nun deckt mich das Grab in der Erde.

## 70

Zeuge sind Sonne, Vater und Mutter, Pantaleon, wie artig du warst, als du lebtest.

Vgl. Anhang S. 332.

## 71

Wenn für Gerechtigkeit auch unter der Erde ein Kampfpreis ausgesetzt wird, so ist es leicht für dich, Euphanes, den ersten dort zu gewinnen.

Vgl. Anhang S. 332.

## 72

Nicht oft findet man bei einer Frau, daß sie edel und züchtig ist, bewährt in beiderlei Tugend: Glykera ist dies zuteil geworden.

Vgl. Anhang S. 332.

## 73

Von allen Frauen, Anthippe, hast du bei den Menschen das größte Lob gewonnen, und jetzt noch im Tode besitzt du es.

Vgl. Anhang S. 332.

## 74

Εὐρυμάχου ψυχὴν καὶ ὑπερφιάλους διανοίας
αἰθὴρ ὑγρὸς ἔχει, σῶμα δὲ τύμβος ὅδε.

Stele. Piräus. Vor 350 v. Chr. — IG II/III² 11466. (Kaibel 41. GV 1755).

## 75

σῶμα μὲν ἐντὸς γῆ κατέχει, τὴν σωφροσύνην δέ,
Χρυσάνθη, τὴν σὴν οὐ κατέκρυψε τάφος.

Relief. Attika. 1. H. 4. Jh. v. Chr. — IG II/III² 13071. (GV 1778).

## 2. ZWEI UND MEHR DISTICHA

## 76

μνῆμα τόδε κλεινοῖο Μεγιστία, ὅν ποτε Μῆδοι
Σπερχειὸν ποταμὸν κτεῖναν ἀμειψάμενοι,
μάντιος, ὃς τότε Κῆρας ἐπερχομένας σάφα εἰδώς
οὐκ ἔτλη Σπάρτης ἡγεμόνας προλιπεῖν.

Thermopylai. Nach 480/79. — Herodot 7, 228. (Geffcken 102. Hiller 17. GV 94).

## 77

ἀνδρὸς ἀριστεύσαντος ἐν Ἑλλάδι τῶν ἐφ᾽ ἑαυτοῦ
Ἱππίου Ἀρχεδίκην ἥδε κέκευθε κόνις·
ἣ πατρός τε καὶ ἀνδρὸς ἀδελφῶν τ᾽ οὖσα τυράννων
παίδων τ᾽ οὐκ ἤρθη νοῦν ἐς ἀτασθαλίην.

Lampsakos. Nach 479/8. — Thukydides 6, 59. (Geffcken 109. Hiller 35. GV 539).

## 78

ἐσλῆς τοῦτο γυναικὸς ὁδὸν παρὰ τήνδε τὸ σῆμα
λεωφόρον Ἀσπασίης ἐστὶ καταφθιμένης·
ὀργῆς δ᾽ ἀντ᾽ ἀγαθῆς Εὐωπίδης τόδε μνῆμα
αὐτῇ ἐπέστησεν, τοῦ παράκοιτις ἔην.

Stele. Chios. 5./4. Jh. — BCH 3, 1879, 316f., 4. (Geffcken 95. GV 97).

## 79

πιστῆς ἡδείας τε χάριν φιλότητος ἑταίρα
Εὔθυλλα στήλην τήνδ᾽ ἐπέθηκε τάφῳ
σῷ, Βιότη· μνήμην γὰρ ἀεὶ δακρυτὸν ἔχουσα
ἡλικίας τῆς σῆς κλαίει ἀποφθιμένης.

Stele. Athen, Kerameikos. Ende 5. Jh. v. Chr. — IG II/III² 10954. (GV 1415).

### 74

Des Eurymachos Seele und seine hochfliegenden Gedanken hat der feuchte Äther aufgenommen, seinen Leib dieses Grab.
Vgl. Anhang S. 332.

### 75

Den Leib umschließt hier drinnen die Erde; doch deine Züchtigkeit, Chrysanthe, hat das Grab nicht mit Vergessen bedeckt.
Vgl. Anhang S. 332.

## 2. ZWEI UND MEHR DISTICHA

### 76

Dies ist das Grabmal des rühmlichen Megistias, den einst die Meder erschlugen, als sie über den Fluß Spercheios gesetzt waren. |³ Ein Seher war er und wußte damals wohl, daß die Keren des Todes ihm nahe waren; und doch ertrug er es nicht, Spartas Führer im Stich zu lassen.
Vgl. Einführung S. 20 (Anhang S. 332).

### 77

Die von einem Manne stammt, der seine Zeitgenossen in Griechenland weit überragte, deckt dieser Staub, Archedike, Tochter des Hippias. |³ Vater, Gatte, Brüder, Kinder: alle waren Tyrannen, und doch überhob sich ihr Sinn nie zu frevelhaftem Tun.
Vgl. Einführung S. 29 (Anhang S. 332).

### 78

Einer edlen Frau eignet dies Grabmal an der vielbegangenen Straße hier, der toten Aspasia. |³ Ihrer tüchtigen Sinnesart zum Lohn hat Euopides dieses Mal hier über ihr errichtet, denn dessen Gattin war sie.

### 79

Um deiner treuen und süßen Liebe willen hat dir deine Freundin Euthylla diesen Stein auf dein Grab gesetzt, |³ Biotē. Denn immerdar in Tränen deiner gedenkend klagt sie um den Verlust deiner Jugend.
Vgl. Anhang S. 333.

## 80

πότνια Σωφροσύνη, θύγατερ μεγαλόφρονος Αἰδοῦς,
πλεῖστα σὲ τιμήσας εὐπόλεμόν τε Ἀρετήν
Κλείδημος Μελιτεὺς Κλειδημίδου ἐνθάδε κεῖται,
ζῆλος πατρί ποτ' ὤν, μητέρι νῦν ὀδύνη.

Relief. Athen, Kerameikos. Ende 5. Jh. v. Chr. — IG II/III² 6859. (Kaibel 34. GV 1564).

## 81

κρύπτει μὲν χθὼν ἥδε Μένωνα Πόθωνος, ὃν Ἑλλάς
ἤλπισε κοσμήσειν Θεσσαλίαν στεφάνοις·
οὗ τύμβον τίμησεν Ὀρέστης, σωφροσύνης δέ
οὕνεκα πένθος ἔχει πᾶσα πόλις φθιμένου.

Stele. Pherai, Thessalien. 4. Jh. v. Chr.

## 82

τόνδ' Ἀσκληπιάδην Μαιάνδριον αἶα καλύπτει,
ὃς πολλοῖς θνητῶν τειρομένοισι νόσῳ
εὗρεν ἄκη, θανάτοιο δυσέλπιδος οἶτον ἀλέξων·
Μαιάνδρου δὲ πατρὸς τὴν ἀρετὴν ἔλαχεν.

Würfelförmiger Block. Aigiale, Amorgos. Mitte 4. Jh. v. Chr. — Ἀρχ. Ἐφημ. 1953/4 II (1956), 27 ff.

## 83

παῖδά τοι ἰφθίμαν Δαμαινέτου ἅδε Κρατίσταν,
Ἀρχεμάχου δὲ φίλαν εὖνιν, ἔδεκτο κόνις·
ἃ ποθ' ὑπ' ὠδίνων στονόεντι κατέφθιτο πότμῳ,
ὀρφανὸν ἐν μεγάροις παῖδα λιποῦσα πόσει.

Stele. Athen, Kerameikos. Nach 350 v. Chr. — IG II/III² 11907. (Kaibel 77. GV 548).

## 84

οἶκον ἔδωχ' Ὑμέναιος, ἐν ᾧ ποτε Παμφίλη ἥδε
ζῆλον ἔχουσ' ᾤκει τὸν μακαριστότατον·
ἢ πρὶν ἔτη τελέσαι βίου εἴκοσιν ὀρφανίσασα
νυμφιδίους οἴκους ἡλικίας ἔθανεν.

Naiskos. Laurion, Attika. Vor 350 v. Chr. — IG II/III² 12393. (GV 863).

## 85

Λύσανδρον προγόνοισι τεκμαίρομαι· εἰ μέτρον ἥβης
ἵκετο, τῶν ἀγαθῶν ἂν φίλος ἦν ἀρεταῖς.
νῦν δὲ ἀπὸ μαστοῦ μητρὸς ἀφείλετο Μοῖρα σὺν Ἅιδῃ
καὶ παιδὸς μονόπαιδ' Εὔβιον ἐστέρισεν.

Basis. Eretria. 4. Jh. v. Chr. — IG XII 9, 293. (GV 1186).

## 80
Herrin Sophrosyne (Zucht, Züchtigkeit), der hochgemuteten Aidos (Ehrfurcht, Scham) Tochter, dich vor allem und die kriegerische Arete (Tüchtigkeit, Tapferkeit) |³ hat Kleidemos aus Melite, des Kleidemides Sohn, geehrt, der hier ruht: einst der Stolz und das Glück seines Vaters, seiner Mutter nun nichts als Weh.
Vgl. Einführung S. 30 (Anhang S. 333).

## 81
Die Erde hier deckt Menon, Sohn des Pothon. Hellas durfte hoffen, er werde einst Thessalien schmücken mit (Sieges-)Kränzen. |³ Seinem Grab wurde Ehre durch Orestes; doch um seiner Verständigkeit willen trägt die ganze Stadt Leid um seinen Tod.

## 82
Den Asklepiaden Maiandrios deckt hier die Erde. Vielen Sterblichen, die von Krankheit gequält wurden, |³ fand er die Heilmittel aus und wehrte hoffnungsloses Todesgeschick von ihnen ab: seines Vaters Maiandros Tüchtigkeit war auch sein Teil.

## 83
Des Damainetos tüchtige Tochter Kratista, des Archemachos liebe Gattin, nahm dieser Staub hier auf. |³ In stöhnenden Wehen setzte das Schicksal ihrem Leben ein Ende, mutterlos ließ sie zu Hause das Kind dem Gatten zurück.

## 84
Hymenaios (der Hochzeitsgott) schenkte Pamphile hier das Haus, in dem sie einst mit glücklichem Eifer gewaltet hat. |³ Doch ehe sie zwanzig Jahre ihres Lebens vollendet hatte, stand das Hochzeitshaus ihrer Jugend vereinsamt durch ihren Tod.
Vgl. Anhang S. 333.

## 85
Das Urteil über Lysander nehme ich von seinen Vorfahren ab: Wäre er zur Reife der Jugend gelangt, so wäre er ein Freund aller wackeren Männer geworden kraft seiner tüchtigen Taten. |³ Doch nun nahm ihn noch von der Mutterbrust hinweg die Moira mit Hades im Bunde und beraubte Eubios seines Kindes, der nur dieses eine besaß.

### 86

Τηλέμαχος Σπουδοκράτους Φλυεύς.
ὦ τὸν ἀειμνήστου σ' ἀρετᾶς παρὰ πᾶσι πολίταις
  κλεινὸν ἔπαινον ἔχοντ' ἄνδρα ποθεινότατον
παισὶ φίλη τε γυναικί. — τάφου δ' ἐπὶ δεξιά, μῆτερ,
  κεῖμαι σῆς φιλίας οὐκ ἀπολειπόμενος.

Stele. Piräus. Um 390—60. — IG II/III² 7711. (Kaibel 69. Geffcken 136. GV 1386).

### 87

σῆς ἀρετῆς ἕστηκεν ἐν Ἑλλάδι πλεῖστα τρόπαια
  ἔν τε ἀνδρῶν ψυχαῖς, οἷος ἐὼν ἔλιπες,
Νικόβουλε, ἠελίου λαμπρὸν φῶς· Περσεφόνης δέ
  δῶμα ποθεινὸς ἐὼν σοῖσι φίλοις κατέβης.

Stele. Athen. Um 390—60. — IG II/III² 6004. (Kaibel 62. Geffcken 134. GV 1492).

### 88

σῆς ἀρετῆς, Νικοπτολέμη, χρόνος οὔποτε λύσει
  μνήμην ἀθάνατον, σῷ πόσει ἣν ἔλιπες·
εἰ δέ τις εὐσεβίας παρὰ Φερσεφόνῃ χάρις ἐστίν,
  καὶ σοὶ τῆσδε μέρος δῶκε Τύχη φθιμένῃ.

Stele. Athen. 4. Jh. v. Chr. — IG II/III² 6551. (Kaibel 61. GV 1491).

### 89

τίς θνητῶν κραδίας οὕτως ἐκύρησεν ἀνοίκτου,
  ὅστις ἂν οὐκ ἐπὶ σοί, παρθένε, δάκρυ χέοι;
ἢ κάλλει κόσμῳ τε μολοῦσ' ἀεὶ ἐλπίδα δόξης,
  Ἡδίστη, πρὸ γάμων ὤλεσας ἡλικίαν.

Stele. Istros (Mösien). 4. Jh. v. Chr.

### 90

αἰαῖ, σεῖο, Κομαλλίς, ἀποφθιμένης ἀκάχηνται
  μάτηρ θ' ἁ μελέα κουρίδιός τε πόσις·
πᾶσά τε συγγενέων πληθύς σ' ἀδινὸν στεναχίζει,
  δρυπτόμενοι χαίτας τοῦδε πάροιθε τάφου·
5 ἦ γὰρ δαίδαλά τε ἔργα χεροῖν καὶ σώφρονα κόσμον
  ἤσκησας, μῶμος δ' οὔτις ἐπῆν ἐπὶ σοί.

Basis. Milet. 4. Jh. v. Chr. — Hermes 86, 1958, 118f.

### 86

Telemachos, Sohn des Spudokrates aus Phlya. — O du, den alle Bürger wegen seiner unvergeßlichen Tüchtigkeit immerdar rühmlich gepriesen, du, den |³ Kinder und liebe Gattin innig geliebt. — Ich liege doch, Mutter, deinem Grabe zur Rechten, und immer ist deine Liebe bei mir.

Vgl. Anhang S. 333.

### 87

Deiner Tüchtigkeit sind in Hellas zahlreiche Siegesmale errichtet, nicht anders in den Seelen der Männer: solcherart warst du, |³ Nikobulos, als du von der Sonne strahlendem Lichte schiedest. Und wenn du nun zu der Persephone Wohnung niedergestiegen bist: die Freunde werden in Liebe deiner gedenken.

Vgl. Anhang S. 333.

### 88

Deiner Tugend unsterbliches Gedächtnis, Nikoptoleme, wird die Zeit niemals auslöschen: deinem Gatten hast du es zurückgelassen für immer. |³ Wenn es aber für Frömmigkeit auch bei Persephone einen Dank gibt, so hat auch dir Tyche daran teilgegeben im Tode.

Vgl. Anhang S. 333.

### 89

Welcher Sterbliche hätte ein so mitleidloses Herz, daß er über dich, Mädchen, nicht eine Träne vergösse? |³ Schön und züchtig, wie du warst, durftest du allezeit ein Leben in Ruhm und Ansehen erhoffen, Hediste, — und hast nun vor der Hochzeit deine Jugend verloren.

### 90

Weh, um deinen Tod, Komallis, sind in Trauer die arme Mutter und der Gemahl deiner Jugend; |³ der Verwandten ganze Sippe stöhnt laut um dich vor deinem Grabe hier und rauft die Haare. |⁵ Denn wahrlich kunstvolle Arbeiten schufst du mit deinen Händen und lebtest ein Leben in Züchtigkeit, und jeder Tadel blieb von dir fern.

## 91

εἴ σε Τύχη προὔπεμψε καὶ ἡλικίας ἐπέβησεν,
    ἐλπίδι γ' ἦσθα μέγας τῷ τε δοκεῖν, Μακαρεῦ,
ἡνίοχος τέχνης τραγικῆς Ἕλλησιν ἔσεσθαι·
    σωφροσύνῃ δ' ἀρετῇ τε οὐκ ἀκλεὴς ἔθανες.

Naiskos. Athen, Kerameikos. Nach 350 v. Chr. — IG II/III² 6626. (Kaibel 39. Geffcken 145. GV 1698).

## 92

οὐχὶ πέπλους, οὐ χρυσὸν ἐθαύμασεν ἐν βίῳ ἥδε,
    ἀλλὰ πόσιν τε αὐτῆς σωφροσύ[νην τ' ἐφίλει].
ἀντὶ δὲ σῆς ἥβης, Διονυσία, ἡλικίας τε
    τόνδε τάφον κοσμεῖ σὸς πόσις Ἀντίφιλος.

Relief. Athen. Nach 350 v. Chr. — IG II/III² 11162. (Kaibel 83. GV 1810).

## 93

πένθους καὶ στοναχῆς ἐτράφην χάριν, οὐχὶ βοηθός
    μητρὶ φίλῃ γήρως εἰς τέλος ἐρχομένῃ·
ἐννεετεῖς γὰρ ἰδὼν κυκλίους ὥρας ἐνιαυτῶν
    θνῄσκω δυσξυνέτῳ δαίμονι χρησάμενος.

Stele. Piräus. Mitte 4. Jh. v. Chr. — IG II/III² 13102. (GV 1118).

## 94

τοὺς ἀγαθοὺς ἔστερξεν Ἄρης, ἐφίλησε δ' ἔπαινος
    καὶ γήρᾳ νεότης οὐ παρέδωχ' ὑβρίσαι·
ὧν καὶ Γλαυκιάδης δηίους ἀπὸ πατρίδος ἔργων
    ἦλθ' ἐπὶ πάνδεκτον Φερσεφόνης θάλαμον.

Naiskos. Acharnai, Attika. Anf. 4. Jh. v. Chr. — IG II/III² 10998. (GV 1637).

## 95

οὐκ ἔστ' οὐδὲν τέρμα βίου θνητῶν ἐπινοίαις,
    ἀλλὰ Τύχη κρείσσων ἐλπίδος ἐξεφάνη·
ἣ καὶ Τιμοκλέην Ἀσωπίχου ἠφάνισ' υἱόν,
    πρόσθε πρὶν ἐνδείξασθ' ἔργα πρέποντα φύσει·
5 ὃς Βασίλεια Διὸς καὶ ἐν Ἡρακλέους τρισὶν ἄθλοις
    ἵπποις νικήσας δώματ' ἐπηγλάισεν.

Quader. Theben. 2. H. 4. Jh. v. Chr. — IG VII 2532. (Kaibel 492 u. S. XVI. Geffcken 153. GV 1639).

## 91

Hätte Tyche dich nur weiter gefördert und das Mannesalter erreichen lassen: — zu großer Hoffnung jedenfalls warst du uns Anlaß und zu der Erwartung, Makareus, |³ es werde in dir den Griechen ein Meister erstehen der tragischen Kunst. Doch Züchtigkeit und Tugend haben dich (auch so) nicht ohne Ruhm sterben lassen.

Vgl. Anhang S. 333.

## 92

Nicht Kleider, nicht Gold hat diese Frau hier im Leben bewundert, nein, nur den Gatten hat sie geliebt und die Züchtigkeit. |³ Doch statt deiner blühenden Schönheit, Dionysia, und deiner Jugend schmückt nun dein Grab hier dein Gatte Antiphilos.

Vgl. Anhang S. 334.

## 93

Zu Leid und Stöhnen nur wuchs ich auf, nicht Helferin durfte ich der lieben Mutter sein, die dem Ende ihrer hohen Jahre entgegengeht. |³ Denn nur neunmal sah ich die Jahreszeiten wiederkehren im Umlauf, da mußte ich sterben: wie unverständig war der Daimon, dem ich zum Opfer fiel.

Vgl. Anhang S. 334.

## 94

Wackere Männer liebt Ares (der Kriegsgott), sie preist rühmende Nachrede, und die Jugend gibt sie dem Alter nicht preis, ihrer zu spotten. |³ Ihrer einer war auch Glaukiades, er hielt die Feinde der Heimat fern und kam nun in der Persephone Kammer, die uns alle einst aufnimmt.

Vgl. Anhang S. 334.

## 95

Keine Grenze des Lebens kennen die Gedanken der Sterblichen, aber Tyche erweist sich stärker als alle Hoffnung. |³ Sie hat jetzt auch Timokles, des Asopichos Sohn, unsern Blicken entrückt, ehe er Taten zeigen konnte, die seiner Anlage gemäß waren. |⁵ Bei des Zeus Königsspielen und dreimal in den Herakleswettkämpfen hat er mit seinen Rennern gesiegt und Glanz gebracht über sein Haus.

## 3. HEXAMETER UND PENTAMETER UNREGELMÄSSIG WECHSELND UND ANDERE MISCHFORMEN

### 96

'Αμφαρέτη.

τέκνον ἐμῆς θυγατρὸς τόδ' ἔχω φίλον, ὅνπερ, ὅτ' αὐγὰς
ὄμμασιν ἠελίου ζῶντες ἐδερκόμεθα,
εἶχον ἐμοῖς γόνασιν καὶ νῦν φθίμενον φθιμένη 'χω.

Relief. Athen, Kerameikos. Um 410 v. Chr. — IG II/III² 10650. (GV 1600).

### 97

ἑπτὰ βίου δεκάδας πᾶσιν φίλος, οὐθένα λυπῶν,
σωφροσύνης τε ἀρετῆς τε δικαιοσύνης τε μετασχὼν
τῆς κοινῆς μοίρας πᾶσιν ἔχω τὸ μέρος.

Relief. Eleusis. Mitte 4. Jh. v. Chr. — IG II/III² 13098. (GV 931).

### 98

σωφροσύνην ἤσκουν ἀρετήν τε, ὡς χρὴ νέον ἄνδρα,
καὶ ζῶν ἠνούμην καὶ ἐπεὶ βιότου τέλος ἔσχον,
ὥστε θανὼν ἔλιπον λύπας προγόνοισι φίλοις τε·
οὐ γὰρ ἔτ' ἔστιν ἰδεῖν σῶμα γονεῦσιν ἐμόν.

Basis. Sunion. 2. H. 4. Jh. v. Chr. — Studies D. M. Robinson II 353ff. (GV 1105).

### 99

εἰ θέμις ἦν, θνητὴν ἐναρίθμιον ἁγνεύουσαν
ἀθανάταις νομίσαι, σοὶ τὸ γέρας τόδ' ἂν ἦν,
'Ηράκλεια· σὺ γὰρ προλιποῦσ' ἥβην πολυανθῆ
ᾤχου ἀποφθιμένη μητρὸς προλιποῦσα μέλαθρον
Σίμου ἀνοικτίστως Φερσεφόνης θαλάμους.

Relief. Athen. Nach 350 v. Chr. — IG II/III² 11594. (GV 1697).

### 100

πολλὰ μεθ' ἡλικίας ὁμοήλικος ἡδέα παίσας
ἐκ γαίας βλαστὼν γαῖα πάλιν γέγονα.
εἰμὶ δὲ 'Αριστοκλῆς Πειραιεύς, παῖς δὲ Μένωνος.

Relief. Athen. Anf. 4. Jh. v. Chr. — IG II/III² 7151. (Kaibel 75. Geffcken 146. GV 1702).

## 3. HEXAMETER UND PENTAMETER UNREGELMÄSSIG WECHSELND UND ANDERE MISCHFORMEN

### 96

Ampharete. – Das liebe Kind meiner Tochter halte ich hier. Als wir beide die Strahlen der Sonne mit Augen schauten im Leben, hielt ich es so auf den Knien und halte nun tot auch das tote.

Vgl. Einführung S. 29 (Anhang S. 334).

### 97

Sieben Jahrzehnte hieß ich allen ein Freund, niemand betrübte ich je, Verständigkeit, Tüchtigkeit und Gerechtigkeit waren mein Teil – jetzt wurde mir mein Anteil an dem Lose, das uns allen gemein ist.

### 98

Zucht übte ich und Tugend, wie es einem jungen Manne geziemt. Lob wurde mir zuteil, im Leben wie jetzt, da ich ans Ziel meiner Tage gelangte. |³ So ließ ich Trauer zurück bei Eltern und Freunden durch meinen Tod. Denn Vater und Mutter werden meinen Leib nie mehr schauen.

### 99

Wenn es recht wäre, eine Sterbliche reinen Wandels den Unsterblichen zuzuzählen, so würde dir solche Ehre gebühren, |³ Herakleia. Denn du ließest die blühende Jugend, ließest im Tode der Mutter Simon Haus und gingest ein zu der Persephone Kammer und fandest kein Erbarmen.

Vgl. Anhang S. 334.

### 100

Oftmals habe ich mit Kindern meines Alters süße Spiele getrieben und bin nun, der Erde entsprossen, wieder zu Erde geworden. Aristokles vom Piräus bin ich, Menons Sohn.

Vgl. Anhang S. 334.

## 101

χαῖρε, τάφος Μελίτης· χρηστὴ γυνὴ ἐνθάδε κεῖται·
φιλοῦντα ἀντιφιλοῦσα τὸν ἄνδρα Ὀνήσιμον ἦσθα κρατίστη.
τοιγαροῦν ποθεῖ θανοῦσάν σε, ἦσθα γὰρ χρηστὴ γυνή. —
καὶ σὺ χαῖρε, φίλτατ' ἀνδρῶν, ἀλλὰ τοὺς ἐμοὺς φίλει.

Relief. Piräus. Um 360—40. — IG II/III² 12067. (Kaibel 79. Geffcken 148. GV 1387).

## 102

Φιλόστρατος Φιλοξένου.
παῖ πατέρος σαυτοῦ πατρὸς ἔχων ὄνομα,
καὶ παραμύθιον ἦσθα παρωνύμιόν τε γονεῦσι
Νεολλαρίων, δαίμων δέ σ' ἀφείλετο πᾶσι ποθεινόν.

Naiskos. Athen, Kerameikos. Nach 350 v. Chr. — IG II/III² 12974. (GV 1499).

## 4. HEXAMETER

## 103

ἐργάτις οὖσα γυνὴ φειδωλός τε ἐνθάδε κεῖμαι.
Νικαρέτη.

Stele. Athen. Vor 350 v. Chr. — IG II/III² 12254. (GV 328).

## 104

κοῦρος Χρυσόχοος κεῖμαι πολλοῖσι ποθεινός.

Relief. Athen. Nach 350 v. Chr. — IG II/III² 13081. (Kaibel 46. GV 330).

## 105

Χαιρίων Μικυλίωνος Αἰξωνεύς.
ἐννέα ἐτῶν ἐβίων δεκάδας, θνήσκω δὲ γεραιός,
σωφροσύνην δὲ ἤσκησα, ἔλιπον δὲ εὔκλειαν ἀμεμφῆ.

Relief. Piräus. Vor 350 v. Chr. — IG II/III² 5452. (GV 930).

## 106

Βελτίστη Νουμηνίου Ἡρακλειῶτις.
μητέρα ἔθηκα ὁσίως ὁσίαν τοῖς πᾶσιν ἰδέσθαι·
ἀνθ' ὧν εὐλογίας καὶ ἐπαίνων ἄξιός εἰμι.

Stele. Piräus. Vor 350 v. Chr. — IG II/III² 8593. (GV 287).

## 101

Gruß dir, Grab der Melite. Eine wackere Frau liegt hier begraben. Onesimos, der dich geliebt, hast du wiedergeliebt wie keine vor dir (ihren Mann geliebt hat). |³ Wie sollte er sich also nun nach dir nicht sehnen, der Toten, warst du doch eine wackere Frau. – Gruß auch dir, mein liebster Mann, und behalte lieb die Meinen.

Vgl. Anhang S. 334.

## 102

Philostratos, Sohn des Philoxenos. – Kind, du hießest nach deines Vaters Vater; doch ein Herzenstrost warst du den Eltern und 'Herzlieb' nannten sie dich so mit Zunamen. Nun hat dich der Daimon dahingenommen, und warst doch allen so lieb.

Vgl. Anhang S. 334.

## 4. HEXAMETER

### 103

Eine arbeitsame und sparsame Frau war ich und liege nun hier im Grabe. – Nikarete.

### 104

Chrysochoos. In jungen Jahren verstarb ich und liege nun hier, von vielen betrauert.

### 105

Chairion, Sohn des Mikylion aus Aixone. – Neunmal zehn Jahre währte mein Leben, ich starb in hohem Alter. Verständigkeit übte ich und hinterließ untadligen Nachruhm.

### 106

Beltiste, Tochter des Numenios aus Herakleia. – Fromm bettete ich die fromme Mutter zur Ruhe, wie alle es sehen. Rühmende Rede und Lob verdiene ich darob.

## 107

Φίλαγρος Ἀγγελῆθεν. Ἥγιλλα Φιλάγρου.
ἡλικίαν μὲν ἐμὴν ταύτην δεῖ πάντας ἀκοῦσαι·
εἰκοστῷ καὶ πέμπτῳ ἔτει λίπον ἡλίου αὐγάς.
τοὺς δὲ τρόπους καὶ σωφροσύνην, ἣν εἴχομεν ἡμεῖς,
ἡμέτερος πόσις οἶδεν ἄριστ' εἰπεῖν περὶ τούτων.

Naiskos. Athen. Um 360—50. — IG II/III² 5239. (Kaibel 78. Geffcken 132. GV 1790).

## 108

εἰ τὰ θεῶν τιμᾶν χρηστῶν τ' ἔργων ἐπιθυμεῖν
καὶ τὸ δικαιοσύνῃ τε φίλον τε φίλοισι προσεῖναι
δόξα ἀρετή τε βροτοῖς καὶ ἀνεγκλήτως βιοτεῦσαι,
πάντα σὺ ταῦτ' ἔσχες, Μνησαρχίδη, ἀπροφασίστως.

Stele. Halai Araphenides, Attika. 4. Jh. v. Chr. — IG II/III² 5501. (Kaibel 65. GV 1688).

## 107

Philagros aus Angele. Hegilla, Tochter des Philagros. — Von dieser meiner Jugend sollen alle hören: im fünfundzwanzigsten Lebensjahr verließ ich der Sonne Licht. |³ Doch von meiner Art und der Züchtigkeit, die ich übte, davon weiß mein Gatte am besten zu sagen.

Vgl. Anhang S. 335.

## 108

Wenn die Götter zu ehren, nach tüchtigen Leistungen zu streben, in Gerechtigkeit zu leben und den Freunden ein Freund, |³ den Ruf der Tüchtigkeit bei den Menschen ausmacht, und ein Leben ohne Tadel zu führen: dann hast du dies alles besessen, Mnesarchides, ohne Zögern sei es gesagt.

# III. VOM TODE ALEXANDERS DES GROSSEN BIS ZUM FALL VON ALEXANDREIA

(320—30 v. Chr.)

## 1. EINZELDISTICHA

### 109

Σιμία εἰμὶ τάφος τοῦ Ἰάσιος, ὅς ποτε ἀδήλῳ
μοίρῃ ἀιστωθεὶς δῶμ' ἐπέρασε Ἀίδα.

Basis. Thyssanus, Rhodische Peraia. 4./3. Jh. — Ἀρχ. Ἐφημ. 1907, 213, 7. (GV 111).

### 110

Ἀσπασίας ναόν τε καὶ εὔγραπτον θέτο μορφάν
Διογενίς, στοργᾶς ἀντιτίνουσα χάριν.

Basis. Chios. 2. Jh. v. Chr.? — BCH 3, 1879, 326, 17. (GV 179).

### 111

τύμβῳ τῷδε Βόηθον Ἀριστόδικος κτερέιξε
παῖδα φίλον· τροφέων δ' ὤλετο πᾶσα χάρις.

Relief. Paros. 2./1. Jh.? — IG XII 5, 308. (Kaibel 216. GV 290).

### 112

Ζώπυρον Εἰφικράτους ὑπ' ἐμοῖς στέρνοισι κρυφέντα
φρουρῶ, δακρυτὸν μητρὶ λιπόντα πόθον.

Basis. Milet. Um 300 v. Chr. — Milet II 3, 129f., 398; (GV 1174).

### 113

ἥδε σε, Νικόγενες, κεύθει χθὼν τῆλε Καλύμνας
πατρίδος, ἀκμαίαν δ' ὤλεσας ἡλικίαν.

Bemalte Stele. Amathus, Kypros. 4./3. Jh. — IBrM IV 973. (GV 1447).

## III. VOM TODE ALEXANDERS DES GROSSEN BIS ZUM FALL VON ALEXANDREIA

(320—30 v. Chr.)

### 1. EINZELDISTICHA

#### 109

Des Simias Grab bin ich, Sohnes des Iasis. Von dunklem Schicksal entrafft, ist er den Weg zum Hause des Hades gegangen.

#### 110

Der Aspasia Naiskos und schön gemaltes Bild stellte Diogenis auf; Liebe vergalt sie so mit Gegenliebe.

#### 111

In diesem Grabe hier hat Aristodikos seinen lieben Sohn Boēthos zur Ruhe gebettet. Alle Freude schwand mit ihm seinen Ernährern dahin.

#### 112

Zopyros, Iphikrates' Sohn, hüte ich, der unter meiner breiten Brust geborgen ist. Tränen der Sehnsucht hinterließ er der Mutter.

#### 113

Hier birgt dich, Nikogenes, die Erde, ferne der Heimat Kalymna. In der Blüte der Jugend verlorst du dein junges Leben.

## 114

Λεύκων. Αἰσχίνης. Καρίνη.
ἡμᾶς καὶ ζῶντας κοινὸν βίον ἥλιος ὥρα
καὶ τάφος εἰς φθιμένους δέξατο γηραλέους.

Basis. Arkesine, Karpathos. 3. Jh. v. Chr. — IG XII 7, 113. (GV 1715).

## 115

ἀστοῖς καὶ βασιλεῦσι τετιμένον, ἤθεσιν ἐσθλόν
Μαστοῦν εὐκλεὴς τύμβος ἔχει φθίμενον.

Relief. Pantikapaion. 2./1. Jh. — GGS 64, 373. (GV 504).

## 116

'Αρχία υἱὸς ὅδ' ἔστ' 'Αλκαίνετος, ὃς δορὶ σῴζων
πατρίδος ἀκρόπολιν τέρμ' ἔλαβεν βιότου.

Stele. Atalante, Lokris. 3. Jh. v. Chr.? — IG IX 1, 290. (Kaibel 856. GV 598).

## 117

Ἡρώνδας 'Αλκιάδα Ἡρακλεώτης.
ἄρμενος ἦν ξείνοισιν ἀνὴρ ὅδε καὶ φίλ[ος ἀστοῖς]
πλείστην τε εὐφροσύνη δόξαν [ἀειράμενος].

Stele. Abonuteichos am Pontos. 3./2. Jh. — Athen. Mitt. 4, 1879, 18, 3. (GV 905).

## 118

ὀκτωκαιδεκέτης κατέβαν δόμον εἰς 'Αχέροντος
τὸν στυγερόν, πολλοὺς ματρὶ λιποῦσα γόους.

Basis. Rhodos. 2. Jh. v. Chr. — A. Maiuri, Nuova Silloge epigrafica 57, 47. (GV 932).

## 119

προσφώνησον, ὁδῖτα, καὶ εὐφήμως ἀναλέξαι
γράμματα, Πρωτομάχου σῆμα παρερχόμενος.

Bemalte Stele. Demetrias, Thessalien. 3. Jh. v. Chr. — Πολέμων 2, 1934/38, 36 ff., 4. (GV 1342).

## 120

χαῖρε, Κλέων, καί σοι κούφα κόνις, ὦ πάτερ, εἴη,
οὕνεκεν ἐν ζωοῖς πᾶσιν ἄμεμπτος ἔης.

Stele. Arkades, Kreta. 2. Jh. v. Chr. — ICr I 22, 40. (GV 1391).

## 114

Leukon, Aischines, Karine. — Im Leben sah uns die Sonne einträchtig zusammen wohnen; und nun hat uns, alt geworden, auch im Tode ein einziges Grab aufgenommen.

## 115

Den Bürger und Könige ehrten, den edelgesinnten Mastus, deckt auch im Tode ein ruhmvolles Grab.

## 116

Dies ist des Archias Sohn Alkainetos. Mit dem Speer verteidigte er die Burg seiner Heimat, und dabei fand er sein Ende.

## 117

Herondas, Sohn des Alkiadas aus Herakleia. — Beliebt bei den Fremden war dieser Tote hier und ein Freund aller Bürger. Rühmlichste Nachrede verschaffte ihm sein frohes Wesen (seine heitere Kunst?).

## 118

Mit achtzehn Jahre stieg ich zum Hause des Acheron nieder, dem verhaßten. Laute Klage ließ ich der Mutter zurück.

## 119

Sprich deinen Gruß, Wanderer, und lies in ehrfürchtigem Schweigen des Protomachos Grabschrift, wenn du an seinem Grabmal vorübergehst.

## 120

Gruß dir, Kleon, und möge dir, Vater, die Erde leicht sein; denn keiner fand an dir einen Tadel, als du noch lebtest.

### 121

οὐ τὸ θανεῖν ἀλγεινόν, ὅπερ καὶ πᾶσι πρόκειται,
ἀλλὰ πρὶν ἡλικίας καὶ γονέων πρότερον.

Stele. Rhodos. 3. Jh. v. Chr.? — IG XII 1, 146. (Kaibel 198. GV 1663).

## 2. ZWEI UND MEHR DISTICHA

### a) VORSTELLUNG DES TOTEN

### 122

σωφροσύνης ἀρετῆς μνημεῖον τοῦτ' ἀνάκειται
Πύρρῳ 'Αγασικλέος παιδὶ καταφθιμένῳ·
εἰ δ' ἦν τοὺς ἀγαθοὺς ἀνάγειν, πάλιν ἦλθες ἂν εἰς φῶς,
ἐκπρολιπὼν ἀδύτους Φερσεφόνης θαλάμους.

Stele. Pherai, Thessalien. Anf. 3. Jh. v. Chr. — IG IX 2, 429. (GV 99).

### 123

ἐνθάδε τὴν 'Αγάθωνος ὁμευνέτιν Εὐτυχίαν με
δίζυγες εὐσεβέως υἱέες ἐκτέρισαν.
τοῦτο δὲ πὰρ μακάρων μέγα μοι γέρας, ὅττι ποθεινή
ἐν ζωοῖς θνήσκω παισί τε καὶ πόσεϊ.

Marmortafel. Erythrai. 3./2. Jh. — ÖJh 13, 1910, Beibl. 57, 19. (GV 306).

### 124

ἄλσεϊ καρποτόκῳ πάτρης ὑπέθηκε γονῆας
κοινοθανεῖ μόχθων γήραϊ παυσαμένους
'Αργόναϊν καὶ Μᾶν· οὐ γὰρ τάφον, εὐσεβέων δέ
δῶρον ἀείμναστον δεῖξε φίλοις χάριτα.
5 εὐχαὶ δ' ἐκ γονέων ἐξ Ἄιδος εἴ τί ποτ' εἰσί,
'Αντίπατρ', ἐκ τέκνων τάσδ' ἀπέχοις χάριτας.

Relief. Pantikapaion. 2./1. Jh. — GGS 73, 415. (GV 679).

### 125

Ἄσων ἐνθάδε κεῖται ὁ Δημοκλέους, περὶ πάτρας
μαρνάμενος πρῶτος δ' ἐν προμάχοισι θάνεν,
οὐχὶ καταισχύνας πατρίδ' οὐδὲ γονῆας ἑαυτοῦ,
ῥώμην δ' οἰκείαν δεῖξεν ἐν ἡλικίᾳ.

Basis. Thessalien. Anf. 3. Jh. v. Chr. — IG IX 2, 466. (GV 425).

### 121
Nicht das Sterben ist schmerzlich, denn das ist für alle bereit, wohl aber in der Jugend und vor den Eltern der Tod.

## 2. ZWEI UND MEHR DISTICHA

### a) VORSTELLUNG DES TOTEN

### 122
Dieses Mal ist dem toten Pyrrhos errichtet, des Agasikles Sohn, seiner tüchtigen Verständigkeit zum Gedächtnis. |³ Wenn es möglich wäre, wackere Männer zurückzuholen, du würdest wiederkehren zum Licht aus der Persephone unbetretbarer Kammer.

### 123
Agathons Gattin begrub hier fromm seiner Söhne Zwillingspaar, mich Eutychia. |³ Dies wurde mir von den Seligen als eine große Gnade: als ich starb, da trauerten lebend unter den Lebenden Gatte und Söhne um mich in inniger Liebe.

### 124
Im üppigen Fruchthain der Heimat hat er die Eltern gebettet, die hier nun, gemeinsam alt geworden, auch zusammen ausruhen von ihren Mühen, |³ Argonais und Ma. Denn nicht ein Grab, sondern das Geschenk der Frommen erwies er den lieben Eltern, unvergeßliche Dankbarkeit. |⁵ Wenn fromme Wünsche der Eltern im Hades etwas vermögen, o so mögest auch du, Antipater, von deinen Kindern gleiche Dankesgabe empfangen.

### 125
Ason ruht hier, der Sohn des Demokles, der für die Heimat stritt und als erster unter den Vorkämpfern fiel, |³ weder Heimat noch Vater und Mutter Schande machend, nein schon in der Jugend zeigte er, was an Kraft in ihm war.

## 126

ἡ στερχθεῖσα χύδην Ἀφροδισίη οὕνεκα τερπνῆς
αἱμυλίης ἱερὴν τήνδε λέλογχα κόνιν,
ὀκταέτις γοερὰς ὀδύνας τοκέεσσι λιποῦσα,
ὧν Ἀίδης οὐ δὴ βαιὸν ἐπιστρέφεται.
5 ἀλλ' ὁ παρὼν εἴπας »Ἀφροδισίη εὔχαρι, χαῖρε«,
αὐτὸς δὴ χαίρων ἐξανύσαις ἀτραπόν.

Stele. Amathus, Kypros. Mitte 2. Jh. v. Chr. — Catalogue of the Cyprus Mus. 165, 5963. (GV 698).

## 127

Βιττὼ καὶ Φαινίς, φίλη Ἡμέρη, αἱ ξυνέριθοι,
αἱ πενιχραὶ γραῖαι τῇδ' ἐκλίθημεν ὁμοῦ,
ἀμφότεραι Κῷαι, πρῶται γένος· ὦ γλυκὺς Ὄρθρος,
πρὸς λύχνον ᾧ μύθους ᾔδομεν ἡμιθέων.

Stele. Chios. 2./1. Jh.? — CIG II 2236. (Kaibel 232. Geffcken 212. GV 474).

## 128

πέτρης εἰναλίοιο λαχοῦσ' εὐήνεμον ἀκτήν
κεῖμαι ναυτιλίης πολλὸν ὁρῶσα πλόον
Ἰσιὰς ἡ φιλόεργος, ἐρημαίῃ δ' ἐπὶ χώρῃ
ἄψυχος κεῖμαι, δισσὰ λιποῦσα τέκνα
5 νήπια καὶ συνόμευνον, ἐνὶ ζωοῖσι μεγίσταν
ἐξ ἔργων φήμαν οἴκῳ ἐρεισαμένα.
χαίρετε, καὶ θείης ὑπὸ φροντίδος οἶκος ἄθραυστος
μεῖναι ἀεὶ καὶ ἐμῆς εἵνεκεν εὐσεβίης.

Relief. Mykonos. 2./1. Jh. — Athen. Mitt. 56, 1931, 122, 4. (GV 703).

## 129

ὀστέα μὲν κρύπτει Τμῶλος νεάταισιν ὑπ' ὄχθαις
Ἑρμίου, ὀγκωτὰ δὲ ἀμφιβέβακε κόνις
τηλεφαής· ξεστὰ δὲ πέτρα καθύπερθε ἀγορεύει
τὸν νέκυν, ἀφθόγγῳ φθεγγομένα στόματι.
5 τοῦτο δέ οἱ κενέωμα τάφου ποθέοντες ἑταῖροι
Σμύρνης ἀγχιάλοις χεῦαν ἐπ' ἀιόσιν.

Marmorquader. Smyrna. 3. Jh. v. Chr. — MκB 1, 1873/75, 90, 73. (Kaibel 234. Geffcken 179. GV 1745).

## 126

Mich, die wegen meines süßen Geplauders über alles geliebte Aphrodisia, empfing diese heilige Erde. |³ Mit acht Jahren ließ ich meine Eltern in Jammer und Leid zurück, doch Hades kümmert das auch nicht einen Augenblick. |⁵ Du aber, der du hier vor dem Grabe stehst, sprich: „Gruß dir, liebliche Aphrodisia", und zieh dann in Frieden deine Straße.

Vgl. Anhang S. 335.

## 127

Bitto und Phainis, fleißige Werkerinnen, arme alte Mütterchen miteinander, liebes Licht des Tages, wir wurden hier gemeinsam zur Ruhe gebettet, |³ beide aus Kos, aus gutem Hause. O süßes Morgenlicht, wie oft haben wir beim Schein der Lampe deiner harrend gesungen von den Taten der Helden.

Vgl. Anhang S. 335.

## 128

Am windgeschützten felsigen Gestade des Meeres liegend sehe ich manches Schiff seine Bahn ziehen, |³ die fleißige Isias. Doch tot liege ich am einsamen Strande hier und habe zwei Kinder |⁵ und den Gatten zurückgelassen. Als ich lebte, habe ich meiner Familie durch meine Arbeit größte Anerkennung gewonnen. |⁷ Seid mir gegrüßt! Göttliche Vorsehung gebe, daß meine Familie ohne Schaden bleibe immerdar, auch um meiner Frömmigkeit willen.

## 129

Die Gebeine des Hermias birgt der Tmolos unter seinen letzten Ausläufern, und weithin sichtbar wölbt sich ein Erdhügel |³ über ihnen; auf ihm nennt ein geglätteter Stein mit stummem Munde redend den Namen des Toten. |⁵ Dies Leergrab haben ihm die Freunde, die seiner in Sehnsucht gedenken, an Smyrnas Meeresküste geschichtet.

## 130

τὸν Μούσαις, ὦ ξεῖνε, τετιμένον ἐνθάδε κρύπτει
Τιμόκριτον κόλπῳ κυδιάνειρα κόνις.
Αἰτωλῶν γὰρ παισὶ πάτρας ὕπερ εἰς ἔριν ἐλθών
ὠγαθὸς ἢ νικᾶν ἤθελεν ἢ τεθνάναι·
5 πίπτει δ' ἐν προμάχοισι λιπὼν πατρὶ μύριον ἄλγος,
ἀλλὰ τὰ παιδείας οὐκ ἀπέκρυπτε καλά·
Τυρταίου δὲ Λάκαιναν ἐνὶ στέρνοισι φυλάσσων
ῥῆσιν τὰν ἀρετὰν εἵλετο πρόσθε βίου.

Basis. Thyrrheion, Akarnanien. 3. Jh. v. Chr. — IG IX 1², 298. (GV 749).

## 131

Ἀντιοχῆ Θεμίσωνος ἀεθλοφόρον κόνις ἥδε
κεύθει δωδεκετῆ παῖδα Θεμιστοκλέα,
ὃς βουλὰς καὶ θάρσος ἔχων ἴσ' ὁμωνύμῳ ἀνδρί
θνῄσκει, τὴν Μοιρῶν οὐ προφυγὼν δύναμιν.

Relief. Aigina. 2./1. Jh. — IG IV 51. (Kaibel 112. GV 556).

## 132

τὴν διτόκον μονόπαιδα θεῇς ἰκέλην ὅδε Πλαύταν
νούσῳ καὶ τοκετῷ τύμβος ἔχει φθιμένην·
ἀκλέα δ' ἐν σκοτίῃ πηνίσματα καὶ λάλος αὕτως
κερκὶς ὁμοῦ πινυτῇ κεῖται ἐπ' ἠλακάτῃ·
5 καὶ τῆς μὲν βιότου κλέος ᾄδεται ὅσσον ἐκείνης,
τόσσον καὶ μελέου πένθος ἀεὶ πόσιος.

Relief. Kyrene. 2./1. Jh. — AJA 17, 1913, 161f., 11. (GV 758).

## 133

τὸν λιγυρὸν κόλποις Διονύσιον ἐνθάδ' ἔκρυψα
γαῖα, τὸν ἐν ζωοῖς ἤθεσι πραΰτατον.
δάκρυσον νεότητα καὶ εὐστομίην, παροδῖτα,
μεμψάμενος Μοιρῶν τὴν ἄδικον λάχεσιν.

Konsole. Sidon. 1. Jh. v. Chr. — Syria 5, 1924, 337, 9. (GV 558).

## 134

τὸν πάσης πολύβυβλον ἀφ' ἱστορίης μελεδωνόν
πρέσβυν ἀοιδοπόλων δρεψάμενον σελίδα,
τὸν σοφίην στέρξαντα νόῳ μεγαλόφρονα Γόργον,
τὸν Κλαρίου τριπόδων Λητοΐδεω θέραπα,
5 Κεκροπὶς ἐν κόλποις κρύπτει κόνις· εὐσεβὴς δέ
εἵνεκεν εὐσεβέων χῶρον ἔβη φθίμενος.

Kalksteinblock. Notion, Ionien. 1. Jh. v. Chr. — BCH 10, 1886, 514, 1. (GV 764).

### 130

Den die Musen geehrt, Timokritos birgt hier rühmlicher Männer Erde in ihrem Schoße, o Fremdling. |³ Gegen die Söhne der Aitoler zum Kampf sich stellend für die Heimat, war der Wackere entschlossen, entweder zu siegen oder zu sterben. |⁵ So fiel er inmitten der Vorkämpfer und hinterließ seinem Vater tausendfaches Leid. Doch die schönen Lehren seiner Erziehung mochte er nicht verleugnen: |⁷ des Tyrtaios spartanischen Spruch in treuem Herzen bewahrend wählte er statt des Lebens die Bewährung vor dem Feind.

Vgl. Anhang S. 335.

### 131

Den siegreichen Athleten aus Antiocheia deckt dieser Staub, den zwölfjährigen Themistokles, Themisons Sohn. |³ An klugem Rat und Kühnheit kam er dem Manne gleich, der einst denselben Namen trug. Doch nun ist er tot: der Macht der Moiren konnte er nicht entfliehen.

### 132

Die zweimal gebar und nur einmal Mutter wurde, die göttergleiche Plauta, der Krankheit und Kindbett den Tod gebracht haben, birgt dieses Grab. |³ Unbeachtet liegen nun im Dunkel die angefangenen Gewebe zusamt dem Weberschiffchen, das umsonst am verständigen Spinnrocken so fleißig getönt hat. |⁵ Und so laut der Ruhm ihres Lebens gesungen wird, so groß ist auch immerdar der Gram ihres unglücklichen Gatten.

### 133

Den helltönenden Dionysios habe ich Erde hier in meinem Schoße geborgen, im Leben der liebenswürdigsten Menschen einen. |³ Weine über seine Jugend und über seiner Stimme Wohlklang, Wanderer, und tadle der Moiren unbillige Entscheidung.

### 134

Den Liebhaber vieler Bücher, den Alten, der jegliche Erzählung der Sänger Seite um Seite sorgfältig und emsig studierte, |³ den hochgemuten Gorgos, der die Weisheit liebte in seinem Herzen, den Diener bei den Dreifüßen des klarischen Apollon |⁵ birgt des Kekrops Erde in ihrem Schoß. Doch um seiner Frömmigkeit willen kam er nach seinem Tode zum Sitz aller Frommen.

## 135

Δωρόθεον, ξένε, τόνδε σαόφρονα γαῖα κέκευθεν,
  ἰητρὸν βιοτὰν γήραϊ λειπόμενον,
ὅν ποτ' Ἀλεξάνδρεια λοχεύσατο πατρὶς ἀγητή
  νειλόρυτος, πάσης ἁψάμενον σοφίης·
5 ἄστεα δ' ἐλθὼν πολλὰ περιπλανίη Τιθόρεια
  πετροφυεῖ ψυχρῷ τῷδε κέκευθε τάφῳ,
ὥς ποτε μοιρίδιον τέλος ἤλυθε· καὶ γὰρ Ὅμηρον
  νῆσος ἔχει βαιὰ θεῖον ἀοιδὸν Ἴος.

Stele. Tithoreia, Phokis. 1. Jh. v. Chr.—ÖJh 4, 1901, Beibl. 19 ff. (Geffcken 220. GV 766).

## 136

Ξάνθον ἐγὼ στάλα κεύθω, ξένε, τόν ποτε πατρὶ
  σώφρονα, τὸν πάτρῃ ξυνὸν ἄγαλμα νέων,
τὸν σοφὸν ἐν Μούσαις, τὸν ἀμεμφέα πᾶσι πολίταις,
  τίμιον ἠιθέων, ἀστέρα καλλοσύνης·
5 βάσκανος ὃν κατέπεφνεν Ἄρης πάτρῃ προμαχεῦντα,
  λειπόμενον θρήνους τῶνδε γονεῦσι γέρας.
εἰ δ' ἀπόλαυσιν ἔχει Πλούτων πλέον ἠὲ τοκῆες,
  τίπτε δι' ὠδίνων κάμνετε, θηλύτεραι;

Stele. Chersonnesos. Ende 1. Jh. v. Chr. — GGS 7, 49. (GV 767).

## 137

οὐκ ἄλλου, παροδῖτα, τόδε μνημεῖον ἐσαθρεῖς,
  ἀλλ' οὗ τὰν ἀρετὰν οὐδ' ὁ χρόνος μαρανεῖ,
Ἐπιγόνου, πρωτεῖα παρὰ ζωοῖσι λιπόντος
  σωφροσύνας μορφᾶς θ' εἵνεκα θειοτάτας·
5 οὔτε γὰρ ὁ κτείνας Πριάμου παῖδ' Ἕκτορ' Ἀχιλλεύς
  οὔθ' ὁ τὰ λέκτρα φυγὼν τοῦ πατρὸς Ἱππόλυτος
τοιοίδ' οὐκ ἐγένονθ' οἷος γένετ' Ἐπίγονος παῖς
  Ἀνδρέου εὐγενέτα πατρὸς ἴσου βασιλεῖ.
9 ἀλλ' ὁ μὲν Ἐπίγονος μνᾶμα ζωοῖς διασῴζει,
  οὐδ' Ἀχιλεὺς δ' ἔφυγεν Μοῖραν ὁ παῖς Θέτιδος.

Basis. Laodikeia, Phrygien. 1. Jh. v. Chr.—Athen. Mitt. 22, 1897, 358 f., 8. (GV 1804).

### b) BERICHT ÜBER DEN TOTEN

## 138

ἦν χρόνος, ἡνίκα τόνδε σοφώτατον Ἑλλὰς ἔκλειζεν
  ἰατρῶν Φαίδαν παῖδα Δαμασσαγόρα·
ᾧ πατρὶς ἦν Τένεδος, πρόγονοι δ' ὀνομαστοὶ ἀπ' ἀρχῆς
  ἔκγονοι Ἀτρειδᾶν Ἑλλάδος ἁγεμόνων.

Basis. Paphos. Anf. 3. Jh. v. Chr. — SBMünch. 1888, 334 ff., 16. (Kaibel 254. GV 902).

### 135

Dorotheos, Fremdling, birgt diese Erde. Verständig war er, ein Arzt, im Alter schied er vom Leben. |³ Die Heimat, die ihn zeugte, war das große, vom Nil bespülte Alexandreia. Ein Mann war er, der sich um jegliche Weisheit bemühte. |⁵ Viele Städte besuchte er auf seinen Wanderungen, und nun hat ihn Tithoreia in diesem kalten Felsengrab geborgen, |⁷ als das vom Schicksal bestimmte Ende gekommen war: deckt doch auch Homer, den göttlichen Sänger, das kleine Eiland Ios.

### 136

Xanthos berge ich Stēlē hier, Fremdling. Verständig galt er dem Vater, seiner Heimat als aller Jugend Zier, |³ der Musenkunst war er mächtig, untadlig erfanden ihn alle Bürger, die Jungmannschaft ehrte ihn, er glänzte als ein Stern der Schönheit. |⁵ Doch nun hat ihn der neidische Ares gemordet, als er im Kampfe stand für die Heimat: Klage hinterließ er den Eltern, das war für dies alles der einzige Lohn. |⁷ Wenn Pluton mehr dabei gewinnt als die Erzeuger: warum müht ihr euch dann noch ab in schmerzlichen Wehen, ihr Frauen?

### 137

Keines beliebigen Toten Denkstein siehst du hier, Wanderer, sondern den eines Mannes, dessen Tugend auch die Zeit nicht auslöschen wird, |³ des Epigonos. Ruhmeslorbeer ließ er zurück bei den Lebenden wegen seiner Verständigkeit und wegen seiner göttlichen Schönheit. |⁵ Denn weder der, welcher des Priamos Sohn Hektor erschlug, Achill, noch der, welcher seines Vaters Ehebett floh, Hippolytos: |⁷ keiner von diesen war so schön wie Epigonos, des hochgeborenen Andreas Sohn, eines Vaters, der es mit Königen aufnahm. |⁹ Doch das Gedächtnis an Epigonos dauert bei den Lebenden; nicht einmal Achill aber entging der Moira, und war doch der Thetis Sohn.

## b) BERICHT ÜBER DEN TOTEN

### 138

Es gab eine Zeit, da pries Hellas diesen Toten hier als aller Ärzte kundigsten: Phaidas, des Damassagoras Sohn. |³ Tenedos war seine Heimat, seine Ahnen die seit alters gefeierten Sprossen der Atriden, der Führer von Hellas.

### 139

Ἄρχωνος Νικὼ νομίμη δάμαρ· ἀλλὰ κομίζει
Ἀίδης οὐ κακίην οὐδ' ἀρετὴν ἐτάσας.
τὴν πινυτὴν δ' αὐτὸς καὶ ἀμεμφέα τῇδε θανοῦσαν
εὐνέτιν οἰκείαις χερσὶν ἔθηκε πόσις,
5 Κρῆσσαν Ἀριστοκράτους κούρην· τὸ δὲ διπλόον ἄλγος,
πρὶν τέκνα τὴν ὁσίην ἐσθλὰ γυναῖκα τεκεῖν.
ἀλλ' ἐπὶ λῴονι μὲν μοίρῃ νύμφην τις ἄγοιτο,
τοιαύτην δέ, σαοῦν οἶκον ἐπισταμένην.

Marmorblock. Alexandreia. 3. Jh. v. Chr. — GV 866.

### 140

μυρί' ἀποφθιμένοιο τάφῳ περὶ τῷδε χυθεῖσα
παιδὸς Ἀλεξάνδρου μύρατο Καλλιόπα,
ὠκύμορον καὶ ἄτεκνον ἐπεὶ θέτο τᾷδ' ὑπὸ γαίᾳ
ἑπτακαιεικοσέτους πνεῦμα λιπόντα βίου,
5 ἴστορα παιδείας, τόξῳ κλυτόν, ᾧ ποκα λῃστάς
ἀνδροφόνους ἁλίαις κτεῖνεν ἐπὶ Στροφάσιν.
ἀλλ' ἴθι νῦν, παροδῖτα, τὸν ἐκ χθονὸς Ἀλκινόοιο
χαῖρ' εἰπὼν ἀγαθοῦ παῖδ' ἀγαθὸν Σατύρου.

Relief. Korkyra. Vor 227 v. Chr. — IG IX 1, 873. (Kaibel 184. Geffcken 182. GV 922).

### 141

Ἀνδρόμαχος μέγα πένθος Ἀριστάνακτος ἀδελφοῦ
κάλπιν ἐπ' ἄστυ Πάφου πάτριον ἵξει ἄγων.
πρέσβυ, σὺ δ' οὐχὶ τροφεῖα, τὰ δ' ὀστέα παιδὸς ἐπόψῃ,
Μεννέα, ἐν ξείνῃ γῇ Ῥοδίων φθιμένου.

Basis. Rhodos. Ende 3. Jh. v. Chr. — IG XII 1, 140 (Geffcken 180. GV 920).

### 142

λυπρὸν ἐφ' Ἡδίστῃ Μοῖραι τότε νῆμα ἀπ' ἀτράκτων
κλῶσαν, ὅτε ὠδῖνος νύμφη ἀπηντίασεν·
σχετλίη· οὐ γὰρ ἔμελλε τὸ νήπιον ἀγκαλιεῖσθαι
μαστῷ τε ἀρδεύσειν χεῖλος ἑοῖο βρέφους·
5 ἓν γὰρ ἐσεῖδε φάος, καὶ ἀπήγαγεν εἰς ἕνα τύμβον
τοὺς δισσοὺς ἀκρίτως τοῖσδε μολοῦσα Τύχη.

Bemalte Stele. Demetrias, Thessalien. 3./2. Jh. — A. S. Arvanitopulos, Γραπταί Στῆλαι 147 ff. (GV 1606).

### 139

Des Archon rechtmäßiges Eheweib Niko (liegt hier): aber Hades nimmt mit, ohne zu prüfen, ob ein Mensch schlecht ist oder tugendhaft. |³ Verständig war und ohne Tadel ist gestorben, die der Gatte hier mit eigener Hand als seine Gattin begraben hat, |⁵ aus Kreta gebürtig, des Aristokrates Tochter; und das war doppeltes Leid: ehe noch die fromme Frau edlen Kindern das Leben gegeben hatte. |⁷ Zu besserem Lose möge ein anderer eine Frau heimführen, doch sonst von gleicher Art: eine, die versteht, des Hauses Wohlstand zu wahren.

### 140

Wie oft hat Kalliope sich über das Grab des toten Sohnes Alexander werfend hier gejammert, |³ nachdem sie den vor der Zeit und kinderlos Verstorbenen unter diesem Hügel gebettet hatte. Mit siebenundzwanzig Jahren hat er sein Leben aushauchen müssen, |⁵ in aller Bildung wohlbewandert und ein rühmlicher Bogenschütze: hat er doch einst mit eigener Hand auf den Strophaden-Inseln mörderische Räuber zur Strecke gebracht. |⁷ Entbiete denn, Wanderer, dem trefflichen Sohn des trefflichen Satyros aus dem Land des Alkinoos deinen Gruß und zieh deines Weges.

### 141

Andromachos wird bitteres Leid über die Heimatstadt Paphos bringen, wenn er mit seines Bruders Aristanax Urne dorthin kommt. |³ Und du, alter Vater, wirst statt des Pflegedankes nur die Gebeine deines Sohnes zu sehen bekommen, denn, Menneas, auf fremder rhodischer Erde ist er gestorben.

Vgl. Anhang S. 335.

### 142

Ein trauriges Geschick spannen die Moiren Hediste zu auf ihren Spindeln, als die junge Frau in Wehen kam, |³ die arme. Denn nicht sollte sie ihr Kleines in den Arm nehmen und ihres Kindes Lippe netzen an ihrer Brust. |⁵ Denn einen Tag nur durfte dieses das Licht schauen, da kam Tyche, ohne einen Unterschied zu machen, über beide zugleich und legte sie hier zusammen ins Grab.

Vgl. Anhang S. 335.

### 143

μνησθεῖσ' ὧν εἰς [πίστι]ν ἐμόχθησ' αἰ[ὲν ὁμεύνου]
Ἐλπὶς ἐγώ, τῶν νῦν ἀνταπέχω χάριτας·
οὐδ' ἐς ἄκαρπον ἐγὼ δισσὰς ὠδῖνας ἀνέτλην
ἱμερτῶν τέκνων, ὧν με ἀπέκλεισε Τύχη,
5 λήθης ἐκπετάσασα κατὰ βλεφάρων πέπλον ἤδη,
ὅς με κατασκιάσας εἰν Ἀίδῃ κατέχει
οἰκτρὰ μαραινομένην. ἀλλ' ὦ ξένε, τόν μ' ὑπὸ τύμβῳ
θέντα πόσιν μύθοις εὐλογέων παρίοις
9 πιστὸν Ἀλεξάνδρου Ἀπολλώνιον, ὅς με δὶς [ὅσσον]
στέρξας μνημείοις τοῖσδε κατηγλάισεν.

Marmorblock. Sardes. Anf. 3. Jh. v. Chr. — Sardis VII 104. (GV 1127).

### 144

στέργω καὶ φθιμένα τὸν ἐμὸν πόσιν· οὐ γὰρ ὀθνείαις
φροντίσι θαητὸν τύμβον ἔτευξε βροτοῖς
καὶ τιμαῖς ἰσόμοιρον ἔθηκεν τὰν ὁμόλεκτρον
ἥρωσιν φίλτρων εἵνεκα τερπνοτάτων.
5 κλεινὸν δ' οὔνομά μοι, ξένε, Κυδίλα· ἐσθλὰ δὲ ναίω
δώματα Φερσεφόνας χώρῳ ἐν εὐσεβέων,
πατρὸς κληζομένα Δαμαινέτου, ἐκ δέ γε μητρός
Κλεισφύσσας, δοιῶν εὐγενετᾶν γονέων.
9 αἰνείσθω ξυνόμευνος, ἐπεί γέ με κἀποθανοῦσαν
Ζήλων ἀθανάταις ἠγλάισεν χάρισιν.

Stele. Melos. 3. Jh. v. Chr. — IG XII 3, 1190. (Kaibel 189. GV 1128).

### 145

οὔνομά μοι Μενέλαος, ὁδοιπόρε, πατρὶ δὲ Δῶρος,
ναυτικός, εὐγήρως δὲ εἰς Ἀίδην ἔμολον·
ἐκτέρισαν δὲ τέκνων με φίλαι χέρες, ὧν χάριν ἔσχον
Ἡελίῳ, γλυκερὰς τάσδε λαβὼν χάριτας.
5 ἀλλὰ τὸν ἐν πᾶσιν λόγον, ὦ ξένε, καὶ μὲ προσείπας
»χαίρειν τὸν κατὰ γῆς« διπλόα ταῦτα λάχοις.

Stele. Ägypten. Mitte 3. Jh. v. Chr. — JEA 41, 1955, 116f., 2.

### 146

τόνδε ποτὲ Σπάρτα Βότριχον, ξένε, πολλὸν ἄριστον
ἀνδρῶν αἰχματᾶν ἔτρεφεν ἀγεμόνα,
κυδαίνοντ' ἀρετὰν Λακεδαίμονος, ἅν ποτ' ἐτίμα
ἀλκαῖς Ἑλλάνων ἔξοχα ῥυόμενος.
5 νῦν δέ νιν Ἀρκαδίας ἀπὸ πατρίδος ὧδε θανόντα
κουριδία Τιμὼ τύμβῳ ἔκρυψε ἄλοχος.

Basis. Sparta. 3./2. Jh. — IG V 1, 724. (Geffcken 193. GV 903).

## 143

Für das, was ich, Elpis, immer des Gatten eingedenk in Treuen geschafft habe, dafür erhalte ich nun den Dank; |³ auch daß ich zweimal die Geburt liebreizender Kinder aushielt, ist nicht ohne Frucht geblieben. Von ihnen hat mich Tyche abgeschlossen, |⁵ schon jetzt des Vergessens Schleier über meine Augen breitend, der mich beschattet und festhält im Hades, |⁷ wo ich elend dahinschwinde. Doch du, Wanderer, gehe nicht vorüber ohne ein lobendes Wort für den Gatten, der mich ins Grab gelegt hat, |⁹ den treuen Apollonios, Alexanders Sohn: doppelt so innig hat er mich geliebt und nun durch dies Erinnerungsmal verherrlicht.

## 144

Ich liebe auch im Tode noch meinen Gatten. Denn nicht mit fremden Gedanken richtete er mein Grab so, daß die Menschen es staunend betrachten, |³ und an Ehren stellte er die Gemahlin den Heroen gleich, ihren süßen Zärtlichkeiten zum Dank. |⁵ Mein rühmlicher Name, Fremdling, ist Kydila. In Persephones prächtigem Hause wohne ich an der Stätte der Frommen. |⁷ Von Vaterseite rühme ich mich Tochter des Demainetos, von Mutterseite Tochter der Kleisphyssa: edelgeborene Eltern sie beide. |⁹ Gepriesen sei mein Ehegatte, da Zelon mich auch im Tode mit dem Glanz unvergänglicher Dankesgaben umgeben hat.

## 145

Mein Name ist Menelaos, Wanderer, der des Vaters: Doros; ein Seemann war ich und war ein glücklicher Greis, als ich zum Hades ging. |³ Der Kinder liebe Hände begruben mich, wofür ich Helios Dank wußte, denn dankbar habe ich diese süße Gabe empfangen. |⁵ Doch den Spruch, der unter allen Menschen üblich ist, Fremdling, den sprich auch mir: „Freude dem Toten in der Erde!", und nimm doppelt diesen Wunsch zurück.

## 146

Botrichos hier hat einst Sparta aufgezogen, Fremdling, und zum allertrefflichsten Anführer der Speerkämpfer gemacht. |³ Lakedaimons Kriegstüchtigkeit brachte er neuen Ruhm, denn ihr hat er Ehre gegeben, als er das Land mit der Griechen wehrhaftem Aufgebot hervorragend verteidigte. |⁵ Jetzt hat den fern der Heimat Arkadien hier Verstorbenen die eheliche Gattin Timo im Grabe geborgen.

## 147

ἁ τριέτις κούρα Δαματρίου ἔ[ν ποτε πατρός]
αἱμύλα κωτίλλουσ' ᾤχετ' ἀπο[φθιμένα],
μουνογενής, ὦ ξεῖνε, Θεοκρίτα, ἇς [τόδε σᾶμα]
δέρκεαι ὡραίοις ἄνθεσ[ι κρυπτόμενον].

Stele. Demetrias. 3./2. Jh. — Πολέμων 2, 1934/40, παρ. 65f. (GV 840).

## 148

ἦν ὅσα τερπνὰ τοκεῦσι, καὶ εἰς γάμον ἔβλεπεν ἤδη
Θευδώρας μάτηρ ἐλπίσι Κλειορόδη·
τὰν δὲ Ἀίδας ἄστρεπτον ὑπὸ ζόφον εἵλετο κούραν,
οὐδέ οἱ ἱμερόεν κάλλος ἔρυκε μόρον.
5 ὦ μάκαρ, ὃς τέκνου Διονύσιος οὐχ ἕλεν ἄλγη,
ἀλλὰ βαθὺν Λάθας ἦλθε πάροιθε δόμον.

Stele. Puteoli. 3./2. Jh.—Atti d. R. Accademia d. Scienze di Napoli 8, 1924, 113ff. (GV 868).

## 149

κείρατο μὲν πλοκάμους Ἀρετὰ τότε, πᾶσα δὲ Κρήτα
δύρατ' οἰζυρῷ πένθεϊ τειρομένα,
ἀνίκα τὰν πανάριστον ὁ βάσκανος ἅρπασεν Ἅιδας
Τυρὼ Σωσαμενῶ κλεινοτάτω θύγατρα·
5 οἰκτρὰ δὲ κωκύοισα φίλον τέκος ἁ βαρύποτμος
Πεῖσις δυστάνοις χερσὶ κατεκτέρισεν·
οὐ γὰρ ἔτ' ἐν ζωοῖσιν ὀίομαι, οὐκέτι τοίαν
κάλλει καὶ πινυτᾷ δέρξεται ἀέλιος.

Relief. Polyrrheneia, Kreta. Mitte 2. Jh. v. Chr. — Κρητικὰ Χρονικά 1, 1956, 237.

## 150

πᾶσιν δακρυτὸς Δημήτριος, ὃν γλυκὺς ὕπνος
εἶχεν καὶ Βρομίου νεκτάρεαι προπόσεις·
δούλου δ' ἐκ χειρῶν σφαγιασθεὶς καὶ πυρὶ πολλῷ
φλεχθεὶς σὺν μελάθροις ἤλυθον εἰς Ἀίδην,
5 ὄφρα πατὴρ καὶ ὅμαιμοι ἐμοὶ καὶ πρέσβεα μήτηρ
δέξαντ' εἰς κόλπους ὀστέα καὶ σποδιήν.
ἀλλὰ πολῖται ἐμοὶ τὸν ἐμὲ ῥέξαντα τοιαῦτα
θηρσὶ καὶ οἰωνοῖς ζωὸν ἀνεκρέμασαν.

Stele. Amyzon, Karien. 2./1. Jh. — IBrM IV 1036. (GV 1120).

## 151

ἡ γενεῇ δόξῃ τε καὶ ἐν Μούσῃσι Τύριννα
ἔξοχος, ἡ πάσης ἄκρα φέρους' ἀρετῆς,
ἐννεάδας τρισσὰς ἐτέων ζήσασα τοκεῦσιν
δυστήνοις ἔλιπον δάκρυα καὶ στοναχάς.

### 147
Des Demetrios dreijähriges Töchterchen, das so süß einst plauderte im Hause des Vaters, ist nun heimgegangen zu den Toten, |³ o Fremdling, Theokrite, ihrer Eltern einziges Kind: ihr Grab schaust du hier, gebettet in schöne Blumen.
Vgl. Anhang S. 336.

### 148
Lauter Freude war sie den Eltern, und auf die Hochzeit Theodoras schaute voller Hoffnung bereits die Mutter Kleiorode. |³ Da nahm Hades das Mädchen mit sich fort in sein finsteres Reich, aus dem es keine Wiederkehr gibt: auch ihre liebliche Schönheit konnte ihr das Schicksal nicht fernhalten. |⁵ Ach, glücklich Dionysios, dem der Schmerz über sein Kind erspart blieb, weil er vor ihm zu der Vergessenheit tiefem Hause gekommen war.
Vgl. Anhang S. 336.

### 149
Damals schnitt sich die Locken ab Arete, und ganz Kreta jammerte laut, in kläglichem Leide sich härmend, |³ als die beste der Frauen der neidische Hades geraubt hatte, Tyro, des rühmlichen Sosamenos Tochter. |⁵ Jämmerlich klagend begrub die schwergeprüfte Peisis mit traurigen Händen ihr liebes Kind. |⁷ Denn fürder nicht, meine ich, fürder wird nicht unter den Lebenden die Sonne auf eine Frau niederschauen, die an Schönheit und klugem Sinn ihr vergleichbar wäre.

### 150
Alle müssen weinen über Demetrios. Süßer Schlaf und des Bromios Nektartrank hatten mich bezwungen, |³ da wurde ich von der Hand eines Sklaven meuchlings ermordet und mußte, samt dem Haus von einem Flammenmeer verbrannt, hinab zum Hades. |⁵ Der Vater, meine Brüder, die alte Mutter bargen nur Gebein und Asche noch in ihrem Schoß, als es vorbei war. |⁷ Doch meine Mitbürger haben den, der solches Verbrechen an mir begangen hatte, aufgehängt, Vögeln und wilden Tieren lebend zum Fraß.

### 151
Tyrinna, ausgezeichnet durch Herkunft, Ruhm und Musenkunst und jeglicher Tugend hohe Zier, |³ – dreimal neun Jahre lebte ich nur und hinterließ den armen Eltern nichts als Tränen und Stöhnen. |⁵ Denn verwaist steht das ganze Haus

     5 πᾶς γὰρ ἐμοῦ φθιμένης χῆρος δόμος· οὔτε γὰρ αὐτή
       λείπομαι οὔτ' ἔλιπον βλαστὸν ἀποιχομένη·
       ἀντὶ δὲ πατρῴου καὶ ὑψορόφοιο μελάθρου
       λιτὴ τοὐμὸν ἔχει σῶμα λαχοῦσα πέτρη.
     9 εἰ δ' ἦν εὐσεβέων ὅσιος λόγος, οὔποτ' ἂν οἶκος
       οὑμὸς ἐμοῦ φθιμένης ταῖσδ' ἐνέκυρσε τύχαις.

Stele. Samos. 2./1. Jh.? — CIG II 2258. (Kaibel 224. GV 1121).

## 152

       πένθεα καὶ στοναχὰς λείπω, ξένε, πατρὶ Φιλίσκῳ
       ματρί τε δυστάνῳ βὰς Ἀΐδαο δόμους,
       ἄρκτου ὑπὸ στυγερᾶς ὀλέσας βίον, ἅ με βιαίως
       ὤλεσε, σαρκὸς ἐμᾶς δραξαμένα γένυσιν.
     5 θνᾴσκω δ' ἐννεάδεσσιν ἐτῶν τρισί· Μοῖρα γὰρ οὕτως
       ἄγέ με δύστανον βάμεναι εἰς Ἀΐδαν.
       χηρεύει θάλαμός μοι, ἐγὼ δ' ὑπὸ νέρτερα γαίας
       ναίω, τὸν σκοτερὸν δερκόμενος θάλαμον,
     9 ἔνθα μοι οὔτ' ἄλοχος παρακλίνεται, οὔτε πατρός μου,
       οὐ ματρὸς φωνὰν δέρκομαι εἰς ἀκοάς·
       ἀλλ' Ἀΐδα σκότιον Τιμέλαν νέφος ἀμφικαλύπτει·
       δύσμορος εἰς οἵαν μοῖραν ἔκυρσα βίου.

Stele. Thyrrheion, Akarnanien. 1. H. 1. Jh. v. Chr. — Athen. Mitt. 27, 1902, 341 ff., 22. IG IX 1², 340. (GV 1122).

## 153

       Νουμήνιος Κοίνου.
       ἤματι μὲν γενόμην, ᾧ καὶ κλυτότοξος Ἀπόλλων,
       τεσσαρακαιδεκέτης δ' ἐξέλιπον βιοτήν·
       ταὐτῷ δ' ᾧ γενόμην θάνον ἤματι, τηνίκα Φοίβῳ
       ἀστοὶ πανδήμους ἐξετέλουν θυσίας.

Relief. Thessalonike. 2. Jh. v. Chr. — RA 12, 1865 II, 66 f. (Kaibel 518. GV 1709).

## 154

       τὸ πρὶν ὁ σὺν Μούσαις στέρξας βίον ἦλθε πρὸ μοίρας
       ἀσκέπτους νεκύων εἰς θαλάμους Φιλέας,
       τρισσὸν ἐπ' εἰκοστῷ πλήσας ἔτος· οἱ δὲ ὀλέσαντες
       ἐλπίδα τὰν μούναν γηραλέοι γενέται
     5 μύρονται τὸν ἄνυμφον ἀεὶ γόνον. ἀλλὰ τὸν ἁγνόν,
       Φερσεφόνη, στείλαις χῶρον ἐς εὐσεβέων.

Marmortafel. Salamis, Kypros. Zeit des Ptolemaios Philometor. — L. P. di Cesnola, Salaminia 103 f. (GV 842).

durch meinen Tod, denn weder bleibe ich selbst zurück, noch hinterließ ich ein Kind, als ich schied. |⁷ Statt des Vaters hochgebautem Haus ist einzig ein schmuckloser Stein nun mein Teil, der über meinem Leibe steht. |⁹ Fände gottesfürchtiger Wandel fromme Rücksicht, nie wäre meinem Haus durch meinen Tod solch ein Geschick begegnet.

## 152

Leid und Stöhnen hinterlasse ich, Fremdling, dem Vater Philiskos und der unseligen Mutter, zum Hause des Hades gehend. |³ Eine schreckliche Bärin vernichtete mein Leben, die mich gewaltsam zu Tode brachte, mit den Zähnen meinen Leib zerfleischend. |⁵ Mit dreimal neun Jahren mußte ich sterben, denn solchermaßen führte die Moira mich armen den Weg zum Hades. |⁷ Verwaist steht meine Kammer, unter der Tiefe der Erde wohne ich und sehe nur die Kammer der Finsternis. |⁹ Dort ruht mir keine Gattin zur Seite, nicht des Vaters, nicht der Mutter Stimme dringt an mein Ohr: |¹¹ nur des Hades dunkle Wolke umhüllt Timelas. Ich Unglücklicher, zu welchem Schicksal wurde ich geboren!

## 153

Numenios, Sohn des Koinos. — Am selben Tage wurde ich geboren wie der bogenberühmte Apollon. Mit vierzehn Jahren schied ich vom Leben; |³ am gleichen Tage, an dem ich geboren wurde, starb ich auch wieder: als die Bürger Phoibos das große Opferfest feierten, von dem keiner sich ausschließt.

## 154

Der einst das Leben im Dienst der Musen geliebt hat, kam nun vor der Zeit zu der Toten unbedeckter Behausung, Phileas, |³ als er kaum das dritte Jahr dem zwanzigsten hinzugefügt hatte. Die alten Eltern, die des Lebens einzige Hoffnung verloren, |⁵ klagen ohne Ende um den ohne Frau gebliebenen Sohn. Doch du, Persephone, sende den reinen hin zur Stätte der Frommen.

## 155

ἐννέα τοι δεκάδων λυκαβαντίδας ἤλυθον ὥρας
   Ἀγλαοφῶν, γυίοις πᾶσιν ἄνουσος ἐών,
μακρὴν γήραος οἶμον ἐνὶ θνητοῖσι πορευθείς
   ἀβλαβέως· ὁσίων τοῖος ἔφυ βίοτος.

Relief. Myrina, Aiolis. 2. Jh. v. Chr. — E. Pottier u. S. Reinach, La nécropole de Myrina 113, 3. (GV 999).

## 156

εὐ[τυχί]ᾳ ζώοντες ἐ[νὶ ξυνῇ ποτε μ]ο[ίρᾳ],
   ξυνῇ τὴν Παρίην ἀμφεθέμεσθα πέτρον·
κἀγὼ μὲν πάτρης τὸν ἀρήιον ᾔνεσα θεσμόν,
   ἡ δ' ἐς Ἀθηναίης ἔργα νόῳ τρέπετο.
5 ἄμφω δ' ἀσπαστοὶ ξείνοισί τε καὶ πολιήταις
   κυάνεον Λήθης ἤλθομεν εἰς ἔρεβος
γηραιοί, μακάρεσσι τετιμένοι· ἦν ἄρα θνητοῖς
   ἐξ ἔργων ἀγαθῶν καρπὸς ὅδ' εὐσεβίης.

Block. Syme. 2. Jh. v. Chr. — IG XII 3, Suppl. 275, 1271. (Geffcken 205. GV 1717).

## 157

ἕβδομον εἰς δέκατόν τε βίου λυκάβαντα περῶντα
   Μοῖρά με πρὸς θαλάμους ἅρπασε Φερσεφόνας·
λαμπάδα γὰρ ζωᾶς με δραμεῖν μόνον ἤθελε δαίμων,
   τὸν δὲ μακρὸν γήρως οὐκ ἐτίθει δόλιχον·
5 ἄρτι δ' ἐφηβείαις θάλλων Διονύσιος ἀκμαῖς
   καὶ σελίσιν Μουσῶν ἤλυθον εἰς Ἀίδαν.
ἀλλά, πάτερ μᾶτέρ τε, προλείπετε πικρὸν ὀδυρμόν·
   τέρμα γὰρ εἶς με βίου Μοῖρ' ἐπέκρανε τόδε.

Stele. Chios. 2. Jh. v. Chr. — CIG II 2237. (Kaibel 231. Geffcken 210. GV 945).

## 158

δεινή μ' εἰς Ἀίδην μοῖρ' ἤγαγεν, οὔθ' ὑπὸ μητρός
   χειρῶν ἡ μελέη νυμφίδιον θάλαμον
ἤλυθον οὐδὲ γάμου περικαλλέος ὕμνον ἄκουσα
   οὐδὲ τέκνων γλυκερὸν θρῆνον ἔμαξα πέπλοις.
5 Σύμη δὲ Ἑρμογένου κικλήσκομαι. ἀλλὰ σὺ χαῖρε,
   ξεῖνε, ὃς ὁδοῦ βαίνεις ἡδυτάτην ἀτραπόν·
ἄγγελλε εἰς οἴκους τῇ μῇ κακοδαίμονι μητρί,
   καὶ μὴ ἀεὶ λύπαις καὶ δακρύοισι φρένας
9 τρύχειν· οὐ γὰρ ἐμοὶ μούνῃ τόδε Μοῖρ' ἐπέκλωσεν
   κῆδος, ὁρῶ δ' ἔτ' ἐμοῦ κρέσσονας εἰν Ἀίδῃ.

Relief. 2./1. Jh. — A. Michaelis, Ancient marbles in Great Britain 645, 4. (GV 947).

## 155

Neunmal zehn Jahreswechsel habe ich erlebt, Aglaophon, gesund und heil an allen Gliedern des Leibes, |³ den weiten Weg eines langen Lebens unter den Menschen bis ans Ende ohne Fährnis gehend: so verläuft frommer Männer Erdenwandel.

## 156

Wie wir einst durch Fügung der Moira in gemeinsamem Glück gelebt haben, so haben wir uns auch gemeinsam in unser Grab aus parischem Marmor gelegt. |³ Ich folgte des Vaterlandes kriegerischer Satzung (hatte mein Leben dem Waffendienst gewidmet), meine Frau hatte ihren Sinn den Werken Athenas zugewandt. |⁵ Beide besaßen wir die Liebe der Bürger wie der Fremden, als wir zu Lethes finsterem Dunkel kamen, |⁷ hochbetagt, in Ehre stehend bei den Himmlischen: solcher Art war also der Lohn der Frömmigkeit für uns Sterbliche, den uns unsere guten Taten verschafften.

## 157

Als ich eben in das siebzehnte Jahr meines Lebens trat, entraffte mich die Moira in Persephones Kammer. |³ Den Fackellauf der Jugend nur sollte ich nach dem Willen der Gottheit laufen, zum Langlauf des Alters ließ sie mich nicht zu. |⁵ In der Blüte des Ephebenalters stand ich, Dionysios, eben und hatte die ersten Seiten im Buch meiner Lieder begonnen, als ich zum Hades kam. |⁷ Doch lasset ab von der bitteren Klage, Vater und Mutter: die Moira hatte meinem Leben dieses Ziel bestimmt.

## 158

Ein arges Schicksal hat mich in den Hades gebracht: nicht kam ich Arme von der Mutter Hand geschmückt zur bräutlichen Kammer, |³ nicht hörte ich schöner Hochzeitsfeier frohe Lieder, nicht trocknete ich süße Kindertränen an meinem Gewande. |⁵ Syme, Tochter des Hermogenes, heiße ich. Doch du, Fremdling, nimm meinen Gruß, der du deines Weges süße Straße ziehst. |⁷ Bringe meiner unglücklichen Mutter Botschaft nach Hause, und sie soll ihr Herz nicht immerzu verzehren mit Trauer und Tränen; |⁹ denn nicht mir allein hat die Moira solches Los zugesponnen: ich sehe im Hades so manchen, der noch besser ist als ich.

### 159

μελλόγαμόν με κόρην ἀπενόσφισε βάσκανος Ἅιδης
Χρήστην καὶ γνωτῶν δὶς δύο καὶ γενέτου,
μητρὸς ἐμῆς φθιμένης ὃς νηπίαχόν με κομίσσας
εἰς φλόγα καὶ σποδιὴν ἐλπίδας ἐξέχεεν.

Relief. Pantikapaion. 2. H. 1. Jh. v. Chr. — GGS 35f., 201. (GV 949).

### 160

οὔ με πατήρ, ὦ ξεῖνοι, ὁ δύσμορος οὐδέ με μάτηρ
νυμφιδίων θαλάμων ἔδρακον ἁπτόμενον,
ἀλλὰ πάρος διὰ νύκτα κατὰ πτόλιν Ἄρεϊ λυγρῷ
φωτὸς ὑπὸ στυγερᾶς οὐλόμενον παλάμας.
5 εἰκοσιπενταέτης δὲ γόνος πινυτοῖο Ζένωνος
Νίκαρχος μύσταις ἄμμιγα ναιετάω,
οὐδὲ γονεῦσιν ἑοῖς ἀποδοὺς χάριν· ὦ μέγας Ἅιδα,
τόν με κατακτείναντ' αἶψα καταστορέσαις.

Stele. Thyrrheion, Akarnanien. 2. Jh. v. Chr. — IG IX1², 313. (GV 1822).

## c) ERZÄHLUNG VOM TOTEN

(ungewöhnlich lange Gedichte)

### 161

τοῖος ἐὼν Εὔγνωτος ἐναντίος εἰς βασιλῆος
χεῖρας ἀνηρίθμους ἦλθε βοαδρομέων,
θηξάμενος Βοιωτὸν ἐπὶ πλεόνεσσιν Ἄρηα,
οὐ δ' ὑπὲρ Ὀγχηστοῦ χάλκεον ὦσε νέφος.
5 ἤδη γὰρ δοράτεσσιν ἐλείπετο θραυομένοισιν,
Ζεῦ πάτερ, ἄρρηκτον λῆμα παρασχόμενος·
ὀκτάκι γὰρ δεκάκις τε συνήλασεν ἰλαδὸν ἵππῳ,
ἥσσονι δὲ ζώειν οὐ καλὸν ὡρίσατο,
9 ἀλλ' ὅγ' ἀνεὶς θώρακα παρὰ ξίφος ἄρσενι θυμῷ
κλίνατο, γενναίων ὡς ἔθος ἁγεμόνων.
τὸν μὲν ἄρ' ἀσκύλευτον ἐλεύθερον αἷμα χέοντα
δῶκαν ἐπὶ προγόνων ἠρία δυσμενέες·
13 νῦν δέ νιν ἔκ τε θυγατρὸς ἐοικότα κἀπὸ συνεύνου
χάλκεον εἰκόν' ἔχει πέτρος Ἀκραιφιέων.
ἀλλά, νέοι, γίνεσθε κατὰ κλέος ὧδε μαχηταί,
ὧδ' ἀγαθοί, πατέρων ἄστεα ῥυόμενοι.

Stele. Akraiphia, Böotien. Um 293 v. Chr. — BCH 24, 1900, 70ff. (Geffcken 189. Hiller 87. GV 1603).

## 159

Vor der Hochzeit, ein Mädchen noch, hat der neidische Hades mich, Chreste, meinen zweimal zwei Brüdern und dem Vater entrissen. |³ Nach der Mutter Tode hat er nun mich geholt, das kleine Kind, und alle Hoffnungen zerrinnen lassen in Feuer und Asche.

## 160

Nicht sah der unglückliche Vater, Fremdlinge, nicht die Mutter mich die bräutliche Kammer betreten, |³ sondern zuvor kam ich nächtens in der Stadt bei traurigem Streit durch die Hand eines verhaßten Mannes zu Tode. |⁵ Mit fünfundzwanzig Jahren wohne ich, Nikarchos, Sproß des verständigen Xenon, nun inmitten der Geweihten, |⁷ ohne auch nur den Eltern den schuldigen Dank abgestattet zu haben. Mächtiger Hades, meinen Mörder strecke jäh in den Staub!

### c) ERZÄHLUNG VOM TOTEN

(ungewöhnlich lange Gedichte)

## 161

Solcher Art war Eugnotos, als er zu Hilfe gerufen gegen des Königs unzählige Scharen anrückte, |³ boiotisches Kriegsvolk wider überlegenen Feind in die Schlacht führend. Doch über Onchestos hinaus trieb er die Wolke von Stahl nicht zurück. |⁵ Denn schon blieb er allein im Krachen der brechenden Speere, Vater Zeus, selber ungebrochenen Kampfesmutes. |⁷ Denn acht- und zehnmal war er mit seiner Schwadron in die feindlichen Reiter hineingejagt; doch als Unterlegener weiterzuleben dünkte ihn nicht ehrenvoll, |⁹ sondern er öffnete seinen Panzer an der Schwertseite und warf sich männlichen Mutes in dieses hinein, so wie es Brauch ist bei tapferen Anführern. |¹¹ Damals denn gaben die Feinde, wie er so als freier Mann sein Blut vergossen hatte, seinen Leib ungeplündert zur Bestattung bei der Vorväter Gräbern heraus. |¹³ Und jetzt werden ihm von seiten der Tochter die gebührenden Ehren zuteil und seitens der Gattin wurde sein Abbild aus Erz aufgestellt auf einer Basis aus dem Stein von Akraiphia. |¹⁵ Auf denn, Jünglinge, werdet auch ihr so ruhmvolle Kämpfer und so tapfere Männer, die Stadt eurer Väter beschirmend.

## 162

ἐξ εὐδαιμοσύνης πῦρ ἄγριον ἤλυθεν ὑμέων,
Χαρμάδα, ἔσφηλεν δ' ἐλπίδα τις Νέμεσις·
ὤλετο μὲν κοῦρος συνομώνυμος, εἴκοσι μούνας
δυσμὰς Ἀρκτούρου χειμερίας ἐσιδών,
5 ὤλετο δ' ἑπταέτις θυγατρὸς θυγάτηρ Κλεοδόξα
Ἀρχαγάθας, γονέων δ' ἔκλασεν εὐτεκνίην·
οἰκτρὸν δὲ Αἰτωλὸς κούρην κώκυσε Μάχαιος·
ἀλλὰ πλέον θνητοῖς οὐδὲν ὀδυρομένοις.
9 ἦ μὴν ἀμφοτέρους γε παλαίπλουτοι βασιλῆες
Αἰγύπτου χρυσέαις ἠγλάισαν χάρισιν·
ὡς δὲ πάτραν δμηθεῖσαν Ἀνώπολιν ἐκ δορὸς ἐχθρῶν
ὤρθωσας, Κρήτην μαρτυρέουσαν ἔχεις.
13 μέμψασθαι δὲ θεοῖς ἀρκεῖ μόνον ἄνδρα γε θνητόν·
ὦ παῖ Τασκομένους, γῆρας ὡς χαλεποῦ
ἤντησας, ψυχῇ δὲ τὰ μύρια πάντα πονήσας
ἵκεο τὴν κοινὴν ἀτραπὸν εἰς Ἀίδεω.

Stele. Gaza. Ende 3. Jh. v. Chr. — Athen. Mitt. 57, 1932, 62ff., 12. (GV 1508).

## 163

τί πλέον ἔστ' εἰς τέκνα πονεῖν ἢ πρὸς τί προτιμᾶν,
εἰ μὴ Ζῆνα κριτὴν ἕξομεν, ἀλλ' Ἀίδην;
δὶς δέκα γάρ μ' ἐκόμησε πατὴρ ἔτη, οὐ δ' ἐτέλεσσα
νυμφιδίων θαλάμων εἰς ὑμέναια λέχη,
5 οὐδ' ὑπὸ παστὸν ἐμὸν δέμας ἤλυθεν, οὐδ' ἐκρότησαν
πάννυχ' ὁμηλικίη κεδροπαγεῖς σανίδας·
ὤλετο παρθενίη σειρὴν ἐμή· αἰαῖ ἐκείνην
Μοῖραν, ἰή, τίς ἐμοὶ νήματα πίκρ' ἔβαλεν·
9 μαστοὶ μητρὸς ἐμῆς κενεὸν γάλα τοί με ἐκόμησαν,
οἷς χάριν οὐ δυνάμην γηροτρόφον τελέσαι·
ὡς ὄφελον θνῄσκουσα λιπεῖν πατρὶ τέκνον, ὅπως μή
αἰῶνα μνήμης πένθος ἄλαστον ἔχῃ.
13 κλαύσατε Λυσάνδρην, συνομήλικες, ἣν Φιλονίκη
καὶ Εὔδημος κούρην ζῆν ἐτέκοντο μάτην. —
τοῖσιν ἐμὸν στείχουσι τάφον μέγ' ἐνεύχομαι ὑμῖν·
κλαύσατ' ἄωρον ἐμὴν ἡλικίαν ἄγαμον.

Stele. Karanis, Ägypten. 3./2. Jh. — ASAntEg. 21, 1921, 165ff. (GV 1680).

## 162

Aus euerm Glück, Charmadas, ist ein wildes Feuer aufgeschossen und eine Nemesis hat eure Hoffnungen zu Fall gebracht. |³ Es starb dein gleichnamiger Sohn, der zwanzigmal nur den winterlichen Untergang des Großen Bären erlebte; |⁵ es starb dir deiner Tochter Archagathe siebenjährige Tochter Kleodoxa und knickte der Eltern häusliches Glück: |⁷ jammernd weinte Machaios aus Aitolien über des Mädchens Tod. Doch zu nichts nütze ist den Menschen solche Klage. |⁹ Fürwahr euch beide haben die seit alters mit Reichtum gesegneten Könige Ägyptens mit goldenen Gunstbezeigungen geehrt; |¹¹ und wie du Anopolis, deine vom Feinde bezwungene Heimat, mit bewaffneter Hand wieder aufgerichtet hast, dafür ist dir Kreta Zeuge. |¹³ Nur den Göttern Vorwürfe zu machen, damit muß man sich als sterblicher Mensch zufrieden geben. Sohn des Taskomenes, welch schlimmes Alter |¹⁵ ist dir zuteilgeworden; doch nun bist du, nachdem du alles erdenkliche Leid in deiner Seele durchgemacht hast, den allen gemeinsamen Weg zum Hades gegangen.

## 163

Was nützt es, für Kinder sich abzumühen, wozu, an sie vor allem zu denken, wenn wir nicht Zeus zum Richter erhalten, sondern Hades? |³ Denn zweimal zehn Jahre hat der Vater meiner gepflegt, aber nicht gelangte ich schließlich zu der Brautkammer hochzeitlichem Bett, |⁵ nicht kam mein Leib unter den Vorhang der Brautstatt, nicht umlärmten die Nacht durch die Gespielen die aus Zeder gefügte Doppeltür. |⁷ Dahin ist mein jungfräulicher Liebreiz. Weh über jene Moira, die mir ach ein bitteres Los zugeworfen hat. |⁹ Vergeblich haben mir die Brüste der zärtlich besorgten Mutter den Quell ihrer Milch gespendet: ich konnte ihnen den Dank für treue Wartung im Alter nicht erstatten. |¹¹ Hätte ich wenigstens im Tode dem Vater ein Kind hinterlassen, daß er nicht ewig in nie endendem Schmerz meiner gedenken müßte! |¹³ Weint um Lysandre, ihr Gespielinnen, das Mädchen, dem Eudemos und Philonike zu vergeblichem Leben das Dasein geschenkt! – |¹⁵ Die ihr zu meinem Grab kommt, laut flehe ich euch an: klagt um meine vor der Zeit geschwundene hochzeitlose Jugend!

Vgl. Anhang S. 336.

## 164

Εὐαγόρου κούρην συγγνούς, ξένε, τῷδ' ὑπὸ τύμβῳ
 στεῖχε σὺν εὐτυχίῃ τῆσδε δι' ἀτραπιτοῦ
Βαύθεος ἐν σκοπέλοισιν ὀρειάδος, ᾗ με λαχοῦσα
 θάλπει Φερσεφόνης ἥδ' ἱερὰ κλισία.
5 καὶ κλέος ἀείμνηστον ἐπιχθονίοισιν ἔχουσαν,
 γνωστὸν ὅσοι πάτραν τήνδ' ἐπέβησαν ἐμήν.
οὔνομά μοί 'στ', ὦ ξεῖν', Ἀφροδισία, ἣν Πτολεμαῖος
 γῆμεν ὁ καὶ βουλᾷ καὶ δορὶ θαρσαλέος
9 καὶ στρατιᾷ Φοίβου δεικνὺς σέλας αἰὲν ἄμωμον
 συγγενικῆς τε φορῶν δόξαν ἰσουρανίαν.
ᾧ γενόμην εὔνους βίοτον διάγουσ' ἅμα, κοινῇ
 καὶ γενέσει τέκνων, ἣν λίπον ἐν προκοπαῖς·
13 ὧν μ' ἀπεχώρισ' ὁ πάντ' ἐφορῶν χρόνος ἠδὲ σὺν αὐτῷ
 Μοῖραι κλωστήρων νῆσαν ἀπ' ἀθανάτων·
τοῦ χάριν ἡ τλήμων κατοδύρομαι εἰν Ἀίδαο,
 παντοίων χαρίτων κάλλος ἐνεγκαμένη·
17 καί με συνάορον οὖσαν ἐμὸς πόσις ἐκτερέιξεν,
 προφρονέως δεικνὺς εὔνοιαν, ἣν ἔχε μοι·
ὦ καλὸν εἰς ἄλοχον θέμενος χρέος, ὦ καλὰ θυμῷ
 ῥέξας καὶ ζώσῃ καὶ παρὰ Φερσεφόνῃ.
21 ταῦτα μαθὼν χαίροντι νόῳ παράμειβε κέλευθον,
 ξεῖνε, σὺν εὐτυχίῃ πρός γ' ἔτι καὶ σὰ τέκνα
καὶ λέγ' ἐμὲ κτερίσασι· »μένοιτ' ἐπὶ γῆς ἀμάραντοι,
 ὅσσον ἐγὼ ναίω δώματα Φερσεφόνης.«

 Ἀφροδισία χρηστή, χαῖρε.
 Ἡρώδης ἔγραψεν.

Stele. Apollonopolis Magna, Ägypten. 2. Jh. v. Chr. — Archiv für Papyrusforschung 1, 1900, 219 ff. (Geffcken 222. GV 1150).

## 165

πατρίδ' ἐμὴν συγγνοὺς καὶ τίς τίνος εἰμὶ προσελθών,
 ξεῖνε, σὺν εὐτυχίῃ στεῖχε δι' ἀτραπιτοῦ.
εἰμὶ γὰρ εὐκλειοῦς Ἀπολλώνιος ὁ Πτολεμαίου
 κοῦρος, ὃν εὐέρκται μίτρᾳ ἐπηγλάισαν,
5 συγγενικῆς δόξης ἱερὸν γέρας· εὔνοια γάρ μιν
 βαῖνε καὶ εἴσω γᾶς ἄχρι καὶ ὠκεανόν.
τοὔνεκα κἀμὲ πατρὸς καλὸν κλέος εἰσορόωντα
 τῆς αὐτῆς ψαύειν θυμὸς ἔθηγ' ἀρετῆς
9 καὶ πατρίδος καλῆς τὸν ἐπάξιον ἑσμὸν ἑλέσθαι,
 αἰπείας Φοίβου τῆσδ' ἱερᾶς πόλεως,

## 164

Vernimm, daß des Euagoras Tochter in diesem Grabe ruht, Fremdling, und zieh dann mit Glück dieses Weges weiter |³ im felsigen Hügelland von Bauthis hier, wo mich der Persephone heilige Hütte hegt, die mich hier aufgenommen hat, |⁵ eine Frau, deren Ruhm bei den Menschen unvergessen ist, bei allen, deren Fuß meine Heimaterde hier je betreten hat. |⁷ Mein Name ist Aphrodisia, o Fremdling. Ptolemaios hat mich gefreit, ein Mann kühn in Rat und kriegerischer Tat, |⁹ der dem Heer immer des Phoibos untadliges Feuer vorweist und den ruhmvollen Titel eines 'Verwandten' führt, ein Rang, der zu den Göttern erhebt. |¹¹ Ihm habe ich meine treue Gesinnung bewiesen: in dem Leben, das wir gemeinsam führten, und durch die Geburt der Kinder, die wir zusammen gezeugt haben und die ich nun in glücklichem Wachstum zurückließ. |¹³ Die alles sehende Zeit hat mich von ihnen getrennt und mit ihr zusammen haben die Moiren mir dies Los auf ihren unsterblichen Spindeln zugesponnen. |¹⁵ Deswegen klage ich Unglückliche im Hades, obwohl ich reichen Dankes schönen Schmuck empfangen habe. |¹⁷ Als seine Lebensgefährtin hat mich mein Gatte mit allen Ehren begraben, aus freiem Entschluß die treue Gesinnung zeigend, die er zu mir hegte. |¹⁹ Wie schön hat er an seiner Gattin gehandelt, wie Schönes von ganzem Herzen der lebenden erwiesen und nun der bei Persephone weilenden. |²¹ Solches vernimm denn, Fremdling, und wandere frohen Sinnes deines Weges weiter, sei glücklich, du und deine Kinder dazu. |²³ Und zu denen, die mich begruben, sprich: „Möchtet ihr auf Erden ohne Siechtum bleiben, dieweil ich der Persephone Haus bewohne." – Brave Aphrodisia, sei gegrüßt. – Herodes ist der Verfasser.

## 165

Vernimm von meiner Heimat, indem du herzutrittst, von meinem und meines Vaters Namen, Fremdling, und zieh dann mit Glück deines Weges weiter. |³ Ich bin nämlich des ruhmreichen Ptolemaios Sohn Apollonios, den die 'Wohltätigen' mit dem Stirnband ausgezeichnet haben, |⁵ der heiligen Ehrengabe, die mit dem rühmlichen Titel eines 'Verwandten' verliehen wird; denn seine treue Gesinnung führte ihn ins Innere des Landes und bis zum Ozean hin. |⁷ Deswegen reizte auch mein Herz der schöne Ruhm des Vaters, den ich vor Augen hatte, die Hand auszustrecken nach dem Ruf gleicher Tüchtigkeit |⁹ und einen Weg zu wählen, der des schönen Vaterlandes würdig wäre, der ragenden heiligen Phoibos-Stadt

πατρὸς ἐμοῦ γνωτοῖσι συνεκπλεύσαντα φέριστα,
ξεῖνε, ὅτε σκάπτρων ἤλυθ' Ἄρης Συρίην.
13 καὶ γενόμην εὔνους, γλυκείαν τηρῶν ἅμα πίστιν
καὶ δορὶ καὶ τόλμᾳ πάντας ἐνεγκάμενος.
ὡς δ' ἐμὲ Μοῖρ' ἐδάμασσε βιοκλώστειρα, τί σε χρή
τοῦτο μαθεῖν, νόστου μνησάμενον γλυκείου
17 ἡλικίης ἀκόρητον, ὅτ' οὐδὲ φίλων ἐνέπλησα
θυμὸν ἐμῶν τέκνων, ὧν λίπον ἐν θαλάμοις;
ταῦτα μαθών, ὦ ξεῖνε, λέγοις πατρὶ τῷ κτερίσαντι·
»σαυτὸν μὴ τρύχειν μνησάμενον βιότου.«
21 καὶ σοὶ δ' εὐοδίης τρίβον ὄλβιον εὔχομαι εἶναι
πρός γ' ἔτι καὶ τέκνοις σοῖσι φιλοφροσύνοις.

Ἀπολλώνιε χρηστέ, χαῖρε.
Ἡρώδου.

Wie 164. (GV 1151).

## 166

ψυχολιπὴς πολύδακρυς Ἐπηράτου ἐνθάδε κεῖται
κοῦρος, πατρὶ λιπὼν πικρὰ γόων πάθεα
ματρί τε παμπληθὺν θρηνῶν γόον· ἐκ δὲ λοχείας
ὠδῖνα στυγερὴν εἰς Ἀίδαν ἔτεκεν.
5 ἄρτι γὰρ ἐξ ὤμων πορπάματα θήκατο κοῦρος
καὶ παρεφηβείης ἐξετέλει πέρατα,
ἄλκιμον ἐν στήθεσσιν ἔχων φρένα· παγκρατίῳ δὲ
ἀιθέων νίκαν ᾔρατο κυδάλιμον.
9 ἡ δὲ βίου στρέπτειρα λίνου κλωστῆρι βιαίῳ
Μοῖρα Φίλωνι βίου πικρὸν ἔθηκε τέλος.
δακρυχαρὴς Ἀίδας γὰρ ἀνάρπασεν οὐδ' ὑμεναίων
δᾳδοῦχον φιλίης τέρψιν ἀειράμενον.
13 Μίνως, ἐν θνατοῖσι δικαστὰς ἔξοχα κρίνων,
τὸν νέον εὐσεβέων χώρῳ ἐναγλάισον.

Relief. Samos. Ende 2. Jh. v. Chr. — AbhBerl. 1909 II, 62 ff., 21. (Geffcken 214. GV 1154).

## 167

τὸν δεκαὲξ ἐτέων ἀριθμοὺς προφέροντ' ἐν ἐφήβοις
αἰνόδακρυν λεύσσεις, ξεῖνε, τὸν ἐν φθιμένοις,
πρὶν τελέσαι λυκάβαντος ὅλον δρόμον. ἦλθε γὰρ ἄλλας
τύρσιδος ἀγριόνους οὐχ ὅσιός τις ἀνήρ
5 καὶ σὺν ὁμαλικίοισι νέων ἀνὰ γυμνάδα φαιδρὰν
στείχοντ' ἀνδροφόνῳ δεξιτερᾷ παλάμᾳ
λόγχας ῥοιζήεντα βαλὼν ἀφύλακτον ἀκωκήν
ἐν σταδίῳ πλευραῖς πικρὸν ἐνῆκε βέλος·

hier; |¹¹ so fuhr ich mit den Brüdern des Vaters stolz hinaus auf das Meer, Fremdling, zu der Zeit, als der um das Königtum entbrannte Krieg sich nach Syrien zog. |¹³ Ihnen habe ich meine treue Gesinnung bewiesen, liebevolle Zuverlässigkeit allzeit beobachtet und sie sämtlich dank der Schärfe meines Schwertes und der Kühnheit meines Herzens heil zurückgebracht. |¹⁵ Wie mich dann die Moira, die des Lebens Ende spinnt, bezwungen hat, was brauchst du das zu erfahren? Das war damals, als ich an die süße Heimkehr dachte, |¹⁷ der ich meine Jugend noch kaum genossen, ja nicht einmal der lieben Kinder mich noch recht gefreut hatte in meinem Herzen, die ich zu Hause zurückließ. |¹⁹ Solches vernimm denn, o Fremdling, und sprich zum Vater, der mich begrub: „Reib dich nicht auf, denk an dein Leben." |²¹ Und dir wünsche ich, daß dein Weg glücklich und gesegnet sei, wenn du nun deine Straße weiterziehst, dazu auch deinen Kindern, daß sie Freude haben mögen. — Braver Apollonios, sei gegrüßt. — Von Herodes.

## 166

Des Lebens beraubt, von vielen beweint, liegt hier des Eperatos Knabe. Bitterer Klage Schmerz hinterließ er dem Vater, |³ überströmenden Jammers Weh der Mutter: ihres Kreißens Schmerzensfrucht, hat sie den Sohn nur für Hades geboren. |⁵ Denn eben erst hatte der Knabe das Spangenkleid von der Schulter gelegt und das Ziel der Ephebenvorschule erreicht, |⁷ nicht ohne schon wehrhaften Sinn in der Brust zu zeigen, hatte auch im Pankration der Jünglinge bereits einen rühmlichen Sieg errungen. |⁹ Doch die, welche den Lebensfaden ablaufen läßt an gewaltsamer Spindel und Glück jäh wendet in Leid, die Moira hatte Philon ein bitteres Ende bestimmt. |¹¹ Denn Hades, der seine Freude an Tränen hat, entraffte ihn, ohne daß er auch nur den Genuß der Hochzeitslieder, die zu Liebe und Freundschaft geleiten, gewonnen hätte. |¹³ Minos, der du unbestechlich deine Urteilssprüche fällst über die Toten, gib Glanz und Ehre dem Jungen an der Stätte der Frommen.

## 167

Der seine sechzehn Lebensjahre mit Stolz zur Schau trug unter den Epheben, den erblickst du, Fremdling, bitter beweint: der zu den Toten ging, |³ bevor er noch den ganzen Lauf des Jahres durchmessen hatte. Es kam nämlich aus einer anderen Burg ein wilder gottloser Mensch herüber, |⁵ und wie jener mit den Altersgenossen die glänzende Kampfbahn der Jungen hinaufschritt, da warf er mit mörderischer Hand |⁷ des sausenden Speeres Schärfe nach ihm, auf die niemand acht hatte im Stadion, und bohrte ihm das bittere Geschoß in die Flanke. |⁹ Bis

<sup>9</sup> ἄχρι δ' ἐπ' ὀστέον ἦλθεν, ἑλεῖν δέ τις οὐδ' ἐπαρῆξαι
ἠδύνατ', ἀλλὰ βίᾳ γ' εἶκε, μόλις δ' Ἄρεως
ἡλκύσθη προβολᾷ διὰ σώματος, αἷμα δ' ἀνέρρει.
χὠ μὲν ἔβα πελάγους βένθος ἐπ' ἀτρύγετον,
<sup>13</sup> πεμπταῖον δ' ἐμὲ Μοῖρα τὸν ἐξ ἀγέλας Διότιμον
ἠϊθέων οἰκτρὰ μάρψεν ἐν Ἀρκεσίνᾳ
πατρίδι· καὶ μάτηρ μὲν Ἀρισταρέτη σὺν ὀδυρμῷ
κώκυσεν, γενέτας δ' [ἔστενε Σ]ωσαγόρας,
<sup>17</sup> δακρυχέων γηραιός, ἔδεκτο γὰρ ἀντὶ τροφείων
ἐλπίδος ἐν μελάθροις πένθος, ἐπεὶ νεκύων
εἰς ὀλοοὺς ἐπέρασα μυχούς· ὁ δὲ σύντροφος Ἑρμᾶς
ὡδήγησε λαβὼν χῶρον ⟨ἐς εὐσεβέων⟩.

Basis. Arkesine, Amorgos. 2./1. Jh. — IG XII 7, 115. (Geffcken 213. GV 1155).

## 168

κείμεθ' ὁμοῦ τρεῖς παῖδες ὁμαίμονες, ἥρωες ἁγνοί,
Δάμων καὶ Φείδων καὶ Ἀμμώνιος, ὄβριμα τέκνα.
χαῖρε, πατὴρ γλυκερὲ Ἀμμώνιε· πάντα γὰρ ἡμῖν
ἐξ ἀρχῆς ἐπόεις δόξῃ ἀγαλλόμενος·
<sup>5</sup> γλαθίας ἐκπλήκτους ἱλαρὰς καὶ πᾶσι θεοῖσι
τὰς θυσίας ἐπόεις ταῖς παρὰ σοῦ δαπάναις,
εἶτ' ἀγέλας, μετέπειτα γάμους, πάντας μετὰ δόξας
θοινοδοτῶν ἱλαρῶς τέρπεσιν εὐφροσύνης.
<sup>9</sup> νῦν δὲ ναὸν καὶ ἄλσος ἀφηρωισμένον ἁγνόν
τὰς παρὰ τῆς πατρίδος λαμβάνομεν χάριτας·
δόγμασι δημοσίοις γεγενήμεθα ἥρωες ἁγνοί.
εὐψυχεῖτε, γονεῖς ἀγαθοί, παύσασθε μερίμνας
<sup>13</sup> καὶ λύπης, παῦσαι, μῆτερ· λαμπρὰ μετὰ λαμπρῶν
τὰς θυσίας ποίει, κηρία καὶ λίβανον.
καὶ γὰρ τῷ Μίνῳ καὶ τοῖς μετὰ Μίνωα πᾶσι
ἥρωσιν φέρεται ταῦτα ἀπὸ τῆς πατρίδος.

Marmorblock. Itanos, Kreta. 1. Jh. v. Chr. — ICr III 123, 38. (GV 1157).

## d) BESONDERE FORMEN DER ANREDE

### α) AN DEN BETRACHTER GERICHTETE AUFFORDERUNG

#### 169

μύρεο τᾷδε Κίνωνα, τὸν ἐν προμάχοισι πεσόντα,
υἱὸν Πολλείου, καρτερὸν ἠίθεον,
ᾧ μάτηρ Ἑλλὰς πινυτῶν ἀντάξιον ἔργων
ἔστασε ὀξείας μνάματα φυλόπιδος.

Stele. Pyrasos, Thessalien. 4./3. Jh. — Πολέμων 2, 1934/38, 59 ff., 10. (GV 1230).

zum Knochen drang es ein und niemand konnte es fassen oder sonst helfen, doch der Gewalt wich es schließlich, mußte es auch mühsam mit des Ares |¹¹ Wehr (einem Schwertmesser) aus dem Körper herausgeschnitten werden, so daß das Blut hoch aufspritzte. Der nun (der Mörder) machte sich davon auf des tiefen Meeres rastlosen Fluten. |¹³ Doch mich, Diotimos aus der Schar der Jungmannen, entraffte am fünften Tage darauf in der Heimat Arkesine ein jammervoller Tod. |¹⁵ Und die Mutter Aristarete schrie auf in lautem Jammer, und der Vater Sosagoras stöhnte |¹⁷ und weinte, der hochbetagte, denn statt der Hoffnung auf Alterspflege wurde ihm nur Leid zuteil daheim, nachdem ich zu der Toten |¹⁹ traurigen Schlüften gekommen war. Doch meiner Jugend Genosse Hermes nahm mich bei der Hand und führte mich hin zu der Stätte der Frommen.

## 168

Drei Kinder liegen wir hier, brüderlich vereint, heilige Heroen: Damon, Pheidon und Ammonios. |³ Nimm unsern Gruß, süßer Vater Ammonios. Denn von Anfang an hast du alles für uns getan, ein Mann prangend im Ruhme: |⁵ heitere Glathien, die alle in Erstaunen setzten, hast du veranstaltet und für alle Götter auf deine Kosten die ihnen gebührenden Opferfeiern, |⁷ dann die Ephebenfeste und wieder die Hochzeitsfeiern, und jedesmal hast du für alle in rühmlicher Weise einen frohen Festschmaus gegeben, reich an erlesenen Genüssen. |⁹ Jetzt haben wir Tempel und heiligen Heroen-Hain als Ehrengaben der Heimat erhalten |¹¹ und sind durch Gemeindebeschluß zu heiligen Heroen geworden. Seid getrost, treffliche Eltern, macht Sorge |¹³ und Kummer ein Ende, höre auf damit, Mutter: glänzend unter Glänzenden bring deine Opfergaben, Wachswaben und Weihrauch, |¹⁵ denn auch Minos und allen Heroen nach Minos werden solche Spenden dargebracht von der Heimat.

## d) BESONDERE FORMEN DER ANREDE
### α) AN DEN BETRACHTER GERICHTETE AUFFORDERUNG

## 169

Beklage hier Kinon, der unter den Vorkämpfern fiel, des Polleias Sohn, einen mutigen Jüngling, |³ dem die Mutter Hellas, umsichtigen Taten zum Entgelt, Erinnerungsstücke aufgestellt hat an die erbitterte Feldschlacht.

## 170

μή τις ἀδάκρυτος παρίτω τόδε σᾶμα νέοιο,
ἀλλ' ἐπὶ οἷ τὸ πάθος τοῦτο νομισσάμενος
οἰκτισάτω πινυτὸν Νικομήδεα Θεόφρονος υἱόν,
οὕνεκεν ἑξαέτης τέρμα ἐκύρησε βίου.

Stele. Kallatis. 3. Jh. v. Chr. — L'archéologie en Roumanie, Tafel 40, 76. (GV 1231).

## 171

ἠρία καὶ στῆλαι, δακρύσατε καί με θανόντα
ἀγγέλλειν πᾶσιν τεσσαρακαιδεκετῆ
πέτρῳ κρᾶτα τυπέντα· κελαινοφαεῖ δ' ὑπὸ νυκτί
κεῖμαι, τὴν ὀλοὴν γαῖαν ἐφεσσάμενος,
5 Δαφναῖος· λέξαι δὲ καί, ὡς θρεπτῆρες ἔθεντο
σᾶμά μοι· ἐν δ' Ἀίδῃ τραῦμα κακὸν φορέω.

Stele. Rhodos. 3./2. Jh. — Annuario d. R. Scuola Arch. di Atene 2, 1916, 151 f., 28. (GV 1248).

*

## 172

εἴσιδε τὸν Νεμέας καὶ Ἀμωμήτοιο Φίλιστον
παῖδα, τὸν εὐεργής, ὦ ξένε, τύμβος ἔχει·
ᾧ τόδε ἀείμναστον μάτηρ μναμεῖον ἔθηκε,
πόλλ' ἀδινοῖς δάκρυσιν θρῆνον ὀδυραμένα.

Basis. Pharsalos. Ende 3. Jh. v. Chr. — IG IX 2, 252. (GV 1255).

## 173

ὦ ξένε, θάησαι, παριὼν ἰδὲ τόνδε δράκοντα,
ἀνδρὸς ἐπὶ κρατεροῦ σάματι φαινόμενον·
ὅς ποκα ναυσὶ θοαῖς πάτρας ὕπερ ἄλκιμον ἦτορ
δεικνύμενος πολλοὺς ὤλεσε δυσμενέων·
5 πολλὰ δ' ὅγ' ἐν χέρσῳ κατενήρατο φοίνια δοῦρα
ἀνδρῶν ἀντιπάλων σάρκας ἐρειδόμενος.
νῦν δὲ θανὼν γηραιὸς ἐφ' αὐτῷ τόνδε δράκοντα
εἴσατο, τοῦδε τάφου θοῦρον ἔμεν φύλακα,
9 ὃν καὶ ἐπ' ἀσπίδος εἶχεν, ὅτ' Ἄρεος ἔργα ἐπονεῖτο,
πολλὰ ἐπὶ δυσμενέσιν πήματα μαιόμενος.
τοὔνομα δ' εἴ κ' ἐθέλῃς αὐτοῦ καὶ πατρὸς ἀκοῦσαι,
εἰδήσεις ἐτύμως τὰ κατώτατα γράμματ' ἀναγνούς.

Ἀπολλώνιος Ἀθηνίωνος.

Quader. Bosporos, Rhodische Peraia. Anf. 2. Jh. v. Chr. — Ἀρχ. Ἐφημ. 1911, 65, 63. (GV 1260).

## 170

Keiner gehe ohne eine Träne vorüber an diesem Jünglingsgrabe hier, sondern als wenn dies ein Leid wäre, das ihn selbst betroffen hätte, |³ bemitleide er den verständigen Nikomedes, Theophrons Sohn, weil er mit sechs Jahren schon seines Lebens Ende fand.

Vgl. Anhang S. 336.

## 171

Ihr Gräber und Stēlen, weinet und machet allen kund, daß ich mit vierzehn Jahren |³ von einem Stein am Kopf getroffen zu Tode kam. Unter dem dunklen Mantel der Nacht liege ich, eingehüllt in die Erde, die mich vernichtet, |⁵ Daphnaios. Sagt aber auch, daß die Eltern mir das Grab errichteten und daß ich noch im Hades die böse Wunde trage.

\*

## 172

Schau der Nemea und des Amometos Sohn Philistos, den, Fremdling, das schön gebaute Grab umschließt. |³ Die Mutter hat ihm dies Mal zu ewigem Gedächtnis errichtet und hat unter strömenden Tränen oft ihre Klage hier ertönen lassen.

## 173

Fremdling, blick her. Im Vorbeigehen sieh diese Schlange an, die sich auf eines gewaltigen Kriegers Grabe zeigt. |³ Auf schnellen Schiffen hat er im Kampf für die Heimat einst sein wehrhaftes Herz bewiesen und viele Feinde erschlagen. |⁵ Und mächtig hat er auch auf dem Lande aufgeräumt, blutige Speere in die Leiber der feindlichen Männer schleudernd. |⁷ Jetzt hochbetagt gestorben, hat er sich selbst diese Schlange aufs Grab setzen lassen, daß sie dieser Grabstätte wehrhafte Hüterin sei. |⁹ Auch auf seinem Schild hat er sie (als Schildzeichen) getragen, als er noch des Ares Werke besorgte, voller Begierde, den Feinden viel arges Leid zuzufügen. |¹¹ Willst du seinen und des Vaters Namen vernehmen, so wirst du genauen Bescheid erhalten, wenn du die Schrift hier unten liest: — Apollonios, Sohn des Athenion.

**174**

Νικίεω δέρκου στάλαν, ξένε, τὸν βαρὺς Ἅιδας
ἔκλασεν ἀγρεύσας δύσμορον ἡλικίην.
πρὶν δὲ θανόντος ἐμεῦ στοργᾷ συνόμαιμος ἐνεχθείς
Ἀγχίαλος τὸ θανεῖν ζῆν καλὸν ᾑρέτισεν·
5 εἷς δὲ τάφος δισσῶν, κάλπις μία, τοὺς ἐλεαίρει
καὶ πέτρη κωφὸν πένθος ἀνιεμένη,
δύστηνοι δὲ γονεῖς μελέα παρὰ χερμάδι τέκνων
οὐ λήγουσι γόοις θρῆνον ἐγειρόμενοι.
9 ἀντὶ δὲ νυμφῶνος γαμίου, ξένε, τοῖς δυσὶν ἡμῖν
ἐκ γαίης χωσθεὶς εἷς γέγονεν θάλαμος.

Relief. Pantikapaion. 2./1. Jh. — GGS 95, 542. (GV 1263).

**175**

σῆμα μὲν ἴσθ' ὅτι τοῦτο Μενεσθειδᾶν ἐπὶ δισσοῖς
κίοσιν ὠγκώθη, ξεῖνε, καταφθιμένοις·
εἴ τινας εὐόλβου μεγάλας παρὰ παιδὶ Σελεύκου
Ἀσίδος ὑψηλοὺς ἔκλυες ἀγεμόνας.

Marmorplatte. Milet. Mitte 2. Jh. v. Chr. — SBBerl. 1905, 535. (Geffcken 226. GV 1286).

*

**176**

εἰ καὶ βουκόλοι ἄνδρες ὁδὸν διαμείβετε τήνδε,
καὶ ποίμνας ὀίων φέρβετε μηλονόμοι,
ἀλλὰ σὺ Μουσείοις καμάτοις τεθραμμέν' ὁδῖτα,
ἴσχε καὶ αὐδήσας »σῆμ' Ἀλίνης« ἄπιθι·
5 »χαῖρ'« εἰπὼν δὶς καὐτὸς ἔχοις τόδε. τέκνα δὲ λείπω
τρίζυγα καὶ ποθέοντα ἄνδρα λέλοιπα δόμοις.

Kalksteinplatte. Alexandreia. 2. Jh. v. Chr. — BArchAlex. 34, 1941, 27 ff. (GV 1312).

**177**

στᾶθι πέλας, παροδῖτα, καταντία μαρμαροέσσης
στήλης καὶ κατιδὼν τίς τίνος εἰμὶ πυθοῦ·
στήλαις Ἰούλιος ἔνθα πατρὸς Γαίου κατάκειμαι,
πληρώσας ἐτέων πέντε καλὰς δεκάδας·
5 ἑπτὰ δὲ τέκν' ἔλιπον, κείνων δ' ὑπὸ χερσὶ τέθαμμαι,
ἀνθ' ὁσίου ψυχῆς τήνδε λαχὼν χάριτα.

Stele. Larisa, Thessalien. 1. Jh. v. Chr.? — IG IX 2, 650. (GV 1314).

*

## 174

Schau des Nikias Stēlē, Fremdling. Der arge Hades hat ihn erjagt und des Armen Jugendblüte geknickt. |³ Sieh, hingerissen von Liebe zu mir, der vor ihm starb, hat mein Bruder Anchialos den Tod dem schönen Leben vorgezogen, |⁵ und ein Grab umschließt uns beide nun und eine Urne. Selbst der Stein hat in stummem Schmerz Mitgefühl mit uns. |⁷ Die armen Eltern aber hören nicht auf, an der Kinder Unglücksmal in lautem Jammer immer neue Klage aufzurühren. |⁹ Statt hochzeitlicher Brautkammer, Fremdling, ist uns beiden hier die eine Kammer geworden, aufgeschüttet aus Erde.

## 175

Wisse, Fremder, daß dies Grab über den beiden hingesunkenen Säulen des Menestheus-Hauses aufgetürmt wurde – |³ wenn du je von zwei ragenden Führern des großen Asien am Hof des gesegneten Seleukos-Sohnes vernommen haben solltest.

\*

## 176

Mögt auch ihr, Rinderhirten, über diesen Weg hinwegziehen und ihr, Schäfer, eure Schafherden ruhig weiter grasen lassen, |³ so verhalte doch du, Wanderer, der du in musischen Künsten wohl unterrichtet bist, und sprich erst dein „Alines Grab", ehe du weitergehst. |⁵ Sag deinen Segenswunsch und nimm ihn doppelt dafür zurück. Ein Dreigespann von Kindern hinterlasse ich und einen Mann, der in Sehnsucht um mich trauert, ließ ich zu Hause zurück.

## 177

Bleib stehen, Wanderer, vor der Stēlē aus Marmorstein, sieh sie dir an und vernimm meinen Namen und meine Herkunft. |³ Unter der Stēlē hier liege ich, Iulius, Sohn des Gaius, der fünf Jahrzehnte eines schönen Lebens beschlossen hat. |⁵ Sieben Kinder hinterließ ich, und deren Hände haben mich begraben: für ein frommes Leben empfing ich so meinen Dank.

\*

## 178

τὴν ὁσίην χαίρειν πολιήτιδες εἴπατε Βάκχαι
ἱρείην· χρηστῇ τοῦτο γυναικὶ θέμις·
ὑμᾶς κεἰς ὄρος ἦγε καὶ ὄργια πάντα καὶ ἱρά
ἤνεικεν πάσης ἐρχομένη πρὸ πόλεως.
5 τοὔνομα δ' εἴ τις ξεῖνος ἀνείρεται, Ἀλκμειωνίς
ἡ Ῥοδίου, καλῶν μοῖραν ἐπισταμένη.

Basis. Milet. 3./2. Jh. — SBBerl. 1905, 547. (GV 1344).

## 179

ὦ παρ' ἐμὸν στείχων τοῦτ' ἠρίον εἶπον, ὁδῖτα,
χαίρειν Εὐκλεῖος κοῦρον Ἀριστόδαμον·
θνήσκω δὲ ὀγδώκοντα καὶ ἓξ ἐσιδὼν λυκάβαντας
καὶ παῖδας παίδων λείπω ὑπ' ἠελίῳ,
5 οὐκ ὄλβῳ βριάοντας, ἀριζήλῳ δ' ἐπὶ δόξῃ·
οἷς εἴη ταὐτὸν τέρμα λαχεῖν βιότου.

Altar. Syme. 2. Jh. v. Chr. — IG XII 3, 10. (Geffcken 206. GV 1345).

\*

## 180

πάτρην Ἡράκλειαν, ὁδοιπόροι, ἥν τις ἵκηται,
εἰπεῖν· ὠδῖνες παῖδα Πολυκράτεος
ἤγαγον εἰς Ἀίδην Ἀγαθόκλεαν· οὐ γὰρ ἐλαφραί
ἤντησαν τέκνου πρὸς φάος ἐρχομένου.

Kalksteinblock. Alexandreia. Mitte 3. Jh. v. Chr. — Annuaire du Musée Gréco-Romain d'Alexandrie 3, 1940/50, 27. (GV 1353).

## 181

εἰπέ, ποτὶ Φθίαν εὐάμπελον ἤν ποθ' ἵκηαι
καὶ πόλιν ἀρχαίαν, ὦ ξένε, Θαυμακίαν,
ὡς δρυμὸν Μαλεαῖον ἀναστείβων ποτ' ἔρημον
εἶδες Λάμπωνος τόνδ' ἐπὶ παιδὶ τάφον
5 Δερξίᾳ, ὅν ποτε μοῦνον ἕλον δόλῳ, οὐδ' ἀναφανδόν
κλῶπες, ἐπὶ Σπάρταν δῖαν ἐπειγόμενον.

Lakonien. 3./2. Jh.? — Anth. Pal. 7, 544. (GV 1356).

\*

## 178

Der frommen Priesterin entbietet, Bakchen dieser Stadt, euern Gruß: einer tüchtigen Frau gebührt solche Ehre. |³ Sie führte euch ins Gebirge und trug alle Sakramente und heiligen Geräte, wenn sie vor der ganzen Stadt im Zuge schritt. |⁵ Ihr Name, wenn ein Fremder danach fragt: Alkmeionis, des Rhodios Tochter. Von allen schönen Dingen verstand sie ihr Teil.

## 179

Der du an meinem Grabe hier vorübergehst, entbiete, Wanderer, des Eukles Sohn Aristodamos deinen Gruß. |³ Ich starb, nachdem ich sechsundachtzig Jahresläufe gesehen, und lasse Kinder noch der Kinder unter der Sonne zurück, |⁵ nicht in schwerem Reichtum, wohl aber im Besitz eines neidenswerten Ansehens; möchten sie das gleiche Lebensalter erreichen.

\*

## 180

Wanderer, wenn einer in meine Heimat Herakleia kommt, so soll er sagen: Wehen haben des Polykrates Tochter |³ Agathokleia in den Hades gebracht; denn nicht leicht kamen sie über mich, als das Kind sich den Weg zum Lichte suchte.

Vgl. Anhang S. 336.

## 181

Sag, wenn du einmal zum rebengesegneten Phthia kommst, Wanderer, und zur alten Stadt Thaumakia, |³ du wärest einmal zum einsamen Bergwald von Malea emporgestiegen und hättest da das Grab für Lampons Sohn |⁵ Derxias hier gesehen; Räuber haben ihn einst erschlagen, tückisch aus dem Hinterhalt, als er einsam seines Weges zum göttlichen Sparta eilte.

\*

## 182

μή μοι πεῖν φέρεϑ' ὧδε μάτην, πέποται γάρ, ὅτ' ἔζων,
μηδὲ φαγεῖν· ἀρκεῖ· φλήναφός ἐστι τάδε.
εἰ δ' ἕνεκεν μνήμης τε καὶ ὧν ἐβίωσα σὺν ὑμῖν
ἢ κρόκον ἢ λιβάνους δῶρα φέρεσϑε, φίλοι,
5 τοῖς μ' ὑποδεξαμένοις ἀντάξια ταῦτα διδόντες,
ταῦτ' ἐνέρων· ζώντων δ' οὐδὲν ἔχουσι νεκροί.
Κλευμάτρας.

Stele. Astypalaia. 1. Jh. v. Chr. — IG XII Suppl. 82, 152. (Geffcken 209. GV 1363).

## 183

μή μου ἐνυβρίξῃς ἁγνὸν τάφον, ὦ παροδῖτα,
μή σοι μηνίσῃ πικρὸν ἔπ' Ἀγεσίλας
Φερσεφόνα τε κόρα Δαμάτερος. ἀλλὰ παρέρπων
εἶπον Ἀρατίῳ· »γαῖαν ἔχοις ἐλαφράν.«

Marmortafel. Oaxos, Kreta. 1. Jh. v. Chr. — ICr II 79, 49. (Kaibel 195. GV 1370).

### β) AN DEN TOTEN GERICHTETE REDE

## 184

χαῖρε, Κρίτων· σοὶ μέν γε καὶ εἰν Ἀίδαο δόμοισιν
ὄντι τεῆς ἀρετῆς οὐχὶ λέλοιπε κλέος·
τοιγάρτοι παίδων σε φίλαι χέρες, ὡς ϑέμις ἐστί,
κρύψαν, ἐπεὶ γήρως ὄλβιον ἦλϑε τέλος.

Stele. Smyrna. 3. Jh. v. Chr. — MκB 1, 1873/75, 69, 17. (Kaibel 235. GV 1388).

## 185

χαῖρε, Ἡρακλείδα ϑύγατερ, πολυαίνετε νύμφα,
Νικασοῖ, μεγάλας ἀντὶ σαοφροσύνας·
ἃς ἔτι τοι μνάμαν φέρεται πόσις, οὐδέ τις ἄλλα
κείνου ἐς εὐναίους ἦλϑε ἄλοχος ϑαλάμους.

Marmortafel. Kallatis, Thrakien. 2./1. Jh. — AEM 6, 1882, 6, 9. (GV 1392).

*

## 186

ἀκμαῖόν σε Ἀίδης ὑπεδέξατο, κοῦρε Λεάρχου
Δεινία, Αἰτωλῶν ὕβριν ἀμυνόμενον·
οὔϑ' εἵλου τὸ ζῆν βίον ἀκλεῆ, ἀλλὰ πρὸ μοίρης
ὤλεο πατρῴην δόξαν ἀειράμενος.

Basis. Palairos, Akarnanien. Um 300 v. Chr. — IG IX 1², 462. (GV 1458).

### 182

Bringt mir nichts zu trinken her. Vertane Müh! Denn getrunken wurde, da ich lebte. Auch nicht zu essen! Genug! Eitel Unsinn ist all dergleichen. |³ Wenn ihr aber zum Gedenken an mich und alles, was ich mit euch zusammen im Leben genossen habe, Krokus und Weihrauch, meine Freunde, zum Geschenk darbringen wollt, |⁵ denen, die mich hier unten aufgenommen haben, solchermaßen würdige Gaben spendend: solche Geschenke kommen den Unteren zu. Mit den Lebenden haben die Toten nichts zu tun. – Kleumatras Grab.
Vgl. Anhang S. 337.

### 183

Vergeh dich nicht an meinem heiligen Grabe, Wanderer, daß Agesilas nicht bitteren Groll fasse gegen dich |³ und Demeters Tochter Persephone. Nein, sag zu Aratios im Vorübergehen: „Möge dir die Erde leicht werden."


## β) AN DEN TOTEN GERICHTETE REDE

### 184

Gruß dir, Kriton. Auch im Hause des Hades ist der Ruhm deiner Tüchtigkeit nicht von dir gewichen. |³ So haben dich denn der Kinder liebe Hände, wie es sich gebührt, in der Erde geborgen, als deines gesegneten Alters letzter Tag gekommen war.

### 185

Gruß dir, junge Frau, Tochter des Herakleides, Nikeso, vielgerühmt ob deiner Züchtigkeit. |³ Dein Gatte trägt die Erinnerung an dich auch ferner im Herzen, und keine andere kam je als Gattin zu ihm in Kammer und Bett.


\*


### 186

In der Blüte der Jugend hat der Hades dich aufgenommen, Sohn des Learchos Deinias, als du der Aitoler Übermut wehrtest. |³ Ruhmlos weiterzuleben lehntest du für dich ab; so hast du freilich vor der Zeit sterben müssen, doch deiner Väter hohe Geltung hast auch du dir gewonnen.

### 187

γήρᾳ δή, Κλεόνικε, λιπὼν βίον αἰνετὸς ἀστοῖς
κεῖσαι τόνδε μέγαν τύμβον ἐφεσσάμενος,
Φειδία ἐκγεγαώς· λιπαρὸς δέ τοι ὄλβος ὀπίσσω
παίδων τε ἀκμαία λείπεται ἁλικία.

Stele. Chalkis. 3. Jh. v. Chr. — IG XII9, 1174. (GV 1449).

### 188

κεῖσαι δὴ παρὰ μητρὶ Φιλίνῃ, Σιμυλὶ τέκνον,
πατρὶ Λύκωνι λιποῦσα ἱμερόεντα πόθον,
οὔτε γάμων εἰδῦ' ἐρατὸν νόμον οὔτε ὑμεναίων·
πρόσθεν γάρ σε 'Αΐδεω δέξατο δῶμα τόδε.

Stele. Ikaria. 3. Jh. v. Chr. — GV 1450.

### 189

οὔ τί σε νώνυμνον κρύπτει τόδε Δωρίδος αἴης
σῆμα περὶ τραφερὴν θηκάμενον σπιλάδα,
Εὐμοιρέω 'Αρίδεικες· ἀποφθιμένοιο δὲ σεῖο
μείλια καὶ πελανοὺς ἐν πυρὶ βαλλόμεθα
5 ἁζόμενοι Μούσαις, τὸν ἀοίδιμον αἵ σε τιθηνοῖς
χερσὶ Πλατωνείους θρέψαν ὑπ' ἀτραπιτούς.

Stele. Rhodos. Um 200 v. Chr. — BCH 36, 1912, 230ff. (Hiller 102. GV 1451).

### 190

ὤλεο δὴ στυγερῷ θανάτῳ προλιποῦσα τοκῆας,
Πωτάλα, ἐν γαστρὸς κυμοτόκοις ὀδύναις·
οὔτε γυνὴ πάμπαν κεκλημένη οὔτε τι κούρη
πένθος πατρὶ λίπες μητρί τε τῇ μελέᾳ.

Stele. Larisa, Thessalien. 3. Jh. v. Chr. — IG IX2, 638. (Kaibel 505. GV 1462).

### 191

εἷλε σόν, Ἡράκλειτε, καὶ αἰνετὸν υἷα Λεαίνης,
εἷλεν θαρραλέης ἔργα Λέοντα μάχης·
ἀγχιάλου Σαλαμῖνος ὃ γὰρ κλήροισιν ἀμύνων
δυσμενέων ὁλοὸν τραῦμα κατηγάγετο.
5 ζηλοῦτ' ἀλλά, νέοι, τὸν ὁμήλικα· κάτθανε γάρ που
μηδοφόνων ἀρετᾶς μνωόμενος πατέρων.

Stele. Salamis. Mitte 3. Jh. v. Chr. — IG II/III² 11960. (Kaibel 30. Geffcken 186. GV 1466).

### 187

Im Alter hast du, Kleonikos, vom Leben Abschied genommen und liegst nun, noch im Tode von den Bürgern gepriesen, in dem gewaltigen Grab, das deinen Leib hier umschließt, |³ Sohn des Pheidias. Doch dein glänzender Reichtum und deiner Kinder blühende Jugend bleibt dir unverloren in Zukunft.

### 188

Du liegst nun bei deiner Mutter Philine, kleine Simylis, doch deinen Vater ließest du in Sehnsucht und Trauer. |³ Nicht der Hochzeitsfeier liebliche Weise vernahmst du noch die Lieder vor der Kammer, denn zuvor nahm dich das Haus des Hades hier auf.

### 189

Keinen namenlosen Mann birgt mit dir das Grab hier auf dorischer Erde, das den Mantel der nährenden Flur um deinen Leib gelegt hat, |³ Arideikes, Sohn des Eumoires. Nun du gestorben bist, werfen wir in ehrfürchtiger Scheu Sühnegaben und Opferkuchen in die Flammen |⁵ für die Musen, die dich, den im Liede gepriesenen, mit pfleglichen Händen aufgezogen und hingeführt haben auf die Wege platonischen Denkens.

### 190

Du bist nun durch einen schrecklichen Tod umgekommen und hast deine Eltern allein gelassen, Potala, in kreißenden Wehen deines Leibes. |³ Noch nicht richtig Frau zu nennen, aber auch nicht Mädchen mehr, hast du nur Leid hinterlassen dem Vater und der armen Mutter.

### 191

Es nahm hinweg, Herakleitos, deinen und Leainas rühmlichen Sohn, es nahm Leon hinweg mutiger Tod in der Schlacht. |³ Denn als er die Ackerlose auf dem meerumspülten Salamis verteidigte, holte er sich von feindlicher Hand die Todeswunde. |⁵ Eifert denn, ihr Jünglinge, euerm Kameraden nach, denn ich meine: er ist gefallen eingedenk der Tapferkeit der Väter, die einst die Meder jagten.

Vgl. Anhang S. 337.

## 192

οὐκέτι δὴ μάτηρ σε, Φιλόξενε, δέξατο, χερσίν
σὰν ἐρατὰν χρονίως ἀμφιβαλοῦσα δέρην,
οὐδὲ μετ' ἀιθέων ἀν' ἀγάκλυτον ἤλυθες ἄστυ,
γυμνασίου σκιερῷ γηθόσυνος δαπέδῳ·
5 ἀλλά σου ὀστέα πηγὰ πατὴρ θέτο τῇδε κομίσσας,
Καῦνος ἐπεὶ μαλερῷ σάρκας ἔδευσε πυρί.

Stele. Alexandreia. 3. Jh. v. Chr. — IGLAlex. 163, 317. (GV 1827).

## 193

οὐχὶ κρόκῳ παστός σε διάβροχος, οὐδέ νυ πεῦκαι
ἄγαγον ἐς νύμφας ἱμερόπνουν θάλαμον,
κοῦρε μεγαινήτου Χαιρήμονος Ἡρακλείδη,
ἀλλά σε πρὸς Λάθας ἀνιόχησαν ἕδος.
5 στέρνα μετ' οἰμωγᾶς δὲ τάφου πέλας ἀντὶ θυρέτρων
ἐπλατάγησε τεὰ γηρόκομος γενέτις,
πᾶσά τε σὸν στενάχησε πόλις βαρυκαδέα πότμον·
καί σε μέγ' Ἑρμείας μύρατ' ἄναξ κατάγων,
9 ῥύσασθαι λωβᾶς δ' οὐκ ἔσθενεν· οὐδὲ γὰρ αὐτός
νερτέριον Μοιρῶν νόσφι λέλογχε πάτον.

Relief. Naukratis. 2. Jh. v. Chr. — IBrM IV 1084. (GV 1823).

## 194

ἔσχατον ὠδίνων βάρος, Ἡδύλη, εἶδες ἐκεῖνο,
τὴν πικρὴν τέκνου κῆρα λοχευσαμένη·
Ἀίδης γάρ σε ἄστοργος ἐχώρισε καὶ ξυνομεύνου
καὶ μητρός, στυγνῇ δ' εἰς Ἀχέροντ' ἔμολες,
5 ἐν δεκάσιν τρισσαῖς ἐτέων καὶ πέντ' ἐνιαυτοῖς
τέρμα βίου Μοίρῃ στυγνὸν ἐνεγκαμένη·
πλὴν εἰ μή σε τάφοι πάτρης Πιριρίσσαν ἔχουσι,
ἡ Δαναοῦ δ' ἱερὴ Μέμφις ἔκρυψε κόνει,
9 ἀλλ' οὖν γ' εὐσεβέων ναίεις μέτα, πατρὶ σύνοικος
Διογένει, τὸν καὶ ζῶσα πάροιθ' ἐπόθεις.
Αἰακὲ καὶ Μίνως, τήνδ' εἰς πόσιν εὐνέτιν ἐσθλήν
Κλειογένην χύμεῖς μώμου ἔχοιτε δίχα.

Kalksteinplatte. Memphis. Ende 3. Jh. v. Chr. — JEA 41, 1955, 115f., 1.

## 195

οἰκτρὰ πατὴρ ἐπὶ σοὶ βάλε δάκρυα, Πουλυδαμαντί,
ἡνίκα κυανέαν πορθμίδ' ἔβης νεκύων·
οὐδέ τι πατρὶ φίλῳ νεαροὺς ἐπὶ γούνασι παῖδας
κηδεμόνας θῆκας γήραος οὐλομένου,

## 192

Nicht mehr begrüßte dich nun die Mutter, Philoxenos, ihre Arme nach langer Zeit wieder um deinen Hals legend. |³ Nie wieder solltest du mit den Jünglingen durch die ruhmreiche Stadt ziehen, freudig heimkommend von des schattigen Gymnasions Kampfbahn. |⁵ Nein, nur deine bleichen Gebeine brachte dein Vater zurück, sie hier beizusetzen, nachdem Kaunos deinen Leib mit gieriger Flamme verzehrt hatte.

## 193

Kein mit Krokus durchtränkter Vorhang (empfing dich), nicht brachten dich die Fackeln in der Braut liebeatmende Kammer, |³ Sohn des hochgepriesenen Chairemon, Herakleides, sondern zu der Lethe Sitz gaben sie dir das Geleit. |⁵ Im Jammer schlug an deinem Grabe die Mutter, deren Alter du pflegtest, die Brüste, statt (daß) der (Brautkammer) Türen (widerhallten); |⁷ und die ganze Stadt stöhnte über das schwere Leid, das mit deinem Tode über sie gekommen war. Auch Hermes der Herr beklagte dich laut, als er dich zu den Toten führen mußte, |⁹ doch vermochte er nicht, dich vor dem Argen zu bewahren; denn auch er geht den Weg zu den Schatten nicht ohne die Moiren.

Vgl. Anhang S. 337.

## 194

Das war die letzte Wehennot, Hedyle, die du durchzumachen hattest, damals, als du nur deines Kindes bitteren Tod gebarst. |³ Denn der lieblose Hades trennte dich von Gatte und Mutter, und traurig mußtest du den Weg zum Acheron gehen, |⁵ nach dreimal zehn Zeitumläufen und fünf Jahren nach dem Willen der Moira ein trauriges Lebensende findend. |⁷ Aber wenn dich kein Grab deiner Heimat Piriria umschließt, sondern des Danaos heiliges Memphis dich mit Erde bedeckt hat, |⁹ so wohnst du doch jedenfalls unter den Frommen, deinem Vater Diogenes zur Seite, den du auch zuvor im Leben innig geliebt hast. |¹¹ Aiakos und Minos, diese Frau, die ihrem Gatten Kleiogenes eine edle Gattin war, die mögt auch ihr allem Tadel fernhalten (untadlig erfinden).

## 195

Tränen des Jammers vergoß über dich, Polydamantis, der Vater, als du in der Toten dunklen Nachen stiegst. |³ Und nicht hast du dem lieben Vater junge Kinder auf die Knie gesetzt, einst eines schlimmen Alters Pfleger zu sein. |⁵ Nein,

5 ἀλλ' ἐπὶ πορφυρέῃ νεφέλῃ χαρίεντα μέλαθρα,
  Λήθη σὴν γενεὴν φάρεσιν ἐσκίασε.
  μητρὶ δὲ γηραιᾷ λίπες ἄλγεα δακρυόεντα
  ἀνδρί τε, κωκύει δὲ οἶκον ἔρημον ὁρῶν.

Basis. Milet. 3. Jh. v. Chr. — GV 1536.

### 196

πρωτεύσαντα νέων εὐταξίᾳ, ὡς ἐπέκρινεν
εὐκλεὲς ἀρχαῖον κτίσμα Ἀλίφοιο τόδε,
εἰκοσετῆ φθίμενόν σε, Θέων, ὑπεδέξατο Λήθης
λειμὼν καὶ σεμνὸς Φερσεφόνης θάλαμος.
5 Τιμείας δὲ πατήρ, ἐλεεινὰ δὲ καὶ Κλεαρίστη
  μήτηρ μυράμενοι τῷδε ὑπέθεντο τάφῳ.

Felsgrab. Aliphera, Arkadien. 3./2. Jh. — Ἀρχ. Ἐφημ. 1914, 134f. (GV 1505).

### 197

ἁρπαλέη νοῦσός σε κατέφθισεν, ὦ Διοδώρου
κοῦρε Καλοῦ, λείπεις δ' ἄλγεα σοῖσιν ἔταις.
μή τις ἔτ' αὐχείτω μερόπων ἐπὶ σώματος ἀλκῇ,
καὶ γὰρ σὴν ἄφνως ἔσβεσε Μοῖρα βίην.

Relief. Pantikapaion. 3./2. Jh. — GGS 72, 410. (GV 1467).

### 198

ἤλυθες οὐκ ἀβόατος ἐνὶ τρισσαῖς δεκάδεσσιν,
Θεύδοτε, τὰν ζωοῖς οἶμον ὀφειλομέναν,
καί σε τὸν ἐν σπονδαῖσι γεγαθότα πουλὺ μετ' ἀστῶν
μάτηρ αἰάζει μυρομένα πρύτανιν.
5 πέτρος ὅδε ξείνοισι βοάσεται, ὡς ἀίδαλος
  ἀσφαλὲς ἀνθρώποις οὐθὲν ἔνειμε Τύχα.
εἴης τοι σὺν πατρί, κεχαρμένος ὄφρ' ἂν ἐς αἰῶ
Σώστρατος ἐν φθιμένοις μυρίον αἶνον ἔχῃ.

Relief. Smyrna? 1. H. 2. Jh. v. Chr. — A. Michaelis, Ancient marbles in Great Britain 495f., 53. (Kaibel 240. GV 1539).

### 199

οὐδὲ θανὼν ἀρετᾶς ὄνυμ' ὤλεσας, ἀλλά σε φάμα
κυδαίνουσ' ἀνάγει δώματος ἐξ Ἀίδα,
Θαρσύμαχε· τρανὲς δὲ καὶ ὀψαγόνων τις ἀείσει
μνωόμενος κείνας θούριδος ἱπποσύνας,
5 Ἐρταίων ὅτε μοῦνος ἐπ' ἠνεμόεντος Ἐλαίου
  οὐλαμὸν ἱππείας ῥήξαο φυλόπιδος,

eine dunkle Wolke hat die schönen Räume, Lethe dein Geschlecht mit ihrem Mantel beschattet. |⁷ Schmerz und Tränen hinterließest du der alten Mutter und dem Gatten: laut jammert er, sieht er sein leeres Haus.


### 196

An Haltung und Zucht überragtest du alle anderen Jünglinge nach dem Urteil der alten ruhmreichen Gründung des Aliphos hier. |³ Nun bist du im Alter von zwanzig Jahren gestorben, Theon, und der Lethe Aue hat dich aufgenommen und Persephones heilige Kammer. |⁵ Dein Vater Timeias aber jammerte, und bemitleidenswert auch deine Mutter Kleariste, als sie dich in diesem Grabe hier bargen.


### 197

Plötzliche Krankheit hat dich hingerafft, Kalus, Sohn des Diodoros, und Schmerz hinterließest du deinen Lieben. |³ Kein Sterblicher rühme sich fürder der Rüstigkeit seines Leibes, hat doch auch deine Lebenskraft die Moira mit eins ausgelöscht.


### 198

Als du, Theudotos, nach dreimal zehn Jahren den Weg gingst, den alle Sterblichen (dem Tode) schuldig sind, da war dein Name nicht ungerühmt. |³ Als Prytane hast du dich oft mit den Bürgern an feierlichem Trankopfer gefreut, den nun jammervoll die Mutter beklagt. |⁵ Der Stein hier wird den Fremden zurufen: nicht die mindeste Sicherheit gibt die unerforschliche Moira den Menschen. |⁷ Mögest du bei deinem Vater wohnen, damit Sostratos bei den Toten in alle Ewigkeit voll Freude vielfältigen Preisens teilhaftig wird.


### 199

Auch im Tode nicht hast du den Ruhm der Tapferkeit verloren, Tharsymachos, sondern die Kunde, die dich verherrlicht, führt dich aus des Hades Wohnung wieder zum Licht. |³ Auch von den Spätgeborenen noch wird einer zu singen und zu sagen wissen von deiner stürmischen Reiterbravour an jenem Tage, |⁵ als du allein von allen Ertaiern beim windumtobten Elaios die feindliche Schwadron

ἄξια μὲν γενέταο Λεοντίου, ἄξια δ' ἐσθλῶν
ἔργα μεγαυχήτων μηδόμενος προγόνων.
9 τοὔνεκά σε φθιμένων καθ' ὁμήγυριν ὁ κλυτὸς Ἅιδης
εἷσε πολισσούχῳ σύνθρονον Ἰδομενεῖ.

Basis. Knossos. 2. Jh. v. Chr. — ICr I 76f., 33. (GV 1513).

### 200

Πλωτία, οὐκ ἐπὶ σοὶ μούνῃ λίνα Μοῖραι ἔκλωσαν,
δύσμορε, πικρὰ γόων ἔμπλεα καὶ δακρύων·
οὐδ' ἐπὶ σοὶ θρήνοις καὶ στήθεά γ' ἀντετυπήθη
πρώτῃ· ἀνίκητος δ' ἐστὶ βροτοῖς Ἀίδης.
5 ἔγνω ἐνὶ κραδίῃ μήτηρ σέο πένθος ἔχουσα,
ἐκ κρατὸς πολιοὺς χευαμένη πλοκάμους,
ἥ σε καὶ ἐκτερέϊξε καὶ ἔστησεν τόδε σῆμα.
σοὶ δὲ πέλοι κούφη νέρθε κόνις φθιμένῃ.

Marmorblock. Rheneia. 2. Jh. v. Chr. — GV 1549.

### 201

Φιλοκράτης Φιλοκράτους Σιδώνιος.

οὐ νόθον ἐκ προτέροιο, Φιλόκρατες, ἤνεσας ἔργον
σεῖο βίου, πινυταῖς θηγόμενος πραπίσιν·
ἦ γὰρ ἀπὸ πράτας μεμελημένος ἧς Ἐπικούρου
δόγμασιν εὐξυνέτοις, ὡς θέμις, ἁλικίας·
5 αὖθι τύχης δ' οἴακι παλιμπλανέος βιότοιο
εἴκων ἐν Μινύαις φῶτας ἐπαθλοκόμεις.
κεῖσαι δ' ἀγχόθι παιδὸς ἑοῦ, ψαύων μελέεσσιν,
ἄσμενος ἐκ ζωᾶς εἰς προθανόντα μολών.

Stele. Orchomenos. 2./1. Jh. — IG VII 3226. (Kaibel 491. GV 1516).

### 202

Δῆλος μέν σ' ἔθρεψε, πάτρης δὲ νομίζῃ Ἀθηνῶν,
Δημήτριε· ἐκ δὲ γονῆς εἶδος ἔφυς χαρίεις
παιδείῃ τ' εὖ πάσῃ ἐπέπρεπες ἠδὲ καὶ αἰδοῖ
ἥλικας· ἑνδεκέτης δ' ἤλυθες εἰς Ἀίδην.
5 σὸς δὲ πατὴρ οἰκτρὸν Ποσειδώνιος ἦμαρ ἐσεῖδεν
μήτηρ τε Εἰρήνη σεῖο κατοιχομένου.
ἀλλ' Ἑρμῆ, Μαίης τέκος ἄφθιτον, εὔφρονι θυμῷ
γαίης ἐν κόλποις ἀμφαγάπαζε κόρον.

Stele. Eretria. 2./1. Jh. — IG XII 9, 289. (GV 1518).

durchbrachst im Gewühl der Reiterschlacht, |⁷ auf Taten denkend würdig deines Erzeugers Leontios und der edlen, hochgepriesenen Ahnen. |⁹ Deswegen hat dich unter der Toten Versammlung der rühmliche Hades dem Stadtschützer Idomeneus zur Seite gesetzt.

## 200

Plotia, nicht für dich allein spannen die Moiren ihre Fäden, Unglückliche, die soviel Trauer brachten und Tränen. |³ Nicht für dich zuerst auch wurden Totenlieder gesungen und Brüste geschlagen: kein Sterblicher gewann über Hades je noch den Sieg. |⁵ Deine Mutter hat es erfahren müssen, die Leid um dich trägt im Herzen, die ihre weißen Haare löste auf ihrem Haupt |⁷ und die dich begrub und dir dies Mal hier setzte. Dir aber möge dort unten die Erde leicht sein bei den Toten.

Vgl. Anhang S. 337.

## 201

Philokrates, Sohn des Philokrates aus Sidon. – Nicht fremd dem Anfang war das Ende deines Lebenswerkes, Philokrates, scharfen Verstandes kluger Gebieter. |³ Denn von frühester Jugend an warst du, wie sich gebührt, Epikurs verständiger Lehre ergeben; |⁵ dann wieder hast du, des viel umhergetriebenen Lebensschiffes Steuerruder folgend, bei den Minyern die Männer für die Wettkämpfe eingeübt. |⁷ Nun liegst du bei deinem Sohn, Seite an Seite mit ihm; gern bist du aus dem Leben fort und zu ihm gegangen, der vor dir starb.

## 202

Delos hat dich genährt, von Heimat wegen gehörst du nach Athen, Demetrios. Seit deiner Geburt warst du ein reizendes Kind, |³ in jedem Zweig der Bildung hast du dich vor den Altersgenossen hervorgetan, auch durch züchtiges und bescheidenes Wesen. Doch mit elf Jahren schon mußtest du zum Hades. |⁵ In Jammer erlebten dein Vater Poseidonios und deine Mutter Eirene den Tag, an dem du starbst. |⁷ Hermes, Maias unsterblicher Sohn, mit freundlichem Sinn nimm gastlich auf im Schoße der Erde den Jungen.

## 203

στέλλεο Φερσεφόνας ζᾶλον, χρυσέα Στρατονίκη·
σὰν γὰρ ἄναξ ἐνέρων ἄρπασεν ἀγλαΐαν,
χηρώσας ὁμόλεκτρον Ἀριστώνακτα καὶ οἰκτρὰν
Εἰράναν ἁβρᾶς παιδὸς ἀπορφανίσας
5 καὶ πατέρ᾽ Ἀρτέμιδι ξυνομώνυμον· οὐδέ σε νούσων
τακεδόνες, θανάτου δ᾽ ὠκὺ δάμασσε βέλος
ἁγναῖς ἐν θαλίαις Δαμάτερος, αἷς ἔνι Κούραν
μάρψεν ὁ καὶ τὸ τεὸν κάλλος ἑλὼν Ἀΐδας.

Marmorblock. Teos. 2./1. Jh. — BCH 46, 1922, 344 ff., 36. (GV 1551).

## 204

Μειδίου υἱὲ Μένανδρε, τί τὰν πανόδυρτον ἀταρπόν
στείχεις, ἐκπρολιπὼν λυγρὰ τέκνῳ δάκρυα;
Μόσχιον αἰάζει σε γυνή, θρηνεῖ δέ σε ἀδελφή
κτανθέντα αἰφνιδίως λαθρίου ἀνδρὸς ἄρῃ.
5 ἔρρε, Τύχη πανόδυρτε, τί τὸν θάλλοντα πρὶν ὥρας
ἔσβεσας, ἀνδρολέταν ἄρεα δεξάμενον;

Relief. Panderma. 2./1. Jh. — Athen. Mitt. 56, 1931, 129, 14. (GV 1552).

## 205

τί πλέον, ἐν μορφῇ σε καὶ ἐν φρεσὶν ἔξοχα λάμψαι,
Ἰσιάς, ἀνδρὶ φίλῳ χάρμα ποθεινότατον;
τοῖσδε γὰρ οὐκέθ᾽ ὅμαιμος ἀγάλλεται ὡς πρὶν Ἀπολλώς,
ἀλλὰ Ἀΐδης τὸ τεὸν κάλλος ἐνοσφίσατο.
5 μήτηρ δ᾽ ἐξ ὠδῖνος ἀποφθιμένην σε καλύπτει,
ἣ πρὶν ἀπ᾽ ὠδίνων τὸ γλυκὺ δοῦσα φάος.
ἀντία γ᾽, ὦ Μοῖραι, γαμψοὺς ἐπεθήκατε ἀτράκτοις
αὐχένας, εἰ γενέται παισὶ τελοῦσι τάφους.

Block. Mykonos. 2./1. Jh. — Athen. Mitt. 56, 1931, 121 f., 3. (GV 1681).

## 206

τὸ πρὶν μὲν πάτρᾳ τε καὶ οἷς ἑτάροισιν ἀγατός
πολλάκις ἀντιπάλους κτείνας ἐνὶ προμάχοις,
ἐχθομένοις Βεσσοῖσιν ἐναντίε δάι᾽ Ἀρίστων,
δεινὰ δ᾽ ἐν ὑσμίναις ἔκλαγες ἀνδροφόνοις.
5 νῦν δ᾽ ὅκ᾽ ὁ δυσνίκατος ἐναντίος ἦλθε τοι Ἅιδας,
οὐ Λάθας ἐπέχεις δῶμ᾽ Ἀχερουσιάδος,
ἀλλ᾽ Ἀρετὰ κύδανε τὸν ἀντιπάλων ὀλετῆρα
ἀνέρα καὶ στεφάνοις δᾶμος ἔρεψε νέκυν·
9 ἁλίκα δ᾽ ἐν ζωοῖς τε συνάρχοντες τίον ἐσθλοί,
ταλίκα καὶ φθιμένῳ τίμιά τοι τέλεσαν.

Relief(?). Mesembria, Thrakien. 1. Jh. v. Chr. — IGB 344.

## 203

Meide der Persephone Eifersucht, goldene Stratonike, denn deine schöne Gestalt hat der Herr der Unteren geraubt, |³ deinen Gatten Aristonax zum Witwer machend und der armen Eirene ihr zartes Kind wegnehmend |⁵ sowie dem Vater, der sich nach Artemis nennt. Nicht zehrende Krankheit, nein, des Todes schnelles Geschoß bezwang dich |⁷ bei Demeters heiliger Festfeier, derselben, bei der Hades die Kore einst raubte, er, der nun auch deine Schönheit sich nahm.

Vgl. Anhang S. 337 f.

## 204

Menander, des Meidias Sohn, was gehst du den Weg vielen Jammers, traurige Tränen zurücklassend deinem Kinde? |³ Moschion klagt um dich, deine Frau, es weint um den vom Dolch eines Meuchelmörders jäh gemordeten Bruder die Schwester. |⁵ Hebe dich weg, Tyche, Urheberin vielen Jammers! Was mußtest du den in der Blüte der Jugend Stehenden auslöschen vor der Zeit? Wozu mußte ihn der mörderische Dolch treffen?

## 205

Was war es nütze, daß du durch Schönheit und klugen Sinn vor anderen Frauen glänztest, Isias, einst deines Gatten innigste Freude? |³ Denn mit alldem prungt nicht mehr wie einst dein Bruder Apollōs, sondern Hades hat deine Schönheit entführt. |⁵ Die Mutter aber, die dir einst in Wehen das süße Licht gegeben, sie begräbt nun die Tochter, die in Wehen zu Tode kam. |⁷ In Feindschaft war es, ihr Moiren, daß ihr eure krummen Schultern über die Spindeln beugtet, wenn (euer Tun bewirkt, daß) die Eltern den Kindern das Grab bereiten müssen.

## 206

Vormals hast du, bewundert von der Heimat und deinen Kameraden, oftmals die Feinde niedergemacht in vorderster Front, |³ wenn du dich den verhaßten Bessern entgegenwarfst, tapferer Ariston, und schrecklich erscholl dein Kampfruf in der männermordenden Feldschlacht. |⁵ Und jetzt, da der unbesiegbare Hades dir entgegentrat, hält dich nicht der acherusischen Lethe Haus fest, |⁷ sondern die göttliche Areta hat der Feinde Verderber verherrlicht und das Volk deinen Leichnam mit Kränzen bedeckt; |⁹ und gleichermaßen wie deine edlen Genossen im Amt dich im Leben geehrt haben, so haben sie dir nun auch im Tode Ehre erwiesen.

## 207

πρὶν μὲν Ὁμήρειοι γραφίδες φιλοδέσποτον ἦθος
  Εὐμαίου χρυσέαις ἔκλαγον ἐν σελίσιν·
σεῦ δὲ καὶ εἰν Ἀίδαο σαόφρονα μῆτιν ἀείσει,
  Ἴναχ', ἀείμνηστον γράμμα λαλεῦσα πέτρη,
5 καί σε πρὸς εὐσεβέων δόμον ἄξεται ἐσθλὰ Φιλίσκος
  δῶρα καὶ ἐν ζωοῖς κἂν φθιμένοισι τίνων,
σήν τ' ἄλοχον Κλειοῦν ταὐτόν σοι παῖδα τίουσαν,
  πηγῆς ἧς μαστῶν εἵλκυσε νηπίαχος.
9 ὦ δυσάλυκτ' Ἀίδη, τί τὸ τηλίκον ἔσχες ὄνειαρ,
  κλεινὸν Κλευμαχίδος κοῦρον ἀειράμενος;

Marmorblock. Kos. 2./1. Jh. — Paton-Hicks, Inscr. of Cos 218. (GV 1729).

### γ) ANDERE ANREDEN

## 208

αἰνὴ Φερσεφόνεια, ὅσιον δέχου ἄνδρα Ἀγαθοκλῆ
  πρός σε κατερχόμενον, χρηστοσύνης πρύτανιν·
εὐσεβέων λειμῶνα κατοίκισον, ἦ γὰρ ἀληθής
  ψυχὴ καὶ καθαρὰ ζῶντι δίκαιος ἐνῆν.

Stele. Demetrias. Anf. 3. Jh. v. Chr. — A. S. Arvanitopulos, Θεσσαλικὰ Μνημεῖα 442 ff., 194. (GV 1572).

## 209

εἰ κέκρικας χρηστήν, Ῥαδάμανθυ, γυναῖκα καὶ ἄλλην,
  ἢ Μίνως, καὶ τήνδε οὖσαν Ἀριστομάχου
κούρην εἰς μακάρων νήσους ἄγετ'· εὐσεβίαν γὰρ
  ἤσκει καὶ σύνεδρον τῆσδε δικαιοσύνην·
5 ἣν Τύλισος μὲν ἔθρεψε, πόλις Κρῆσσα, ἥδε δὲ γαῖα
  ἀμφέπει ἀθάνατον — μοῖρά σοι, Ἀρχιδίκη.

Bemalte Stele. Demetrias. 3./2. Jh. — A. S. Arvanitopulos, Γραπταὶ Στῆλαι 149 ff. (GV 1693).

## 210

εἴ τι καὶ εἰν Ἀίδαο δόμοις παρὰ Φερσεφονείῃ
  εὐσεβίας κεῖται μέτρον ἀποφθιμένοις,
κούφη γῆ κατέχοις Ἀμμώνιον υἱέα Φιλίππου
  τὸν νέον, ὡς ἐπέρα τὴν ἀδίαυλον ὁδόν·
5 οὐχὶ νεὼς ἐπὶ σέλμα βαλὼν ἴτυν οὐδὲ μεθ' ὅπλων
  ἀσκηθεὶς ὀλοιὴν μοῖραν ἔχει καμάτου.

Bemalte Stele. Demetrias. 3./2. Jh. — Πολέμων 2, 1934/38, 28 ff., 3. (GV 1694).

### 207

Homers Griffel verherrlichte vor alters auf goldenen Blättern des Eumaios seinem Herrn treu ergebenen Sinn. |³ Von deiner Verständigkeit aber, Inachos, wird auch nach deinem Tode noch der Stein durch seine unvergänglichen Buchstaben rühmliche Kunde geben. |⁵ Ja, und zur Wohnung der Frommen wird Philiskos dich geleiten, der dir edle Geschenke darbringt, wie im Leben, so im Tode: |⁷ dich und deine Frau Kleio, die in gleicher Weise den Knaben ehrte wie du und an deren nährender Brust er einst als Säugling sich sättigte. |⁹ Unentrinnbarer Hades, was hattest du schon für einen großen Nutzen davon, als du der Kleumachis rühmlichen Sohn davontrugst?

### γ) ANDERE ANREDEN

### 208

Schreckliche Persephoneia, als einen frommen Mann begrüße den, der zu dir herabkommt, Agathokles, aller Tugend und Redlichkeit Vorbild. |³ Auf der Aue der Frommen laß ihn Wohnung nehmen; denn wahrlich: aufrichtig und rein und gerecht war seine Seele, als er auf Erden weilte.

### 209

Wenn dein Urteilsspruch je auch eine andere Frau brav und tugendsam befunden hat, Rhadamanthys, oder auch deiner, Minos, so geleitet auch des Aristomachos |³ Tochter hier zu den Inseln der Seligen; denn Frömmigkeit übte sie und deren Schwester, Gerechtigkeit. |⁵ Tylissos, die Kreter-Stadt, zog sie auf, diese Erde hier birgt sie nun auf ewig – dein Schicksal, Archidike.

### 210

Wenn auch im Hause des Hades bei Persephone Frömmigkeit nach Verdienst gemessen wird, |³ so mögest du, Erde, leicht sein Ammonios, dem Sohne Philipps, dem jungen, nun er den Weg gegangen ist, den niemand zweimal macht. |⁵ Nie legte er seinen Schild auf die Planken eines Schiffes, nie übte er sich in den Waffen, und doch wurde schon des Todes Vernichtung sein Teil.

## 211

ποῦ σοφίης ἐρατῆς ἀγανὸν σθένος, ἔκνομε Κλωθώ;
ποῦ μοι Πιερίδων μουσοπόλος μελέτη;
δωδεκέτης ἔτι που γὰρ ὑπὸ χθόνα καὶ βαρὺν Ἅιδην
κεῖμαι, τὰς γονέων ψευσάμενος χάριτας.
5 ἀντὶ δέ μοι θαλάμοιο καὶ εὐιέρων ὑμεναίων
τύμβος καὶ στήλη καὶ κόνις ἐχθροτάτη.
πηοὶ μὲν τόδε σῆμα καὶ ὅσσ' ἐδύναντο θανόντι
τεῦξαν ἐμοί, Μοιρῶν νήμασι πειθόμενοι.
9 ἀλλ' ἤδη δακρύων ἅλις, ὦ πάτερ, ὦ πανόδυρτε
Ἄμμιον, ἴσχ' ἐπ' ἐμοὶ θρῆνον ἀεικέλιον.

Relief. Miletopolis, Mysien. 2./1. Jh. — Athen. Mitt. 29, 1904, 302. (GV 1584).

### e) VERSCHIEDENES

## 212

οἷς ἀρετῆς κατὰ πάντα μέλει βίον, οἵδε τάχιστα
θνήσκουσι στυγερῶν ἐν ξυνοχαῖς πολέμων·
ὧν καὶ Ἀρίσταρχος πάτρας ὕπερ ἀσπίδ' ἀείρας
ὤλετο, δυσμενέων φῦλον ἀμυνόμενος.

Stele. Antikyra, Phokis. Ende 3. Jh. v. Chr. — IG IX 1, 1064. (GV 1640).

## 213

καὶ φθιμένων ἀρετᾶς λάμπει κλέος, οἷσι δι' ἔργων
μυρί' ἀνικάτου μίμνει ἄεθλα δορός·
οὐ ψευδὴς μύθων κέχυται φάτις, ἀλλὰ τυπωθείς
χαλκὸς ἀρίγνωτος »Πανταλέων Ἀγέμου«,
5 Σωσάνδρου δώρημα, τὸ θήκατο Πανταλέοντι
ἀρχεύσας ἐρατῆς γυμνάδος ἠιθέων·
τῷ καί, δαῖμον, ἄεξε (τὸ γὰρ θέμις) οὔνομα κλῄζων
ἄνερα καὶ βιότου πείρατα κεδνὰ πόροις.

Stele. Stratos, Akarnanien. 3./2. Jh. — IG IX 1², 408.

## 214

Ἐρατώ.

τοῦτο μόνον θνητοῖς ἶσον πέλει· ἐκ Διὸς αἴσῃ
πᾶσι θανεῖν καὶ φῶς ἠελίοιο λιπεῖν.
εἰ δ' ἦν ἀργυρίου καὶ χρυσίου αὐτὸ πρίασθαι,
οὐδεὶς ἂν πλουτῶν εἰς Ἀίδου κατέβη.

Stele. Daulis, Phokis. 3. Jh. v. Chr. — REA 8, 1906, 284. (GV 1655).

## 211

Wohin ist der geliebten Weisheit milde Kraft, ungerechte Klotho? Wohin der pierischen Musen eifrig betriebener Dienst? |³ Denn mit zwölf Jahren schon muß ich in der Erde und im schrecklichen Hades liegen und muß der Eltern Liebesdienste (um ihre Früchte) betrügen. |⁵ Statt der bräutlichen Kammer und heiliger Hochzeitslieder wurden Grab, Stēlē und verhaßte Erde mein Teil. |⁷ Die Angehörigen nun haben dies Grab und alles, was sie vermochten, dem Toten herrichten lassen, der Moira Entscheidung sich fügend. |⁹ Doch nun ist es genug der Tränen und des Jammers, Vater, arme Ammion, halt ein mit dem schrecklichen Totenlied auf mich.

### e) VERSCHIEDENES

## 212

Denen nichts je höher gilt im Leben als die Bewährung, die kommen am schnellsten zu Tode im Getümmel schrecklicher Schlachten. |³ Deren einer war auch Aristarch: er hielt seinen Schild über die Heimat und fiel, als er sich mühte, der Feinde Scharen zu wehren.

## 213

Der Ruhm der Tüchtigkeit leuchtet auch den Toten noch; denn die ungezählten Kampfpreise, die sie vermöge ihrer Taten aus siegreicher Lanzenschlacht heimgebracht haben, überdauern die Zeit. |³ Nicht trügerisch ist solcher Worte Rede ausgegossen, sondern das Bild aus Erz sagt allen vernehmlich: ,,(Dies ist) Pantaleon, des Agemas Sohn." |⁵ Sosandros hat es gestiftet und für Pantaleon aufstellen lassen, der Vorsteher des schönen Gymnasiums der Junioren. |⁷ Deswegen denn, Dämon, gib Gedeihen dem Mann – denn das ist rechtens –, indem du seinen Namen berühmt machst, und vergönne, daß sein Leben die Ziele erreiche, die ihm am Herzen liegen.

## 214

Erato. – Dies allein ist für alle Menschen gleich: des Zeus Schicksalsbeschluß lautet für alle, daß sie sterben müssen und vom Licht der Sonne scheiden. |³ Wäre es möglich, solches um Gold oder Silber abzukaufen: kein Reicher wäre je zum Hades niedergestiegen.
Vgl. Anhang S. 338.

## 215

[εἰ γένετ'] ἰατρῷ θανάτου λύσις, [οὐκ ἂν ὁ] πρέσβυς
[δύσατο] γῆν εἰδὼς φάρμακα π[άντ]α Φίλων.
[ἀλλ' ὅγ' ὅ]σον μὲν ἀνυστὸν ἀφίκε[τ]ο γήραος ἄκρ[ον]
[τέρμ', ὀλ]κεῖ νούσων οὔτινι συ[ρ]όμενο[ς]·
5 [οὕνεκα] καὶ μακαριστὰ λέγοι τι[ς ἄν], ὧν ὅδ' ἔκ[υρσεν],
[εὐδαίμων] γ[ή]ρως, ἐσθλὸς ἀνὴρ [γεγαώς].

Stele. Athen, Kerameikos. Mitte 3. Jh. v. Chr. — IG II/III² 9052. (GV 1699).

## 216

Μητρόδωρος Δημητρίου.
Ματρέας Δημητρίου.

ἁ λάλος ἐν ζωοῖσι τὰ μὴ ζώοντα παρ' ἀστοῖς
φάμα καρύσσω μουσοεπεῖ στόματι·
Σμύρνα πάτρα, γενέτας Δημήτριος ἠδὲ τεκοῦσα
Νάννιον ἔκλαυσαν δισσὰ κόρων πάθεα,
5 ὧν ὁ μὲν οὐκ ἐτέλεσσεν ἐνὶ ζωοῖς ἐνιαυτοῦ
πλείω, μοῖρα δὲ σή, Ματρέα, ἦν τριέτης.
Ἀίδεω πυλάουρε, σὺ δ' εὐαγέων ἐνὶ θώκοις,
Αἰακέ, σημήναις ᾗ θέμις ἀτραπιτόν.

Relief. Smyrna 2. Jh. v. Chr. — Athen. Mitt. 23, 1898, 267 f. (Geffcken 217. GV 1179).

## 217

στήλη σοι λέξει τὸν ἐμὸν μόρον ἠδὲ χαρακτὰ
γράμματα, πῶς τ' ἔθανον καὶ οὔνομα τῶν γονέων·
λύσας μὲν στήριγγαν ἁμάξης κάτθανα τλήμων,
οἰνωθρῶν φόρτον βαρὺν ἐνεγκαμένης·
5 οὔνομά μοι Πλοῦτος, τριέτης μόλον Ἄιδος οὐδόν·
Ἀντιοχὶς μήτηρ, ἣ τλήμονα μασθὸν ὑπέσχε,
καὶ γενέτης Πλοῦτος, ὅς μοι ἔτευξε τάφον.

Relief. Rhodos. 1. Jh. v. Chr. — A. Maiuri, Nuova Silloge epigrafica 57 ff., 48. (GV 1625).

## 218

ὀστέα μὲν καὶ σάρκας ἐμὰς σπιλάδες διέχευαν
ὀξεῖαι, κρημνῶν ἅλμα ὑποδεξάμεναι·
ψυχὴ δ' αἰθέριον κατέχει πόλον· ἀξυνέτων δέ
βουλαῖς ἀνθρώπων τοῦδε ἔτυχον θανάτου.

Marathesion b. Ephesos. 1. Jh. v. Chr.? — CIG II 3026. (Kaibel 225. GV 1760).

### 215

Gäbe es für einen Arzt eine Lösung vom Tode, nie wäre der alte Philon, der alle Heilmittel wußte, je in die Erde hinabgestiegen. |³ Doch, soweit das einem Menschen erreichbar ist, gelangte er zu des Alters äußerster Grenze, ohne sich je mit einer Krankheit Bürde schleppen zu müssen. |⁵ So mag denn einer wohl glücklich preisen, was dieser Tote hier erreicht hat, gesegnet im Alter, ein edler Mann.

### 216

Metrodoros, Sohn des Demetrios. Matreas, Sohn des Demetrios. – Redendes Zeugnis bin ich und künde mit Dichtermund den Lebenden von dem, was nicht mehr lebt unter den Bürgern. |³ Die Heimat Smyrna, der Erzeuger Demetrios und die Mutter Nannion weinten um den Tod zweier Knaben. |⁵ Der eine brachte es unter den Menschen nicht über die Frist eines Jahreslaufes; dein Anteil am Leben, Matreas, betrug drei Jahre. |⁷ Türhüter des Hades, weis du ihnen, Aiakos, wie es sich gebührt, den Weg zu den Sitzen der Frommen.

### 217

Die Stēlē und die eingegrabenen Schriftzeichen darauf sollen dir mein Schicksal berichten, wie ich starb und wie meine Eltern hießen. |³ Ich Armer kam zu Tode, als ich die Deichsel an einem Wagen löste, der mit Weinpfählen schwer beladen war. |⁵ Mein Name ist Plutos, mit drei Jahren kam ich zur Schwelle des Hades; Antiochis ist meine Mutter, die mir die Brust reichte, die arme, und der Vater Plutos, der mir das Grab gemacht hat.

### 218

Gebeine und Leib haben die scharfen Riffe zerstreut, die den Sturz vom Hang herunter auffingen; |³ meine Seele weilt in des Äthers Höhen. Daß ich so zu Tode kam, hat der schlechte Rat unverständiger Menschen verschuldet.

### 3. HEXAMETER

#### 219

ἐνθάδ' ἐγὼ κεῖμαι 'Ρόδιος. τὰ γελοῖα σιωπῶ
καὶ σπαλάκων ὄλεθρον λείπω κατὰ γαῖαν ἅπασαν.
αἰ δέ τις ἀντιλέγει, καταβὰς δεῦρ' ἀντιλογείτω.

Stele. Eutresis, Böotien. 3. Jh. v. Chr. — AJA 32, 1928, 179ff. (GV 350).

#### 220

χαῖρε, Διοδώρου Διόγενες, φὺς δίκαιος καὶ εὐσεβής.
εἰ θεός ἐσθ' ἡ γῆ, κἀγὼ θεός εἰμι δικαίως·
ἐκ γῆς γὰρ βλαστὼν γενόμην νεκρός, ἐκ δὲ νεκροῦ γῆ.

Διογένης.

Stele. Eretria. 3. Jh. v. Chr. — IG XII 9, 290. (GV 1126).

#### 221

Νειλογενὴς Μυρτώ, Σφαίρου μήτηρ Θεοδώρου,
χαῖρε καὶ ἵλεος ἔσσο τεῷ τέκνῳ, ὅν ποκα ἐθρέψω.

Stele. Demetrias. 3./2. Jh. — A. S. Arvanitopullos, Θεσσαλικὰ Μνημεῖα 430ff., 181. (GV 1390).

#### 222

ἥκει καὶ Νείλου προχοὰς καὶ ἐπ' ἔσχατον Ἰνδόν
τέχνας Ἀμφιλόχοιο μέγα κλέος ἄφθιτον αἰεί.

Basis. Rhodos. 3./2. Jh. — IG XII 1, 144. (Kaibel 519, 197a. GV 904).

#### 223

ἡλικίης χοϊκῶν, ὁ δὲ δαίμων ἔφθασε τοὺς Χοῦς.

Naiskos. Athen. Nach 150 v. Chr. — IG II/III² 13139/42. (Kaibel 157. GV 869).

### 4. VERBINDUNG VON HEXAMETER UND IAMBOS UND ANDERE MISCHFORMEN

#### 224

τήνω τοι τόδε σᾶμα τὸ λάινον, ὦ ξέν', Εὐθυδάμω,
ὅς ποκ' ἐν ἀμφιάλῳ πρᾶτος ἔγεντ' Ἰθάκᾳ
καὶ βουλᾷ καὶ χερσὶν ἐς Ἄρεα· Τιμέᾳ δὲ παιδί
ἔλλιπε καὶ κτῆσιν καὶ κλέος ἀθάνατον.

Stele. Ithaka. 3. Jh. v. Chr. — IG IX 1, 658. (Kaibel 187. GV 102).

## 3. HEXAMETER

### 219

Hier liege ich, Rhodios. Von den Lächerlichkeiten schweige ich, und was die Maulwürfe verderben über die ganze Erde hin, lasse ich beiseite. |³ Ist einer andrer Ansicht, so mag er kommen und seine Meinung hier unten vertreten.

Vgl. Anhang S. 338.

### 220

Gruß dir, Diogenes, Diodors Sohn. Rechtlich warst du und fromm. — Wenn die Erde eine Gottheit ist, so heiße mit Recht auch ich eine Gottheit. Denn der Erde entsprossen, bin ich ein Leichnam geworden und aus dem Leichnam wieder Erde. — Diogenes.

### 221

Am Nil geborene Myrto, des Sphairos Mutter von Theodoros, sei mir gegrüßt, und freundlich seist du deinem Sohn, den du dir einst aufzogst.

### 222

Bis zur Mündung des Nil und zum fernsten Indus gelangt der Kunst des Amphilochos hoher und ewig unvergänglicher Nachruhm.

### 223

Das Choen-Alter erreichte er; doch den Choen kam der Dämon zuvor.

## 4. VERBINDUNG VON HEXAMETER UND IAMBOS UND ANDERE MISCHFORMEN

### 224

Jenem Euthydamos eignet dies Grabmal aus Stein, Fremdling, der einst im meerumgürteten Ithaka der erste war |³ im Rat wie im Kriegshandwerk. Seinem Sohn Timeas hat er Besitz und unsterblichen Ruhm zurückgelassen.

## 225

λοίσθια δὴ Δορκώ σε ὀλοὰν ἐπὶ νᾶα κιόντα
τάλαινα μάτηρ, Καπίων, ἐπέμψατο·
οὐ γὰρ ἔθ' ἄγε ὑπέδεκτο φίλον τέκνον, ἀλλ' ἐπὶ πόντῳ
ἀφείλετο ἥβας ἄνθος ἄγριος κλυδών,
5 πολλὰ μεθ' ἀδυβόα δόνακος κυκλίοις ἐν ἀγῶσι
ἄνακτα μέλψαντα ἐν χοροῖσιν Εὔιον.

Relief. Thespiai, Böotien. Anf. 3. Jh. v. Chr. — Athen. Mitt. 56, 1931, 127 f., 10. (GV 1501).

## 226

ἦ μάλα δὴ φθίμενόν σε κλυτὰ πατρὶς ἅδ' Ἐλάτεια
καλοῖσι, Δαμότιμε, κυδαίνει λόγοις.
ἐσθλὸς γὰρ καὶ ἄμωμος ἀκμαῖς ἐνὶ σώφρονος ἥβας
θνήσκεις δαμασθεὶς θυμὸν ὠκείᾳ νόσῳ.
5 πολλάκι δ' ἀμφὶ τεὸν μάτηρ τάφον οἰκτρὸν ἄυσεν
Δεξώ, στενάζουσα ὀρφανὰν τέκνου χάριν.

Stele. Elateia, Phokis. Anf. 3. Jh. v. Chr. — IG IX1, 163. (Geffcken 155. GV 1502).

## 227

τηλοῦ μὲν Φρυγίη, τηλοῦ δ' ἱερὴ Θυάτειρα,
ὦ Μηνόδωρε, σὴ πατρίς, Καδανάδη.
ἀλλὰ γὰρ εἰς Ἀχέροντα τὸν οὐ φατὸν ἶσα κέλευθα,
ὡς αἶνος ἀνδρῶν, πάντοθεν μετρεύμενα.
5 σῆμα δέ τοι τόδ' ἔρεξ' Εὔδαμος ἀριφραδές, ᾧ σύ
πολλῶν πενεστέων ἦσθα προσφιλέστερος.

3. Jh. v. Chr. — Diogenes Laertios 4, 31. (GV 1506).

## 228

αἱμύλα κωτίλλουσα τεοὺς γενέτας ἀτίταλλες,
ἱεῖσα τραυλὴν γῆρυν ἀπὸ στόματος·
ἀλλά σε τὴν διετῆ κόλπων ἄπο μητέρος εἷλεν
ἀστεμφὴς Ἀίδης, μείλιχε Νικόπολι·
5 χαῖρε, βρέφος, κούφη δὲ σέθεν περὶ σῶμα καλύπτοι
κόνις, Σαραπίωνος ὄβριμον θάλος.

Relief. Smyrna. I. H. 2. Jh. v. Chr. — MkB 5, 1885, 9, 215. (GV 1512).

## 225

Zum letztenmal hat dir nun die unglückliche Mutter Dorko das Geleit gegeben, wie du dich auf den Weg machtest zum verderblichen Schiffe, Kapion. |³ Denn nicht mehr hat sie den lieben Sohn zurückerhalten, sondern auf dem Meer hat wilder Wogenschwall deiner Jugend Blüte weggerissen. |⁵ Wie oft hast du mit dem süßen Ton der Flöte bei kyklischen Wettkämpfen den Herrscher Euios besungen, wenn sie den festlichen Reigen schritten.

## 226

Wahrlich mit schönen Worten verherrlicht dich nach deinem Tod, Damotimos, die rühmliche Heimat Elateia hier. |³ Denn ein edler und untadliger Jüngling, starbst du in der Blüte deiner zuchtvollen Jugend, nachdem jähe Krankheit deine Lebenskraft bezwungen hatte. |⁵ Oft hat an deinem Grabe die Mutter jammernd geschrien, Dexo, stöhnend über ihres Kindes verlorenen Dank.

## 227

Fern ist Phrygien, fern das heilige Thyateira, deine Heimat, Menodoros, Sohn des Kadanas. |³ Allein zum Acheron, dessen Namen niemand nennen mag, sind ja, wie der Menschen Rede geht, die Wege gleich lang von überallher, von wo man sie auch messen mag. |⁵ Dies stattliche Mal hat dir Eudamos gesetzt, dem du unter vielen Dienern der liebste gewesen bist.

## 228

Mit schmeichelndem Schwatzen unterhieltst du deine Eltern, wie lieblich zwitscherte dein Mäulchen darauf los. |³ Doch mit zwei Jahren schon nahm dich der gefühllose Hades weg vom Schoß deiner Mutter, süße Nikopolis. |⁵ Gruß dir, mein Kind, leicht möge der Staub deinen Leib umhüllen, dich, einst des Sarapion kräftiges Reis.

Vgl. Anhang S. 338.

## 5. IAMBEN UND TROCHÄEN

### 229

τῷ κενῷ τύμβῳ παρεστῶσα υἱὸν Εὐβούλου φράζω·
Λυσίνου θανόντος ὀστᾶ Τμῶκος εὐώδης κρύπτει.

Stele. Smyrna. 3. Jh. v. Chr. — Athen. Mitt. 66, 1941, 80f., 23. (GV 1175).

### 230

ὦ ξένε, Μύσης παῖδα τὴν ἄωρον
Βοῦν φυλάσσω, πῶλον Ἀφροδίτης.

Stele. Panderma, Mysien. Um 200 v. Chr. — Athen. Mitt. 29, 1904, 297f. (GV 1177).

\*

### 231

ἐπ' ὠκυμοίρου τοῦτον Ἀσκληπιοδότου
πατὴρ Νόητος χῶσεν εὐερκῆ τάφον
καὶ ξεστὸν οἰκτροῦ παιδὸς ἀμφὶ σήματι
ἔθηκε βωμὸν πενταέτους τε εἰκὼ τέκνου
5 κενὴν ὄνησιν ὀμμάτων χαράξατο,
τὴν πᾶσαν εἰς γῆν ἐλπίδων κρύψας χαράν·
μήτηρ δὲ ἐν οἴκοις ἁ τάλαινα ὀδύρεται,
νικῶσα θρήνοις πενθίμην ἀηδόνα.

Stele. Kios, Bithynien. 3./2. Jh.? — Le Bas-Waddington 1145. (Kaibel 246. GV 661).

### 232

[τᾶς Ἀ]φροδίτας ναός ἐστί [μ]ευ πέλας,
[ἔχω]ν Ἀνακρέοντα τὸν πόθων ἴδριν.
[ἐγὼ] δὲ παιδέρωσιν οὐκ ἐτερπόμαν,
[ἀλλ'] ἄσπιλ' ἐν νέοισιν ἀφροδίσια,
5 [ὢν ἀ]ντίμιμ' ὁ τύμβος εὐχάρακτ' ἔχει.
[εἰ δὲ] κνίσει με μῶμος, ἀντιτ[άξε]ται
[πόλ]λ' ἐννέπων ἔπαινος [οὐ πάρ]αρ' ἔπ[η]·
[τὸν] Ματροδώρου δ' οὐ θρίσ[ει] Μενεκράτην.

Block. Kyzikos. 3./2. Jh. — Athen. Mitt. 7, 1882, 255f., 27. (GV 1792).

## 5. IAMBEN UND TROCHÄEN

### 229

Zur Seite seines leeren Grabes stehend bezeichne ich die Stätte des Sohnes des Eubulos: des toten Lysinus Gebeine birgt der duftige Tmolos.

### 230

Fremdling, der Myse vor der Zeit verschiedenes Kind hüte ich, Bus, der Aphrodite Füllen.

\*

### 231

Über dem vor der Zeit verstorbenen Asklepiodotos schüttete der Vater Noētos diesen schön eingehegten Hügel auf, |³ und vor des armen Sohnes Grabmal setzte er den fein geglätteten Stein und ließ des fünfjährigen Kindes Bild darauf einmeißeln, |⁵ — leere Augenweide; denn alle Freude und Hoffnung hatte er in der Erde geborgen; |⁷ zu Hause aber jammert die unselige Mutter und bringt mit ihren Klageliedern selbst die trauernde Nachtigall zum Schweigen.

### 232

Aphrodites Tempel steht in meiner Nähe mit einer Statue Anakreons, des Sängers der Liebe. |³ Ich habe Knabenliebschaften nie gehuldigt; allein, kein Makel haftet in der Jugend an den Liebesfreuden, |⁵ deren schön eingravierte Abbilder auf dem Grabe hier zu sehen sind. Wenn aber Tadel sich an mir reiben will, so wird |⁷ Lobrede dem entgegentreten und viel Treffendes über mich zu melden wissen: Menekrates, des Matrodoros Sohn, wird er nicht erledigen.

## 233

σὲ τὰν ποθεινάν, ὦ Κόθαινα, ὁ σύμβιος
Φιλωνίδας ἔθηκεν ἐς γαῖαν τότε,
ὁπανίκ' ἦλθεν ὁ ἀπαραίτητος χρόνος
Μοιρᾶν ὁ κρανθεὶς ἡμέρα τε ἐπώνυμος·
5 ἔτη τε συνεβίωσε τετράκις δέκα
δυεῖν τε ἐπ' αὐτοῖς· ἄμαχος ἄζηλος χρόνος
πᾶς ἦν, ὃν εἶπον, οὐ χωρίσθημέν ποτε·
βωμόν τε ἔθηκε καὶ ἐχάραξε γράμμασιν
9 σημεῖα φιλίας, ἣν ἄλυπον εἴχομεν,
συζῶντες αὐτοῖς παντ' ἐκεῖνον τὸν χρόνον.

Stele. Kos. 2. Jh. v. Chr. — Paton-Hicks, Inscr. of Cos 325. (GV 1418).

## 234

υἱὸς Βίωνος Ἀπίων μὲν οὑνθάδε,
ἄτεκνος, ἄωρος, εἴκοσι πλήσας ἔτη
καὶ τρί' ἐπὶ τούτοις οἰκτρὸς ἐν τρισὶ ἡμέραις
θανὼν ποθεινὸς τοῖς γονεῦσι γενόμενος·
5 ᾧ παστὸν οὐθείς, οὐχ ὑμέναιον ᾖσέ τις,
οὐ λαμπάδ' ἧψε νυμφικήν, γόοισι δέ
καὶ δακρύοις πολλοῖσιν ἐνθάδ' ἤγαγον,
οὗπερ κατοικεῖν δεῖ με τὸν λοιπὸν χρόνον.
9 μᾶλλον δὲ κλαύσας, πάροδε, τὴν ἐμὴν τύχην
βαῖν', οὗ φίλον σοι, καὶ τύχοις ὅσων θέλεις.

Relief. Smyrna? 2./1. Jh. — Archaeologia 13, 1800, 280 ff. (Kaibel 236. GV 804).

## 235

ὦ ξεῖνε, τόνδε τύμβον ἄγχι σε βλέπων
δάκρυε τὴν τάλαιναν, τὴν ἐπὶ ξένης
ἔκρυψε κευθμὼν ἔγκυον πεπλωμένης,
Ἀλίνην ποθὲν Φοίνισσαν, ὡς Ἀπᾶς καλῶ,
5 μόνην πλανῆτιν δημότιν δεδεμένην·
ἐλέου χάριν δάκρυε τῇδ' ἐπιστρέφων,
ἀπευχαρίστει τῷ θάψαντι γνησίως.

Relief. Mykonos (Rheneia?). 3./2. Jh. — GV 1232.

## 233

Dich, liebe Kothaina, legte der Gatte Philonidas damals in die Erde, |³ als die unausweichliche Stunde gekommen war, welche die Moiren bestimmt hatten, und dein Schicksalstag. |⁵ Viermal zehn Jahre und zwei dazu hatte er mit dir zusammen gelebt; ohne Streit und Eifersucht war diese ganze Zeit, |⁷ von der ich spreche, nichts konnte uns je trennen. Einen Denkstein hat er dir nun gesetzt und ihn mit Schriftzeichen bedeckt, |⁹ die für die Liebe zeugen, die wir ohne Reue füreinander fühlten, einträchtig zusammen lebend jene ganze Zeit hindurch.

## 234

Der Sohn Bions, Apion, liegt hier. Kein Kind war ihm beschieden, kein langes Leben, nur zwanzig Jahre wurde er alt |³ und drei darüber; innerhalb von drei Tagen verschied der arme, betrauert von den Eltern. |⁵ Kein Braut-, kein Hochzeitslied wurde ihm gesungen, keine Hochzeitsfackel entzündet, unter Klagen |⁷ und Tränen wurde er hierher getragen, wo ich nun für alle weitere Zeit wohnen muß. |⁹ Genug damit; über mein Geschick klagend, Wanderer, zieh deines Wegs, wohin es dich treibt, und alles, was du möchtest, möge dir zuteil werden.

## 235

Fremdling, sieh dies Grab hier vor dir und beweine die Unglückliche, die in der Fremde, |³ aufgeschwemmt vom Wasser des Meeres, die Tiefe der Erde geborgen hat, Aline, irgendwo in Phoinikien zu Hause, |⁵ alleinstehend, umhergetrieben, eine arme Frau aus dem Volke: so rufe ich, Apas, dir zu. Aus Mitleid wende dich hierher und weine eine Träne; |⁷ danke auch dem, der sie hier edelmütig bestattet hat.

# IV. VOM FALL ALEXANDREIAS BIS ZUM AUSGANG DER ANTIKE
(30 v. Chr. – 6. Jh. n. Chr.)

## 1. EINZELDISTICHA

### 236
Πραξίλλης τόδε σῆμα Θεουδέος, εἶδος ἀρίστης
καὶ γενεὰν παίδων παισὶ λοχευσαμένης.
Relief. Philippopolis. 2. Jh. n. Chr. — RA 28, 1947, 23f., 1. (GV 92).

### 237
σῆμά με Νυκτελίοιο νεοστεφὲς οἰχομένοιο
δυστήνων ὁράᾳς δακρυόεν τοκέων.
Marmorschild. 2./3. Jh. — IBrM IV 1143. (GV 128).

\*

### 238
μνῆμα φιλοφροσύνης Ἄστῃ τόδε Δάφνις ἔτευξε,
καὶ ζῶσαν στέρξας καὶ φθιμένην ποθέων.
Relief. Neapel. 1. Jh. n. Chr. — IG XIV 770. (Kaibel 557. GV 182).

### 239
Ἀντιγόνῳ Λεύκη τύμβον τεύξασα συνεύνῳ
θήκατο σωφροσύνης σύνθεμα καὶ φιλίας.
Altar. Beroia, Makedonien. 2./3. Jh. — Hesperia 13, 1944, 26f. (GV 202).

### 240
σῆμα Φιλίνῳ τοῦτο φίλῳ δεῖμεν θεράποντι
Ἱπποκράτης πάσης εἵνεκεν εὐνοίης.
Marmortafel. Neapel. 2./3. Jh. — IG XIV 815. (Kaibel 623. GV 213).

# IV. VOM FALL ALEXANDREIAS BIS ZUM AUSGANG DER ANTIKE

(30 v. Chr. — 6. Jh. n. Chr.)

## 1. EINZELDISTICHA

### 236
Der gottesfürchtigen Praxilla eignet dies Grab; an schöner Gestalt übertraf sie alle, und eine Schar von Kindern half sie ihren Kindern gebären.

### 237
Du siehst in mir das frischbekränzte Grab des heimgegangenen Nyktelios, benetzt von den Tränen der unseligen Eltern.

\*

### 238
Diesen Stein hat Daphnis für Aste gesetzt, ihrem liebreichen Wesen zum Gedenken. Wie er sie im Leben geliebt hat, so betrauert er sie nun mit Sehnsucht im Tode.

### 239
Dem Gatten Antigonos hat Leuke das Grab hergerichtet, seiner Verständigkeit ein Erinnerungszeichen setzend und seiner Liebe.

### 240
Dies Grab hat Hippokrates seinem lieben Diener Philinos gebaut, all seiner Treue und Ergebenheit zum Dank.

### 241

ἔνθα Γεωργὸν ἔθηκας ὑπαὶ τύμβοις θεράποντα,
  Παπία, οὐδὲ λυγρὴν σεῖο λιπόντα φυγήν.

Relief. Andros. 2./3. Jh. — IG XII 5, 763. (GV 1202).

### 242

3ῶν ἔτι 'Απολλῶνις τὸ μνῆμ' ἐποήσαθ' ἑαυτῷ,
  κληρονόμων εἰδὼς τὴν ὑπολησμοσύνην.

Marmorplatte. Viminacium, Moesia superior. 2./3. Jh. — Spomenik 71, 1931, 129, 312. (GV 249).

\*

### 243

δμωὶς δρηστοσύνῃσι κεκασμένη, οἶσι ποθεινή
  θρεψαμένοις, τύμβου τοῦδε θανοῦσ' ἔλαχεν.

Athen. 1./2. Jh.? — IG II/III² 11205. (Kaibel 121. GV 459).

### 244

ἐνθάδ' ὁ ταῖς Μούσαις ἀρέσας Πρῖμός ποθ' ἁπάσαις
  κεῖμαι, τῷ θανάτῳ μηκέτ' ὀφειλόμενος.

Relief. Athen. 2. Jh. n. Chr. — IG II/III² 12514. (GV 370).

### 245

πάντα ὅσα τοῖς χρηστοῖς φθιμένοις νόμος ἐστὶ γενέσθαι,
  τῶνδε τυχὼν κἀγὼ τόνδε τάφον κατέχω.

Attika. 2. Jh. n. Chr.? — IG II/III² 13169/71. (Kaibel 137. GV 468).

### 246

πᾶσι θεοῖς θύσας καὶ σωθεὶς πάντοτε ὑπ' αὐτῶν
  εἰς τύμβον κεῖμαι, ἐννέα ἔχων δεκάδας.

Relief. Athen. Mitte 2. Jh. n. Chr. — IG II/III² 13137. (Kaibel 134. GV 392).

### 247

'Αττικοῦ 'Ηρώδης Μαραθώνιος, οὗ τάδε πάντα,
  κεῖται τῷδε τάφῳ, πάντοθεν εὐδόκιμος.

Athen, Stadion. 177 n. Chr. — Philostratos, Vitae sophist. 2, 1, 15. (GV 391).

### 248

οὔνομα Χρυσόγονος Νυμφῶν λάτρις ἐνθάδε κεῖται,
  παντὶ λέγων παρόδῳ· πῖνε, βλέπεις τὸ τέλος.

Altar. Kos. 2./3. Jh. — R. Herzog, Koische Forsch. u. Funde 103, 163. (GV 378).

## 241

Hier hast du, Papias, deinen Diener Georgos ins Grab gelegt, der dich auch in der traurigen Verbannung nicht verlassen hat.
Vgl. Anhang S. 338.

## 242

Noch zu Lebzeiten hat Apollonis sich das Grabmal selber besorgt: er wußte Bescheid um der Erben Vergeßlichkeit.
Vgl. Anhang S. 338.

\*

## 243

Eine Dienerin, im Dienst treu bewährt, von ihrer Herrschaft innig geliebt, erhielt dies Grab, als sie gestorben war.

## 244

Hier liege ich, Primus, einst aller Musen Liebling, und bin dem Tode nun nichts mehr schuldig.
Vgl. Anhang S. 338.

## 245

Alles, was braven Menschen nach ihrem Tode zukommt, habe auch ich erhalten und besitze nun dieses Grab.

## 246

Allen Göttern habe ich geopfert und allezeit bin ich von ihnen bewahrt worden; nun liege ich mit neunmal zehn Jahren hier im Grabe.

## 247

Herodes aus Marathon, des Attikos Sohn, dem dies alles gehört, ruht in diesem Grabe; allerorten wird sein Name genannt.

## 248

Der Nymphen Diener, Chrysogonos mit Namen, ruht hier und sagt zu jedem der des Weges kommt: trink, du siehst, wie es endet.

### 249

ἑπταέτης Ξενοφῶν ἔτι νήπιος ἐνθάδε κεῖται·
ὃς τόσον ἔζησεν, τόσσον ἄλυπος ἔην.

Relief. Karyai, Lakonien. 2./3. Jh. — IG VI, 922. (GV 382).

### 250

οὔνομά μοι Μενέλαος· ἀτὰρ δέμας ἐνθάδε κεῖται·
ψυχὴ δ' ἀθανάτων αἰθέρα ναιετάει.

Altar. Nakoleia, Phrygien. 2./3. Jh. — Le Bas-Waddington 1024. (GV 1031).

*

### 251

μικρὰ μὲν ἡ λίθος ἐστίν, ἔχει δ' ἡδεῖαν ὀπωπήν
ἔνδον, τὸν Μόρφων', ὡς ἴον ἐν ταλάροις.

Sarkophag. Casinum. 1./2. Jh. — IG XIV 903. (Kaibel 1118. GV 1794).

### 252

τὴν ἱερὰν κεφαλὴν Ἡρώδου γαῖα καλύπτει·
ψυχὴ δ' ἐν Μούσαις τάξιν ἔχει δεκάτην.

Basis. Thespiai, Böotien. 2. Jh. n. Chr. — BCH 29, 1905, 103, 6. (GV 1767).

### 253

Μοψαῖον κόνις ἥδε Ἀγαθοκλέα παῖδα κέκευθεν,
μιμολόγων πάντων ἔξοχον ἐν χάρισιν.

Relief. Kition, Kypros. 2. H. 2. Jh. n. Chr. — SBMünch. 1888, 310, 2. (GV 515).

### 254

Ταρσέα Μουσαῖον φθίμενον κατεδέξατο γαῖα
Ἰταλίης· αἰαῖ, ποῖ πόθεν ἧκε θανεῖν.

Rom. 2./3. Jh. — IG XIV 1864. (GV 522).

*

### 255

ζήσας ὡς δεῖ ζῆν, ἀγαθὸς δ' ἐν πᾶσι νομισθείς,
Θρέπτος ἀκμὴν νέος ὢν ᾤχετ' ἐς ἡμιθέους.

Relief. 1./2. Jh.? — H. Dütschke, Antike Bildwerke in Oberitalien, Bd. 5, Leipzig 1882, 214, 527. (Kaibel 669. GV 908).

## 249

Siebenjährig, ein Knäblein noch, ruht Xenophon hier; solange er lebte, solange blieb ihm auch Kummer erspart (machte er auch niemandem Kummer?).
Vgl. Anhang S. 338.

## 250

Ich heiße Menelaos. Aber nur mein Leib ruht hier, meine Seele wohnt im Äther bei den Unsterblichen.

\*

## 251

Klein und gering nur ist der Stein, doch ein süßes Gesichtchen birgt er in seinem Innern, Morphon — wie ein Veilchen in einem Korb.

## 252

Des Herodes heiliges Haupt birgt die Erde; seine Seele ist bei den Musen und zählt dort als deren zehnte.

## 253

Des Mopsos Sohn Agathokles birgt dieser Staub, vor allen Mimenschauspielern ausgezeichnet durch Anmut.

## 254

Musaios aus Tarsos nahm im Tode italische Erde auf. Ach, wie weit mußte er wandern, um hier zu sterben.
Vgl. Anhang S. 338.

\*

## 255

Der gelebt hat, wie man leben soll, und in jeder Hinsicht bewährt erfunden wurde, Threptos, ging in der Blüte seiner jungen Jahre zu den Heroen ein.

### 256

ἐνθάδε τὸν πάσῃσι κεκασμένον ἀγλαΐῃσι
εἷλε Φθόνος Δύνατιν· μήτι καὶ οὐκ ἐθέλων;

Trachonitis. 2./3. Jh. — AbhBerl. 1863, 310f., 159. (GV 833).

### 257

ὅσσα γυναικείης ἀρετῆς κλέα, τόσσα φιλάνδρου
ἤρατο Λαινίλλης ἠγαθέη κεφαλή.

Sarkophag. Selymbria, Thrakien. 2./3. Jh. — BCH 36, 1912, 611f., 68. (GV 910).

### 258

Ζωσίμη ἡ πρὶν ἐοῦσα μόνῳ τῷ σώματι δούλη
καὶ τῷ σώματι νῦν ηὗρον ἐλευθερίην.

Basaltblock. Syrien. 538 n. Chr. — Mélanges Univ. Beyrouth 16, 1932, 90f., 5. Anth. Pal. 7, 553. (GV 1714).

\*

### 259

τί κλαίεις με, πάτερ; θνητοῖς βαρύς ἐστιν ὁ δαίμων·
ζῶν δὲ λάθου· ὄφελος δ' οὐκέτι σοι ἔσομαι.
ἔτους γι'. Γέμινος Γεμινίου.

Stele. Bithynien. 1. Jh. n. Chr. — BCH 24, 1900, 411f., 105. (GV 1195).

### 260

οὐκ ἔσχον τὸ ζῆν ἴδιον, ξένε· χρησάμενος δέ
τῷ χρήσαντι χρόνῳ ἀνταπέδωκα πάλιν.

Kalksteinquader. Philadelpheia, Lydien. 2. Jh. n. Chr. — J. Keil u. A. v. Premerstein, Bericht über eine Reise in Lydien 43, 90. (GV 1132).

### 261

Χῖα Λικινία, χρηστὴ χαῖρε.
οὕτως πάντες ὄναισθε βίου, πάροδοι, τόδε σῆμα
ἄθραυστον τηρεῖτε ὠκυμόρου νέκυος.

Relief. Neapel. 2./3. Jh. — IG XIV 692, 796a. (GV 1222).

### 262

κάτθανον, ἀλλὰ μένω σε· μενεῖς δέ τε καὶ σύ τιν' ἄλλον·
πάντας ὁμῶς θνητοὺς εἷς Ἀίδης δέχεται.

Anth. Pal. 7, 342. (GV 1662).

\*

### 256

Hier hat der Neidgott Dynatis, der im Glanz aller Ehren prangte, hinweggenommen: ob er es wirklich ganz mit freiem Willen tat?
Vgl. Anhang S. 339.

### 257

Was immer denkbar ist an Lob und Preis für weibliche Tugend, das alles hat Lainillas heiliges Haupt sich gewonnen.

### 258

Zosime, die nur mit ihrem Leib vordem eine Sklavin war, hat nun auch für ihren Leib die Freiheit gewonnen.
Vgl. Anhang S. 339.

\*

### 259

Was beweinst du mich, Vater? Den Sterblichen ist der Dämon bitterfeind. Lebe weiter und vergiß. Ich kann dir keine Hilfe mehr sein. — Im Jahre 13. Geminus, Sohn des Geminius.
Vgl. Anhang S. 339.

### 260

Ich erhielt das Leben nicht zum Eigentum, Fremdling. Von der Zeit hatte ich es geliehen und gab es ihr als meinem Gläubiger nun wieder zurück.
Vgl. Anhang S. 339.

### 261

Brave Chia Licinia, sei gegrüßt. — So wahr ihr alle des Lebens genießen möget, Wanderer: dies Grab der vor der Zeit hingegangenen Toten laßt unverletzt.

### 262

Ich starb; doch ich warte auf dich. Und auch du wirst einmal auf einen anderen warten: alle Sterblichen empfängt in gleicher Weise ein und derselbe Hades.
Vgl. Anhang S. 339.

\*

### 263

εὐψύχει, Κύριλλα, θεοῖς ἐναλίγκιε μορφήν·
νῦν γὰρ χῶρον ἔχεις ἥσυχον ἀθανάτων.

Kalksteinplatte. Ägypten. 2./3. Jh. — J. G. Milne, Greek Inscr. 76, 3304. (GV 1411).

### 264

θάρσει· τέθνηκας γὰρ ἀπενθήτοις ἐπὶ τέκνοις,
ζώουσαν προλιπὼν ἣν ἐπόθεις ἄλοχον.

Stele. Berytos. 2./3. Jh. — Le Bas-Waddington 1854a. (Kaibel 436. GV 1412).

### 265

τὴν σὴν εὔνοιαν καὶ πίστιν, Φαῖδρε, καλοῦντες
ἐν βιοτῆς μέτροις οὔποτε παυσόμεθα.

Patras. 2./3. Jh.? — CIG 1553. (Kaibel 481. GV 1526).

\*

### 266

σωφροσύνας αἰδοῦς τε ἐτύμου χάριν, ὦ μάκαρ Ἑρμᾶ,
Νίκανδρος χαίροι καὶ παρὰ Φερσεφόνᾳ.

Stele. Karpathos. 1./2. Jh. — IG XII 1, 981. (GV 1575).

### 267

ἦλθες ἐμῆς ζωῆς γλυκερώτερε, ὅς με ἀπέλυσας
νούσων καὶ καμάτων καὶ μογερᾶς ποδάγρας.
Αὐρήλιος Ἀμφικτύων ἄγων ἔτος ο΄.

Altar. Rom. 2./3. Jh. — IG XIV 1448. (Kaibel 668. GV 1570).

### 268

ἀπλήρωτ' Ἀίδη, τί με νήπιον ἥρπασες ἄφνω;
τί σπεύδεις; οὐ σοὶ πάντες ὀφειλόμεθα;

Stele mit Büste. Rom. 2./3. Jh. — IG XIV 1754. (Kaibel 578. GV 1589).

### 269

πάντα Χάρων ἄπληστε, τί τὸν νέον ἥρπασας αὔτως
Ἄτταλον; οὐ σὸς ἔην, κεἰ θάνε γηραλέος;

Anth. Pal. 7, 671. (GV 1587).

## 263

Sei getrost, Kyrilla, den Göttern vergleichbar an Gestalt; denn nun wohnst du an der Unsterblichen friedlicher Stätte.

## 264

Härme dich nicht. Denn als du starbst, hattest du keines Kindes Verlust zu beklagen, und lebend ließest du zurück, die du liebtest, die Gattin.

## 265

Deine Ergebenheit und Treue zu preisen werden wir nie müde werden, Phaidros, solange die uns zugemessene Lebensfrist währt.

\*

## 266

Um seiner Zucht und seiner echten Schamhaftigkeit willen, göttlicher Hermes, möge Nikander Freude werden auch bei Persephone.

## 267

Gekommen bist du, süßer mir als das Leben, und hast mich erlöst von Krankheit und Qual und schmerzlicher Fußgicht. — Aurelius Amphiktyon, im 70. Lebensjahr.

Vgl. Anhang S. 339.

## 268

Unersättlicher Hades, was raubtest du mich jählings im Kindesalter? Was hast du es so eilig? Sind wir nicht alle deine Schuldner?

Vgl. Anhang S. 339.

## 269

Ewig gieriger Hades, was raubtest du blindlings den kleinen Attalos? Wäre er nicht dein gewesen, auch wenn er im Alter starb?

## 2. ZWEI UND MEHR DISTICHA

### a) VORSTELLUNG DES TOTEN

**270**

ἐπιτάφιον.

Εὐτύχου ἡρίον εἰμὶ καὶ οὐ κενόν· ὀστέα γάρ μοι
πέμψεν ἀδελφειοῦ φροντὶς ἀπ' Ἰταλίης·
ἄλγεα δ' ἔλλιπε πατρί, πολὺ πλεῖον δὲ τεκούσῃ,
ἃ τρίτον ὠδίνων οὐκέτ' ἀριθμὸν ἔχει·
5 στοργὴν δ' οἰχομένοιο περικλαίουσιν ἀδελφοί,
παῖδες δ' ὀρφανίην, χηροσύνην δὲ γυνή.
εἰ δὲ τριήκοντα ζωῆς μόνον ἔσχ' ἐνιαυτοὺς
καὶ δύο, τῷ φθονερῷ δαίμονι μεμφόμεθα.

1. Jh. n. Chr. — CIG IV 6858. (Kaibel 574. GV 645).

**271**

Ποπιλίης τάφος οὗτος· ἀνὴρ δ' ἐμὸς αὐτὸν ἔτευξεν
Ὠκέανος, πάσης ἐμπέραμος σοφίης·
κούφη τοιγὰρ ἐμοὶ πέλεται κόνις· ἐν δ' Ἀχέροντι
ὑμνήσω τὴν σήν, ὦ ἄνερ, εὐσεβίην.
5 μέμνεο κἢν ζωοῖς ἐμέθεν καὶ πολλάκι τύμβῳ
σπεῖσον ἀπὸ βλεφάρων δάκρυ' ἀποιχομένῃ
καὶ λέγε Ποπιλίην εὕδειν, ἄνερ· οὐ θεμιτὸν γὰρ
θνήσκειν τοὺς ἀγαθούς, ἀλλ' ὕπνον ἡδὺν ἔχειν.

Rom. 1./2. Jh. — IG XIV 1957. (Kaibel 559. GV 647).

**272**

ἑπταέτους ὁ τάφος παιδὸς πατρός τε σὺν αὐτῷ·
Μαρκελλῖνος ἔην ἀμφοτέροις ὄνομα.
ἄλλοι μὲν στεφάνοισι, χοαῖς, δακρύοις τε καὶ ᾠδαῖς
τιμῶσιν τὸν σόν, Μαρκελλῖνε, τάφον·
5 ἀντὶ χοῶν δ' ὁ πατὴρ ψυχὴν ἰδίαν ἐπέδωκεν,
κοινὸν ἔχειν ἐθέλων οὔνομα καὶ θάνατον.

Altar. Ephesos. Anf. 3. Jh. n. Chr. — CIL III 6082. (Kaibel 524, 297a. GV 654).

**273**

σῆμ' ἐσορᾷς, ὦ ξεῖνε, κατ' Ἄιδος οἰχομένοιο
πρὶν γλυκεροῦ γήρως οὔνομ' Ὀνασικλέος.
ἀλλ' αἶνος τῶν πρόσθεν ἐρεῖ· φίλος ἀθανάτοισιν
κεῖνος, ὃς ἡβήσας ἦλθε μετὰ φθιμένους.

Relief. Tegea, Arkadien. 2./3. Jh. — IG V2, 179. (GV 130).

## 2. ZWEI UND MEHR DISTICHA

### a) VORSTELLUNG DES TOTEN

#### 270

Grabspruch. – Des Eutychos Grabkammer bin ich und stehe nicht leer, denn seine Gebeine sandte mir brüderliche Fürsorge her aus Italien. |³ Schmerzen hinterließ er dem Vater, noch viel mehr der Mutter, die nun ihrer Wehen dritte Frucht nicht mehr besitzt. |⁵ Um die verlorene Liebe des Heimgegangenen klagen die Brüder, um ihre Verwaistheit die Kinder, um ihre Witwenschaft die Frau. |⁷ Wenn er nur dreißig Jahre alt wurde im Leben und zwei dazu: den neidischen Dämon müssen wir dafür tadeln.

#### 271

Der Popilia Grab ist dies. Mein Mann hat es gebaut, Okeanos, in aller Weisheit erfahren; |³ so wird mir die Erde leicht, und im Acheron noch will ich, lieber Mann, deine fromme Liebe preisen. |⁵ Gedenke meiner unter den Menschen, und am Grabe bringe der Toten oftmals eine Träne dar aus deinen Augen, |⁷ und deine Rede sei, lieber Mann: „Popilia schläft". Denn nicht recht wäre es, vom Tode guter Menschen zu reden: nein, süßen Schlafes genießen sie.

Vgl. Anhang S. 339.

#### 272

Einem siebenjährigen Knaben gehört das Grab und mit ihm seinem Vater; Marcellinus hießen beide. |³ Andere ehren mit Kränzen, Spenden, Tränen und Liedern dein Grab, Marcellinus; |⁵ doch statt der Spenden hat der Vater sein eigenes Leben hingegeben: gemeinsam wollte er mit dir nicht nur den Namen haben, sondern auch den Tod.

Vgl. Anhang S. 339f.

#### 273

Das Grab siehst du, Fremdling, eines Mannes, der vor dem süßen Greisenalter zum Hades niederstieg; Onasikles hieß er. |³ Doch ein Spruch der Alten sagt: den haben die Unsterblichen lieb, der im Jünglingsalter zu den Toten kam.

## 274

ῥυσαλέης γραίης καμάτων ἀνάπαυμά με λεύσσεις,
οἶκον, ὃν ἱδρύσας τῆσδ' ἀνέθηκε τέκος,
ὕστατον ἀνθρώποις ἡδὺν πόνον, εἰκόνα δόξης,
φαινόμενον ζωοῖς τερπνότατον λιμένα.
5 ὅστις γὰρ ναίει με, πόνων μόχθων τε πέπαυται,
σῆς δ' ἐσορᾷς βιοτῆς πουλύ με τερπνότερον.
ἓν δὲ τέλος πάντων, σιγὴ μία· κοινὸς ὁ πλοῦτος
καὶ πενία παρ' ἐμοί, πᾶσι πέφυκα δ' ἴσος.
9 ταῦτα μαθών, ὦ ξεῖνε, τὰ γράμματα τῆσδ' ἀπὸ δέλτου
ἴσθ', ὅτι Μοιράων ὁ σκοπός ἐστιν ὅδε.
σῆμα δὲ σοί, Νικώ. κτίστου δ' ὄνομ' εὐθὺ μαθήσῃ
ἐξ ἀκροστιχίδος λαϊνέας. πάραγε.

Gerahmte Marmortafel. Gophna, nördl. v. Jerusalem. 2./3. Jh. — Scripta Hierosolymitana 1, 1954, 99ff. (GV 1185).

## 275

Πλουτάρχου τόδε σῆμα σαόφρονος, ὃς πολυμόχθου
κύδεος ἱμείρων ἤλυθεν Αὐσονίην,
ἔνθα πόνοισι πόνους ἀνεμέτρεε τηλόθι πάτρης,
μουνογενής περ ἐὼν καὶ πατέρεσσι φίλος·
5 ἀλλ' ἑὸν οὐκ ἐτέλεσσε πόθον μάλα περ μενεαίνων,
πρόσθε γὰρ ἀστόργου μοῖρα κίχεν θανάτου.

Stele. Athen. 3./4. Jh. — IG II/III² 12473. (Kaibel 146. Geffcken 372. GV 639).

## 276

Ἰγορίοιο τάφος νεοπενθέος· ὦ τάφος, ὅσσην
συγκλήσας ἀρετῆς εὐκλείην κατέχεις·
οὐκ ἴδρις τραγικῆς μούσης, οὐκ εὔλυρος ἀνήρ
οὐδ' ἐπέων ῥητὴρ ἄξια σεῖο φράσει,
5 οἷος ἔφυς πραπίδας, οἷος χρόας, οἷος ἰούλους,
ὅσσων θ' ὡς πρέσβυς κοῦρος ἐὼν κράτεες.
νύμφην δ', ἣν σοὶ ἐγὼ θεῖος τεὸς ἔτρεφον οἵῳ,
τλήμονα νυμφεύσων ἥρπασε πρόσθ' Ἀίδης,
9 οὐδὲ γάμων ὑμέναιον ἀείσαμεν, ἀλλ' ἄρα μοῦνοι
παρθενίην ἐρατὴν σώσαθ' ἕως Ἀίδου.

Sarkophag. Rom. 3./4. Jh.? — IG XIV 1663. (Kaibel 655. GV 658).

## 277

σῆμα Ῥόδης· Τυρίη δὲ γυνὴ πέλεν, ἀντὶ δὲ πάτρης
ἵκετο τήνδε πόλιν, κηδομένη τεκέων.
αὕτη ἀειμνήστοιο λέχος κόσμησε Γεμέλλου,
ὃς πάρος εὐνομίης ἴδμονα θῆκε πόλιν.

## 274

Die Wohnung eines runzligen Mütterchens siehst du vor dir, in der sie zur Ruhe gekommen ist nach aller Mühsal. Der Sohn hat sie gebaut und ihr als Weihgabe gestiftet, |³ letzte, süße Mühe für uns Menschen, und als Denkmal ihres Ruhms. Oh, als froh begrüßter Hafen muß solche Wohnung den Lebenden erscheinen. |⁵ Denn wer in mir wohnt, der ist für immer fertig mit seinen Mühen und Sorgen, und wenn du mich ansiehst, so muß ich dir viel erfreulicher vorkommen als dein eigenes Leben. |⁷ Alle erwartet ein Ende, ein Schweigen. Gemeinsam sind Reichtum und Armut bei mir, für alle bin ich gleich. |⁹ Wenn du diese Schriftzeichen auf der Tafel hier gelesen hast, so wisse: solchermaßen ist der Moiren Absicht und Ziel. — |¹¹ Dein ist das Grab, Niko. Des Erbauers Namen wirst du aus den Versanfängen auf dem Stein sogleich erfahren. Geh deines Wegs.

## 275

Dies ist das Grab des verständigen Plutarch. Nach Ruhm verlangend, der nur für viel Mühen feil ist, ging er nach Ausonien. |³ Dort konnte er sich in angestrengtem Bemühen nie Genüge tun, fern der Heimat, seiner Eltern einziges Kind und ihnen so lieb. |⁵ Doch er kam nicht zum Ziel seiner Sehnsucht, wie sehr er auch dessen begehrte. Denn vorher ereilte ihn des lieblosen Todes Geschick.

## 276

Des jungbeklagten Igorios Grab. Welcher Tüchtigkeit Ruhm hältst du in deiner Tiefe eingeschlossen, Grab! |³ Keiner, welcher der tragischen Muse kundig ist, kein Sänger schöner Lieder, kein epischer Dichter wird dich würdig zu schildern wissen: |⁵ wie klug du warst, wie zart deine Haut, wie weich dein Flaum, was alles, ein Knabe noch, du wie ein Mann von Jahren leisten konntest. |⁷ Die Braut, die ich, dein Ohm, für dich allein aufzog, die arme hat Hades vor dir geraubt, sie zu seiner Frau begehrend, |⁹ und nie haben wir der Hochzeit bräutliche Lieder gesungen; nein, so sollte es sein: beide solltet ihr allein die liebliche Unschuld bis zum Grabe bewahren.

## 277

Der Rhode Grab. Aus Tyros stammte die Frau. Für die Heimat tauschte sie diese Stadt hier ein; für ihre Kinder zu sorgen, kam sie nach hier. |³ Sie war der Schmuck der Kammer des unvergeßlichen Gemellus, der einst die Stadt Recht-

       5 γρηὺς μὲν μόρον εὗρεν, ὄφελλε δὲ μυρία κύκλα
          ζώειν· τῶν ἀγαθῶν οὐ δεχόμεσθα κόρον.
Konstantinopel. 6. Jh. n. Chr. — Anth. Pal. 7, 575. (GV 640).

*

### 278

         τῇδε Μενανδρείων ἐπέων δεδαηκότα πάσας
            τύξιας εὐιέροις ἀγλαὸν ἐν θυμέλαις
         ἐκτέρισαν θεράποντες ἀερσίφρονος Διονύσου,
            αὐτῷ κισσοφόρῳ τοῦτο χαριζόμενοι·
       5 τοιγὰρ ὅσοι Βρομίῳ Παφίῃ τε νέοι μεμέλησθε,
            δευόμενον γεράων μὴ παρανεῖσθε τάφον,
         ἀλλὰ παραστείχοντες ἢ οὔνομα κλεινὸν ὁμαρτῇ
            βωστρέετ᾽ ἢ ῥαδινὰς συμπλαταγεῖτε χέρας. —
         προσεννέπω Στράτωνα καὶ τιμῶ κρότῳ.
Marmorblock. Athen. 1. Jh. n. Chr. — IG II/III² 12664. (GV 681).

### 279

         πέντε με καὶ δεκέτιν τύμβῳ κατεθήκατο μάτηρ
            Σωφρόνα, οἰκτροπαθὲς πένθος ἰδοῦσα δόμοις·
         οὐδ᾽ εὐχὰν ἐτέλεσσε Τερέντιος Ἀρτεμίδωρος
            παιδὶ πατήρ, νύμφαν ὥς μ᾽ ἐσίδοιτο Ῥάδων.
       5 ἀλλά μ᾽ ὁ δυσδαίμων ἀπενόσφισε βάσκανος Ἅιδας
            παρθενικάν, γονέων δ᾽ ἐλπίδας ἐξέχεα.
         πάντες δ᾽ ἔκλαυσάν με δυσάμμορον· οἷς γὰρ ἔμελλον
            κοσμεῖσθαι νύμφα, τοῖσδ᾽ Ἀίδαν ἔμολον.
Marmortafel. Oaxos, Kreta. 1. Jh. n. Chr. — ICr II 79f., 50. (GV 683).

### 280

         ἄνθρωπος κἀγώ τις ἐὼν ταλασίφρονι θυμῷ
         ῥηιδίου βιότου πᾶν τέλος ἐφρασάμην,
         ἴχνος ὅπου λήγει βιοτήσιον ἢ τί περισσὸν
         σώματος ἐσσεῖται πνεύματος ἐκπταμένου.
       5 τοὔνεκα δὴ τόδ᾽ ἔτευξα λιθοξοϊκῇ χερὶ ἄγγος,
         ὄφρα μένῃ σκῆνος, κἂν κόνις οὖσα τύχῃ·
         δῶρα βίου τάδε μοῦνα ἑαυτῷ ἄφθονα τεύξας
         ἡμετέρῃ τε ἀλόχῳ Ναννίδι σεμνοτάτῃ,
       9 μουνολεχῇ ζήσασι βίον μούνοισί τε, τύμβον
         οἶκον ἐλευθερίης σεμνοπρεποῦς ἐθέμην,
         ὑμῖν τοῖς μετέπειτα βίου ἀτραποὺς ὑποφαίνων.
         ἐκ δὲ ἀκροστιχίδος γνῶθι, τὸ σῆμα τίνος.
Sarkophag. Sidyma, Lykien. 1./2. Jh. — TAM II 1, 203. (GV 261).

lichkeit und Gesetz lehrte. |⁵ In hohem Alter fand sie ihr Ende; ach Hunderte von Jahren hätte sie leben sollen: an guten Menschen sehen wir uns niemals satt.

\*

## 278

Der sich auf alle Künste menandrischer Rede verstand und eine glänzende Erscheinung war auf der Bühne des göttlichen Meisters, |³ den begruben hier des die Herzen erhebenden Dionysos Diener, ihm, dem ebenfalls efeubekränzten, zu Ruhm und Dank. |⁵ So geht denn, ihr Jünglinge, die ihr Bromios und Aphrodite ergeben seid, nicht vorüber an dem Grab, das auf Ehrengaben wartet, |⁷ sondern im Vorbeiwandeln ruft entweder im Chor seinen rühmlichen Namen oder schlagt hurtig die Hände zusammen. — „Ich rufe Straton bei Namen und ehre ihn mit Händeklatschen."
Vgl. Anhang S. 340.

## 279

Mit fünfzehn Jahren legte mich die Mutter Sophrone ins Grab, und jammervollen Leides Weh sah sie in ihrem Hause. |³ Und Vater Terentius Artemidorus konnte dem Sohne den Wunsch nicht erfüllen, daß mich Rhadon als seine Braut sehen möchte. |⁵ Nein, der böse Dämon entführte mich noch als Jungfrau, der neidische Hades; ausgelöscht habe ich die Hoffnungen der Eltern. |⁷ Alle haben sie mein unseliges Geschick beweint, denn die Kleider, die mein Brautschmuck sein sollten, in denen ging ich zum Hades.

## 280

Mensch, der ich bin, habe auch ich geduldigen Herzens über des ganzen, leicht hingelebten Lebens schließliches Ende nachgedacht: |³ wohin sich des Lebendigen Spur verliert und was denn vom Körper übrigbleiben wird, wenn der Odem daraus entwichen ist. |⁵ Deswegen habe ich mir von kundiger Steinmetzhand dies Behältnis hier anfertigen lassen, damit der Leib auch dann noch dauere, wenn er zu Staub geworden ist. |⁷ Nur dies eine Mal habe ich bei dem, was das Leben zu bieten hat, in nichts gespart für mich und meine Gattin, die ehrwürdige Nannis: |⁹ uns, die wir in einträchtiger Ehe ein einiges Leben geführt, habe ich in Gestalt des Grabes ein Haus der Freiheit in Würde und Anstand errichtet, |¹¹ euch Nachgeborenen des Lebens Wege weisend. — Aus den Versanfängen entnimm, wem das Denkmal gehört.

### 281

τύμβον δαιδάλεον περιαγέα τεῦξε συνεύνῳ
  Ἄνδρυς Κυρίλλῃ τοῦτον ἀποφθιμένῃ,
σωφροσύνης μνασθεὶς ἐρικύδεος, ἣν ἔχε κείνη
  λέκτρων νυμφιδίων εἵνεκα καὶ βιότου.
5 εὐσεβὲς ἔργον ἔδρασε μόνον τάφος· οἶδε γὰρ ἀνθεῖν
  μνήμην τῶν πρόσθεν τοῖς μετὰ ταῦτα βροτοῖς.
πάντα χρόνος φθείρειν ἔμαθεν μέν, τοῦτο δὲ τηρεῖ·
  ζωόντων δόξαν καὶ φθιμένων ἀρετήν.

Altar. Tomis, Thrakien. 2. Jh. n. Chr. — AEM 19, 1896, 227, 93. (GV 668).

### 282

Κλαυδίᾳ ὠκυμόρῳ Πρόκλῃ γενέτης τόδε σῆμα
  Ἑρμαγόρας τεῦξεν τλήμονι παρθενικῇ,
τεσσαρεσκαιδεκέτει φθιμένῃ· δαίμων γὰρ ἀπηνής
  αὐτοφαεινομένην ἔσβεσε δᾷδα γάμων.

Rundpfeiler. Bithynien. 2./3. Jh. — BCH 25, 1901, 22, 157. (GV 228).

*

### 283

Μίλητος τύμβῳ Μιλήσιος, ὦ φίλε, κεῖμαι
  ἠΐθεος, χείρων οὐδενὸς ἠιθέων·
πρέψας δὲ σταδίοισι πάλης χάριν ὠκύμορος μέν
  κάτθανον, ἀλλὰ κακῶν οὐδ' ἄκρα γευσάμενος.

Stele. Milet. 1. Jh. n. Chr. — GV 432.

### 284

Κλώδιος, ὦ παροδῖτα, τάφοις ὑπὸ τοῖσδε Σεκοῦνδος
  κεῖμαι, τὸν φθιμένων νήγρετον ὕπνον ἔχων.
πληρώσας δ' ἐτέων δέκα τετράδας Ἐλπίδα μούνην
  παῖδα λίπον βιοτῆς μητρὶ παραψυχίην.
5 ἡμετέρης ἀρετῆς μάρτυς πόλις, ἥ μ' ἐπὶ σεμνοῖς
  ἤθεσι τοῖς πατρίοις ἠγλάισε στέφεσι.
ἀλλ' οὐκ εὐσεβίη τις ἀλεύεται ἄστροφα Μοιρῶν
  δόγματα· καὶ Μίνως ἤλυθεν εἰς Ἀίδην.

Marmorplatte. Melos. 1. Jh. n. Chr. — IG XII Suppl. 92, 165a. (GV 709).

### 285

ὧδ' ὑπ' ἐμοί, παροδῖτα, λόγων φίλος Ἡλιόδωρος
  ὀκτωκαιδεκέτης, πατρὸς ἔχων ὄνομα·
σὺν τῷ Μηνεόδωρος, ὁ μελλυμέναιος ἀδελφός,
  κέκλιται εἰν Ἀίδῃ, πάντα λαχὼν ἐλέου·
5 ἀντὶ μὲν ἱμερτοῦ θαλάμου τάφον, ἀντὶ δὲ νύμφης

### 281

Diesen kunstvollen runden Grabbau erbaute Andrys seiner verstorbenen Gattin Kyrilla. |³ Denn er gedachte der rühmlichen Züchtigkeit, die jene in der ehelichen Kammer wie in der ganzen Lebensführung bewahrt hatte. |⁵ Ein einziges frommes Werk verrichtet das Grab: es versteht das Gedächtnis derer, die früher waren, bei den späteren Menschen in Blüte zu halten. |⁷ Alles weiß die Zeit zu zerstören, nur **eines** bewahrt sie: der Lebenden Ruhm und der Toten Tüchtigkeit.

### 282

Der eines frühen Todes gestorbenen Claudia Procla errichtete der Vater Hermagoras dieses Denkmal. |³ Mit vierzehn Jahren mußte das arme Mädchen verscheiden, denn der erbarmungslose Dämon löschte die Hochzeitsfackel aus, kaum daß sie entzündet war.

\*

### 283

Miletos aus Milet bin ich, Freund, der hier im Grabe ruht, ein Jüngling wahrlich nicht schlechter als irgendein Jüngling sonst. |³ Als Ringkämpfer glänzte ich im Stadion und mußte nun eines frühen Todes sterben: gewiß, doch des Leides hatte ich nicht eine Neige gekostet.

### 284

Clodius Secundus heiße ich, Wanderer, der in diesem Grabe hier liegt und der Toten Schlaf schläft, von dem niemand erwacht. |³ Viermal zehn Lebensjahre machte ich voll und ließ der Mutter nur die einzige Tochter Elpis als ihres Lebens Trost zurück. |⁵ Meiner Tugend Zeuge ist die Stadt, die mich um meiner würdigen Lebensführung willen mit der Väter Kränzen geehrt hat. |⁷ Doch auch ein Frommer entgeht nicht der Moiren unabwendbaren Entscheidungen, kam doch selbst Minos in den Hades.

### 285

Hier unter mir, Wanderer, liegt Heliodoros, ein Freund der Bildung, achtzehnjährig, seines Vaters Namen tragend. |³ Mit ihm zusammen ruht im Totenreich Menodoros, sein Bruder, der nahe vor seiner Hochzeit stand; alles was ihm widerfuhr, ist des Mitleides würdig: |⁵ statt der ersehnten Hochzeitskammer das Grab,

στήλην, ἀντὶ γάμου δ' αἰνὸν ἄχος γενέταις.
ματέρα τὰν δύστανον ὀδύρομαι, ἃ δυσὶ τέκνοις
θῆκεν ἀνυμφεύτοις χεῖρας ἐπὶ βλέφαρα.

Stele. Pantikapaion. 1. Jh. n. Chr. — IPE II 86. (GV 710).

## 286

Ῥώμης ἠδ' Ἀσίης ἐπιβὰς διὰ πράγματα πολλά
καὶ πάντων ἀέθλων νῖκος ἐνεγκάμενος
Ἄνδριος Αἰακίδης τέκνῳ μίγα τῷδ' ἐνὶ τύμβῳ
κεῖμαι Ἀβάσκαντος, παῖς κρατερῶν γονέων·
5 οὐχ ὡς Πηλεΐδης φίλτροις, ἀλλ' ὡς μέγας Ἄρης
μοιριδίοις λημφθεὶς οὐχ ὁσίαις βοτάναις.
ἀλλὰ πατρὸς μὲν ἐμεῖο λυγρὸς βίον ἔσβεσε πότμος·
μήτηρ πενθαλέη δὲ στεναχεῖ με μόνη.

Stele. Andros. 1. Jh. n. Chr. — IG XII 5, 764. (GV 711).

## 287

Μιλητουπόλιος κεῖμαι νέκυς, Ἀττικὸν αἷμα,
ὠκυμόροιο τύχης πείσματα λυσάμενος,
ἰητροῦ πατρὸς ὢν Ἀσκληπιάδης, ἐλεεινὰ
μητρὶ κασιγνήτῳ τε ἄλγεα λειπόμενος·
5 ἀλλ' οἱ μὲν κλαίουσιν, ἐγὼ δ' ἐνὶ παισὶ κάθημαι
ἀθανάτων, Φοίβου παιδὶ διδασκόμενος.

Relief. Miletupolis, Phrygien. 2. Jh. n. Chr. — Athen. Mitt. 66, 1941, 81 f., 24. (GV 718).

## 288

Διοσκουρίδης Ἡρακλείδου.
ἀρτίγαμος, σώφρων, νέος, ἤπιος, ὦ παροδῖτα,
ἐξ ἀγαθῶν γονέων, ἦθος ἄμεμπτον ἔχων
κεῖται νῦν πάτρῃ πεποθημένος· ἡ δ' ἀπὸ παστῶν
χηρεύει νύμφη νυμφίον ἐν θαλάμοις.
5 ὦ Φθόν', ἐπαιδέσθητι· καλοὶ θνήσκουσι πρὸ Μοιρῶν,
τῶν δὲ κακῶν αἰεὶ πένθος ἀποστρέφετε.

Relief. Odessos, Thrakien. 2. Jh. n. Chr.? — IGB 221. (GV 719).

## 289

οὗτος ὁ γῆς τέμνων σταχυητρόφον αὔλακα Δηοῦς
Εὔτυχος, ἡ γονέων ἐλπίς, ἔπειτα γόος,
εἴκοσι τῶν πάντων ἐτέων ὑπὸ τῷδε κέκρυμμαι
σήματι, μήτε νόσῳ μήτ' ὀδύνῃσι τακείς·
5 τεθνειὼς δ' οὐ τόσσον ὀδύρομαι, ἀλλ' ὅτι πένθος
ἀμφοτέροις ἔλιπον λυγρὸν ἐμοῖς τοκέσιν.

Relief. Athen. 2. Jh. n. Chr. — IG II/III² 11491. (Kaibel 116. GV 720).

statt der Braut die Stēlē, statt der Hochzeitsfeier der Eltern bitterer Harm. |⁷ Um die unglückliche Mutter weine ich: zwei unverehelichten Söhnen mußten ihre Hände die Augen zudrücken.

### 286
Nach Rom und Asien setzte ich meinen Fuß zu mancherlei Geschäften, und in allen Kampfspielen trug ich den Sieg davon, |³ der Aiakide aus Andros, der hier mit seinem Sohn im Grabe ruht, Abaskantos, mächtiger Eltern Kind. |⁵ Nicht wie der Pelide durch Liebesreize, sondern wie der große Ares durch unheilige Giftkräuter kam ich zu Tode. |⁷ Doch meines Vaters Leben löschte ein trauriges Geschick aus, nur die trauernde Mutter allein stöhnt um meinen Tod.

### 287
Aus Miletupolis bin ich, der hier tot liegt, attisches Blut. Schnell holte mein Lebensschiff die Anker ein zur Fahrt an das andere Ufer. |³ Asklepiades heiße ich, und Arzt war auch mein Vater. Mitleidwürdiges Leid lasse ich Mutter und Bruder zurück. |⁵ Doch während die nun weinen, sitze ich unter den Kindern der Unsterblichen und lerne vom Sohne Apollons.

### 288
Dioskurides, Sohn des Herakleides: Jungverheiratet, verständig, jung an Jahren, freundlichen Wesens, Wanderer, von guten Eltern stammend, untadligen Charakters: |³ — und nun liegt er hier, von der Heimat innig betrauert, und vereinsamt ruft auf dem Lager nach dem jungen Gatten die junge Frau in der Kammer. |⁵ Neidgott, du solltest dich schämen: die Guten müssen sterben vor der Zeit, doch von den Schlechten wendet ihr das Leid immerdar ab!
Vgl. Anhang S. 340.

### 289
Ich, Eutychos, der manche Furche schnitt auf Demeters ährennährender Flur, einst meiner Eltern Hoffnung, dann ihr Schmerz, |³ liege hier mit ganzen zwanzig Jahren unter diesem Stein, und bin doch weder an Krankheit noch an Schmerzen hingesiecht. |⁵ Doch nicht so sehr, daß ich tot bin, beklage ich, sondern daß ich beiden Eltern trauriges Leid hinterließ.

## 290

παῖς ἔτι νηπίαχος Ἱερώνυμος ἐνθάδε κεῖται,
ὅς τριέτης ἔθανεν ἡμέρῃ ἑβδομάτῃ·
κάλλιπε δ' ἡμῖν πένθος ἐπώδυνον εἰς ὅσον αἰών,
ἔξοχα δ' αὖ γενέτῃσιν, ἐπεὶ μοῦνος γένετ' αὐτοῖς. —
5 αἴθε σε μήτ' ἰδέειν μήτε κτήσασθαι ὄφελλον,
Ἀσφαλίων· μέλλες γὰρ ἀνιάσειν με, ὅσον ἥσθην
στωμυλίαισι τεαῖς νηπιαχευομένου.

Marmortafel. Rom? 2./3. Jh. — IG XIV 2390. (GV 734).

## 291

Συνναδεὺς θεράπων Ἀπολλώνιος ἐνθάδε Μόσχου
λιτῇ ὑπὸ στήλῃ κέκλιμαι ὠκύμορος·
ἦν παρίοις εὔφημος ἀεί, ξένε, μηδ' ἐπὶ λύμῃ
χεῖρα βάλοις· φθιμένων ὠκυτάτη Νέμεσις.

Relief. Piräus. 2./3. Jh. — IG II/III² 10385. (Kaibel 119. GV 480).

## 292

τέσσαρα τέκνα λιπὼν Νικηφόρος ἐνθάδε κεῖμαι,
ἐν Χρήστης ἀλόχου πνεῦμα λιπὼν παλάμαις.
εὐδαίμων Ἑλένη, παιδὸς μόρον οὐκ ἐσιδοῦσα,
ἀλλ' ὁ πατὴρ ἔτλη Λούκιος οὐχ ὅσια·
5 εἶδε γὰρ ὀφθαλμοῖς τὸν ἐμὸν νέκυν, εἶδε δὲ τέκνου
πώματι λαϊνέῳ σῶμα καλυπτόμενον.

Marmortafel. Imbros. 3. Jh. n. Chr. — IG XII 8, 93. (Kaibel 327. GV 739).

## 293

ἣ ποτε κυδιόωσα ξανθαῖς ἐπὶ κρατὸς ἐθείραις
καὶ χαριτοβλεφάροις ὄμμασι λαμπομένη
χιονέοις τε πρέπουσα προσώποις ἠδὲ παρειαῖς
καὶ γλυκεροῦ στόματος ὄπα λειριόεσσαν ἱεῖσα
5 χείλεσι πορφυρέοις ἐλεφαντινέων δι' ὀδόντων
παντοίην τε ἀρετὴν περικαλλέϊ σώματι θεῖσα,
ἣν τέκεν Εὐτυχίδῃ σθεναρῷ Κιλικία χαριτῶπις,
εἰκοσιπενταέτης Τρυφέρα τῇδ' ἐν χθονὶ κεῖται.
9 Ἑρμέρως δὲ Ἀριστομάχοιο πατρὸς καὶ μητέρος Ὄρφης
μνῆμ' ἀλόχῳ φιλίῃ θήκατο κουριδίῃ.

Stele. Athen. 3./4. Jh. — IG II/III² 12828. (Kaibel 169. GV 746).

*

## 290

Ein unmündiger Knabe noch, Träger eines heiligen Namens, ruht hier. Dreijährig starb er am siebenten Tage. |³ Leid ließ er uns zurück, das schmerzen wird, solange unser Leben währt, vor allem aber den Eltern, denn er war ihr einziges Kind. — |⁵ Ach hätte ich dich doch nie gesehen und nie zu eigen erhalten, Asphalion; denn so viel Kummer solltest du mir machen, wie ich zuvor Freude gehabt habe am süßen Geplapper deines kindlichen Mundes.

## 291

Apollonios aus Synnada bin ich, Diener des Moschos, der hier jung verstorben unter der schlichten Stēlē ruht. |³ In andächtigem Schweigen geh stets an mir vorüber, Fremdling, und halte die Hand fern von Frevel: gar schnell ist die Rache(göttin) der Toten.

## 292

Vier Kinder ließ ich zurück, Nikephoros, der hier ruht; in den Armen meiner Gattin Chreste hauchte ich meinen Geist aus. |³ Glücklich Helenē, die ihres Kindes Schicksal nicht erlebte! Doch der Vater Lucius mußte ertragen, was Götter nicht zulassen sollten; |⁵ denn er sah mit eigenen Augen meinen Leichnam und sah zu, wie man über seines Kindes Leib den steinernen Deckel schloß.

Vgl. Anhang S. 340.

## 293

Die einst auf ihrem Haupt die Pracht blonder Locken trug, die aus Augen blickte, deren Sterne Anmut strahlten, |³ deren Antlitz und Wangen schimmerten wie Schnee, deren süßem Mund die lieblichste Stimme entströmte, |⁵ über Purpurlippen durch Zähne blendend wie Elfenbein; die, welche zu ihres Leibes Schönheit jegliche Tugend fügte, die Frau, |⁷ welche die schönblickende Kilikia dem starken Eutychides gebar: Tryphera ruht mit fünfundzwanzig Jahren in dieser Erde. |⁹ Hermeros, den Aristomachos zeugte und Orphe gebar, errichtete dies Denkmal in Liebe seiner ehelichen Gemahlin.

\*

## 294

τὴν Διὸς ἀμφίπολόν με Χελιδόνα, τὴν ἐπὶ βωμοῖς
σπένδειν ἀθανάτων γρηῢν ἐπισταμέναν,
εὔτεκνον, ἀστονάχητον ἔχει τάφος· οὐ γὰρ ἀμαυρῶς
δαίμονες ἡμετέρην ἔβλεπον εὐσεβίην.

Rom. 1./2. Jh. — IG XIV 2111. (Kaibel 556. GV 566).

## 295

σώφρονα Κρησκεντῖναν ἔχων τάφος ἐνθάδε κεύθω,
τὴν πάσης ἀρετῆς κῦδος ἐνεγκαμένην,
ἥτις ἐνὶ ζωοῖσιν ὅκως ἀνέτελλεν ἑῴος,
νῦν δύνει δ' ὑπὸ γῆν ἕσπερος ἐν φθιμένοις.

Rom. 2. /3. Jh. — IG XIV 1792. (Kaibel 568. GV 585).

## 296

ἠίθεον Καλόκαιρον ἔχει τόδε σῆμα, λιπούσης
ψυχῆς ἀθανάτου σῶμα νέοιο κόρου·
σπεῦδεν ὁδὸν θείην γὰρ ἀποπρολιποῦσα μερίμνας
πευκεδανοῖο βίου, ὡς ἀνίῃ καθαρή.

Rom. 3. Jh. n. Chr. — IG XIV 1729. (Kaibel 653. GV 590).

## 297

κοῦρον ἔχω Κριτίην διετῆ, ξένε, μησὶν ἐπ' ὀκτώ,
ἀλλὰ νόον πολιῆς ἄξιον ἡλικίης.
τοὔνεκ' ἔβη πολύδακρυς ἐς Ἄιδος· ἔκλασε γάρ μιν
ὁ Φθόνος ὡς ἁπαλὸν δένδρον ἄελλα νότου.

Marmorplatte. Rom. 3. Jh. n. Chr. — NSc. 1910, 489. (GV 591).

\*

## 298

Κόσμος ὅδε εὐμοίρως πληρώσας ὄλβια πάντα,
ἔνθα με χερσὶν ἑαῖς θήκατο δεσπόσυνος·
ἧκεν δακρυόεις πρὸς ἐμόν, πιστεύσατε, τύμβον,
ἔστη μὴ κάμνων ἄγχις ἐμοῦ φθιμένου·
5 καὶ βρέφος ὡς ἤμην, ἐπόθει βρέφος αὐτὸς ὑπάρχων
καὶ νῦν εὐσεβέων θάψε γέροντα γέρων·
πλείονά μοι ζωῆς αἰώνια δῶκεν ὁ πάτρων,
οὐχ εἷς τῶν πολλῶν, λαμπροτέρου δὲ γένους.

Neapel. 1. Jh. n. Chr. — IG XIV 795. (GV 809).

## 294

Des Zeus Dienerin war ich, Cheliden, die dieses Grab beherbergt, eine alte Frau, die auf den Altären der Unsterblichen die Weihegüsse trefflich darzubringen verstand, |³ gesegnet mit Kindern, um deren keines ich zu klagen brauchte; denn nicht blinden Auges blickten die Götter auf mein frommes Leben.

## 295

Die verständige Crescentina berge ich im Grabe hier, die jeglicher Tugend Ruhmestitel trägt. |³ Bei den Lebenden ging sie auf wie der Morgenstern und nun sinkt sie unter die Erde, um als Abendstern bei den Toten zu leuchten.
Vgl. Anhang S. 340.

## 296

Den jungen Kalokairos umschließt dies Grabmal hier, nachdem die unsterbliche Seele den jungen Knabenleib verlassen hat. |³ Denn den Weg zu Gott eilte sie hin, hinter sich lassend die Sorgen des bitteren Lebens, um in Reinheit aufzusteigen zum Himmel.

## 297

Den zweijährigen Kritias, Fremdling, beherberge ich (acht Monate hatte er noch dazu), doch an Verstand konnte er es fast schon mit einem grauen Haupt aufnehmen. |³ Viele Tränen flossen darum, als er zum Hades ging; denn es knickte ihn der Neidgott wie der Südsturm ein zartes Bäumchen.

\*

## 298

Kosmos bin ich, der alle Segnungen eines glücklichen Lebens voll erfahren hat. Hier hat mich mit eigner Hand mein Herr zur Ruhe gebettet. |³ Mit Tränen kam er, glaubt es mir, zu meinem Grabe und wurde nicht müde, bei mir zu stehen, als ich starb. |⁵ Wie ich noch ein Kind war, liebte er mich schon, selber noch ein Kind, und jetzt hat frommen Sinnes der greise den greisen begraben. |⁷ Mehr als das Leben hat mir mein Patron für alle Ewigkeit geschenkt, nicht der Vielen einer, sondern aus glänzenderem Geschlecht.

## b) BERICHT ÜBER DEN TOTEN

### 299

οὐ μόνον αὐχοῦμεν Λακεδαίμονος ἐκ βασιλήων,
ξυνὰ δὲ Θετταλίης ἐκ προγόνων γενόμην,
σώζω δ' Ἀδμήτου κατ' ἴσον κλέος ὡς ὄνομ' αὐχῶ.
4 εἰ δὲ δύω λείποντα τριηκοστοῦ ἔτεός με
Θευκλείδα πατρὸς νόσφισε Μοῖρ' ὀλοή,
τετλάτω ὡς Πηλεὺς ὡς προπάτωρ τε Φέρης·
7 οὐδὲ γὰρ ἄρκεσιν ἔσχεν· ἐπεὶ πάντως ἂν ὑπέστη
δὶς θανέειν αὐτὸς ζῶντ' ἐμὲ λειπόμενος.

Säule. Thera. 1. Jh. n. Chr.? — IG XII 3, 868. (Kaibel 192. GV 1010).

### 300

οὐ νῆας — τί δέ μοι ναῦς αἰτίη; — οὐδὲ θάλασσαν
μέμφομαι· ἐκ πελάγους δ' ἔκφυγον εἰς λιμένα·
ἄγκυραν καὶ πεῖσμα καθηρμοσα καὶ τὸν ἐς Ἄιδην
ὅρμον νυκτιμανοῦς ἦλθον Ἀπαρκίεω
5 πυκνῇσιν μάστιξιν ἐλώμενος· ἁ δὲ τάλαινα
θρεψαμένα σποδιὴν εἰς πόλιν ἀγάγετο.
Ζώσιμον αἰάζεις, Καλλίστιον, ὃν προγένειον
ἀρτίχνουν γενέτᾳ πάρθεο Νικομάχῳ.

Basis. Erythrai. 1. Jh. n. Chr.? — Athen. Mitt. 12, 1887, 262f. (GV 1129).

### 301

ἡρπάσθη μεγάρων Μάρκου δάμαρ, οὐδὲ προσειπεῖν
κουρίδιον γαμέτην Πῶλλα φίλον φθαμένη·
ἡρπάσθη· δαίμων δὲ πικρῆς οὐ λήθετο μοίρης,
ἀλλὰ καὶ ἐν μεγάροις υἱέα λειπόμενον
5 Ῥοῦφον ἄφνως ἥρπαξε, δόμους δ' ἤχλυσ' ἐλεεινούς
κήδεσι, καὶ γοερὴ πᾶσ' ἐδάκρυσε πόλις.
ἀλλὰ Τύχης οὐκ ἔστι φυγεῖν ἀμετάτροπα δῶρα,
Μᾶρκε· τίς ἀπλήστου πένθεος ὠφελίη;
9 τέτλαθι· καὶ γὰρ ἄνακτες ἀμειδήτῳ ποτὲ πένθει
κύρσαντες τοίης ἄλγος ἔχουσ' ὀδύνης.

Paros. 1./2. Jh.? — IG XII 5, 302. (GV 851).

### 302

Πασίων χρηστὲ καὶ ἐπιποθούμενε ἄωρε, χαῖρε.
εἴκοσι πληρώσαντά μ' ἀνήρπασε τοὺς λυκάβαντας
δαίμων ὁ φθονερός, πατρὶ λιπόντα γόους.

## b) BERICHT ÜBER DEN TOTEN

### 299

Nicht nur rühmen wir uns unserer Herkunft aus lakedämonischem Königsgeschlecht: gleichzeitig stamme ich von den Ahnen her auch aus Thessalien |³ und wahre in gleicher Weise den Ruhm des Admetos, wie ich mit Stolz seinen Namen trage. |⁴ Wenn die verderbliche Moira mich aber meinem Vater Theukleidas entrissen hat, in einem Alter, da mir zu dreißig Jahren nur zwei noch fehlten, |⁶ so möge er diesen Schlag hinnehmen wie Peleus und wie der Ahnherr Pheres. |⁷ Er wußte ja auch keine Hilfe: um jeden Preis hätte er sonst zweimal den Tod auf sich genommen, wenn er mich dafür lebend hätte zurücklassen können.

### 300

Nicht Schiffen — wie wäre ein Schiff mir schuld? —, nicht dem Meer mache ich Vorwürfe: von hoher See rettete ich mich ja in den Hafen, |³ den Anker warf ich aus und die Haltetaue machte ich fest — ja, zum Hades-Hafen gelangte ich so, von des nächtig rasenden Nordsturms |⁵ sausenden Schlägen vorwärts gepeitscht. — Nur Asche brachte die unglückliche Mutter in die Heimat zurück. |⁷ Zosimos beweinst du, Kallistion, den du mit dem ersten Bartflaum am Kinn neben dem Vater Nikomachos gebettet hast.

### 301

Geraubt wurde aus dem Haus des Marcus Gattin, nicht einmal dem lieben Ehegemahl noch ein Wort zu sagen war Polla vergönnt. |³ Geraubt wurde sie, ja, aber der Dämon vergaß auch ferner des bitteren Todes nicht, sondern auch den zu Hause zurückgebliebenen Sohn |⁵ Rufus raubte er plötzlich und brachte Dunkel über das bemitleidenswerte Haus mit dem Leid all der Trauer, und in Schmerz weinte die ganze Stadt. |⁷ Doch vor Tyches unabweisbaren Gaben kann niemand davonlaufen, Marcus. Was nützt unersättliches Klagen? |⁹ Fasse dich! Denn auch hohe Gebieter, denen trauriges Leid zustößt, müssen das Weh solchen Kummers erleben.

### 302

Braver, innig betrauerter, vorzeitig verstorbener Pasion, sei gegrüßt. — Mit zwanzig Jahren schon raubte mich der neidische Dämon, nur Klagen ließ ich dem

παῦου, μὴ θρήνει με, πάτερ φίλε· τοῦτ' ἐπέπρωτο
ἐκ γενετῆς ἡμῖν, τὸ γλυκὺ φῶς προλιπεῖν·
5 εἰσὶν δακρυτοί μοι ὁμήλικες ἐνθάδε πολλοί,
οὓς Ἀίδης πατέρων ἥρπασεν ἠιθέους.

Marmortafel. Sidon. 1./2. Jh. — Syria 15, 1934, 299ff. (GV 953).

### 303

ἦν ὅτε μοῦνον Ὑγῖνον ἀδελφεὸν οἵ με τεκόντες
πένθεον, ἡνίκ' ἐγὼ πενταετιζομένη
παρθένος ἐν γονέεσσιν ἐθήλεον· ἡ δ' ἀγαπητὴ
ἤλυθα τὴν φρικτὴν εἰς Ἀίδαο πύλην·
5 οἲ ἐμὲ τὴν ἀτυχῆ, μῆτερ Βένους, οἲ Χαρίτωνος
πολλάκι βωσομένου· »χαῖρε, Πρόκλα θύγατερ.«

Stele. Rom. 1./2. Jh. — IG XIV 1971. (Kaibel 565. GV 1021).

### 304

οὔνομά μοι Φιλόστοργος ἔην, Νίκη δέ μ' ἔθρεψεν
ἄγκυραν γήρως, εἴκοσι δ' ἔσχον ἔτη.
ἄρρητον δὲ θέαμ' ἐσιδὼν ἅρπασμ' ἐγενήθην
αἰφνιδίου Μοίρης, κλώσματα θεῖα τελῶν.
5 μήτηρ, μή με δάκρυε· τίς ἡ χάρις; ἀλλὰ σεβάζου·
ἀστὴρ γὰρ γενόμην θεῖος ἀκρεσπέριος.

Relief. Arkesine, Amorgos. 1./2. Jh. — IG XII 7, 123. (GV 1097).

### 305

ἔστιν τοὔνομά μοι Ἀφροδίσιος, ὦ παροδῖτα·
εἰμὶ δ' Ἀλεξανδρεύς, τῶν δὲ χορῶν ὁ μέσος.
θνήσκω δ' οἰκτροτάτῳ θανάτῳ διὰ τὴν ἄλοχόν μου
κλεψίγαμον μιεράν, ἣν περὶ Ζεὺς ὀλέσει·
5 ταύτην γὰρ λάθριος γαμέτης καὶμὸν γένος αὐχῶν —
σφάξε με κἀφ' ὕψους δισκοβόλησε νέον.
δισδέκατον γὰρ ἔτος κατέχοντά με, κάλλος ἔχοντα
κλώσασαι Μοῖραι πέμψαν ἄγαλμ' Ἀίδῃ.

Relief. Alexandreia, Troas. 1./2. Jh. — CIG II 3588. (Kaibel 336. GV 1098).

### 306

πατρὶς μέν μοί ἐστι Λύκων πόλις· εἰμὶ δ' Ἀπολλώς,
ἐν Φαρίῃ γαίῃ θυμὸν ἀποφθίμενος
νήπιος· ἡρπάσθην δ' ἑκκαιδεκάτου ἐνιαυτοῦ
ἕκτον ἀωροσύνης μῆνα παρερχόμενος.

Vater zurück. |³ Halt ein, weine nicht mehr, lieber Vater: dies war mir seit meiner Geburt bestimmt, daß ich das süße Licht verlassen sollte. |⁵ Es sind ihrer viele gleichen Alters wie ich hier unten, die bitter beweint werden, von Hades im Jünglingsalter ihren Vätern geraubt.

Vgl. Anhang S. 340 f.

### 303

Es gab eine Zeit, da trauerten die Eltern nur um meinen Bruder Hyginus, während ich als ein Kind von fünf Jahren |³ bei Vater und Mutter zum Mädchen erblühte. Doch trotz aller Liebe mußte ich den Weg zur schaurigen Pforte des Hades gehen. |⁵ Ach ich Arme, o Mutter Venus, weh dir, Chariton, wie oft wirst du rufen: „Ich grüße dich, meine Tochter Procla!"

### 304

Mein Name war Philostorgos, Nike zog mich auf, ein Anker für ihr Alter sollte ich werden, doch nur zwanzig Jahre durfte ich leben. |³ Unsagbares hatten meine Augen gesehen, und so wurde ich eines plötzlichen Todes Beute und erfüllte, was der Schicksalsfaden der Gottheit für mich gesponnen hatte. |⁵ Mutter, weine nicht über mich. Wozu hilft es? Nein, schaue in Andacht, denn ein göttlicher Stern bin ich geworden, der früh am Abendhimmel aufgeht.

### 305

Mein Name ist Aphrodisios, Wanderer. Aus Alexandreia stamme ich, im Chor machte ich immer den Führer. |³ Eines elenden Todes bin ich gestorben, an dem meine Frau schuld ist, die schmutzige Ehebrecherin, die Zeus schon verderben wird. |⁵ Sie nämlich hat ein heimlicher Hochzeiter, einer noch dazu, der sich meines Geschlechtes rühmt – und mich dann erstochen und in die Tiefe gestürzt, jung wie ich war; |⁷ ja, mit zweimal zehn Jahren, in all meiner Schönheit, haben mich die Moiren (so hatten sie es mir zugesponnen) zum Hades geschickt, dessen Zierde zu sein.

### 306

Meine Heimat ist der Lyker Stadt, mein Name Apollōs, auf pharischer Erde verschied ich, |³ noch im Knabenalter. Als ich den sechsten Monat meines sechzehnten Lebensjahres eben überschreiten wollte, wurde ich vor der Zeit (von

    5 νῦν δ' Ἀβυδηναίου τὸν Ὀσίριδος ἀμφιπολεύω
       θῶκον καὶ φθιμένων οὐκ ἐπάτησα δόμους.
       ἀθανάτων καὶ τέκνα μεμορμένον οἶτον ἐπέσπεν,
       ἀλλ' οἰκεῖ μακάρων Ἠλύσιον πεδίον·
    9 ἔνθ' ἅμα παισὶ θεῶν με φέρων Κυλλήνιος Ἑρμῆς
       ἵδρυσε καὶ Λήθης οὐκ ἔπιον λιβάδα.

Stele. Alexandreia? 2. Jh. n. Chr.? — W. Froehner, Musée Imp. du Louvre. Les Inscr. Grecques, Paris 1865, 261 ff., 161. (Kaibel 414. GV 1090).

### 307

    παρθένος οὖσα τέθνηκα Λεοντὼ ὡς νέον ἄνθος
    ὥρης παντοθαλοῦς πρωτοφανὴς καλύκων
    καὶ μέλλουσα γάμῳ δεκαπενταετὴς μίγνυσθαι
    ἐν φθιμένοις κεῖμαι, ὕπνον ἔχουσα μακρόν.

Stele. Larisa, Thessalien. 2./3. Jh. — IG IX 2, 649. (GV 988).

### 308

    Τέρτιον εἰκοσετῆ, χρυσέῳ κοσμούμενον ἤθει,
      μουνογενῆ, τοκέων βάκτρον ἐν ἀμφοτέρων,
    ὤλεσε συνθραύσας δαίμων βαρύς· οἱ δὲ φέρονται
      ἀσκίπωνι γονῇ γῆρας ἐρειδόμενοι,
    5 Τερτία ἠδ' ὁ τάλας Διονύσιος, οὓς ἀτέκμαρτος
      δεῖγμα Τύχη θνητοῖς θῆκεν ἀνωμαλιῶν.
    ἦ ῥα θεοῖς οὐκ ἔστι βροτῶν λόγος, ἀλλ' ἅτε θῆρες
      αὐτομάτῳ ζωῇ συρόμεθ' ἢ θανάτῳ.

Stele. Neopaphos, Kypros. 2./3. Jh. — IBrM II 390. (Kaibel 257. GV 857).

### 309

    ἄρτι με νηπιάχοις τραυλίσμασι πατρὶ ποθεινά
      προσσαίρονθ' ὁ πικρὸς ναυστολόγησ' Ἀχέρων·
    λυγρὰ δ' ἐμῷ γενέτᾳ πένθη λίπον, οὕνεκα παιδός
      ἐψεύσθη, κλαίει δ' οἰκτρὸν ἐμὸν βίοτον·
    5 ἀντὶ δ' ἐμοὶ θαλάμου τάφον ὤπασε, πάντα δὲ τἀμά
      λαιψηρὸν φθιμένων πῦρ ἀπενοσφίσατο.
    ὦ μάκαρες θνητῶν, ὅσοι οὐ γάμον οὐδὲ μέριμναν
      ἔγνωτε σφαλερᾶς τεκνοτρόφοιο τύχας.

Marmortafel. Caesarea, Mauretanien. 2./3. Jh. — Hermes 19, 1884, 324. (GV 977).

### 310

    Εὔτυχος Εὐτυχέους ἔτι νήπιος οὐρανὸν ἦλθεν,
      οὐ κακὸν οὐδὲ ἀγαθὸν γνούς, βίος ὅττι φέρει·
    ἔζησεν δύ' ἔτη, μῆνας δύο ἤμασι πέντε
      ἧττον· ἰδού, στήλη ταῦτα γραφεῖσα λέγει.

Hades) geraubt. |⁵ Jetzt versehe ich den Dienst am Thron des Osiris von Abydos, und der Toten Wohnung habe ich nie betreten. |⁷ Auch der Unsterblichen Kinder müssen den Weg des Schicksals gehen, aber sie wohnen in der Seligen elysischem Gefilde. |⁹ Dorthin hat mich mit den Göttersöhnen der kyllenische Hermes entrückt, und der Lethe Trank habe ich nicht gekostet.

### 307

Als Mädchen starb ich, Leonto: wie eine zarte Blume, die zur Zeit, da alles blüht, frisch aus der Knospe bricht. |³ Mit fünfzehn Jahren sollte ich eben den Hochzeitsbund eingehen – und liege nun unter den Toten und schlafe den langen Schlaf.
Vgl. Anhang S. 341.

### 308

Der zwanzigjährige Tertius, den ein Charakter zierte echt wie Gold, seiner Eltern einziges Kind und beider alleinige Stütze in ihren alten Tagen: |³ vom feindlichen Dämon wurde er niedergeschlagen und seines Lebens beraubt. Keinen Stab besitzen sie mehr, auf den sie ihr Alter stützen können, wie sie nun kinderlos ihre Straße ziehen, |⁵ Tertia und der unglückliche Dionysios. Die unberechenbare Tyche hat hier den Menschen ein Musterbeispiel ihrer Willkürakte gezeigt. |⁷ Wahrlich, die Götter kümmern sich um uns Sterbliche nicht; nein, wie die Tiere werden wir planlos hin- und hergerissen, sei es im Leben oder im Tode.
Vgl. Anhang S. 341.

### 309

Der ich eben anfing, dem Vater mit kindlichem Lallen lieblich zu schmeicheln, mich hat der bitterfeindliche Acheron nun an Bord des Totenschiffes gebracht. |³ Traurigen Kummer hinterließ ich meinem Erzeuger, denn er wurde um sein Kind betrogen, und jammervoll weint er nun über mein verlorenes Leben: |⁵ statt der Kammer rüstete er mir das Grab, und alles, was ich einmal war, das hat das gierige Feuer, das man den Toten entzündet, dahingenommen. |⁷ O ihr Glücklichen unter den Menschen, die ihr weder die Hochzeit erlebt habt noch die Sorgen, welche das trügerische Glück bereitet, ein Kind aufzuziehen!
Vgl. Anhang S. 341.

### 310

Eutychos, des Eutyches Sohn, kam schon als kleines Kind in den Himmel und hat von dem, was das Leben bringt, weder im Guten noch im Schlechten etwas erfahren. |³ Zwei Jahre lebte er nur und fünf Tage weniger als zwei Monate. Sieh, solches hat die beschriebene Stēlē zu vermelden: |⁵ Weine nicht mehr,

5 μηκέτι κλαῖε, πάτερ γλυκερώτατε, μηδ' ἔτι λυποῦ
οἰκτρόν, ἐνὶ στέρνοις πένθος ἄλαστον ἔχων.
οὐ γὰρ ὑποχθόνιος κατὰ γῆς Ἀίδης με κέκευθε,
ἀλλὰ Διὸς πάρεδρος ἀετὸς ἥρπασέ με,
9 ἵππῳ ὁμοῦ καὶ δᾳδὶ γεγηθότα, ἔνθα σύνεδρος
Φωσφόρῳ ἠδὲ καλῷ Ἑσπέρῳ ὄφρα πέλω.
τοὔνεκα καλλείψας τάδε δάκρυα θῦε, πάτερ μοι·
ἀστέρα γάρ μ' ἐσορᾷς ἵππῳ ἐφεζόμενον.

Relief. Albanum, Latium. Anf. 3. Jh. n. Chr. – Röm. Mitt. 58, 1943, 70ff. (GV 861).

## 311

ἤμην ὡς ἤμην φωνὴν καὶ πνεῦμα καὶ εἶδος,
ἀρτιτόκου φωτὸς ψυχίον ἔνδοθ' ἔχων,
αἴσιος ἐν φιλότητι καὶ ὄλβιος ἐν πραπίδεσσι,
μηδὲν ἄγαν φρονέων, θνητὰ δὲ πάνθ' ὁρόων·
5 ἦλθον, ἀπῆλθον ἄμεμπτος, ἃ μὴ θέμις οὐκ ἐδόκευσα,
εἴτ' ἤμην πρότερον, εἴτε χρόνοις ἔσομαι·
παιδεύθην, παίδευσα, κύτος κόσμοιο πέδησα,
θείας ἀθανάτων φωσὶ φράσας ἀρετάς.
9 κεύθει γαῖα φίλη με· τί δ' ἁγνὸν ὅμως ὄνομ'; ἤμην
πᾶσι Φίλητος ἀνήρ, τῆς Λυκίης Λιμύρων.

Marmortafel. Rom. 3. Jh. n. Chr. — IG XIV 2068. (Kaibel 615. GV 1113).

## 312

Πρόκλος ἐγὼ γενόμην Λύκιος γένος, ὃν Συριανός
ἐνθάδ' ἀμοιβὸν ἑῆς θρέψε διδασκαλίης.
ξυνὸς δ' ἀμφοτέρων ὅδε σώματα δέξατο τύμβος·
αἴθε δὲ καὶ ψυχὰς χῶρος ἕεις λελάχοι.

Athen. 485 n. Chr. — Marinos, Vita Procli 36. (GV 1060).

## 313

Ἀίδης μὲν σύλησεν ἐμῆς νεότητος ὀπώρην,
κρύψε δὲ παππῴῳ μνήματι τῷδε λίθος.
οὔνομα Ῥουφῖνος γενόμην, παῖς Αἰθερίοιο,
μητρὸς δ' ἐξ Ἀγάθης. ἀλλὰ μάτην γενόμην·
5 ἐς γὰρ ἄκρον μούσης τε καὶ ἥβης ἧκον ἐλάσσας,
φεῦ, σοφὸς εἰς Ἀίδην καὶ νέος εἰς ἔρεβος.
κώκυε καὶ σὺ βλέπων τάδε γράμματα μακρόν, ὁδῖτα·
δὴ γὰρ ἔφυς ζωῶν ἢ παῖς ἠὲ πατήρ.

Prusa, Bithynien. 6. Jh. n. Chr.? — Anth. Pal. 7, 558. (GV 968).

süßester Vater, und trauere nicht fürder so elend, indem du dich unaufhörlichem Schmerz in deiner Brust überläßt. |⁷ Denn nicht Hades in der Unterwelt birgt mich unter der Erde, sondern des Zeus Genosse, sein Adler, hat mich geraubt, |⁹ wie ich hier schön zu Pferde sitze und mich der Fackel freue, auf daß ich dort des Morgensterns und des schönen Abendgestirnes Gefährte würde. |¹¹ Laß deswegen ab von deinen Tränen da und opfere mir, Vater; denn ein Stern ist dein Kind, das du hier zu Pferde sitzen siehst.

### 311

Ich war, wie ich eben war, an Stimme, Verstand, Aussehen, und eines neugeborenen Kindes Seelchen trug ich in der Brust. |³ Glücklich war ich in der Freundschaft, gesegnet mit Verstandesgaben, mit keinem Urteil oder Gedanken griff ich zu hoch, denn ich sah, daß alles sterblich war. |⁵ Ich ging, wie ich kam, unbescholten; was dem Menschen versagt ist, suchte ich nicht zu ergründen: ob ich vordem schon gelebt habe, ob ich später wieder leben werde. |⁷ Ich wurde belehrt und belehrte, den weiten Raum des Kosmos bezwang ich und zeigte den Kindern der Unsterblichen göttliche Tugenden. |⁹ Die liebe Erde deckt mich nun. Welches jedoch mein reiner Name ist? Nun, ich war allen Menschen 'Der Beliebte' (Philetos), aus Limyra in Lykien.
Vgl. Anhang S. 341.

### 312

Proklos hieß ich, Lykier von Herkunft, Syrianos hatte mich hier zu seinem Schulnachfolger erzogen. |³ Nun nahm unser beider Leib gemeinsam dies Grab hier auf; möchte doch auch unseren Seelen die gleiche Heimstatt zuteil werden.

### 313

Hades raubte meiner Jugend Früchte, und im Grab der Ahnen barg mich dieser Stein. |³ Mit Namen hieß ich Rufinus, Sohn des Aitherios, und meine Mutter war Agathe. Doch umsonst kam ich zur Welt, |⁵ denn als ich den Gipfel musischer Bildung und des Jünglingsalters erreicht hatte, ach da mußte ich mit all meiner Kunstfertigkeit zum Hades, in der Blüte meiner Jahre zum Reich der Finsternis. |⁷ Klage auch du laut, Wanderer, wenn du diese Inschrift liest: bist doch auch du von sterblichen Menschen sei es das Kind, sei es der Vater.
Vgl. Anhang S. 342.

### 314

θεσμοὶ μὲν μεμέληντο συνήθεες Ἀγαθονίκῳ,
  Μοῖρα δὲ δειμαίνειν οὐ δεδάηκε νόμους,
ἀλλά μιν ἁρπάξασα σοφῶν ἤμερσε θεμίστων,
  οὔπω τῆς νομίμης ἔμπλεον ἡλικίης.
5 οἰκτρὰ δ' ὑπὲρ τύμβοιο κατεστονάχησαν ἑταῖροι,
  κείμενον οὗ θιάσου κόσμον ὀδυρόμενοι·
ἡ δὲ κόμην τίλλουσα γόῳ πληκτίζετο μήτηρ,
  αἰαῖ, τὸν λαγόνων μόχθον ἐπισταμένη.
9 ἔμπης ὄλβιος οὗτος, ὃς ἐν νεότητι μαρανθεὶς
  ἔκφυγε τὴν βιότου θᾶσσον ἀλιτροσύνην.

6. Jh. n. Chr. — Agathias, Anth. Pal. 7, 574. (GV 886).

### c) ERZÄHLUNG VOM TOTEN

(ungewöhnlich lange Gedichte)

### 315

Κεκροπία μὲν ἐμοὶ σαόφρων πέλει, ὦ ξένε, μήτηρ,
  ξυνὸν γῆς πατρίας οὔνομ' ἐνεγκαμένη,
ἐκ δὲ πατρὸς γενόμην μεγακύδεος ἐν Κεκρόπεσσι
  Θεοφίλου, προγόνοις καὶ γένει Εὐπατρίδου.
5 [τῶν γο]νέων καὶ πρὶν μὲν ἀνήρπασεν ἄγριος αἶσα
  [τέκνων] παρθενικὴν ἄνθος Ἀθηναΐδα·
ἀμφὶ δ' ἐμεῦ καὶ δῆμος ἅπας ἐδάκρυσεν Ἀθήνης
  εἵνεκεν ἡλικίας τ' ἠδὲ σαοφροσύνης
9 καὶ κάλλευς μελέων ἀνδρηίου, ὥς τε μάλιστα
  παιδείᾳ πινυτῇ καὶ σοφίῃ μελόμην·
δάκρυα δ' οὐ ψύχει γενέτης ἐμὸς οἰκτρός, ὀλέσσας
  εὐφροσύνην βιότου καὶ χέρα γηροκόμον.
13 μέτρον μοι ζωῆς ἔτη εἴκοσιν, οὔνομα Φαῖδρος,
  χήρας Λευκείας λέκτρ' ἀλόχου λιπόμην·
κούρην δ', ἣν τέκομεν, γεραροὶ κομέουσι τοκῆες
  βαιὴν ἀντὶ τόσης, δύσμοροι, ἀγλαΐης.

Stele. Athen. Ende 2. Jh. n. Chr. — IG II/III² 7447. (Kaibel 152. GV 1068).

### 316

ὀκτωκαιδεκέτιν με χυτὴ κόνις ἥδε καλύπτει
  Καλλιστώ, μητρὸς δεξαμένην ὄνομα,
ᾗ λείπω πανόδυρτον ἐνὶ μεγάροισιν ἀνίην
  πατρί τ' ἐμῷ Ζώῃ δάκρυα λυγρότατα.
5 ναίω δ' εὐσεβέων ἁγνὸν περικαλλέα χῶρον,
  σύνθρονος ἡρώων εἵνεκα σωφροσύνης.

### 314

Von früh bis spät lag Agathonikos nichts anderes am Herzen als das Gesetzbuch. Doch die Moira hat nicht gelernt, sich vor Gesetzen zu fürchten; |³ nein, sie hat ihn entführt und die weisen Rechtssprüche seinen Händen entrissen, bevor er noch das gesetzmäßige Alter ganz erreicht hatte. |⁵ Traurig klagten an seiner Gruft die Freunde und jammerten, daß ihres Bundes Zierde nun begraben liege. |⁷ Und die Mutter raufte sich die Haare und schlug sich weinend die Brust — ach, sie wußte, was es heißt, einem Kinde das Leben zu geben. |⁹ Und doch wie glücklich der Mensch, der, in der Jugend ausgelöscht, um so rascher der Verworfenheit dieses Lebens entfloh.

## c) ERZÄHLUNG VOM TOTEN

(ungewöhnlich lange Gedichte)

### 315

Kekropia ist meine verständige Mutter, Fremdling, gemeinsam mit dem Heimatland trägt sie diesen Namen; |³ väterlicherseits stamme ich von dem unter den Kekropskindern hochberühmten Theophilos, der von Ahnen und Geschlecht her Eupatride ist. |⁵ Den Eltern hat auch vordem schon das wütende Schicksal ein Kind geraubt, die blühende Jungfrau Athenais. |⁷ Um mich aber weinte auch das ganze Volk der Athena, wegen meiner Jugend und meiner Verständigkeit |⁹ und wegen der männlichen Schönheit meiner Glieder, und weil ich so eifrig um kluge Bildung und Weisheit mich mühte. |¹¹ Und meinem armen Vater trocknen nie mehr die Tränen, denn er verlor die Freude seines Lebens und die Hand, die sein Alter pflegen sollte. |¹³ Zwanzig Jahre nur waren meinem Leben zugemessen; mein Name ist Phaidros, als Witwe ließ ich meine Gattin Leukeia (Lucëia) auf dem Lager zurück. |¹⁵ Das Mädchen, das wir zeugten, pflegen nun die greisen Eltern: gering ist der Ersatz, der den armen anstelle solchen Glanzes geblieben ist.

### 316

Mit achtzehn Jahren deckt mich die Schütte Staubes hier, Kallisto. Meiner Mutter Namen erhielt ich, |³ der ich Jammer und Leid im Hause zurücklasse, wie bittere Tränen der Trauer meinem Vater Zōēs. |⁵ Ich wohne an der Frommen reiner, hochherrlicher Stätte, den Heroen zugesellt wegen meiner Züchtigkeit. |⁷ Meiner

ἀκμὴν δ' οὐ γενετῆρες ἐμήν, οὐκ ἐσθλὸς ὅμαιμος,
οὐ πόσις, ἀλλ' Ἀίδης λυγρὸς ἐκαρπίσατο.
9 τοῖός τοι θνητῶν μογερὸς βίος, ὧν ἀτέλεστοι
ἐλπίδες, αἷς Μοιρῶν νήματ' ἐπικρέμαται.
ἀλλά μοι, ὦ γενετῆρες, ἐσαθρήσαντες, ὁ θνητῶν
ὡς φέρεται πάντων λυγροπαθὴς βίοτος,
13 ἤδη δυστήνου κατὰ δώματα λήγετε πένθους·
καὶ φθιμένη γὰρ ἐμοὶ τοῦτο ποθεινότατον.

Lemnos. 2. Jh. n. Chr. — IG XII 8, 38. (Kaibel 151. GV 1162).

### 317

τὴν πᾶσιν θαυμαστὰ βίον κυκλοτέρμονα σεμνόν
λείπουσαν ζωῆς τύμβος ὅδ' ἀμφιέπει·
ἢν δ' ὄνομα ζητῇς, Διονυσία, ἣν μακαρίζει
πᾶς ὁ γνοὺς θείας ἃς ἔλαβεν χάριτας.
5 ἡνίκα γὰρ λυκάβαντας ἔθ' ἡλικίης δεκαπέντε
ἔσχεν, παντοκράτωρ λάτριν ἑὴν ἔθετο
Ἶσις, ταῖς δ' ἰδίαις κόσμησεν στολίσιν·
8 ἑξήκοντα δ' ἐτῶν ὅτε δὴ χρόνον ἡ λάτρις ἔσχεν,
τὴν ὁσίην ὁσίως στείλαθ' ἑὴν πρόπολον·
λουτρὸν γὰρ φαίδρυνε καλὸν χρόα, πλεξαμένη δέ
τοὺς ἱεροὺς πλοκάμους ἴλλαθ' ὑγραῖς σταγόσιν.
12 βωμὸν δ' ὡς προσιοῦσ' εὐχὰς θέτο, σεμνὴ ἅπασιν
ἄστρ' ἔβα, ὡς ἀνόσως ᾤχετ' ἐς ἡμιθέους.

Stele. Megalopolis, Arkadien. 2./3. Jh. — IG V2, 472. (GV 1163).

### 318

Ἀ[ρέσκουσαν τήνδε γονεῖς κλαίουσι θανοῦσαν]
ἠδ' ὅσσοι ταύτ[ην λαοὶ ἔχουσι πόλιν]·
ἦν μὲν γὰρ γενεῆς ἰδίης περι[καλλὲς ἄγαλμα],
ὡς σέλας ἠελίου, ὡς ῥόδεος στέφανος,
5 εἶδος ἔχουσ' ἐρατὸν ἴκελον χρυσῇ Ἀφροδίτῃ,
ἔργα δ' Ἀθηναίῃ καὶ φρένας ἠδὲ νόον.
οὔ κέν τις ψεύσαιτο πρὸς Οὔλυμπόν [μιν ἀεῖραι]
Κύπριδι νηοπόλον ἀθανάτους μ[υχίαν]
9 ἢ καὶ Ἀθηναίης πάρεδρον θέμεν ἠὲ [θεράπνην]
Ἀρτέμιδος καλῆς τοξοφόρου λοχίης,
παντοίης ἀρετῆς καὶ εἴδεος εἴνεκ' ἐραστοῦ
καὶ πινυτῆς ἐρατῆς καὶ φρενὸς ἠγαθέης.
13 τῷ ῥ' ἄμοτον κλαίοντες ἐν οἴκοις οὔποτε θυμόν
αἰνοπαθῆ δακρύων πλήσουσιν γενέται,
σὴν ἀρετὴν τεά τ' ἔργα σαοφροσύνην τε ποθοῦντες
εἶδός τε ἠγάθεον, Ἀρέσκουσα κλυτή.

Marmortafel. Boiai, Lakonien. 2./3. Jh.? — IG V1, 960. (GV 924).

Jugend Blüte durften sich die Eltern nicht, nicht der edle Bruder, nicht ein Gatte erfreuen, sondern der traurige Hades pflückte sie. |⁹ So ist der Menschen mühseliges Leben: unerfüllt bleiben ihre Hoffnungen, über denen stets drohend das Schicksal schwebt, das die Moiren ihnen spinnen. |¹¹ Doch ihr Eltern, die ihr seht, wie aller Sterblichen zu traurigem Leid bestimmtes Leben hintreibt, |¹³ höret nun auf, mit der Unglücksklage das Haus zu erfüllen; denn auch mir Toten ist dies der sehnlichste Wunsch.

### 317

Auf eine allen erstaunliche Art schied aus ihres frommen Lebens erfüllten Tagen die ehrwürdige Frau, welche dieses Grab hier umhegt. |³ Du fragst nach ihrem Namen: Dionysia, die ein jeder selig preist, der gehört hat, welch göttlicher Gnade sie teilhaftig wurde. |⁵ Denn als ihre Jugend erst fünfzehn Jahre noch zählte, machte sie die Allherrin Isis schon zu ihrer Priesterin und schmückte sie mit ihrer eigenen Gewandung. |⁸ Als die Priesterin dann das Alter von sechzig Jahren hatte, da berief sie fromm ihre fromme Dienerin zu sich: |¹⁰ ein Bad hatte ihren schönen Leib rein gewaschen, die heiligen Locken hatte sie sich zu Flechten aufgebunden und mit feuchten Tropfen besprengt, |¹² war dann zum Altar geschritten und brachte eben ihre Gebete dar, da wurde die von allen verehrte Frau zu den Sternen entrückt: ohne Krankheit ging sie so zu den Halbgöttern ein.

### 318

Die tote Areskusa hier beweinen die Eltern und alle Leute, welche diese Stadt bewohnen. |³ Denn sie war ihres Geschlechtes schönste Zierde, dem Licht der Sonne vergleichbar oder einem Kranz von Rosen, |⁵ ihre liebliche Gestalt glich der goldenen Aphrodite, ihre Arbeiten, ihr Geist und Verstand nahmen es mit Athena auf. |⁷ Wer meint, die Götter hätten sie als Tempelwärterin der Kypris in den Olymp erhoben, geht gewiß nicht fehl; |⁹ sie mögen sie auch wohl Athena zur Genossin gegeben haben oder der schönen Artemis, der bogenbewehrten Göttin der Kindbetterinnen, zur Gesellschafterin, |¹¹ wegen ihrer vielfachen Tugend und ihrer lieblichen Gestalt, ihrer sympathischen Verständigkeit und ihrer göttlichen Klugheit. |¹³ Daher werden zu Hause die Eltern nie aufhören, um dich zu klagen, und ihr schwergeprüftes Herz der Tränen nie ersättigen, |¹⁵ in Sehnsucht um deine Tugend, deine Werke, deine Verständigkeit trauernd und um deine göttliche Schönheit, rühmliche Areskusa.

## d) BESONDERE FORMEN DER ANREDE

### α) AN DEN BETRACHTER GERICHTETE AUFFORDERUNG

**319**

μοῖραν ἐμὴν δάκρυσον ἀμείλιχον, ὦ παροδῖτα·
τόνδε γὰρ ἡ τυννὴ Δόξα κάτειμι τάφον,
ἀλγύνουσα τοκῆος ἐγὼ κέαρ ἠδὲ σέ, μῆτερ,
τόσσον, ὅσον χαρίτων εἶχον ἐν ἀμφοτέροις·
5 ἡ γὰρ ἐμοὺς αἰῶνας ἐποπτεύσασα χελιδὼν
τὸ τρίτον ἡ ξείνη μύρατ' ἀποιχομένην·
ἀντὶ δέ μοι τούτους ἐτέων πόρε μῆνας ἀμέτρων,
τοῦτο δὲ καὶ γῆρας νήσατό μοι Λάχεσις·
9 ἐλπίδα καί μοι πᾶσαν ἐνηλλάξαντο τοκῆες,
κατθέμενοι τύμβῳ χερσὶν ἑῇσι νέκυν.
ἀλλά, πάτερ, λείπω καὶ σοὶ πολὺ δάκρυ, τεκοῦσα,
ἐλπίδας ὑμετέρας Ἄιδι παρθεμένη.

Relief. Madytos, Thrak. Hellespont. 1. Jh. n. Chr. — Verz. d. Vorl. Akad. Braunsberg, SS. 1913, 7f., 7. (GV 1237).

**320**

κλαύσατε πάντες ἐμὸν γοερὸν μόρον οἱ παριόντες,
στάντες ἐμῆς ὀλίγον πρόσθε λυγρῆς σποδιῆς,
κλαύσατε τὴν δύστηνον, ἐφ' ᾗ μέγα πένθος ἔχουσιν
νυκτὶ καὶ ἠελίῳ δυστοκέες τοκέες·
5 ἧς ζυγὸν οὐκ εἶδον τὸ γαμήλιον, οὐδ' ὑμέναιον
ᾖσέ τις οἰνοχαρὴς πρόσθεν ἐμῶν θαλάμων.

Rom. 2. Jh. n. Chr. — IG XIV 2125. (Kaibel 564. GV 1243).

\*

**321**

τοῖσιν ἀνειρομένοις, τίνος ἠρίον, εἴφ' ὅτι Πρίμας,
ἃ βίον εἰν ἁγνᾷ κλαδόνι τερμάτισε,
γεινομένῳ χάριτας, γαμέτᾳ λέχος, υἱέϊ φάμαν
ἄψογον ἐς πυμάταν ἀῶ ἐνεγκαμένα·
5 τῶν ἕνεκ' εὐσεβέων με καθ' ἱερὸν ἄγαγε χῶρον
Ἑρμᾶς· αἰνείσθω καὶ 'ν χθονὶ σωφροσύνα.

Stele. Korinth. 2. H. 2. Jh. n. Chr. — Corinth VIII 1, 130. (GV 1294).

## d) BESONDERE FORMEN DER ANREDE

## α) AN DEN BETRACHTER GERICHTETE AUFFORDERUNG

### 319

Beweine mein freudloses Geschick, Wanderer. Denn die in diesem Grabe hier ruht, bin ich, die kleine Doxa. |³ Meines Vaters Herzen und dir, Mutter, mache ich so viel Schmerz, wie ich Freundliches von euch beiden empfangen habe. |⁵ Denn die Schwalbe aus der Fremde, die mich alle Jahre wieder begrüßte – als sie zum dritten wiederkehrte, beklagte sie meinen Tod. |⁷ Statt ungezählter Jahre hatte mir Lachesis nur soviel Monate gewährt, und dies(e kurze Spanne) sollte auch mein Greisenalter sein, das sie mir zugesponnen hatte. |⁹ Ja, und jegliche Hoffnung gaben die Eltern mit mir dahin, als sie meinen Leib mit eigener Hand ins Grab legten. |¹¹ Nein, Vater, dir und dir, Mutter, hinterlasse ich eitel Tränen, alle eure Hoffnungen habe ich mit ins Grab genommen.

### 320

Weinet alle, die ihr des Weges kommt, über mein jammervolles Geschick, und bleibet ein wenig stehen vor meiner traurigen Asche: |³ weinet über die Unglückliche, um die schmerzliches Leid tragen Tag und Nacht die armen Eltern, die mich nur zu ihrem Unglück gezeugt haben; |⁵ meinen Hochzeitsbund durften sie nicht erleben, kein weinfroher Sänger hat mir vor meiner Kammer das Hochzeitslied angestimmt.

Vgl. Anhang S. 342.

\*

### 321

Denen, die fragen, wem dies Grab gehört, antworte: Prima, die ihr Leben als eine Frau von reinem Ruf beschloß: |³ dankbares Kind war sie dem Vater, treue Gattin dem Gatten, Vorbild untadliger Nachrede bis zum letzten Tage dem Sohne. |⁵ Deswegen hat Hermes mich zu der Frommen heiliger Stätte geleitet; gesungen sei auch in der Erde noch das Lob der Züchtigkeit.

### 322

γνῶθι μετ' εὐσεβέεσσι σαόφρονα Δωρίδα κεῖσθαι,
ἀντ' ἀρετῆς ἱερὸν χῶρον ἀνευρομένην·
οὐ γὰρ ἅπασιν ὁμῶς θάνατος βαρύς, ἀλλ' ὅτις ἐσθλός,
οὗτος καὶ θανάτου κοῦφον ἀπέσχε τέλος.

Grabbau. Memphis. 2./3. Jh. — CIG III 4703. (Kaibel 259. GV 1289).

*

### 323

βαιὸν ἐπιστήσας ἴχνος ἐνθάδε τύμβον ἄθρησον
παιδὸς ἄφνω μαζῶν μητρὸς ἀποπταμένου·
ὤχετο δ' ἐν νεκύεσσι λιπὼν πατρὶ πένθος ἄληκτον,
δισσὴν πληρώσας πεντάδα τῶν συνόδων.
5 τοῖος δ' ἦν γεγαὼς οἷός ποτ' ἔφυσεν Ἴακχος
ἢ θρασὺς Ἀλκείδης ἢ καλὸς Ἐνδυμίων.

Relief. Rom. 2./3. Jh. — IG XIV 2126. (Kaibel 690. GV 1280).

### 324

κωφῆς ἐκ πέτρης λόγον ἔμπνουν δέξαι, ὁδῖτα,
βαιὸν ἐπιστήσας ἴχνος ὁδοιπορίης·
ἐνθάδ' ἐγὼ κεῖμαι Τελέους υἱὸς Θεόπειστος,
εἰκοσιεπτὰ ἐτῶν εἰς Ἀίδην καταβάς,
5 πᾶσιν ἀνέγκλητος γεγονώς· ἔθανον δὲ πρὸ ὥρας,
οὐχὶ πονηρὸς ἐών, ἀκρισίᾳ δὲ Τύχης·
»δύστηνος« φήσει τις· ἐγὼ δ' ὑποβὰς τόδ' ἂν εἶπον·
οὐ πάντως, τάχ' ἴσως δ' εὐτυχίας μετέχων·
9 εἰ γὰρ τῇ μακρᾷ ζωῇ λῦπαι παρέπονται
καὶ δεῖ ὅμως ταύτας ἐκτελέσαντα θανεῖν,
κεῖνος ἂν εὐδαίμων εἴη μᾶλλον παρὰ πάντας,
ὁ στυγεροῦ γήρως οὐκ ἐσιδὼν βίοτον.

Stele. Halai, Lokris. 2./3. Jh. — IG IX1, 256. (Geffcken 374. GV 1298).

### 325

οὐ δολιχὴ παρ' ὁδόν σε γραφὴ στηλῖδος ἐρύξει·
στῆθι καὶ ἥτις ἐγὼν ἔνθα μαθὼν ἄπιθι·
Λαυδίκη οὔνομά μοι, πατρὶς Σάμη, Ἄλκιμος ἀνήρ,
θῆλυ τέκος, μήτηρ καὶ τριχὶ γηραλέη,
5 σὺν δὲ κασίγνητος καὶ ἀδελφεή, οὕσπερ ἅπαντας
ἐς φάος ἠελίου κάλλιπον ὠκύμορος,
οὐ πυρετοῖς φλεχθεῖσα, νόσων ἄτερ, οὐ μελεδώναις,
ἰχθυβόρος δὲ ἀφάτως λαιμὸς ἔκλεισε πνοάς.

Rom. 2./3. Jh. — IG XIV 1703. (GV 1322).

## 322

Wisse, daß die züchtige Doris bei den Frommen weilt, für ihre Tugend fand sie an heiliger Stätte den Lohn. |³ Denn nicht ist der Tod für alle gleichermaßen ein schweres Los, sondern wer ein edler Mensch war, der empfängt am Ende seiner Tage auch einen leichten Tod.

\*

## 323

Verhalte hier einen Augenblick deinen Schritt und betrachte das Grab eines Kindes, das jach von der Brust der Mutter (gerissen wurde und wie ein Vogel) davonflog. |³ Nicht endenden Schmerz hinterließ es dem Vater, als es zu den Toten ging, nachdem es nur zweimal fünf Mondwechsel erlebt hatte. |⁵ Und so war es geartet, wie einmal Iakchos gewesen ist oder der kühne Alkide oder der schöne Endymion.

## 324

Vom stummen Stein vernimm beseelte Rede, Wanderer, verhalte einen Augenblick deinen Schritt auf deiner Wanderung. |³ Hier liege ich, Theopeistos, Sohn des Teleas. Mit siebenundzwanzig Jahren stieg ich zum Hades nieder, |⁵ in allem ein unbescholtener Mann. Vor der Zeit mußte ich sterben, ohne ein Leiden, lediglich ein Opfer der Urteilslosigkeit der Tyche. |⁷ „Der Unglückliche!" wird einer sagen. Ich hier unten möchte entgegnen: Keineswegs, sondern richtiger vielleicht so: „Glückes hat er sein Teil"; |⁹ denn wenn einem langen Leben Sorge und Kummer nachfolgen und wenn man dann, hat man diese ausgeschöpft, dennoch sterben muß, |¹¹ so sollte eher der Mensch vor allen anderen als glücklich gelten, der das verhaßte Alter nicht erlebte.
Vgl. Anhang S. 342.

## 325

Mit keiner langen Inschrift wird dich die Stēlē hier am Wege aufhalten; bleib stehen und geh erst weiter, wenn du gehört hast, wer ich bin, die hier begraben wurde. |³ Laodike heiße ich, meine Heimat ist Samē, Alkimos mein Mann, ein Mädchen mein Kind, eine Frau im greisen Haar schon meine Mutter, |⁵ auch Bruder und Schwester habe ich. Diese alle ließ ich im Licht der Sonne zurück, als ich vor der Zeit verstarb: |⁷ nicht von Fiebergluten verbrannt, nicht Opfer zehrender Krankheit oder von Kümmernissen heimgesucht, nein, kaum mag ich davon reden: beim Verzehren eines Fisches wurde meiner Kehle der Atem abgewürgt.

### 326

μὴ παρίῃς πολύδακρυν ἐμὸν τάφον, ὦ παροδῖτα,
ἂν δ' εἰδῇς ἐλέγους, οἶκτον ἐμοὶ χάρισαι.
τὸν νέκυν ἐνθάδ' ἔθηκε πατὴρ φιλότεκνος ἄωρον,
ἡλικίην ἐτέων εἴκοσι, οὐ πλεόνων.
5 οὔνομα δὲ γνώσεις, λέξω πάτρην ἐρατεινήν·
Ἑρμοῦ μὲν πόλεως ἐνναέτην ἐσορᾷς·
ἐκ γενετῆς ἔμ' ἔκληζε Διόσκορον υἱὸν Ἀχιλλεύς,
ὃν βαρέως κλαύσας οἰκτρὸν ἔθαψε πατήρ,
9 ἱρεὺς ἀρητῆρα· θεοὶ δ' οὐ πάντα δύνανται·
καὶ παῖδας μακάρων Μοῖρ' ἐδάμασσ' ὀλοή.

Kalksteinplatte. Hermupolis, Ägypten. 3. Jh. n. Chr. — ASAntEg. 50, 1950, 408ff., 3. (GV 1308).

\*

### 327

ἄνθρωπος τοῦτ' ἔστι· τίς εἶ, βλέπε, καὶ τὸ μένον σε·
εἰκόνα τήνδε ἐσορῶν σὸν τὸ τέλος λόγισαι
καὶ βιότῳ χρῆσαι μήθ' ὡς ἐς αἰῶνας ἔχων ζῆν
μήθ' ὡς ὠκύμορος, ἵνα γηράσαντά σε πολλοί
μαστίξωσι λόγοις θλιβόμενον πενίῃ.

Relief. Smyrna. 1./2. Jh. — Gids d. d. verzameling v. Nederl. en Rom. oudheden 54. (Kaibel 303. GV 1364).

### 328

τίπτε μάτην, ὦ ξεῖνε, κεναῖς φρεσὶ σαῖσι πέποιθας;
δέρκεο, μὴ δαίμων ἐχθρὸς ὄπισθε γελᾷ·
οὐδὲν ἐν ἀνθρώποις γὰρ ἀριφραδές· εἴ σε μέλει σῶν,
ἴσθ' ὅτι τῶν πάντων Μοῖρα κρατεῖ γε μόνη.
5 καὶ γὰρ ἐγώ ποτ' ἔην ὅπερ εἶ σύ, ἀλλ' ὑπὸ Λήθην
ἤλυθα μηδὲ τέκνον ἐ(ν)ὶ δώμασι τἀνδρὶ λιποῦσα,
πλησαμένη δ' ἐτέων δεκάδας δύο τῷδ' ἐνὶ τύμβῳ
Ἐλπιτύχη κεῖμαι σῆμα παρερχομένοις.

Stele. Athen. 2./3. Jh. — IG II/III² 11267. (GV 1366).

#### β) AN DEN TOTEN GERICHTETE REDE

### 329

καὶ πινυτήν, Στρατόνικε, καὶ ἤθεα κεδνὰ φυλάσσων
ὤλεο, τῷ λυγρῷ πατρὶ λιπὼν δάκρυα,
θεῖε φίλε, προτέροις ἐναρίθμιε· μυρία δ' αἰών
πεύσεται ἐκ βίβλων σὴν σοφίην ἐρατήν.

Relief. Pantikapaion. 1. Jh. n. Chr. — IzvArchKom. 54, 1914, 71ff., 5. (GV 1475).

### 326

Geh nicht vorüber an meinem vielbeweinten Grabe, Wanderer, und wenn du Bescheid weißt mit Klageliedern, so vergönne mir dein Mitgefühl. |³ Den Toten hier begrub ein Vater, der sein Kind liebhatte, vor der Zeit, im Alter von zwanzig Jahren, mehr waren es nicht. |⁵ Den Namen sollst du erfahren, auch die liebliche Heimat will ich dir nennen: einen Bürger der Hermes-Stadt siehst du; |⁷ seit meiner Geburt nannte mich mein Vater Achill Dioskoros. Laut klagend hat er mich begraben, sein Ungluckskind, |⁹ er, der Priester, den Diener der Götter. Nicht alles vermögen die Himmlischen: auch Kinder der Seligen bezwang die verderbliche Moira.

*

### 327

Ein Mensch ist dies: sieh, wer du bist und was dich erwartet; blick auf dies Bild und denk nach über dein Ende. |³ Lebe dein Leben weder wie ein Mensch, der noch eine Ewigkeit vor sich hat, noch wie einer, der bald sterben wird, damit dich im Alter nicht die Peitsche des Spottes trifft, wenn Armut dich bedrückt.

Vgl. Anhang S. 342.

### 328

Wozu, Fremdling, verläßt du dich töricht auf deine nichtige Klugheit? Sieh zu, ob nicht der feindliche Dämon hinterher lacht. |³ Denn im Menschenleben gibt es nichts, das verläßlich vorauszubestimmen wäre. Wenn dir an deinen Angelegenheiten etwas liegt, so wisse, daß über alles Moira allein die Gewalt hat. |⁵ Denn auch ich war einmal, was du jetzt bist, doch ich kam in Lethes unterirdisches Reich, und nicht einmal ein Kind ließ ich meinem Mann zu Hause zurück; |⁷ nur zweimal zehn Jahre machte ich voll und liege nun in diesem Grabe hier: 'Elpityche' liest, wer an diesem Male vorübergeht.

## β) AN DEN TOTEN GERICHTETE REDE

### 329

Verständigkeit wahrend, Stratonikos, und sorglichen Sinn, bist du dahingegangen, Tränen hinterlassend dem trauernden Vater, |³ zugezählt nun, göttlicher Freund, denen, die vor dir waren; doch Jahrhunderte noch werden aus deinen Büchern von deiner liebenswürdigen Weisheit vernehmen.

## 330

δὶς δέκα καὶ δισσοὺς πλήσας ζωῆς λυκάβαντας
καὶ ποθέσας ἀρετὴν στεργομένην ὀλίγοις
ἤλυθες εἰς Ἀίδην ζητούμενος οἷς ἀπέλειπες·
πᾶσι γὰρ ἀλγηδὼν ἐσθλὸς ἀποιχόμενος.
5 εἰ δέ τις ἐν φθιμένοις κρίσις, ὡς λόγος ἀμφὶ θανόντων,
Σώγενες, οἰκήσεις εἰς δόμον εὐσεβέων.

Rheneia. 1. Jh. n. Chr. — CIG II p. 1050, 2322 b[93]. (Kaibel 215. GV 1474).

## 331

δαίμονος ἀντιάσασα κακοῦ, νεόνυμφε Μόδεστα,
ὤλεο, καλλίστη, πατρίδι τ' ἠδὲ πατρί,
νήπιον υἷα λιποῦσα κασιγνήτους τε καὶ ἄνδρα
χῆρον καὶ τοκέας γήραϊ τειρομένους
5 καὶ θάλαμον καὶ λέκτρον· ἐρημαίη δ' ἐπὶ τύμβῳ
στήσομαι ἀντὶ κόρης δακρυόεσσα λίθος.
οἰκτείρω σε, γέρον πάτερ Αἰσχύλε· καὶ γὰρ ἄναυδοι
στῆλαι τοιούτοις πένθεσι τειρόμεθα.
9 αἰνοπάτηρ γέγονας· Μάριος δ' ἐδέδεκτο γεγηθώς,
ὁ πρῶτος λύσας ζώματα παρθενίας.

Stele. Synnada, Phrygien. 1. Jh. n. Chr. — MAMA IV 83. (GV 1476).

## 332

τίς σου μοῖρα, τάλαινα, κατέσβεσε τὸ γλυκὺ φέγγος
κεῖνο καὶ ἀρτιφυῆ παιδοκόμην πλόκαμον;
ἣν μούνην ὠδῖνες ἐτεκνώσαντο τοκεῦσιν,
παρθένε Νικαία, νῦν δ' Ἀίδης κατέχει.
5 σοὶ γενέται δ' Ἐπίνικος ἰδ' αἰνοπαθὴς Διοδώρα
ἐννεετῆ σε τάφῳ δάκρυσιν ἐκτέρισαν.
ἤματα δ' ἐννέα νοῦσος ἐπὶ στρωμναῖς ἐσάλευσεν,
ἧς τὸ περίβλεπτον κάλλος ἐληίσατο.

Stele. Antiocheia, Syrien. 1. Jh. n. Chr. — IGLSyr. III 915 u. S. 685. (GV 1554).

## 333

οὐ λόγον, ἀλλὰ βίον σοφίης ἐτυπώσαο δόξαν,
αὐτοδαὴς ἱερῶν γινόμενος κριμάτων·
εὕδων οὖν, Ἑκαταῖε, μεσόχρονος, ἴσθ' ὅτι θᾶσσον
κύκλον ἀνιηρῶν ἐξέφυγες καμάτων.

Relief. Bosporos. 1./2. Jh. — Iz istorii Bospora 76, 12. (GV 1812).

### 330

Zweimal zehn Jahre deines Lebens machtest du voll und zwei darüber; nach der Tugend strebtest du, die heute nur wenige lieben, |³ und als du zum Hades gingst, vermißten dich alle, die du zurückließest, denn allen ist das Scheiden eines edlen Menschen ein Schmerz. |⁵ Gibt es aber in der Unterwelt ein Gericht, wie man sich über die Toten erzählt, Sogenes, so wirst du Wohnung erhalten im Hause der Frommen.

### 331

Einem bösen Dämon begegnetest du, jungvermählte Modesta, und bist nun dahingegangen, du Schöne, dem Vater und der Heimat zu Leide, |³ einen unmündigen Sohn zurücklassend, deine Brüder, den verwitweten Mann, die vom Alter gebeugten Eltern, |⁵ die Kammer, das Bett. Einsam werde ich nun auf dem Grabe stehen, statt der jungen Frau ein trauriger Stein. |⁷ Mitleid fühle ich mit dir, alter Vater Aischylos, denn auch wir stummen Stēlen leiden mit solchem Schmerz: |⁹ zum Unglücksvater wurdest du. Freudig doch empfing die Tote Marius, der ihr einst zuerst den jungfräulichen Gürtel gelöst hat.

### 332

Armes Kind, welches Geschick hat dir jenes süße Licht gelöscht und den Schmuck deiner eben voll gewordenen Mädchenlocken zerstört? |³ Dich allein hatten schmerzliche Wehen deinen Eltern zum Kinde gegeben, Mädchen Nikaia, und nun hat dich der Hades dahin. |⁵ Dein Erzeuger Epinikos und die schmerzgebeugte Diodora haben dich mit neun Jahren schon unter Tränen ins Grab legen müssen. |⁷ Neun Tage lang hat die Krankheit dich auf deinem Schmerzenslager geschüttelt und dich deiner vielbewunderten Schönheit beraubt.

### 333

Nicht deine Rede, sondern dein Leben hast du zu einem Abbild rühmlicher Weisheit gemacht, und ohne Lehrer hast du heilige Entscheidungen gemeistert. |³ Wenn du denn also schon in mittleren Jahren den Schlaf des Todes schlafen mußt, Hekataios, so wisse: auf solche Weise bist du nur um so rascher der ewigen Wiederkehr von schmerzlicher Müh und Plage entflohen.

## 334

εὔδιον ἐκ μακάρων ἀνύσαντά σε τὰν ἀόρατον,
Γοργία εὐγήρως, ἀτραπιτὸν βιότου
ὄλβου τηλεθάοντος ἐκοίμισεν ὕπνος ὁ λήθης
κᾶντα πρὸς ἑπταπόρου στᾶσέ σε Πληιάδος.
5 ἔξοχα δ' αἰνήσασα Θεόκτιτος ἅδε σε γαῖα
φροντίδι πανδήμῳ σὸν δέμας ἐκτέρισεν,
οὕνεκα καὶ πατέρων ἐπὶ γυμνάδος ἠδὲ φιλόπλου
πρόσθε νέων ἀγέλας ἔδρακεν ἀγεμόνα.
9 ἄλλα τ' ἐνὶ ζωᾷ τελέσαντά σε μυρία δάμῳ
καρύξει φάμα φέγγος ὕπ' ἀελίου,
ἐσθλὸν ἐν ἀμερίοισιν Ἀριστέου υἱὸν ἄριστον,
δόξαν ἑὰν ἀπαλοῖς παισὶ λιπόντα φίλοις.

Milet. 1./2. Jh. — CIG II 2892. (Kaibel 223. GV 1485).

## 335

τέκνον ἐμὸν Παῦλα, φθινύθω δακρύοις σε βοῶσα,
οἷά τις ἀλκυὼν παῖδά σ' ὀδυρομένη·
κωφὴ δ' ἀνταχοῦσι πέτρη καὶ τύμβος ἀπεχθής,
ὅς τὸν ἐμῶν τοκετῶν ἔσβεσεν ἥλιον·
5 ἀεὶ δ' ὡς Νιόβη πέτρινον δάκρυ πᾶσιν ὁρῶμαι
ἀνθρώποις, ἀχέων πένθος ἔχουσα μόνη.
ὦ τάφε καὶ δαίμων, μικρὸν μεθὲς εἰς φάος ἐλθεῖν
παῖδαν ἐμὴν Παῦλαν, δὸς δέ μοι εἰσιδέειν·
9 οὔ σοι Φερσεφόνη τόδε μέμψεται οὐδέ τις Ἅιδῃ,
ἢν τόσον ἀνστήσῃς παῖδαν ἐμὴν κατ' ὄναρ.

Stele. Smyrna. 1./2. Jh. — AnzAkWien 1953, 1, 20, 2. (GV 1545).

## 336

σῆμα τόδε Εὐδαίμων Διονυσίῳ, ὅν ῥ' ἕταρον ὥς
φίλατο, καὶ Μούσαις ἔξοχα φιλαμένῳ. —
εἰ καί μοι θυμός, Διονύσιε, τείρεται αἰνῶς
ἀμφὶ σοί, ἀλλ' ἔμπης οἷα πάρεστι δέχου
5 ὕστατα δή, φίλε, δῶρα· τὰ δ' ἄλλα τοι ὅσσα ἔοικε
καὶ πάρος Εὐδαίμων δῶκε καὶ οἰχομένῳ·
ζωὸν μὲν μεθέηκεν ἐλεύθερον, οὐδὲ πάροιθεν
οὔ σύ γε ἐπειρήθης πώποτε δουλοσύνης·
9 ἦ γὰρ ἔης αὐτῷ κεχαρισμένος ἐξέτι παίδων,
ἤπιος, ἐσθλὸς ἰδεῖν, εὔνοος, ἀγχίνοος,
καρπαλίμως γράψαι σημήια δίπλοα φωνῆς
Ἑλλάδος εὖ εἰδὼς ἠδὲ καὶ Αὐσονίων.

Gerahmter Marmorblock. Rom. 1./2. Jh. — IG XIV 1549. (Kaibel 580. GV 1546).

## 334

In heiterer Sicherheit hast du, Gorgias, glücklicher Eltern Sohn, noch im Alter vom Glücke gesegnet, des Lebens ungewissen Weg vollendet. Aus blühender Fülle heraus |³ hat dich der Schlaf der Vergessenheit zur Ruhe gebettet und dem Siebengestirn der Pleiaden gegenüber an den Himmel entrückt. |⁵ Vor allen anderen hat dich dies gottgegründete Land hier gepriesen und deinen Leib auf der Gemeinde einhellige Entschließung mit allen Ehren bestattet. |⁷ Denn im Gymnasium der Älteren und vor der Front der waffenfrohen Jungschar hatte sie dich als Anführer gesehen, |⁹ und was du sonst Unzähliges im Dienst der Stadt geleistet hast in deinem Leben, davon wird die Kunde immerdar zu melden wissen, solange diese Sonne scheint. |¹¹ Als ein edler Mann hast du dich unter den Menschen bewährt, herrlicher Sohn des Aristeas, und nun deinen Ruhm den zarten Kindern zurückgelassen, die du so lieb hattest.

## 335

Meine Tochter Paula, mit Tränen nach dir rufend verzehre ich mich, wie der Eisvogel klage ich um dich, mein Kind. |³ Der stumme Stein hallt davon wider und das verhaßte Grab, das meiner Kinder Sonne ausgelöscht hat. |⁵ Immerdar werde ich gleich Niobe wie eine zu Stein gewordene Tränenflut für alle Menschen anzusehen sein, denn nichts blieb mir als Kummer und Weh. |⁷ O Grab, o Dämon, vergönne, daß mein Kind Paula auf ein kurzes wieder zum Licht komme, laß sie mich noch einmal sehen. |⁹ Persephone wird dich dafür nicht schelten noch irgendwer sonst im Hades, wenn du mein Kind noch einmal aufstehen läßt – nur im Traum.

Vgl. Anhang S. 342 f.

## 336

Dies Mal (errichtete) Eudaimon für Dionysios, den er wie seinen Freund liebte, so wie dieser auch von den Musen vor anderen geliebt wurde. – |³ Wenn mein Herz auch schrecklich leidet deinetwegen, Dionysios, so nimm doch hier, |⁵ Lieber, die letzten Geschenke entgegen, die ich dir bieten kann. Was dir sonst zukommt, hat dir dein Eudaimon früher gegeben, auch damals, als du von uns gingst: |⁷ als du lebtest, hat er dich freigelassen, aber auch vordem hast du nie zu fühlen bekommen, was Knechtschaft ist, |⁹ denn von Kindesbeinen an warst du ihm lieb und wert: gütig wie du warst, edel von Angesicht, treu ergeben, scharfsinnig; |¹¹ und wie trefflich verstandest du dich darauf, beide, der griechischen wie der ausonischen Sprache Zeichen, schnell zu Papier zu bringen.

### 337

τόνδε τοι, ὦ Πάρι, τύμβον ἐποιήσαντο προμοίρως
εἰς θανάτοιο τέλος, δύσμορ', ἀπερχομένῳ
ἥλικες· ἀλλὰ σὺ τοῖον ἔχοις νόον, ὅνπερ ἔχεσκες,
μείλιχον ἐν ζωῇ, μείλιχον ἐν θανάτῳ.

Rom. 2. Jh. n. Chr. — IG XIV 1932. (GV 1429).

### 338

τόνδε τοι, Ἀστέρι, βωμὸν ἐγὼ θεράπων Διομήδης,
τιμῶν οἰχομένων κῦδος, ἀνιδρυσάμην.
τίς γὰρ ὅλην ἐπὶ σοὶ δακρύων οὐκ ἔκχυε πηγὴν
ἠὲ τίς οὐ στοναχεῖ σῶν γλυκύτητα τρόπων;

Rundaltar. Korykos, Kilikien. 2./3. Jh. — MAMA III 200. (GV 1430).

### 339

ὕπνος ἔχει σε, μάκαρ, πολυήρατε δῖε Σαβῖνε,
καὶ ζῇς ὡς ἥρως καὶ νέκυς οὐκ ἐγένου·
εὕδεις δ' ὡς ἔτι ζῶν ὑπὸ δένδρεσι σοῖς ἐνὶ τύμβοις·
ψυχαὶ γὰρ ζῶσιν τῶν ἄγαν εὐσεβέων.

Gerahmte Tafel. Soada, Batanaea. 2. Jh. n. Chr. — Le Bas-Waddington 2322 (Kaibel 433. GV 1484).

### 340

χαῖρε Λεοντιανοῦ πατρὸς παρὰ δακρυόεντος,
εἰν Ἀιδός περ ἐὼν χαῖρε, Λεοντιανέ,
παῖ φίλε· σὸς δὲ πατὴρ τῆμος βαρυκηδὲς ἀνιῶν
ἄχθος ἀποσβέσσω, σὴν ποθέων κεφαλήν,
5   καὶ πολὺ τερσανέω τότε δάκρυον, ἡνίκα σεῖο
ψυχὴν ἀθρήσω γῆν ὑποδυσάμενος.

Pfeiler. Pisidien. 2. Jh. n. Chr. — PASAthens 3, 1884/5, 306, 427. (GV 1397).

### 341

ἄνθεα πολλὰ γένοιτο νεοδμήτῳ ἐπὶ τύμβῳ,
μὴ βάτος αὐχμηρή, μὴ κακὸν αἰγίπυρον,
ἀλλ' ἴα καὶ σάμψουχα καὶ ὑδατίνη νάρκισσος,
Οὐίβιε, καὶ περὶ σοῦ πάντα γένοιτο ῥόδα.

Altar. Nemausus. 2. Jh. n. Chr.? — IG XIV 2508. (Kaibel 548. GV 1409).

### 342

καὶ σὺ πάρος μούσῃσιν ἐνιπρέψας, Θεόδωρε,
τὴν κοινὴν πάντων ἦλθες ἀταρπὸν ἔπι.

### 337

Paris, der du vor der Zeit eingegangen bist, Unglücklicher, zu des Todes Vollendung, dies Grab haben dir |³ deine Kameraden erbaut. Doch du, behalte du die Gesinnung, die du vordem hegtest: freundlich sei uns im Tode, wie du uns freundlich im Leben gewesen bist.

### 338

Diesen Altar errichtete dir, Asteris, dein Diener Diomedes, des Toten Ruhm zur Ehre. |³ Denn wer hätte über dich nicht seiner Tränen Quell voll strömen lassen, oder wer trauert der Süße deines Wesens nicht bitterlich nach?

### 339

Schlaf umfängt dich, seliger, vielgeliebter, göttlicher Sabinus, und du lebst weiter als Heros und bist nicht zu den Toten gekommen. |³ Du schläfst, als seist du noch am Leben, unter Bäumen in deinem Grabe. Denn die Seelen derer, die sehr fromm gewesen, leben weiter.

### 340

Nimm den Gruß deines weinenden Vaters Leontianos, nimm auch im Hades meinen Gruß, Leontianos, |³ liebes Kind. Dein leidgeprüfter Vater, ich werde des bekümmerten Herzens schwere Bürde, nach deinem lieben Haupt mich sehnend, |⁵ erst dann von mir werfen und der Tränen Strom nur trocknen, wenn ich selbst in die Erde eingehe und deine Seele dort schaue.

Vgl. Anhang S. 343.

### 341

Blumen mögen sprießen in Fülle auf deinem frischen Grabe; nicht struppiger Dornstrauch, nicht garstiger Ziegenbrand, Vibius, |³ sondern Veilchen und Majoran und geschmeidige Narzisse, und rings um dich her mögen lauter Rosen sprießen.

### 342

Auch du bist nun den Weg gegangen, den wir alle gemeinsam gehen, Theodoros, einst eine Leuchte der Dichtkunst. |³ Deines Geschlechtes Heimat ist Bithynion,

πάτρη σοι γένεος Βιθύνιον, ἐν δ' ἄρ' Ἀθήναις
γραμματικῆς τέχνης οὔνομ' ἔδεξο μέγα·
5 Βύζαντος δὲ πόλει κλέος ἤραο, καί σε θανόντα
μήτηρ ὣς λαγόσιν θήκατο δεξαμένη.
Λούκουλλος φιλίας τάδε σοι μνημήι' ἔγραψεν,
σῆς γλυκερῆς ψυχῆς κέντρον ἄπαυστον ἔχων.

Relief. Byzanz. 2. Jh. n. Chr. — Denkschr. Akad. Wien 13, 1864, 64ff., 43. (Kaibel 534. GV 1479).

### 343

οὐ Λήθης Ἑρμα[ῖέ σε κοίμισε νήγρετος ὕπνος],
οὐδέ σ' ἔκρυπτε τάφος, στυγνῆς δῶμα τύχης,
ἀλλά σ' ἔχων ἐς Ὄλυμπον ἀνήγαγεν εὔσφυρος Ἑρμῆς,
ἐκ χαλεποῦ μερόπων ῥυσάμενος βιότου.
5 αἰθέρα δ' ὀκταέτης κατιδὼν ἄστροις ἅμα λάμπεις,
πὰρ κέρας ὠλενίης αἰγὸς ἀνερχόμενος,
παισί τε νῦν ἐπαρωγὸς ἐνὶ σθεναραῖσι παλαίστραις
φαίνῃ, σοὶ μακάρων τοῦτο χαριζομένων.

Säule. Milet. 2. Jh. n. Chr. — RevPhil. 33, 1909, 6ff. (GV 1829).

### 344

βαιόν σοι τὸ μεταξὺ βίου θανάτοιό τ' ἔθηκε
καὶ τύμβου, Καπίτων, καὶ θαλάμοιο Τύχη,
νύκτα μίαν ψεῦστιν καὶ ἀνηλέα, τὴν ἄνις αὐλῶν,
τὴν δίχα σοι παστῶν, τὴν ἄτερ εἰλαπίνης·
5 αἰαῖ τὴν ἐπὶ πέπλα καὶ εἰς ἀμύριστα πεσοῦσαν
στέμματα καὶ βίβλους σεῖο, πρόμοιρε, τέφρην·
οἳ θρήνοισι βοητὸν ὑμήναον, οἳ προκελεύθους
λαμπάδας ὑστατίου καὶ κενεοῖο λέχους.

Pfeiler. Kyrene. 2. Jh. n. Chr. — CIG III 5172. (Kaibel 418. GV 1522).

### 345

δάκρυα νῦν σπένδω, βαρυπενθέα δάκρυα δ' ὔμμιν
βυσσόθεν ἐκ κραδίης μυρόμενος προχέω.
ἦ γὰρ ἐγὼν μέλεος κρυερῆς ἐνὶ βένθεσιν ἄτης
πλάζομ' ἀποφθιμένου φέγγεος ὑμετέρου·
5 ὃς πρὶν ὄφελλ' αὐτὸς δύμεναι χθόνα. ὣς γὰρ ἐπῆεν
λώιον ἢ φιλίων πικρὸν ἰδεῖν θάνατον,
ὅς σε, τέκος, νεότατος ἰδ' ἀγλαΐης ἀπάμερσεν,
ἔκγονον ἐνναέτην δ' ἥρπασεν οὐχ ὁσίως.
9 ἀλλ' ἤδη μακάρεσσιν ὁμὴν ὁδὸν εἰσανιόντες
οὐρανοῦ ἡμετέρων μνῆστιν ἔχοιτε γόων.

Marmortafel. Rom. 2. Jh. n. Chr. — Civiltà Cattolica 4, 1940, 44ff. (GV 1547).

in Athen machtest du dir als Grammatiker einen großen Namen, |⁵ der Stadt des Byzas gewannst du Ruhm, und nun hat sie dich wie eine Mutter zu sich genommen und den Toten im Schoß (ihrer Erde) geborgen. |⁷ Lukull hat dir diese Inschrift gesetzt, unserer Freundschaft zum Gedächtnis. Die Sehnsucht nach deiner süßen Seele bleibt ihm wie ein immer brennender Stachel im Herzen.

### 343
Nicht Lethes Schlaf, von dem es kein Erwachen gibt, hat dich zur Ruhe gebettet, Hermaios, nicht das Grab hat dich geborgen, verhaßten Geschickes Wohnung, |³ sondern der schnellfüßige Hermes hat dich bei der Hand genommen und zum Olymp emporgeführt, dich rettend aus der Menschen mühevollem Leben. |⁵ Den Äther hast du erblickt, ein achtjähriger Knabe, und leuchtest nun unter den Sternen, neben dem Horn der Ziege (Capella) im Ellbogen des Wagenlenkers (Auriga) aufgehend, |⁷ und erscheinst jetzt den Knaben in der kraftstählenden Palästra als Helfer; denn solche Gnade erwiesen dir die Seligen.

### 344
Eine kurze Spanne nur legte dir zwischen Leben und Tod, Capito, zwischen Grab und Brautkammer Tyche: |³ eine einzige betrügerische und grausame Nacht, die Nacht, die ohne Flötenklang blieb, die Nacht, die kein Hochzeitslied vernahm, die Nacht, in der nicht fröhlich getafelt wurde. |⁵ Weh über deine Asche, vor der Zeit uns Entrissener: sie fiel zusammen über Kleidern und Kränzen, die nicht von Spezereien getränkt waren, über Büchern (die unvollendet blieben). |⁷ Ach über den Hochzeitsruf, der Totenklage wurde, Ach über die Fackeln, die dich zum letzten, leeren Bette geleiteten.

### 345
Tränen bringe ich nun dar, leidschwere Tränen vergieße ich über euch und jammere aus meines Herzens Tiefe. |³ Denn wahrlich in einem Meer grausamen Leides werde ich Unglücklicher umhergetrieben, nun euer Licht untergegangen ist. |⁵ Ach wäre doch eher ich selber in den Schoß der Erde niedergestiegen, denn so wäre es besser gewesen, statt daß ich nun meiner Lieben bittern Tod sehen mußte, |⁷ der dich, Kind, der Jugend und aller Herrlichkeit beraubt und den neunjährigen Enkel frevelhaft entrafft hat. |⁹ Doch ihr seid jetzt auf dem gleichen Weg wie die Seligen zum Himmel emporgestiegen; mögt ihr dort niemals unserer Klagen vergessen.
Vgl. Anhang S. 343.

### 346

παρθένε, πρόσθε γάμου τε καὶ ἱμερτοῦ θαλάμοιο
ἐσβέσθης, φθονερῷ δαίμονι χρησαμένη,
Μαρθίνη· ἡ δὲ τεκοῦσα, ὅσον εὔχετο νυμφικὸν ἦμαρ,
οὐδ' ὄναρ εἶδε τεῆς καρπὸν ἀφ' ἡλικίης·
5 ἀλλὰ σὺ μὲν πανόδυρτος ἐς Ἄιδα, ματρὶ δὲ τᾷ σᾷ
καλλείπεις τῶν σῶν δάκρυα δῶρα γάμων.

Marmortafel. Tyana, Kappadokien. 2./3. Jh. — BCH 33, 1909, 144f., 117. (GV 1483).

### 347

αἰαῖ συλλέκτροιο σαόφρονος, αἰαῖ ἀνιγροῦ
δαίμονος, ὃς ζωᾶς εἷλε φίλαν ἄλοχον.
καὶ σὺ μέν, ᾧ πάντιμε, γόων ἀπάτερθεν ἰαύεις,
μοχθηρὸν μερόπων ἐκπρολιποῦσα βίον·
5 σὸς δὲ πόσις δύστλητα πανημέριος τολυπεύσει,
ὅσσων ἀέναον δάκρυον ἐκπροχέων·
οὐ γὰρ ἀμειλίκτους κραδίης ὀδύνας ἀκέοιτο
ἀθάνατος, παλάμῃ κρᾶτ' ἐπαφησάμενος,
9 ἐς δ' ὅσον ἐμπνείει βίοτόν τε ἐπὶ ἦμαρ ἐρύκει,
δύσμορος ἀντλήσει πένθος ἀεξίβιον.

Marmortafel. Rom. 2./3. Jh. — IG XIV 2123. (Kaibel 562. GV 1678).

### γ) ANDERE ANREDEN

### 348

Ἰσθμέ, παλαιγενέος νήσου πέδον, ἄφθιτε δῆμε,
σοὶ μεγάλων δώρων καὶ νέκυς οἶδα χάριν·
εἰκόνι καὶ στεφάνοισιν ἀειμνήστῳ τε γερασθεὶς
σήματι τοῦ πικροῦ ῥῦσιν ἔχω θανάτου.

Basis. Isthmos, Kos. 1. Jh. n. Chr.? — Paton-Hicks, Inscr. of Cos 918. (Kaibel 200. GV 1566).

### 349

Ἰσίων Προθύμου Μιλήσιος.
μοιρίδιοι κλωστῆρες, ἰώ, πανάφυκτον ἀνάγκῃ
ζεῦγμ' ἐπὶ δυστήνοις παισὶ βροτῶν θέμενοι,
τοῦ με χάριν προφυγόντα πικρὰν ὠδῖνα τεκούσης
ἠγάγεθ' ἱμερτοῦ πρὸς φάος ἠελίου,
5 εἰ νῦν τοῖς σπείρασι λιπὼν αἰώνια πένθη
εἰκοσέτης φθιμένων στύγν' ἐς δώματ' ἔβην;

Kioniskos. Athen, Kerameikos. 2. Jh. n. Chr. — IG II/III² 9713. (Kaibel 145. GV 1593).

### 346

Mädchen, vor der Hochzeit und der ersehnten Kammer wurdest du ausgelöscht, einem neidischen Dämon begegnend, |³ Marthine. Die dich gebar und die den Tag deiner Vermählung so innig herbeigewünscht hatte, von der Frucht deiner Jugend hat sie nicht soviel gesehen wie eines Traumes Schatten. |⁵ Nein, du bist nun, von allen beklagt, im Hades, und deiner Mutter läßt du als einziges Geschenk die Tränen um deine verlorene Hochzeit zurück.

### 347

Weh über die züchtige Gattin, Weh über den argen Dämon, der mir die liebe Frau aus dem Leben geholt hat. |³ Du, Vielgeehrte, schläfst nun, allen Klagen entrückt, und hast der Menschen beschwerliches Leben hinter dir gelassen; |⁵ doch dein Gatte wälzt Tag um Tag unerträglichen Leides Last, und unversieglich entquillt seinen Augen die Flut der Tränen. |⁷ Denn kein Unsterblicher vermöchte seines Herzens Kummer zu lindern, wenn er ihm die Hand aufs Haupt legte. |⁹ Nein, solange er atmet und der Tag ihn am Leben festhält, solange wird der Unglückliche ein Leid ausschöpfen, das immer neu auflebt.

Vgl. Anhang S. 343.

## γ) ANDERE ANREDEN

### 348

Isthmos, altehrwürdiger Insel Boden, unvergänglicher Demos, dir weiß ich für große Gaben auch im Tode noch Dank. |³ Denn mit Standbild, Kränzen und ewig denkwürdigem Grabmal geehrt, bin ich bitteren Todes Vergessen entrissen.

### 349

Ision, Sohn des Prothymos aus Milet. — Ihr Spindeln der Moiren, wehe, die ihr ein Joch des Zwanges auf die Schultern der armen Menschenkinder legt, das keiner abschüttelt: |³ wozu habt ihr mich, nachdem ich mich der Mutter bitteren Wehen entrungen, an der Sonne ersehntes Licht geführt, |⁵ wenn ich jetzt, meinen Erzeugern ewiges Weh hinterlassend, mit zwanzig Jahren schon zu der Toten verhaßter Wohnung niedersteigen mußte?

## 350

τὴν περικαλλέα Παρθενόπην κλυτὸν εἶδος ἔχουσαν
  δέξατο Φερσεφόνη χῶρον ἐς εὐσεβέων.
ὦ Φθόνε καὶ Πλουτεῦ, σύλησας χρύσεον ἄνθος
  καὶ κείρας γονέων ἐλπίδας ἐσθλοτάτας·
5 εἴ τοι καὶ τέθνηκεν (ἀπιστείη γὰρ ἔχει με),
  πῶς θείας μορφῆς ἥψατο Μοῖρα πικρά;
εἰ γὰρ καὶ μέτρον ἡλικίας, ἐπὶ γῆρας ἂν ἦλθε,
  εἶχες ἑλεῖν ψυχήν, ἥνπερ ἄωρον ἔχεις.
9 πάντων γὰρ τέκνον ἦν, πάντες φιλέεσκον ὁμοίως
  Παρθενόπην· Ἀίδη, νῦν σὺ μόνος κατέχεις.

Altar. Berrhoia, Makedonien. 2. Jh. n. Chr. — Ἀρχαιολογικὸν Δελτίον 2, 1916, 151f., 5. (GV 1594).

## 351

οὐχ ὁσίως ἥρπαξες ὑπὸ χθόνα, κοίρανε Πλουτεῦ,
  πενταετῆ νύμφην πᾶσιν ἀγαλλομένην·
οἷα γὰρ ἀρχόμενον ῥόδον εὔπνοον εἴαρος ὥρῃ
  ἐξέτεμες ῥίζης, πρὶν χρόνον ἐκτελέσῃ.
5 ἀλλ' ἄγ' Ἀλεξάνδρα καὶ Φίλτατε, μηκέτ' ὀδυρμοῖς
  ἱμερτῇ κούρῃ σπένδετε μυρόμενοι·
εἶχεν γὰρ χάριν, εἶχεν ἐφ' ἡδυχρόοισι προσώποις,
  αἰθέρος ὥστε μένειν ἀθανάτοισι δόμοις.
9 τοῖς πάρος οὖν μύθοις πιστεύσατε· παῖδα γὰρ ἐσθλήν
  ἥρπασαν ὡς τερπνὴν Ναΐδες, οὐ θάνατος.
Τινηίᾳ Ὑγείᾳ τῇ ἰδίᾳ θρεπτῇ φιλτάτῃ μνήμης χάριν.

Altar. Rom. 2. Jh. n. Chr.? — IG XIV 2040. (Kaibel 570. Geffcken 361. GV 1595).

## 352

εἰς θρήνους ἐφύλαξας Ἀτινίαν, ὦ κακὲ δαῖμον,
  οὐχ ὁσίως ποινὴν εὐσεβίης κατέθου·
Ῥουστικὸν ἡγεμονῆα πόσιν καὶ παῖδα τιθηνόν
  Πομπήιον μαζῷ θελγόμενον γλυκερῷ,
5 μητέρα Ταρσογενῆ Πομπηίαν ἠδὲ Πούδεντας
  υἱὸν καὶ πάππον — φεῦ θανάτων ἀνίσων·
πάππος μὲν γενεῆς προπάτωρ πέλεν, ἠίθεος δέ
  ᾤχετ' ἔχων οὐδὲν πλὴν δακρύων πρὸ τάφου.

Sarkophag. Rom. 2. Jh. n. Chr. — IG XIV 1437. (Kaibel 644. GV 1596).

## 350

Die wunderschöne Parthenope, deren herrliche Gestalt in aller Munde war, nahm Persephone auf an der Stätte der Frommen. |³ O du Neidgott Pluteus, abgerissen hast du eine Blume wie Gold so schön, abgeschnitten der Eltern edelste Hoffnungen. |⁵ Wenn sie denn wirklich starb — denn ich mag es nicht glauben —, wie konnte die bittere Moira so göttliche Schönheit anrühren? |⁷ Denn auch wenn sie der Jugend Vollmaß, wenn sie gar das Alter erreicht hätte, auch dann hättest du ihr Leben nehmen können, das du nun vor der Zeit in Besitz hast. |⁹ Aller Kind war sie ja, alle liebten sie gleichermaßen, und nun, Hades, willst du Parthenope ganz allein in deiner Gewalt haben?

Vgl. Anhang S. 343 f.

## 351

Frevelhaft entführtest du unter die Erde, Herrscher Pluteus, ein fünfjähriges Mädchen, in all ihrer Lieblichkeit. |³ Denn gleichwie eine duftige Rose, die zur Zeit des Frühlings eben ihre Knospe öffnet, so hast du sie von der Wurzel abgeschnitten, bevor sie ihre Zeit erfüllt hatte. |⁵ Doch ihr, Alexandra und Philtatos, spendet nicht länger Tränen des Jammers dem lieblichen Mädchen. |⁷ Denn Liebreiz, ja solcher Liebreiz wohnte auf ihren zarten Wangen, daß sie nun in des Äthers unvergänglicher Wohnung weilt. |⁹ Glaubt also nur der alten Kunde: das edle Kind haben, sich zur Freude, die Naiaden geraubt, nicht der Tod. — Tinēia Hygeia, ihrer liebsten Tochter, zum Gedächtnis (die Eltern).

Vgl. Anhang S. 344.

## 352

Zu Totenklagen nur hast du am Leben gelassen, böser Dämon, Atinia; nicht fromm war das, wie du für Frömmigkeit Lohn gezahlt hast: |³ der Führer Rusticus, der Gatte, der Säugling Pompeius, dem die Mutterbrust süße Lust war, |⁵ die aus Tarsos gebürtige Mutter Pompēia, Pudens — Großvater und Sohn —: ach welch ungleiche Todesernte! |⁷ Der Großvater war eines ganzen Geschlechtes Ältervater, doch der Jüngling ging davon, ohne anderes zu hinterlassen als die Tränen, die an seinem Grabe fließen.

### e) VERSCHIEDENES

#### 353

Αἰλιανῷ τόδε σῆμα πατὴρ ἀγαθῷ πινυτῷ τε,
θνητὸν κηδεύσας σῶμα· τὸ δ' ἀθάνατον
ἐς μακάρων ἀνόρουσε κέαρ· ψυχὴ γὰρ ἀείζως,
ἣ τὸ ζῆν παρέχει καὶ θεόφιν κατέβη.
5 ἴσχεο δὴ στεναχῶν, πάτερ, ἴσχε δὲ μητέρ', ἀδελφούς·
σῶμα χιτὼν ψυχῆς· τὸν δὲ θεὸν σέβε μου.

Gerahmte Platte. Sabini. 1./2. Jh. — IG XIV 2241. (Kaibel 651. GV 1763).

#### 354

Μίκκης οὔνομα μοῦνον ἔχει τάφος, εὐσεβέες δέ
ψυχὴν καὶ πεδίων τέρμονες Ἠλυσίων·
τοῦτο σαοφροσύνης ἔλαχεν γέρας, ἀμβροσίην δέ
σώματος ὑβριστὴς οὐκ ἐπάτησε χρόνος,
5 ἀλλὰ νέη νύμφῃσι μετ' εὐσεβέεσσι κάθηται,
ἀνέρος ἐν μνήμῃ πάντα φυλασσομένη.

Stele. Kyzikos. 1./2. Jh. — Athen. Mitt. 4, 1879, 17. (Kaibel 338. GV 1764).

#### 355

ἥδε πέτρος κεύθει Γραφικοῦ δέμας· εἰς μακάρων δέ
ψυχὴν θεσπεσίην θῆκε θεὸς πεδίον,
οὕνεκεν ἦν πανάριστος, ἐν ἠγαθέοις δὲ πολίταις
πρῶτα φέρων πινυτῆς κῦδος ἐκαρπίσατο·
5 εὔξατο δ' αὖ μακάρεσσι καὶ ἱμερτὴν παράκοιτιν
τοῦδε λαχεῖν τύμβου, γήραος εὖτε τύχοι.

Sarkophag. Edessa. 3. Jh. n. Chr. — AEM 12, 1888, 188, 3. (Kaibel 516. GV 1772).

\*

#### 356

Ἡρώδης οἶ τήνδε κόμην, οὐ πάντα ἐνιαυτόν
οὔτε κόμην θρέψας οὔτε σὲ παῖδα φίλον,
μηνὶ τρίτῳ κείρας ὑπὸ κεύθεσι θήκατο γαίης,
Ἡρώδης δεύσας ἄκρα κόμης δάκρυσι·
5 σῆμ' ἔτυμον παίδων ψυχαῖς τρισίν, ὥς ποτε σῶμα
δέξεσθ' ἐν θήκαις ὑμετέροιο πατρός.

Marmorquader. Kephisia, Attika. 2. Jh. n. Chr. — Athen. Mitt. 67, 1942, 136ff., 306. (GV 1613).

\*

## e) VERSCHIEDENES

### 353
Dem braven und verständigen Aelianus setzte der Vater diesen Stein, als er seinen sterblichen Leib begraben hatte; doch sein unsterbliches |³ Herz fuhr auf zu den Seligen, denn die Seele ist ewig, die das Leben gibt und von der Gottheit niederstieg. |⁵ Halt ein denn mit deinem Stöhnen, Vater, laß die Mutter einhalten und die Brüder: der Körper ist nur der Seele Kleid, achte mein göttliches Teil.

### 354
Nur den Namen Mikkēs hat das Grab, ihre Seele ist bei den Frommen und in der elysischen Gefilde weiter Ferne: |³ solcher Lohn wurde ihrer Züchtigkeit, und die Unvergänglichkeit ihres Leibes hat die gewalttätige Zeit nicht niedertreten können, |⁵ sondern die junge Frau sitzt unter den Jungvermählten im Kreise der Seligen, und immer bewahrt sie im Gedächtnis, was sie von ihrem Manne empfing.

### 355
Dieser Stein birgt den Leib des Graphikos, doch seine göttliche Seele entrückte die Gottheit auf das Gefilde der Seligen. |³ Denn er war der Besten einer und unter den hochansehnlichen Bürgern erntete er den Ruhm, als der erste zu gelten an Verständigkeit. |⁵ Zu den Göttern betete er aber, es möchte auch die geliebte Gattin in dies Grab kommen, wenn sie das Alter erreicht hätte.

\*

### 356
Herodes hat, ach, dieses Haar – kein volles Jahr durfte er sein Haar wachsen lassen, noch dich, sein liebes Kind, heranwachsen sehen – |³ schon im dritten Monat (wieder) abscheren müssen, um es im Schoß der Erde zu bergen, Herodes, der die Spitzen dieses Haares mit seinen Tränen netzte. |⁵ Ein Wahrzeichen soll es sein den Seelen seiner drei Kinder dafür, daß ihr einmal auch den Leib eures Vaters in euerm Grabmal empfangen werdet.

\*

### 357

Σευῆρον πολύμητιν ἐπεὶ χάδε γαῖα θανόντα,
τόσσον ἀπὸ στήλης φθεγγόμενον παρέχει·
ζωὸν μὲν ζωοί με μέγ' ἤνεον· αὐτὰρ ἐμοὶ νῦν
μάρτυς ἀποφθιμένῳ καὶ λίθος ἐστὶν ὅδε,
5 ὃς καὶ τεθνειῶτος ἐμὴν ὄπα τήνδε φυλάξων
ἀθάνατον ζωοῖς ἀντ' ἐμέθεν προχέει.

Stele. Gazakene, Pontos. 1./2. Jh. — Studia Pontica III 158f., 145a. (GV 1628).

### 358

τὸν μέγαν ἐν Μούσαισι, τὸν ἐν σοφίῃ κλυτὸν ἄνδρα,
ἔξοχα Ὁμηρείων ἁψάμενον σελίδων,
μηνύω παριοῦσι σοφὴ λίθος, εὐκλέα Μάγνον,
θαῦμα μέγα ξείνων, θαῦμα μέγα πτόλιος,
5 εὐσεβίης μέγα τέκμαρ Ἰωνίδος, ἥ μ' ἐφ' ὁμεύνου
σήματι σὺν κούρῳ θήκατο Μητροβίῳ.
ἀλλά, φίλοι, μνήσασθε καὶ ἐν φθιμένοισι γεραιοῦ,
πρῶτος ὃς ὑμετέρους υἷας ἔγευσε λόγων.

Relief. Miletupolis, Phrygien. 2. Jh. n. Chr. — G. Mendel, Catal. Brousse 71, 334. (GV 1182).

### 359

σεμνὴν Πηνελόπην ὁ πάλαι βίος, ἔσχε δὲ καὶ νῦν
σεμνὴν Φηλικίταν οὐ τάχα μειοτέρην·
βουλομένης δὲ θανεῖν ἀνδρὸς προτέρην σφετέροιο
ἔκλυες, ὦ δαίμων, πολλάκις εὐχομένης.
5 τοιγάρτοι καὶ ἐμεῖο δικαιοτέρην ὄπ' ἄκουσον
εὐχομένου, Πλούτων, ἢν εἰς Ἀίδαο περήσω,
εὑρεῖν τὴν ἰδίαν Φηλικίταν παρὰ σοί. —
8 Κλαύδιος ἰητὴρ Ἀγαθῖνος τήνδε ἀνέθηκεν
εἰκόνα Φηλικίτας, μάρτυρα σωφροσύνης.

Sarkophag. Rom. 2. Jh. n. Chr. — IG XIV 2064. (Kaibel 558. GV 1736).

### 360

ἡρώων πάντων Ὕλας προφερέστατος ἦεν,
ὃς θάνεν ἐν πηγῇ θέσκελος ἀθανάτοις.
ἠιθέων δ', οἳ γῆν εὐτειχέα ναῖον Ἴσαρα,
Ζηνόβιος πρόφερεν, εἴκελος Ἀελίῳ·
5 ὃν πάντες φίλεον μέροπες, ἀστοί τε ξένοι τε
καὶ κοῦραι θαλεραί, κάλλος ἀγασσάμεναι.
ἀλλ' ὁ Φθόνος κακός ἐστιν, ὃς ἔκπαγλον γεγαῶτα
ἐξαπίνης ἐτάνυσσ', ἔρνος ἅτ' ἠύκομον.

### 357

Nachdem die Erde den weisen Severus im Tode aufgenommen hat, läßt sie ihn nun von der Stēlē her soviel verkünden: |³ Als ich lebte, da priesen mich die Lebenden laut, aber jetzt nach meinem Tode ist mir auch dieser Stein Zeuge, |⁵ der selbst des Gestorbenen Stimme noch bewahren wird und sie an meiner Statt in alle Ewigkeit zu den Lebenden tönen läßt.

### 358

Den großen Dichter, den berühmten Gelehrten, den hervorragenden Deuter homerischer Kunst |³ zeige ich kundiger Stein den Vorübergehenden an, den rühmlichen Magnus. Als ein großes Wunder galt er den Fremden, ein großes Wunder dieser Stadt; |⁵ ein großer Beweis für die fromme Gesinnung der Ionis bin ich, denn sie hat mich mit ihrem Sohn Metrobios auf dem Grab ihres Gatten aufgestellt. |⁷ Wohlan, Freunde, gedenkt auch im Tode noch des Alten, der zuerst eure Söhne am Genuß literarischer Bildung teilhaben ließ.

### 359

Die Vorzeit sah die ehrwürdige Penelope, es sah aber auch die Jetztzeit die ehrwürdige Felicitas, eine kaum geringere Frau. |³ Sie wollte vor ihrem Manne sterben, und du hast sie erhört, Dämon, wie sie immer wieder die Götter darum bat. |⁵ So höre denn auch mich, Pluton, eine Bitte aussprechen, billiger als jene: wenn ich einst zum Hades komme, so möchte es mir vergönnt sein, meine Felicitas bei dir zu finden. — |⁸ Der Arzt Claudius Agathinos stellte dies Bild der Felicitas auf als Zeugnis ihrer Züchtigkeit.
Vgl. Anhang S. 344.

### 360

Von allen Heroen war Hylas der hervorragendste, der in einem Quell umkam, schön wie Götter. |³ Doch unter den Jünglingen, die das wohlummauerte Isara bewohnten, ragte Zenobios hervor, wie Helios anzuschauen. |⁵ Alle Menschen liebten ihn, Bürger und Fremde, auch blühende Mädchen, seine Schönheit bewundernd. |⁷ Doch der Neidgott meint es böse, der ihn in all seiner Herrlichkeit plötzlich hinstreckte wie einen schönbelaubten jungen Baum. |⁹ Deswegen hat

9 τοὔνεκα καὶ φιλέουσα τὸν υἱέα πότνια μήτηρ
Ἡράκλεις σὺν παισὶν τεῦξέ οἱ ἀγλαΐην.
ἔρρε κατηφιόων, ἄδικε Φθόνε· ὡς ὄφελόν σε
αὐτόν γ' ἀντὶ τόσου ἀθάνατοι ὀλέσαι.

Sarkophag. Nea Isaura, Isaurien. 3./4. Jh. — Journal of Hellenic Studies 24, 1904, 261f., 1. (GV 1732).

\*

### 361

»ὡς ἀγαθὸν καὶ παῖδα καταφθιμένοιο λιπέσθαι«
εἶπε μελιγλώσσων ἴδρις ὁ Πιερίδων.
τοῦτ' ἐτύμως ἐπ' ἐμοῦ, φίλε, κέκριται· ἂν γὰρ ἀνεῖλεν
μνάμαν ἁ κακία, παῖς πάλιν ἠργάσατο·
5 καλὰν δ' ἐκσῴζων γενέτᾳ χάριν οὐ βιότου φῶς
δεύτερον, ἀλλὰ κλέους ἧψ' ἱερὸν βίοτον.
αἰνῶ Μουσάων σεμνὸν γένος· εἰς ἀρετὰν γὰρ
δῶκαν ἐμοὶ τέκνου ζῶσαν εὐφροσύναν.

Stele. Ephesos. 1. Jh. n. Chr. — IBrM III 628. (Kaibel 520, 228a. GV 1645).

### 362

οὐ ξένος, ἀλλ' ἀστὸς τύμβῳ ὑπὸ τῷδε τέθαμμαι
εἰκοσέτης Ἀκύλας, πατρὶ λιπὼν ὀδύνας.
ζῶε, πάτερ, καὶ χαῖρε θυγατράσιν, ἃς φθονερός τοι
δαίμων ἀντ' ἐμέθεν ὤπασε γηροκόμους.

Pfeiler. Tomis, Thrakien. 1./2. Jh. — AEM 19, 1896, 99, 47. (Kaibel 536. GV 1813).

### 363

τὸν τάφον ἠργάζοντο γεραιοτέροις· ὁ δὲ δαίμων
νήπιον ἀντεβόλησ' ἑπταέτει κλίματι.
συγγενέες γενέται τε ὁμοῦ ὃν ἔθρεψαν ἔθαψαν,
Γάιον· ὦ μερόπων ἐλπίδες οὐ μόνιμοι.

Pfeiler. Forum Iulii. 2. Jh. n. Chr. — IG XIV 2431. (Kaibel 579. GV 1796).

### 364

οὐ τάφος, ἀλλὰ λίθος, στήλη μόνον· ἐστὶ δὲ σῆμα
Ναρκίσσου, πολλὰς ὅς ποτ' ἔχεν χάριτας·
ἦν ἀγαθὸς καὶ πάντα καλός, φρεσὶ δ' εἶχεν ἀληθῶς
αὐτὴν τὴν Πυλίου Νέστορος εὐεπίην.
5 ὦ Φθόνε πανδαμάτωρ· καὶ γάρ σε κακῶς καταλέξω·
οὐκ αἰδῇ, τοίων ὀλλυμένων μερόπων;

Relief. Sinope. 2./3. Jh. — BCH 44, 1920, 360f. (GV 1809).

die würdige Mutter Herakleis, die ihren Sohn liebhatte, ihm auch mit den anderen Kindern den prächtigen Grabschmuck gerüstet. |<sup>11</sup> Schlage die Augen nieder und hebe dich hinweg, ungerechter Neidgott. Die Unsterblichen hätten lieber dich selbst vernichten sollen, statt eines solchen Jünglings.

\*

### 361

„Wie gut ist es, wenn bei eines Mannes Tod ein Sohn zurückbleibt", sagte der süßsingenden Musen kundiger Diener. |³ Dies Wort, Freund, hat sich bei mir treulich bewahrheitet. Denn mein gutes Gedenken bei den Menschen, das mir Schlechtigkeit genommen hatte, hat mir mein Sohn wiederhergestellt. |⁵ Dem Vater die schöne Gesinnung der Dankbarkeit bewahrend hat er ihm zwar das Licht des Lebens nicht neu entzünden können, wohl aber hat er die heilige Fackel seines Ruhmes zu neuem Leben entfacht. |⁷ Ich preise der Musen ehrwürdiges Geschlecht, denn wegen meiner Tüchtigkeit schenkten sie mir des Sohnes weitersebenden Frohsinn.

### 362

Kein Fremder, sondern ein Bürger ist in der Tiefe dieses Grabes hier bestattet, ich, der zwanzigjährige Akylas, der seinem Vater nur Schmerzen hinterließ. |³ Lebe weiter, Vater, und freue dich an deinen Töchtern, die der neidische Dämon dir statt meiner gelassen hat, deines Alters zu pflegen.

### 363

Für Ältere bauten sie dies Grab. Doch der Dämon traf auf ein Kind und fällte es mit sieben Jahren. |³ Verwandte und Eltern zusammen trugen zu Grabe, den sie einst auf Händen getragen, Gaius. O ihr unsteten Hoffnungen der Menschen!

### 364

Kein Grab, ein Stein, eine Stēlē nur. Das Mal des Narziß ist es, der einmal viele schöne Vorzüge besaß: |³ ein trefflicher und in jeder Beziehung schöner Mann war er, und in seinem Verstand besaß er wirklich des Pyliers Nestor ganze Beredsamkeit. |⁵ O du alles bezwingender Neidgott! Ja, ich will dich schmähen: schämst du dich nicht, wenn solche Menschen zugrunde gehen (durch dich)?

## 365

κοινὸν φῶς ἐσιδοῦσα τὸ κοινὸν ἔχω τέλος αἰεί,
πέντε λιποῦσα τέκνων καλλιγόνους στάχυας.
μὴ μύρου φίλ' ἄνερ με· καὶ αὐτὸς ἐκεῖ γὰρ ὁδεύσας
εὑρήσεις τὴν σὴν σύγγαμον Εὐτυχίην.

Stele. Melos. Später als 3. Jh. n. Chr. — IG XII 3, 1188. (Kaibel 266. GV 1704).

## 3. EIN ODER ZWEI HEXAMETER

### 366

Νύσης εὐτάκτου τε καὶ ἐργατίδος τόδε σῆμα.

Stele. Smyrna. 1./2. Jh.? — MκB 1, 1873/75, 67, 12. (Kaibel 525, 313a. GV 88).

### 367

Νικοκράτης νέος ὢν κεῖτ' ἐνθάδε πᾶσι ποθητός.

Relief. Chalkis. 2./3. Jh. — IG XII 9, 1183. (GV 355).

### 368

Ποῦλχρα, σαοφροσύνης ἐρατὸν φυτόν, ἐνθάδε κεῖται.

Felsengrab. Pontos. 2./3. Jh. — REG 15, 1902, 334 f., 55. (GV 356).

*

### 369

πᾶσι νόμος τὸ θανεῖν· Μοιρῶν ἄτρεπτος ἀνάγκη
τικτομένοις, ὅτε νῆσαν ἐπὶ κλωστῆρσιν ἀτράκτων.

Tafel. Ostia. 1./2. Jh. — NSc. 1913, 236, 30. (GV 1656).

### 370

πάντα χθὼν φύει καὶ ἔμπαλιν ἀμφικαλύπτει·
τοὔνεκα μὴ στονάχοι τις ἀπὸ χθονὸς εἰς χθόνα δύνων.

Bostra, Syrien. 2./3. Jh. — CIG IV 9145. (Kaibel 438. GV 1661).

### 371

χαίροις, ὦ παροδῖτα· νοῶν, ὅτι πᾶσιν ὅμοιον
τοῖσι βροτοῖσι τέλος, εὔφραινε τὸ ζῆν ἐφ' ὅσον ζῆς.

Sarkophag. Termessos, Pisidien. 2./3. Jh. — TAM III 1, 516. (GV 1219).

### 365

Die ich das allen gemeinsame Licht sah, ich fand nun für ewig das allen gemeinsame Ende, doch ließ ich fünf Kinder zurück, edelsten Stammes Sprossen. |³ Klage nicht um mich, lieber Mann, denn auch du wirst jenen Weg gehen und deine Gattin Eutychia dort wiederfinden.

## 3. EIN ODER ZWEI HEXAMETER

### 366

Der gehorsamen und fleißigen Nysa Grab ist dies.

### 367

Der junge Nikokrates ruht hier, von allen in Sehnsucht betrauert.

### 368

Pulchra, der Züchtigkeit liebliches Reis, ruht hier.

\*

### 369

Für alle gilt das Gesetz: Sterben. Der Moiren Zwang ist unabwendbar für jeden, der geboren wird, wenn sie erst einmal ihre Spindeln in Gang gesetzt haben.

### 370

Alles bringt die Erde hervor und alles hüllt sie auch wieder ein. Deswegen soll einer nicht stöhnen, wenn er von der Erde wieder zur Erde niedersteigt.

### 371

Gruß dir, Wanderer. Bedenkend, daß alle Sterblichen das gleiche Ende erwartet, genieße dein Leben, solange du lebst.

## 372

εἰπεῖν τίς δύναται σκῆνος λιπόσαρκον ἀθρήσας,
εἴπερ Ὕλας ἢ Θερσίτης ἦν, ὦ παροδῖτα;

Marmortafel mit Skelett. Antium. 2. Jh. n. Chr.—IG XIV 2131. (Kaibel 711. Geffcken 364. GV 1612).

*

## 373

λείψανα Λουκίλλης διδυματόκου ἐνθάδε κεῖται·
ἧς μεμέριστο βρέφη, ζωὸν πατρί, θάτερον αὐτῇ.

Burdigala. 2. Jh. n. Chr.? — IG XIV 2521. (Kaibel 675. GV 377).

## 374

αἴθ' ἐμὶν ἧς αὐδά, τὼς Μέμνονι· ματρί κεν εἶπον·
»ὦ μᾶτερ, θᾶσαι, τᾶς κάλλιον οὐδὲν ἔτ' ὄψῃ.«

Aufsatz eines Altars. Ägypten. 2./3. Jh. — BArchAlex. 27, 1932, 58f., 4. (GV 1685).

## 375

χαῖρέ μοι, ὦ Μητρόδωρα, καὶ εἰν Ἀίδαο δόμοισι·
πάντα γὰρ ἤδη τοι τελέω, τὰ πάροιθεν ὑπέστην.

Stele. Attaleia, Lydien. 2. Jh. n. Chr. — Athen. Mitt. 24, 1899, 224, 54. (GV 1396).

## 376

ψυχρὸν ὕδωρ δοίη σοι ἄναξ ἐνέρων Ἀιδωνεύς,
ὦ Μέλαν· ἥβης γάρ σοι ἀπώλετο φίλτατον ἄνθος.

Altar. Rom. 2./3. Jh. — IG XIV 1842. (Kaibel 658. GV 1410).

## 377

Ἰουλιανὸς μετὰ Τίγριν ἀγάρροον ἐνθάδε κεῖται,
ἀμφότερον, βασιλεύς τ' ἀγαθὸς κρατερός τ' αἰχμητής.

Tarsos. 363 n. Chr. — Zosimos 3, 34. Anth. Pal. 7, 747. (GV 397).


## 4. DREI UND MEHR HEXAMETER

### a) VORSTELLUNG DES TOTEN

## 378

μητέρι καὶ γενετῆρι φίλῳ ἀέκητά τε παιδί
οἵ τ' αὐτῷ γαμετῇ τε μόνοις ὅδε λοίσθιος οἶκος,
ἄλλον δ' οὐκ ἐθέλω δέχθαι νέκυν, ἀλλ' ἀίοιτε·
λώβην ἡμετέρων ῥεθέων ἀπὸ τύμβιον ἴσχειν.

### 372

Vermag einer zu sagen, der dies fleischlose Gerippe hier sieht, ob das einmal ein Hylas war oder ein Thersites, Wanderer?
Vgl. Anhang S. 344.

\*

### 373

Die sterblichen Reste Lucillas liegen hier, die zweimal Mutter wurde. Aufgeteilt sind nun ihre Kinder: das lebende blieb beim Vater, das andere bei der Mutter.

### 374

Hätte ich doch Stimme, wie Memnon. Zur Mutter würde ich sagen: O Mutter, sieh her; Schöneres als mich wirst du nie mehr schauen.
Vgl. Anhang S. 344.

### 375

Freude dir, Metrodora, auch im Hause des Hades! Denn nun erfülle ich dir alles, was ich dir vordem versprach.

### 376

Kühles Wasser möge dir der Herr der Unteren spenden, Aïdoneus, mein Melas. Denn dahin ist deiner Jugend Blüte, uns allen so teuer.

### 377

Julian, der den breitströmenden Tigris überschritt, liegt hier nun begraben; beides war er, ein trefflicher Herrscher und ein gewaltiger Krieger.

## 4. DREI UND MEHR HEXAMETER

### a) VORSTELLUNG DES TOTEN

### 378

Für die Mutter und den lieben Vater und sehr gegen meinen Willen für ihren Sohn, für diesen selbst und für seine Gattin: für diese allein bin ich die letzte Wohnung. |³ Einen anderen Toten will ich nicht aufnehmen. Nein, hört: die grabschänderischen Hände sollt ihr von unseren Gliedern lassen. |⁵ Wenn aber einer

5 εἰ δέ τις οὐκ ἀλέγοι τεθνηκότος ὧδ' ἀλιτήμων,
   ζώει τοι νεκύων, ζώει τιμήορος Ἄτη.
   δοιὼ μέν τε Στράβωνε κατὰ χθονὸς ἠδὲ Νανηλίς,
   ἤμασι μοιριδίοις Ἀπολλώνιος ἠδέ τε Κίλλη.

Heroon. Termessos, Pisidien. Um 205 n. Chr.—TAM III 1, 268 u. S. 361. (GV 657).

\*

### 379

   οὐδὲν ἐπ' ἀνθρώπων ἴδιον· γέρας ἤγαγε μοῦνον,
   ὅστις ζωὸς ἐὼν τεῦξεν τάφον αὐτὸς ἑαυτῷ·
   λησμοσύνη γὰρ ἔχει παῖδας πατρὸς φθιμένοιο.

Kalksteinblock. Apollonia, Phrygien. 3. Jh. n. Chr. — MAMA IV 212. (GV 255).

### 380

   τὴν πολλοῖς δήμοισι πάρος, πολλαῖς δὲ πόλεσσι
   δόξαν φωνάεσσαν ἐνὶ σκηναῖσι λαβοῦσαν
   παντοίης ἀρετῆς ἐν μίμοις, εἶτα χοροῖσι,
   πολλάκις ἐν θυμέλαις, ἀλλ' οὐχ οὕτω δὲ θανούσῃ,
 5 τῇ δεκάτῃ Μούσῃ τὸ λαλεῖν σοφὸς Ἡρακλείδης
   μιμάδι Βασσίλλῃ στήλην θέτο βιολόγος φώς.
   ἣ δὴ καὶ νέκυς οὖσα ἴσην βίου ἔλλαχε τιμήν,
   μουσικὸν εἰς δάπεδον σῶμ' ἀναπαυσαμένη.

   ταῦτα. οἱ σύσκηνοί σου λέγουσιν· »εὐψύχει,
            Βάσσιλλα, οὐδεὶς ἀθάνατος.«

Relief. Aquileia. 3. Jh. n. Chr. — IG XIV 2342 u. S. 704. (Kaibel 609. GV 675).

\*

### 381

   Ἰουλίττα σώφρων ἀγαθὴ κεῖται μονόνυμφος,
   στήλαις ἀψύχων ἄλαλον τρόπαιον γεγένηται·
   ἢ παλαιὰς ὑπερῆρε καὶ οὐ τὰς νῦν, ὑπερέσχεν
   Πηνελόπην ἔργοις καὶ εἰκόνι Λαοδάμειαν.
 5 πνεῦμα τὸ σὸν ζητῶν Μοιρῶν ταγαῖς ἀπελασθέν
   ἔρχομ' ἐκεῖ ποτε δή· σὲ γὰρ ἐλθεῖν οὐ θέμις ἐστίν·
   τήρει μοι τὸ φίλανδρον ἐκεῖ, ὡς ὧδ' ἐφύλαξας.

Stele. Syrien. 2./3. Jh. — Prentice 139. (GV 727).

nicht auf den Toten hört und hier Frevel verübt (so wisse er): es lebt der Toten, es lebt ihre rächende Vergeltung. – |⁷ Zwei Strabon liegen in der Erde und Nanelis; (hinzu kommen) an den ihnen vom Schicksal bestimmten Tagen Apollonios und Killē.

\*

### 379

Nichts ist bei den Menschen sicherer Besitz. Seine Ehrengabe trägt nur davon, wer sich zu Lebzeiten selbst sein Grab besorgt hat. Denn leicht vergessen die Kinder des toten Vaters.

### 380

Die vordem in vielen Gemeinden und in vielen Städten im Theater einen Ruhm gewann, der in aller Munde war, |³ wegen ihrer mannigfachen Künste im Mimus und dann im Tanz – der Frau, die oftmals auf der Bühne, doch noch nie so gestorben ist, |⁵ der zehnten Muse, der Mimin Bassilla hat der Vortragskünstler Herakleides die Stēlē gesetzt: der Mimin der Schauspieler. |⁷ Sie genießt nun im Tode die gleiche Ehre wie im Leben, denn in musengeweihter Erde hat sie ihren Leib zur Ruhe gelegt. – |⁹ Soweit davon. Deine Kollegen sprechen: „Sei getrost, Bassilla, niemand ist unsterblich."

\*

### 381

Die verständige, treffliche Julitta liegt hier, nur einmal verheiratet; als ein stummes Siegesmal erhebt sich ihre Stēlē unter den Steinen der Abgeschiedenen. |³ Denn die Frauen der Vorzeit übertraf sie, und nicht nur die der Jetztzeit: Penelope ließ sie hinter sich mit ihren Werken, Laodameia mit ihrem Vorbild. – |⁵ Deinen Geist suchend, den der Moira Befehle austrieben, komme auch ich einmal dorthin; daß du wiederkehrst, ist ja nicht möglich. |⁷ Bewahre mir deine Gattenliebe dort, wie du sie hier gehegt hast.

## 382

ἱστορίας δείξας καὶ χερσὶν ἅπαντα λαλήσας,
ἔμπειρος Βρομίοιο σοφῆς ἱερῆς τε χορείας,
συμπάσχων κείνοις, οἴσπερ κινεῖτο προσώποις,
κοσμήσας πᾶσαν Θυμέλην διδαχαῖς πολυδόξοις
5 οὗτος ὁ παιδείας θαλερῆς ἐγκώμια λείψας
κεῖται δὴ γήρᾳ βεβαρημένος· οὐκ ἔθανεν γάρ
ζώσης εὐρυχόροιο τέχνης ἀρεταῖσι μαθητῶν.

Sarkophag. Rom. 2./3. Jh. — IG XIV 2124. (Kaibel 608. GV 742).

*

## 383

ὡς φυτὸν ἀρτιθαλές, δροσεροῖς παρὰ νάμασιν αὖξον,
ὡς ῥόδον ἀρτιφυὲς προφανέν, καλὸν ἄνθος Ἐρώτων,
οὕτως δὴ καὶ παῖδα χυτὴ κατὰ γαῖα καλύπτει
Ζωτικόν, ὄγδοον ἡλικίης προλαβόντ' ἐνιαυτόν.

Altar. Antiocheia, Pisidien. 2./3. Jh. — PASAthens 2, 1883/4, 152f., 136. (GV 575).

## 384

Ἡμέριον λιγύμυθον ἐπήρατον ἔλλαχε τύμβος,
Μιλτιάδου φίλον υἷα καὶ Ἀττικίης βαρυτλήτου,
Κεκροπίης βλάστημα, κλυτὸν γένος Αἰακιδάων,
ἔμπλεον Αὐσονίων θεσμῶν σοφίης τ' ἀναπάσης,
5 τῶν πισύρων ἀρετῶν ἀμαρύγματα πάντα φέροντα,
ἠίθεον χαρίεντα, τὸν ἥρπασε μόρσιμος αἶσα
οἷά τε ἀγλαόμορφον ἀπὸ χθονὸς ἔρνος ἀήτης,
εἴκοσι καὶ τέτρατον βιότου λυκάβαντα περῶντα.
λεῖψε φίλοις δὲ τοκεῦσι γόον καὶ πένθος ἄλαστον.

5. Jh. n. Chr. — Anth. Pal. 7, 343. (GV 796).

*

## 385

σύμβολα μὲν τέχνης ἐσορᾷς, τὸ δὲ οὔνομα Σέξτος.
γείνατο δῖα Κόρινθος, ἐτῶν δεκάδας δὲ βιώσας
ἑπτὰ φίλης ἀλόχου ἐνὶ χείλεσι κάλλιπον ἦτορ.

Altar. Histria, Mösien. 1./2. Jh. — Dacia 2, 1925, 231f., 29. (GV 1611).

### 382

Der Stoffe aus Mythos und Geschichte vorführte und mit dem Spiel seiner Hände alles zu sagen wußte; der sich auf des Dionysos kunstfertige heilige Tänze verstand; |³ der die Gefühle der Gestalten auszudrücken wußte, in deren Masken er sich bewegte; der auf jeglicher Bühne mit rühmlichen Stücken glänzte: |⁵ dieser Mann, der den Ruhm einer Bildung zurückließ, die schönste Blüten getrieben hatte, liegt nun hier, vom Alter gebeugt, begraben. Denn gestorben ist er nicht: |⁷ seine allerorten bekannte Kunst lebt weiter dank dem Können seiner Schüler.

\*

### 383

Wie eine eben aufblühende Pflanze, die an tauiger Quelle wächst, wie eine eben aufgebrochene junge Rose, der Eroten schöne Blume: |³ so war auch der Knabe, den nun eine Schütte Erde deckt, Zōtikos, und kaum acht Jahre hat sein junges Leben erreicht.

### 384

Den helltönenden Redner, den liebenswürdigen Hemerios, nahm das Grab dahin, des Miltiades lieben Sohn und der schwergeprüften Attika, |³ kekropischer Erde Sproß, aus dem berühmten Geschlecht der Aiakiden; der erfüllt war von römischer Rechtswissenschaft und jeglicher Weisheit, |⁵ der im Glanz aller vier Tugenden strahlte, den anmutigen Jüngling. Wie der Wind einen schöngewachsenen Baum aus der Erde reißt, so hat ihn des Schicksals Fügung entrafft, |⁸ im vierundzwanzigsten Jahr seines Lebens. Den lieben Eltern ließ er Trauer und nie endenden Schmerz zurück.

\*

### 385

Die Wahrzeichen meiner Kunst siehst du. Mein Name war Sextus. Das göttliche Korinth hat mich geboren. Siebenmal zehn Jahre lebte ich, und auf den Lippen meiner lieben Frau ließ ich mein Herz zurück.

## 386

Σαλούιος Ἀριστείδου λιθοδαίδαλος ἔνθα τέτευκται,
ἐκτὸς ἐὼν δακρύων καὶ λυποτόκων ὀδυνάων·
καὶ γὰρ ἐν εὐφρασίαις καὶ αὐλῶν ἡδέσι φωναῖς
δωμηθεὶς ἀνέλαμψε βροτοῖς λιθοκαλλέα μορφήν.

Marmorplatte. Halikarnassos. 2./3. Jh. — BCH 4, 1880, 406f., 22. (GV 616).

## 387

τὸν σοφίης προὔχοντα καὶ εὐτεκνίης ἀροτῆρα,
τὸν πατέρ' ἡμέτερον πολλοῖσι χρόνοις γεγαῶτα,
τὸν τρισαριστεύσαντα σὺν ἐντίμοισι φίλοισι
Εὐτόνιοι παῖδες πατέρ' Εὐτόνιον τεθνεῶτα
πολλάκις ὑμνήσωμεν ἐνὶ στήλαισι γραφέντα.

Pfeiler. Rom. 2./3. Jh. — IG XIV 1615. (Kaibel 601. GV 2054).

## b) BERICHT (ERZÄHLUNG) VOM TOTEN

## 388

Ὀππιανὸς κλέος ἔσχον ἀοίδιμον, ἀλλά με Μοιρῶν
βάσκανος ἐξήρπαξε μίτος, κρυερὸς δ' Ἀΐδης τε
καὶ νέον ὄντα κατέσχε τὸν εὐεπίης ὑποφήτην.
εἰ δὲ πολύν με χρόνον ζωοῖς μίμνειν Φθόνος αἰνός
εἴασεν, οὐκ ἄν μοί τις ἴσον γέρας ἔλλαχε φωτῶν.

Anazarbos, Kilikien. 3. Jh. n. Chr. — Vita Oppiani 1, 64. (GV 1114).

## 389

ἢ μίτος, ὥς φασιν, Μοιρῶν ἢ δαίμονος ὀργή,
ἥτις ἐμοὶ δεινῶς ἐχολώσατο καί με βιαίως
ἐξ εὐνῆς ποθέουσαν ἐμῆς ἀνδρὸς γλυκεροῖο
Παρμονὶν ἐξεδίωξε Ἐπιτυγχάνου οὐκ ἐθέλουσαν.
5 εἴ γέ τις οὖν μνήμη θνητοῖς, βίον ἔσχον ἄμεμπτον,
ἄνδρα μόνον στέρξασα, ὃν εἰσέτι θυμὸν ἀνώγω
παύσασθαι δεινοῦ πένθους δεινοῦ τε κυδοιμοῦ.
οὐδὲν γὰρ πλέον ἐστί (θανόντα γὰρ οὐδὲν ἐγείρει)
ἢ τείρει ψυχὴν ζώντων μόνον· ἄλλο γὰρ οὐδέν.

Relief. Larisa, Thessalien. 3./4. Jh.? — IG IX 2, 640. (GV 965).

\*

### 386

Salvius, des Aristeides Sohn, ist hier zu sehen, kunstvoll in Stein gehauen, unberührt von Tränen und von Trauer weckendem Weh; |³ denn unter Lustbarkeit und bei süßem Flötenklang wurde sein Denkmal aufgeführt, um den Menschen seine schöne Gestalt im steinernen Abbild noch einmal glänzend zu zeigen.

### 387

Der Weisheit Meister und blühenden Nachwuchses Zeuger, unseren Vater, den hochbetagten, |³ vielfach verdienten, den toten Eutonios werden mit den verehrten Freunden zusammen wir Eutonios-Söhne noch oft im Liede feiern: die Kinder den Vater, wie er auf der Stēlē abgebildet ist.

## b) BERICHT (ERZÄHLUNG) VOM TOTEN

### 388

Ich, Oppianos, gewann mir preislichen Ruhm, doch der hämischen Moiren Schicksalsfaden und der schaurige Hades entrafften mich |³ trotz meiner Jugend, den Künder wohlklingender Rede (Sänger schöner Verse). Wenn der schreckliche Neidgott mir nur längeres Verweilen unter den Lebenden gegönnt hätte, so hätte kein anderer gleiche Ehre erlangt wie ich.

### 389

Der Moiren Schicksalsfaden, wie man so sagt, oder eines Dämons Groll war es, der mir schrecklich zürnte und mich gewaltsam |³ aus des süßen Mannes Bette herausriß, Parmonis, des Epitynchanos zärtlich liebende Gattin, wie ich mich auch sträuben mochte. |⁵ Wenn es denn ein Gedenken gibt bei den Menschen: ein untadliges Leben habe ich geführt und nur den einen Mann geliebt, den ich noch jetzt bitte, er möge seinem Herzen Ruhe gönnen von schrecklichem Leid und schrecklichem Aufruhr. |⁸ Denn zu nichts ist solches nütze — einen Toten weckt ja nichts wieder auf —, es reibt nur die Seele der Lebenden auf, weiter wirklich nichts.

\*

### 390

ἆ βάλε τοι Μοῦσαι σὰ χαρίσια, κάμμορε νύμφη
Οἰνάνθη, παίδων ἐπὶ γούνασι σεῖο τεθέντων
φώνησαν λοχίης τε καλὸν νόμον Εἰλειθυίης,
μητρὶ τεῇ καὶ πατρὶ κεχαρμένα δῶρα πόσει τε.
5 νῦν δὲ σὺ μὲν κρυεραῖσιν ἐπὶ ψαμάθοισιν ἀλύεις
Κωκυτοῦ κελάδοντος ἀνὰ δρόσον, οὐδέ σ' ἐγείρει
ἀέναες κελάδημα φίλης ὀπός, ᾧτέ σε μήτηρ
ὄρνις ὅκως γεγόηκε, σὺ δὲ λίθος οὐδὲν ἀκούεις,
9 ἀλλὰ μελανδῖναί σε περὶ ῥόες Ὠκεανοῖο
εἰλεῦνται, ψυχαὶ δὲ καταχθονίων ἀλιβάντων
σμερδαλέον βρομέουσι, σὺ δὲ θρόον οὐχὶ τοκήων,
οὐ πόσιος νενόηκας, ἐπεὶ πίες ἃ στύγα Λήθης.
13 τίς μακάρων νόμος οὗτος, ἵν' ἀνέρες ἠέ νυ κῶραι
οὐχὶ κακαὶ θνήσκουσι προμοίριες, οὐχὶ τοκήων
οὐτιδανῶν, ἀλλ' εἴ τις ἀριπρεπὲς εἶδος ἔχουσα
ἢ γένος; ἦ ῥα τόδ' ἐσθλὸν ἐτήτυμον ἀνδράσι Πυθώ,
χρύσεον ὅττι γένεθλον ἐς Ἀίδα πρῶτον ὁδεύειν.

Relief. Chersonesos. 1./2. Jh. — IPE I² 519. (GV 1684).

### 391

νὺξ μὲν ἐμὸν κατέχει ζωῆς φάος ὑπνοδοτείρη,
ἀλγεινῶν λύσασα νόσων δέμας ἡδέι ὕπνῳ,
λήθης δῶρα φέρουσ' ἐπ' ἐμοὶ προστάγμασι Μοίρης·
ψυχὴ δ' ἐκ κραδίης δράμ' ἐς αἰθέρον εἴκελος αὔρη,
5 κοῦφον ἐπαιωροῦσα δρόμῳ πτερὸν ἠέρι πολλῷ,
καί με θεῶν μακάρων κατέχει δόμος ἆσσον ἰόντα,
οὐρανίοις τε δόμοισι βλέπω φάος Ἠριγενείης.
τιμή δ' ἐκ Διός ἐστι σὺν ἀθανάτοισι θεοῖσι
9 Ἑρμείαο λόγοις· ὅς μ' οὐρανὸν ἤγαγε χειρῶν
αὐτίκα τιμήσας καί μοι κλέος ἐσθλὸν ἔδωκεν
οἰκεῖν ἐν μακάρεσσι κατ' οὐρανὸν ἀστερόεντα,
χρυσείοισι θρόνοισι παρήμενον ἐς φιλότητα,
13 καί με παρὰ τριπόδεσσι καὶ ἀμβροσίῃσι τραπέζαις
ἡδόμενον κατὰ δαῖτα θεοὶ φίλον εἰσορόωσιν,
κρατὸς ἀπ' ἀθανάτοιο παρηίσι μειδιόωντες,
νέκταρ ὅτ' ἐν προχοαῖσιν ἐπισπένδω μακάρεσσι.

Basis. Smyrna 1./2. Jh. — CIG II 3398. (Kaibel 312. GV 1765).

### 390

Ach hätten doch die Musen die Danklieder für dich angestimmt, unglückliche junge Frau Oinanthe, nachdem man dir Kinder auf den Schoß gesetzt hätte, |³ und der Geburtshelferin Eileithyia schöne Weise, deiner Mutter und dem Vater willkommene Gaben und dem Gatten. |⁵ Doch jetzt irrst du auf den feuchten Sandöden des rauschenden Kokytos, und nicht weckt dich |⁷ der immer wiederholte Ruf der lieben Stimme, mit der die Mutter wie ein Vogel um dich klagt: wie ein Stein hörst du nichts, |⁹ sondern die schwarzwirbelnden Fluten des Okeanos bedrängen dich, und die Seelen der unterirdischen Toten |¹¹ schwirren schauerlich. Deiner Eltern Rede hast du nicht verstanden und nicht die des Gatten, da du, ach, das Fluchwasser Lethes getrunken hast. |¹³ Was ist das für ein Gesetz der Götter, daß Männer und junge Frauen vor der Zeit sterben müssen, nicht häßliche, nicht niedriger Eltern Kinder, |¹⁵ sondern wenn eine ansehnlich ist an Schönheit oder Geschlecht. Wie wahr ist dieser treffliche Spruch, den Pytho den Menschen gesagt hat: Wo ein Nachwuchs glänzt wie Gold, da muß er zuerst zum Hades gehen.

### 391

Nacht hat meines Lebens Licht aufgenommen, die Schlafspenderin, die meinen Leib von schmerzlicher Krankheit erlöst hat durch süßen Schlaf, |³ das Geschenk des Vergessens mir bringend auf Befehl der Moira. Doch meine Seele eilte aus dem Herzen zum Äther, gleich einem Windhauch, |⁵ in eiliger Fahrt ihre leichten Schwingen regend im dichten Luftmeer. Und nun hat mich der seligen Götter Haus aufgenommen, wie ich nahe hinzukam, |⁷ und im himmlischen Palast erblicke ich das Licht der Frühgeborenen. Zeus ehrte mich so zusammen mit den unsterblichen Göttern |⁹ auf Fürsprache des Hermes; denn der führte mich an seiner Hand zum Himmel und gab mir sogleich Ehre und verschaffte mir den edlen Ruhm, |¹¹ am bestirnten Himmel unter den Seligen zu wohnen, auf goldenen Thronsesseln ihnen zur Seite sitzend als ihr Freund. |¹³ Und die Götter schauen mir freundlich zu, wie ich mich vor Dreifüßen und ambrosischen Tischen am Mahle freue, |¹⁵ und ein Lächeln erscheint auf den Wangen der unsterblichen Häupter, wenn ich beim Trankopfer den Seligen mit Nektar die Spende darbringe.

## 392

μνήμην τῆς ἰδίας γαμετῆς μετὰ μοῖραν ἄτρεπτον
ἐν στέρνοισιν ἔχων ἴδιος πόσις ὢν ἔτι ζωός,
ἥτις ἔφυ, στήλαις, παροδοιπόρε, τοῦθ' ὑπέγραψα·
πρῶτον μὲν τύπος ἦν αὐτῇ χρυσῆς Ἀφροδίτης,
5 εἶχε δὲ καὶ ψυχὴν ἀφελῆ στέρνοισι μένουσαν·
ἦν ἀγαθή, νομίμοις δὲ θεοῦ παρεγείνετο πᾶσιν·
οὐδὲν ὅλως παρέβαινε· χαρίζετο λειπομένοισιν,
δουλὶς ὑπάρχουσα στέφανον τὸν ἐλεύθερον ἔσχεν.
9 ζωοὺς τρεῖς ἐκύησε γόνους· μήτηρ ἐγενήθη
δισσῶν ἀρρενικῶν, τὸ δὲ θῆλυ τρίτον κατιδοῦσα
ἠοῦς ἑνδεκάτης ἔλιπε ψυχὴν ἀμερίμνως.
κάλλος δ' αὖ μετὰ μοῖραν Ἀμαζόνος ἔσχεν ἄπιστον,
13 ὥστε νεκρᾶς πλέον ἢ ζώσης ἐς ἔρωτα φέρεσθαι.
εἰκοστὸν δὲ βιώσασαν ἀφελῶς ἐνιαυτόν
Μαρκίαν τὴν Ἑλίκην ζοφερὸς τάφος ἔνθα καλύπτει.

Gerahmte Marmortafel. Rom. 2./3. Jh. — IG XIV 1839. (Kaibel 727. GV 1164).

## 393

ἱερὸς οὗτος ὁ χῶρος, ὃν Αἰνείας ἀγανόφρων
εἴσαθ' ἑοῦ ἑτάροιο σεβάσμιον Ἠιθέοιο,
πάντα παλαιγενέεσσιν ἀλιγκίου ἡρώεσσιν,
κάλλος τ' ἠνορέην τ' ἀγανοφροσύνην τε νόον τε.
5 ἐνθάδε δ' ἐνναίει καὶ Ὀλυμπιὰς ἱμερόεσσα,
Ἠιθέοιο δάμαρ καὶ ἀδελφεὴ Αἰνείαο,
ἣ πάσας παράμειψε φιλάνδρους ἡρωίνας,
Ἄλκηστιν πινυτῇ, μορφῇ δ' ἐρατώπιδα Λήδην.
9 τοῦτ' ἐτύμως νῆσοι μακάρων πέδον, ἔνθα τε φῶτες
εὐσεβέες ναίουσι δικαιότατοί τ' ἀγανοί τε,
οἳ ξυνὸν ζώοντες ἔχον βίον ἀλλήλοισιν
σὺν κόσμῳ σοφίῃ τε δικαιοσύνῃ τε καὶ αἰδοῖ. —
13 ἀγγέλλω τάδε βωμός, ὃν Αἰνείας ἀνέθηκεν,
ὄφρα κε κυδαίνωνται ὑπ' ἀντιθέοις γεράεσσιν
πᾶσιν ἐν αἰώνεσσιν ὑπ' εὐσεβίῃσιν ἑταίρων.

Altar. Rom. 3./4. Jh.? — IG XIV 1356. (Kaibel 648. GV 2061).

## 394

στέμματ', ἀφ' ὧν πτοίη, καὶ πρήξιες αἱ κενεαυχεῖς,
ἄλλων σήματ' ἔχοιτε δικασπολίας τ' ἐνέποιτε,
τηκεδόνας βιοτῆς καὶ δουλείην ἐρίτιμον,
μοῦνον δ' ἡμέτερον βαιὴ λίθος οὔνομα φωνοῖ·

### 392

Die Erinnerung an meine Gattin auch nach dem unabwendbaren Verhängnis im Herzen bewahrend, habe ich, ihr noch lebender Gatte, |³ hier unten auf der Stēlē aufgezeichnet, Wanderer, von welcher Art sie war. Zuvörderst hatte sie Ansehen und Gestalt der goldenen Aphrodite; |⁵ sie hatte aber auch eine schlichte Seele in der Brust wohnen; sie war eine gute Frau, sie blieb bei allen Geboten Gottes |⁷ und hat keines je übertreten; sie tat Gutes den Bedürftigen; Sklavin gewesen, erhielt sie den Kranz der Freiheit. |⁹ Drei lebende Kinder brachte sie zur Welt: sie wurde Mutter von zwei Knaben, doch als sie das dritte Kind, ein Mädchen, gesehen, |¹¹ nahm sie am elften Tage Abschied vom Leben, friedlich entschlafen. Unwahrscheinlich schön erschien sie wiederum nach dem Tode, wie eine Amazone, |¹³ so daß die Tote noch mehr Liebe weckte als die Lebende. Nachdem sie zwanzig Jahre schlicht gelebt, birgt Marcia Helike nun das Dunkel des Grabes hier.

### 393

Geweiht ist dieser Platz, den des Aeneas freundlicher Sinn seinem Gefährten Eïtheos als Stätte der Verehrung bereitet hat, |³ der in allem den Heroen der Vorzeit glich, an Schönheit, Tapferkeit, freundlichem Sinn, Klugheit. |⁵ Hier wohnt aber auch die liebliche Olympias, des Eïtheos Gattin und des Aeneas Schwester, |⁷ die alle Heroinen, die je einen Mann geliebt, übertraf, Alkestis an Verständigkeit, an Gestalt und Schöne die liebreizende Leda. |⁹ Dieser Grund stellt in Wahrheit die Inseln der Seligen vor, wo fromme und gerechte und freundliche Menschen wohnen, |¹¹ die auf Erden ein gemeinsames Leben in Ordnung, Weisheit, Gerechtigkeit und Ehrfurcht verbunden hat. — |¹³ Soviel verkündige ich Altar, den Aeneas gesetzt hat, auf daß die Toten mit göttergleichen Ehrengaben gefeiert würden Jahr um Jahr von der frommen Gesinnung ihrer Freunde.

### 394

Kränze (Stammbäume?), die man scheu anstaunt, und leere Prahlereien mit Taten, ihr mögt auf anderer Männer Grabmalen prangen und von den Würden eines Richters künden, |³ die das Leben verzehren und nur ehrenvolle Knechtschaft sind: von mir soll der geringe Stein nur den Namen sagen. |⁵ Alexander

    5 'Αλέξανδρος ὅδ' ἐστί, Βαλεντίνη δὲ συνεύδει
      κεἰν ἐνέρων λιμένεσσι μέγ' αἰνητῇ παρακοίτει·
      τοὺς δ' ἄμφω χαρίεν τέλος ἔλλαχεν, οὓς κτερέιξε
      χερσὶ φίλαις θυγάτηρ γλυκερὴ Παυλῖνα τοκῆας,
    9 ἤδη οἱ θαλέθοντα τόκον κατὰ δῶμα λιπόντας
      τριττύος ἐξαίτης, οἵ μευ μελάθρων μεδέοιεν. —
      νηλὴς ὦ θάνατος, πολὺ δὴ μέγ' ἀκαίριος ἥκεις·
      χρῆν γὰρ ἐπ' ὠδίνεσσιν ἔχειν χέρα καὶ τότ' ὀλέσσαι·
   13 νῦν δὲ μετὰ πτολέμους κρυερῶν τε λαφύγματα νούσων
      λευγαλέους τε φόβους καὶ θυμοβόρους μελεδώνας
      καὶ δίκας ἀμφιλόγους ῥικνὸν καὶ κώδιον ἄξεις,
      λυπρὴν δαῖτα Χάρωνι· νέων δ' ἔμπης πεφίδησο.

Marmortafel. Rom. 4. Jh. n. Chr. — IG XIV 1363. (Kaibel 647. GV 1571).


## c) BESONDERE FORMEN DER ANREDE

### 395

      κἢν σπεύδῃς, ὦ ξεῖνε, καὶ ἢν εὔκαιρος ὁδεύῃς,
      στῆθι παρ' οὑμὸν σῆμα καὶ εἴσῃ τοὔνομα τοὐμόν,
      οὐκ ἀσόφως ζητηθὲν ὑπὸ ζώοντος ἐμεῖο·
      ἐννέα γράμματ' ἔχω, τετρασύλλαβός εἰμι, νόει σύ·
    5 αἱ τρεῖς αἱ πρῶται δύο γράμματ' ἔχουσιν ἑκάστη,
      ἡ λοιπὴ δὲ τὰ τρία καί εἰσιν ἄφωνα τὰ πέντε,
      ἔστι δ' ἀριθμὸς πένθ' ἑκατοντάδες ἠδὲ δὶς ἑπτά.
    8 ταῦτ' οὖν ζητήσας καὶ γνούς, ὅστις περ ὁ γράψας,
      γνωστὸς ἔσῃ Μούσαις καὶ σοφίης μέτοχος.
      μνῆμα δ' ἐμὸν τόδε χεῖρες ἔτι ζώοντος ἔτευξαν
      λαΐνεον γαίης Τερβοιο, ἣν κατέχω.

Sarkophag. Bithynien. 2. Jh. n. Chr. — Athen. Mitt. 17, 1892, 81ff. (GV 1324).

*

### 396

      ἡλικίῃ, μορφῇ, φρεσί, μούσαις σωφροσύνῃ τε
      ἐν πᾶσιν πρέψασα, Κατάφρονι, φῶς λίπες ἠοῦς
      κἄμ' ἔφυγες ποθέοντα καὶ οὐκ ἐσάθρησας ἰοῦσα·
      τοιγὰρ ἐγὼ τόδε σῆμα φίλοις σταδίοισιν ἔτευξα,
    5 ὄφρα σε κἂν νέκυν οὖσαν ἐμοῖς μελάθροισιν ὁρῴην,
      οὔνομά μοι γλυκύ, Μεσσία, ἀειμνήστη παράκοιτι.

Gerahmte Marmortafel. Rom. 1./2. Jh. — IG XIV 1853. (Kaibel 682. GV 1478).

ist dieser Mann, mit Valentina zusammen schläft er hier, die auch in der Unterirdischen friedlichem Hafen noch seine hochgepriesene Gattin heißt. |⁷ Ein schöner Tod wurde ihnen beiden zuteil, und mit ihren lieben Händen begrub die Eltern die süße Tochter Paulina; |⁹ sie ließen ihr eine nun schon blühende Nachkommenschaft zurück, ein prächtiges Dreigespann von Kindern, die mein Haus besorgen mögen. — |¹¹ Grausamer Tod, gar sehr zur Unzeit bist du gekommen, denn bei der Geburt hättest du Hand anlegen und damals dein Vernichtungswerk üben sollen: |¹³ jetzt mußt du nach Kriegen, gierigen Anfällen schauriger Krankheiten, nach elenden Ängsten, am Herzen nagenden Sorgen, |¹⁵ nach vieler Rechtshändel Zank einen verhutzelten Alten, eine eingetrocknete Haut davonführen, ein jämmerliches Mahl für Charon; aber gleichwohl, die Jungen jedenfalls verschone.

### c) BESONDERE FORMEN DER ANREDE

#### 395

Ob du es nun eilig hast, Fremdling, oder ob du dir Zeit läßt auf deiner Wanderung, bleib bei meinem Grabmal stehen, und du sollst meinen Namen erfahren, |³ den ich mir nicht unkundig ausgesucht habe, als ich lebte. Neun Buchstaben habe ich, viersilbig bin ich, gib gut Acht: |⁵ die drei ersten Silben enthalten jede zwei Buchstaben, die letzte drei, und fünf sind Konsonanten; |⁷ ihre Summe ergibt fünf Hunderte plus zweimal sieben. — |⁸ Wenn du das herausgebracht und erkannt hast, wer der Schreiber ist, wirst du mit Recht ein Freund der Musen und ein Genosse der Weisheit heißen. |¹⁰ Dies Denkmal aus Stein haben meine Hände noch zu meinen Lebzeiten im Lande des Terbos errichtet, das ich bewohne.

\*

#### 396

Jugend, schöne Gestalt, Verstand, musische Bildung, Züchtigkeit: damit glänztest du vor allen, Kataphronis, die du nun vom Lichte des Tages schiedest |³ und dich meiner Liebe entzogen hast und mich nicht angesehen, wie du davongingest. So habe ich dir denn in dem Umgang deines geliebten Gartens das Grabmal errichtet, |⁵ damit ich dich auch im Tode noch in meinem Besitztum vor Augen hätte, Messia, süßer Name für mich, unvergeßliche Gattin.

### 397

γνωτὴ ἐμὴ Τσατεχᾶνι γύναι θ' ἅμα, μῆτερ Ὀμάρας,
πάντα τάδ' ἁρπάξασα μετῴχεο δῶμα θανόντων·
ὀρφανὸς ἐν πάντεσσι καὶ οὐχ ἑνὶ μοῦνον ἐτύχθην·
ναὶ μὰ σέ, συντρίψει με λίθος ζώοντά περ ἔμπης,
εἰς ὅ κεν ἔνθ' ἀφίκωμαι, ὅπη φθαμένη μ' ἐβεβήκεις.

Gerahmte Platte. Ägypten. 2./3. Jh. — Meander 10, 1955, 79ff. (GV 1480).

### 398

πρώτη Νύμφιον εἶδεν ἐν ἀγκαλίδησι γυναικός
ὀρθρογόη καὶ χῆρον ὑποστρέψασα χελιδών.
τοὔνεκ', Ἐπιφανία, ἐφ' ὅσον χρόνος ἐστὶν ἐμεῖο,
τλήσομαι, καὶ γὰρ ἔοικεν, ὑπ' ὀφρύσι δάκρυα λείβειν.

Marmorplatte. Amisos, Pontos. 2./3. Jh. — Studia Pontica III 10f., 6. (GV 1712).

### 399

οὐκ ἔθανες, Πρώτη, μετέβης δ' ἐς ἀμείνονα χῶρον
καὶ ναίεις μακάρων νήσους θαλίῃ ἐνὶ πολλῇ,
ἔνθα κατ' Ἠλυσίων πεδίων σκιρτῶσα γέγηθας
ἄνθεσιν ἐν μαλακοῖσι κακῶν ἔκτοσθεν ἁπάντων·
5 οὐ χειμὼν λυπεῖ σ', οὐ καῦμα, οὐ νοῦσος ἐνοχλεῖ,
οὐ πείνη σ', οὐ δίψος ἔχει σ', ἀλλ' οὐδὲ ποθεινός
ἀνθρώπων ἔτι σοι βίοτος· ζώεις γὰρ ἀμέμπτως
αὐγαῖς ἐν καθαραῖσιν Ὀλύμπου πλησίον ὄντως.

Marmortafel. Rom. 3. Jh. n. Chr. — IG XIV 1973. (Kaibel 649. GV 1830).

### 400

Ῥουφίνης ἐμέθεν Πρόκλος πόσις ἐνθάδε κεῖται,
Μοιράων βουλῇσι λιπὼν βίον ἠδ' ἐμὲ χήρην.
τεῦξα δέ τοι μέγα σῆμα περισκέπτῳ ἐνὶ χώρῳ
θηητὸν πάντεσσι, θύρας δ' ἐπέθηκα φαεινάς
5 εἴδωλόν τ' ἐθέμην πανομοίιον σχῆμά τ' ἔθηκα,
οἷον ἔχων ῥητῆρσι μετέπρεπες Αὐσονίοισι
ἔν τ' αὐτοῖς ὑπάτοις κλέος ἔλλαβες ἔξοχον ἄλλων.
ἀλλ' οὔτοι νόσφιν γε σέθεν ποτὲ κείσομαι αὐτή·
9 ὡς πρὶν δ' ἐν ζωοῖσιν ὁμὸς δόμος ἄμμι τέτυκτο,
ὣς καὶ τεθνειῶτας ὁμὴ σορὸς ἀμφικαλύψει.

Sarkophag. Aquae Sextiae. 3. Jh. n. Chr. — IG XIV 2469. (Kaibel 590. GV 735).

*

### 397

Tsatechanis, Schwester mir und Gattin zugleich, Mutter meiner Homara — um all dies hast du mich gebracht, als du zur Wohnung der Toten hinübergingst: |³ verwaist wurde ich in jeder Hinsicht und nicht nur in einer. Wahrlich bei deinem Namen, hinsiechen werde ich an diesem Stein lebendigen Leibes, bis ich dorthin komme, wohin du mir im Tode voraufgegangen bist.

### 398

Zuerst sah die Sängerin der Frühe Nymphios als jungen Ehemann in den Armen der Gattin — und als Witwer, wie sie zurückkehrte, die Schwalbe. |³ Deswegen, Epiphania, solange meine Zeit währt, werde ich nicht müde werden, aus meinen Augen Träne um Träne rinnen zu lassen, denn so geziemt es der Toten.

### 399

Nicht gestorben bist du, Prote, nur hinüber gegangen zu einer besseren Stätte und wohnst nun auf den Inseln der Seligen, umgeben von lauter Festesglanz: |³ dort auf den elysischen Gefilden springst du freudig umher auf weicher Blumenaue, allem Bösen entrückt; |⁵ nicht Winterkälte kränkt dich, nicht Sonnenglut, nicht Krankheit belästigt dich, nicht Hunger noch Durst quält dich, sondern nicht einmal nach |⁷ der Menschen Leben sehnst du dich noch zurück; du lebst in Leben ohne Fehle in reine m Glanz und bist wahrhaftig dem Olymp ganz nahe.

### 400

Hier ruht Proclus, der mir, Rufina, Gemahl war und nach der Moiren Ratschluß vom Leben Abschied nehmen mußte und von mir, die als Witwe zurückblieb. |³ Ein großes Grabmal baute ich ihm an weithin sichtbarer Stätte, allen ein Wunder zu schauen, und fügte ein prächtiges Portal hinzu. |⁵ Auch ein Bildnis setzte ich dir, von sprechender Lebenstreue, und ließ dich in der Haltung darstellen, in der du unter den römischen Rednern geglänzt hast |⁷ und selbst unter den Senatoren vor anderen herrlichen Ruhm gewannest. Aber wahrlich nicht fern von dir werde ich selber einmal ruhen: |⁹ wie uns zuvor unter den Lebenden das gleiche Haus erbaut war, so wird uns auch im Tode der gleiche Grabhügel bergen.

*

**401**

τί σπεύσας, Ἀίδη, τὸ νήπιον ἥρπασας ἡμῶν
τὸν γλυκερόν τε Σόλωνα κατήγαγες οὐκ ἐλεήσας,
τὸ βρέφος ἐξ μηνῶν, τὸ καλὸν βρέφος; ὡς πικρὸν ἄλγος
δειλαίοις γονέεσσι, Πεπρωμένη, ἐξετέλεσσας.

Relief. Athen. Mitte 2. Jh. n. Chr. — IG II/III² 12629. (GV 1590).

**402**

χαῖρέ μοι, ὦ ζωή, γλυκερὸν φάος ἠελίοιο,
χαίρετε καὶ φιλίης μεμνημένοι ἄνδρες ἄριστοι.
ἐνθάδ' ἐγὼ κεῖμαι, Κίβλις δέ μοι οὔνομά ἐστιν,
Εὐτέρπης αὐλοῖσι τετιμένη ἔξοχα πασῶν.

Gerahmte Tafel. Palaia Isaura, Isaurien. 2./3. Jh. — H. Swoboda, J. Keil u. F. Knoll, Denkmäler aus Lykaonien 140. (GV 1569).

## 5. IAMBISCHE EIN- UND ZWEIZEILER

**403**

Γλήνῳ Νιγρῖνος παιδί, καὶ νέκυν στέργων.

Rom. 1./2. Jh. — IG XIV 1520. (Kaibel 709. GV 187).

*

**404**

Ἄμμῃ γυναικὶ τήνδ' ἐγὼ Λεωνίδας
ἔθηκα στήλην οἰκτρὸν εὐνοίας ὅρον.

Stele. Kaisareia, Kappadokien. 2./3. Jh. — BCH 33, 1909, 60, 34. (GV 205).

**405**

Ἀχιλλέως παῖς Στωικὸς Θεόξενος
ἐνταῦθα Πατρεύς, ἀλλ' ἄγαν κεῖται νέος.

Basis. Athen. 2./3. Jh. — IG II/III² 10046a. (Kaibel 105. GV 393).

**406**

ἐνθάδ' ἀπόκειται Θεονόη, παῖς εὐσεβής,
πραεῖα, σεμνὴ καὶ καλὴ σοφή τε ἅμα.

Marmortafel. Rom. 3. Jh. n. Chr. — NSc. 20, 1923, 49, 96. (GV 394).

## 401

Was hattest du es so eilig, Hades, uns das Kleine zu rauben und den süßen Solon ohne Erbarmen in die Tiefe zu führen, |³ das Kindchen von sechs Monaten, das schöne Kindchen? Welch bitteres Leid, Schicksalsmacht, hast du den armen Eltern bereitet!

## 402

Sei mir gegrüßt, Leben, süßes Licht der Sonne, seid auch ihr gegrüßt, edle Männer, die ihr meiner Freundschaft gedenkt. |³ Hier liege ich, Kiblis ist mein Name, der Euterpe Flöten gaben mir Ehre vor allen anderen Frauen.

## 5. IAMBISCHE EIN- UND ZWEIZEILER

## 403

Nigrinus seinem Sohne Glenus; auch den Toten hat er noch lieb.

\*

## 404

Ich Leonidas setzte meiner Frau Ammē diese Stēlē, treuer Zuneigung traurigen Grenzstein.

## 405

Des Achill Sohn, der Stoiker Theoxenos aus Patrai ruht hier – aber allzu jung.

## 406

Hier ruht Theonoē, ein frommes Kind, sanft, rein, schön und klug zugleich.

## 6. DREI UND MEHR IAMBISCHE TRIMETER

### a) VORSTELLUNG DES TOTEN

**407**

τὸ σᾶμα Δαμόνικος, ὠπολλώνιε,
ξυνευνέτας τοι τοῦτο τᾶς τεᾶς κόρας
ἔστασ' ἑκυρεῖ κἠπιτυμβίοις χοαῖς
καὶ στεμμάτεσσιν ἀνθέων ἐτησίων
5 μειλίσσετ' οὐκ ἀδάκρυς· ἦ ῥα πολλάκις
γαμβροὶ τὰ παίδων ἐκτελεῦσι θέσμια.

Relief. Antiocheia am Orontes. 1. Jh. n. Chr. — IGLSyr. III 912. (GV 1422).

**408**

υἱοῖς δυσίν με ἔθηκεν ἄθλιος πατήρ,
Ἀκαταμαχήτῳ δοιετεῖ, τρὶς ἐξ δὲ ἐτῶν
Ἀσιατικῷ· καὶ τὸν μὲν ὤλεσαν φλόγες,
τὸν δ' αὖ φρενήρη ἰατρὸν ἥρπασεν νόσος·
5 ὤνησε δ' οὐδὲν ἡ εὐσέβεια τοὺς γονεῖς.

Rundaltar. Xanthos, Lykien. 1./2. Jh. — TAM II 1, 369. (GV 241).

**409**

Ἀκίλιον Θεόδωρον ἰατρῶν πρόμον,
σπουδαῖον, εὐγενῆ τε καὶ εὐσχήμονα
υἱὸς Θεόδωρος θάψεν ἠδ' ὁ συγγενής
Θεόδωρος ἀρχίατρος, ἐπιλείβων δάκρυ·
5 γυνὴ δὲ Φιλοκράτεια ἐν δόμοις μένει,
τρέφουσα παῖδα καὶ ποθοῦσα κατθανεῖν.

Runder Pfeiler. Bithynien. 1./2. Jh. — BCH 27, 1903, 317. (Kaibel 352. GV 686).

\*

**410**

ὁ τὸν πολυστένακτον ἀνθρώπων βίον
γέλωτι κεράσας Νικαεὺς Φιλιστίων
ἐνταῦθα κεῖμαι, λείψανον παντὸς βίου,
πολλάκις ἀποθανών, ὧδε δ' οὐδεπώποτε.

Anf. 1. Jh. n. Chr. — Anth. Pal. 7, 155. (GV 433).

# 6. DREI UND MEHR IAMBISCHE TRIMETER

## a) VORSTELLUNG DES TOTEN

### 407

Dies Denkmal, Apollonios, hat dir Damonikos, der Ehegatte deiner Tochter, |³ errichtet, seinem Schwiegervater, und mit Grabspenden und Kränzen aus den jährlich neuwachsenden Blumen |⁵ sucht er deine Seele zu befrieden, nicht ohne Tränen; müssen doch wahrlich oft Schwiegersöhne der Söhne Pflichten erfüllen.

### 408

Zwei Söhnen hat mich der leidgeprüfte Vater gesetzt, dem zweijährigen Akatamachetos und dem dreimal sechs Jahre alten |³ Asiatikos. Der eine kam bei einer Feuersbrunst ums Leben, den anderen wieder, einen verständigen Arzt, raffte Krankheit hin. |⁵ Nichts fruchtete den Eltern ihre fromme Gesinnung.

### 409

Acilius Theodoros, den Vorsteher der Ärzte, einen rechtschaffenen Mann, von edler Herkunft und edler Aufführung, |³ begrub sein Sohn Theodoros und sein Verwandter (Bruder?), der Gemeindearzt Theodoros, und manche Träne vergoß er dabei. |⁵ Seine Frau Philokrateia lebt noch in seinem Haus, seinen Sohn aufziehend und mit Sehnsucht wartend auf ihren Tod.

\*

### 410

Philistion aus Nikaia, der ich mein Lachen mischte in das von vielem Stöhnen erfüllte Leben der Menschen, |³ ich ruhe nun hier: vom ganzen Leben blieb nur dies. Wie oft bin ich gestorben, doch so noch nie!

## 411

Ξένου ταφὰν τάνδε εἰσορᾶτε ὀρεωκόμου·
"Αιδας δ' ἐπεσκίασεν ἅρπασέν τ' ἐμοῦ
χερῶν ἀπ' αὐτῶν ἡνίας συνωρίδων
πάτρας τ' ἐπεφθόνησεν εἰσιδεῖν πέδον
5 Κιβύρας ποθητᾶς δουλικάς τε ἐφερπύσας
φάτνας ἐλευθέρωσε σῶμα θανασίμου.
τὴν στήλην ἀνέθηκε Ἱέραξ σύνδουλος ὑπάρχων.

Stele. Singidunum, Moesia superior. 1./2. Jh. — Spomenik 71, 1931, 8, 8. (GV 651).

\*

## 412

Ἀθηνόδωρον ὅσδε καὶ ξυνάορον
Ἄβαν θανόντας ξυνὸς ἀμφέχει τάφος,
ζώοντας ὥσπερ θάλαμος εἷς καὶ λέκτρον ἕν,
γλυπτοῖς γεγωνὼς γράμμασιν βουλὴν νεκρῶν·
5 τὸ μηδέν' ἄλλον τοῖσδε νεοθανῆ νέκυν
ἐπεισενεγκεῖν, ἢ τίνει ταύτην δίκην,
ἣν δυσμενεῖς πάσχουσι καὶ λῃσταὶ νεκρῶν.
αὐτοῖς δὲ μίμνειν ὡς ἔχουσ' εὐνῆς μόνοις.

Sarkophag. Olba, Kilikien. 2./3. Jh. — R. Heberdey u. A. Wilhelm, Reisen in Kilikien 91, 170. (GV 1724).

## 413

Ἀθηνοδώραν τὴν ἀγαθὴν τὴν Ἀττικήν,
τὴν Θαυμασίου γυναῖκα, τὴν φιλένθεον,
παιδία τεκοῦσαν καὶ τρέφουσαν νήπια
ἡ γῆ λαβοῦσα τὴν νέαν, τὴν μητέρα,
5 κατέχει, γάλακτος δεομένων τῶν παιδίων.

Stele. Athen. 3. Jh. n. Chr.? — IG III 1384. (Kaibel 176. GV 581).

\*

## 414

ὁ τᾶς ἀοιδᾶς ἀγεμὼν ἀν' Ἑλλάδα,
ὁ παντάπασιν ἐξισώσας τὰν λόγῳ
καὶ τὰν ἀτάραχον ἐν βροτοῖς θεύσας ὁδόν
Πυρρωνιαστὰς Μενεκλέης ὅδ' εἰμὶ ἐγώ.

Stele. Nea Phokaia, Aiolis. 1. Jh. n. Chr.? — BCH 12, 1888, 368f., 17. (Kaibel 522, 241b. GV 603).

### 411

Des Xenos Grab seht ihr hier, des Maultierpflegers. Hades warf seinen Schatten über mich und entriß meinen |³ Händen die Zügel meines Gespannes. Er gönnte mir nicht, daß ich der Heimat Boden wiedersähe, |⁵ das geliebte Kibyra. Zur Krippe des Sklaven kam er und machte den Leib des Sterbenden frei. – Die Stēlē stellte Hierax auf, sein Mitsklave.

\*

### 412

Athenodoros und seine Ehegattin Aba umschließt dies Grab im Tode, |³ wie sie im Leben eine Kammer und ein Bett hatten. Und mit seinen eingemeißelten Buchstaben verkündet es so der Toten Ratschluß: |⁵ Keinen anderen neuverstorbenen Toten soll man zu diesen hineintragen, oder (derjenige, der dies tut,) soll die Strafe zahlen, |⁷ die Frevler und Grabräuber erleiden; nur ihnen allein soll die Lagerstatt verbleiben, so wie sie hier liegen.

### 413

Die gute Athenodora, attischen Geschlechtes, die Frau des Thaumasios, die gotterfüllte, |³ unmündiger Kinder Erzeugerin und Nährerin, nahm die Erde auf, die junge, die Mutter – und nach der Milch verlangen die Kleinen.

\*

### 414

Der Sangeskunst Führer in Griechenland, der Mann, der jedem Dichtertext in Vollkommenheit gerecht wurde |³ und unter den Sterblichen den Weg der unerschütterlichen Seelenruhe ging: der Pyrrhon-Jünger Menekles bin ich hier.

## 415

ὁ τῆς σοφίης μελῳδός, ἔντεχνος λύρης,
ὁ τοὔνομα Ἀμμώνι', ἔης ποτέ· νῦν εἶ νέκυς,
κεῖσαι ταφῇ, ἄλαλος ἀνθρώποις σκιά,
ἐν τῆδε μνήμῃ, ἣν δέδωκαν φίλτατοι
5 Παῦλος Πρόκλα τε, οὓς θεοὶ καὶ αὐτῶν τέκνα
συνδιαφυλάξαιτε εὖ βιοῦντας εἰς τέλος.

Marmortafel. Rom. 2./3. Jh. — American Journal of Philology 48, 1927, 18, 1. (GV 1523).

## b) BERICHT (ERZÄHLUNG) VOM TOTEN

### 416

Ῥουφῖνα Κέλερος ἐξ Ἀριστίνης τε ἔφυν,
ζωὴ δὲ πλείων μητρὸς ἐν σπλάγχνοις ἐμή,
ὠδῖνα λύπης δ' ἡ τεκοῦσ' ἠλλάξατο.
πρώτην ὁδὸν δὲ στέλλομαι πρὸς Ἀίδαν,
5 κλῆρον δὲ μητρὸς τῷδε κληρουχῶ τάφῳ,
στήλῃ δὲ φωνῶ ἀντ' ἀφωνίας βίου.

Altar. Rom. 1./2. Jh. — IG XIV 1977. (Kaibel 691. GV 1024).

### 417

ὅτι μὲν πρόμοιρος ἁρπάγην ἐγὼ λυγρά
ἐκ τοῦ γλυκυτάτου φωτὸς ἐς τὸν Ἀίδαν
ἄτεκνος, ἀλγύνεσθε — τοῦτ' ἐπίσταμαι.
πλὴν δ' οὐκ ἄσαμος κἀν φθιτοῖς νομίζομαι
5 ἁ Βασιλόκληα διὰ γένος καὶ τοὔνομα·
συνευνέτας γὰρ οὑμὸς ὡς Οἴας Πέλοψ
πασῶν ἀρίσταν ἠδὲ κοσμίαν ἐμέ
ἀφηροΐξας δεῖξε Πλουτῆος Κόρᾳ.
9 λοιπὸν τί λυπῇ, εὐσεβὴς συνευνέτα,
τὰν νύκτα θρηνῶν τὰν ἐμὰν εἱμαρμέναν;
τοῦτ' ἤθελεν γὰρ Γένεσις καὶ Μοιρῶν μίτοι,
αἷς οὐδ' Ἀχιλλεὺς Θέτιδος ἐκ θεᾶς γεγώς
στᾶμέν ποτ' ἀλκὰν δυνατὸς εὑρέθη θέλων.

Rundaltar. Thera. 1./2. Jh. — IG XII 3, 870. (GV 1197).

### 418

Φιλοστράτα βέβηκα πηγὰς εἰς ἐμάς,
λείπουσα δεσμόν, ᾧ φύσις συνεῖχέ με.
ἐπὶ τοῖσι δέκα γὰρ τέσσαρ' ἐκπλήσασ' ἔτη

## 415

Ein Meister des Gesanges, ein Künstler auf der Lyra, der Mann, der Ammonios hieß, der warst du einst. Nun bist du tot, |³ im Grabe liegst du, ein stummer Schatten den Menschen, in diesem Denkmal der Erinnerung, das die liebsten Freunde |⁵ Paulus und Procla gestiftet haben; mögt ihr Götter sie samt ihren Kindern in euern Schutz nehmen und ihnen ein schönes Leben schenken bis zu ihrem Tode.

## b) BERICHT (ERZÄHLUNG) VOM TOTEN

## 416

Ich, Rufina, bin des Celer und der Aristine Kind. Des Lebens größeren Teil verbrachte ich in meiner Mutter Schoß, |³ und die, welche mich gebar, tauschte nur Trauer ein gegen Wehen: mein erster Weg führt mich zum Hades, |⁵ meiner Mutter Erbplatz erbe ich mit diesem Grab und rede aus dieser Stēlē, denn im Leben wurde mein Mund stumm.

## 417

Daß ich Arme vor der Zeit aus dem süßen Leben in den Hades gerissen wurde, |³ kinderlos, das schmerzt euch, und das versteh ich gut. Doch stehe ich auch unter den Toten noch in Ansehen, |⁵ Basilokleia, wegen meines Geschlechtes und wegen meines Namens. Denn mein Gatte Pelops aus Oia, |⁷ der mir die Ehren einer Heroine erwies, zeigte (damit) der Pluton-Braut, daß ich die beste aller Frauen war und ein Muster an Ehrbarkeit. |⁹ Was trauerst du also, frommer Gatte, und beweinst nächtens mein Geschick? |¹¹ So wollte es ja nun einmal Genesis und der Moiren Spindel; und nicht einmal Achill, der Göttin Thetis Sohn, ward stark genug erfunden, diesen standzuhalten, so sehr er es begehrte.

## 418

Ich, Philostrata, bin zurückgekehrt zu meinen Ursprüngen und habe die Fessel gelöst, mit der die Natur mich zusammenhielt. |³ Denn als ich zu zehn Jahren

πέμπτῳ τὸ σῶμα καταλέλοιπα παρθένος,
5 ἄπαις, ἄνυμφος, ἠίθεος. ὅτῳ δ' ἔρως
ζωῆς ἔνεστιν, ἀφθόνως γηρασκέτω.

Marmorblock. Krommyon. 2./3. Jh. — IG IV 196. (Kaibel 463. GV 989).

### 419

ὁ πολλὰ πλεύσας Καλλίνικος κύματα
ἔπλευσα Λήθης ἐσχάτην ναυκληρίαν·
ὃν ἡ θάλασσα δ' ἐν βυθοῖς οὐκ ἔσβεσεν,
ἡ γῆ βαρείας ἐκ νόσου διώλεσεν,
5 ἔτη δύο ζήσαντα τριάκοντά τε,
σπεύσαντ' ἀδελφοῦ Καλλιγόνου νεωτέρου
ἐς μοῖραν ἐλθεῖν τοῦ πάλαι τεθνηκότος,
δεκατέσσαρα ζήσαντα εὐγενῶς ἔτη·
οὕτω τὰ Μοιρῶν διετέθη βουλεύματα.

Relief. Sinope. Anf. 3. Jh. n. Chr. — BCH 44, 1920, 354ff. (GV 1713).

### 420

Πάλλαντος εἴ τιν' οἶσθας ἄνδρ' ἐπώνυμον,
δεκάδαρχον ἔργων Ἀντινόοιο προστάτην·
τούτῳ με δαίμων οἰκέτην κατήγαγεν
Αἰθιοπίδος γῆς, ἔνθ' ἐμοὶ φυτόσποροι.
5 χροιὴν μὲν ἐν ζωοῖσιν ἦν μελάντερος,
οἷον βολαὶ ποιοῦσιν ἡλιωτίδες.
ψυχὴ δὲ λευκοῖς ἄνθεσιν βρύουσ' ἀεί
εὔνοιαν εἷλκε δεσπότου σαόφρονος
9 (ψυχῆς γὰρ ἐσθλῆς κάλλος ἐστὶ δεύτερον)
μορφήν τέ μοι μέλαιναν εὖ κατέστεφεν.
οἷος μετ' Ἰνδοὺς ἦλθε μαινόλης θεός,
βωμοῖς ἀνήσων αἰνὰ φῦλα βαρβάρων,
13 τοιοῦτος ἦν πάροιθεν ἡλιούμενος.
νῦν αὖτε τύμβῳ πάντ' ἀποκρύψας ἔχω,
θυμόν τε μορφήν θ', ἥ με τὸ πρὶν ἄμπεχεν,
λοιπὸν δὲ πάντων οὔνομ' ἐστί μοι μόνον·
17 Ἐπιτυγχάνοντα γάρ με γινώσκοις, ξένε,
πάντων τυχόντα τῶν βροτοῖσιν ἡδέων.
τούτων δ' ἀμοιβὴν δεσπότῃ δοίη θεός
βίου τε μακρὴν οἶμον εὔκλειάν θ' ὁμοῦ.

Gerahmte Tafel. Antinoe, Ägypten. 3. Jh. n. Chr. — Festschr. G. Ebers 99ff. (Geffcken 371. GV 1167).

noch vier vollendet hatte, habe ich im fünften meinen Leib verlassen, Jungfrau, |⁵ ohne Kind, ohne Mann, ein Mädchen. Wer das Leben liebt, möge alt werden, noch und noch (ich neide es ihm nicht).


## 419

Ich, Kallinikos, habe viele Fluten durchschifft, um nun auf letzter Fahrt Gast auf der Lethe Schiff zu sein: |³ den des Meeres Tiefe nicht ausgelöscht hat, den raffte nun auf dem Lande schwere Krankheit hin. |⁵ Zwei Jahre lebte ich und dreißig und säumte nicht, meines jüngeren Bruders Kalligonos |⁷ Schicksal zu teilen, der schon länger tot ist, nachdem er vierzehn Jahre adlig gelebt hatte. So hatten es der Moiren Ratschlüsse verfügt.


## 420

Wenn du einen Mann namens Pallas kennst, den Zehnerführer in den Steinbrüchen von Antinupolis: |³ dem hatte mich die Gottheit aus Aithioper-Land, wo meine Erzeuger zu Hause sind, als Diener zugeführt. |⁵ Schwärzlich von Hautfarbe erschien ich den Menschen, so wie die Strahlen der Sonne einen wohl machen. |⁷ Doch meine Seele trug immer weißer Blüten reichen Schmuck und zog mir das Wohlwollen meines verständigen Herrn zu |⁹ – denn vor einer edlen Seele muß Schönheit auf den zweiten Platz rücken – und gab meiner schwarzen Gestalt ihren schönen Schmuck. |¹¹ So wie der rasende Gott zu den Indern zog, um schreckliche Barbarenvölker seinen Altären zu beugen (zu opfern?), |¹³ so war ich vordem anzusehen, als die Sonne mich bräunte. Jetzt aber habe ich alles im Grabe geborgen, |¹⁵ mein Gemüt und den Leib, der mich früher umkleidete, und übrig ist von allem nur noch mein Name. |¹⁷ Denn Epitynchanon magst du in mir erkennen, Fremdling, der alles erfuhr, was Sterblichen süß ist. |¹⁹ Des zum Entgelt möge die Gottheit dem Herrn einen langen Lebensweg schenken und Ruhm dazu.

## 7. TROCHÄEN UND ANDERE METRA

### 421

ἐντεῦϑ' ἀρχιερεὺς ἐγώ ποτ' ᾤκουν,
ἄνϑος ξυράμενος νέων ἰούλων,
ψυχὴν εὐσεβίης ὕπερ τεϑηλώς
καὶ σεμνῆς μακάρων ὑπηρετείας.
5 ἀλλ' εἰς γῆρας ἵκοισϑε πάντες ἑξῆς,
μνείαν Μητροφάνους ὅσοι ποιεῖσϑε. —
νὴ τὸν Δία συντηρήσω.

Felsgrab. Damaskos. 2./3. Jh. — Le Bas-Waddington 2549. (Kaibel XII 431a. GV 1047).

### 422

ἐν ἀρώμασι καὶ στεφάνοις ῥοδινοῖς
καὶ σινδόνι λεπτοφυῇ τρυφερᾷ,
οὕτω ϑέτε με, ἂν ἀποϑάνω.

Stele. Kition, Kypros. 2./3. Jh. — BCH 20, 1896, 341f., 8. (GV 1201).

### 423

σμικρὸς οὐ σμικρὸν καλύπτω τύμβος ἄνδρα, ἐπεὶ σοφῶν
δῶρα Μουσέων μέγιστα· τῶν ὅδ' ἔξοχον λαχών
Ἁρποκρατίων πρὸς ἀστῶν τρίσμακαρ κληίζεται,
οὕνεκ' ἦν ῥήτωρ μὲν εἰπεῖν, φιλόσοφος δ' ἃ χρὴ νοεῖν.

Stele. Athen. 3. Jh. n. Chr. — IG II/III² 10826. (Kaibel 106. GV 588).

## 7. TROCHÄEN UND ANDERE METRA

### 421

Hier wohnte ich einst als Oberpriester, nachdem ich mir des jungen Bartflaumes Blüte geschoren hatte, |³ meine Seele aber stark geworden war zu frommem Werk und der Seligen ehrwürdigem Dienst. |⁵ Doch mögt ihr alle miteinander das Greisenalter erreichen, so ihr euch des Metrophanes erinnert. — Beim Zeus, ich werde dein Gedächtnis bewahren.

### 422

In Spezereien und Kränzen von Rosen und in zartem, üppigem Linnen: so bettet mich, wenn ich tot bin.

### 423

Ein kleines Grab, berge ich keinen kleinen Mann, denn der kundigen Musen Geschenke sind etwas sehr Großes, und die sind in reichem Maße |³ Harpokration hier zuteil geworden, den alle Bürger deswegen dreimal glücklich preisen; denn er war ein Redner, wo es zu sprechen galt, und ein Philosoph da, wo zu denken nottut.

# V. SONDERGRUPPEN

## 1. DIALOG-GEDICHTE

### 424

Λαμπίδος ἦρα τάφον παραμείβομαι; ἔννεπε, λᾶε. —
ναί, ξένε, τᾶς ὁσίας εἰς τέκνα καὶ γονέας.
ἀλλ' ἴθι μοι χαίρων καὶ ἐπεύχεο πολλὰ θεοῖσι,
σὺν τοιᾷδε ἀλόχῳ ξυνὰ μολεῖν μέλαθρα.

Stele. Pherai, Thessalien. Anf. 3. Jh. v. Chr.

### 425

τύμβε, τίνος τόδε σῆμα; τεὰν ὑπὸ λισσάδα κεῖται
τίς, φράσον, οἰκτροτάταν μοῖραν ἐνεγκάμενος; —
Δημῶναξ, Σαλαμὶς ὃν ἐθρέψατο παῖδα φέριστον,
ἐμπορίαις πικρὸν δ' εἰς 'Αχέροντ' ἔμολεν,
5 πόντον ἐπιπλώσας ἀλιμυρέα καὶ πολυκλαύτῳ
ματέρι καὶ γενέτᾳ στυγνὰ λιπὼν δάκρυα·
οὐχ ἧψαν γὰρ φῶς τὸ γαμήλιον οὐδ' ὑμέναιον
ἔκλαγον, ἀλλὰ γόους ὀκτακαιεικοσέτους.
9 οὐ κακός ἐστ' 'Αίδας; πάριθι, ξένε, »χαῖρε« προσείπας,
κοινὸς ἐπεὶ θνατοῖς ὁ πλόος εἰς φθιμένους.

Stele. Salamis, Kypros. 2. Jh. v. Chr. — Le Bas-Waddington 2761. (Kaibel 256.
GV 1833).

### 426

τίς θάνεν; — Ἡρωίς. — πῶς καὶ πότε; — γαστρὸς ἔχουσα
ὄγκον ἐν ὠδῖσιν θηκαμένη τὸ βάρος·
μήτηρ δ' ἦν πρὸς μικρόν· ἀπώλετο καὶ βρέφος εὐθύ. —
ἦν δὲ πόσων ἐτέων δύσμορος; — ἐννέα δίς
5 ἡλικίης ἄνθους Ἡρωίδος. — ἀλλὰ κόνιν σοι
κούφην, καὶ δοίη ψυχρὸν Ὄσιρις ὕδωρ.

Stele. Ägypten. 1./2. Jh. — Verz. d. Vorl. Akad. Braunsberg, SS. 1913, 4, 3. (GV 1842).

# V. SONDERGRUPPEN

## 1. DIALOG-GEDICHTE

### 424

Am Grab der Lampis gehe ich vorüber? Sag es mir, Stein. – Ja, Fremdling, die fromm ihre Pflicht tat an Kindern und Eltern. |³ Ziehe denn in Frieden und bete fleißig zu den Göttern, es möchte dir vergönnt sein, mit einer solchen Gattin unter dem gleichen Dach zu wohnen.

Vgl. Anhang S. 345.

### 425

Grab, wem gehört dieses Mal? Unter deinem glatten Stein liegt wer, sag an, traurigen Schicksals Opfer? – |³ Demonax, in dem Salamis seinen trefflichsten Sohn großzog, und der nun auf Handelsfahrt begriffen zum bitteren Acheron kam, |⁵ des Meeres salzige Flut durchfahrend, um Vater und Mutter verhaßte Tränen zu hinterlassen. |⁷ Denn nicht entzündeten sie ihm die bräutliche Fackel, noch sangen sie ihm das Hochzeitslied, sondern Klagelieder nur erklangen um den achtundzwanzigjährigen. |⁹ Ist Hades nicht ein arger Gott? Geh vorüber, Fremdling, und sprich deinen Gruß zu mir, denn die Fahrt zu den Toten müssen alle Menschen antreten.

### 426

Wer starb hier? – Herois. – Wie und wann? – Schweren Leibes setzte sie in Wehen ihre Bürde nieder. |³ Mutter war sie nur eine kurze Weile, auch das Kleine starb sogleich. – Und wieviel Jahre zählte die Unglückliche? – Zweimal neun Jahre |⁵ der Jugendblüte gehörten Herois. – Möge dir die Erde leicht werden, und möge Osiris dir kühles Wasser schenken.

### 427

στῆθι φίλον παρά τύμβον, ὁδοιπόρε. — τίς με κελεύει; —
φρουρὸς ἐγώ σε λέων. — αὐτὸς ὁ λαΐνεος; —
αὐτός. — φωνήεις πόθεν ἔπλεο; — δαίμονος αὐδῇ
ἀνδρὸς ὑποχθονίου. — τίς γὰρ ὅδ' ἐστὶν ἀνήρ
5 ἀθανάτοισι θεοῖσι τετιμένος, ὥστε δύνασθαι
καὶ φωνὴν τεύχειν ὧδε λίθῳ βροτέην; —
Ἡρᾶς Μεμφίτης οὗτος, φίλε, κύδιμος ἥρως,
ὁ σθεναρός, πολλοῖς ἔξοχος, εὐρυβίης,
9 γνώριμος ἐνδαπίοισι καὶ ἀνδράσι τηλεδαποῖσιν
εἵνεκ' εὐφροσύνης, εἵνεκεν ἀγλαΐης,
ὠκύμορος, τὸν ἔκλαυσε πόλις, τὸν ἔθαψαν ἑταῖροι·
ἦ γὰρ ἔην πάτρης ἄνθος εὐστεφάνου. —
13 δακρύω, μὰ σέ, δαῖμον, ἐπεὶ κλύον ὅσσ' ἀγορεύει
θὴρ ὅδε. — μὴ πηοῖς, ὦ ξένε, δακρυχέοις. —
ἔλθοι ἐς αἰῶνα κλυτὸν οὔνομα. — καὶ σὲ φυλάξει
δαίμων καὶ σώσει πάντα Τύχη βίοτον.

Kalksteinplatte. Sakkara, Ägypten. 1./2. Jh. — ASAntEg. 27, 1927, 31 f. (GV 1843).

\*

### 428

τίς σε, γύναι, Παρίην ὑπὸ βώλακα θήκατο; τίς σοι
ξυνὸν ὑπὲρ τύμβου σᾶμα τόδ' ἀγλάισεν; —
συγγαμέτας Αὖλος Βαβύλλιος εἴσε με δείξας
στοργὰν ἀέναον. — τίς, τίνος; εἰπὲ πάτραν. —
5 οὔνομ' Ἐπαρχίδα μοι θέτο Σώστρατος ἥ θ' ὁμόλεκτρος
Ἀρχίππη κλεινὰν δόξαν ἐνεγκάμενοι,
ἃν Μύκονος μὲν ἔθρεψε πάτρα, πολιῆτιν Ἀθηνῶν
Κέκροπος αὐτόχθων δᾶμος ἀναγράφεται. —
9 χαῖρε, γύναι, τοιοῦδ' ὁμοσυγγενέταο γεγῶσα. —
καὶ σὺ χαρείς, ὤνθρωπε, ἕρπε σὺν εὐτυχίᾳ.

Sarkophag. Paros. 1. Jh. n. Chr. — IG XII 8, 307. (GV 1860).

### 429

στάλα μανύτειρα. — τίς ἐν κυαναυγέι τύμβῳ
κεῖσαι; καὶ πάτραν καὶ γενέτην ἔνεπε. —
Ἀρσινόα, κούρα δ' Ἀλίνης καὶ Θηδοσίοιο,
φαμιστὰ δ' Ὀνίου γᾶ τροφὸς ἁμετέρα. —
5 ποσσαέτης δ' ὤλισθας ὑπὸ σκοτόεν κλίμα Λάθας; —
εἰκοσέτης γοερὸν χῶρον ἔβην νεκύων. —

## 427

Bleib bei meinem Grabe stehen, Wanderer. – Wer heißt mich das? – Ich, sein Wächter, der Löwe. – Du selber da aus Stein? – |³ Ich selbst. – Woher kam dir die Sprache? – Durch des Verklärten Stimme, des Mannes hier im Schoße der Erde. – Und wer wäre der Mann, |⁵ den die Unsterblichen so ehrten, daß er solchermaßen sogar einem Stein menschliche Stimme zu geben vermochte? – |⁷ Das ist Heras aus Memphis, Freund, der rühmliche Heros, der starke, ausgestattet mit vielen Gaben, weithin mächtig, |⁹ überall bekannt bei seinen Landsleuten wie bei den Männern der Fremde wegen seines frohen Wesens, wegen des Glanzes seiner Lebensführung. |¹¹ Vor der Zeit ging er dahin, es beweinte ihn die Stadt, es begruben ihn die Gefährten, denn die Blüte war er seiner schön ummauerten Heimatstadt. – |¹³ Bei deinem Namen, Verklärter, ich muß weinen, wenn ich vernehme, was dies Tier hier verkündet. – Mögest du, Fremdling, niemals über liebe Verwandte zu weinen haben. – |¹⁵ Möge dein rühmlicher Name Ewigkeit haben. – Und dich soll der Daimon behüten und Tyche dich bewahren all dein Leben lang.

*

## 428

Wer hat dich, Frau, unter die parische Scholle gelegt? Wer hat dir über deinem Grab dies zugehörige Mal so herrlich errichtet? – |³ Mein Ehegatte Aulus Babyllius hat mich begraben und mir so seine ewig währende Liebe erzeigt. – Wer bist du, wessen Tochter? Sag deine Heimat an. – |⁵ Den Namen Eparchis gaben mir Sostratos und seine Gattin Archippe, hochberühmter Namen Träger; |⁷ ich wuchs im heimatlichen Mykonos auf, doch des Kekrops altansässige Bürgerschaft schrieb mich als Bürgerin von Athen ein. – |⁹ Freude dir, Frau, die von solcher Verwandtschaft abstammt! – Nimm auch du, Mensch, den Gruß „Freude sei mit dir", und ziehe mit Glück deines Weges.

## 429

Die Stēlē gibt Kunde. – Wer bist du, im dunklen Grabe hier liegend? Auch Heimat und Erzeuger gib an. – |³ Arsinoë, Tochter der Aline und des Theodosios. Des Onias rühmliche Flur war meine Nährmutter. – |⁵ Mit wieviel Jahren bist du hinabgefahren unter der Lethe finsteren Hügel? – Mit zwanzig Jahren kam ich

ζευγίσθης δὲ γάμους; — ζεύχθην. — κατελίμπανες αὐτῷ
τέκνον; — ἄτεκνος ἔβαν εἰς Ἀίδαο δόμους. —
εἴη σοι κούφα χθὼν ἁ φθιμένοιο φυλάκτωρ. —
καὶ σοί, ξεῖνε, φέροι καρπὸν ἀπὸ σταχύων.

Stele. Bei Leontopolis, Ägypten. 1. Jh. n. Chr. — BArchAlex. 26, 1931, 243ff. (GV 1861).

### 430

τίς ἦν σ' ὁ θρέψας; — ἦν Κίλιξ Ἀθήναιος. —
χρηστὸν τὸ θρέμμα. τίς καλῇ; — Νουμήνιος. —
πόσων δ' ἔθνησκες τῶν ἐτῶν; — δὶς εἴκοσιν. —
ἐχρῆν σ' ἔτι ζῆν. — ἀλλὰ καὶ θανεῖν ἐχρῆν. —
γενναῖα σου καὶ χαῖρε. — καὶ σύ γ', ὦ ξένε·
σοὶ γὰρ μέτεστιν ἔτι χαρᾶς, ἡμῖν δ' ἅλις.

Marmortafel. Rom. 3. Jh. n. Chr. — IG XIV 1883. (Kaibel 667. GV 1866).

*

### 431

φράζε, γύναι, γενεήν, ὄνομα, χθόνα, πῶς δὲ θανοῦσα
ἦλθες δειλαία δύσγαμος εἰς Ἀίδαν,
ὅππως οἱ παράγοντες ἀναγνώωσιν ὁδῖται
τὴν σὴν οἰκτροτάτην δύσμορον ἡλικίην. —
εἰμὶ μὲν ἐκ Λυδῶν, γενεὴ δέ μοί ἐστι Θυάτειρα,
οὔνομά μοι δ' Ἐλάτη, τὸ φίλοι διέθεντο τροφῆες.
σῆμα δέ μοι τόδ' ἔθηκεν ἐμὸς πόσις ὁ πρὶν ἄθικτα
ἡμετέρης λύσας ἅμματα παρθενίης.
ὤλεσε δ' οὐ τοκετός με λυγρός, Μοῖραι δὲ ῥοπῇ μοι
εἰς νόσον, εἰς πένθη καὶ μόρον ἠντίασαν. —
ἦ καὶ ἄπαις; — οὔ, ξεῖνε· λέλοιπα γὰρ ἐν νεότητι
τρισσοὺς ἀρτιγενεῖς παῖδας ἐν ὀρφανίῃ. —
εἶεν ἐν ὀλβίστῃ πολιῇ τριχί. — καὶ σόν, ὁδῖτα,
εὔδιον εὐθύνοι πάντα Τύχη βίοτον. —
ὅστις ἐμεῦ στήλλαν βαλέει λίθον οὐκ ἀδικηθείς,
οὗτος τὰν αὐτὰν μοῖραν ἐμοὶ λαχέτω.

Stele. Philomelion, Phrygien. 1. Jh. v. Chr. — MAMA VII 201. (Kaibel 248. GV 1870).

### 432

φράζε, τίνος γονέως, σέο τ' οὔνομα καὶ πόσιν αὔδα
καὶ χρόνον εἰπέ, γύναι, καὶ πόλεως ὅθεν εἶ. —
Νίκανδρος γενέτωρ, πατρὶς Πάρος, οὔνομα δὲ ἦν μοι
Σωκράτεα, φθιμένην Παρμενίων δὲ ἔθετο

an der Toten traurigen Ort. – |⁷ Wurdest du mit einem Manne zusammengegeben?
– Ja, einem Manne. – Hast du ihm ein Kind zurückgelassen? – Kinderlos kam
ich zum Hause des Hades. – |⁹ Leicht sei dir die Erde, der Toten Wächterin. –
Und dir, Fremdling, trage sie Frucht vom Halme des Korns.


## 430

Wer war es, der dich aufzog? – Es war der Kilikier Athenaios. – Eine tüchtige
Aufzucht. Du heißt? – Numenios. – |³ Mit wieviel Jahren starbst du? – Mit zwei-
mal zwanzig. – Du hättest noch leben sollen. – Aber sterben sollte ich auch
einmal. – |⁵ Dank für deine Freundlichkeit und Freude sei mit dir! – Ich erwidere
deinen Gruß, Fremdling. Du hast ja noch teil an der Freude: bei mir ist es damit
vorbei.

*

## 431

Gib, Frau, Herkunft, Namen und Heimat an und wie es kam, daß du starbst
und, Arme, nur zu deinem Unglück verheiratet, zum Hades kamst, |³ damit die
Wanderer, die des Weges kommen, von deiner höchst traurigen, unglücklichen
Jugend hören. – |⁵ Ich bin aus Lydien, meine Geburtsstadt ist Thyateira, mein
Name ist Elate, die lieben Ernährer bestimmten ihn mir. |⁷ Dies Mal setzte mir
mein Gatte, der den zuvor unberührten Gürtel meiner Jungfernschaft löste.
|⁹ Nicht eine schlimme Geburt tötete mich, sondern die Moiren traten mir ent-
gegen und warfen mich in jähem Fall in Krankheit, Schmerzen und Tod. – |¹¹ Bist
du auch ohne Kinder? – Nein, Fremdling, denn in jugendlichem Alter ließ ich
drei eben erst geborene Kinder als Waisen zurück. – |¹³ Mögen sie in grauem
Haar glücklich werden. – Auch dein ganzes Leben, Wanderer, möge Tyche glück-
lich lenken. – |¹⁵ Wer meine Stēlē mit Steinen bewirft, ohne daß ihm Unrecht
geschah, den möge das gleiche Schicksal ereilen wie mich.


## 432

Gib deinen Erzeuger an, deinen Namen und deinen Gatten nenne, sag deine
Lebenszeit, Frau, und aus welcher Stadt du bist. – |³ Nikander war mein Er-
zeuger, meine Heimat Paros, mein Name war Sokrateia. Als ich tot war, legte

σύνλεκτρος τύμβῳ με, χάριν δέ μοι ὤπασε τήνδε,
   εὐδόξου ζωᾶς μνῆμα καὶ ἐσσομένοις·
καί με πικρὰν νεαροῖο βρέφους ἀφύλακτος Ἐρινύς
   αἱμορύτοιο νόσῳ τερπνὸν ἔλυσε βίον·
οὔθ' ὑπ' ἐμαῖς ὠδῖσι τὸ νήπιον εἰς φάος ἦγον,
   ἀλλ' ὑπὸ γαστρὶ φίλᾳ κεύθεται ἐν φθιμένοις·
τρισσᾶς ἐκ δεκάδος δὲ πρὸς ἓξ ἐτέων χρόνον ἦλθον,
   ἀνδρὶ λιποῦσα τέκνων ἀρσενόπαιδα γονάν·
δισσὰ δὲ πατρὶ λιποῦσα καὶ ἱμερτῷ συνομεύνῳ
   αὐτὰ ὑπὸ τριτάτῳ τόνδε λέλογχα τόπον. —
ἀλλὰ σύ, παμβασίλεια θεά, πολυώνυμε κούρα,
   τήνδε ἄγε ἐπ' εὐσεβέων χῶρον ἔχουσα χερός. —
τοῖς δὲ παρερχομένοισι θεὸς τέρψιν τινὰ δῴη
   εἴπασιν χαίρειν Σωκράτεαν κατὰ γῆς.
Διονύσιος Μάγνης ποιητὴς ἔγραψεν.

Marmortafel. Paros. 2. Jh. n. Chr. — IG XII 5, 310. (Kaibel 218. GV 1871).

*

### 433

κομψὰν καὶ χαρίεσσα πέτρος δείκνυσι. τίς ἐντί; —
   Μουσῶν μανύει γράμματα Μηνοφίλαν. —
τεῦ δ' ἕνεκ' ἐν στάλᾳ γλυπτὸν κρίνον ἠδὲ καὶ ἄλφα,
   βύβλος καὶ τάλαρος, τοῖς δ' ἔπι καὶ στέφανος; —
ἢ σοφίαν μὲν βίβλος, ὁ δ' αὖ περὶ κρατὶ φορηθείς
   ἀρχὰν μανύει, μουνογόναν δὲ τὸ ἕν,
εὐτάκτου δ' ἀρετᾶς τάλαρος μάνυμα, τὸ δ' ἄνθος
   τὰν ἀκμάν, δαίμων ἄντιν' ἐληίσατο. —
κούφα τοι κόνις ἀμφιπέλοι τοιῇδε θανούσῃ.
   αἶ, ἄγονοι δὲ γονεῖς, τοῖς ἔλιπες δάκρυα.

Relief. Sardes. 2./1. Jh. — Sardis VII 111. (GV 1881).

### 434

ἄγγελε Φερσεφόνης, Ἑρμῆ, τίνα τόνδε προπομπεῖς
   εἰς τὸν ἀμείδητον Τάρταρον Ἀίδεω; —
μοῖρά τις αἰκέλιος τὸν Ἀρίστων' ἥρπασ' ἀπ' αὐγῆς
   ἑπταέτην· μέσσος δ' ἐστὶν ὁ παῖς γενετῶν. —
δακρυχαρὴς Πλούτων, οὐ πνεύματα πάντα βρότεια
   σοὶ νέμεται; τί τρυγᾷς ὄμφακας ἡλικίης;

Relief. Neapel. 1./2. Jh. — IG XIV 769. (Kaibel 575. GV 1883).

mich mein Ehegatte Parmenion |⁵ ins Grab und machte mir diese Liebesgabe hier zum Geschenk, daß sie noch kommenden Geschlechtern ein Denkmal meines rühmlichen Lebens wäre. |⁷ Zu meinem bitteren Leid zerstörte die Erinys, unbekümmert um mein zartes Kindchen, durch krankhaften Blutfluß mein süßes Leben, |⁹ und nicht brachte ich in meinen Wehen das Kleine ans Licht, sondern in der Tiefe meines Schoßes ist es bei den Toten geborgen. |¹¹ Nach dreimal zehn Lebensjahren erreichte ich noch die Zahl von sechs Jahresläufen, meinem Manne eine Nachkommenschaft von Kindern männlichen Geschlechtes hinterlassend: |¹³ zwei Söhne dem Vater hinterlassend und dem innig geliebten Gatten, bin ich selbst bei der Geburt des dritten an diesen Ort gekommen. – |¹⁵ Du nun, allwaltende Göttin, Jungfrau, mit vielen Namen gerufen, nimm du diese Frau an die Hand und geleite sie zu der Seligen Stätte. – |¹⁷ Denen, die dieses Weges ziehen, möge die Gottheit Freude geben, wenn sie Sokrateia, die in dieser Erde liegt, ihren Gruß entbieten. – Vom Dichter Dionysios aus Magnesia.

*

## 433

Schon der anmutige Stein zeigt eine elegante Frau. Wer ist sie? – Die Inschrift in Versen zeigt es an: Menophila. – |³ Und weswegen ist auf dem Stein eine Lilie eingemeißelt, ein A, ein Buch und ein Wollkorb und dazu noch ein Kranz? – |⁵ Gewiß zeigt das Buch Bildung an, der Kranz, den sie einst auf dem Kopfe trug, ihr Amt, daß sie einziges Kind war, die Eins. |⁷ Züchtiger Tugend Zeichen ist der Korb, die Blume zeigt ihre Jugend an, die der Dämon als Beute davontrug. – |⁹ Leicht möge dir rings die Erde werden, wenn du so gelebt hast. Doch ohne Kind, ach, sind nun die Eltern, denen du nichts als Tränen hinterließest.

## 434

Bote Persephones, Hermes, wen geleitest du hier zu des Hades freudelosem Tartaros? – |³ Ein unglückseliges Geschick riß Ariston fort vom Licht, nur sieben Jahre alt; doch zwischen Vater und Mutter liegt das Kind. – |⁵ Tränenfroher Pluton, ist nicht aller Menschen Lebensatem dein eigen? Was erntest du der Jugend unreife Trauben?

Vgl. Anhang S. 345.

### 435

νήπιος ἐν τύμβῳ· τίς ἄρ' ἔσθ' ὅδε; ὡς ἀταλαῖσι
χειρσὶν γλακτοπαγεῖ μαστῷ ἐπικέκλιται. —
οὔνομα Μηνογένης μοι, ἐτέκνωσεν δέ με Λόλους,
ὃν πένθει στυγερῷ προὔλιπον ἐν μελάθροις. —
5 φεῦ Μοίρης εἰκαῖα κριτήρια· ὡς ἀλογίστως
Αὔγης ἔκτεινας καὶ πατρὸς ἀχνυμένου.

Relief. Smyrna. 41 n. Chr. — REA 2, 1900, 358f. (GV 1884).

### 436

Γαλλονίας οὔτ' ἔργον, ὃ μὴ θέμις, οὔτε τι ῥῆμα,
ἀλλὰ δίκης αἰδοῦς τε εἰς τέλος ἦλθεν ἄκρον. —
σοῦ πατρὸς ἐξ ἠθῶν, ὦ φίλε, καὶ διδαχῆς·
σῶν τε τρόπων ζῆλός με προήγαγεν ἐς τόδε, Μᾶρκε.

Marmortafel. Rom. 2./3. Jh. — IG XIV 700, 1514a. (GV 1886).

\*

### 437

ἀστὴν Ναυκράτεως Μενελάου πατρός, ὁδῖτα,
ξείνην εὔξεινος χθὼν ἔχει Ἡρακλέους,
ὠμοτόκοις ὠδῖσι πανυστατίοιο λοχείης
δμηθεῖσαν, Μοιρέων νήμασιν οἰκτροτάτοις,
5 εἴκοσι καὶ τρὶς πέντ' ἐτέων· χείρεσσι δ' ὅμευνος
Ἁρμόδιος κτερίσας τῷδ' ἐπέκρυψε τάφῳ,
Ἀρσινόην Μάτρωνα Θεμιστῶ τέκνα λιποῦσαν,
οἷς εἴη λιπαροῦ γήραος ἄχρι μολεῖν.
9 ἀλλὰ σὺ »χρηστή, χαῖρ', Ἀμμωνία« ὡς ἔθος εἰπὼν
σῴζου τὸν σαυτοῦ πρὸς δόμον ἀβλαβέως.

ἄλλο.

πάτρης καὶ γονέων σ' οὑμὸς πόθος ἠλλοτρίωσεν·
σοῦ δ' ἐμὲ τῆς μελέης ἐστέρεσεν θάνατος,
13 πένθος ἐμοῖσι δόμοις καὶ δάκρυα λυγρὰ λιπούσης
τέκνων τ' ὀρφανικῶν νήπιον ἡλικίην.
λυπρὸν ἀεὶ βιοτᾶς, Ἀμμωνία, ἐστὶ τὸ λοιπὸν
Ἁρμοδίῳ· τί δ' ἐγὼ σοῦ δίχα φῶς ἔθ' ὁρῶ; —

## 435

Ein kleines Kind hier im Grabe! Wer mag es sein? Wie es mit seinen zarten Händen nach der milchspendenden Brust greift! — |³ Mein Name ist Menogenes, es zeugte mich Lolus, den ich daheim seinem verhaßten Schmerz überließ. — |⁵ Ach, willkürlich sind die Entscheidungen der Moira. Wie sinnlos hast du gemordet, (der Mutter) Augē und dem Vater zum Leide.

Vgl. Anhang S. 345.

## 436

Von Gallonia gibt es keine Handlung, die nicht recht gewesen wäre, und kein (solches) Wort, sondern die letzte Vollkommenheit erreichte sie der Rechtlichkeit wie der Züchtigkeit. — |³ Dank deines Vaters Lebenswandel, Lieber, und seiner Belehrung; und deines Charakters anspornendes Vorbild hat mich auf diesen Weg gebracht, mein Marcus.

Vgl. Anhang S. 345.

*

## 437

Eine Bürgerin von Naukratis, Tochter des Menelaos, Wanderer, deckt — Gast aus der Fremde — des Herakles gastliche Erde, |³ bezwungen im letzten Kindbett von unzeitigen Wehen — so hatten es traurig die Moiren gesponnen —, |⁵ zwanzig Jahre alt und dreimal fünf. Mit eigener Hand begrub sie der Gatte Harmodios und barg sie in diesem Grabe. |⁷ Verlassen mußte sie ihre Kinder, Arsinoë, Matron und Themisto, denen es vergönnt sein möge, ein reich gesegnetes Alter zu erreichen. |⁹ Doch du sag, wie es Brauch ist, „Brave Ammonia, sei gegrüßt", und kehre heim zu deiner Wohnung sonder Schaden.

### Ein zweites Gedicht

Meine Liebe hat dich fortgeführt von Heimat und Elternhaus in die Fremde, und deiner, du Arme, hat mich der Tod nun beraubt; |¹³ Leid ließest du meinem Hause zurück und jammervolle Tränen, dazu der verwaisten Kinder törichte Jugend. |¹⁵ Traurig auf immer, Ammonia, ist, was mir vom Leben noch übrigblieb: wozu sehe ich ohne dich noch das Licht? —

ἄλλο.

17 λῆξον στερνοτύποιο γόου, παῦσαί με δακρύων,
ὦ πόσι, μὴ κωφῷ τύμβῳ ἐπιστενάχει.
σῶν ψαῦσαι λεχέων Ἀμμωνίᾳ οὐκέτ' ἐφικτόν,
Ἁρμόδιε, στυγερὸς γάρ με κέκευθ' Ἀίδης·
21 οἰκία μοι νεκύων· ἀνεπίστροφα πρὸς φάος ἠοῦς
ταῦτα· μάτην λυπροῖς πένθεσιν ἐνδέδεσαι·
στέργε τὰ μέχρι τέλους· μοίρης δόσιν οὔτινι φυκτόν
ἀνθρώπων· πᾶσιν δ' ἥδ' ὑπόκειται ὁδός.

Stele. Herakleopolis, Ägypten. 2. H. 2. Jh. v. Chr. — ASAntEg. 50, 1950, 461 ff., 1.
(GV 1873).

## 438

λάινά σοι τύμβων δωμήματα Θεῖος ἔτευξα,
Ἀτθίς, ὁ δὶς τῆς σῆς ἡλικίης προγέρων,
εὐξάμενος χειρῶν ἀπὸ σῶν κόνιν· ἄκριτε δαῖμον,
ἀμφοτέροις ἡμῖν ἔσβεσας ἠέλιον.

5 Ἀτθίς, ἐμοὶ ζήσασα καὶ εἰς ἐμὲ πνεῦμα λιποῦσα,
ὡς πάρος εὐφροσύνης, νῦν δακρύων πρόφασι,
ἁγνά, πουλυγόητε, τί πένθιμον ὕπνον ἰαύεις,
ἀνδρὸς ἀπὸ στέρνων οὔποτε θεῖσα κάρα,
9 Θεῖον ἐρημώσασα τὸν οὐκέτι; σοὶ γὰρ ἐς Ἄιδαν
ἦλθον ὁμοῦ ζωᾶς ἐλπίδες ἁμετέρας. —

οὐκ ἔπιον Λήθης Ἀιδωνίδος ἔσχατον ὕδωρ,
ὥς σε παρηγορίην κἂν φθιμένοισιν ἔχω,
13 Θεῖε πλέον δύστηνε, γάμων ὅτι τῶν ἀμιάντων
νοσφισθεὶς κλαίεις χηροσύνην θαλάμων. —

τοῦτο σαοφροσύνας γέρας Ἀτθίδι τᾷ πολυκλαύτῳ
οὐκ ἴσον οὐδὲ ἀρετᾶς ἄξιον, ἀλλ' ἐθέμαν
17 μνάμαν εἰς αἰῶνα φερώνυμον, αὐτὸς ἀνάγκᾳ
Θεῖος νηπιάχῳ πνεῦμα χαριζόμενος.
οἴσω γὰρ καὶ τοῦτο χάριν σέο καὶ τὸν ἀπηνῆ
ὄμμασι τοῖς στυγνοῖς ὄψομαι ἠέλιον.

Marmorquader. Knidos. 2./1. Jh. — IBrM IV 829. (Kaibel 204. Geffcken 208.
GV 1874).

## 439

χθονίων ἔνερθε δαιμόνων ἀνάκτορες
σεμνή τε Φερσέφασσα, Δήμητρος κόρη,
δέχεσθε τὴν ναυαγὸν ἀθλίαν ξένην,
πατρὸς γεγῶσαν Λυσανίου Θέρμιν ἐμέ,

### Ein drittes Gedicht

Höre auf mit der Klage und dem Schlagen der Brust, halt inne mit deinem Weinen um mich, mein Gatte, stöhne nicht fürder am stummem Grabe. |[19] Dein Lager zu berühren, ist Ammonia nicht länger vergönnt, Harmodios, denn der verhaßte Hades hat mich geborgen. |[21] Bei den Toten habe ich Wohnung; keine Wiederkehr gibt es von dort zum Licht. Umsonst, daß du dich traurigem Schmerz anheimgegeben hast. |[23] Sei zufrieden mit dem, was dir bis zum Ende bleibt. Was das Schicksal austeilt, dem entgeht unter den Menschen nicht einer. Allen steht dieser Weg hier bevor.


### 438

Aus Stein erbaute ich dir, Atthis, deine Grabeswohnung, Theios, dir an Jahren um das Doppelte voraus, |[3] und hatte mir von deinen Händen die drei Schollen Erde gewünscht. Urteilsloser Dämon, beiden hast du uns die Sonne ausgelöscht.


Atthis, die du für mich allein gelebt hast und in meinen Armen dein Leben ausgehaucht, wie einst meiner Freude, so jetzt meiner Tränen einziger Anlaß, |[7] Reine du, schmerzlich Beklagte, was mußt du nun allein deinen traurigen Schlummer schlafen, du, die sonst nie ihr Haupt weggenommen von des Gatten Brust, |[9] und deinen Theios vereinsamen, der schon gar nicht mehr er selber ist? Denn mit dir sind auch meines Lebens Hoffnungen alle zum Hades gegangen. —

Nicht habe ich im Hades der Lethe letzten Trank angenommen, nein, ich wollte auch bei den Toten dich als meinen Trost behalten, |[13] Theios, der du noch trauriger leidest (als ich), denn geschieden von unbefleckter Ehe Gemeinschaft weinst du nun um deiner Kammer Verödung. —

Dies ist für die bitter beklagte Atthis keine Gabe, die ihrer Züchtigkeit gleichkommt noch ihre Tugend aufwiegt. Allein, ich habe den Stein gesetzt, |[17] daß er ihr rühmliches Gedächtnis in die Ewigkeit trüge, ich Theios, der ich nur dem Kinde zuliebe das Leben noch trage, weil es wohl sein muß. |[19] Ja auch dies will ich deinetwegen noch auf mich nehmen und das grausame Licht der Sonne noch fürder schauen mit meinen traurigen Augen.

Vgl. Anhang S. 345 f.

### 439

Ihr Herrscher der unterirdischen Geister in der Tiefe und du, Persephone, der Demeter Tochter, |[3] nehmt die arme Gestrandete aus der Fremde bei euch auf, mich Thermion, Tochter des Lysanias, |[5] des Simalos edle Ehegattin. Wenn einer

5 ἐσθλὴν δ' ἄκοιτιν Σιμάλου ξυνάορον.
εἴ τις δ' ἐμοῖς σπλάγχνοισιν ἢ βίῳ ποτέ
οἰκτρὰς ἐρινῦς φαρμάκων ἐπήγαγεν,
μὴ πώποτ' ἄλλην μοῖραν, ἄφθιτοι θεοί,
9 πέμψηθ', ὁμοίαν δ' ἣν ἐγὼ κεκτημένη.
ἔνερθε ναίω, τριπτύχους μῆνας φθίσει
βιότου λιποῦσα καρπόν, ὃν γῆ παγκράτωρ
βροτοῖς δίδωσι, τοῦδ' ἀπεστερημένη
13 τέκνων τε, ἄνακτες, κἀνδρός· οὐ ψυχὴ μία
ὑπῆρχέ μοι σὺν ἀνδρὶ καὶ βίος γλυκύς;
τούτων ἁπάντων ἀθλία λελησμένη
ἀρὰς τίθημι, τοῖα ἔχουσα πήματα,
17 αὐτοῖσι καὶ τέκεσσι παρρίζους μολεῖν
Ἅιδου μέγαν κευθμῶνα καὶ σκότου πύλας,
τέκνων δ' ἐμῶν ἄθραυστον ὄλβιον βίον
πάντων ἱκέσθαι κἀνδρὸς ἐς γήρως χρόνον.
21 εἴ γ' ἔστ' ἐν Ἅιδου βαιὸς εὐχωλῆς λόγος,
ἀρὰς τελείας, οἷς ἐπεύχομαι, τελεῖν. —

Μουσῶν ἀοιδὴν συμβιώσεως σέθεν
τερπνήν τε καὶ λυπηρὸν ἔμπαλιν διδούς,
25 Θέρμιν, ἐμὴ ξύνευνε, τοιάδ' ἐννέπω·
θρέψω θ' ὅσους ἔφυσας ἐξ ἐμοῦ γόνους
τῆς πρός σε φιλίας ἀξίως, ξυνάορε,
Λυσᾶν τε τὸν πρὶν τοῖς ἐμοῖς ὁμόρροπον
29 παισὶν συνέξω, σὴν χάριν ταύτην τιθείς,
ἄμεμπτον ἐν βίῳ γὰρ ἔσχηκας τρόπον.

Stele. Alexandreia. 1. Jh. v. Chr. — L. Robert, Collection Froehner I 120ff., 77 (GV 1875).


## 440

σοὶ καὶ ἐμοὶ τόδε δῶμα, γυναικῶν δῖα Σευήρα,
Μοῖρ' ἀδαμαντείης ἔργον ἔθηκε χερός.
σεῖο δ' ἐγὼ καὶ τῇδε πόσις κεκλημένος εἴην,
Κάνδιδος, Ἑλλήνων οὐχ ὁ παρεργότατος. —

5 αἲ γὰρ ἐμοί, φίλ' ἄνερ, τόδ' ἐπ' ἀθάνατοι τελέσαιεν·
οὕτω κεν θανάτου λησαμένη κρυεροῦ
κείμην ἐν λέκτρῳ, σὺ δὲ νήδυμον ἀμφί με πῆχυν
αἰὲν ἔχοις, εἶμεν δ' ἀθάνατοι νεκύων.

Sarkophag. Termessos, Pisidien. 2. Jh. n. Chr. — TAM III1, 536. (GV 1876).

mir meine Eingeweide und mein Leben |⁷ mit mörderischen Kräutern jämmerlich vergiftet hat, so bereitet ihm, unsterbliche Götter, kein anderes Schicksal, |⁹ nein ganz das gleiche, das mich getroffen. In der Tiefe der Erde wohne ich, drei volle Monate habe ich siech gelegen, |¹¹ ehe ich des Lebens Nahrung hinter mich ließ, welche die allmächtige Erde den Sterblichen spendet, ihrer beraubt, |¹³ ihr Götter, wie der Kinder und des Mannes: war ich nicht ein Herz und eine Seele mit meinem Mann und genoß das süße Leben? |¹⁵ All das sollte ich Unglückliche vergessen und fluche nun und flehe in solchem Schmerz: |¹⁷ mitsamt ihren Kindern sollen sie (die Mörder) ausgerottet werden und zu des Hades mächtiger Höhle und den Pforten der Finsternis fahren; |¹⁹ all meiner Kinder glückliches Leben aber und das meines Mannes soll unversehrt die Tage des Alters erreichen. |²¹ Sofern im Hades für ein Gebet auch nur ein wenig Gehör ist, so sollen meine Flüche und meine Bitten in Erfüllung gehen an denen, für die sie bestimmt sind. —

Deine Verse über unser Zusammenleben, erfreulich und traurig zugleich, erwidernd, |²⁵ Thermion, meine Gattin, spreche ich so: Aufziehen will ich die Kinder, welche du von mir empfingst, |²⁷ so, wie es meine Liebe für dich von mir verlangt, liebe Frau, und auch für den Unterhalt deines früheren Sohnes Lysas werde ich in ganz der gleichen Weise sorgen wie bei meinen eigenen |²⁹ Kindern; dir zu Liebe tue ich das, denn untadlig war dein Wandel im Leben.

### 440

Für dich und mich haben, Severa, göttliche unter den Frauen, die stählernen Hände der Moira diese Wohnung bestimmt. |³ Möchte ich dein Gatte auch hier heißen, ich Candidus, unter den Griechen nicht eben der Unbedeutendsten einer. —

Möchten mir, lieber Mann, dies die Unsterblichen fügen. Dann würde ich des schaurigen Todes vergessend |⁷ auf meinem Lager liegen, und du würdest immerdar deinen süßen Arm um mich legen, und unsterblich würden wir sein mitten unter den Toten.

Vgl. Anhang S. 346.

## 2. ERGÄNZUNGS- UND PARALLEL-GEDICHTE

### 441

οὐθεὶς μόχθος ἔπαινον ἐπ' ἀνδράσι τοῖς ἀγαθοῖσιν
ζητεῖν, ηὕρηται δὲ ἄφθονος εὐλογία·
ἧς σὺ τυχὼν ἔθανες, Διονύσιε, καὶ τὸν ἀνάγκης
κοινὸν Φερσεφόνης πᾶσιν ἔχεις θάλαμον.

5 σῶμα μὲν ἐνθάδε σόν, Διονύσιε, γαῖα καλύπτει,
ψυχὴν δὲ ἀθάνατον κοινὸς ἔχει ταμίας·
σοῖς δὲ φίλοις καὶ μητρὶ κασιγνήταις τε λέλοιπας
πένθος ἀείμνηστον σῆς φιλίας φθίμενος·
9 δισσαὶ δ' αὖ πατρίδες σ' ἡ μὲν φύσει, ἡ δὲ νόμοισιν,
ἔστερξαν πολλῆς εἵνεκα σωφροσύνης.

Naiskos. Athen, Kerameikos. Mitte 4. Jh. v. Chr. — IG II/III² 11169. (Kaibel 35.
Geffcken 141. GV 1889).

### 442

νύμφας Βαυκίδος εἰμί· πολυκλαύταν δὲ παρέρπων
στάλαν τῷ κατὰ γᾶς τοῦτο λέγοις 'Αίδα·
»βάσκανός ἐσσ', 'Αίδα.« τὰ δέ τοι καλὰ σάμαθ' ὁρῶντι
ὠμοτάταν Βαυκοῦς ἀγγελέοντι τύχαν,
5 ὡς τὰν παῖδ', ὑμέναιος ἐφ' αἷς ἀείδετο πεύκαις,
τᾶσδ' ἐπὶ καδεστὰς ἔφλεγε πυρκαϊᾶς·
καὶ σὺ μέν, ὦ Ὑμέναιε, γάμων μολπαῖον ἀοιδὰν
ἐς θρήνων γοερὸν φθέγμα μεθαρμόσαο.
9 στᾶλαι καὶ σειρῆνες ἐμαὶ καὶ πένθιμε κρωσσέ,
ὅστις ἔχεις 'Αίδα τὰν ὀλίγαν σποδιάν,
τοῖς ἐμὸν ἐρχομένοισι παρ' ἠρίον εἴπατε χαίρειν,
αἴτ' ἀστοὶ τελέθωντ' αἴθ' ἑτεροπτόλιες·
13 χὥτι με νύμφαν εὖσαν ἔχει τάφος, εἴπατε καὶ τό,
χὥτι πατήρ μ' ἐκάλει Βαυκίδα, χὥτι γένος
Τηλία, ὡς εἰδῶντι, καὶ ὅττι μοι ἁ συνεταιρὶς
Ἤρινν' ἐν τύμβῳ γράμμ' ἐχάραξε τόδε.

Grabbezirk mit zwei Stelen. Mitte 4. Jh. v. Chr. — Erinna, Anth. Pal. 7, 712 u. 710.
(Geffcken 168. GV 1910).

### 443

Ἑλλάδος ὑμνῳδὸ[ν κλειναὶ Θεόδωρον Ἀθῆναι]
ζῶντά τ' ἐπαίδευσα[ν καὶ φθίμενον κτέρισαν]·
οἱ δὲ καλῶς ἥρωες [ἀείσμασι κοσμηθέντες]
[δέξαντ' ἐρχόμενον χῶρον ἐς εὐσεβέων].

## 2. ERGÄNZUNGS- UND PARALLEL-GEDICHTE

### 441

Keine Mühe macht es, für wackere Männer nach lobender Rede zu suchen: alsbald ist des Preises die Fülle gefunden. |³ Dessen bist auch du teilhaftig geworden, als du starbest, Dionysios, und nun Wohnung nahmst in Persephones Kammer, die nach Schicksalszwang allen Menschen gemeinsam gehört.

Deinen Leib, Dionysios, deckt hier die Erde, doch deine unsterbliche Seele ist bei dem, der unser aller Gebieter ist. |⁷ Deinen Freunden, der Mutter und den Schwestern hinterließest du um deiner Liebe willen unvergeßliches Weh durch dein Sterben. |⁹ Zwei Städte haben dich liebgewonnen wegen deiner großen Verständigkeit, die eine war von Natur deine Heimat, die andere nach dem Gesetz.
Vgl. Anhang S. 346.

### 442

Der jungvermählten Baukis gehöre ich. An der vielbeweinten Stēlē vorübergehend sprich so zum Hades unten in der Tiefe der Erde: |³ „Voll hämischen Neides bist du, Hades." Betrachte dann die schönen Malzeichen, sie werden dir Kunde geben von Baukōs nur zu grausamem Geschick: |⁵ wie der Schwiegervater das Mädchen mit den gleichen Fackeln, zu denen das Brautlied gesungen wurde, auf dem Brandplatz hier den Flammen übergeben hat |⁷ und wie du, Hymenaios, der Hochzeit melodisches Lied umgestimmt hast auf den traurigen Ton der Klagegesänge.
Ihr Stēlen und Sirenen und du, mein trauriger Aschenkrug, der du der Toten kleines Häufchen Asche umschließt, |¹¹ entbietet denen, die an meinem Grabhügel vorüberkommen, meinen Gruß: mögen sie nun meine Mitbürger sein, mögen sie aus anderer Stadt herkommen; |¹³ und daß mein Grab eine Jungvermählte umschließt, auch das sagt, und daß der Vater mich Baukis nannte und ich von Herkunft |¹⁵ Telierin bin, auf daß sie es wissen, und daß meine Gespielin Erinna diese Inschrift auf meinem Grabe einmeißeln ließ.
Vgl. Anhang S. 346f.

### 443

Griechenlands Hymnensänger Theodoros hat das berühmte Athen, wie es ihn im Leben erzog, so nun auch im Tode ins Grab gelegt. |³ Die Heroen aber, die seine schönen Lieder verherrlicht hatten, nahmen ihn in Empfang, wie er einging zu der Seligen Stätte.

σῶν, Θεόδω[ρ', ὕμνων λῆξε θρόος, οὐδ' ἔτι πάσῃ]
Ἑλλάδι σῆ[ς ἠχεῖ βαρβίτου] ἁρμονία,
οὗ καὶ ἀπὸ [γλώσσης μέλιτος] γλυκίων ῥέ[εν αὐδή],
ἣν σὺ λαβὼ[ν ἤσκεις τερψιχ]όρους σοφίας.

ἐννέα Πιε[ρίδων Μουσῶν ἀ]νέδησεν ἑκάστη
σόν, Θεόδω[ρε, τάφον τοῖσιν] ἵου στεφάνοις,
γῆν κάτα κ[ηρύξασ' ὅσον αὐχ]ήσαντά [σ]ε πλείσταις
ἀντιπάλω[ν νίκαις Ἑλλὰς ἅπ]ασα ποθεῖ.

Grabbau. Attika. 2. H. 4. Jh. v. Chr. — IG II/III² 13088. (GV 1911).

## 444

πορθμίδος εὐσέλμου μεδέων γέρον, ὃς διὰ πάντα
νυκτὸς ὑπὸ σκιερᾶς πείρατα πλεῖς ποταμοῦ,
ἆρά τινα Ἀράτας ἄλλαν ἀρετὰν ἴδες, εἴγε
τάνδε ὑπὸ λυγαίαν ἄγαγες ἀιόνα;

οὐκέτι τὰν ἁβρόπαιδα πάτραν σὰν Ἑσπερίδ' ὄψῃ
οὐδὲ τὸν ἑστέρισας, σὸν πόσιν, οὐδὲ τέκνῳ
στρώσεις νυμφιδίαν εὐνὰν τεῷ· ἦ μάλα δαίμων,
Ἀράτα, κρυεράν σοί τιν' ἔδειξεν ἀράν.

Stele. Ptolemais, Kyrenaika. 4. Jh. v. Chr. — Cirenaica II 2, 257 f., 537. (GV 1912)

## 445

ἄξιον οὐνόματος φοβεσάνορα θυμὸν ἐν Ἄρει
εἶχε Λέων Θέννα κοῦρος ἀριφραδέος·
ὃν τέκεν ἁ περίφρων Δαματρία εὐπατέρεια
ἀγλαΐαν πάτρᾳ, χάρμα δὲ συγγενέσιν,
οἳ καὶ τρὶς τόσον ἄχθος ὑπὸ σπλάγχνοισιν ἄλαστον
εἵλκυσαν εἰς Λάθας ἐρχομένου θαλάμον.
Νύμφαι δ' Ὑδριάδες καὶ ὁμέστιος οὔρεσιν Ἀχώ,
τοξότα, δίζηνται σὰν σκυλάκων τε βοάν.

οὐ δορί με δμαθέντα κατὰ κλόνον ἔκτανεν Ἄρης
φοίνιος, ἀντιπάλοις εἰς ἔριν ἐρχόμενον,
ἀλλὰ Τύχη μ' ἔσφηλε, νόσῳ παραδοῦσ' ἀνακέστῳ,
καὶ λείπω θαλάμους ὀρφανικοὺς γονέων,
κοὐκέτι τοξοσύναισι χαρεὶς διὰ λισσάδα πέτραν
θωύξω σκυλάκων τερπνὸν ἀγαλλόμενος,
λυπρὰ δὲ πένθεα ματρὶ κασιγνήταισί τε δισσαῖς
καὶ Θέννᾳ γενέτᾳ πένθος ἄλαστον ἀεί,
νήπιον ἐν θαλάμοισιν ἔχων βρέφος ὀρφανόν, ὥς τις
Σειρὴν τειραμένα πολλάκις ἐκ στόματος. —

Deiner Hymnen Schall ist verstummt, Theodoros, und nicht mehr erklingt ganz Griechenland das melodische Spiel deiner Harfe. |⁷ Süßer als Honig floß die Stimme von deinen Lippen, wenn du, die Harfe im Arm, zu frohem Reigen deine kunstvollen Weisen ertönen ließest.

Von den neun pierischen Musen hat eine jede dein Grab, Theodoros, mit Kränzen von Veilchen geschmückt, |¹¹ über die weite Erde hin verkündend, wie du dich ungezählter Siege über deine Gegner rühmen durftest und wie nun ganz Griechenland in Sehnsucht um dich trauert.
Vgl. Anhang S. 347.

## 444

Wohlberuderten Kahnes greiser Gebieter, der du in finsterer Nacht den Totenfluß hinüber und herüber rastlos durchquerst, |³ sahst du denn eine Tugend größer als die Aratas, wenn du nun auch diese hinübergebracht hast an den dunklen Strand?

Nie mehr wirst du deine Heimat Hesperis wiedersehen, die Stadt schmucker Mädchen, noch deinen Gatten, den du (deiner) beraubt hast, noch wirst du deinem Kinde |⁷ das hochzeitliche Bett bereiten. Wahrlich, der Dämon hat einen schauerlichen Fluch an dir erfüllt, Arata.

## 445

Männerschreckenden Mut im Kriegshandwerk, der seinem Namen Ehre machte, besaß Leon, des weitbekannten (weisen?) Thennas Sohn. |³ Die kluge Damatria, rühmlicher Eltern Kind, gebar ihn, seines Vaterlandes Stolz, seiner Verwandten Freude. |⁵ Doch ein dreimal so großes, ein Leid ohne Ende schleppten sie mit sich in der Tiefe der Brust, als er zur Kammer der Lethe gegangen war. |⁷ Die Nymphen der Quellen aber und die in den Bergen heimische Echo, Bogenschütze, vermissen schmerzlich dein Rufen und das Bellen der Hunde.

Nicht wurde ich, den Feinden entgegentretend, von einer Lanze bezwungen, nicht erschlug mich im Schlachtgetümmel der blutige Ares, |¹¹ sondern Tyche hat mich zu Fall gebracht, die mich unheilbarer Krankheit überantwortete; öde und leer lasse ich nun der Eltern Haus zurück, |¹³ und nie mehr werde ich mich bei lustigem Weidwerk und frohem Hundegebell über glatte Felsenwände schwingen; |¹⁵ traurige Schmerzen (hinterlasse ich) der Mutter wie den beiden Schwestern und dem Vater Thennas nie endendes Weh. |¹⁷ Ein kleines Kind blieb mir verwaist im Hause zurück, das einer Sirene gleicht, die sich aufreibt mit immer

ἀλλ' Ἄιδα λυπηρέ, καὶ εἰ μάλα καρτερός ἐσσι,
παῖδα Λέωνα οἴκων τάξον ἐπ' εὐσεβέων.

Basis. Itanos, Kreta. 2./1. Jh. — ICr III 124f., 39. (GV 1918).


## 446

εὕδεις, ὦ φιλότεκνε Μελάνθιε, καὶ βαθὺν ὕπνον
εὕδεις, ἰατρῶν ὦ πολυπειρότατε.
ἀλλ'. Ἀίδας ζωοῖσιν ἐναντίος, ὃς τὸν ἀρωγόν
νούσων εἰς μερόπων οὐκ ἐφύλαξεν ἄκη.

εἰς ἑαυτόν.

5 τὸν τέχνῃ λάμψαντα Μελάνθιον ἰητῆρα
χθὼν ἥδε κρύπτει πρέσβυν ἀλυπότατον.

Stele. Halikarnassos. 1. Jh. n. Chr. — IBrM 915. (Kaibel 202. GV 1921).


## 447

παιδοκομησαμένη Ποσιδώνιον ἡ ταλαπενθής
ἥνδρωσ' εἰς Ἀίδην Μόσχιον υἷα φίλον,
ἐλπίδας ἐνθεμένη πυρὶ καὶ τάφῳ· ἡ δ' ἐπὶ τέκνῳ
ὑψηλὴ τὸ πάρος καὶ φρονέουσα μέγα
5 νῦν ὀλίγη καὶ ἄπαις ἐνὶ πένθεσιν. ὦ βίε θνητῶν
ἄστατ', ἐνὶ πτηνῇ κείμενε λυπρὲ τύχῃ.

Μοῖρα λυγρὰ μήπω με βίου σχεδὸν ἔνδοθι βάντα
εἰς ἀπαραιτήτους ἦγ' Ἀίδαο δόμους,
9 πικρὰν δ' ἀμφὶ τάφοισιν ἐθήκατο μητέρα πένθει,
κωφὰ λίθοις κωφοῖς δάκρυα μυρομένην.
κουφίζω δὲ τάλαιναν, ὅσον χρόνον εἰς ὄναρ ἥκω,
ἠὼς δ' ἀντὶ χαρᾶς δάκρυα πορσύεται.

13 οὔποτε γηθόσυνος νεκύων τάφος, οὐδ' ὁ πρὸ μοίρης
θνῄσκων μητρὶ φίλῃ τερπνὰ δίδωσιν ἄχη.
διπλᾶ δ' ἀπὸ στέρνων ἠμέλξατο πικρὰ τροφήων
πένθεα καὶ στοναχὰς Μόσχιον αἰνοτάτῃ·
17 ἠρέμα κωκύσει παρ' ἐμὸν δόμον, οἵ, ἀπὸ μούνου
λειπομένη τέκνου· κείσομ' ἐγὼ δὲ τέφρη.

τηλυγέτῳ ἐπὶ παιδὶ πανάλγεα κωκύσασα
μήτηρ εἰνοδίην τήνδ' ἀνέθηκε λίθον,
21 τέρμα δ' ἀνιηρὸν γήρως ἴδεν· ἦ ῥα Μένανδρος
ὄλβιος, ὃς τοίου πρῶτος ἔθνησκε τέκνου.

Reliefplatte. Kyzikos. 1. Jh. n. Chr. — Athen. Mitt. 4, 1879, 14ff. (GV 1923).

neuem Klageruf. — |¹⁹ Doch, trauriger Hades, wenn du auch gar gewaltig bist, laß unsern Sohn Leon bei den Seligen Wohnung finden.
Vgl. Anhang S. 347.

## 446

Du schläfst, zärtlicher Vater deiner Kinder, Melanthios, und einen tiefen Schlaf schläfst du, erfahrenster du aller Ärzte. |³ Nein, feind ist Hades den Sterblichen, der den Helfer in Krankheit nicht am Leben ließ, daß er den Menschen Heilung brächte.

### Auf mich selbst.

Den Arzt Melanthios, eine Leuchte seiner Wissenschaft, birgt diese Erde; ohne Kummer blieb sein Leben bis ins Alter.

## 447

Die liebevolle Pflegerin ihres Kindes, die schwergeprüfte Moschion, hatte ihren lieben Sohn Posidonios nur für Hades großgezogen, |³ alle ihre Hoffnungen legte sie mit ihm auf den Scheiterhaufen und ins Grab. Die sich einst groß dünkte mit ihrem Kind und stolz war, |⁵ ist jetzt klein in ihrem Schmerz und ohne Kind. O schwankendes Leben der Sterblichen, trauriges Leben, wie schnell ist dein flüchtiges Glück dahin.

Ein trauriges Geschick hat mich, kaum daß ich noch recht die Fahrt meines Lebens angetreten hatte, zum Haus des unerbittlichen Hades geführt |⁹ und meine Mutter von Schmerz verbittert hingeworfen vor mein Grab, wo sie nun mit stummen Tränen stummem Stein ihr Leid klagt. |¹¹ Linderung schaffe ich der Armen nur für die kurze Spanne, wo ich im Traum zu ihr komme: das Morgenrot bringt an Stelle der Freude nur neue Tränen.

Niemals ist der Toten Grab ein froher Anblick, und wer vor der Zeit stirbt, macht seiner lieben Mutter gewiß unseligen Schmerz. |¹⁵ Doch zwiefach bitteres Elternweh und Stöhnen entpreßte sich der Brust der allerunglücklichsten Moschion: |¹⁷ immer wird sie leise jammern an meiner Wohnstatt hier, von ihrem einzigen Kinde, weh, verlassen, und ich werde nur ein Häufchen Asche sein.

Um ihr vielgeliebtes Kind in ewigem Schmerze jammernd, hat die Mutter diesen Stein hier aufgestellt am Wege. |²¹ Unerträgliches Leid waren ihres Alters letzte Tage; glücklich wahrlich ist Menander, daß er vor solchem Kinde starb.
Vgl. Anhang S. 348.

## 448

στάς, ξένε, τάνδ' ἄθρησον ἐπὶ στάλλᾳ Κλεοπάτραν,
 ἂν φθόνος εἰς Ἀίδαν, οὐ χρόνος ἠγάγετο,
μορφᾶς ᾇ πρωτεῖον ἔχειν δωρήσατο Κύπρις,
 ἔργα δ' Ἀθαναία τερπνὰ σαοφροσύνας,
5 Μοῦσα δὲ καὶ σοφίαν καὶ πακτίδα τὰν φιλέραστον,
 συμφωνίαν ἐρατοῖς μειξαμένα μέλεσιν·
καὶ γνούς, ὡς θνατοῖς οὐδὲν γλυκερώτερον αὐγᾶς,
 ζῆθι κάλων τείνας οὔριον εὐφροσυνᾶν.

9 εἰ καί σου κεύθει κάλλος νέον, ὦ Κλεοπάτρα,
 τύμβος καὶ φροῦδον σῶμα λέλογχε κόνις,
ἀλλ' ἀρετὰ βιοτᾶς αἰὲν ζωοῖσι μέτεστι,
 ψυχᾶς μανύους' εὐκλέα σωφροσύνην.

An d. Straße v. Neapel n. Nola. 1. Jh. n. Chr. — IG XIV 793. (Kaibel 560. Geffcken 363. GV 1925).

## 449

τὴν κυανῶπιν Μοῦσαν, ἀηδόνα τὴν μελίγηρυν
 λιτὸς ὅδ' ἐξαπίνης τύμβος ἄναυδον ἔχει,
καὶ κεῖται λίθος ὣς ἡ πάνσοφος, ἡ περίβωτος·
 Μοῦσα καλή, κούφη σοι κόνις ἥδε πέλοι.
5 τίς μου τὴν σειρῆνα κακῶς κακὸς ἥρπασε δαίμων,
 τίς μου τὴν γλυκερὴν ἥρπασε ἀηδονίδα,
νυκτὶ μιῇ ψυχραῖσιν ἄφαρ σταγόνεσσι λυθεῖσαν;
 ὤλεο, Μοῦσα, ἐτάκη δ' ὄμματα ἐκεῖνα σέο,
9 καὶ στόμα πέφρακται τὸ χρύσεον· οὐδὲν ἔτ' ἐν σοί
 λείψανον οὐ κάλλους, οὐ σοφίης πέλεται.
ἔρρετε, μέρμηραι θυμαλγέες· ἄμμοροι ἐσθλῆς
 ἐλπίδος ἄνθρωποι· πάντα δ' ἄδηλα Τύχης.

Altar mit Büste. Rom. 2. Jh. n. Chr. — IG XIV 1942. (Kaibel 551. GV 1938).

## 450

ὄντως αἱ Νύμφαι σοι ἐτεκτήναντ', Ἰσιδώρα,
 Νύμφαι τῶν ὑδάτων θυγατέρες, θάλαμον·
πρεσβυτάτη Νείλοιο θυγατρῶν ἤρξατο Νειλώ,
 κόγχον τευξαμένη, βένθεσιν οἷον ἔχει
5 πατρὸς ἐνὶ μεγάροισι, θεειδῆ οἷον ἰδέσθαι·
 Κρηναία δέ, Ὕλα σύγγαμος ἁρπαγίμου,
κίονας ἀμφοτέρωθεν ἅτε σπέος, ἧχι καὶ αὐτή
 πηχύνασα Ὕλαν καλποφόρον κατέχει·
9 κρινάμεναι δ' ἄρα χῶρον Ὀρειάδες ἱδρύσαντο
 ἱερόν, ὡς αὐτῶν μηδὲν ἀφαυρὸν ἔχῃς. —

### 448

Bleib stehen, Fremdling, und betrachte Kleopatra auf dieser Stēlē hier, die der Neid, und nicht die (erfüllte) Zeit ins Grab brachte. |³ Kypris schenkte ihr, daß sie die erste war an Schönheit, Athena züchtiger Verständigkeit frohes Schaffen, |⁵ die Muse Bildung und die Leier, die von Liebe tönt, und lieblicher Lieder wohllautenden Zusammenklang dazu. |⁷ Wenn du denn erkannt hast, daß den Sterblichen nichts lieber ist als der Sonne Licht, so genieße deines Lebens, indem du das Segel der Freude weit aufspannst vor dem Winde.

Mag auch, Kleopatra, deine junge Schönheit nun das Grab decken und dein hingeschwundener Leib des Staubes Teil geworden sein: |¹¹ deines Lebens Lobpreis bleibt für immer bei den Menschen und kündet von deiner Seele rühmlicher Züchtigkeit.

### 449

Die dunkeläugige Musa, die süßtönende Nachtigall, ist plötzlich verstummt, und nun deckt sie dieses schlichte Grab, |³ und wie ein Stein liegt sie da, die kundige Sängerin, die vielgepriesene. Schöne Musa, leicht möge dir diese Erde werden.

Welcher schändliche Dämon hat mir schändlich meine liebliche Sängerin geraubt, wer hat mir meine süße Nachtigall geraubt, |⁷ welcher der frostige Tau einer einzigen Nacht jähen Tod brachte? Dahin bist du, Musa, gebrochen sind deine süßen Augen, |⁹ geschlossen auf immer dein goldiger Mund, nichts ist mehr übrig von dir, von deiner Schönheit nicht, von deiner Kunst nicht. |¹¹ Fort mit euch, ihr herzzerreißenden Kümmernisse! Edle Hoffnung ist nicht der Menschen Teil, und im Dunkel liegt, was die Tyche bringt.
Vgl. Anhang S. 348.

### 450

Wirklich, die Nymphen haben dir deine Kammer gebaut, Isidora, die Nymphen, der Gewässer Töchter. |³ Die älteste der Niltöchter machte den Anfang, Nilo, und fertigte dir eine Muschel, wie sie deren eine in der Tiefe besitzt |⁵ in ihres Vaters Palast, wie ein göttliches Wunder zu schauen. Krenaia sodann, des geraubten Hylas Gemahlin, |⁷ fertigte die Säulen zu beiden Seiten, wie bei der Grotte, in der sie selber den Krugträger Hylas umarmt hält. |⁹ Und die Oreaden schließlich wählten den Platz aus und schufen dir das Heiligtum, auf daß du nichts Geringeres besäßest als sie selber.

οὐκέτι σοι μέλλω θύειν, θύγατερ, μετὰ κλαυθμοῦ,
ἐξ οὗ δὴ ἔγνων, ὡς θεὸς ἐξεγένου.
13 λοιβαῖς εὐφημεῖτε καὶ εὐχωλαῖς Ἰσιδώραν,
ἢ Νύμφη Νυμφῶν ἁρπαγίμη γέγονεν.
χαῖρε, τέκος· Νύμφη ὄνομ' ἐστί σοι, αἱ δέ τε Ὧραι
σπένδουσιν προχοαῖς ταῖς ἰδίαις κατ' ἔτος·
17 χειμὼν μὲν γάλα λευκόν, ἀλείφατον ἄνθος ἐλαίης,
ναρκίσσῳ δὲ στέφει ἄνθεϊ ἁβροτάτῳ·
εἶαρ δ' αὐτομάτης πέμπει γόνον ἔνθα μελίσσης
καὶ ῥόδον ἐκ καλύκων, ἄνθος Ἔρωτι φίλον·
21 καῦμα δ' ἄρ' ἐκ ληνοῦ Βάκχου πόμα καὶ στέφανόν σοι
ἐκ σταφυλῆς, δῆσαν βότρυας ἀκρεμόνων.
ταῦτά νύ σοι· τὰ δὲ πάντα ἐτήσια ἔνθα τελεῖται,
τεθμὸς ἅτ' ἀθανάτοις· τοὔνεκα δ' αὐτὸς ἐγὼ
οὐκέτι σοι μέλλω θύειν, θύγατερ, μετὰ κλαυθμοῦ.

Aufgemalte Inschriften eines Grabbaus. Hermupolis Magna, Ägypten. 2. Jh. n. Chr. — Bulletin de l'Inst. Français d'Archéol. Orient. 32, 1932, 97 ff. (GV 1897).

## 451

ἐπὶ ἱερείᾳ Χάροπος.

τύμβος ὁ μυριόκλαυστος, ὁδοιπόρε, τᾶς ἱερείας,
ἃς ὁ τόπος ναῶν ἄξιος, οὐχὶ τάφων.
εἰ δ' ἄρα τὰν ἄιπαιδα ὁ βάσκανος ἅρπασεν Ἅιδας,
οὐ μέγα· καὶ μακάρων παῖδας ἔκρυψε κόνις.

5 ἐνθάδ' ἐγὼ κεῖμαι νεκρὰ κόνις· εἰ δὲ κόνις, γῆ·
εἰ δ' ἡ γῆ θεός ἐστι, ἐγὼ θεός, οὐκέτι νεκρά.

Stele. Thisbe, Böotien. 2./3. Jh. — Ztschr. f. Kirchengesch. 61, 1942, 27 ff. (GV 1941).

## 452

ἕστηκεν μὲν Ἔρως εὕδων ὕπνον, ἐν φθιμένοις δέ
οὐ πόθος, οὐ φιλότης ἐστὶ κατοιχομένοις·
ἀλλ' ὁ θανὼν κεῖται πεδίῳ λίθος οἷα πεπηγώς,
ἰχώρων ἁπαλῶν σάρκας ἀποσκεδάσας.
5 τοὔνεκα τοῖσι μένων βιότου κλέος ἐσθλὸν ἔλ' αὐτός,
χρῶ τὸν ἔρωτα φέρων πᾶσι χρόνων ἀγαθοῖς.

ἐξ ὕδατος καὶ γῆς καὶ πνεύματος ἦα πάροιθεν,
ἀλλὰ θανὼν κεῖμαι πᾶσι τὰ πάντ' ἀποδούς.
9 πᾶσιν τοῦτο μένει· τί δὲ τὸ πλέον; ὁππόθεν ἦλθεν,
εἰς τοῦτ' αὖτ' ἐλύθη σῶμα μαραινόμενον.

Pfeiler. Tomis, Thrakien. 2./3. Jh. — AEM 6, 1882, 30, 60. (GV 1942).

Nicht länger will ich dir mit Klagen opfern, Tochter, seit ich erkannte, daß du eine Göttin geworden bist. |[13] Mit Spendegüssen und Gebeten naht euch in heiligem Schweigen Isidora, die, von Nymphen geraubt, eine Nymphe geworden ist. |[15] Gruß dir, mein Kind, eine Nymphe heißt du jetzt, und die Horen spenden dir aus ihren Schüsseln, was die Jahreszeit jeweils bringt: |[17] weiße Milch der Winter sowie Öl, der Olive herrliche Gabe, und mit der Narzisse üppigstem Blütenschmuck bekränzt er dich; |[19] der Frühling sendet dann der rastlosen Biene Erzeugnis und die eben aus der Knospe gesprungene Rose, des Eros Lieblingsblume; |[21] des Sommers Glut weiter den Trank von der Kelter des Bakchos und einen Rebenkranz für dich, traubenbehangene Zweige zusammenbindend. |[23] Dies alles wird dir zuteil. Und weiterhin werden dir vollzählig die Jahresopfer dargebracht, die der Brauch für die Unsterblichen vorschreibt. — Deswegen will ich dir auch selber nicht länger mit Klagen opfern, Tochter.

Vgl. Anhang S. 348f.

## 451

Über dem Grab einer Charops-Priesterin. — Der vielbeweinte Hügel gehört einer Priesterin, Wanderer, deren Stätte einen Tempel verdiente und nicht ein Grab. |[3] Doch wenn die, welche immer Jungfrau geblieben, der hämische Hades geraubt hat, was ist Großes daran? Deckt doch auch Kinder der seligen Götter der Staub.

Hier liege ich, eine Tote, Staub. Sofern aber Staub, auch Erde; und sofern die Erde eine Gottheit ist, bin auch ich eine Gottheit und keine Tote mehr.

Vgl. Anhang S. 349.

## 452

Einen festen Schlaf schläft Eros; im Totenreich gibt es kein Sehnen mehr und keine Liebe bei den Abgeschiedenen, |[3] sondern der Tote liegt da wie ein Stein, der fest in der Erde steht, wenn sein Blut und sein zarter Leib sich aufgelöst haben. |[5] Deswegen, solange du dies beides noch besitzt, greife du selber nach des Lebens edlem Ruhm, genieße alle Güter dieser Zeit, solange du noch Liebe und Verlangen in dir verspürst.

Aus Wasser und Erde und Luft bestand ich dereinst. Aber jetzt, wo ich tot daliege, gab ich ein jedes einem jeden zurück. |[9] Allen steht dies bevor. Was soll ich mehr noch sagen: woher er kam, darein löste sich der Leib wieder auf, wie er dahinschwand.

Vgl. Anhang S. 349.

### 453

οὐκ ἤμην, γενόμην· ἤμην, οὐκ εἰμί· τοσαῦτα·
εἰ δέ τις ἄλλο ἐρέει, ψεύσεται· οὐκ ἔσομαι.

ὦ παῖ, φυλάσσου, μὴ σφαλῇς· ἡ γλῶσσά τοι
αὐτὴ μὲν οὐδέν, ἡνίκ' ἂν λέγῃ, πονεῖ,
ὅταν δὲ ἁμάρτῃ, πολλὰ προσβάλλει κακά.

Herme. Rom. 2./3. Jh. — IG XIV 1201. (Kaibel 1117. GV 1959).

### 454

μή μου παρέλθῃς τὸ ἐπίγραμμα, ὁδοιπόρε,
ἀλλὰ σταθεὶς ἄκουε καὶ μαθὼν ἄπει.
οὐκ ἔστι ἐν Ἅιδου πλοῖον, οὐ πορθμεὺς Χάρων,
οὐκ Αἰακὸς κλειδοῦχος, οὐχὶ Κέρβερος κύων·
5 ἡμεῖς δὲ πάντες οἱ κάτω τεθνηκότες
ὀστέα τέφρα γεγόναμεν, ἄλλο δὲ οὐδὲ ἕν.
εἴρηκά σοι ὀρθῶς· ὕπαγε, ὁδοιπόρε,
μὴ καὶ τεθνακὼς ἀδόλεσχός σοι φανῶ.

9 μὴ μύρα, μὴ στεφάνους στήλῃ χαρίσῃ· λίθος ἐστίν·
μηδὲ τὸ πῦρ φλέξεις· εἰς κενὸν ἡ δαπάνη·
ζῶντί μοι, εἴ τι ἔχεις, μετάδος, τέφραν δὲ μεθύσκων
πηλὸν ποιήσεις καὶ οὐχ ὁ θανὼν πίεται·
13 τοῦτο ἔσομαι γὰρ ἐγώ, σὺ δὲ τούτοις γῆν ἐπιχώσας
εἰπέ, ὅτι οὐκ ὢν ἦν, τοῦτο πάλιν γέγονα.

Marmorplatte. Rom. 3./4. Jh. — IG XIV 1746. (Kaibel 646. GV 1906).

\*

### 455

ἠιθέους προλιποῦσα κόρας δισσὰς Ξενόκλεια,
Νικάρχου θυγάτηρ, κεῖται ἀποφθιμένη,
οἰκτρὰν Φοίνικος παιδὸς πενθοῦσα τελευτήν,
ὃς θάνεν ὀκταέτης ποντίῳ ἐν πελάγει.

5 τίς θρήνων ἀδαής, ὃς σὴν μοῖραν, Ξενόκλεια,
οὐκ ἐλεεῖ, δισσὰς ἣ προλιποῦσα κόρας
ἠιθέους παιδὸς θνῄσκεις πόθῳ, ὃς τὸν ἄνοικτον
τύμβον ἔχει, δνοφερῷ κείμενος ἐν πελάγει;

Stele. Piräus. Um 360 v. Chr. — IG II/III² 12335. (GV 1985).

## 453

Ich war nicht da, und wurde dann; ich war da, und bin nun nicht (mehr) da. Soviel. So einer anderes behauptet, so wird er lügen: ich werde nicht wieder dasein.

Kind, sieh zu, daß du nicht strauchelst. Die Zunge hat selber freilich nichts zu besorgen, wenn sie daherredet; doch wenn sie das Rechte verfehlt, so bringt sie dir mancherlei Schaden.
Vgl. Anhang S. 350.

## 454

Geh nicht vorüber an meiner Inschrift, Wanderer, sondern bleib stehen und wende dich erst fort, wenn du meiner Belehrung zugehört hast. |³ Es gibt im Hades keinen Nachen, keinen Fährmann Charon, keinen Türhüter Aiakos, keinen Hund Kerberos. |⁵ Wir Toten hier unten sind alle miteinander Gebein und Staub geworden, sonsten gar nichts. |⁷ Nichts als die Wahrheit sagte ich dir. Zieh weiter, Wanderer, damit ich dir nicht noch im Tode wie ein Schwätzer vorkomme.

Nicht Weihrauch, nicht Kränze bringe der Stēlē zum Geschenk, sie ist Stein. Auch die Flamme sollst du nicht entzünden, vertaner Aufwand! |¹¹ Solange ich am Leben bin, gib mir ab von dem, was du etwa besitzest. Tränkst du den Staub mit Wein, du wirst nur feuchten Lehm daraus machen, und der Tote wird nichts davon trinken; |¹³ denn dazu werde ich nun werden. Wirf du eine Handvoll Erde auf diesen Hügel und sag: was ich war, als ich nicht war, das sei ich nun wieder geworden.
Vgl. Anhang S. 350.

\*

## 455

Zwei unverheiratete Töchter ließ Xenokleia zurück, des Nikarchos Tochter, die hier tot liegt, |³ gestorben im Jammer um das traurige Ende ihres Sohnes Phoinix, der mit acht Jahren in den Fluten des Meeres umkam.

Wem ist Totenklage so fremd, daß er nicht Mitleid hätte mit deinem Geschick, Xenokleia, die du zwei unverheiratete Töchter zurücklassend |⁷ aus Sehnsucht nach deinem Sohne starbst, der in unbarmherzigem Grabe liegt, in der Tiefe des dunklen Meeres?

### 456

πλεῖστα μὲν εὐφρανθεὶς βιότῳ, λύπαις δὲ ἐλαχίσταις
 χρησάμενος, γήρως τέρμα μολὼν πρὸς ἄκρον,
Χῖος μὲν γενεὰν βλαστῶν, πατρὸς δὲ Σίμωνος,
 Σύμμαχος ἐν δαπέδοις Κεκροπίας ἐκλίθην.
5 ἡ μὲν καλλικόμοις πτόρθοις βοτρυώδεος οἴνης
 Χῖος ἀγαλλομένη Συμμάχῳ ἐστὶ πατρίς·
αἱ δὲ θεοῖσι μάλιστα φίλαι θνητοῖσί τε Ἀθῆναι
 σῶμα σὸν ἐν κόλποις κρύψαν ἀποφθίμενον.

Stele. Athen. 4. Jh. v. Chr. — IG II/III² 10510. (Kaibel 88. Geffcken 143. GV 1987).

### 457

εἰ καί μευ δολιχὸς περιαίνυται ὀστέα τύμβος,
 ξεῖνε, τὸ δυσμενέων γ' οὐχ ὑπέτρεσσα βάρος·
πεζομάχος δ' ἱππῆας ἐνὶ προμάχοισιν ἔμεινα,
 ὁππότε περ Κούρου μαρνάμεθ' ἐν πεδίῳ·
5 Θρήικα δὲ προπάροιθε βαλὼν ἐν τεύχεσιν ἄνδρα
 καὶ Μυσὸν μεγάλας κάτθανον ἀμφ' ἀρετᾶς.
τῷ τις ἐπαινήσειε θοὸν Βιοήριος υἷα
 Βιθυνὸν Μηνᾶν, ἔξοχον ἡγεμόνα.

ἄλλο.

9 δάκρυα μὲν δειλοῖς τις ἰὼν ἐπιτύμβια χεύοι,
 νώνυμον ἐκ νούσων δεξαμένοις θάνατον.
αὐτὰρ ἐμὲ Φρυγίοιο παρὰ ῥόον ἀμφί τε πάτρης
 ἀμφί τε κυδαλίμων μαρνάμενον τοκέων
13 εὐκλέα δέξατο γαῖα μετὰ προμάχοισι δαμέντα,
 δυσμενέων πολλοὺς πρόσθε δαϊξάμενον.
Βιθυνὸν τῷ τις Βιοήριος υἱέα Μηνᾶν
 αἰνῆσαι με, ἀρετᾶς φέγγος ἀμειψάμενον.

Relief. Bei Nikaia, Bithynien. 281 v. Chr. — RevPhil. 26, 1902, 257 ff. (Geffcken 190. Hiller 91. GV 1965).

*

### 458

Ἰνδὸν ὅδ' ἀπύει τύμβος Ταύρωνα θανόντα
 κεῖσθαι, ὁ δὲ κτείνας πρόσθεν ἐπεῖδε Ἀίδαν·
θὴρ ἅπερ ἄντα δρακεῖν, συὸς ἧ ῥ' ἀπὸ τᾶς Καλυδῶνος
 λείψανον εὐκάρποις ἐν πεδίοις τρέφετο
5 Ἀρσινόας ἀτίνακτον, ἀπ' αὐχένος ἀθρόα φρίσσων
 λόχμῃ καὶ γενύων ἀφρὸν ἀμεργόμενος·

## 456

Gar viele Freuden erfuhr ich im Leben, und gar wenig Trübsal erlebte ich, des Alters äußerste Grenze erreichte ich, |³ chiischem Geschlecht entsproß ich, Simon war mein Vater, und Symmachos heiße ich, der hier in kekropische Erde gelegt wurde.

Chios, prangend im Schmuck schönbelaubter Schößlinge fruchtschwerer Reben, ist des Symmachos Heimatland. |⁷ Aber Athen, das Götter wie Menschen am meisten liebhaben, hat deinen toten Leib im Schoß seiner Erde geborgen.

## 457

Wenn meine Gebeine auch ein langgestreckter Grabhügel hier umschließt, Fremdling: vor der Feinde wuchtigem Anprall jedenfalls habe ich nicht gezittert. |³ Als Fußkämpfer habe ich den Reitern gestanden, in vorderster Front, als wir in der Kuros-Ebene kämpften. |⁵ Einen Thraker in voller Rüstung hatte ich zuvor niedergeworfen und einen Myser, als ich, großen Ruhm zu gewinnen, fiel. |⁷ Preisen mag man darum des Bioēris stürmischen Sohn, Menas aus Bithynien, den hervorragenden Truppenführer.

### Ein anderes Gedicht.

Tränen mag einer am Grabe von feigen Männern vergießen, die von Krankheit hingerafft eines namenlosen Todes starben. |¹¹ Doch den die Erde hier aufnahm, ich wurde in vorderster Front in ruhmvollem Kampfe bezwungen, als ich an der Strömung des Phrygios für die Heimat und für die rühmlichen Eltern focht, und viele Feinde hatte ich zuvor erschlagen. |¹⁵ Preisen möge man mich daher, Menas aus Bithynien, des Bioēris Sohn, der das Licht des Tages eintauschte für den Ruhm der Tapferkeit.

*

## 458

Daß der Inder Tauron hier begraben liegt, kündet das Grab, doch sein Mörder sah vor ihm den Hades. |³ Wie ein Untier anzuschauen, wie ein Überbleibsel aus den Zeiten des kalydonischen Ebers wuchs er heran auf Arsinoēs fruchtbarer Flur, |⁵ unerschütterlich, die dichte Mähne seiner Nackenhaare sträubend in

σὺν δὲ πεσὼν σκύλακος τόλμα στήθη μὲν ἑτοίμως
ἠλόκισε, οὐ μέλλων δ' αὐχένα ἔθηκε ἐπὶ γᾶν·
9 δραξάμενος γὰρ ὁμοῦ λοφιᾷ μεγάλοιο τένοντος
οὐκ ἀπέλυσεν ὀδόντα, ἔστε ὑπέθηκε 'Αίδᾳ.
σώσας δὲ Ζήνωνα πόνων ἀδίδακτα κυναγόν
καὶ κατὰ γῆς τύμβῳ τὰν χάριν ἠργάσατο.

ἄλλο.

13 σκύλαξ ὁ τύμβῳ τῷδ' ὑπεκτερισμένος
Ταύρων, ἐπ' αὐθένταισιν οὐκ ἀμήχανος.
κάπρῳ γὰρ ὡς συνῆλθεν ἀντίαν ἔριν,
ὁ μέν τις ὡς ἄπλατος οἰδήσας γένυν
στῆθος κατηλόκιζε λευκαίνων ἀφρῷ,
18 ὁ δ' ἀμφὶ νώτῳ δισσὸν ἐμβαλὼν ἴχνος
ἐδράξατο φρίσσοντος ἐκ στέρνων μέσων
καὶ γᾷ συνεσπείρασεν· 'Αίδᾳ δὲ δούς
τὸν αὐτόχειρα ἔθνασκεν, 'Ινδὸς ὡς νόμος.
22 σῴζων δὲ τὸν κυναγόν, ᾧ παρείπετο,
Ζήνωνα, ἐλαφρᾷ τᾷδ' ὑπεστάλη κόνει.

Papyrus. Nach 229 v. Chr. — ASAntEg. 19, 1920, 103f., 48. (GV 1968).

### 459

ἦλθεν ἀπὸ ξείνης Κλεοφῶν χθονός, ἦλθε δὲ παιδός
εἰς μοῖραν προφανῆ σχέτλιος ἠδ' ἀλόχου·
εἶδε γάρ, οὓς ἐπόθησε, καὶ ὀρφναίην ἀνὰ νύκτα
τοὺς τρισσοὺς νέκυας σταθμὸς ἔθαψε δόμου·
5 σώθη δ' εἰς πολλοὺς θρήνους μόνος, ἀθρόα κλαύσας
ὀρφανίην, εὐνήν, οἶκον, ἀπροσπολίην.

υἱὸς ἐγὼ Κάλλιππος ἀνιηροῦ Κλεοφῶντος
ἐνθάδε καὶ μήτηρ κεῖται 'Αριστόπολις,
9 οὐ κοινῇ μοίρῃ δεδμημένοι, ἀλλὰ πεσόντος
τρεῖς ἅμα λυγαίου κεκλιμένοι θαλάμου.
νύκτα δὲ πικροτάτην μεταδόρπιον ὑπνώσαντες
οἰκοῦμεν μέλαθρον Περσεφόνης ζοφερόν.

Stele. Imbros. 2./1. Jh. — IG XII 8, 92. (GV 1988).

### 460

Θειοφίλην με θύγατρα μινυνθαδίην Ἑκαταίου
ἐμνώοντο γάμῳ παρθένον ἠίθεοι·
ἔφθασε δ' ἁρπάξας 'Αίδης, ἠράσσατο γάρ μευ,
Φερσεφόνας ἐσιδὼν κρέσσονα Φερσεφόναν. —

seinem Lager, und Geifer troff ihm aus seinem Maule. |⁷ Mit des Hundes Mut zusammenprallend schlitzte er ihm alsbald die Brust auf, doch sogleich wälzte er selber seinen Nacken auf der Erde; |⁹ denn der biß sich fest in seiner Mähne und seinem mächtigen Genick und ließ seine Zähne nicht eher los, als bis er ihn in die Tiefe des Hades geschickt hatte. |¹¹ So rettete er den Jäger Zenon aus drangvoller Lage, ohne Dressur, und erhielt im Grabe auch unter der Erde noch seinen Dank.

### Ein anderes Gedicht.

Der Hund, der in diesem Grabe bestattet liegt, hieß Tauron und wußte mit Mördern fertig zu werden. |¹⁵ Denn als er mit einem Eber im Kampf feindlich aneinandergeriet, da blähte der zwar wie ein unnahbares Untier seine Nüstern auf und zerfleischte ihm, weiß von Schaum, die Brust; |¹⁸ doch der Hund setzte ihm zwei Tatzen auf den Nacken und biß sich in der Mitte seiner Brust fest, wie das Tier die Haare auch sträuben mochte, und warf ihn, |²⁰ daß er in die Erde biß. Er überlieferte Hades den Mörder und starb dann selbst so, wie ein guter Inder stirbt. |²² So rettete er den Jäger, dem er folgte, Zenon, und wurde unter diesen leichten Staub gelegt.

## 459

Heim kam aus der Fremde Kleophon, heim kam er und sollte nur seines Sohnes und seiner Gattin Verderben von Angesicht schauen, der Arme. |³ Denn er sah sie wieder, nach denen sein Herz verlangt hatte, doch als Tote: in dunkler Nacht hatte sie zu dritt das Haus unter seiner Last begraben. |⁵ Nur er allein blieb übrig – zu lauter Totenklage, denn dies alles hatte er zu beweinen: seine Verwaistheit, sein leeres Bett, sein Haus, den Verlust seines Dieners.

Ich, des untröstlichen Kleophon Sohn Kallippos, liege hier, hier liegt auch meine Mutter Aristopolis. |⁹ Nicht gewöhnliches Geschick bezwang uns, sondern als in der Finsternis das Zimmer einstürzte, wurden wir zu dritt zu Boden geworfen. |¹¹ Gar bitter wurde uns die Nacht, in der wir nach dem Mahle zur Ruhe gingen, denn nun bewohnen wir Persephones dunkle Kammer.

Vgl. Anhang S. 350.

## 460

Es begehrten mich, des Hekataios kurzlebige Tochter Theophile, die Jünglinge zur Hochzeit, die Jungfrau. |³ Doch Hades kam ihnen zuvor und raubte mich, denn er hatte Liebe zu mir gefaßt, wie er eine Persephone erblickte, die seine Persephone hinter sich ließ.

    5 καὶ γράμμα πέτρης ἐκγλυφὲν στηλίτιδος
      κόρην δακρύει Θεοφίλην Σινωπίδα,
      τὰς μελλονύμφους ἧς πατὴρ δᾳδουχίας
      Ἑκαταῖος Ἅιδῃ καὶ οὐ γάμῳ συνάρμοσεν.

    9 παρθένε Θειοφίλα σε μὲν οὐ γάμος, ἀλλ' ἀδίαυλος
      χῶρος ἔχει, νύμφη δ' οὐκέτι Μηνοφίλου,
      ἀλλὰ Κόρης σύλλεκτρος· ὁ δὲ σπείρας Ἑκαταῖος
      οὔνομα δυστήνου μοῦνον ἔχει φθιμένης,
   13 μορφὰν δ' ἐν πέτρᾳ λεύσσει σέο, τὰς δ' ἀτελέστους
      ἐλπίδας οὐχ ὁσίη Μοῖρα κατεχθόνισεν.

      τὴν κάλλος ζηλωτὸν ἐνὶ θνατοῖσι λαχοῦσαν
      Θειοφίλην, Μουσῶν τὴν δεκάτην, Χάριτα
   17 πρὸς γάμον ὡραίαν, τὴν σωφροσύνης ὑπόδειγμα,
      οὐκ Ἀίδας ζοφεραῖς ἀμφέβαλεν παλάμαις,
      Πλούτων δ' εἰς θαλάμους τὰ γαμήλια λαμπάδι φέγγη
      ἆψε, ποθεινοτάτην δεξάμενος γαμέτιν.
   21 ὦ γονέες, θρήνων νῦν λήξατε, παύετ' ὀδυρμῶν·
      Θειοφίλη λέκτρων ἀθανάτων ἔτυχεν.

Stele. Pantikapaion. 2./1. Jh. — IzvArchKom. 14, 1905, 124ff., 47. (GV 1989).

## 461

      ξεῖνε, τίς εἶ; — Ζήνων. — πατρὸς τίνος; — Ἡλιοδώρου. —
      ἦ σύ γ' ὃν ἠιθέων Δῆλος ἔφερβε θάλος; —
      κεῖνος, ἐφ' ᾧ καὶ πέτρος ἀλιξάντῳ παρὰ τύμβῳ
      δακρύει, γοεροῦ θρῆνον ἱεὶς στόματος·
    5 δμηθεὶς γὰρ νούσῳ τὸν ἀλάμπετον ἦλθον ὑφ' Ἅιδην,
      δισσὰς ἐξ ἐτέων πλησάμενος δεκάδας. —
      δύστηνοι γενέται, Ζήνων, σέθεν, οἷσι λέλοιπας
      ἄλγεα καὶ κωφοῦ ψυχρὸν ἄγαλμα τάφου.

    9 οὔνομά μοι Ζήνων· μέλλεις, ξένε, τοῦτο γὰρ ἡμέων
      πεύθεσθαι, νούσῳ δ' εἰς Ἀίδαν κατέβαν,
      ἓν μόνον εἰκοστῷ προσιδὼν ἐνιαύσιον ἄκρον,
      ἴδρις Ἀθηναίης εὐπαλάμου γραφίδος,
   13 οὐ γενύων κέρσας ἱερὸν στάχυν, οὐχ ὑμεναίου
      δεξάμενος λωτῶν οὔασιν ἁρμονίην.
      πατρὶς δὲ Πτολεμαίς, ἐγείνατο δ' Ἡλιόδωρος.
      ἆ στοργῆς, λείπω δάκρυ' ἀποφθίμενος.

Stele. Korkyra? 1. Jh. v. Chr. — IG IX1, 878/9. (Geffcken 219. GV 2002).

Selbst die aus der steinernen Stēlē herausgehauene Inschrift weint um das junge Mädchen Theophile aus Sinope, |⁷ deren bräutlichen Fackelzug der Vater Hekataios für Hades veranstaltete, und nicht für die Hochzeit.


Jungfrau Theiophila, nicht die Hochzeit wurde dein Teil, sondern die Stätte, von der es keine Wiederkehr gibt; du bist nicht länger des Menophilos Braut, |¹¹ sondern der Kore Bettgenossin. Der dich zeugte, Hekataios, besitzt nichts mehr von dir als den Namen der armen Toten. |¹³ Dein Bild auf dem Steine schaut er, die unerfüllt gebliebenen Hoffnungen hat die gottlose Moira in die Erde gesenkt.


Die neidenswerte Schönheit unter den Sterblichen besaß, die zehnte der Musen, eine Charitin, |¹⁷ zur Hochzeit reif, ein Musterbild von Züchtigkeit: Theophile umschlang nicht Hades mit finsterem Arm, |¹⁹ sondern Pluton entzündete in seiner Kammer mit der Fackel die Hochzeitsleuchte und empfing dich als seine geliebte Gattin. |²¹ Ihr Eltern, macht nun ein Ende mit den Totenliedern, höret auf mit den Klagen: Theophile hielt mit einem Unsterblichen Beilager.
Vgl. Anhang S. 350f.


## 461

Fremdling, wer bist du? – Zenon. – Wessen Sohn? – Des Heliodor. – Bist du der, den Delos nährte als aller Jünglinge Blüte? – |³ Ja jener, um den selbst der Stein weint am meerumspülten Grabe und mit klagendem Munde sein Totenlied singt. |⁵ Denn von Krankheit bezwungen kam ich zur Tiefe des lichtlosen Hades und habe nicht mehr als zweimal zehn Jahre meines Lebens erfüllt. – |⁷ Wie unglücklich deine Eltern, Zenon, denen du nur Schmerzen zurückließest und des stummen Grabes kalten Schmuck.


Mein Name ist Zenon, Fremdling, denn ihn wirst du ja von mir erfahren wollen. Krankheit machte, daß ich zum Hades niedersteigen mußte. |¹¹ Nur eines Jahres allerersten Anfang sah ich noch, als ich die Zwanzig erreicht hatte. Der ich mit geschickter Hand Athenas Griffel zu führen wußte, |¹³ ich habe die feierliche Schur der Sprossen an meinem Kinn niemals erlebt, nie der hochzeitlichen Flöten melodischen Zusammenklang mit meinem Ohre aufgenommen. |¹⁵ Meine Heimat war Ptolemaïs, Hekataios zeugte mich. Weh der Liebe, nur Tränen hinterlasse ich im Tode.

## 462

πρωθήβην ἔτι κοῦρον, ἔτι χνοάοντος ἰούλου
δευόμενον φθονερή Μοῖρα καθεῖλε βίου,
πολλά σοφής χερός ἔργα λελοιπότα. βάσκανε δαῖμον,
οἴας οὐχ ὅσιος ἐλπίδας ἐξέταμες.
5 ἀλλά σύ, γαῖα, πέλοις ἀγαθή κούφη τ' Ἀκυλίνῳ,
καὶ δὲ παρὰ πλευρὰς ἄνθεα λαρὰ φύοις,
ὅσσα κατ' Ἀραβίους τε φέρεις ὅσα τ' ἐστὶ κατ' Ἰνδούς,
ὡς ἂν ἀπ' εὐόδμου χρωτὸς ἰοῦσα δρόσος
9 ἀγγέλλῃ τὸν παῖδα θεοῖς φίλον ἔνδοθι κεῖσθαι,
λοιβῆς καὶ θυέων ἄξιον, οὐχὶ γόων.

εἰκοσετῆ τὸν παῖδα θοή κατενήρατο Μοῖρα,
κἀστὶν ἐν εὐσεβέων ἦν διὰ σωφροσύνην.

Marmortafel. Rom. 1./2. Jh. — IG XIV 1362. (Kaibel 569. GV 1970).

## 463

Πωμπτίλλης ὅδε νηός, ὁδοιπόρε, τῆς ὑπὲρ ἀνδρός
μοῖραν ἐπευξαμένης, ἡδὺ τέλος βιότου.

ἥδε μέν, ἡνίκα πνεῦμα μελῶν ἀπέλυε Φίλιππος,
Λήθην ἀκροτάτοις χείλεσι προσπελάσας,
5 στᾶσα λιποψυχοῦντος ὑπὲρ γαμέτου Πώμπτιλλα
τὴν κείνου ζωὴν ἀντέλαβεν θανάτου.

οἵην συζυγίην ἔτεμεν θεός, ὥστε θανεῖν μέν
Πώμπτιλλαν γλυκεροῦ λύτρον ὑπὲρ γαμέτου,
9 ζῆν δ' ἄκοντα Φίλιππον, ἐπευχόμενον διὰ παντός
συγκεράσαι ψυχῇ πνεῦμα φιλανδροτάτῃ.

ἔστρεψεν Μοιρῶν μία νήματα τὰ πρὶν ἄτεγκτα,
ταῖς ἰδίαις εὐχαῖς πάντ' ἀπενεγκαμένη,
13 ἡ περίφρων Πώμπτιλλα, πολυκλήιστον ἄκουσμα,
ἥτις ὑπὲρ γαμέτου πνεῦμ' ἀπέλυσε μόνη.

μηκέτ[ι Πηνελ]όπην μηδ' Εὐάδνην [κελαδεῖτε],
τή[ν ποτε σὺν Κα]π[α]νεῖ φ[λογ]μὸν [ἐσαλαμένη]ν,
17 μηδ' [ἔτι Λαοδάμ]ε[ια]ν — ἔβ[η δ'] ἀκόλο[υθος ἀπ' οἴ]κων
υἱῷ [τῷ 'φικλέο]ς, μ[υρ]αμένη δ[άκρυσιν]·
σιγάσθω δ' Ἄλκηστις, ἐφ' ᾗ λίνα πρῶ[τον ἔλυσ]αν
αἱ δὶς ἐπ' Ἀδμήτῳ νήματα κλωσάμεναι·
21 τὰς πολυθρυλήτους ἡρωίδας, ἃς ὁ π[αλαιός]
αἰὼν ἀθανάτοις ἐγκατέγραψε χρόνοις,
νικᾷ ἐν ὀψιγόνοισιν Ἀτιλία, ἡ πρὸ Φιλίππου
ἀνδρὸς ἀπιστοτάτην μοῖραν ἐπευξαμένη. —

## 462

Ein Jüngling in zartem Alter war er noch, und noch nicht einmal der erste Bartflaum sproßte ihm, als die neidische Moira ihn des Lebens beraubte, |³ und hinterließ doch manches Werk, das seine kundige Hand geschaffen. Scheelsüchtiger Dämon, welche Hoffnungen hast du freventlich abgeschnitten! |⁵ Doch du, Erde, sei freundlich und leicht Aquilinus und laß auch zu seinen Seiten liebliche Blumen wachsen, |⁷ wie du dergleichen in Arabien hervorbringst und wie es ihrer in Indien gibt; damit der Duft, der von seinem wohlriechenden Leibe herkommt, |⁹ melde, daß der Knabe, der hier ruht, ein Liebling der Götter gewesen und Spende und Opfer verdient, und keine Klage.

Mit zwanzig Jahren raubte den Knaben die schnelle Moira, und bei den Frommen weilt er nun wegen seiner Züchtigkeit.
Vgl. Anhang S. 351.

## 463

Dies ist der Pomptilla Tempel, Wanderer, die sich für ihren Gatten den Tod gewünscht — welch süßes Lebensende!

Als Philippos den Odem aus seinen Gliedern entweichen fühlte und den Trank des Vergessens schon an den Rand seiner Lippen gesetzt hatte, |⁵ da trat diese Frau für ihren sterbenden Gatten ein, Pomptilla, und empfing sein Leben als Gegengabe für ihren Tod.

Welche Gattengemeinschaft zerschnitt die Gottheit, daß Pomptilla, den süßen Gemahl zu lösen, für ihn sterben mußte |⁹ und Philippos seinem Willen entgegen am Leben blieb — und nun nur den einen Wunsch hat: seinen Odem zu vereinigen mit der Seele der liebsten aller Gattinnen!

Eine einzige Frau hat es vermocht, der Moira Entscheidungen zu wenden, die nie zuvor noch Mitleid gekannt; mit ihren Gebeten hat sie alles erreicht, |¹³ die hochgemute Pomptilla, deren Ruhm durch alle Länder klingt; hat sie allein doch von allen Frauen für ihren Gatten ihr Leben ausgehaucht.

Von Penelope singt nicht fürder, nicht von Euadne, die einst mit Kapaneus in die Flammen sprang, |¹⁷ nicht fürder von Laodameia, die mit Weinen und Tränen von Hause ging und dem Sohne des Iphikles folgte. |¹⁹ Schweigen soll man von Alkestis, der zuliebe die Moiren zum erstenmal ihre Fäden wieder auflösten und Admetos ein zwiefaches Leben zuspannen. |²¹ Über all die vielbesungenen Heroinen, welche die alte Zeit eintrug in das Buch der Ewigkeit, |²³ triumphiert unter den Nachgeborenen Atilia, die sich — ja, glaubt es nur — den Tod gewünscht für ihren Gatten Philippos.

25 εἰς ἴα σου, Πώμπτιλλα, καὶ ἐς κρίνα βλαστήσειεν
   ὀστέα, καὶ θάλλοις ἐν πετάλοισι ῥόδων
   ἡδυπνόου τε κρόκου καὶ ἀγηράτου ἀμαράντου
   κεἰς καλὰ βλαστήσαις ἄνθεα λευκοΐου,
29 ὡς ἴσα Ναρκίσσῳ τε πολυκλαύτῳ θ' Ὑακίνθῳ
   καὶ σὸν ἐν ὀψιγόνοις ἄνθος ἔχοι τι χρόνος.

Felsengrab. Carales, Sardinien. 1./2. Jh. — IG XIV 607. (Kaibel 547. Geffcken 359. GV 2005).

## 464

τὸν Ἐπιμάχου με παῖδα μὴ παραδράμῃς,
ὁδῖτα, Σεύθη· μεῖνον, οὐ δυσωδία
παρ' ἐμοί σε λυπεῖ τῆς ἀηδοῦς κεδρίας·
σταθεὶς ἐπάκουσον ὀλίγον εὐώδους νεκροῦ.
5 τῆς γειναμένης ὁ πάππος ἄρξας εὐγενῶς
Ἐπίμαχον ἔσχεν υἱὸν οὐκ ἐψευσμένον
οὐδ' αὐτὸν εὐθὺς τὸ γένος· ἐπὶ τῷ πατρὶ γὰρ
ἀγορανομίαν ἀπέδωκε τῇ πόλει καλῶς·
9 οὑμὸς πατήρ ἐσθ' οὗτος· ἐπίσημος πλέον
ἱπποτροφῶν ἐγένετο νίκαις μυρίαις.
ἔγνως με, ἀνέμνησέν σε τὸ στάδιον ταχύ.
μειράκιον ὄντα, μοῦνα δέ με δώδεκα
13 ἔτη βιώσαντ', εὐθέως εἱμαρμένης
τέλος πονηρὸν ἢ θανάτου κοινὸς νόμος
ἐμάρανε, βηχὶ χρησάμενος διακόνῳ.
βλέπε, μὴ δακρύσῃς, φίλτατ'· αὐτὸ τοῦτο γὰρ
17 μισῶν ἐκέλευσα μηδὲ τὰς καλουμένας
θρηνητρίας μοι τὸν Φιλερμῆν παραλαβεῖν,
εὔνουν ἀδελφὸν ὄντα μοι καὶ γνήσιον,
οὐ τῇ φύσει μέν, ᾗπερ ἦν ἀνεψιός,
21 στοργῇ δὲ νικήσαντα καὶ τάξιν πατρός·
τούτῳ προσέταξα μή με θρηνεῖν μηδόλως
μηδὲ κατορύξαντ' αὖθις ἀνορύττειν πάλιν,
μιᾷ δὲ καὶ μόνῃ με περιβαλεῖν ταφῇ
25 χωρὶς κεδρίας καὶ τῆς δυσώδους ἀποφορᾶς,
ἵνα μή με φεύγῃς οἷα τοὺς ἄλλους νεκρούς.

εἰ καὶ Μοῖρα πρόμοιρον ἀπήγαγεν εἰς Ἄιδός με,
τοῖς νεκρῶν θρήνοις οὐκ ἐπιτερπόμεθα
29 οὐδὲ ταφαῖς πολλαῖς καὶ θηλυτέροις ὀλοφυρμοῖς·
κοινὸς γὰρ πάντων λυσιμελὴς θάνατος.

Grabbau mit aufgemalter Inschrift. Hermupolis Magna, Ägypten. 2. Jh. n. Chr. — Mélanges Bidez 719ff. (GV 1975).

Veilchen mögen, Pomptilla, und Lilien aufsprießen aus deinem Gebein, und blühen mögest du in Blättern von Rosen, |²⁷ von süß duftendem Krokus und immergrünem Amarant, und entsprießen mögen aus dir der Levkoie schöne Blüten, auf daß, |²⁹ wie es bei Narziß war und dem vielbeweinten Hyazinth, die Menschen späterer Zeit auch von dir eine Blume besitzen.

Vgl: Anhang S. 351f.

## 464

An mir, des Epimachos Sohn Seuthes, geh nicht eilig vorüber, Wanderer; verweile, über Geruch |³ unerfreulichen Zedernharzes wird dich bei mir nicht belästigen. Bleib stehn und höre dem wohlriechenden Toten ein wenig zu. |⁵ Mein Großvater, der in meiner Heimat ein trefflicher Beamter war, hatte einen Sohn Epimachos, der |⁷ auch seinerseits seinem Geschlecht sogleich alle Ehre machte, denn nach seinem Vater unterzog er sich ehrenvoll den Geschäften eines Agoranomen in der Stadt. |⁹ Dieser ist mein Vater; noch berühmter wurde er als Rennstallbesitzer durch ungezählte Siege. |¹¹ Nun weißt du um mich Bescheid, das Stadion hat dich sogleich (an uns) erinnert. Im Knabenalter noch (nicht mehr als zwölf |¹³ Jahre erreichte ich) ließ mich das vom Schicksal bestimmte traurige Ende oder das allgültige Gesetz des Todes |¹⁵ hinsiechen und bediente sich dazu der Schwindsucht als seines Helfershelfers. Sieh her, Liebster, und weine nicht. Denn eben dieses |¹⁷ mag ich nicht und habe deshalb unsern Philhermes geheißen, er möchte auch die sogenannten Klageweiber für mich nicht mieten; |¹⁹ er ist mein treuergebener Bruder und echtbürtiger Anverwandter – zwar nicht dem Blute nach (danach ist er vielmehr mein Vetter), |²¹ aber an Liebe tat er es selbst eines Vaters Stellung zuvor. Diesem gab ich Anweisung, man sollte ja nur keine Klagelieder anstimmen auf mich, |²³ sollte mich aber auch, einmal begraben, nicht wieder aufgraben, sondern mich hier, und nur hier in der Grabkammer betten, |²⁵ ohne Zedernharz und dessen üblen Geruch, damit du nicht vor mir davonfliehst wie vor den anderen Toten.

Wenn die Moira mich auch vor der Zeit zum Hades entführt hat, so habe ich doch keinen Gefallen an Klageliedern für einen Toten |²⁹ noch an wiederholter Bestattung und weibischem Jammern: ist doch der gliederlösende Tod unser aller Bestimmung.

### 465

δαίμονες ἀθάνατοι πολλοὶ κατ' Ὀλύμπιον ἕδρην,
ἀλλὰ θεὸς τούτων ἐστὶ πατὴρ ὁ μέγας,
ὃς κόσμον διέταξε, Σελήνην νυκτὶ κελεύσας
πείθεσθαι, Τιτᾶνα ἡμεριναῖς χάρισι.
5 ᾧ πεισθεῖσα δέμας μὲν ἐπὶ χθονός, ἧς ἀπετέχθην,
λείπω, τὴν ψυχὴν δ' ἀθανάτην ἔλαχον.

ἐν γαίῃ μὲν σῶμα τὸ συγγενές, οὐράνιος δέ
ἤλυθεν ἡ ψυχὴ δῶμα κάτ' οὐ φθιμένων.

9 κεῖται μὲν γαίῃ φθίμενον δέμας, ἡ δὲ δοθεῖσα
ψυχή μοι ναίει δώματ' ἐπουράνια.

ἀθάνατος ψυχὴ τὰ μὲν οἰκία τῶν ἐν Ὀλύμπῳ
ναίω, σῶμα δ' ἐμὸν γαῖα φέρει φθίμενον.

13 ἐν μὲν ὑπ' ἀγκαλίσιν φέρομαι τέκνον ἐνδεκέτηρον
Εὐόδῳ, ὃς πόσις ἦν, ὁππότ' ἔναιε δόμους·
τεσσαρακονταέτης δὲ πρὸς οὐρανὸν ἀστερόεντα
ἤλυθον, ἐν γαίῃ σῶμ' ἐμὸν ἐνθεμένη. —

17 τοῦτ' Εὔοδος βροτοῖς πᾶσι παραινῶ·
τῇ ψυχῇ μετάδος καλῶν· τί ἔχθεις;
καὶ τὸν βίον τρυφῇ παρηγόρησον
εἰδώς, ἢν καταβῇς ἐς πῶμα Λήθης,
21 οὐδὲν τῶν ἐπάνω κάτω ποτ' ὄψει
ψυχῆς ἐκ μελέων ἀποπταθείσης.

Platte. Korkyra. 2./3. Jh. — IG IX 1, 882/3. (Kaibel 261. GV 1978).

### 466

κλαίει μέν σε τέκνον, κλαίει δ' Ἀγαθάγγελος ὡνήρ,
μυρόμενος φιλίην τερπνοτάτην ἀλόχου·
μύρονται δ' ἀδελφοὶ Μηνᾶς καὶ Δάψιλος ἄμφω
ἠδ' ὅσσοι σ' ἐφίλουν κἠπόθεον δι' ὅλου·
5 γηραλέη δὲ κόμην πολιὴν τίλλουσα καθ' ὥραν
ἠρίον ἀμφὶ τεόν, Μοῦσα, χέω δάκρυα.

ἄλλο.

κεῖσαι δή, τέκνον καλόν, προλιποῦσα τοκῆας
ἠδὲ κασιγνήτους καὶ πόσιν ἀμφιθαλῆ,
9 νούσου ὑπὸ στυγερῆς δεδαμασμένη· αὐτὰρ ἔμοιγε
πένθος ἀνίητον κάλλιπες οἰκτροτάτῃ·
γραῖα δ' ἀνήκεστον πένθος κατὰ μοῖραν ἔχουσα
ἀμφὶ τεὴν στήλην, Μοῦσα τέκνον, χέομαι.

Marmortafel. Rom. 2./3. Jh. — IG XIV 1863. (Kaibel 550. GV 1981).

## 465

Unsterbliche Gottheiten gibt es viele an des Olympos Sitze, doch ihrer aller Vater ist der große Gott, |³ der das Weltall geordnet hat, Selene befohlen, der Nacht zu gehorchen, Titan, des Tages Heiterkeit. |⁵ Ihm habe ich gehorcht, die ich nun den Leib auf der Erde zurücklasse, aus der ich gezeugt wurde; doch die Seele, die mir wurde, ist unsterblich.

In der Erde ist der ihr verwandte Leib; doch die vom Himmel gekommene Seele ging ein zu der Wohnung der Unsterblichen.

Es ruht in der Erde der vergängliche Leib. Doch die Seele, die mir gegeben wurde, wohnt in der himmlischen Heimstatt.

Meine unsterbliche Seele wohnt im Palast der Götter auf dem Olymp; meinen vergänglichen Leib trägt die Erde.

Ein einziges, elfjähriges Kind bringe ich auf meinen Armen zu Euodos, der mein Gatte war, als er noch im Hause wohnte. |¹⁵ Mit vierzig Jahren ging ich zum bestirnten Himmel; meinen Leib bettete ich in der Erde. —

Solche Lehre erteile ich, Euodos, allen Sterblichen: Gönne dir von allem Guten. Was sträubst du dich? |¹⁹ Genieße und laß dich so des Lebens getrösten. Denn das wisse wohl: bist du erst niedergestiegen zum Tranke der Lethe, |²¹ so wirst du von dem da oben hier unten nichts mehr sehen, wenn die Seele erst einmal aufgeflogen ist aus deinem Leibe.

## 466

Es weint um dich dein Kind, es weint dein Mann Agathangelos und klagt um seiner Gattin süßeste Liebe; |³ es klagen die Brüder Menas und Dapsilos beide, und soviele dich geliebt und sich je und je nach dir gesehnt haben. |⁵ Und ich alte Frau zerraufe mir Tag um Tag die grauen Haare, an deinem Grabe, Musa, Tränen vergießend.

### Ein anderes Gedicht.

Da liegst du nun, liebes Kind, und hast Eltern und Brüder und den blühenden Gatten verlassen, |⁹ bezwungen von verhaßter Krankheit. Aber mir Elendestem hast du unheilbares Leid hinterlassen. |¹¹ Eine Greisin, die nichtwiedergutzumachendes Leid zu tragen hat nach Schicksalsfügung, liege ich hingestreckt, Musa, mein Kind, vor deiner Stēlē.

### 467

Θειοδότου πάις εἰμὶ Γεώργιος· ἀλλά με Μοῖρα
ἔσβεσεν ἐν νεότητι, γόον δ' ἀπέλειπα τοκῆι
καὶ θείῳ μετέπειτα, ὅς μ' ἔτρεφεν ἐσθλὰ διδάξας.

ἄλλως.

τὸν γλυκερὸν χαρίεντα Γεώργιον ἠύτε λύχνον
5 ἔσβεσε Μοῖρ' ὀλοὴ πινυτὸν πάιν, ἄγχι δὲ πάππου
κεῖται νέος Φαέθων Ἑλικώνιος· ὃς γενετῆρι
καὶ θείῳ μετέπειτα γόον πολύδακρυν ἀφῆκεν.

Stele. Palaestina Tertia. 6. Jh. n. Chr. — Revue Biblique, N. S. 2, 1905, 249 f., 3.
(GV 2000).

## 3. AUF DEM GLEICHEN STEIN VEREINIGTE GEDICHTE FÜR MEHRERE TOTE

### 468

καὶ ζῶσαι πλούτου πατρικοῦ μέρος εἶχον ὁμοίως,
τὴν αὐτῶν φιλίαν καὶ χρήματα ταῦτ' ἐνόμιζον.

οὐδένα λυπήσασα, τέκνων δ' ἐπιδοῦσα ἔτι παῖδας
τῆς κοινῆς μοίρας πᾶσιν ἔχει τὸ μέρος.

Stele. Piräus. Mitte 4. Jh. v. Chr. — IG II/III² 5673. (Kaibel 81. GV 2016).

### 469

ἦ μάλα δὴ περὶ σεῖο λυγρὸν πότμον ἔκλυε πάτρα,
Ἀλκήν, Ἀμφιλόχων γαῖα Θρασυπτολέμων,
οὕνεκεν Ἰλλυριοῖσιν ὑφ' ἱππομάχοισι δαμάσθης·
ὀστέα δ' ἐν νάσῳ τᾷδ' ἔταροι κτέρισαν.

5 καὶ σοῦ ἀποφθιμένου πιστοὶ φίλοι οὐκ ἐλάθοντο,
Σίννα, φυλόπιδος δ' ἐξέρυσαν στυγερᾶς
Ἀμφίλοχοι θρασέων εὖ εἰδότες ἔργον ἀκόντων,
οἵ σε μέγ' ἀχνύμενοι συγγενῆ ἐκτέρισαν.

Stele. Korkyra. 3. Jh. v. Chr. — IG IX 1, 871/2. (Kaibel 183. GV 2017).

### 470

τὸν Ἑστιαίου τῆς τραγῳδίας γραφῇ
Εὐανδρίδαν κέκρυφ' ὁ τυμβίτας πέτρος,
ζήσαντα πρὸς πάντ' εὐσεβῶς ἀνὰ πτόλιν
ἐτῶν ἀριθμὸν ὀγδοήκοντ' ἀρτίων. —

### 467

Des Theodotos Sohn bin ich, Georgios. Doch die Moira hat mich in der Jugend ausgelöscht, Weh hinterließ ich dem Erzeuger und dem Oheim sodann, der mich aufzog und mir edle Lehren erteilte.

*Auf andere Weise.*

Den süßen liebreizenden Georgios hat wie eine Leuchte die verderbliche Moira ausgelöscht, ein kluges Kind; neben dem Großvater |⁶ liegt er, ein neuer Phaethon vom Helikon. Dem Vater und dem Oheim sodann ließ er tränenreichen Jammer zurück.

## 3. AUF DEM GLEICHEN STEIN VEREINIGTE GEDICHTE FÜR MEHRERE TOTE

### 468

Auch im Leben haben die Schwestern ihren Anteil am väterlichen Reichtum als gemeinsamen Besitz behandelt: wie ihre Liebe zueinander, so sollte auch ihr Vermögen ihnen zusammen gehören.

Niemanden hat sie je gekränkt, und Kinder noch sah sie der Kinder, die nun ihren Anteil erhalten hat an dem allen Menschen bestimmten Schicksal.

### 469

Wahrlich, gar traurig ist dein Schicksal, von dem deine Heimat nun hören mußte, Alken, der tapferen Amphilocher kriegerisches Land, |³ denn von illyrischen Reiterkämpfern wurdest du erschlagen. Doch deine Gebeine haben deine Kameraden auf der Insel hier in Ehren begraben.

Auch deiner haben im Tode treue Freunde nicht vergessen, Sinnas. Aus schrecklichem Kampfgetümmel haben dich |⁷ die Amphilocher, deren kühner Sinn sich auf des Speeres Handwerk trefflich versteht, geborgen und ihren Landsmann tief betrübt in Ehren begraben.

### 470

Des Hestiaios Sohn, den Tragödiendichter Euandridas, deckt dieser Grabstein. |³ Fromm in jeder Weise hat er in dieser Stadt gelebt, die volle Zahl von achtzig Jahren.

5 οὐχὶ κεναῖς δόξαις ἐζηκότα τόνδε δέδεκται
  τύμβος ὅδ' ἐκ προγόνων, ταῖς δ' ἀπὸ τᾶς σοφίας
  ταῖς ἀπὸ Σωκράτεω πινυταῖς μάλα τοῦ τε Πλάτωνος,
  κοὐκ Ἐπικουρείοις ἡδονικαῖς ἀθέοις,
9 Ἑστιαῖον τὸν φύντα πατρὸς κλεινοῖο Μενάνδρου
  ἐσθλοτάταν βιοτᾶς ἐξανύσαντος ὁδόν.
  κούφη γαῖα χυθεῖσ' ὁσίως κρύπτοις σὺ τὸν ἄνδρα
  βαίνοντ' εὐσεβέων τοὺς ἱεροὺς θαλάμους.

Marmorblock. Milet. Um 200 v. Chr. — RA 28, 1874, 113. (Kaibel X 222b. GV 2018).

## 471

ἄρτι με νυμφιδίων ἀπὸ δύσμορον ἅρπασε παστῶν
  δαίμων ἐς τριτάταν νισσόμενον δεκάδα,
ἄρτι βίου περόωντα κατ' εὐκλέα θέσμια δόξας
  στυγνὸς ἄπαιδα δόμοις ἀμφεκάλυψ' Ἀίδας
5 Ἀντιφόωντα, γοναῖσι Σοφοκλέος ὃν τέκε μάτηρ
  Ἡρώ, τᾷ λιπόμαν οὐ τέκος, ἀλλὰ τάφον.
αἰαῖ, τίπτε Τύχα με τὸν εὐκλέα πατρίδι κόσμον,
  τλάμονα δυσπενθής, ὠρφάνισας βιότου;

  9 ὁ τύμβος ἐσθλὸν υἷα τὸν Σοφοκλέος
    Εὐρυμενίδην κέκευθεν, ᾧ βίου μόνα
    ἐτῶν διεξάμειπτο διπλόα δεκάς·
    κατεῖδε δ' οὔτι νυμφικῶν ἐφίμερον
  13 παστὸν γάμων πάρεδρον, ἀλλ' ἀπ' ὀλβίων
    σφαλεὶς μελάθρων στυγνὸν ἦλθ' ὑπ' Ἀίδαν,
    δυσπενθὲς Ἡροῖ ματρὶ καὶ συναίμοσι
    λιπὼν φίλαισιν ἄλγος· ἁ δ' ἁλιστεφὴς
  17 δόξας ἕκατι τῷδε πατρία Θάσος
    τὰ σεμνὰ τιμᾶς δῶρ' ἔνειμεν εὐκλέος.

οὐ γάμον, οὐχ ὑμέναιον ἐμοὶ φίλα ἄνυσε μάτηρ
  Ἡρώ, ἀποφθίμενον δ' ἐστενάχησε γόοις,
21 εἰκοστὸν τανύσαντ' ἐτέων δρόμον· ἄμμε δ' ὁμαίμους
  τλάμονας ἐν δισσοῖς μησὶν ὅδ' ἔσχε τάφος·
  πατρὸς δ' εὐόλβοιο Σοφοκλέος ἄρσενα γένναν
  ὠκύμορον φθιμέναν ἐστενάχησε Θάσος·
25 μάτηρ δ' ἁ μεγάλαυχος ἐφ' υἱάσιν, ἁ πάρος εὔπαις,
  οὐχὶ τέκη, κωφοὺς δ' ἀντὶ δέδορκε τάφους.

Zwei Blöcke von einem Grabbau. Thasos. Um 100 v. Chr. — IG XII 8, 441. (Kaibel 208, GV 2038).

Der Tote, den dies Grab seiner Väter hier aufgenommen hat, hing nicht eitlen Gedanken nach in seinem Leben, sondern den höchst verständigen, |⁷ die des Sokrates Weisheit lehrte und die Platons, und nicht den gottlosen des Hedonikers Epikur: |⁹ Hestiaios, dessen Vater der berühmte Menander war, der seines Lebens Weg in edlem Streben zu Ende ging. |¹¹ Pietätvoll mögest du, Erde, deine leichte Decke um diesen Mann breiten, der nun zu der Frommen heiliger Wohnung geht.

## 471

Als ich eben in mein drittes Jahrzehnt eintreten sollte, raubte mich der Dämon aus der hochzeitlichen Kammer; |³ als ich eben anfing, meinen Lebensweg nach den preislichen Satzungen des Ruhmes auszurichten, umhüllte in seinem Haus den Kinderlosen der verhaßte Hades: |⁵ Antiphon, den von Sophokles gezeugt die Mutter Hero gebar, welcher ich kein Kind zurückließ, sondern nur das Grab. |⁷ Weh, Tyche, was hast du mich, meines Vaterlandes preislichen Schmuck, was hast, traurige du, den Armen seines Lebens beraubt?

Dies Grab deckt den edlen Sohn des Sophokles, Eurymenides, in dessen Lebenszeit |¹¹ der Jahre nur zweimal zehn vorübergingen. Das ersehnte Brautbett, |¹³ hochzeitlicher Feier Genossin, zu sehen war ihm nicht vergönnt, sondern aus glückgesegnetem Hause mußte er als ein Betrogener zum Hades niedersteigen, |¹⁵ der Mutter Hero und den lieben Schwestern trauriges Leid hinterlassend. Doch das meerumrauschte |¹⁷ Thasos, seine Heimat, hat dem Toten hier zu seinem Ruhme preislicher Ehre ehrwürdige Gaben gestiftet.

Nicht Hochzeit, nicht Brautgesang rüstete mir die liebe Mutter Hero: um den Toten stöhnte sie in bitterem Weh, |²¹ der die Strecke von nur zwanzig Lebensjahren zurückgelegt hat. Wir zwei unglücklichen Brüder kamen im Verlauf von zwei Monaten in dies Grab. |²³ Um des glückgesegneten Vaters Sophokles männliche Nachkommenschaft, vor der Zeit dahingegangen, hat ganz Thasos gestöhnt bei ihrem Tode. |²⁵ Die Mutter aber, die so stolz war auf ihre Söhne, so glücklich vordem mit ihren Kindern, sieht keine Kinder mehr, sondern statt ihrer nur die stummen Gräber.

## 472

δαιτὶ καὶ εἰλαπίναις με θεῶν χαίροντα καὶ αὐτῇ
τερπόμενον πρώτῃ σεῖο γενεθλιάδι
ἄρτι διοιγομένων οὔλων ὑποδόντιον ἄλγος
σόν, τέκος, αἰακτοῖς ἀμφέβαλεν δακρύοις·
5 ἦ γὰρ ἐνὶ τριτάτῳ θάνες ἤματι, Θειόγενες παῖ,
τὴν πολλὴν γονέων ἐλπίδ' ἀπωσάμενος.

ἄρτι τέκνου νεόχωτον ἐπ' ἠρίον ἔστενε μοῖραν,
ἄρτι καὶ οἰχομένῳ δαῖτ' ἐπιτυμβιδίην
9 πόρθυε Θειογένης κούρῳ· τὸ δὲ νήπιον οἴκοις
διζομένη κούρη τηλυγέτη Τρυφέρα
πέμπτῃ τὴν ὁμάδελφον ἐσέδρακε μοῖραν ἐν ἠοῖ,
δαίμονος οἰκείοις ἄλγεσι χρησαμένη.
13 οἱ δὲ τὸν ἀζυγίη στύγιον δόμον αὖθι τοκῆες
δισσοῖσιν τέκνων πένθεσιν ἐστένοσαν.

τὴν μελίπνουν, ὦ ξεῖνε, τὸ κηρίον ἡδύ, τὸ τρισσῶν
ἄνθος ἁβρὸν Χαρίτων νήπιον ἐνθάδ' ἔχει
17 τύμβος, ἀείκλαυστον Τρυφέραν, ἣ πολλὰ τοκῆας
τέρψασα στυγεροῦ δαίμονος ἠντίασεν.

Stele. Mytilene. 1./2. Jh. — IG XII 2, 489. (GV 2039).

## 472

Wie ich an Mahl und Festschmaus für die Götter mein Herz erfreute und frohen Sinnes gerade deinen ersten Geburtstag feierte, |³ da warf mich der unter deinen Zähnen wütende Schmerz, der dich quälte, mein Kind, als das Zahnfleisch sich eben öffnete, in Leid und Tränen. |⁵ Denn wahrlich schon am dritten Tage (danach) mußtest du sterben, mein kleiner Theogenes, und alle Hoffnungen deiner Eltern von dir stoßen.

Eben hatte Theogenes an seines Kindes frisch aufgeschüttetem Grabhügel um dessen Geschick gestöhnt, eben hatte er auch dem heimgegangenen Sohn erst das Totenmahl |⁹ gerüstet – da mußte seine Tochter, die innig geliebte Tryphera, die den Kleinen im ganzen Hause suchte, |¹¹ am fünften Tage ebenfalls das Geschick ihres Bruders erleben, auch sie ein Opfer von Schmerzen, wie sie der Dämon schickt. |¹³ Und in dem durch die Verwaisung ihnen verhaßt gewordenen Hause stöhnten die Eltern nun im Leid um ihre beiden Kinder.

Den Honigduft, Fremdling, die süße Bienenwabe, der drei Chariten zarte Blüte, die kleine ewigbeweinte Tryphera umschließt hier |¹⁷ das Grab, die ihren Eltern soviel Freude gemacht hat und nun dem verhaßten Dämon begegnet ist.
Vgl. Anhang S. 352f.

# VI. BEIGABEN

## 1. GRABGEDICHTE AUF TIERE

### 473

στῆθι λάον κατενῶπα τελώριον ἐν τριόδοισι,
ξεῖνε, καὶ εὑρήσεις γράμματι ῥηγνύμενον.
ἠὺ δ' ὄπα προχέων στενάχιζέ με τὴν προμολοῦσαν
εἰς ἐνέρους ὁσίην ἀσπίδα τηλέβιον
5 δυσμενέων ὑπὸ χερσί. – τί σοὶ πλέον, αἰνότατ' ἀνδρῶν,
ἔστιν, ὅτι ζωῆς τῆσδέ με ἀπεστέρεσας;
σοὶ γὰρ ὁμοῦ καὶ ἔρεσσι κέλωρ' ἐμὰ θεσπέσι' ἔσται·
οὐκ οἴην ἐπὶ γῆς ἔκτανες οὖσαν ἐμέ.
9 ἀλλ' ὅσα περ ψάμαθος παρὰ θῖν' ἁλὸς ἔσχεν ἀριθμά,
τόσσον ἐπιχθόνιοι θῆρες ἔχουσι γένος·
ἦ σε μὲν οὐχ ὕπατον, πύματον δ' Ἀίδην πελάσουσι,
ὄμμασι δερκόμενον σῶν ἐρέων θάνατον.

Relief (Uräusschlange). Memphis. 2. Jh. v. Chr. — O. Puchstein, Epigrammata Gr. in Aegypto reperta 38. (Geffcken 223. GV 1313).

### 474

Παρθενόπην κύνα θάψεν ἄναξ ἑός, ᾗ συνάθυρεν,
ταύτην τερπωλῆς ἀντιδιδοὺς χάριτα.
ἔστ' ἆθλον στοργῆς ἄρα καὶ κυσίν, ὥς νυ καὶ ἥδε
εὔνους οὖσα τροφεῖ σῆμα λέλογχε τόδε·
5 ἐς τόδ' ὁρῶν χρηστὸν ποιοῦ φίλον, ὅς σε προθύμως
καὶ ζῶντα στέργοι καὶ νεκρὸν ἀμφιέποι.

Relief. Mytilene. 2./3. Jh. — IG XII 2, 459. (GV 691).

### 475

χρῆμα τὸ πᾶν Θείας, βαιᾶς κυνός, ἠρία κεύθει,
εὐνοίας, στοργῆς, εἴδεος ἀγλαΐαν·
κούρη δὲ ἁβρὸν ἄθυρμα ποθοῦσα ἐλεεινὰ δακρύει
τὴν τροφίμην, φιλίας μνῆστιν ἔχουσα ἀτρεκῆ.

Altar. Rom. 2./3. Jh. — IG XIV 1697. (Kaibel 626. GV 587).

## VI. BEIGABEN

## 1. GRABGEDICHTE AUF TIERE

### 473

Bleib stehen im Angesicht des mächtigen Steines hier am Dreiweg, Wanderer, und du wirst sehen, wie er aus der Inschrift zu reden anhebt. |³ Laß du dann deine Stimme laut vernehmen und stöhne um mich, die heilige langlebige Uräus-Schlange, |⁵ die von bösen Menschen erschlagen zu den Toten kam. — Was frommt es dir, schrecklichster der Männer, daß du mich dieses Lebens beraubt hast? |⁷ Denn gegen dich und deine Sprößlinge zugleich wird meine unzählige Nachkommenschaft aufstehen: die du erschlagen hast, ich war nicht allein auf der Erde, |⁹ sondern soviel der Sandkörner gezählt werden am Strande des Meeres, so zahlreich ist auf Erden das Geschlecht der Tiere. |¹¹ Fürwahr, sie werden dich nicht zuvörderst, sondern zuletzt in den Hades bringen, und mit eigenen Augen wirst du deiner Sprößlinge Tod ansehen müssen.

### 474

Seine Hündin Parthenope begrub ihr Herr, seine liebe Gespielin, Freude mit solcherlei Danke vergeltend. |³ So gibt es denn auch für Hunde einen Kampfpreis der Liebe, da nun auch diese Hündin, die ihrem Herrn treu ergeben war, dies Grabmal erhalten hat. |⁵ Schau auf dieses hin und sieh zu, daß du dir einen wackeren Freund erwirbst, der dich im Leben herzlich liebt und sich im Tode um dich bemüht.

Vgl. Anhang S. 353.

### 475

Alles, was Theia, ein kleiner Hund nur, war, das birgt der Grabhügel: ihre Anhänglichkeit, ihre Liebe, ihrer Schönheit Glanz. |³ Das Mädchen aber sehnt sich nach seinem zarten Spielzeug und weint kläglich um seinen Pflegling, in aufrichtigem Herzen seiner Liebe Gedächtnis bewahrend.

Vgl. Anhang S. 353.

### 476

τὴν τρίβον ὃς παράγεις, ἄν πως τόδε σῆμα νοήσῃς,
μή, δέομαι, γελάσῃς, εἰ κυνός ἐστι τάφος·
ἐκλαύσθην, χεῖρες δὲ κόνιν συνέθηκαν ἄνακτος,
ὅς μοι καὶ στήλη τόνδε ἐχάραξε λόγον.

Rom. 2./3. Jh. — IG XIV 2128. (Kaibel 627. GV 1365).


## 2. WÜNSCHE – LEBENSREGELN – WARNUNGEN

### 477

Νικόλαος Τιμάνδρου.
ὦ παριών, ὑγίαινε δικαιοσύνην τε φύλαττε·
ταῦτα γὰρ ἀνθρώποις ἐστὶ κράτιστα βίου.

Stele. Eretria. 3. Jh. v. Chr. — IG XII 9, 179. (GV 1213).

### 478

οἱ μὲν ἐμὲ κτείναντες ὁμοίως ἀντιτύχοισαν,
Ζεῦ ξένιε, οἱ δὲ γονεῖς θέντες ὄναιντο βίου.

Relief. Pantikapaion. Ende 1. Jh. v. Chr. — IPE IV 221. (GV 1362).

\*

### 479

πιέν, φαγὲν καὶ πάντα τᾷ ψυχᾷ δόμεν·
κἠγὼ γὰρ ἕστακ' ἀντὶ Βακχίδα λίθος.

Athenaios 8, 336 d. (GV 1368).

### 480

φρόντιζ', ἕως ζῇς, πῶς καλῶς ταφήσεαι,
καὶ ζῆσον, ὡς ζήσοις· κάτω γὰρ οὐκ ἔχεις
οὔ πῦρ ἀνάψαι, οὐδὲ δειπνῆσαι καλῶς.
ἐγὼ λέγω σοι ταῦτα πάντα πειράσας·
ἐντεῦθεν οὐθεὶς ἀποθανὼν ἐγείρεται.

Gerahmte Platte. Rom. 2./3. Jh. — IG XIV 2130. (Kaibel XV 646a. GV 1367).

\*

**476**

Der du des Weges vorüberkommst, so du etwa diesem Grabmal Beachtung schenkst: ich bitte dich, lache nicht, wenn es nur eines Hundes Grab ist: |[3] auch ich wurde einmal beweint, und meines Herrn Hände haben den Staub über mir aufgeschüttet; er hat auch auf der Stēlē diese meine Rede hier eingraben lassen.

## 2. WÜNSCHE – LEBENSREGELN – WARNUNGEN

**477**

Nikolaos, Sohn des Timandros. – Wanderer, bleibe gesund und wahre die Rechtlichkeit. Denn das ist für einen Menschen das Wichtigste in seinem Leben.

**478**

Die mich erschlugen, denen möge ein gleiches begegnen zum Lohn, Zeus, der Gastlichkeit Hüter. Doch die Eltern, die mich begruben, mögen des Lebens sich freuen.

\*

**479**

Trink, iß, gönne dir alles Gute. Denn auch ich, der Stein, stehe hier statt Bakchidas.

**480**

Sorg, solange du lebst, dafür, daß man dich schön begrabe. Und lebe so, wie du leben möchtest. Denn hier unten kannst du kein Feuer anzünden und keine schöne Mahlzeit halten. |[4] Ich sage dir das, der ich das alles an mir erfahren habe: kein Toter wird von hier zu neuem Leben aufgeweckt.

\*

## 481

τίς ἂν προσοίσει χεῖρα τὴν βαρύφθονον,
οὕτως ἀώροις περιπέσοιτο συμφοραῖς.

Kotiaion, Phrygien. 2./3. Jh. — Le Bas-Waddington 808. (Kaibel 376c. GV 1375).

## 482

μὴ κίνει λίθον ἐκ γαίης, ἄνθρωπε πανοῦργε,
μή σ' ἄταφον, τλῆμον, κύνες ἑλκήσωσι θανόντα.

Stele. Athen. 3./4. Jh. — IG II/III² 13168. (Kaibel 166. GV 1373).

## 481

Wer argen Neides voll Hand an mich legt, den mögen dann zur Unzeit böse Schicksalsschläge treffen.

## 482

Reiß den Stein nicht aus der Erde, schurkischer Mensch, auf daß du, Elender, nicht unbegraben bleibest und die Hunde an deiner Leiche zerren.

# ERLÄUTERUNGEN

**1** Herodot (nach der Schilderung der Kämpfe an den Thermopylen): „Sie wurden an der gleichen Stelle begraben, an der sie gefallen waren, und auf dem Denkmal für sie (die Spartaner, Thespier und Tegeaten) und diejenigen, die den Tod gefunden hatten, bevor die von Leonidas nach Hause Geschickten abgezogen waren (die übrigen Verbündeten), steht eine Inschrift, die so lautet: 'Mit Dreihunderttausend haben hier Viertausend aus der Peloponnes gekämpft.' Dies steht auf dem Denkmal, das für alle errichtet wurde, auf dem für die Spartaner besonders errichteten aber: (folgt das Epigramm). — — — Mit solchen Inschriften und Stelen haben die Amphiktyonen sie geehrt." (Amphiktyonen nannte sich der Verband mittelgriechischer Staaten, der sich um die Bundesheiligtümer in Delphi und an den Thermopylen zusammengeschlossen hatte und, zu ihrem Schutze bestimmt, mehr sakralen als staatsrechtlichen Charakter hatte.) — Der Befehl, mit dem die Spartaner ausgezogen waren, hatte gelautet: die Thermopylenstellung ist ohne Rücksicht auf Verluste bis zum äußersten zu verteidigen. Leonidas und seine Männer haben ihn bedingungslos ausgeführt. Nachdem alle gefallen sind, können die Toten die Vollzugsmeldung nur noch dem fremden Wanderer mit auf den Weg geben (sie tun es militärisch knapp: im Griechischen steht der Infinitiv der Kommandosprache, „melden!"). Dies ist der ganz schlichte Sinn der vielfach (auch von Schiller) mißverstandenen Verse.

**2** Stephanos (Verfasser eines geographischen Lexikons aus dem 7. Jh. n. Chr.): „Es gibt auch ein Epigramm auf die von den Persern erschlagenen (Thespier). Es war von Philiadas aus Megara" (folgt der Wortlaut). Herodot 7, 222 (Leonidas hat die Bündner entlassen und nur die Thebaner — wider ihren Willen — und Thespier bei sich behalten): „Die Thespier blieben freudigen Herzens und erklärten, sie wollten Leonidas und seine Leute nicht verlassen und nach Hause gehen, sondern sie blieben und fielen mit ihm." — Das böotische Thespiai liegt am Fuße des Helikon. — Zu ἄνδρες ist ἐνθάδε κεῖνται hinzuzudenken; das Verb verstand sich im Angesicht des Grabhügels von selbst, zumal die Stele der Spartaner unmittelbar neben dem Stein der Thespier gestanden haben wird.

**3** Strabon: „Opus ist die Mutterstadt (der Lokrer), wie auch das Epigramm sagt, das auf der ersten (einer?) der fünf Stelen vor dem Polyandrion (Massengrab) steht" (folgt der Text). — Die Opuntier, die nicht wie die Thespier bis zuletzt geblieben waren (s. zu 1. 2), haben, wie auch der Zusatz „einst" verrät, das Denkmal für ihre Gefallenen erst einige Zeit nach den Kämpfen aufgestellt und dies so durchaus als eine Ehrung aufgefaßt, daß auch die äußere Form des Epigramms sich an die einer Ehreninschrift anschließt, denn zu dem Akkusativ ist ἐτίμησε hinzuzudenken, das gerade in Ehreninschriften häufig fehlt (die meist gedruckte Änderung ποθεῖ statt ποτέ ist eine Schlimmbesserung).

**4** Die im Original wiedergefundene Inschrift auf die in der Schlacht von Salamis gefallenen Korinther ist in literarischer Überlieferung um ein zweites Distichon erweitert worden: „Schiffe der Phoiniker haben wir erobert und Perser und Meder gefangengenommen und schützen nun hier das heilige Hellas." (Die Ausflucht, es handle sich um ein selbständiges Gedicht, das auf einer zweiten Stele gestanden habe, wird niemand überzeugen, der die Weitschweifigkeit dieser Verse mit der Präzision des ersten Distichons vergleicht, trotz des schönen Gedankens, daß die Seelen dieser Heroen noch immer die Beschützer von Griechenland sind.) — Die berühmteste Quelle von Korinth war die heute noch erhaltene Peirene. Aigina galt als Heimat des Aias. — Dialektformen: ποκ(α) = ποτε, ἐναίομες = ἐναίομεν, ἀμέ = ἡμᾶς. — Abbildung: O. Kern, Inscriptiones Graecae, Bonn 1913 (Tabulae in usum scholarum 7), Taf. 9; H. Roehl, Imagines inscriptionum Graecarum antiquissimarum, 3. Aufl. Berlin 1907, 44, 8.

5 Die Inschrift stand auf einem Kenotaph (Leergrab), das die Korinther ihren in der Schlacht von Salamis Gefallenen auf dem Isthmos errichtet hatten. Auch dies Gedicht (vgl. 4) ist später durch einen Zusatz verfälscht und wie fast alle Epigramme der Perserkriege dem großen Chordichter Simonides von Keos zugeschrieben worden: „(geschützt) vor der Knechtschaft und haben den Herzen der Perser lauter Leid zugefügt, als Andenken an die schlimme Seeschlacht. Unsere Gebeine liegen auf Salamis. Die Heimat Korinth aber hat uns hier für unsere gute Tat dies Denkmal gesetzt."

6 Dies Epigramm ist nur durch ein Denkmal des 4. oder 5. Jh. n. Chr. erhalten, das sich als Erneuerung einer älteren Inschrift gibt: „Das Epigramm auf die im Perserkrieg gefallenen und hier ruhenden Heroen, das im Laufe der Zeit zugrunde gegangen (stark beschädigt worden?) war, hat der Erzpriester Helladios zur Ehre der Toten und der Stadt (wieder?) aufschreiben lassen. Simonides hat es verfaßt: 'Hellas — — empfangen: [die einen im Angesicht von Euböa und unter dem Peliongebirge, wo der reinen Artemis, der Bogenschützin, heiliger Hain gelegen ist; andere am Mykalegebirge; andere vor Salamis; wieder andere auf böotischer Flur: sie wagten es, reisigen Männern die Stirn zu bieten. Die Bürger aber haben uns allen gemeinsam dies Ehrengeschenk gestiftet, am Nabel (Mittelpunkt) von Nisaia (alter Name für Megara), auf der Versammlungsstätte der Männer.]' Bis auf den heutigen Tag pflegte ihnen die Stadt das Stieropfer darzubringen (als Heroen)." — Die eingeklammerten Verse sind mit Sicherheit wieder (vgl. 4. 5) als Zudichtung späterer Zeit auszuscheiden. An der Echtheit des ersten Distichons zu zweifeln, haben wir keinen Grund, denn wenn die alte Inschrift auf bzw. vor dem Heroon unleserlich geworden sein mochte oder sogar ganz verlorengegangen war, so hatte Helladios gewiß Möglichkeiten genug, sich ihren Wortlaut zu beschaffen (das Heroon auf der Agora von Megara bezeugt Pausanias 1, 43, 3). Nur hat sich sein Lokalpatriotismus verleiten lassen, die vielleicht aus dem gleichen Beweggrund entstandene Erweiterung mit auf den Stein setzen zu lassen und das ganze Gedicht Simonides (vgl. zu 5) zuzuschreiben (auf diesen Namen mag es schon in seiner Quelle gestellt worden sein, z. B. bei einem Lokalhistoriker).

7 Das Epigramm, das zu einem Polyandrion bzw. einem Heroon gehört hat, bezieht sich entweder auf die Tegeaten, die bei Plataä rühmlichst mitgefochten hatten (Herodot 9, 61. 62. 70), denn tatsächlich hatten diese ja auch ihre Heimat damals vor dem im Gedicht angedeuteten Geschick bewahrt; oder es sind die von Herodot erwähnten Kämpfe mit Sparta um 473/2 v. Chr. gemeint, in denen die Tegeaten zwar vor den Toren ihrer Stadt geschlagen wurden, diese selbst aber doch unzerstört blieb. Die in der Anthologie behauptete Autorschaft des Simonides hat auch hier wieder nicht die geringste Gewähr.

8 Es handelt sich um die Doppelschlacht vor der Mündung des Eurymedon an der Küste Pamphyliens, in der die Athener unter Führung Kimons die Perser zu Lande und zu Wasser schlugen. Die Stele mit der Verlustliste (vgl. zu 11) stand wahrscheinlich auf dem Polyandrion, das Pausanias gelegentlich seiner Beschreibung des Staatsfriedhofes im Kerameikos (dem alten Töpferviertel) dort erwähnt. „Einst" deutet wieder darauf hin, daß dies Denkmal nicht gleich nach den Ereignissen errichtet worden ist (vgl. 3).

9 Das Epigramm ist aller Wahrscheinlichkeit nach den in der Schlacht von Tanagra gefallenen athenischen Reitern gewidmet und wird wie das vorhergehende zu einem staatlichen Denkmal im Kerameikos gehört haben. Damals stand den vereinigten Athenern, Argivern und Kleonäern eine erdrückende Übermacht von Spartanern, peloponnesischen Bündneraufgeboten und Böotern gegenüber, und die athenische Reiterei wird tatsächlich, wie es im Text wörtlich übersetzt heißt, „mit den meisten Hellenen" ziemlich allein gekämpft haben, nachdem die thessalischen Reiter zu den Gegnern übergelaufen waren (Thukydides 1, 107f.). Auch daß die Verse mit keinem Wort andeuten, daß die Gefallenen in siegreichem Kampf gestorben sind, paßt zu der Schlacht von Tanagra, die mit der vollkommenen Niederlage der Athener endete. „Einst" weist auch hier wieder auf spätere Aufstellung, so daß die wegen der etwas entwickelteren Schrift gegen die Datierung auf 458/57 erhobenen Einwände, die sowieso wenig stichhaltig waren, vollends hinfällig werden; vgl. zu 3 und 8.

10 Ein böotischer Heros (vielleicht Trophonios oder Orion) hatte den Athenern vor der Schlacht ein Orakel erteilt, in dem irgendwie der Ausdruck „schwer jagbare (bezwingliche) Beute" vorgekommen war: in einem Satz, dessen Formulierung unklar ließ, wem die Beute zufallen würde (vgl. das berühmte Kroisos-Orakel: „Wenn Kroisos den Halys überschreitet, wird er ein großes Reich zerstören."). Die Athener hatten den Spruch so verstanden, daß die Böoter ihnen zwar harten Widerstand entgegensetzen, am Ende aber doch unterliegen würden. Der Ausgang der Schlacht hat diese Deutung als verhängnisvollen Irrtum erwiesen: sie selber waren die Beute, und jener Heros oder Halbgott hat selbst mitgeholfen, sie zu jagen. Der fromme Dichter zieht nur den Schluß (man spürt den Protest gegen andere Auffassungen): was auch immer geschieht, die Orakel sind untrüglich; nur menschliche Kurzsichtigkeit hatte verkennen können, daß der böotische Heros den Landesfeinden nicht wohlwollen konnte. — Wenn in V. 4 statt ἤλυσιν vielmehr εἰς ὁδόν zu ergänzen ist, wie später auf dem Stein an der zerstörten Stelle eingetragen worden ist, so wäre zu übersetzen: „ist euch auf göttlichem Wege entgegengetreten". Gemeint wäre dann der Weg zum Heiligtum der Athena Itonia bei Haliartos, wo die Böoter nach der Schlacht das Siegesdenkmal errichteten. Zum Eingreifen eines Heros in den Kampf vgl. z. B. die Erscheinung des Theseus in der Schlacht von Marathon oder die der beiden Aiakiden bei Salamis. — Über die Ereignisse selber vgl. Thukydides 1, 113. Das Polyandrion für die Gefallenen erwähnt Pausanias 1, 29, 14.

11 Das Epigramm steht unter einer Verlustliste, die 58 Namen aufzählt und sich wahrscheinlich auf das Kriegsjahr 440/39 bezieht, denn die dort erwähnten Kämpfe vor Byzanz und auf der thrakischen Chersones müssen sich auf Abfallversuche beziehen, die mit dem samischen Aufstand in Verbindung standen (Thukydides 1, 115. 117). — Des Krieges blutige Ernte sind die Gefallenen.

12 Das Epigramm stand auf dem Polyandrion für die in den ersten Kämpfen um das belagerte Poteidaia gefallenen Athener (150 Mann und der Feldherr, Thukydides 1, 63, 3). — 1ff. In den ersten Versen lebt etwas vom Geist alt-

spartanischen Kriegertums, vgl. Tyrtaios, Fr. 9, 31f. Diehl: ,,(dem Tapferen) bleibt Ruhm und Name unvergänglich; mag er auch unten in der Erde liegen, so wird er doch unsterblich." Daß der Toten Gedächtnis ihren Tod überdauert und daß sie Taten getan haben, die denen der Vorfahren nichts nachgeben, wird dann immer wieder in den offiziellen Reden gerühmt, die bei den vom Staat veranstalteten Feiern für die Gefallenen eines Kriegsjahres vor ihren Gräbern im Kerameikos gehalten wurden. Auch der Gedanke, daß der Sieg der Toten schönstes Denkmal ist, kehrt dort wieder. — 5f. Vgl. Euripides, Hiketiden 532f.: ,,Woher ein jedes zum Licht gekommen ist, dahin laß es zurückkehren, den Odem in den Äther, den Leib in die Erde." So sagt Theseus zu dem Herold der Thebaner, und ganz ähnlich singt der Chor Fr. 839, 8ff. Nauck: ,,Es kehrt zurück, was von der Erde stammt, zur Erde; was aber aus dem Äther als seinem Ursprung herkommt, ging wieder heim in des Himmels Raum." Im 5. Jh. war dieser ,,Dualismus" weit verbreitet, vgl. unten zu 100. — 7f. Die Belagerung der Stadt dauert noch an, als die Epigramme auf den Stein gesetzt wurden. — 9ff. Wieder erinnert der Ausdruck an Formulierungen in den Kriegselegien des altspartanischen Dichters Tyrtaios, vgl. Fr. 9, 28: ,,den Tapferen betrauert in schmerzlicher Sehnsucht die ganze Stadt"; 9, 18: ,,Leben und ausdauernden Mut daransetzend (in die Schanze schlagend)"; 9, 24: ,,der Stadt, den Mannen und dem Vater Ruhm gewinnend" (stirbt der tapfere Krieger). — Erechtheus war einer der mythischen Könige Athens. — Die Gefallenen haben sozusagen Leben und ruhmvolles Sterben gegeneinander abgewogen und das Leben ,,zu leicht befunden". Das Bild von der Waagschale ist alt, vgl. Ilias 22, 210ff.

**13** Plutarch in der Lebensbeschreibung des Feldherrn Nikias, der die athenischen Truppen vor Syrakus seit dem Jahr 415 v. Chr. befehligt hatte: ,,Euripides hat nach ihrer Niederlage und ihrem Untergang das Grabgedicht auf sie gedichtet: (folgt der Text). Aber man wird finden, daß die Syrakusaner mehr als achtmal von ihnen besiegt worden sind, ehe die Götter oder, wenn man lieber will, das Glück sich den Athenern in den Weg stellten, als sie eben den höchsten Gipfel der Macht erreicht hatten." — Es handelt sich um die sizilische Katastrophe des Spätsommers 413 v. Chr. (Thukydides 7, 72—87). Daß das Polyandrion, für das die Verse bestimmt waren, im Kerameikos stand, bezeugt Pausanias. — Solange die Götter ,,neutral" gewesen waren, hatten die Athener gesiegt. Erst als jene ihre Gunst einseitig den Feinden zugewandt hatten, neigte sich die Waagschale des Kriegsglücks (dies Bild steht wieder hinter dem griechischen Ausdruck, vgl. 12, 11f.): Trost und resignierte Bitterkeit in einem.

**14** In welches Jahr das im Epigramm gefeierte Ereignis fällt, ist nicht zu bestimmen. Man hat an die Kämpfe zwischen Spartanern und Arkadern im Jahre 352 v. Chr. (Diodor 16, 39) gedacht, aber die Schrift weist eher auf das 3. Jh. (im Jahr 218 v. Chr. machte der Spartaner Lykurg einen ähnlich mißglückten Überfall auf Tegea, Polybios 5, 17). — Die Namen der Gefallenen haben auf der in die Basis eingelassenen Stele gestanden.

**15** Das Epigramm gilt den in der Schlacht von Chaironeia gefallenen und im Kerameikos beigesetzten Athenern (natürlich sind nur die Gebeine in das Polyandrion gekommen). — Die Zeit ist als göttliche Potenz gedacht, wie sie schon im 6. Jh. bei den Orphikern und den Naturphilosophen als Weltzeit zu einer kosmogonischen Gestalt geworden war und auch in der Chorlyrik und der bildenden Kunst gern als Gottheit vorgestellt wurde. Im Epigramm ist sie mehr aufgefaßt als die geschichtliche Zeit, die in jedem Augenblick gegenwärtig ist, in dem sich Geschichte begibt, so auch jetzt, nach dieser geschichtlichen Niederlage: ein sehr starkes geschichtliches Bewußtsein drückt sich darin aus, wenn sie hier von den Gefallenen als Zeugin angerufen wird für das, was ihnen widerfahren ist. So wird man auch das Beiwort 'ruhmvoll' nicht nur auf die sagenberühmte Vorzeit Böotiens oder die Schlacht von Plataä beziehen dürfen: berühmt ist nun auch dieses Schlachtfeld für alle Zeit geworden, das die Niederlage gesehen hat, die das Ende der eigentlichen griechischen Geschichte bedeutete.

16 Da auch dies Epigramm auf eine Niederlage hindeutet (in der Anthologie wird es Simonides gegeben und auf die Gefallenen von Thermopylai bezogen) und seine Nachahmung in einem späten athenischen Gedicht auf einen Privatmann darauf schließen läßt, daß es auf einem bekannten öffentlichen Denkmal gestanden hat, werden diese Verse ebenfalls (s. 15) für die Gefallenen von Chaironeia bestimmt gewesen sein. Der Annahme, daß jenes Polyandrion mehrere Gedichte trug, steht jedenfalls nichts im Wege; auch das von Demosthenes in der Kranzrede 289 zitierte (oben S. 25) könnte noch dazugehört haben.

17 Das Epigramm wird in der Anthologie dem Epigrammatiker Mnasalkas von Sikyon (Mitte 3. Jh.) zugeteilt und fälschlich auf die mit Leonidas an den Thermopylen Gefallenen bezogen. Vielleicht geht es auf die Befreiung der Heimat des Dichters von der Tyrannenherrschaft im Jahre 251 v. Chr. (Plutarch, Leben des Arat 4—9; Polybios 2, 43, 3). Der Wortlaut deutet freilich eher auf ein Mißlingen als auf einen Sieg.

18 Oianthe (Oiantheia) ist eine Stadt in Westlokris. Menekrates hatte als Proxenos von Korkyra die Interessen der Korkyräer in seiner Vaterstadt vertreten, z. B. ihren Verkehr mit den dortigen Behörden vermittelt, wenn ein Korkyräer nach Oianthe gekommen war. Auf einer Fahrt nach Korkyra oder auf der Rückreise war er in der Nähe der Insel auf dem Meer umgekommen (sein Grab dort war vielleicht nur ein Kenotaph, ein Leergrab, wenn die Leiche nicht geborgen werden konnte). Sein Bruder Praximenes, der mit dem Demos (der Gemeinde der Vollbürger) von Korkyra für ein würdiges Grabmal Sorge trägt (abgebildet: Mnemosynon Th. Wiegand, München 1938, Taf. 17. 18), wird dem Toten als Proxenos gefolgt sein, denn solche halbamtlichen Funktionen waren an eine bestimmte Familie, die seit Generationen freundschaftliche Beziehungen mit der betreffenden fremden Stadt unterhielt, gebunden. — Dialektformen: ἧς 3 = ἧν, ἐνθών 5 = ἐλθών, πονήθη 6 = ἐπονήσατο (ἐποίησε).

19 Der Dichter Aischylos hatte in der Schlacht von Marathon rühmlich mitgekämpft. Er starb auf seiner zweiten Reise nach Sizilien in Gela, auf dessen oft gepriesenen Getreidereichtum das Beiwort „weizenreich" hinweist. Daß er dort ein Staatsgrab erhielt, bezeugt die Vita (M. Pohlenz, Die griechische Tragödie, 2. Aufl. Göttingen 1954, II 17).

20 Pythagoras aus der von Megara an der thrakischen Küste der Propontis gegründeten Kolonie Sely(m)bria war Proxenos von Athen in seiner Vaterstadt gewesen (vgl. zu 18) und bei einem Aufenthalt in Athen dort gestorben. Die Namensform Πυθαγόρης weist auf ionischen Ursprung der Familie.

21 Chairippos hat wahrscheinlich zu den 420 Athenern gehört, die Ende des Jahres 287 v. Chr. bei dem vergeblichen Versuch, den von Antigonos von Makedonien besetzten Piräus durch einen kühnen Handstreich zurückzugewinnen, bei Munichia (Hügel und Hafen in der Westecke der Bucht von Phaleron) bis auf den letzten Mann niedergemacht und dann in Athen durch ein Staatsgrab im Kerameikos (Töpferviertel und Friedhof am Dipylon, dem Nordwest-

Erläuterungen

tor der Stadt) geehrt wurden (Polyaen. 5, 17, 1; Pausanias 1, 29, 10). — Abbildung: J. Kirchner, Imagines inscriptionum Atticarum, 2. Aufl. Berlin 1948, Taf. 33, 75.

22 Die Bestattung im Gymnasium bedeutet eine besondere Auszeichnung, deren Sinn die über dem Epigramm stehende Weiheformel „Die Gemeinde Leonteus, dem Sohne des Eurydikos, dem Heros" erläutert: dem mit 18 Jahren eben in die Klasse der Epheben eingetretenen jungen Mann wurden dort als heroisiertem Toten kultische Ehren erwiesen (dazu gehören auch die Kränze), vgl. 168, 9ff. — Die Spindeln der Moira bzw. der Moiren (gewöhnlich sind es drei: Klotho, Lachesis, Atropos) spinnen jedem Menschen bei der Geburt den Lebensfaden, d. h. sie bestimmen sein Schicksal, und diesem Zwang unterliegt jedes Menschenleben unabänderlich und unentrinnbar. Daß sie hier aufgefordert werden, dafür Sorge zu tragen, daß der Heros zur Wohnung der Frommen gelangt (in der Unterwelt gedacht oder als „Insel der Seligen" bzw. „Elysisches Gefilde" fern am Rande der Welt lokalisiert), widerspricht der ursprünglichen Vorstellung vom Wirkungsbereich dieser Schicksalsgöttinnen; dorthin geleitet die Toten sonst Hermes, vgl. 167, 19f. 193. 202. 434.

24 Dialektformen: Αἴγισθος = Αἴγισθος, παροδῶτα = παροδῖτα.

27 Der Aratthos (Arachthos) fließt durch Epirus und mündet unweit der gleichnamigen Stadt in den Golf von Ambrakia. Anlaß und Zeit der „Schlacht bei den Schiffen" sind nicht bekannt. Die Sprache des Epigramms ist voller homerischer Reminiszenzen.

28 κηπάμερον = καὶ ἐφήμερον.

29 Das Epigramm wird in der Überlieferung teils Homer zugeschrieben, teils Kleobulos von Lindos (einem der „Sieben Weisen"), und diese selbst schwankt in der Anzahl der Verse wie im Wortlaut. Den hier gegebenen Text scheint Simonides (Fr. 48 Diehl) vor Augen gehabt zu haben, der Kleobulos nennt; vgl. sonst vor allem Platon, Phaidros 264 CD, und Anth. Pal. 7, 153. Wenn Midas einer der phrygischen Könige war, wie die Überlieferung behauptet, gehört das Epigramm sicher noch in das 7. Jh. Die Verse spricht der Grabstein bzw. eine auf dem Grabe stehende Statue (nach einem Teil der Zeugnisse eine „Jungfrau aus Erz", d. h. wohl eine Sphinx).

30 Der Aufsatz trug eine Marmorstatue des toten Mädchens, deren Künstler sich auf der linken Seitenfläche nennt: „Aristion von Paros hat mich gefertigt."

31 Sinope ist eine milesische Kolonie an der Südseite des Pontos Euxeinos (etwa in ihrer Mitte).

32 Das Grab selbst heißt einfach „Prokleidas", weil der Name des Toten das Wesentliche daran ist. — αὐτῶ = αὐτοῦ.

34 Auf der Basis stand die Statue des Toten. Auf der linken Nebenseite signiert der gleiche Künstler wie in 30.

41 Der Tote wird Arzt gewesen sein. — οὐδίς τυ = οὐδείς σε.

45 Auf der Basis stand eine Stele mit dem Relief bzw. dem aufgemalten Bild des Toten.

46 Auf der Basis stand die Statue des Toten.

47 Wie 45. 46. — φρασίν = φρεσίν.

48 Wie 45. 46. 47.

50 Wie 45. 46. 47. 48.

**52** Die Stele trug die von Phaidimos gemalten Bilder der beiden Toten. Eukosmides, der das Grabmal errichten ließ, war ihr Vater.

**54** Die Stele mit dem Relief der Toten, die einst auf der Basis stand, spricht zum Beschauer.

**56** Die Trauer, die mit dem Tode des jungen Polyidos in das Haus der Eltern einzog, hat es gleichsam dunkel gemacht.

**57** Über dem Epigramm steht: „Sosinus aus Gortys, Kupferschmied."

**61** Die „Kammer der Persephone" (das Bild zuerst bei Euripides, Hiketiden 1022) meint das Totenreich, dessen Gebieterin Persephone (als Gattin des Hades) ist.

**71** Über dem Epigramm steht: „Euphanes, Sohn des Myrmex."

**72** Über dem Epigramm steht: „Glykera, Tochter des Thukleides."

**74** Vgl. 12, 5.

**76** Megistias war der spartanische Seher, der das Aufgebot unter Leonidas zu den Thermopylen begleitete (daß ein Seher beim Heer war, entsprach allgemein griechischer Gepflogenheit) und dort mit den anderen Spartanern fiel. „Das Epigramm auf Megistias hat Simonides, des Leoprepes Sohn, gemacht, der ihm durch Gastfreundschaft verbunden war", sagt Herodot. Es ist das einzige, für das die Verfasserschaft des berühmten Epigrammatikers und Chordichters wirklich gesichert ist. — Der Spercheios fließt nordwestlich der Thermopylen in den malischen Golf. Die Keren sind Todesdämonen.

**77** Thukydides hat über die Ereignisse in Athen nach dem Jahre 514 v. Chr. gesprochen und fährt fort: „Hippias (der Sohn des Tyrannen Peisistratos) .. gab dann Aiantides, dem Sohne des Hippokles, des Tyrannen von Lampsakos, seine Tochter Archedike zur Frau, ein Athener einem Lampsakener. Denn er hatte erfahren, daß diese beim König Dareios viel gälten. In Lampsakos ist noch das Grab dieser Frau mit folgendem Epigramm" (folgt der Text). Von den Brüdern der Archedike kennen wir nur den jüngeren Peisistratos, der im Jahre 512/11 (?) das Amt des Archonten in Athen bekleidete und den Altar der Zwölf Götter sowie den des Pythischen Apollon stiftete, dessen Inschrift erhalten ist (Thukydides 6, 54, 6f.). Er oder ein anderer Sohn des Hippias mag dann Tyrann in Sigeion am Hellespont gewesen sein, wohin sich dieser nach der Vertreibung der Peisistratiden aus Athen im Jahre 511/10 begeben hatte.

**80** Angerufen werden die als göttliche Wesenheiten gedachten Tugenden: Mäßigung (eigentlich: gesunder Sinn), Scham (Scheu, Achtung, Ehrfurcht, Ehrgefühl), Tüchtigkeit (Bewährung, Tugend, Tapferkeit). Ihnen allen hat der Tote Ehre erwiesen, d. h. er hat sie im Leben betätigt. Die Verbindung und nahe Verwandtschaft der drei Begriffe (die Verwandtschaft wird im Epigramm im Mutter-Tochter-Verhältnis ausgedrückt) erläutert König Archidamos von Sparta bei Thukydides 1, 84, 3 (er hat von der Besonnenheit und Mäßigung als einer besonderen spartanischen Tugend gesprochen): „Kriegerisch und gleichzeitig wohlberaten macht uns unsere gute Ordnung im Staatswesen; kriegerisch (tapfer), weil das Ehrgefühl (αἰδώς) an der Besonnenheit (Mäßigung, σωφροσύνη) großen Anteil hat (eng mit ihr verbunden ist), am Ehrgefühl aber die Tapferkeit (εὐψυχία); wohlberaten, weil ..." Die enge Zusammengehörigkeit von αἰδώς und σωφροσύνη zeigt auch Sophokles, Elektra 307 ff., und Platon, Phaidros 253 D. Zu αἰδώς vgl. noch 21, 2.

**81** Orestes wird ein naher Freund des Toten gewesen sein, wenn er ihm Grabmal und Epigramm gestiftet hat: darin bestand die Ehre, die er dem Grab erwies.

**82** Asklepiaden nannten sich viele Ärztefamilien, die sich als Nachkommen des göttlichen Arztes Asklepios fühlten.

## Erläuterungen

**84** Gemeint ist nur: durch ihre Hochzeit ist sie in das Haus eines Mannes gekommen, dem Gattin und pflichteifrige Besorgerin seines Hauswesens zu sein, ihr glücklichste Erfüllung ihres Lebens bedeutete.

**86** Die ersten Verse spricht die vor dem Sohn gestorbene Mutter des Telemachos, und dieser antwortet dann so, daß er damit zugleich sich und der Mutter Trost spendet. — Unter dem Epigramm steht der (später hinzugefügte) Name der Mutter: ,,Hierokleia, Tochter des Opsiades aus Oios" (Phlya und Oios sind attische Demen).

**87** Der Anfang des Epigramms meint ziemlich das gleiche wie der des folgenden Gedichtes (die Siegesmale werden sich kaum auf besondere künstlerische oder agonale Leistungen des Toten beziehen, denn sonst würde das Epigramm wohl konkreter formulieren). Das Haus der Persephone ist der Hades (vgl. 61). — Über den Versen steht: ,,Nikobulos, Sohn des Mynnichos aus Eitea" (Eitea ist ein attischer Demos).

**88** Zum zweiten Distichon vgl. 71. — Unter den Versen steht: ,,Nikoptoleme, Tochter des Nikokles aus Hekale, Gattin des Polymnestor aus Krioa" (Hekale und Krioa sind attische Demen).

**89** Zum Anfang vgl. 455, 5f.

**91** Zum Anfang vgl. 85, 1f. Makareus wird eher tragischer Schauspieler als Dichter gewesen sein. — Auf dem Epistyl des Naiskos steht: ,,Makareus aus Lakiadai" (Lakiadai ist ein attischer Demos).

**93** Der Name des Toten stand auf der verlorenen Basis.

**94** Wie der Krieg als Kriegsgott persönlich gefaßt ist, so sind auch Nachruhm, Jugend und Alter als persönlich wirkende Mächte vorgestellt, die dem Menschen freundlich sind oder ihre Unbill mit ihm treiben. Zur Kammer der Persephone vgl. 61.

**95** Das Gedicht steht auf einem Marmorblock, der zu einem großen altarähnlichen Bathron gehört zu haben scheint, auf dem mehrere Statuen für agonistische Sieger aufgestellt waren (rechts folgt die linke Hälfte eines etwas jüngeren Epigramms für einen Athleten, der an den pythischen Spielen gesiegt hatte). Die (verlorene) Statue des Timokles ist vom jüngeren Polyklet (aus Argos) signiert (unterhalb der Verse). Dem äußeren Anlaß nach handelt es sich also um eine Siegerinschrift, nur daß diese einen Toten feiert und so Form und Gehalt eines Grabgedichtes angenommen hat: sie könnte ebensogut auf einem Grabstein stehen (wenn sie nicht überhaupt von einem solchen einfach übertragen worden ist). — Die Königsspiele wurden nach der Schlacht von Leuktra (371 v. Chr.) im böotischen Lebadeia eingerichtet. Die Herakleswettkämpfe gehören nach Theben.

**96** Abbildung: J. Kirchner, Imagines inscriptionum Atticarum, 2. Aufl. Berlin 1948, Tafel 17, und auf dem Schutzumschlag dieses Buches.

**97** Das allen gemeinsame Los ist der Tod. — Der Name des Toten stand auf der verlorenen Basis.

**98** Der Name stand auf der nicht erhaltenen Stele bzw. über oder unter dem Relief.

**99** Zu V. 5 vgl. 61.

**100** 2. Der hier formulierte Gedanke begegnet zuerst bei dem sizilischen Komödiendichter Epicharm (Anfang 5. Jh.), Fr. 245 Kaibel: ,,Er wurde zusammengesetzt und wieder in seine Teile zerlegt, er ging wieder dorthin, woher er gekommen war, Erde kam zu Erde, der Odem in den Äther" (von einem Gestorbenen ist die Rede); dann öfter bei Euripides, z. B. Hiketiden 531 ff. (vgl. 12,5).

**101** Der zweite Vers ist metrisch völlig mißlungen. Entweder hatte der Verfasser nur ἀντιφιλοῦσα φιλοῦντα (γ'?) Ὀνήσιμον ἦσθα κρατίστη geschrieben, und die Auftraggeber haben ihm mit der Einfügung von τὸν ἄνδρα das Konzept verdorben (die Umstellung könnte zu Lasten des Steinmetzen gehen); oder φιλοῦντ' ἀντιφιλοῦσα ist aus einem älteren Gedicht, in dem etwas wie Νικοκρέοντα φιλοῦντ' ἀντιφιλοῦσα πόσιν gestanden haben mag (in anderem Zusammenhang), übernommen und mit anderen Werkstücken schlecht zusammengepaßt worden. — Den vierten Vers spricht die tote Gattin selber.

**102** Im Griechischen steht in V. 3 der Kosename Neollarion, dessen Gemütswert die Übersetzung mit „Herzlieb" wiederzugeben versucht hat.

**105** Aixone ist ein attischer Demos.

**107** Angele ist ein attischer Demos.

**108** Über dem Epigramm steht: „Mnesarchides, Sohn des Mnesarchos aus Halai" (Halai ist ein attischer Demos).

**109** Das dunkle Schicksal ist entweder allgemein zu verstehen: keiner weiß, was der nächste Tag bringt; oder der Ausdruck deutet auf unerwarteten und unerklärlichen plötzlichen Tod.

**111** Der Schluß kann auch bedeuten „aller (Pflege-)Dank der Eltern ist dahin", d. h. ihre Hoffnung, der Sohn möchte ihnen im Alter alle Liebe und Pflege durch gleiche Fürsorge entgelten (vgl. z. B. 141, 3; 163, 10; 167, 17f.), ist für immer vernichtet.

**112** Über dem Grabmal stand als Wächter des Toten ein marmorner Löwe.

**113** Kalymna ist die nördlichste der Dorischen Inseln (nördlich von Kos).

**117** Der erste Vers stimmt wörtlich zu dem Platon zugeschriebenen Epigramm auf Pindar, Anthol. Pal. 7, 35, 1.

**118** Der Name des Toten stand auf der nicht erhaltenen Stele.

**119** Über dem Epigramm steht: „Protomachos, Sohn des Hebdomaios."

**121** Das gleiche Epigramm tragen noch zehn weitere Grabsteine (der Text ist dort z. T. erweitert).

**122** „Unbetretbar" ist die Kammer der Persephone (zu 61) für die noch Lebenden, die keinen Zutritt zum Reich der Toten haben.

**124** Ob „der fruchttragende Hain der Heimat" nur Umschreibung für „die wegen ihrer Fruchtbarkeit berühmte Heimat" ist, oder ob damit ein bestimmter Platz bezeichnet werden soll, bleibt nur für uns unklar, denn am Standort der Inschrift war der Ausdruck unmittelbar verständlich. Auch das folgende kann verschieden aufgefaßt bzw. übersetzt werden: „kein (gewöhnliches) Grab (richtete er den Eltern her), sondern das Geschenk, das Frommen zukommt, brachte er ihnen dar als ewig denkwürdige Gabe", d. h. er baute ihnen ein besonders prächtiges Grab bzw. ein Heroon (vgl. 168, 9f.).

**127** Die beiden alten Frauen haben ihr Werk (sie werden sich als Spinnerinnen ihr Brot verdient haben) noch vor Morgengrauen beim Schein der Lampe begonnen, um dann bei Arbeit und Lied das Heraufkommen des Frühlichtes zu erwarten. Bei den μῦθοι ἡμιθέων (wörtlich heißt der Ausdruck: „sie sangen Geschichten von den Halbgöttern") wird man nicht an Heldenlieder zu denken haben, sondern an volkstümliche Balladen, wie sie zu allen Zeiten und bei allen Völkern neben der Kunstdichtung weitergelebt haben.

**128** 5f. Das Relief zeigt eine spinnende Frau.

**129** Das Tmolosgebirge beginnt südlich von Sardes. Dort liegt der Tote bestattet. In Smyrna ist ihm nur ein Kenotaph (Leergrab) errichtet worden. Vgl. 229.

**130** Der Anfang besagt nicht mehr, als daß der Tote sich auch als Dichter versucht hatte. Timokritos ist wahrscheinlich in den Kämpfen gegen die Ätoler im Jahre 220 v. Chr. gefallen (Polybios 4, 6, 2; 25, 3). Der Verfasser wird der hellenistische Epigrammatiker Damagetos sein, von dem die Anthologia Palatina mehrere Gedichte erhalten hat und der als Bewunderer spartanischer Kriegstüchtigkeit mehrfach den Spuren des großen altspartanischen Elegiendichters Tyrtaios folgt. So erinnern auch hier die Verse 4 und 8 an Tyrtaios, Fr. 11 Diehl: „Eher dem Ziel kriegerischer Tüchtigkeit sich zu nähern als dem des Todes."

**131** Themistokles hat in Knabenwettkämpfen Preise errungen (das Relief zeigt einen Knaben mit Strigilis und Diskus). Der Mann, „der denselben Namen trug", ist der berühmte athenische Staatsmann aus der Zeit der Perserkriege.

**134** Der Verstorbene war wahrscheinlich ein eifrig „Quellenstudien" treibender Mythograph, d. h. Verfasser eines Handbuchs der Mythologie und Sagengeschichte, für die gerade bei den alten Dichtern viel zu holen war. In dem seiner Heimat Notion (nordwestlich von Ephesos) unmittelbar benachbarten Heiligtum des Apollon von Klaros war er Orakelpriester gewesen (auf dem Dreifuß des Apollon saß die Pythia, die in Delphi die Orakel des Gottes verkündete). Da er in Athen (der Stadt des mythischen Königs Kekrops) gestorben ist, stand der Grabstein mit dem Epigramm auf einem Kenotaph (Leergrab).

**135** Das Gedicht gilt einem Wanderarzt, wie sie in hellenistischer Zeit vielfach von Stadt zu Stadt zogen. Daß der berühmte Arzt und Bürger der Weltstadt Alexandreia im unbedeutenden phokischen Tithoreia sterben mußte, soll der Hinweis auf das Ende Homers zugleich hervorheben und erträglich erscheinen lassen.

**136** Pluton ist ein anderer Name für den Gott der Unterwelt, der sonst Hades heißt. — Über dem Epigramm steht: „Xanthos, Sohn des Lagoreinos, sei gegrüßt."

**137** Der schöne Hippolytos ist der Held der gleichnamigen Tragödie des Euripides, der sich dem Werben seiner Stiefmutter Phaidra standhaft entzog und sich schließlich selbst den Tod gab. Von der Schönheit Achills reden erst spätere Dichter.

**138** Wenn Phaidas Ahnen zu besitzen behauptete, die von den Atriden (den Söhnen und Nachkommen des Atreus) abstammten, so hat er sein Geschlecht auf die mythischen Gründer von Tenedos zurückgeführt, Agamemnons Sohn Orestes und seinen Enkel Peisandros (Pindar, Nemeen 11, 33 ff.).

**139** Ein ganz ähnlicher Wunsch, wie ihn das letzte Distichon dem Wanderer auf den Weg gibt, kehrt 424, 3f. wieder.

**140** Strophaden heißen zwei kleine Inseln im Ionischen Meer südlich von Zakynthos. Das Land des Alkinoos ist die aus der Odyssee bekannte Phaiaken-Insel, die spätere Gelehrsamkeit mit Korkyra gleichsetzte. — Da nach Polybios 2, 11f. die Römer dem Seeräuberunwesen im Ionischen Meer im Jahre 227 v. Chr. ein Ende gemacht haben, wird der im Gedicht erwähnte Kampf mit den Piraten vor dieses Jahr fallen.

**141** Aristanax ist auf Rhodos gestorben. Sein Bruder Andromachos hat ihm dort die Leichenfeier ausrichten lassen und für ein Kenotaph (Leergrab) an der Stätte der Verbrennung Sorge getragen, um dann die in einem Krug geborgenen Reste des Toten in die Heimat nach Paphos (auf Kypros) mitzunehmen, wo sie im Familiengrab ihre Stätte finden werden. Den Schmerz, den solch bittere Gabe der Heimat wie besonders dem Vater bereiten wird, vergegenwärtigt sich der Verfasser dieser Verse, die der überlebende Bruder für das Kenotaph in Auftrag gegeben hat, als er sich zur Heimreise rüstete.

**142** Das Gemälde zeigt die Wöchnerin auf einer Kline liegend, hinter ihr am Kopfende des Bettes hält eine Dienerin das Kindchen in den Armen, am unteren Ende sitzt der Mann, besorgt den Blick auf die Sterbende gerichtet; im Hintergrund ist ein ängstliches Kommen und Gehen von anderem Dienstpersonal angedeutet. Abbildung: E. Pfuhl, Malerei und Zeichnung der Griechen, München 1923, 3. Bd., Taf. 344, 748. — Die Moiren sind hier noch am Lebensfaden weiterspinnend gedacht (vgl. zu 22, 7). Die Übersetzung kann nicht nachbilden, daß der Name der Toten, welcher „die Süßeste" bedeutet, in scharfen Gegensatz tritt zu dem ihm unmittelbar vorhergehenden Adjektiv „traurig". Der Name des Gatten der Toten wird auf der nicht erhaltenen Basis der Stele gestanden haben.

**143** Das Epigramm setzt voraus, daß die Tote, die hier zum Betrachter spricht, erst vor kurzem gestorben ist.

**144** „Nicht mit fremden Gedanken" meint: nicht mit Gedanken, die sich auf anderes oder gar eine andere Frau richteten, es war ihm Herzenssache, als er das Grab so prächtig herrichtete, er wollte nicht nur Eindruck damit machen.

**145** Der Dank an Helios für die Kinder beruht auf dem griechischen Glauben an die Segen und Wachstum spendende Kraft der Sonne, vgl. z. B. Platon, Staat 509 B: „Die Sonne gibt nicht nur die Kraft zum Sehen, sondern auch Werden, Wachsen und Aufzucht." Die „süße Gabe" meint die Kinder.

**146** Der Arkader Botrichos hat in Sparta seine militärische Ausbildung erhalten und dann als Anführer griechischer Söldner (so ist das „Aufgebot der Griechen" zu verstehen) die Stadt so verteidigt, wie es dem Ruhm altspartanischer Tüchtigkeit entsprach, die er bewunderte (die Kriegstüchtigkeit, Arete, ist fast so persönlich gedacht wie in 80).

**149** Die Arete, hier die Tüchtigkeit („Tugend") überhaupt, ist als göttliche Person vorgestellt (vgl. zu 80. 146). Sie schneidet sich zum Zeichen der Trauer die Haare ab, weil dies Mädchen wie kein anderes die Tüchtigkeit (Tugend) in seinem Leben bewährt hatte und ihr deshalb besonders lieb gewesen war. Das Motiv der trauernden Arete ist vorgebildet bei dem hellenistischen Epigrammatiker Asklepiades von Samos, Anth. Pal. 7, 145 (Arete am Grabe des Aias), wird aber kaum erst von ihm erfunden sein.

**150** Des Bromios Nektartrank ist der Wein (Nektar trinken die Götter, Bromios = Dionysos). Der griechische Ausdruck besagt genauer fleißiges Zutrinken mit Nektar, weist also auf ein Zechgelage hin, das der junge Mann mit seinen Altersgenossen in der Wohnung der Eltern abgehalten hatte; offenbar in deren Abwesenheit, denn sie finden das von dem treulosen Sklaven nach der Mordtat angezündete Haus abgebrannt und vom Sohn nur noch Asche und Gebein.

**151** Der Schlußgedanke deutet an, daß auch die Eltern frommen Wandels sind und nun keinen Dank davon haben.

# Erläuterungen

**153** Apollons Geburtstag wird in Griechenland gewöhnlich am siebten Tag eines Monats gefeiert (in Athen z. B. am 7. Thargelion). Hier scheint ein erster Monatstag gemeint zu sein, denn der Name Numenios ist dem Kinde offenbar gegeben, weil es an einem ersten Monatstag (νουμηνία, Neumondstag) geboren war. Zum siebten Tag würde allerdings das Lebensalter des Toten besser passen, falls in 14 = 2 × 7 ebenfalls eine Pointe stecken sollte. Numenios ist jedenfalls an seinem 14. Geburtstag gestorben, als die Bürger den des Apollon in der ganzen Stadt festlich begingen.

**154** Der Tote war Dichter oder doch wenigstens literarisch interessiert.

**156** Die Werke der Göttin Athena sind die häuslichen Arbeiten, insbesondere Spinnen, Weben und die Anfertigung der Kleider, denn diese Künste hatte die Göttin die Frauen zuerst gelehrt. — Die Namen der Toten standen auf einem anderen Stein.

**157** Die Kammer Persephones ist das Totenreich (zu 61). Der Fackellauf war ein sportlicher Mannschaftswettkampf, eine Art Stafettenlauf, bei dem die Teilnehmer eine Fackel in der Hand trugen, die brennend bis zum Ziel gebracht werden mußte. Hier war also vom einzelnen Läufer nur eine kürzere Strecke zurückzulegen. Der Langlauf dagegen war ein Einzelwettbewerb und führte über eine Strecke von 7—24 Stadien (1 Stadion = 164 m). — Die Ephebie ist so etwas wie ein staatliches Erziehungsinstitut für junge Männer, in dem es freilich so gut wie ganz auf körperliche Ertüchtigung abgesehen war (daher hebt der Tote seine musischen Neigungen bzw. Leistungen besonders hervor). Das Eintrittsalter ist das 17. oder 18. Lebensjahr (verschieden in den einzelnen Städten).

**158** Zum letzten Distichon vgl. 200 und 302, 5f.

**160** „Ich wohne inmitten der Geweihten (Mysten)" wird kaum etwas anderes meinen als „ich wohne bei den Frommen" (vgl. zu 22), wenn auch gerade bei den Mysten (in Mysterien eingeweihte Mitglieder geheimer Kultgemeinden) die Verheißung eines seligen Lebens nach dem Tode eine bedeutende Rolle spielte.

**161** „Solcher Art" bezieht sich auf die in V. 13 erwähnte Erzstatue des Toten, die auf dem Grabe stand und sein Kriegertum sogleich erkennen ließ (das lange Gedicht hatte auf ihrer Basis nicht Platz gefunden). — Onchestos liegt südwestlich von Akraiphia. Dort hat Eugnotos als Anführer des Reiteraufgebotes seiner Vaterstadt zusammen mit den übrigen Böotern den Vormarsch der Makedonen unter Demetrios Poliorketes (das Land hatte sich gegen seine Herrschaft erhoben: Plutarch, Leben des Demetrios 39) vergeblich aufzuhalten versucht und hat sich dann, als er alles verloren sah, in das eigene Schwert gestürzt. — Zum Schlußdistichon vgl. 191, 5f. Der Name seiner Schwester wird auf der Basis der Stele, der seiner Gattin auf dem Sockel der Statue genannt gewesen sein.

**162** Nemesis bedeutet wie Moira eigentlich „die Zuteilerin". Sie ist von jener nur dadurch verschieden, daß diese Schicksalsmacht im besonderen über eine ausgeglichene Verteilung von Glück und Recht auf Erden wacht und alles Übermaß erbarmungslos verfolgt, so hier das allzu große Glück der Familie des Charmadas. Sie wirkt als unheimliche, bald hier, bald da plötzlich zupackende Macht in mancherlei Gestalt, daher „eine Nemesis" (man könnte geradezu übersetzen „irgendein grimmiger Dämon"). — Das „wilde Feuer" wird kaum wörtlich zu verstehen sein, sondern Fieber oder auch eine Epidemie meinen. — Der ältere Charmadas, Sohn des Taskomenes (14) hat im Anfang seiner militärischen Laufbahn seine Vaterstadt Anopolis (an der Südküste Westkretas) von feindlicher Herrschaft befreit. Er ist dann wie sein Schwiegersohn Machaios aus Ätolien in ptolemäische Dienste getreten und beide haben von den Herrschern hohe Auszeichnungen erhalten (die „goldenen Gunstbezeigungen" bestehen in goldenen Agraffen, deren Verleihung zugleich die einer Hofcharge bedeutete). Sie wohnen jetzt mit ihren Familien in Gaza, wo sie offenbar als Offiziere zur ptolemäischen Garnison gehören (die Stadt war bis zu ihrer Rückeroberung durch Antiochos III. im Jahre 201 v. Chr. im Besitz der Ptolemäer).

**163** Gemeint ist das Lärmen und Necken der jungen Leute vor der Kammer der Neuvermählten. — 8. τίς = ἥτις (ἥ).

**164** „Der Persephone heilige Hütte" bezeichnet vielleicht einen Grabbau besonderer Form. — 9. Das Vorzeigen des Feuers bezieht sich wahrscheinlich auf die militärische bzw. höfische Charge des Pyrphoros (Feuerträger), die Ptolemaios innehatte.

**165** 4. „Die Wohltätigen" (εὐέρκται) spielt auf den Beinamen Euergetes an, den Ptolemaios II. Euergetes und seine Gemahlin in ihrer Titulatur führten. Die Verleihung des Stirnbandes (Diadems) war mit der Verleihung des Titels „Verwandter" des Königs verbunden; die so Geehrten wurden damit gleichsam in die königliche Familie aufgenommen, denn auch die Ptolemäer trugen ein solches Stirnband (als Zeichen der Königswürde). — 6. Gemeint ist wahrscheinlich der Indische Ozean. — 10. Die Phoibos-Stadt ist Apollonopolis (Phoibos ist Beiname des Apollon). — 12. Es handelt sich um eine der vielen Thronstreitigkeiten der Zeit. Syrien war ein Zankapfel zwischen den Ptolemäern und den Antigoniden, den Beherrschern Kleinasiens.

**166** Das Spangenkleid (ein auf der Schulter mit einer Spange zusammengehaltener Leibrock) ist die Kindertracht, die der Knabe ablegt, wenn er aus der unteren Abteilung des Gymnasion in die Schule der jungen Männer eintritt und vom Parepheben zum Epheben aufrückt (s. zu 157). — 6f. Das Pankration bestand aus Ringen und Faustkampf. — 11f. Die Hochzeitslieder geleiten das junge Paar zur Brautkammer, und wenn es dort die Ehe vollzogen hat, so werden die Vermählten, die sich bisher kaum näher gekannt haben mochten (wir dürfen hier nicht moderne Vorstellungen hineintragen), über die (zunächst sinnlich verstandene) Liebe auch einmal den Weg zu Freundschaft und wahrer Herzensgemeinschaft finden: so lehrte die griechische Popularphilosophie, und so etwa hat es auch der Dichter gemeint. — 13. Minos ist neben Aiakos und Rhadamanthys Richter in der Unterwelt. Er entscheidet darüber, wer von den neu ankommenden Toten zu den Verdammten und wer zu den Gerechtfertigten gehört, und weist ihnen gemäß diesem Spruch die künftige Wohnung zu.

**167** 2. Die Basis trug die Statue bzw. eine Stele mit dem Bild des Toten. — 3. Gemeint ist der Kursus der Ephebenschule (s. zu 157. 166). — 19f. Hermes, der die Toten zur Unterwelt geleitet, ist zugleich der Schutzpatron der Gymnasien.

**168** 5. Die Glathien sind ein sonst nicht bekanntes Fest, vielleicht für Kinder. — 7. Über die Epheben s. zu 157. — 9ff. Die drei Brüder sind nach ihrem Tode von der Gemeinde zu Heroen erklärt worden und haben als solche ein Kultgebäude (Heroon) und einen dazu gehörigen heiligen Hain erhalten, wo ihnen regelmäßig kultische Ehren erwiesen werden (vgl. 22). — 15. Minos ist hier nicht Richter in der Unterwelt wie in 166, sondern selber nur heroisierter Toter.

**169** Offenbar hat die Mutter des Toten Kriegstrophäen an seinem Grabe aufgehängt, erbeutete Waffen oder eine Rüstung.

**171** Gemeint ist Tod durch Steinschlag, im felsigen Griechenland noch heute keine Seltenheit.

**173** Schlangen sind häufig als Schildzeichen von Kriegern auf griechischen Vasen abgebildet. — 9. Des Ares (des Kriegsgottes) Werke sind der Krieg.

**174** Hades ist als wilder Jäger gedacht, der die Menschen jagt, wie der Jäger das Wild verfolgt.

**175** Der Seleukos-Sohn ist Demetrios I. Soter, Sohn des Seleukos IV. Er war im Jahre 162 v. Chr. aus Rom, wo er als Geisel festgehalten wurde, nach Syrien geflohen, um hier die ihm bisher vorenthaltene Herrschaft mit Gewalt an sich zu bringen. Bei der Flucht war ihm ein Brüderpaar, Meleager und Menestheus, Söhne des Apollonios, behilflich gewesen. Apollonios hatte bei Seleukos in hohem Ansehen gestanden, war dann aber in den Wirren nach dessen Tod nach Milet gegangen. So berichtet Polybios 31, 13 (21). Wenn, wie wahrscheinlich, der Großvater jener Brüder bzw. ein Vorfahr wieder Menestheus hieß, wird die Grabschrift jenem Brüderpaar gesetzt sein.

**178** Die Bakchen (Bacchantinnen) sind Verehrerinnen des Dionysos, die nachts unter Fackelschein ins Gebirge ziehen, um dort dem Gott in begeisterten Tänzen ihre Huldigung darzubringen. Ihr urtümlich wildes Rasen, wie es das gleichnamige Drama des Euripides schildert, hat im historischen Griechenland natürlich längst gesitteteren Formen Platz gemacht.

**181** Thaumakia (Thaumakoi) liegt in der thessalischen Landschaft Phthiotis. Der Bergwald von Malea wird ein Teil des Parnon-Gebirges östlich von Sparta gewesen sein.

**182** Die „Unteren" sind die Herrscher der Unterwelt, Hades und Persephone.

**183** Agesilas („der Völkerversammler") ist ein anderer Name für Hades.

**188** Das „Haus des Hades" bezeichnet hier nur das Grab.

**189** Der Platoniker Arideikes ist wahrscheinlich identisch mit dem von Polybios 4, 52, 3 genannten Arideikes, der im Jahre 220/19 als Gesandter von Rhodos nach Byzanz geschickt wurde. — Musenkult wurde in der Akademie wohl von jeher gepflegt, aber das Verhältnis des Arideikes zu den Göttinnen muß besonders eng gewesen sein, wenn die Freunde, gewiß im Sinne des Toten, sein Gedächtnis mit einem Opfer an die Musen feiern.

**190** Über dem Epigramm steht: „Putala (dialektisch für Potala), Tochter des Putalos (Potalos), Frau des Tityros."

**191** Auf Salamis lag wie in Athen seit 261/60 eine makedonische Besatzung, bis Aratos von Sikyon die Insel im Jahr 243 befreite. Die Kämpfe, bei denen Herakleitos den Tod fand, müssen in die Zwischenzeit fallen. — Zum Schlußdistichon vgl. 161, 19f. (erinnert wird an die Schlachten von Marathon und Platää).

**192** Kaunos ist eine Stadt in Karien. Dort war dem Toten der Scheiterhaufen errichtet worden. — ἔδευσε = ἔδαυσε (δαίω).

**193** 1. Gemeint ist der Vorhang vor dem Brautbett. — 4. Der Lethe Sitz ist eigentlich der Hades (zu 196), hier wird damit nur die Grabkammer bezeichnet. — 5f. Statt daß die Hochzeitsgäste vor der Tür der Brautkammer fröhlichen Lärm aufführten, schlägt sich nun die Mutter vor dem Grabe des Unvermählten jammernd die Brust. — 9f. Auch Hermes untersteht durchaus der Befehlsgewalt der Moiren, er kann nichts ohne sie tun noch gar ihre Entscheidungen rückgängig machen bzw. sich weigern, eines ihrer Opfer ins Totenreich zu führen, wie es seines Amtes ist.

**194** 1f. Hedyle hat ein totgeborenes Kind zur Welt gebracht und ist selbst bei der Geburt gestorben. — 4. Der Acheron ist der Fluß in der Unterwelt, den die Toten im Nachen des Totenfährmanns Charon überqueren müssen, ehe sie in das eigentliche Schattenreich gelangen. — 7f. Piriria (?) ist sonst nicht bekannt. Danaos ist der Urenkel von Epaphos, dem Gründer von Memphis und Sohn der Io, deren Irrfahrt Aischylos (Hiketiden 310) in Memphis enden läßt. Er wird dort Kult gehabt haben. — 11f. Vgl. zu 166, 13.

**195** 2. Vgl. zu 194, 4. — 5f. Lethe (das Vergessen) hat Haus und Geschlecht in den Mantel des Schweigens gehüllt: still ist es im Hause geworden, das Geschlecht stirbt mit der Toten aus, und keiner wird später mehr von ihm reden.

**196** 4. Lethe ist hier (wie meist) der Fluß in der Unterwelt, aus dem die Toten den Trank der Vergessenheit trinken, der alle Erinnerung auslöscht. Zur Kammer der Persephone vgl. 61.

**198** 2. Der Weg, den alle Sterblichen gehen müssen, führt zu den Toten. — 3f. Theodotos (Theodotos) war Ratsherr (Prytan) und hat als solcher oft mit seinen Amtsgenossen im Rathaus (Prytaneion) an den dort von der Stadt ausgerichteten Fest- und Ehrenschmäusen teilgenommen und dabei mit ihnen die vorgeschriebene feierliche Trankspende für die Götter dargebracht. — 7f. Die Toten im Hades werden den Vater ob solchen Sohnes glücklich preisen, und er wird dann stolze Freude empfinden bei solchem Lob.

**199** Ertaier ist ein dichterischer Name für Kreter, Elaios wahrscheinlich der einer Örtlichkeit in der Nähe von Knossos. — 10. Idomeneus, Enkel des mythischen Königs Minos, wurde in Knossos als Heros und Stadtschützer verehrt. — Dialektformen: ὄνυμα 1 = ὄνομα, ὀψαγόνων 3 = ὀψι-, ὁμήγοριν 9 = ὁμήγυριν.

**201** Epikur († 270 v. Chr.) ist der berühmte Philosoph, der die Ataraxia (Unerschütterlichkeit, ausgeglichene Ruhe der Seele) als das höchste Glück des Menschen pries. — 6. Philostratos war in Orchomenos, der Stadt der sagenberühmten Minyer, Trainer geworden; d. h. er verdiente seinen Unterhalt damit, daß er die von überallher herbeigereisten Athleten, die an den von der Stadt veranstalteten Spielen teilnehmen wollten, einige Wochen vor deren Beginn „überholte" (wir kennen solche Verhältnisse besonders von Olympia).

**202** 7f. Hermes nimmt den Toten nicht eigentlich selbst auf in der Erde, sondern empfängt ihn dort (im Grab), um ihn in die Unterwelt zu geleiten.

**203** Stratonike ist am Festtag der Demeter eines plötzlichen Todes gestorben. Offenbar hat in Teos zu den Veranstaltungen, die an diesem Tage zu Ehren der großen Göttin stattfanden, auch ein Kultspiel gehört, bei dem die heilige Geschichte vom Raub ihrer Tochter Persephone durch Hades vorgeführt wurde, den die einheimische Tradition auf den Tag der Festfeier ansetzte (solche Dromena werden auch für Eleusis angenommen, wo sie nur dem Kreis der Geweihten zugänglich waren). Aus diesen Gegebenheiten hat der Verfasser des Epigramms sein Motiv geschöpft: wie bei der Aufführung am Demeterfest der Raub sozusagen noch einmal vollzogen wurde, so hat sich nun Hades wirklich noch einmal eine zweite Persephone in sein Reich geholt, am Jahrestag jener ersten Entführung. Wie sollte da Persephone nicht eifersüchtig sein auf diese Nebenbuhlerin. Die Vorstellung selbst, Hades als Hochzeiter eines jungen Mädchens, ist alt und begegnet gerade auch in den Epigrammen noch wiederholt (vgl. 276, 8; 460, 2f.); nur die besondere Fassung gehört diesem Dichter. — 5. Der Vater hieß wahrscheinlich Artemidoros oder hatte einen Kurznamen wie Artemas.

**204** Der Weg des Jammers ist der zum Hades, der Leid über die Hinterbliebenen bringt.

**206** 3. Die Besser sind eine thrakische Völkerschaft südlich von Philippopolis am Rodope-Gebirge. — 6. „Acherusisch" ist eigentlich das Adjektiv, das Zugehörigkeit zum Acheron (s. zu 194, 4) ausdrückt, bedeutet hier aber neben Lethe (zu 196) nur noch 'unterirdisch', denn mit dem Haus der Lethe kann nur die Behausung der Toten gemeint sein. Der ganze Satz will besagen: das Schweigen des Todes hat keine Macht über den Toten, sein Ruhm dauert weiter bei den Lebenden (deutlicher 199 und Anth. Pal. 7, 251, 3f.: „die Toten sind nicht tot, sondern die Arete verherrlicht sie und führt sie aus dem Hades herauf ans Licht"; zur personifizierten Tüchtigkeit vgl. zu 80. 146. 149). — 9f. Die Ehrungen der Amtsgenossen (Ariston hatte also ein städtisches Amt bekleidet) werden in entsprechenden Beschlüssen niedergelegt gewesen sein, die sich auf Schmuck und Pflege des Grabes sowie dauernde Verehrung des heroisierten Toten bezogen (auf Heroisierung deuten die Kränze, die der Demos verliehen hat).

**207** Philiskos, der den Stein gesetzt hat, vergleicht seinen treuen alten Sklaven Inachos mit dem Odysseus treu ergebenen Sauhirten Eumaios. Und wie Homer, auf dessen Zeugnis er sich beruft, jenen den „göttlichen" genannt hatte, so redet er von diesem Diener als dem „rühmlichen Sohn der Kleumachis" (als Sohn einer Sklavin hatte Inachos rechtlich keinen Vater). Er wird dem alten Dienerpaar seine Anhänglichkeit und seinen Dank über den Tod hinaus bewahren, indem er Inachos und Kleio, die auch seine Amme gewesen war, mitnimmt zur Wohnung der Frommen, wenn er selbst gestorben ist (der Sklave hatte dort keinen Zutritt; daß er, der Herr, dorthin kommen wird, darf er erwarten, wenn er so fromme Gesinnung zeigt wie in diesen Versen).

**209** 1f. Vgl. zu 166, 13.

**210** Zum Anfang vgl. 71.

**211** 1f. Gemeint sind die Anfangsgründe der Philosophie und Literatur. Die Philosophie zeigte dem Knaben noch nicht ihr strenges Gesicht. — Klotho ist eine der Moiren. Pierien (makedonische Landschaft am Fuße des Olymp) galt als Heimat der Musen.

**213** Über dem Epigramm war wohl eine Tafel mit dem in Erz getriebenen Bild des Toten auf der Stele angebracht. Ihr Stifter ist der Gymnasiarch Sosandros.

**215** Über dem Epigramm ist ein Stemma der Familie des Toten verzeichnet, das seinen vollen Namen enthält: „Philon, Sohn des Philokrates aus Sikyon."

**216** 7f. Aiakos ist hier nicht Richter in der Unterwelt, sondern steht als Pförtner an ihrem Eingang, wie im „Peirithoos" des Euripides und in den „Fröschen" des Aristophanes (465ff.). Wenn er den Neuankommenden gleich ihre Plätze anweist, so hat der Verfasser des Epigramms aber wohl an jene andere Funktion mit gedacht.

**218** Der Tote (dessen Name an anderer Stelle auf dem Denkmal stand) hatte sich wohl von schlechten Ratgebern zu Handlungen verleiten lassen, deren Folgen ihn schließlich zum Selbstmord getrieben haben.

**219** Mit den Lächerlichkeiten sind die „schönen Redensarten" von Tüchtigkeit, Ruhm und Weiterleben nach dem Tode gemeint, die man sonst auf den Steinen zu lesen gewohnt war und die sich dieser illusionslose Realist verbeten hat. Was die Maulwürfe überall auf der Erde verderben, sind die Toten selbst, die Leichen; auch davon soll nicht geredet werden: etwa, wie schön er noch im Tode ausgesehen hat (vgl. z. B. 392). Wer an all den Schwindel glaubt, den sich die anderen auf ihre Grabsteine setzen lassen, mag sich nur selber bei ihm von der Wirklichkeit überzeugen.

**220** Siehe zu 451.

**221** Die genauere Heimatsangabe steht über dem Epigramm: ,,Myrto aus Pelusium, sei gegrüßt" (Pelusium ist eine Stadt in Unterägypten).

**222** Über dem Epigramm steht: ,,(Grab des) Amphilochos, Sohnes des Laagos aus Pontorea" (Pontorea ist vielleicht auf der Rhodos gegenüberliegenden Küste Kleinasiens zu suchen).

**223** Choen (Kannenfest) hieß der zweite Tag des Dionysos im Frühjahr gefeierten dreitägigen Festes der Anthesterien (Blumenfest). An diesem Tage wurden die drei Jahre alten athenischen Kinder mit einem Blütenkranz geschmückt (es handelt sich wohl um eine Art Segenszauber: die Kräfte der neuerwachten Natur sollen in die Kinder überführt werden). Der Kleine (der offenbar noch keinen Namen hat) ist kurz vor jenem Fest gestorben. — Abbildung: L. Deubner, Attische Feste, Berlin 1932 (1956), Taf. 16, 1.

**224** Metrum: daktyl. Tetrameter + Ithyphallicus (Archilochius), Pentameter. — τήνω 1 = κείνου, Εὐθυδάμω 1 = Εὐθυδήμου, ποκ(α) 2 = ποτε, πρᾶτος 2 = πρῶτος.

**225** Der Tote war ein Flötenkünstler, der bei den großen Festen aufspielte und seine Kunst überall anbot, wo sie gebraucht wurde. Von einer solchen Fahrt ist er nun nicht heimgekommen. — 5 f. ,,Kyklische Wettkämpfe" ist ein verkürzter Ausdruck für ,,Agone von kyklischen Chören"; sie heißen kyklisch, ,,im Kreise herumführend", weil die Tänzer im Kreise schritten. Euios ist Beiname des Dionysos, dessen Geburt, Wirken und Macht Gegenstand der Lieder (Dithyramben) war, welche die tanzenden Chöre, von Flötenmusik begleitet oder unterbrochen, zum Vortrag brachten.

**227** Das Epigramm hat den Philosophen Arkesilaos († 241/40) zum Verfasser. Menodoros soll der Geliebte des Eudamos gewesen sein. Thyateira liegt in Lydien.

**229** Vgl. 129.

**230** ,,Füllen der Aphrodite" bezeichnet ein hübsches Mädchen, das nach Alter und Blüte des Leibes für die Werke der Göttin reif ist. — Das Metrum ist singulär: 1 = Adoneus + Ithyphallicus, 2 = Trochäus + Ithyphallicus.

**231** Der Gesang der Nachtigall wurde als die Klage der in eine Nachtigall verwandelten Prokne, der Schwester der athenischen Königstochter Philomela (oder auch dieser selbst) um ihren Sohn Itys gedeutet, den sie getötet und ihrem Gatten Tereus zum Mahle vorgesetzt hatte, aus Rache dafür, daß dieser Philomela vergewaltigt hatte.

**232** Der ionische Dichter Anakreon (Mitte 6. Jh. v. Chr.) hatte in seinen Liedern wiederholt auch schöne Knaben gefeiert und galt dem späteren Altertum geradezu als Prototyp eines Sängers der Knabenliebe. Der Tote verwahrt sich dagegen, mit solchen Verirrungen etwas zu tun zu haben, hat sich aber nicht gescheut, von den ,,makellosen" Liebesfreuden, die er im Leben genossen hat, dem Beschauer im Bilde (es wird sich um Reliefs handeln) recht deutliche Vorstellungen zu geben (erotische Szenen unverhülltester Art finden sich auch auf Sarkophagen).

**233** Über dem Epigramm steht: ,,(Grab der) Kothaina, Tochter des Pythion aus Herakleia."

# Erläuterungen

**235** Aline wird bei anderer Gelegenheit als gerade einem Schiffbruch ertrunken sein, denn sonst würde Apas ihren Namen kaum erfahren haben, geschweige über ihre Lebensumstände Bescheid wissen. — σε steht inkorrekt statt σου.

**242** 2. Der gleiche Gedanke 379, 3.

**245/6** Der Name stand anderswo (wohl auch 243).

**247** Es handelt sich um Herodes Atticus, den berühmten Rhetor, Sophisten und „Millionär" des 2. Jh. n. Chr., der im athenischen Stadion, einer seiner vielen Stiftungen, begraben lag.

**248** Unter dem Epigramm steht: „Im Alter von 83 Jahren." — „Diener" kann sowohl einen Priester wie auch nur einen eifrigen Verehrer der Nymphen bezeichnen.

**252** In dem Ausdruck „heiliges Haupt" liegt nur ehrende Anerkennung eines Menschen.

**253** Unter dem Epigramm steht: „Den Schauspieler Agathoklion (birgt das Grab)." Der Name ist im Hexameter aus Verszwang leicht abgeändert worden. — Der Mimus, der ursprünglich nur eine von einem einzelnen Rezitator bestrittene Szene aus dem Alltagsleben schilderte (er sprach verschiedene „Rollen"), hat sich später mehr dem Drama angenähert und wird nun von mehreren „Schauspielern" aufgeführt. — Die „Anmut" kann sich auf die äußere Erscheinung des Agathoklion ebenso beziehen wie auf sein Spiel.

**254** Tarsos liegt an der Küste von Kilikien (südlich des Tauros-Gebirges).

**257** Siehe zu 252.

**260** Der Name des Toten stand auf einem anderen Stein.

**262** Den Namen hat der Sammler, der das Epigramm vom Stein abschrieb, weggelassen.

**264** Der Name des Toten stand auf der Basis der Stele.

**267** Angeredet ist der Tod.

**268** Über dem Epigramm steht die lateinische Inschrift: „Den Manen des Tiberius Claudius Eugenes. Er lebte 11 Jahre und 9 Tage. Der Vater Tiberius Claudius Anicetus."

**270** Die Herkunft des Steines ist nicht bekannt.

**271** Vgl. Kallimachos, Anth. Pal. 7, 451: „Hier ruht Saon, Dikons Sohn aus Akanthos, in heiligem Schlaf: vom Tode guter Menschen sollst du nicht reden." — Acheron bedeutet hier einfach die Unterwelt.

**273** Der Gedanke begegnet für uns zuerst bei dem hellenistischen Komödiendichter Menander (Fr. 111 Körte): „Wen die Götter lieben, der stirbt jung."

**274** 3. Dem Toten eine würdige Ruhestätte zu geben, ist das letzte, was die Angehörigen für ihn tun können, und die Mühe, die sie darauf verwenden, bedeutet ihnen süßen Liebesdienst. — 6. Weil eben das menschliche Dasein eitel Mühe und Sorge ist, wird der Betrachter vor diesem Grabe die frohe Empfindung haben: in solchem Hafen werde auch ich einmal Ruhe finden nach den Stürmen des Lebens. — 12. Die Versanfänge ergeben das Akrostichon: „Rufus hat (das Grab) gebaut."

**275** Plutarch war nach Rom gegangen (Ausonien = Italien), um dort zu Ämtern und Ansehen zu gelangen, wie es damals viele Griechen versuchten. Ehe diese ehrgeizigen Pläne sich erfüllten, war er zu Tode gekommen, anscheinend nach Athen zurückgekehrt, was (wie auch der ganze Ton der Inschrift) auf ein Scheitern seiner Ziele deuten würde; die Stele kann aber auch auf einem Kenotaph (Leergrab) gestanden haben, Plutarch also in Rom gestorben sein.

**276** Der Oheim (der Name war an anderer Stelle genannt) hat dem Neffen, der einmal seine Tochter heiraten sollte, das Grab gerichtet, der Vater war also wohl schon tot. — 8. Vgl. zu 203.

**277** Gemellus war vielleicht Rechtslehrer an der 529 n. Chr. gegründeten Universität von Konstantinopel.

**278** Der Komödienschauspieler Quintus Marcius Straton (der volle Name steht rechts vom Epigramm) gehörte der athenischen Vereinigung der Bühnenkünstler an („Diener des Dionysos" umschreibt den Vereinsnamen „Die Künstler um Dionysos") und ist auf deren Kosten zusammen mit einem Kollegen, dessen Name in der Prosainschrift rechts vom Epigramm genannt wird (das Epigramm auf ihn stand auf dem Anschlußstein) in einem stattlichen Grabbau beigesetzt worden. Er hatte sich besonders in Komödien des hellenistischen Dichters Menander ausgezeichnet und hatte in deren Rollen Preise errungen (dies bedeutet die Bekränzung mit Efeu: Straton trägt ihn als Siegeszeichen, Dionysos selbst als Schmuck). Darauf nimmt auch V. 5 Bezug, wo neben Bromios = Dionysos, dem Gott des Theaters, die Göttin der Liebe genannt wird, weil der Eros in den Lustspielen Menanders die Haupttriebfeder aller Verwicklungen war. — 8f. Die Freunde seiner Kunst sollen Beifall klatschen, wie sie es so oft im Theater getan haben, gleichzeitig ist dies Zusammenschlagen der Hände aber auch ein Gestus der Begrüßung, ersetzt also das „Sei mir gegrüßt", wie es in den Epigrammen immer wieder gefordert oder ausgesprochen wird.

**279** 3f. Wenn Rhadon Akkusativ des weiblichen Namens Rhado ist, wie andere annehmen, muß die Übersetzung lauten: „Der Vater sah seinen Wunsch nicht erfüllt, den er für seinen Sohn hegte, nämlich daß er mich, Rhado, als Braut sähe." Dann ist mit dem Vater der künftige Schwiegervater der Braut gemeint. Für diese Auffassung spricht, daß offenbar nicht der Vater die Tochter bestattet, sondern die Mutter, jener also wohl schon tot war. Bei der im Text gedruckten Übersetzung wäre auch auffällig, daß der Name der Toten nicht erscheint, also nur auf der Basis der Stele genannt worden wäre.

**280** Die Versanfänge ergeben: „(Denkmal) des Aristodemos."

**284** 8. Minos, der mythische Herrscher von Knossos, galt als ein Muster der Gerechtigkeit. Die gewöhnliche Vorstellung vom Richter in der Unterwelt bleibt hier außer Betracht, wenn er als ein Opfer der Moira erscheint wie Homer (135, 7), Achill (137, 5ff.) und andere Heroen.

**286** Achill wurde nach später Überlieferung erschlagen, als er sich in die Priamostochter Polyxena verliebt hatte und über die Bedingungen der Heirat mit den Troern verhandelte. Die Sage von Ares, auf die dann angespielt wird, ist nicht bekannt.

**287** 1. Die Familie stammte aus Athen. — 3. Vgl. 82. — 6. Der Sohn Apollons ist der göttliche Arzt Asklepios.

**289** Demeter ist die Göttin des Landbaus. Der Tote war Landwirt.

**290** Der Knabe hatte einen heiligen Namen, weil er nach Poseidon benannt war, der öfter Asphalios heißt. — Mit V. 5 beginnt ein zweites Gedicht (die Epigramme gehören also richtiger in die Gruppe V 2); die Verse spricht der Vater.

# Erläuterungen

**294** Chelidon war Priesterin in dem Zeusheiligtum einer griechischen Kolonie in Rom. In der lateinischen Inschrift unter dem Epigramm, die sie Floria Chelidon nennt, wird ihr Alter auf 75 Jahre angegeben.

**295** Vorbild war Platons Epigramm auf einen geliebten Schüler, Anth. Pal. 7, 670: „Einst leuchtetest du als Morgenstern unter den Lebenden, nun du gestorben bist, leuchtest du als Abendstern unter den Toten."

**296** Der unter dem Epigramm eingravierte Anker bestätigt, daß die Verse einem Christen gelten.

**298** Wenn der Verstorbene den Gefährten seiner Jugend als Patronus, d. h. Schutzherrn, bezeichnet, so wird dieser den einstigen Sklaven seiner Eltern freigelassen haben. Seinen Namen nennt die Inschrift unter dem Epigramm: „(Navius) Fannianus für Navius Kosmos."

**299** Der Apollonpriester Admet(os), der in Thera nach seinem Tode heroische Ehren genoß, wie die Inschrift über den Versen angibt, führte sein Geschlecht auf die Königshäuser von Sparta und Pherai in Thessalien zurück. Pheres war der Vater des aus der „Alkestis" des Euripides bekannten Admet, Peleus der von Achill; beide haben ihre Söhne in jugendlichem Alter hergeben müssen.

**300** Zosimos, Sohn des Nikomachos und der Kallistion, ist auf dem Meere umgekommen. Der Dichter spielt mit dem alten Bild vom Lebensschiff, dessen Fahrt im Hades endet.

**302** 5f. Vgl. 158, 9f.

**304** Daß der Tote selbst zu einem Stern wird (vgl. 295. 310), ist spätere Weiterbildung des alten Glaubens vom Weiterleben der Seele im Äther und ihrem Aufstieg in den Himmelsraum. Hier wird die Entrückung dorthin offenbar mit einer überirdischen Erscheinung oder sonst einem Erlebnis besonderer Art in kausalen Zusammenhang gebracht, dessen Schockwirkung Philostorgos das Leben gekostet hatte.

**305** Der schöne junge Mann, jetzt eine Zierde des Totenreiches, ist von seiner Frau mit einem Verwandten betrogen worden. Was die Frau mit seinem Mörder getrieben hat, mag der Tote nicht beim Namen nennen. Aber daß er ihn nicht nur erstochen, sondern seine Leiche in eine Schlucht geworfen hat, soll der Leser der Grabschrift erfahren.

**306** Apollos stammt aus dem unterägyptischen Lykopolis. Er ist in Alexandreia gestorben (auf der Insel Pharos vor der Stadt stand der berühmte Leuchtturm). — 5f. In Abydos, südlich von Lykopolis, zeigte man das Grab des Osiris. Dort war nach ägyptischer Lehre der eigentliche Zugang zum Totenreich, und vornehme Ägypter ließen sich deswegen gern in der Nähe des göttlichen Toten bestatten. Vielleicht meint auch V. 5 nur „jetzt befinde ich mich am Sitz des Osiris in Abydos", d. h. mein Leichnam ruht dort. Sonst hat der Verfasser die Stätte des Osiris mit der Insel der Seligen gleichgesetzt. — 9f. Hermes war nach der Sage auf dem arkadischen Grenzgebirge Kyllene geboren. Zum Trank der Lethe vgl. 196.

**309** Acheron ist hier nur ein anderer Name für den Todesdämon, der den Knaben auf den Nachen gebracht hat, auf dem der Totenfährmann Charon die Toten übersetzt.

**310** Die Stele zeigt einen Knaben zu Pferde, der eine Fackel in der Rechten trägt; über dem Kopf des Tieres hält ein darüberhinfliegender Adler die Zügel in Fängen und Schnabel; über dem des Knaben deutet ein Stern dessen Entrückung in die Sternenwelt an (vgl. zu 304).

**311** Der Tote, der von sich sagt, daß seine Seele rein geblieben ist wie die eines Kindes, war Schulmeister (der Schluß von V. 7 geht wohl im besonderen auf seine Beherrschung der Disziplinen Geographie und Mathematik). Der Anfang lehnt ab, die üblichen rühmenden Epitheta zu häufen.

**312** Proklos war der berühmte neuplatonische Philosoph, Nachfolger des Syrianos († 431 n. Chr.) als Schulhaupt der Akademie.

**315** Eupatriden nannten sich die Mitglieder eines vornehmen Adelsgeschlechtes in Athen. Der Vater des Toten war nach der über den Versen stehenden Prosainschrift Exeget (Ausleger des heiligen Rechts und der Orakel) und Xystarch (Vorstand einer Athletenvereinigung). Kekropia heißt Athen bei den Dichtern als Stadt des mythischen Königs Kekrops.

**317** 7 f. Die Isispriester(innen) trugen ein langes Linnenkleid, in dem auch die Göttin selbst dargestellt wurde.

**318** 10. Artemis galt (neben Eileithyia) als die Göttin, die den Frauen in ihrer schweren Stunde beistand, aber ihnen auch mit ihren gefürchteten Pfeilen den Tod bringen konnte.

**319** 8. Lachesis heißt eine der Moiren. — Unter dem Epigramm steht: ,,Saturninus, Schreiber, und Kalē, kaiserliche Sklaven, ihrer Tochter Doxa zum Gedächtnis.''

**320** Der Name der Toten stand anderswo auf dem Denkmal.

**323** Iakchos ist hier nur ein anderer Name für Dionysos. Alkide heißt Herakles nach seinem Großvater Alkeus. Endymion war der jugendliche Geliebte Selenes. Daß ein zehn Monate altes Kind (wörtlich steht in V. 4: ,,nachdem er zweimal fünf Konjunktionen [von Sonne und Mond] erfüllt hatte'') durch solche Vergleiche gefeiert wird, entspricht dem Relief, das einen Knaben zu Pferde zeigt (vgl. 310).

**325** Same ist eine Stadt auf der Insel Kephallenia. Alkimos ist an einer Fischgräte erstickt.

**326** 10. Das Hauptbeispiel liefert immer wieder Achill, der Sohn der Göttin Thetis. Vgl. 137. 417.

**327** Das Relief zeigt einen sitzenden alten Mann, der sich auf seinen Stab stützt. Sein Name stand auf der Basis. — Im griechischen Text müßte es statt ἵνα korrekt ἵνα μή bzw. μή heißen.

**329** Aus der unter den Versen stehenden Prosainschrift ergibt sich, daß Stratonikos das Denkmal von einem Freigelassenen namens Sosias gesetzt worden ist. Der Tote braucht nicht gerade philosophische Schriften hinterlassen zu haben, denn die ihm nachgerühmte Weisheit konnte sich in jeder Art literarischer Tätigkeit erweisen.

**331** 1. ,,Dämon'' bedeutet hier fast das gleiche wie ,,Schicksal''. — Die Tote hatte eben erst wieder geheiratet. Vom ersten Mann redet der Schluß des Gedichtes.

**333** Hekataios hat, ohne je einen Philosophen gehört zu haben, mit ,,gesundem Menschenverstand'' die schwierigen Entscheidungen, vor die ihn das Leben gestellt hatte (es wird sich um ganz persönliche Dinge handeln) so gemeistert, wie ein echter Philosoph es tun wird, wenn er nicht nur von der Weisheit redet, sondern sie zur Richtschnur seines Handelns macht (die Entscheidungen werden ,,heilig'' genannt, wie etwa von der heiligen Lehre Platons und den heiligen Lehrmeinungen des Pythagoras oder der Stoiker gesprochen wird: die Weisheit vom Leben ist wie dieses selbst etwas Heiliges). So wird auch die im zweiten Distichon formulierte Erkenntnis ganz im Sinne des Verstorbenen sein, denn dieser weise Autodidakt hat gewiß begreifen gelernt, daß ein langes Leben in der Regel kein Glück für den Menschen bedeutet. — Am nächsten kommt solcher Popularphilosophie, wie sie hier sich äußert, vielleicht der römische Satiriker Juvenal 13, 19ff.: „Eine mächtige Siegerin über das Schicksal ist die Weisheit (Philosophie), die in heiligen Büchern gewiesen wird. Wir halten aber auch diejenigen Menschen für glücklich, die in der Schule des Lebens gelernt haben, seine Unbilden zu ertragen und nicht unter seinem Joch zu stöhnen."

**334** 4. Vgl. zu 304. — 7f. Gorgias war Gymnasiarch im Gymnasium der Älteren (πατέρες) wie in dem der Junioren (νέοι) gewesen. Auf die militärischen Übungen dort (vgl. das über die Epheben zu 157 Bemerkte) weist das Beiwort.

**335** Der Ruf des Eisvogels, schon in der Ilias 9, 563 als sehnsüchtige Klage gedeutet, wie der Gesang der Nachtigall (zu 231), wird seit hellenistischer Zeit zu einem beliebten und immer wieder verwendeten Motiv der Grabgedichte. — 5f. Niobe hatte sich vor Leto, der Mutter von Apollon und Artemis, ihres Kinderreichtums gerühmt. Zur Strafe für solche Überhebung waren ihr alle Kinder von dem göttlichen Geschwisterpaar erschossen worden. Sie selbst wurde dann von Zeus, der sich ihres nicht endenden Jammers erbarmte, in Stein verwandelt. Am ausführlichsten erzählt die Sage Ovid, Metamorphosen 6, 146—312. — 10. Vgl. 447, 11.

**336** Wie eine Nachvergleichung erst jetzt ergeben hat, stehen auf dem Stein zwei, durch Paragraphos (Strich unter den ersten Buchstaben von Zeile 2) deutlich geschiedene Epigramme; sie gehören also eigentlich in die Gruppe V 2. — 5f. Eudaimon hat es dem Lebenden an nichts fehlen lassen (was dann 7ff. weiter ausgeführt wird) und hat auch dem Toten bei der Bestattung und den ihr vorhergehenden Bräuchen alle gebührenden Ehren erwiesen (die Gedichte sind erst später auf den Stein gekommen, als „letzte Geschenke"). — 11f. Dionysos, erst Sklave, dann Freigelassener des Eudaimon, war wohl nicht nur Schreiber, sondern verstand sich auch auf griechische wie lateinische Stenographie.

**339** 4. Vgl. zu 271.

**341** Aus der über dem Epigramm stehenden lateinischen Inschrift ergibt sich, daß Gaius Vibius Licinianus im Alter von sechzehn und einem halben Jahre gestorben war.

**342** 1. Der allen gemeinsame Weg ist der zum Totenreich. — 3. Bithynion liegt südöstlich von Herakleia (am Pontos) in Bithynien. — 5. Byzas ist der mythische Gründer von Byzanz. — Über dem Epigramm steht: „Theodoros, Adoptivsohn des Domitius, Sohn des Epikrates, Grammatiker. Er lebte 36 Jahre." γραμματικός bezeichnet nicht nur den Grammatiker im modernen Sinn des Wortes, sondern auch einen Gelehrten, der sich mit literarischen Texten und ihrer philologischen Erklärung abgibt. Gelehrte Beschäftigung mit den Werken der Literatur und eigne poetische bzw. literarische Produktion gingen seit dem 4. Jh. v. Chr. nicht selten zusammen.

**343** 1. Der Schlaf der Lethe (des Vergessens, vgl. zu 196) ist der des Todes. — 5ff. Zu der Verstirnung vgl. zu 304. Der Knabe ist zum Heros geworden in der Vorstellung seiner einstigen Kameraden in der Palästra (Turnhalle, Sportplatz) und gilt ihnen nun als ihr Helfer, wie sonst Herakles oder Hermes als Schutzpatrone der Gymnasien so bezeichnet werden.

**344** Capito ist in der Nacht, die für die Feier seiner Hochzeit bestimmt gewesen war, gestorben. Sie hat ihn um alle Hoffnungen und allen Glanz des Festes grausam betrogen. Diesen Gedanken führen die nächsten Verse im einzelnen aus. — 5f. Die Kleider, in denen er verbrannt wurde, und die Kränze, die man ihm mit ins Grab gab, waren nicht von Spezereien getränkt, wie es beim Hochzeitskleid und den Hochzeitskränzen der Fall gewesen wäre. Daß die Asche, die vom Toten übrigblieb, auch über seinen unvollendeten (?) Büchern zusammenfiel, braucht nicht so verstanden zu werden, daß ihm Bücher auf den Scheiterhaufen mitgegeben worden wären, sondern wird bildlich gemeint sein. — 7f. Statt des Hochzeitsbettes wurde dem Toten die Gruft bereitet, in der er nun ohne Gattin einsam ruht, und jenes blieb leer: diese beiden Vorstellungen sind vermischt. — Über dem Epigramm steht: „Tiberius Petronius Capito, 20 Jahre alt."

**345** Marcus Aurelius Isidorus hat nach seinem gleichnamigen Sohn auch seinen Enkel Marcus Aurelius Commodianus begraben müssen, diesen im Alter von neun Jahren, einem Monat und 28 Tagen. Dies geht aus den zu dem gleichen Katakombengrabe gehörenden lateinischen Inschriften hervor. Das Epigramm ist so gut wie sicher christlich.

**347** Die Namen standen auf einem anderen Stein.

**348** Isthmos hieß ein koischer Demos (Gemeinde) im Süden der Insel. Der Tote, dessen Name auf der im Epigramm erwähnten Stele gestanden hat, dankt noch im Grabe für die ihm von den Mitbürgern erwiesenen Ehren. Wofür er sie erhalten hat, wird die verlorene Prosainschrift gesagt haben, die wohl auch seinen Beruf angab (man mag z. B. an einen verdienten Arzt denken).

**349** 1f. Das Joch des Zwanges ist das dem einzelnen bestimmte Schicksal; was die Moiren gesponnen haben, muß sich erfüllen, niemand entgeht ihm (vgl. 22 und 166, 9f.).

**350** Die Herrin des Totenreiches hat Parthenope die für die Frommen bestimmte Wohnstätte dort selber zugewiesen. — 3ff. Pluteus (Pluton = Hades) ist hier ein und dieselbe Person wie der neidische Dämon Phthonos, den die Epigramme so häufig als den Räuber der Menschen anklagen. Wenn die gleiche feindliche Macht gleich darauf Moira genannt wird, so zeigt die Häufung der Namen, daß bestimmte Vorstellungen mit diesen Gestalten kaum noch verbunden werden. — 7f. Vgl. 268. 269.

**351** 9f. Das bekannteste Beispiel dafür, daß die Quellnymphen einen schönen jungen Menschen zu sich herabziehen, ist die Geschichte von Hylas, dem Geliebten des Herakles (vgl. 360). Das Motiv wird seit hellenistischer Zeit in den Epigrammen öfter verwendet, um mit dem Tod eines Ertrunkenen zu versöhnen. Wenn die Tochter von Philtatos und Alexandra hier trotzdem im Äther wohnen soll, so wird deutlich, daß hinter dem Bilde vom Nymphenraub ein rechter Glaube gar nicht mehr steht, trotz der starken Versicherung (vgl. das zum vorigen Gedicht Bemerkte).

**352** Tot sind Pudens I und Pompeia I, die Eltern der Atinia, ihr Gatte Rusticus und ihre beiden Söhne: der unmündige Pompeius und der Jüngling Pudens II. Übriggeblieben ist allein Atinia. — 3. „Führer" meint wahrscheinlich den Statthalter einer römischen Provinz oder doch einen höheren Beamten im Verwaltungsdienst. — 5. Tarsos liegt in Kilikien.

**353** 6. Von einer Umkleidung der Seele mit einem „Chiton aus Fleisch" hatte zuerst der sizilische Philosoph, Prophet und Wundertäter Empedokles (Mitte

5. Jh. v. Chr.) in seinen Καθαρμοί (Sühnegedicht) gesprochen (Fr. 126 Diels-Kranz), andere hatten den Leib (σῶμα) das Grab (σῆμα) der Seele genannt (vgl. Platon, Kratylos 400 BC). Beide Bilder sind dann oft wiederholt worden.

**356** Herodes (es handelt sich wahrscheinlich um Herodes Atticus, vgl. zu 247) hatte um ein Kind Trauer getragen und als ihr äußeres Zeichen sein Haar kurzschneiden lassen. Schon drei Monate später hatte er wieder ein Kind verloren (nun schon das dritte), das nicht einmal ein Jahr alt geworden war, und hatte sich erneut diesem Ritus unterwerfen müssen. Dies Haar hat er nun in der Familiengrabstätte als Totengabe dargebracht, gewissermaßen als Ersatz für sich selber, denn er verspricht, daß auch er einmal bei seinen Kindern ruhen wird. Da der Stein zu einem Grabbau gehört, werden einige Locken dort tatsächlich irgendwie sichtbar niedergelegt gewesen sein.

**358** Vgl. zu 342.

**359** 6. „Hades" bedeutet hier nur noch „Totenreich". — Das Epigramm steht unter dem Relief der auf einem Ruhebett liegenden Toten.

**360** Der schöne junge Hylas war der Geliebte des Herakles. Er ertrank in einer Quelle an der Küste von Bithynien, als er Herakles beim Argonautenzug begleitete (vgl. zu 351, 9f.).

**361** Zitiert wird der Homervers Odyssee 3, 196. — Der Sohn hat das von Widersachern geschädigte Ansehen des Vaters wiederhergestellt, anscheinend (7) durch ein Lobgedicht zu seinen Ehren, wie sie in römischer Zeit zahlreich verfaßt wurden. Die Namen standen auf der Basis des Rundschildes.

**363** Über den Versen steht die lateinische Inschrift: „Für Gaius Vibius Ligur, von seiner Mutter Maxuma."

**364** Das Epigramm stand auf einem Kenotaph (Leergrab). — 4. Der greise Nestor aus Pylos gilt seit Homer als ein Muster verständiger Beredsamkeit.

**365** 3. Gemeint ist der Weg zum Totenreich.

**369** Der Name des (der) Toten stand anderswo.

**370** Unter dem Epigramm ist zugefügt: „Wenn du stirbst, so ist dies das Ende." Der Name des (der) Toten stand anderswo.

**371** Aus der Inschrift unter dem Epigramm ergibt sich, daß Aurelius Eleis, Sohn des Hilaros, den Sarkophag für seine Eltern bestimmt hatte.

**372** Über Hylas s. zu 360. Die Häßlichkeit des „ersten griechischen Demagogen" Thersites schildert Homer, Ilias 2, 216ff. — Der Name des Toten hat auf der Basis gestanden.

**374** Memnon, der Sohn der Eos (Göttin der Morgenröte), war vor Troia von Achills Hand gefallen. Im oberägyptischen Theben galt einer der beiden riesigen „Memnonskolosse" (in Wahrheit Standbilder des Königs Amenophis III.) als Memnon. Das feine Klingen, das die ersten Strahlen der Sonne in der Statue hervorriefen, wenn sie die in der Nacht abgekühlten Steine erwärmten, deutete man als Klage der Mutter um den toten Sohn oder als dessen Stimme (zahlreiche Besucherinschriften auf Fuß und Schenkel des Kolosses zeugen noch heute für dies „Wunder"). — Das Bild der Toten wird auf dem Altar gestanden haben, ihr Name auf seinem Mittelteil.

**375** Unter dem Epigramm steht: „Von Diodoros." Dieser, sicher der Mann der Toten, versichert, alle Versprechungen zu halten, die er der Frau (auf dem Totenbett) gemacht hat, was sich weniger auf die Pflege des Grabes als die Sorge für die Kinder oder besondere letztwillige Wünsche beziehen wird.

**376** 1. Der Wunsch kehrt auf vielen Grabsteinen späterer Zeit in der Form wieder „Möge dir Osiris das kühle Wasser geben", z. B. 426, 6 (Osiris ist der ägyptische Herr der Unterwelt und Totenrichter wie Aiakos, Minos, Rhadamanthys). Vom kühlen Wasser aus der Quelle der Mnemosyne (der Erinnerung) in der Unterwelt reden die vielerorts gefundenen orphischen Goldplättchen, die den Toten mit ins Grab gegeben wurden (Diels-Kranz, Die Fragmente der Vorsokratiker[7] I 17 ff.).

**377** Der Kaiser Julian starb auf einem Feldzug gegen den Perserkönig Sapor und wurde in Tarsos (Kilikien) beigesetzt. Der zweite Vers ist aus Ilias 3, 179 übernommen.

**378** Die Überschrift des Epigramms ergibt, daß der Grabbau von Apollonios, Sohn des Strabon I, zunächst für seine Eltern Strabon I und Nanelis sowie seinen eigenen Sohn Strabon II errichtet worden ist. Später wird er auch ihn selbst (Apollonios) und seine Gattin Kille aufnehmen.

**379** Vgl. 242. Der Name des Toten stand auf einem anderen Stein.

**380** Vgl. 253 und zur Pointe des vierten Verses 410, 4. Die musengeweihte Erde ist das Amphitheater von Aquileia, in dem der Stein gefunden wurde.

**381** 4. Laodameia war ihrem Gatten Protesilaos in den Hades gefolgt, als dieser ihr für einen Tag von dort zurückgegeben worden war.

**382** Der unbekannte Pantomime (sein Name hat an anderer Stelle gestanden) wird nicht nur wegen seiner ausdrucksvollen Gestik gerühmt, mit der er alle Gestalten des Mythos und ihre wechselnden Gefühle, ja den Handlungsablauf ganzer Tragödien im Tanz nachbildend agierte, sondern auch wegen seiner umfassenden Bildung: sie hat ihn offenbar erst in Stand gesetzt, den Gehalt seiner Rollen so überzeugend zu erfassen.

**384** Das attische Adelsgeschlecht der Philaiden, dem auch der berühmte Feldherr der Perserkriege entstammte, führte seinen Ursprung auf Aiakos von Salamis, den Großvater von Aias, zurück. — 3. Gemeint ist Athen als Stadt des mythischen Königs Kekrops. — 5. Es handelt sich um die vier platonischen Kardinaltugenden Weisheit, Besonnenheit, Tapferkeit, Gerechtigkeit.

**385** Die Wahrzeichen (Symbole) der Kunst des Toten waren unter dem Epigramm abgebildet bzw. in Relief eingemeißelt.

**386** Wenn auf dem Grabe nicht eine Statue des Toten stand, sondern ein Relief, das ihn auf einer Kline ruhend zeigte, von Dienern und Flötenspielern umgeben (ein sogenanntes Heroenmahl), müßte die Übersetzung lauten: „denn inmitten von Lustbarkeit und süßen Flötenklängen wurdest du abgebildet (dargestellt)." Aber der griechische Wortlaut ist solcher Auffassung nicht günstig. Freilich bleibt auch die andere Vorstellung befremdlich, doch mag dies „Scenarium" auf eine eigenwillige Testamentsbestimmung des Toten zurückgehen.

**388** Es handelt sich um den in Korykos (Kilikien) geborenen Verfasser von Lehrgedichten, der unter dem Kaiser Marc Aurel tätig war und im Alter von 30 Jahren starb. Auf dem Grabe stand seine von den Mitbürgern gestiftete Statue.

**390** 1ff. Oinanthe ist kinderlos gestorben: Gatte und Eltern haben keine frohen Lieder singen dürfen, der Mutter zum Dank und der Göttin zum Preise, die den Frauen in der schweren Stunde zur Seite steht. — 5ff. Kokytos, Lethe und Okeanos sind Unterweltsflüsse (Okeanos als Strom am Ende der Welt sonst nur bei Homer). — Die Mutter ruft nach ihrem Kind wie der Vogel, dem die Jungen geraubt sind. — 10ff. Die Seelen der Toten schwirren wie im Anfang des letzten Buches der Odyssee, wo diese unheimlichen Schattenwesen mit Fledermäusen verglichen werden. Hier ist eher an Fliegen oder 'Brummer' gedacht, denn das griechische Verbum bedeutet eigentlich „brummen, surren" (Homer gebraucht es von Fliegen). — Da die Tote aus dem Fluß des Vergessens getrunken hat, dringt höchstens der Laut der Klage an ihr Ohr, die Worte und ihr Sinn bleiben unverstanden. — 16f. Pytho steht für Delphi. Der hier zitierte Spruch Apollons ist sonst nicht bekannt. „Golden" sagt man von allem Schönen und Prächtigen, das den Blick auf sich zieht.

**391** 7. Die „Frühgeborene" ist Eos, die Göttin der Morgenröte. — 16. Die Götter lächeln, weil der Tote auch im Himmel den frommen Brauch nicht vergißt, den er auf Erden geübt hat. — Name und Bild des Verstorbenen haben auf der Stele gestanden.

**392** 6f. Was hier an der Toten gepriesen wird, weist eher auf eine Jüdin als auf eine Christin. — 12. Gedacht ist wohl im besonderen an die Amazonenkönigin Penthesileia, deren Schönheit Achill noch nach ihrem Tode hinriß.

**393** Aeneas hat Schwager und Schwester als heroisierten Toten einen heiligen Bezirk mit Heroon gestiftet. Er geht so weit, zu behaupten, diese geweihte Stätte sei in Wahrheit die Insel der Seligen. Dieser Anspruch ist so ungewöhnlich wie der Vergleich der toten Schwester mit Leda, der Gattin des Tyndareos und Mutter der Helena in V. 8 (über Alkestis, die sich für ihren Gatten Admet opferte, s. 299).

**394** Wie die Anordnung auf dem Stein und der verschiedene Schriftcharakter zeigt, beginnt mit V. 11 ein zweites, wohl erst etwas später zugefügtes Gedicht. Die Epigramme wären also richtiger zu der Gruppe V 2 gestellt worden. — 1ff. Man kann vielleicht auch übersetzen: „Kränze, welche Aufregung (Unruhe) und Tätigkeit bedeuten, die eitlem Ruhm nachjagt." Der Tote will jedenfalls sagen, daß er um Ämter und Ehren nicht bemüht gewesen ist bzw. sich früh von solchem Ehrgeiz losgesagt und ins Privatleben zurückgezogen hat. — 9f. Der im Griechischen nicht ganz klare Wortlaut kann sich nur auf die Kinder der Tochter beziehen, die offenbar schon herangewachsen sind, so daß der greise Großvater ihnen die Sorge für Haus und Besitz überlassen darf. — 15. Die krude Ausdrucksweise entspricht dem Geschmack dieser Spätzeit. — Beiderseits der Epigramme hat je zweimal der Dichter signiert (griechisch und lateinisch): „Von Pionius."

**395** Der Tote gibt umsonst dem Leser ein Rätsel auf, denn er selbst hat seinen vollen Namen über das Epigramm setzen lassen: „Diliporis, Sohn des Apphos, hat sich das Denkmal selber zu Lebzeiten errichtet." Der Name Διλίπορις enthält neun Buchstaben, die Summe ihrer Zahlenwerte im Griechischen ergibt 514: (δ) 4 + (ι) 10 + (λ) 30 + (ι) 10 + (π) 80 + (ο) 70 + (ρ) 100 + (ι) 10 + (ς) 200. Solche Zahlenspielereien sind in später Zeit sehr beliebt gewesen und kommen auch in den Epigrammen noch einige Male vor. — 11. Terbos hieß der mythische Gründer der unbekannten bithynischen Stadt, in der Diliporis wohnte.

**397** Heirat zwischen Geschwistern war in Ägypten nichts Ungewöhnliches. Die ptolemäischen Herrscher hatten durch ihr Beispiel auch die griechischen Bewohner des Landes an die fremde Sitte gewöhnt.

**398** Die Ehe hatte nur ein Jahr gewährt. Zur Umschreibung der Zeitangabe vgl. 319, 5.

**399** Die Schilderung des Elysiums hat einige Farben der Odyssee 4, 566ff. entnommen: „Kein winterliches Unwetter gibt es dort, nicht Schneefälle noch Regengüsse, sondern immerfort sendet der Okeanos des Wests helltönendes Wehen herauf, den Menschen Kühlung zu bringen." Noch näher steht [Platon], Axiochos 371 CD: „Dort .. fließen Quellen reinen Wassers, blühen allerlei Auen von bunten Frühlingsblumen ..., dort werden Musikfeste gefeiert, Symposien .. und Schmäuse .., es herrscht ein süßes Leben in ungetrübter Kummerlosigkeit. Denn weder gibt es strengen Winter noch sommerliche Glut, sondern wohltemperiert ist die Luft, die dort strömt, von milden Strahlen der Sonne durchwärmt." — Aus der unter dem Epigramm stehenden Inschrift geht hervor, daß Aelia Prote drei Tage vor ihrem achten Geburtstag gestorben ist.

**400** 7. Der Rhetor Proklos hat offenbar einmal auch im Senat vortragen dürfen.

**401** Vgl. 268. 269.

**402** Euterpe ist eine der Musen, im besonderen die der Flötenkunst. Kiblis war Flötenspielerin, die vor allem bei den Symposien aufspielten (darauf und auf ihre Beliebtheit bei der jeunesse dorée der Stadt weist V. 2 hin). Das Denkmal ist nach der Inschrift unter dem Epigramm von ihrer Tochter Aurelia Marcia Vanalis gesetzt worden (schwerlich war sie überhaupt verheiratet).

**410** Das Epigramm gilt einem der berühmtesten Mimenschreiber der Zeit, von dem viele, freilich meist unzuverlässige Zeugnisse Kunde geben. Nach V. 4 zu urteilen (vgl. 380, 4), muß er aber auch selber in seinen Mimen als Schauspieler aufgetreten sein. Über den Begriff Mimus s. zu 253.

**411** Wenn der aus Kibyra (in Phrygien) gebürtige Sklave an der „Krippe" vom Tode überrascht wurde, so mag der Ausdruck gewählt sein, weil er seine Kammer im Stall bei seinen Tieren hatte. „Sklavenkrippe" kann indessen auch ganz allgemein das Wohnhaus der Sklaven bezeichnen. Daß ihm ein Mitsklave ein solches Denkmal setzen konnte, läßt aber für beide eine etwas gehobenere Stellung vermuten: Xenos wird nicht nur die Aufsicht über die Stallungen eines Gutsbetriebes geführt haben, sondern auch der Kutscher seiner Herrschaft gewesen sein (vgl. V. 3, der griechische Ausdruck bezeichnet genauer ein Zweigespann).

**413** Wie das Kreuz vor der Inschrift bestätigt, ist Athenodora Christin gewesen.

**414** 2. Gemeint ist: Menekles wußte Melodie und Rhythmus Stimmungsgehalt und Metrum seiner dichterischen Vorlagen stets genau anzupassen. — 3f. Der Philosoph Pyrrhon aus Elis († 275/70 v. Chr.) lehrte wie Epikur die Ataraxia (Unerschütterlichkeit) der Seele.

**415** 2. Mißglückte Konstruktion: Vokativ statt Nominativ Ἀμμώνιος.

**417** 6. Oia ist ein Hafen von Thera. — 11. γένεσις bedeutet entweder „Nativität" (Konstellation der Sterne bei der Geburt) oder ist neben Moira nur ein anderer Ausdruck für die Schicksalsmacht. — Über dem Epigramm steht: „Rat und Gemeinde haben Ulpia Novia Ultinia Basilokleia, Tochter der Novia Bibia, zur Heroine erklärt."

**418** 1f. Das heißt: was von der Erde stammte, habe ich der Erde zurückgegeben, meine göttliche Seele ist zu den Göttern aufgestiegen. Vgl. 100.

**419** Zum Bild von der Fahrt zum Totenreich (Lethe steht für Hades) vgl. 300. — Unter dem Epigramm steht: „Hier ruht der Reeder Iulius Kallinikos."

**420** Die 230 n. Chr. von Hadrian zu Ehren seines schönen Geliebten gegründete Stadt heißt meist Antinoopolis oder Antinupolis, doch steht dafür auch kurz einfach Antinu. So wird man den griechischen Ausdruck ἔργων 'Ἀντινόοιο wohl nicht „Werke des Antinoos" bzw. „Werke für A." zu übersetzen haben (worunter dann Bauarbeiten zu verstehen wären), sondern „Arbeiten in Antinupolis". Daß die Arbeiten in den bei der Stadt gelegenen Steinbrüchen gemeint sind, wird dadurch wahrscheinlich, daß wir auch sonst von Gruppen von zehn Steinhauern, die einem „Zehnerführer" unterstellt sind, in den Urkunden erfahren. δεκάδαρχον kann freilich auch von ἔργων 'Α. ἐπιστάτην abgetrennt werden und dann Übersetzung von lateinischem *decurio* sein. — 11f. Gemeint ist der in später Dichtung oft gefeierte Siegeszug des Dionysos nach Indien, in dem sich die Eroberungen Alexanders d. Gr. widerspiegeln. — 17f. Es wird mit dem Namen gespielt, denn Epitynchanon bedeutet den, der Glück erfährt, „Glückskind". — 19f. Gemeint ist: zum Entgelt für gute Behandlung und ehrenvolle Bestattung. — οἶσθας 1 = οἶσθα.

**421** 7. Den Gruß hat ein Freund des jungen Priesters hinzugeschrieben, oder der Verfasser des Epigramms hat den Zusatz gemacht, um dem Leser die Formel vorzuschreiben, die er sprechen soll. — Metrum: Hendekasyllaboi (Elfsilbler).

**422** Das Metrum (Anapäste + Paroimiakos) läßt vermuten, daß hier ein Zitat aus einem tragischen Chorlied dem unbekannten Toten auf den Stein gesetzt worden ist (sein Name stand anderswo). Vielleicht war er selber Tragödiendichter bzw. -schauspieler gewesen.

**423** Die Musen sind hier, wie öfter, nicht nur die Göttinnen der Poesie, sondern auch die der Redekunst und Philosophie (überhaupt aller höheren Bildung).

**424** 4. Zum Wunsch vgl. 139, 7f.

**425** 4. Zum Acheron vgl. zu 194, 4.

**426** 6. Vom „kühlen Wasser, das Osiris den Toten gibt" reden die ägyptischen Texte, oder der Tote spricht: „Ich möge Wasser trinken aus der Strömung des Flusses"; aber auch der hier formulierte Wunsch kommt dort schon ähnlich vor: „Osiris gebe dir das Wasser — —, den Strudel, der aus der kühlen Flut kommt." Vgl. zu 376.

**427** Durch die Stimme des steinernen Löwen auf dem Denkmal spricht der Tote selbst aus seinem Grabe zum Vorübergehenden.

**428** 7f. Die Tote stammt von der Insel Mykonos (bei Delos) und ist dann Bürgerin von Athen, der Stadt des mythischen Königs Kekrops, geworden (daß sie Autochthonen in ihrem Lande wären, d. h. seit Urzeiten dort gesessen hätten, haben die Athener immer wieder mit Stolz verkündet).

**429** 1. Den ersten Satz spricht der Betrachter zu sich selbst, indem er an die Stele herantritt (er geht von Denkmal zu Denkmal und hat sich gefragt: wem mag nun dies Grab hier gehören?). — 4. Der jüdische Hohepriester Onias hatte von Ptolemaios VII. Philometor die Erlaubnis erwirkt, bei Leontopolis (Unterägypten) einen Tempel nach dem Vorbild des Tempels in Jerusalem zu errichten. Es gab in dieser Gegend eine starke jüdische Kolonie, und der Platz heißt seitdem ἡ 'Ὀνίου χώρα (Onias-Land); der jüdische Historiker Josephus erwähnt ihn öfter. Von dem zugehörigen jüdischen Friedhof, auf dem zahlreiche griechische Grabschriften gefunden wurden, wird auch dieser Stein stammen; die Namen stimmen dazu. — 5. „Lethes Hügel" ist der Grabhügel (vgl. 196, 3; 206, 6; 343, 1).

**431** Das Epigramm ist stark abhängig von einem Gedicht des späthellenistischen Epigrammatikers Antipater von Sidon, Anth. Pal. 7, 164. — Über den Versen steht: „Aithalos seiner Frau Elate in Liebe und ewigem Gedenken."

**432** 6. Die Erinys ist hier nicht ein Rachegeist der Unterwelt, sondern ein Todesdämon wie die Keren. — 15. „Allwaltende Göttin" heißt Persephone als Gattin des Hades und Gebieterin über alle Toten, „Jungfrau" (Kore, Mädchen) als Demeters Tochter, die Hades einst als Mädchen raubte. — 17f. Den Wunsch spricht entweder die Tote selbst, oder der Dichter hat ihn als in ihrem Sinne gesprochen zugefügt.

**433** Zwei Wanderer tauschen Frage und Antwort. Das Relief zeigt die Tote und die im Epigramm erwähnten Symbole ihrer Tätigkeit. — 5f. Menophila hatte das Jahresamt des Stephanophoros (Kranzträger) bekleidet, nach dem in Sardes wie vielerorts sonst datiert wurde (die Stephanophorie war eigentlich ein Männeramt, wurde in späterer Zeit aber auch von Frauen übernommen). — 7. Im Korb wurden Garn und Spinngerät verwahrt, er ist also ein Symbol ihrer hausfraulichen Tüchtigkeit. — Über dem Epigramm steht: „Der Demos (die Gemeinde) hat Menophila, Tochter des Hermogenes, das Grabmal gesetzt".

**434** Das Relief zeigt einen nach rechts gewandten stehenden Mann, der einem Knaben die Hand reicht; hinter diesem steht eine Frau. Gemeint sind sicher die ihr Kind begrüßenden toten Eltern. Aber der Betrachter (d. h. der Dichter) deutet diese Szene so um, daß er in der Figur des Stehenden nicht den Vater des Knaben sieht, sondern den Geleiter der Toten, Hermes, der das Kind abholt. — 2. Tartaros ist eine der vielen Bezeichnungen für das Totenreich. — 4. Die Eltern sind also schon tot, der Knabe ist zwischen ihnen bestattet. — 5f. Vgl. 268. 269.

**435** 1f. So spricht der Wanderer zu sich selbst oder zu einem Begleiter. Das Relief zeigt einen kleinen Knaben, der nach einer rechts über ihm abgebildeten weiblichen Brust greift. — Das Datum ergibt sich aus der Inschrift über dem Relief.

**436** In den ersten beiden Versen spricht Marcus, der Mann der Gallonia, zum Beschauer, in den folgenden diese zu ihrem Gatten, indem sie bescheiden alles Lob von sich auf Marcus und dessen Vater als ihre Vorbilder zurückleitet. Es handelt sich also nicht eigentlich um ein Dialoggedicht. In der Anlage verwandt sind die Epigramme 86 und 101.

**437** Das zweite Gedicht richtet der Gatte an die Gattin. Im dritten antwortet diese.

**438** In den beiden ersten Epigrammen redet der Mann zur Frau. Im dritten antwortet diese. Das vierte wendet sich an den Leser, nur im letzten Distichon führt das erneut durchbrechende Gefühl noch einmal zur Anrede der Toten. — 11f. Der Trank aus der Lethe (zu 196) würde alle Erinnerung auslöschen und Atthis damit auch jeden Trost nehmen, den die Vergegenwärtigung einstigen Glückes noch der Toten spenden wird.

**439** 3. Daß Thermion nicht bei einem Schiffbruch ertrunken, sondern nach längerem Siechtum zu Hause gestorben ist, zeigt der Fortgang des Gedichtes. „Gestrandet" ist also bildlich gemeint: ihr Lebensschiff ist gestrandet (vgl. 300). — 6. Die Tote glaubt vergiftet worden zu sein, und wünscht nun ihren Mördern ein gleiches Schicksal; diese Flüche füllen fast den ganzen Rest des ersten Gedichtes.

**440** Die Hände der Moira werden „stählern" genannt, weil das Schicksal, das sie spinnen, so unbezwinglich ist wie Stahl. Gemeint ist also: hier werde auch ich einmal wohnen, wenn der unentrinnbare Tod mich ereilt hat (die Frau ist offenbar schon tot).

**441 ff.** Die Gedichte dieser Gruppe sind teils von der Art, daß eines die Aussagen des anderen nur weiterführt oder ergänzt: in diesem Fall rühren beide so gut wie immer von dem gleichen Dichter her; teils nimmt das zweite (dritte usw.) Epigramm das Thema des ersten oder ein Teilthema variierend wieder auf: die Variation kann dann von einem anderen Verfasser herrühren, es wird sich aber meist um Versuche desselben Dichters handeln, ein Motiv oder eine Motivreihe in immer neuer Modulation ganz auszuspielen. Gelegentlich mag es freilich auch wohl so zugegangen sein, daß die Hinterbliebenen ein Gedicht für den Toten bei mehreren Epigrammatikern gleichzeitig in Auftrag gaben und dann unter den eingegangenen Entwürfen diejenigen auswählten, die ihrem Geschmack am meisten zusagten oder ihren Gefühlen am besten Ausdruck zu geben schienen. Die Epigramme 441–454 sind „Ergänzungsgedichte", die folgenden sind als „Parallelgedichte" (Variationsgedichte) zu betrachten.

**441** 4. Persephones Kammer ist das Grab bzw. der Hades (zu 61). — 6. Der Gebieter (Walter) aller Menschen ist Zeus (die Tragiker verwenden den Ausdruck öfter so): die Seele des Toten ist im Himmel. — Über der Figur des Verstorbenen steht die aufgemalte (und heute nicht mehr kenntliche) Inschrift: „Dionysios, Sohn des Alphinus." Dieser Dionysios war ein Verwandter des Redners Hypereides und hat zeitweilig als Kleruch (Inhaber eines vom Staat zugewiesenen Landloses) auf Samos gelebt: darauf bezieht sich V. 9 f.

**442** Jedes der beiden Gedichte stand (wohl am Eingang des Grabbezirks) auf einem Einzelpfeiler, der von einer Sirene gekrönt war, einer Mädchenfigur mit Vogelkopf und Vogelfüßen, wie man sie seit dem 5. Jh. gern auf die Gräber stellte, oft in klagender Gebärde oder auch mit Leiern in den Händen. Der Krug mit der Asche der Toten erhob sich auf dem Grabhügel selbst über einer besonderen Basis, auf der wohl auch noch ein Relief der sterbenden jungen Frau anzunehmen ist (V. 3). Beide Epigramme sind von der lyrischen Dichterin Erinna aus Telos (Anfang 4. Jh.) verfaßt, die wie ihre Gespielin Baukis (Bauko) schon in früher Jugend sterben mußte. — 7. Hymenaios ist der Gott der Hochzeit (eigentlich das zu einer göttlichen Person gewordene Hochzeitslied).

**443** 9. Die Landschaft Pierien am Olymp galt als Heimat der Musen.

**444** 1 f. Der Totenfährmann Charon ist angeredet. — 3 f. Gemeint ist: du mußt eine zweite Arata gesehen haben, wenn du es fertigbringst, diese in den Hades zu holen; du könntest es doch sonst gar nicht verantworten, die Menschen eines solchen Musters an Tugend zu berauben. Die Übersetzung kann nicht nachbilden, daß mit dem dreifachen Anklang Ἀράτα, ἀρετά, ἀρά gespielt wird. — 5. Hesperis ist wie Ptolemais ein Ort in der Kyrenaika, der Landschaft um die alte Griechenstadt Kyrene. Der Gedanke ist wieder aus dem Gleichklang Ἀράτα, ἀρά herausgeholt. (Falls statt ἀράν nicht ἄγαν zu lesen ist: „der Dämon hat dir ein gar schauriges Bett gezeigt"; die Umschreibung „Bett des Hades" kommt häufiger vor.)

**445** 1 f. Leon bedeutet „Löwe". — 5 f. Dreimal so groß war das Leid um den Toten, wie die Freude am Lebenden gewesen war. „Die Kammer der Lethe" steht für den gewöhnlicheren Ausdruck „Kammer der Persephone" und bezeichnet wie dieser das Grab bzw. das Totenreich. — 7 f. Die Nymphen der Gewässer wie die der Wälder waren sozusagen seine Jagdgenossinnen gewesen. — 18. Die

Sirenen (s. zu 442) sind hier einfach als klagende Vögel gedacht. — 19f. Die letzten Worte spricht offenbar der Vater.

**447** 11. Vgl. 335, 10. — 15f. Das doppelte Weh ist der Verlust des einzigen Kindes. — 21f. Menander war der Vater des Posidonios. Vgl. 148, 5f.; 292, 3.

**448** 2. Der Neid des hämischen Hades (vgl. 442, 3), der ja in den Epigrammen auch geradezu „der Neidgott" heißt, hat Kleopatra den Tod gebracht, nicht das Alter. — 4. Gemeint sind die Werke hausfraulicher Tüchtigkeit, die Athena zuerst die Frauen gelehrt hatte, Spinnen, Weben, das Anfertigen der Kleidung vor allem.

**449** 5. Wie 445, 18 ist auch hier nur an ein singendes Vogelwesen gedacht.

**450** Der Dichter stellt sich den als göttliche Person gedachten Nil als Vater mehrerer Töchter vor wie die griechischen Flußgottheiten oder Okeanos. Sie wohnen in der Tiefe des Flusses im Palast ihres Vaters, wie sonst Poseidon, Amphitrite oder Thetis eine solche Götterwohnung besitzen. Ein Abbild jener Kammer auf dem Grunde des Nil, in der Isidora nun wohnt, ist die Grabkammer, zu der die Gedichte hinführen wollen (sie stehen auf einer Wand der Vorhalle), auch sie nach der Fiktion des Dichters von den Nymphen erbaut (V. 9f. kann man wohl nur so verstehen). Ihr Hauptschmuck sind die große Muschel, welche über der Nische für die Mumie die ganze Breite der Hinterwand ausfüllt, und die beiden geriefelten Säulen, auf denen das Halbrund der Nische aufsetzt (die Anlage ist ziemlich intakt erhalten, auch die Mumie des kaum vierzehnjährigen Mädchens wurde gefunden). — 6ff. Die Geschichte, wie Hylas, der schöne Geliebte des Herakles, beim Wasserholen von der Nymphe bzw. den Nymphen der Quelle, aus der er schöpfte, in die Tiefe gezogen wurde, ist oft erzählt worden, z. B. von Apollonios von Rhodos am Ende des ersten Buches seines Argonauten-Epos (sie spielt bei Gelegenheit des Argonautenzuges an der Küste Bithyniens) und im 13. Gedicht Theokrits. Der Dichter hat nicht gefragt, wie die Nymphe der bithynischen Quelle (den Namen hat er ebenso erfunden wie den der „ältesten Niltochter") nach Ägypten kommt. — 9f. Die Oreaden sind Nymphen der Berge. Es wird nicht ganz klar, ob mit dem Heiligtum nur die Grabanlage gemeint ist oder ob der Verfasser sagen will, daß Isidora auch noch in den Bergen östlich der Stadt eine heilige Grotte geweiht worden ist. Da wir von dem Kult solcher Bergjungfrauen in Ägypten sonst nirgends hören, ist das erstere wahrscheinlicher. — 11ff. Der Glaube an die Göttlichkeit Isidoras beruht darauf, daß ihr Tod durch Ertrinken im Nil als Raub durch die Nymphen gedeutet wird, durch den sie unsterblich geworden ist, weil sie nun ewig bei ihnen wohnt als eine ihresgleichen (nach ägyptischer Vorstellung wurden nur im Nil ertrunkene Männer zu göttern). — Die Horen sind die göttlichen Repräsentanten der Jahreszeiten, als schöne junge Mädchen gedacht. Wieweit das alles dichterisches Spiel ist, was über ihre Gaben gesagt wird, wieweit Spiegelung wirklicher Bräuche, wird sich kaum ermitteln lassen. Aber wenn weiter gesagt wird (mit deutlichem Absatz 23), daß Jahr für Jahr regelmäßig und vollzählig die „Jahresopfer" (von den Hinterbliebenen) dargebracht werden sollen, die der Ritus für die Unsterblichen vorschreibt, so werden daneben kaum auch noch Jahreszeitenopfer bestanden haben.

**451** Charops ist ein später durch Herakles verdrängter bzw. mit ihm gleichgesetzter böotischer Unterweltsdämon. Die Tote wird nicht mit Namen genannt, weil sie ihren bürgerlichen Namen im Dienst der Gottheit abgelegt hatte, „hieronym" geworden war, wie z. B. die Priesterinnen der eleusinischen Göttinnen (seit römischer Zeit). — 4. Gemeint sind Heroen wie Achill, der Sohn der Göttin

Thetis (vgl. 137). — 5f. Der Syllogismus bezweckt wohl nicht, den Glauben an die Göttlichkeit der Erde zu verspotten, sondern will ganz ernsthaft beweisen, daß der Mensch durch seinen Tod und sein Einswerden mit der Erde in den Stand der Göttlichkeit erhoben wird. Er kommt in gleicher oder fast gleicher Formulierung noch öfter auf griechischen wie römischen Grabsteinen vor (vgl. 220), aber auch in einem dem sizilischen Komödiendichter Epicharm (5. Jh.) zugeschriebenen Spruch (Fr. 296 Kaibel; Fr. 64 Diels-Kranz).

**452** 1ff. Die Gedanken entwickeln sich aus der Übereinstimmung des Namens Eros mit dem griechischen Wort für „Liebe, Verlangen". — 7ff. Vgl. zu 100.

**453** Ähnlich nüchtern formulierte Absagen an den Glauben vom Weiterleben des Menschen nach dem Tode finden sich mehrfach auf späteren Grabsteinen, besonders römischen. — Zwischen den Epigrammen steht: „Freude sei mit dir, wenn du ein Gerechter bist." — Die Iamben können Zitat aus einer Tragödie bzw. Komödie sein. — Der Name des Toten wird auf der Basis der Herme gestanden haben.

**454** 4. Kerberos ist der Höllenhund, der den Eingang zum Hades bewacht und niemanden wieder herausläßt, den Charon dort einmal abgeliefert hat (der Zusatz κύων „Hund", der den Vers um einen Fuß zu lang macht, wird nicht vom Dichter stammen, jedenfalls nicht in dem Gedicht gestanden haben, aus dem diese Verse vielleicht nur übernommen sind). Über Aiakos s. zu 166. 216. — Die Verse 9—12 kehren fast wörtlich in dem anonymen Gedicht Anth. Pal. 11, 8 wieder. — Für wen die Epigramme gedacht sind, wird aus der längeren lateinischen Inschrift, die ihnen auf dem Stein vorangeht und mehrere Namen nennt, nicht deutlich (das zweite müßte eigentlich ein noch Lebender sprechen, wenigstens die ersten vier Verse).

**456** 4. Kekrops hieß einer der mythischen Könige von Athen. — 7. Das Lob Athens stimmt zu dem Stolz, mit dem Isokrates und seine Zeitgenossen von ihrer Vaterstadt sprechen.

**457** Menas hat in der Schlacht auf dem Kyrupedion am Phrygios (früher Hyllos, Nebenfluß des Hermos) zwischen dem Makedonenkönig Lysimachos und Seleukos, dem Herrn von Asien, auf der Seite des siegreichen Seleukos teilgenommen. Wenn V. 12f. wörtlich zu verstehen ist, hatten sich die Bithynier (oder ein Teil von ihnen) schon längere Zeit vor der Schlacht an Seleukos angeschlossen. — 1f. Gemeint ist: der Anblick eines so prächtigen Grabes könnte beim Betrachter den Gedanken aufkommen lassen, daß hier ein Toter liegt, der friedlich zu Hause gestorben und dort mit allen Ehren beigesetzt worden ist. Menas verwahrt sich sozusagen gegen den Vorwurf, nicht „mit dabei gewesen" zu sein. (Entweder sind die Gebeine des Gefallenen von Kameraden in die Heimat gebracht worden, oder Menas ist erst dort seinen Verletzungen erlegen.)

**458** Die Epigramme stehen auf einem Papyrus, der zu der großen Anzahl von Urkunden gehört, die aus der Kanzlei des Zenon stammen, eines Privatangestellten höheren Ranges im Dienste des Finanzministers am Hof des zweiten und dritten Ptolemäers, Apollonios. Zenon hatte auf einer Jagd bei Arsinoe (im heutigen Fayum) gelegentlich einer Inspektion der Güter des Apollonios seinen indischen Jagdhund verloren, der ihm selber im Kampf mit einem bösartigen Eber das Leben gerettet hatte. Die Abschrift der beiden Gedichte, die er sich bei einem Dichter für das Grab des treuen Tieres bestellt hatte, wurden im Archiv hinterlegt und sind uns so erhalten geblieben. — 1. Indische Doggen galten als besonders jagdtüchtig und ausdauernd und wurden im besonderen auch bei Löwenjagden verwendet. — 3f. Der Eber war so wild wie der berühmte Eber, der in mythischer Vorzeit die Felder von Kalydon (in Ätolien) verheert hatte und zu dessen Erlegung damals die tüchtigsten Jäger aus ganz Griechenland zusammengekommen waren (vgl. die Erzählung von Meleager, Ilias 9, 528ff.). — 11. Der Hund war offenbar noch jung und bestand in diesem Kampf seine erste Bewährung: er benahm sich weidgerecht aus Blutserfahrung, ohne vorher besonders auf Eberjagd abgerichtet worden zu sein. — Andere Epigramme auf Tiere sind in der 1. Beigabe dieses Bandes (S. 286ff.) zusammengestellt.

**459** Es wird nicht ganz deutlich, ob der Einsturz des Hauses (ein in literarischen Epigrammen beliebtes Motiv), der Frau, Sohn und Diener das Leben kostete, in der Nacht vor Kleophons Heimkehr erfolgt ist, oder ob er selber die Katastrophe miterlebt hat, aber als einziger gerettet worden ist. Das zweite Epigramm spricht für die erste Auffassung.

**460** 2f. Zum Motiv (unten V. 18f. weiter ausgeführt) vgl. 203. 276, 8. — 11. Kore (Mädchen, Tochter) ist ein anderer Name für Persephone (als Tochter Demeters). — 16. Chariten (Grazien, zu griechisch χάρις, „Anmut, Liebreiz") heißen die schönen Jungfrauen, die zum Gefolge Heras oder Aphrodites gehören. — 19f. Pluton, sonst nur ein anderer Name für den Herrscher der Unterwelt, wird hier von Hades als eine freundlichere Erscheinungsform des gleichen Gottes unterschieden (im ersten Gedicht heißt der göttliche Hochzeiter Hades).

**461** Der aus Ptolemais in Ägypten stammende junge Mann ist später auf Delos ansässig gewesen und wahrscheinlich auf der Nachbarinsel Rheneia bestattet worden (von dort, der delischen Begräbnisstätte, stammen viele heute in Korfu befindliche Grabsteine). — Athena galt als Ergane (Göttin des Handwerks) auch als Schutzpatronin der Bildhauer, Steinmetzen und Schreiber; „der Griffel" bezeichnet den Schreiber. — 13. Zu verstehen scheint ein feierlicher Ritus vor der Hochzeit, nicht die erste Bartschur (Rasur) des jungen Mannes.

**462** Der Verstorbene war ein junger Bildhauer bzw. Bildhauergehilfe oder Steinmetz. Zum Motiv von V. 5ff. vgl. 341; 463, 25ff.

**463** Die Epigramme stehen zusammen mit zwei weiteren arg zerstörten griechischen und sieben lateinischen Gedichten über der Innentür und an den Seitenwänden des Vorraums zu einer aus dem Felsen gehauenen Grabkammer, deren Vorderfront wie eine Tempelfassade gestaltet ist. Aus zwei lateinischen Texten über Außen- und Innentür ergibt sich, daß die Anlage von dem Sohn und einem Freigelassenen des Lucius Cassius Philippus geschaffen ist. Die in den Gedichten gefeierte Frau, die für ihren Gatten in den Tod ging (die näheren Umstände sind nicht bekannt) hieß Atilia Pomptilla. Sie hatte 21 Jahre mit ihrem Manne zusammen gelebt. — 7. Gemeint ist Hades. — 15ff. Euadne, Gattin des Kapaneus, stürzte sich in den brennenden Scheiterhaufen ihres vor Theben (beim Zug der „Sieben gegen Theben") gefallenen Gatten (vgl. Euripides, Hiketiden 985ff.). Über Laodameia s. 381, über Alkestis (299) 393. — 29f. Die Narzisse heißt nach Narkissos, der die Liebe der Bergnymphe Echo verschmäht hatte und dafür mit unstillbarer Selbstliebe bestraft wurde, die Hyazinthe nach Hyakinthos, dem nach seinem Tode in eine Blume verwandelten schönen Geliebten Apollons. Auch nach Pomptilla soll einmal eine Blume ihren Namen tragen, ist gemeint.

**464** 2ff. Zedernharz (bzw. Zedernöl) wurde zur Konservierung der Leichen verwendet. Der strenge Geruch, der sich mit der Zeit noch intensivieren mochte, mag in der Tat manchen davon abgehalten haben, so nahe an ein Grab heranzutreten, daß er seine Inschrift lesen konnte (die Mumien waren in den aus

Erläuterungen

gebrannten Ziegeln errichteten Grabhäusern offenbar nicht luftdicht abgeschlossen). — 5ff. Großvater und Vater waren Agoranomoi in Hermupolis gewesen, d. h. staatliche Notare (außerhalb Ägyptens bezeichnet der Titel den Aufseher der städtischen Marktpolizei). Der Vater hatte außerdem noch einen Rennstall gehalten und mit seinen Pferden im Hippodrom der Stadt zahlreiche Siege gewonnen: jeder wird sofort Bescheid wissen, zu welcher angesehenen Familie der Tote gehört, wenn man ihn an das Stadion, d. h. das Hippodrom erinnert und den Namen Epimachos nennt. Dieser ist vor dem Sohn gestorben, denn sonst würde Seuthes nicht seinem Vetter und (älteren) Adoptivbruder seine Wünsche für die Bestattung anvertraut haben. — Klageweiber zu mieten, war allgemeine orientalische Sitte (und ist es z. T. heute noch), die früh auch nach Griechenland übergegriffen hatte. Ob der Wunsch, nur in diesem einen Grabe zu liegen, einer späteren Ausräumung der Mumie (um anderen Platz zu machen) vorbeugen sollte, oder ob Umbettung der Leichen in Ägypten bzw. gerade in dieser Gegend üblich gewesen ist, läßt sich dem Wortlaut nicht entnehmen; wahrscheinlicher ist das erste. (Daß ein zwölfjähriger Knabe solche Bestimmungen trifft, mag Fiktion sein: der Vetter wird eher von sich aus so gehandelt haben und den Toten nur vorschieben; daß er die Verse in Auftrag gegeben hat, ist ohnehin deutlich genug.)

**465** Die ersten fünf Gedichte spricht die Gattin des Euodos (ihr Name wird über V. 1 gestanden haben: der Stein ist oben unvollständig), das letzte der ihr im Tode vorangegangene Gatte. Mit der Mutter scheint auch der elfjährige Sohn gestorben zu sein. — 3f. Selene ist der Mond, Titan die Sonne (Helios). — 17ff. Metrum: Elfsilbler bzw. Phaläceen.

**467** 6. Phaethon („der Leuchtende") ist der schöne Sohn des Helios, der mit seines Vaters Wagen abstürzte, als er in jugendlicher Unerfahrenheit der Erde zu nahe kam. Mit dem Helikon, dem Musenberg in Böotien, hat er nichts zu tun; entweder ist also gemeint: „der durch die Musen, d. h. die Dichtkunst berühmte" (die Geschichte ist unendlich oft von den Dichtern behandelt worden), oder in dem Beiwort steckt eine gelehrte Beziehung auf Hesiod, der am Helikon die Musenweihe empfangen hatte und auf den die älteste Fassung des Mythos zurückgeht (in der späten Fabelsammlung des Hygin trägt die Nacherzählung die Überschrift „Phaethon Hesiodi"). — Aus der unter den Epigrammen stehenden Inschrift ergibt sich, daß Georgios Christ war und mit 18 Jahren gestorben ist.

**468** Die Epigramme hat die ihre Schwester [Phil?]ostrate überlebende Melino auf den Stein setzen lassen, zunächst nur für diese, sie spricht im ersten Epigramm aber so, daß dies schon jetzt für sie mitgelten kann (die Namen stehen unter den Epigrammen).

**469** Die Epigramme gelten zwei im Kampfe gegen die Illyrier gefallenen Amphilochern (der wegen seiner Kriegstüchtigkeit öfter gerühmte Stamm saß am Golf von Ambrakia). Die Kameraden haben sie entweder auf der Heimfahrt von Illyrien auf Korkyra beigesetzt, als sie auf der Insel Station machten (vielleicht hatten die Korkyräer an jener Expedition teilgenommen), oder die Kämpfe haben auf Korkyra stattgefunden, das von Illyriern angegriffen worden war (dann waren die Amphilocher also Bundesgenossen der Korkyräer). Für die erste Annahme spricht V. 4.

**470** Antenor, Sohn des Euandridas, dessen Name über den Epigrammen steht und der diese für Vater und Großvater in Auftrag gegeben haben wird (das zweite scheint erst etwas später zugesetzt zu sein), war Stephanophoros (vgl. zu

433, 5) in Milet im Jahre 224/3. Danach bestimmt sich ungefähr die Zeit. — 8. Dem Sokratiker mußte die epikureische Lehre von der Lust wohl „gottlos" erscheinen, obwohl Epikur durchaus nicht dem Sinnengenuß das Wort geredet hatte, sondern unter Lust (ἡδονή) vielmehr die Befreiung des Menschen von Schmerz und Unlust verstand, die gerade durch Beherrschung der Begierden durch die Vernunft erreicht werden sollte. — In V. 2 wird das unmetrische ΚΕΚΡΥΦ für ΚΕΚΕΥΘ verschrieben sein: κέκευθ' ὁ τύμβος.

**471** Das erste Gedicht gilt dem jungvermählten Antiphon, die beiden folgenden seinem zwei Monate später gestorbenen und unvermählt gebliebenen Bruder Eurymenidas. Die verwitwete Mutter hat nur Töchter zurückbehalten. — 12f. Gemeint ist: das Hochzeitsbett, das Zeuge der vollzogenen Vermählung wird. — 17f. Der Satz wird sich auf besondere Ehren beziehen, die Eurymenidas von der Stadt verliehen worden sind, Kränze z. B.

**472** 15. Die drei Vergleiche veranschaulichen die Lieblichkeit des jungen Mädchens (über die Chariten vgl. zu 460, 16).

**473ff.** Eine vollständige Sammlung der recht zahlreichen griechischen und lateinischen Gedichte auf Tiere (vgl. 458) hat G. Herrlinger, Totenklage um Tiere in der antiken Dichtung, Stuttgart 1930 (Tübinger Beiträge zur Altertumswissenschaft 8), gegeben, der auch das Nachleben dieser Stoffe und Motive bis in die neuere Zeit hinein verfolgt.

**473** Die Inschrift steht unter dem eingeritzten Bild einer Uräusschlange (gehörnt, zwischen den Hörnern die Sonnenscheibe). Diese Schlangenart galt wie viele Tiere bei den Ägyptern als heilig, im besonderen deswegen, weil sie Attribut zahlreicher Götter war, vor allem das der Isis. Tote Schlangen wurden wie z. B. die heiligen Krokodile feierlich bestattet und kultisch verehrt. Daraus erklärt sich die Aufstellung dieses Denkmals, das ein frommer Mann veranlaßt hat, der das erschlagene Tier gefunden hatte, an heiliger Stätte, am Kreuzweg. Und daraus wird auch verständlich, daß ihr unbekannter Mörder mit den grausigsten Verwünschungen verflucht wird (daß die Tötung heiliger Tiere in Ägypten mit dem Tode bestraft wurde, berichtet Herodot 2, 65). Sie klingen um so drohender, wenn man bedenkt, daß die Uräusschlange eine der gefährlichsten und giftigsten überhaupt ist. — Dialektformen: τελώριος 1 = πελώριος, ἔρεσσι 7 = τέκνοις, κέλωρα 7 = ἔκγονοι, ἐρέων 12 = τέκνων.

**478** Der Stein ist, wie die Inschrift über dem Epigramm angibt, von Metrodoros und Ma ihrem Sohn Theodoros gesetzt.

**480** Der Name des Toten stand an anderer Stelle.

**481** Nach der Inschrift über dem Epigramm gehörte das Grab einer Frau namens Ammia. Gleiche oder fast gleiche Verse stehen auf zahlreichen anderen Steinen.

**482** Die eigentliche Grabschrift war an anderer Stelle angebracht.

# ANHANG

## METRISCHE ÜBERTRAGUNGEN

**1**

Fremdling, in Sparta erstatte die Meldung: wir Toten im Grabe
haben der Heimat Befehl sterbend gehorsam erfüllt.

**4**

Fremdling, einst wohneten wir in Korinthos' quellreicher Veste;
Aias' Eiland doch birgt, Salamis, jetzt unsern Leib.

**5**

Als auf des Messers Schneide die Freiheit von Hellas gestanden,
haben wir Toten dahier mit unserm Leib es geschützt.

**7**

Tapfere Tat dieser Männer bewirkte, daß rauchende Schwaden
nicht entquollen der Stadt räumiger Straßen dahier.
Siehe, sie wollten die Heimat in blühender Freiheit den Kindern
immerdar lassen; sie selbst wählten den Tod in der Schlacht.

**8**

Am Eurymedon einst verloren die herrliche Jugend
diese hier, trotzend im Kampf bogengewaffnetem Feind,
wackere Streiter zu Fuß und auf windschnell segelnden Schiffen.
Schönstes Mal ihrer Tat ließen im Tod sie zurück.

**9**

Gruß dir, adlige Schar, euch ruhmvollen Streitern im Kriege,
Söhne der Pallas zusamt, Ritter untadliger Art,
die ihr die Jugend verlort im Kampf für die tanzfrohe Heimat,
tapfer euch stellend an Zahl übergewaltigem Feind.

## 10

Dulder ihr, welch eines Ringens von niemand verhoffte Entscheidung
    habt ihr bestanden und fielt, wie es sich keiner versah.
Nicht zwar erlagt ihr den Feinden; es hat unheimlichen Angangs
    einer der Halbgötter dort in eure Bahn sich gestellt
und mit Bedacht euch geschädigt: er hetzte unjagbare Beute
    jenen ins Fangnetz hinein. Dies denn, zu euerm Verderb
ward es vollendet. Doch gilt nun in Zukunft für alle die Lehre:
    göttlichen Spruches Bescheid trog, wer ihn suchte, noch nie.

## 11

Diese hier gaben im Kampf am Strande der Hellē ihr Leben,
    blühend in Jugend; der Stadt schufen sie Ruhm noch im Tod.
Stöhnen war bei dem Feind, wie des Krieges Ernte er heimtrug,
    diese – unsterblicher Tat setzten sie selbst sich ein Mal.

## 12

Sterblichen Männern hier setzten unsterbliches Denkmal die Bürger,
    kundzutun ihre Tat künftiger Menschen Geschlecht
und ihre Kraft, die würdig der Ahnen. Der Sieg vor dem Feinde
    war ihres Todes Gewinn, ist ihrer Tapferkeit Ruhm.

Odem und Kraft ging ein in den Äther, die Leiber der Toten
    birgt diese Erde. Im Kampf fielen sie, ferne der Stadt.
Wer von den Feinden im Staube nicht lag, der wußte des Lebens
    andere Hoffnung sich nicht als hinter Mauer und Tor.

O dieser Toten gedenket in Liebe das Volk des Erechtheus,
    die vor der feindlichen Stadt fielen in vorderster Front,
Söhne der Pallas. Sie wagten den Einsatz und gaben ihr Leben
    hin um den Ruhm ihrer Tat, Lorbeer erringend Athen.

## 13

Diese Männer hier zwangen achtmal zu Boden den Gegner –
    damals, als noch von Zeus gleich sich die Waage gestellt.

## 14

Würdig deiner, Thelphusa, und Griechenlands haben im Kampfe
    diese hier für ihre Stadt mannhaft ihr Leben gewagt.
Wahrlich sie stießen die Feinde, die mitternächtiger Weile
    über die Mauern gesetzt, jach von den Zinnen herab,
daß ihrer viele im Blute sich streckten. Doch selber dann fielen,
    die ihrer Väter Gesetz mit ihren Leibern geschützt.

**15**

Zeit, du bei jeglichem Tun allgegenwärtige Gottheit,
 Künderin sei aller Welt unseres bitteren Leids.
Sieh, wir versuchten im Kampf die Rettung des heiligen Hellas,
 nun auf böotischer Flur, ruhmvoller, liegen wir tot.

**16**

Wenn denn ein würdiger Tod der Tapferkeit größestes Teil ist,
 dann hat vor allen fürwahr u n s dieses Tyche geschenkt.
Sehet, der Freiheit Kranz um Griechenland wollten wir breiten:
 tot nun liegen wir hier, immer doch dauert die Tat.

**18**

Dies des Menekrates Mal, des Tlasias-Sohnes. Die Sippe
 ist in Oianthe zu Haus. Vom Volke ward es errichtet.
Proxenos war er dem Volk. Doch kam er im Meere zu Tode,
 allem Volke zum Schmerz, denn Freundliches sannen ihm alle.
Praximenes, der jetzt aus dem Heimatlande daherkam,
 hat mit dem Volk im Verein dies Mal seinem Bruder errichtet.

**19**

Aischylos deckt, den Athener, den Sohn Euphorions, das Grabmal;
 Gelas gesegnete Flur nahm ihn im Tode hier auf.
Von seiner Wehrlichkeit Ruhm weiß Marathon Kunde zu geben
 und auch der Meder, der dort üppiggelockt sie erfuhr.

**21**

Schauet dem Tod ins Gesicht, ihr Jünglinge, gehet dem Feinde
 mutig entgegen und scheut Vater und Mutter und Stadt.
Denn auch dir hat, Chairipp, dem Toten zu dauerndem Ruhme
 Standbild und Grabmal gesetzt Rat und Gemeinde Athens,
als du, der Knechtschaft zu wehren, dort unter Munichias Mauern
 für deiner Heimat Bestand Leben hingabest und Leib.

**27**

Dies des Arniadas Mal. Ihn streckte der grimmige Ares
an des Arrathos Fluten dahin in der Schlacht bei den Schiffen.
Mächtig da ragt' er hervor im seufzerreichen Getümmel.

**29**

Allzeit, solange die Wasser noch fließen, die Bäume noch grünen,
und solange der Mond erstrahlt und die leuchtende Sonne,

Ströme zu Tal sich ergießen, die Woge des Meeres sich aufbäumt,
werde ich, harrend dahier auf vielbeweinetem Hügel,
künden dem Wanderer stets, daß Midas im Grabe hier lieget.

### 30

Dies der Phrasikleia Mal. Ach, Mädchen heiß' ich auf immer,
denn nicht die Hochzeit ward, nur dieser Name mein Teil.

### 34

Kleibulos setzte dies Mal dem toten Sohn Xenophantos,
weil er in Züchten gelebt, weil er die Tugend bewährt.

### 35

Philōn liegt hier begraben, und Erde deckt nun den Seemann,
der sich im Leben zuvor wenig des Guten gegönnt.

### 40

Wahrlich gar schön ist das Mal, das der Vater setzte der toten
Larete — denn diese selbst schaun wir im Leben nicht mehr.

### 41

Gruß dir, Charon. Auch nun nicht im Tod aus hämischem Munde
trifft dich ein häßliches Wort. Halfst du doch vielen im Leid.

### 42

Für Oligeidas das Mal, den toten, der Vater hier setzte,
Osthilos. Bitteres Leid schuf ihm des Sohnes Geschick.

### 44

O unerträglich das Leid, traf Menschen in blühender Jugend,
wie Anaxipolis hier, neidischen Todes Geschick.

### 45

Der du das Grabmal schaust des toten Menesaichmos-Sohnes
Kleitias, klage es laut: schön war der Jüngling — und starb.

### 47

Mensch, der des Weges du kommst, im Herzen an anderes denkend,
steh und klage; du siehst: Thrason gehört dieses Grab.

### 48

An des Antilochos Grab, des tapferen, zuchtvollen Mannes,
laß deiner Träne den Lauf: deiner auch wartet der Tod.

**49**

Wer an der Bahre nicht stand, als sie zu Grabe mich trugen,
   solcher beklage mich jetzt. Tēlephos eignet das Grab.

**50**

Ob du ein Bürger der Stadt, ob ein Fremder von ferne du herkommst:
   ehe vorüber du gehst, klage um Tẹttichos' Tod.
Tapfer erlag er im Kampf, doch ach in der Blüte der Jugend:
   also klag' euer Gruß, geht dann zu löblichem Tun.

**54**

Statt einer Frau nur ein Stein, aus parischem Marmor ein Bildnis,
   Bịttēs Gedenken bestimmt, ewig der Mutter ein Weh.

**55**

Deinēs liegt hier begraben, der Sohn Anaxạnders. Gepriesen
   bei allen Bürgern der Stadt schied er vom Licht ohne Fehl.

**56**

Edel war Polyịd, Echekrạtides' Sohn. In des Vaters
   Hause erlosch alles Licht, nun er – zu früh – daraus schied.

**58**

Feuer entrückte den Leib Onẹsos unseren Blicken.
   Doch die Gebeine umhegt hier dieser blumige Platz.

**59**

Der in dem Grabe hier liegt, sie nannten ihn 'Widder' mit Namen.
   War doch ein wackerer Mann, aller Gerechtigkeit Zier.

**61**

Jeglicher Tüchtigkeit Ziel erreichte dereinst Phanagọra,
   und nun hütet sie hier Pẹrsephoneịas Gemach.

**62**

Andron liegt hier begraben. Er stand an der Bahre des einen
   Sohnes, den anderen ach nahm er hinunter ins Grab.

**65**

Die diese Erde umschließt, war Amme einst bei Diogeịtos
   und aus des Pelops Land weithin die rechtlichste Frau.

### 67

Ich, den die Erde hier deckt, war Tadels und Leides nie Ursach:
  Leid, das niemals erstirbt, schuf ich erst durch meinen Tod.

### 68

Alter nicht drückte noch Krankheit, und Kinder noch sah sie der Kinder,
  Lysilla, die nun im Haus wohnt, das uns allen bereit.

### 70

Sonne und Vater und Mutter, Pantaleon, ruf' ich zu Zeugen,
  wie gar so artig du warst, liebreich auch, als du gelebt.

### 71

Wenn der Gerechtigkeit denn auch im Hades ein Kampfpreis bereitsteht,
  Euphanes, leichtlich gewannst du dir die Palme zuerst.

### 72

Selten wohl wird eine Frau so edel wie sittsam befunden,
  beides in einem zugleich: Glykera ward es zuteil.

### 73

Keine haben wie dich, Anthippe, die Menschen gepriesen;
  und was im Leben bestand, dauert auch über den Tod.

### 74

Des Eurymachos Seele und all seine hohen Gedanken
  nahm nun der Äther zurück: Asche nur birgt dieses Grab.

### 75

Erde empfing deinen Leib in ihrem Schoße, Chrysanthe,
  doch deine Züchtigkeit deckt nimmer mit Schweigen das Grab.

### 76

Dies des Megistias Grab, des rühmlichen Helden. Erschlagen
  haben die Meder ihn einst, die den Spercheios gequert.
Seher war er und wußte des nahenden Todes Verhängnis.
  Nimmer doch ließ er darum Spartas Führer allein.

### 77

Adligsten Mannes Geblüt, dem keiner mochte sich gleichen,
  Hippias' Tochter bedeckt, Archedike, der Staub.
Vater und Gatte und Brüder, die Kinder auch hießen Tyrannen:
  dennoch verstieg sich ihr Sinn niemals zu frevelndem Tun.

### 79

Weil du getreu ihr gewesen und lieb, o süße Gespielin,
    setzte, Biọtē, dir hier diesen Stein auf dein Grab
Euthylla. Immerdar muß ich in Trauer der toten gedenken,
    klagen und weinen um dich und deiner Jugend Verlust.

### 80

Herrscherin Zucht, der Scham, der hochgemuteten, Tochter,
    dir nur ergab ich mich ganz und der Bewährung im Kampf,
ich, Kleidẹmides' Sohn Kleidẹmos, im Grabe hier liegend,
    einst meinem Vater ein Stolz, nun meiner Mutter nur Weh.

### 84

Hymēn schenkte das Haus, in dem sie voll glücklichen Stolzes
    einst ihrem Manne gelebt, Pạmphile, die ihr hier schaut.
Aber bevor sie der Jugend noch zwanzig Lenze vollendet,
    ließ sie verödet das Haus, einsam den Gatten zurück.

### 86

O deiner Tugend Gedächtnis ist ewig im Herzen der Bürger,
    immerdar dauert dein Ruhm, nie auch vergessen dich je
Kinder und liebe Gemahlin. — Dir, Mutter, zur Rechten gebettet
    spür' ich im Grabe dahier immer noch, wie du mich liebst.

### 87

Deiner Tüchtigkeit sind nicht Male im Land nur errichtet,
    nein, die Erinnerung steht auch in den Herzen dir fest.
Nun du vom Lichte der Sonne hinab zu Persẹphone stiegest,
    trauern um dich, Nikobụl, alle Gefährten zumal.

### 88

O deiner Tugend Gedenken, Nikọpolis, wird auch die Zeit nicht
    löschen, das nach deinem Tod in deinem Gatten dir lebt.
Und wenn frommer Gesinnung die Götter den Lohn nicht verweigern,
    wurde vom Schicksal auch dir davon im Tod noch dein Teil.

### 91

Hätte dich Tyche nur nicht um Jugend und Reife betrogen:
    Hoffnung war uns gewiß, einst würdest du, Makareụs,
Griechenlands tragische Kunst zu glänzender Blüte erheben —
    Zucht und Tüchtigkeit gab dennoch im Tode dir Ruhm.

### 92

Putz nicht und Gold und Kleider bestaunte im Leben die Tote,
  hat nur dem Gatten gelebt, war nur auf Tugend bedacht.
Doch den blühenden Leib, Dionysia, und deine Jugend
  nimmer der Gatte umfängt, schmückt nun dies traurige Grab.

### 93

Ach zu Trauer und Leide nur gab mir die Mutter das Leben,
  helfen darf ich ihr nicht, lasse ihr Alter allein.
Neun der rollenden Jahre nur sah ich im Umlauf sich runden,
  liege im Grabe nun hier. Tod, o wie sinnlos dein Werk.

### 94

Tapferen Männern ist Ares ein Freund, ihr Gefährte der Lobpreis,
  Jugend hält ihnen fern Alters Beschwerde und Spott.
Solcher Art war auch Glaukos; er wehrte dem feindlichen Ansturm,
  weilet nun dorten, wo uns allen die Stätte bereit.

### 96

Auf meinem Schoße hier halt' ich das Kind meiner Tochter, das liebe.
  Als wir den strahlenden Tag beide im Leben geschaut,
hielt ich es oft so im Arm, und halte nun tot auch das tote.

### 99

Wenn es vermessen nicht wäre, so Fromme wie dich, Herakleia,
  zu einem Gott zu erhöhn: dir wohl gebührte solch Los.
Denn du gingst nun dahin und verließest die blühende Jugend,
  kamst in Persephones Haus, der das Erbarmen so fremd.

### 100

Lustig hab' ich mich oft mit lieben Gespielen getummelt.
  Wie ich der Erde entsproß, ward ich zu Erde aufs neu.

### 101

Gruß dir, der Melite Grab. Eine Brave liegt hier begraben.
Keine wie du hat dem Gatten so Liebe mit Liebe erwidert. —
Darum sehnt er nach der Toten, sich nach dir, du brave Frau. —
Auch dir Gruß nun, liebster Gatte; denk der Lieben mir daheim.

### 102

Kind, es nannten dich wohl nach des Vaters Vater die Eltern;
aber den Trost ihres Herzens, den riefen sie lieber noch 'Herzblatt'.
  Nun hat dich Hades geraubt, und warst doch allen so lieb.

### 107

Von meinem Alter dahier sollt alle Bescheid ihr erhalten:
als von der Sonne ich schied, da zählt' ich erst zweimal zwölf Jahre.
Doch wie ich war und wie beide in Zucht und in Eintracht wir lebten,
darum befragt meinen Gatten: er weiß es von allen am besten.

### 126

Wie gewann ich die Herzen mit meinem süßen Geplauder –
    nun deckt heiliger Staub Aphrodisias Gebein,
wurde acht Jahre nur alt und ließ die Eltern im Jammer.
    Doch wozu Klage und Weh? Hades bekümmert es nicht.
Der vor dem Grabe du stehst, sprich: „Freude mit dir, meine Hübsche!"
    Freude denn werde auch dir, ziehst du nun weiter des Wegs.

### 127

Bitto und Phainis, o Licht, einst fleißige Wirker am Webstuhl,
    arm und vom Alter gebeugt ruhen wir hier nun vereint,
beide von Kos und aus edlem Geschlecht. Wir grüßen dich, Frühlicht:
    eh du noch schienest, wie oft sangen wir Lieder dir zu.

### 130

Den die Musen geehrt, Timokritos birgt diese Erde,
    Wiege von Männern der Tat, Wanderer, in ihrem Schoß.
Der den Aitōlern einst zum Kampf für die Heimat sich stellte,
    gab sich die Losung, der Held: „Sieg oder Tod in der Schlacht",
und fiel in vorderster Front, dem Vater zu bitterem Leide.
    Doch was der Knabe gelernt, hat sich am Manne bewährt:
wie es Tyrtaios in Sparta gesungen, so trug es im Herzen
    der statt des Lebens Genuß rühmlichen Tod sich gewählt.

### 141

Bitteres Leid wird der Bruder der Stadt Aphroditens erregen,
    wenn in die Heimat er nun Asche und Urne nur bringt.
Du aber, Greis, der vom Kinde im Alter du Pflege erhofftest,
    siehst nur des Sohnes Gebein, der in der Fremde dir starb.

### 142

Traurig hatten das Los Hediste die Moiren gesponnen,
    als sie in Wehen nun kam, jung noch an Jahren, denn ach
nimmer sollte das Kleine in liebenden Armen sie halten
    und mit dem Quell ihrer Brust netzen den kindlichen Mund:
einen Tag nur sah es das Licht, dann holte die Tyche
    Mutter und Kind in das Grab – sah sie den Unterschied nicht?

### 147

Des Dēmẹtrios dreijährig Kind, das im Hause des Vaters
  herzig zu plaudern gewußt, ging zu den Toten nun fort,
einziges Kind seiner Eltern, Theọkrita. Sieh hier ihr Grabmal,
  Fremdling, von Blumen umhegt, wie sie die Jahreszeit bringt.

### 148

Sonnenschein war sie der Eltern und freudig der Hochzeit gedachte
  schon die Mutter. Doch ach, Hades, dem keiner entflieht,
hat in das dämmernde Dunkel das Mädchen herniedergezogen,
  liebliche Schönheit war Schirm nicht gegen bitteren Tod. —
Glücklich preise, o Vater, das Schicksal der Tochter, bedenke:
  eh sie noch Leides erfuhr, nahm sie Vergessenheit auf.

### 163

Was doch gewinnt sich der Mensch, der für Kinder alleine sich abmüht,
  wenn nicht bei Zeus der Entscheid, sondern bei Hades nur steht?
Hatte doch zwanzig Jahre der Vater auch meiner gewartet,
  sah darum dọch nicht der Braut Kammer und hochzeitlich Bett,
sah nicht den Vorhang der Brautstatt, noch lärmten in fröhlichem Zuge
  nächtens Gepielinnen mir rings um die zederne Tür.
Hin ist, was einst mich geschmückt. Ach Wehe über die Moira,
  Wehe über das Los, das sie mir Armer bestimmt!
Daß mir die Brüste der Mutter gespendet, verlorene Mühe:
  zahlt' ihrem Alter den Dank, den sie verdient, ich zurück?
Hätte dem Vater ich doch im Tode ein Kind nur gelassen,
  daß er nicht ewig um mich Grames-Erinnerung trägt.
Weinet, Gespielinnen, denn um die tote Lysạndrē, das Mädchen,
  welchem das Leben geschenkt Vater und Mutter für nichts.
Die zu dem Grabe ihr kommt, ich bitte euch alle von Herzen:
  weinet um mich, die zugleich Jugend und Hochzeit verlor.

### 170

Tränenlos gehe mir keiner am Grabe des Kindes vorüber,
  sondern als wäre ihm selbst solcherlei Leides geschehn,
weine er um Nikomẹd, den klugen Sohn des Theọphrōn,
  welcher, ein sechsjährig Kind, schon zu den Toten gemußt.

### 180

Kommst du, Wanderer, je nach unserer Stadt Herakleịa,
  sage: Polykrates' Kind brachten die Wehen ins Grab.
Denn als das Kleine zum Lichte sich rang aus dem Schoße der Mutter,
  ward Agathọkleia nicht leichte Entbindung zuteil.

## 182

Bringt mir zu trinken nicht her: als ich lebte, da hab' ich getrunken.
  Auch nicht zu essen: was solls? Eitles Getue doch nur!
Wollt aber mir zum Gedenken und unsrer Gemeinschaft im Leben
  Safran und Räucherwerk ihr, Freunde, mir spenden am Grab:
solcherlei Gabe ist würdig der Götter, die hier mich empfingen,
  Toter auch. Sonsten von euch brauchen hier unten wir nichts.

## 191

Hingerafft hat euern rühmlichen Sohn, Heraklit und Leaina,
  hingerafft männlicher Tod Leon in tapferem Kampf.
Denn auf Salamis hier, dem Eiland, die Äcker beschützend
  sank er von feindlicher Hand tödlich getroffen ins Gras.
Tut es ihm, Jünglinge, nach, dem Altersgenossen: auch er hat,
  mein' ich, der Väter gedacht, die einst den Meder gejagt.

## 193

Nicht empfing dich der Vorhang, den Safran tränkte, nicht Fackeln
  leiteten dich zu der Braut liebedurchwehtem Gemach,
Sohn Chairemons des höchlich gepriesenen, Herakleides,
  sondern sie führten dich hin zu der Vergessenheit Sitz.
Jammernd schlug an der Gruft deine greise Mutter die Brüste,
  nun aller Pflege beraubt – still blieb es vor deiner Tür.
Leidesbeschwert auch stöhnten um dich die Bürger der Heimat,
  ja selbst Hermes der Herr führte dich klagend hinab;
doch vom Verhängnisse wußte auch er keine Rettung: der Moiren
  Weisung folgt er allein, zeigt er zu Hades den Weg.

## 200

Plotia, dir nicht allein ward solches von Moiren gesponnen,
  Unglückselige du: Tränen und bitteres Leid.
Noch auch wurden um dich nur Brüste im Jammer geschlagen,
  denk daran: über den Tod siegte kein Sterblicher je.
Ach deine Mutter erfuhr es, im Herzen Leid um dich tragend
  und von dem grauen Haupt lösend die Haare im Gram.
Hat dich im Grab nun geborgen und auch dieses Mal dir errichtet;
  dir aber werde er leicht, hier dieser Staub, der dich deckt.

## 203

Hüte dich, o Stratonike, Persephones Eifersucht wachet!
  Denn daß dich Hades geraubt, war deine Schönheit nur schuld:
machte den Gatten zum Witwer, Aristonax, und der Mutter
  nahm er, Eirene, das Kind blühend in Jugend, der Gott,

nahm es dem Vater, genannt nach Artemis. Sieh, keiner Krankheit
    Siechtum raffte dich hin, sondern des Todes Geschoß
traf dich am heiligen Feste Dēmētērs, an dem auch ihr Mädchen
    Hades einstens geraubt, wie er dich, Schöne, geholt.

### 214

Eines allein ist den Menschen nach Zeus' Entscheidung gemeinsam:
    alle sterben wir einst, sehen die Sonne nicht mehr.
Gäb' es um Silber und Gold hier Lösung von solcherlei Satzung,
    nie wär' ein Reicher wohl je niedergestiegen ins Grab.

### 219

Rhodios heiß ich. Genug! Wozu noch die Lächerlichkeiten?
Was nur den Würmern ein Fraß, das lasse ich gerne dahinten.
Wer meine Meinung nicht teilt, der rechte mit mir drum im Hades.

### 228

Mit deinem Schmeicheln und Plappern, wie warst du die Freude der Eltern,
    wenn von dem kindlichen Mund süßes Geplauder dir floß.
Ach zwei Jahre nur sahst du, da raubte vom Schoß dich der Mutter,
    süße Nikopolis, schon Hades, der fühllose Gott.
Kleines du, sei mir gegrüßt, und leicht sei dir diese Erde,
    dem Reis, das kräftig aufsproß aus Sarapion.

### 241

Deinen Diener Georgos hast, Papias, du hier begraben,
    der auch im Leide dich nicht, in der Verbannung, verließ.

### 242

Als er noch lebte, da setzte der Tote sich selber das Grabmal:
    nur zu vergeßlich ja sind, die uns beerben, hernach.

### 244

Primus, welchen die Musen geliebt, liegt in diesem Grabe,
    blieb dem Tode nun nicht schuldig das mindeste mehr.

### 249

Sieben Jahre nur alt, liegt Xenophon in diesem Grabe.
    Währte sein Leben so kurz, blieb ihm doch Kummer erspart.

### 254

Ferne aus Tarsos kam dieser Tote, italische Erde
    nahm Musaios nun auf: wie liegt die Heimat so weit!

### 256

Dich, aller Herrlichkeit Zier, Dynatios, holte der Neidgott
   in dieses Grab: war er selbst ganz mit dem Herzen dabei?

### 258

Zosimē, die ich zuvor mit dem Leibe nur Sklavin gewesen,
   weiß mit dem Leibe nun auch jeglicher Fessel mich frei.

### 259

Weine, mein Vater, nicht mehr; sieh, feind ist uns allen der Dämon.
   Leb und vergiß: dein Sohn kann deine Hilfe nicht sein.

### 260

Eigen nicht war mir das Leben, es ward mir zu Lehen gegeben:
   die mir's geliehen, der Zeit bringe ich nun es zurück.

### 262

Tot bin ich. Ja, und ich warte auf dich, wieder du auf den nächsten.
   Ist ohne Unterschied doch allen der Tod uns bereit.

### 267

Kamest und machtest mich frei, viel süßer mir, Tod, als das Leben:
   Krankheit und Not sind vorbei und auch die elende Gicht.

### 268

Unersättlicher Hades, was raubtest dem Kind du das Leben?
   Wozu die Eile? Sind wir Schuldner nicht alle dir einst?

### 271

Dies der Popilia Grab, und Okeanos hat es gefertigt,
   welcher mein Gatte einst war und alle Bildung besitzt.
Leicht wird die Erde nun sein, und noch in der Tiefe des Hades
   will ich es preisen, mein Mann, was du mir Frommes getan.
Denke denn weiter an mich und oftmals an meinem Grabe
   werde dein Auge dir naß, rufst du mein Bild dir zurück.
Sag auch „Popilia schläft". Denn wer immer gut hier gewesen,
   geht zu den Toten nicht ein, schläft nur in süßester Ruh.

### 272

Siebenjährig, ein Kind, und im selben Grabe der Vater,
   Marcellinus genannt, beide, so Vater wie Sohn.

Andere ehren mit Kränzen dein Grab, mit Spenden, mit Tränen,
  Marcellinus, und auch Totengesängen. Gewiß,
aber dein Vater, er gab statt solchem das eigene Leben,
  wollte den Namen nicht nur teilen mit dir: auch den Tod.

### 278

Der sich auf jegliche Feinheit menandrischer Rede verstanden
  und auf der Bühne geglänzt, die Dionysos gehört,
solchen begruben die Diener des herzerhebenden Gottes
  hier, ihm selber zum Dank, der mit dem Efeu sich schmückt.
Ihr denn, die ihr der Kypris und Bromios' Dienst euch ergeben,
  geht an dem Grab nicht vorbei, das eure Gaben erheischt:
rufet vorüber ihm schreitend im Chor seinen rühmlichen Namen
  oder auch: regt eure Hand, Beifall ihm klatschend wie einst. –
  Ich rufe „Straton" und ich klatsche Beifall auch.

### 288

Eben vermählt, verständig, ein Jüngling freundlichen Sinnes,
  gutem Hause entstammt war er, untadliger Art,
hier dieser Tote. Nun jammert die Stadt, nun härmt in der Kammer
  einsam die Gattin sich ab, die ihren Gatten verlor.
Neidgott, solltest dich schämen, denn du und die Moiren – die Guten
  rafft ihr hinweg vor der Zeit, rührt nur die Schlechten nicht an.

### 292

Zweimal zwei Kinder ließ ich zurück, Nikephoros, als ich
  in meiner Gattin Arm, Chreste, des Todes verblich.
Glücklich die Mutter Helene, die solches Geschick nicht erlebte,
  doch was mein Vater ertrug, Lucius, war wider Gott:
eigenen Auges sah er die leblose Hülle des Sohnes,
  sah, wie der steinerne Sarg über dem Kinde sich schloß.

### 295

Crescentina, die kluge, umschließt diese Schütte von Erde.
  Jeglicher Tüchtigkeit Ruhm ward ihrem Leben zuteil.
War wie der Morgenstern einst den Menschen hier oben erschienen,
  stieg nun zum Hades hinab, leuchtet als Abendstern dort.

### 302

Kaum daß ich zwanzig der Jahre vollendet, da hat mich der Neidgott
  meinem Vater zum Schmerz aus diesem Leben geraubt.

Weine und klage nicht, Vater; denn seit ich geboren, du weißt es,
  war dies Schicksalsbeschluß, daß ich vom Licht wieder schied.
Sind auch der Jünglinge viele hier unten versammelt, mein Vater,
  um deren Tod vor der Zeit andere Väter geweint.

### 307

Jungfräulich starb ich Leonto und glich einer Blume des Frühlings,
  wie sie in blühender Zeit eben die Knospe erschließt.
Sollte mit fünfzehn Lenzen zu Hochzeit und Kammer mich rüsten,
  liege im Hades nun tot, halte nichtendenden Schlaf.

### 308

Tertius, lautrer als Gold, das einzige Kind seiner Eltern,
  wie auch ihr einziger Halt in ihrem Alter, erschlug
zwanzigjährig das Wüten des Dämons: so ohne Stütze
  ziehen sie nun, ohne Stab, altersgebeugt ihres Wegs,
Tertia und Dionys. Hat unbeständiger je noch
  Tyche sich Menschen gezeigt, hier nicht ihr Wesen enthüllt?
Kümmern sich Götter auch wohl um Sterbliche? Nein, wie die Tiere
  schleift es uns einfach so mit, so wie im Leben, im Tod.

### 309

Wie ich noch eben dem Vater mit kindlichem Stammeln geschmeichelt,
  hat mich der grausame Gott auf seinem Nachen entführt.
Mußte den lieben Erzeuger in bitteren Schmerzen nun lassen,
  den alle Hoffnung betrog, der um mein Schicksal sich grämt.
Hat statt der Hochzeitskammer das Grab mir gerüstet; des Feuers
  gieriger Zahn nahm hinweg, was an mir Sterbliches war.
Ach wie glücklich der Mensch, den unvermählt auch um Kinder
  nie die Sorge gequält noch seiner Kinder Geschick.

### 311

War, wie ich war: an Stimme, an Geist und an äußrer Erscheinung,
  und meine Seele so rein, wie sie ein Kindchen nur hat.
Glücklich war ich in Freundschaft und reich begabt mit Verstande.
  Nicht verstieg ich mich je, blieb auf der Erde zu Haus.
Wie ich gekommen, so ging ich: untadelig. Unfrommes Rätseln,
  ob ich schon einmal gelebt, ob es mir wieder vergönnt,
wies ich zurück. Ich wurde belehrt und lehrte dann selber,
  zeigte den Kindern die Welt, wie ich sie selber verstand,
lehrte sie göttliche Tugend. Du fragst nach dem Namen des Toten?
  Wurde Philetos genannt, stamme aus lykischem Land.

### 313

Hades raubte die Ernte der Jugend. Im Grabe der Väter
  deckt mich nun dieser Stein, mir zum Gedenken gesetzt.
Wurde Rufinus genannt, Aitherios hieß, der mich zeugte,
  die mich gebar, Agathē — ach sie gebar mich umsonst.
Denn in der Blüte der Jugend, und schon auf den Höhen der Dichtkunst
  mußt' ich zu Hades hinab, mußte das Totenreich schaun.
Stimme denn, Wandrer, auch du den Klageruf an vor dem Denkmal:
  bist eines Menschen auch du Vater ja doch oder Sohn.

### 320

Klagt um mein elend Geschick, die ihr dieses Weges daherkommt,
  bleibet ein wenig nur stehn vor diesem traurigen Krug.
Klagt um das ärmste der Mädchen, um dessen Tod seinen Eltern
  weder bei Tag noch bei Nacht Kummer sich endet und Gram:
rüsteten mir nicht die Ehe, und nie vor der bräutlichen Kammer
  sang mir vom Weine beschwingt einer ein hochzeitlich Lied.

### 324

Stumm ist der Stein, und dennoch lebendiger Zunge: so höre,
  halte ein wenig den Schritt auf deiner Wanderschaft an.
Teleas' Sohn Theopeistos: so nannten sie mich, und der Jahre
  sieben und zwanzig alt stieg ich zum Hades hinab.
Unbescholten in allem verlor ich das Leben zur Unzeit,
  trug keine Krankheit die Schuld: Willkürentscheid des Geschicks.
„Unglückseliger!" sagst du? Ich möchte dir solches entgegnen:
  Nicht doch: wurde mir nicht vielmehr des Glückes mein Teil?
Denn, so ein langes Leben nur Kummer und Sorge begleiten
  und, wer solches gesehn, dennoch dem Tode verfällt:
ist dann nicht jener vielmehr vor anderen glücklich zu preisen,
  welcher des Alters Beschwer nicht erst erdulden gemußt?

### 327

So ist der Mensch! Erblicke dich selber und was dich erwartet.
  Schau auf dies Bildnis nur hin, denke dann nach über dich.
Tu nicht, als hättest du noch unzählige Jahre zu leben,
auch nicht, als stürbest du balde, damit nicht im Alter die Peitsche
  spottender Rede dich trifft, wenn deine Armut dich drückt.

### 335

O meine Tochter, ich schwinde dahin in Tränen des Jammers:
  ach nur der Eisvogel ruft so nach den Jungen, mein Kind.
Widerhallen der Stein und das Grab, das verhaßte, die Klage,
  das aus dem Leben gelöscht, die meine Sonne du warst.

O wie Niobe einst der Tränen Fluten erstarrten,
   werd' ich am Grab hier gebannt ewig nun sitzen in Leid.
Hades, grausamer Gott, gib einmal noch frei meine Tochter,
   laß sie mich einmal noch schaun, wie ich im Leben sie sah:
wird doch Persephone selbst die kurze Frist nicht verargen,
   wenn nun der Mutter das Kind, ach nur im Traume, du zeigst.

### 340

Nimm diesen Gruß, mein Kind, vom Vater, dem tränenbeströmten:
   ob du im Hades auch seist, dennoch, mein Kind, sei gegrüßt.
Lösen wird sich des Herzens Last dem bitter Geprüften,
   trocknen der Tränen Strom, welche die Sehnsucht dir weint,
dann erst, teuerstes Haupt Leontios, wenn meine Seele
   dich einst wiedererkennt, mit dir im Tode vereint.

### 345

Tränen spende ich euch, von Leide schwere, ihr Lieben,
   tief aus des Herzens Grund stöhnet mein klagendes Lied.
Wahrlich ich Armer, ich treibe dahin in Strömen von Jammer,
   endlosem, nun aller Glanz, der mir geleuchtet, erlosch.
Wäre ich selber doch hier zur Grube niedergefahren,
   statt meiner Nachkommen Tod eigenen Auges zu schaun:
hat dich, mein Kind, deiner Jugend beraubt und des herrlichsten Glanzes,
   frevelnd den Enkel entrafft, dreimal drei Jahre nur alt.
Habt mit den Seligen nun den Weg zum Himmel gefunden:
   denket auch dort denn an uns und unser bitteres Leid!

### 347

Weh um die züchtige Gattin und Weh um den grausamen Dämon,
   welcher dem Manne geraubt, die ihm das Liebste hier war.
Dich, meine Teure, umfängt nun der Schlaf, du weißt nicht von Kummer,
   menschlicher Sorge und Not bist du für immer entrückt.
Nie aber wird dein Gatte der bitteren Qual sich entbürden,
   und seiner Tränen Quell trocknen die Jahre nicht aus.
Die ihm am Herzen nagt, die Wunde wird keiner je heilen,
   träte ein Gott auch herzu, legte die Hand ihm aufs Haupt.
Nein, solange er atmet, solange das Leben ihn festhält,
   solange trägt er ein Leid, das jeder Tag ihm erneut.

### 350

Parthenopeia, die schöne, in herrlicher Jugend erblühte,
   nahm Persephone auf, wohnt bei den Frommen nun dort.

Pluteus, Neidgott, du raubtest so wonnige Blüte des Lenzes,
  schnittest den Eltern ab edelster Hoffnungen Reis?
Ist sie denn wirklich gestorben (ich kann es nicht fassen), o sag mir,
  warum hielt nicht den Tod göttliche Schönheit zurück?
War ihr der Jugend Mitte, ja selbst das Alter beschieden:
  war sie nicht ebenso dein, wie sie als Kind es nun ist?
War unser aller Kind, war keiner, der sie nicht geliebt hat:
  nun besitzt du allein, Hades, die Tote für dich.

### 351

Freventlich raubtest du, herrischer Gott, ein blühendes Mädchen,
  liebliche Schönheit, der fünf Lenze nur waren vergönnt.
Glich einer Rose des Frühlings, die eben die Knospe entfaltet —
  schnittest die Blüte ihr ab, ehe die Zeit sich erfüllt.
Dennoch, ihr trauernden Eltern, getröstet euch, wehret der Klage,
  weinet nicht Tränen des Harms um euer liebliches Kind.
Wirkten ihr Liebreiz doch und die Anmut duftiger Wangen,
  wirkten sie doch, daß auch jetzt heiterer Glanz sie umfängt.
Glaubt nur den alten Geschichten: die hier eure Tochter gewesen,
  holten, sich ihrer zu freun, Nymphen, und raubte nicht Tod.

### 359

Lebte Penelope einst der Tugend, Felicitas stand ihr
  wahrlich an Tugend nicht nach, unserer Tage ein Kind.
Hörtest du, Dämon, nicht oft, wie vor ihrem Gatten zu sterben
  sie sich gewünscht, und du, gabst du der Bitte nicht nach?
Höre denn auch mein Rufen, ich habe gerechtere Bitte:
gönne dies eine mir nur: ich möchte im Reiche der Toten
  meine Felicitas einst wiederfinden bei dir.

Claudius hat, Agathinos der Arzt, Felicitas' Bildnis
  ihrem Gedächtnis geweiht: zeuge es von ihrem Ruhm.

### 372

Wer das Gerippe hier schaut, wer möchte vom Toten wohl sagen,
ob er wie Hylas so schön, oder häßlich nicht war wie Thersites?

### 374

Wäre mir Stimme gegeben wie Memnon, ich spräche zur Mutter:
Sieh hier, Mutter, dein Kind; denn Schöneres schauest du nimmer.

### 424

Geh' ich vorüber am Grabe der Lampis? Künde es, Stēlē. –

Wohl, der Frau, die fromm Kinder und Eltern geliebt.
Sei mir im Scheiden gegrüßt und wünsche dir dies von den Göttern:
    daß eine Gattin wie sie einmal im Haus dich empfängt.

### 434

Bote Persephones, Hermes, sag an, wen hier du geleitest
    hin zu des finsteren Reichs freudelosem Bezirk. –

Schmähliches Schicksal entführte Ariston dem Lichte des Tages,
    siebenjährig; er ruht zwischen den Eltern im Grab. –

Der unsrer Tränen du lachst, sag, Plutōn, ob unser aller
    Leben dir nicht gehört. Was also raubst du ein Kind?

### 435

Sieh, in dem Grab hier ein Kind. Sein Name ist? Wie es mit zarten
    Händchen dort nach der milch-spendenden Brust noch sich streckt! –

Menogenes war mein Name und Lolus hieß, der mich zeugte,
    den ich in bitterem Leid in seinem Hause nun ließ. –

Weh deiner Willkür, Moira, wie widervernünftig hast du
    Vater und Mutter zum Harm dies junge Leben gelöscht.

### 436

Niemals in Wort oder Tat, Gallonia, tatest du Unrecht,
    die aller Rechtlichkeit Ziel und aller Zucht du erreicht. –

Hat mich dein Vater doch nur und seine Weisung gelehrt
und dein Wandel, mein Marcus: ich brauchte nicht anderes Vorbild.

### 438

Theios der Gatte erbaute aus Stein dir die Wohnung der Toten,
    Atthis. Ach zweimal soviel zählt er der Jahre wie du.
Wäre statt deiner so gerne gestorben. O blindester Dämon,
    beiden nun löschtest du uns grausam den leuchtenden Tag.

Atthis, die mir nur gelebt, die in meinen Armen verhauchte,
    Quelle du einst meines Glücks, jetzt meiner Tränen allein,
Reine du, ewig Beklagte: was liegst du in schmerzlichem Schlafe,
    nimmer dem Gatten das Haupt schmiegend an Wange und Stirn?
Siehe, dein Theios ist einsam, dem Leben gestorben, denn mit dir
    schwand alle Freude dahin, sank jede Hoffnung ins Grab. –

Lethes löschenden Trank — ich habe ihn Hades verweigert,
  daß mir zum Troste doch hier deine Erinnerung bleibt,
Theios, der bittrer du leidest, weil keuschester Liebe Entbehrung,
  ewig geschieden von mir, einsamem Lager du klagst. —

Dies sei der Züchtigkeit Dank der ewig beweineten Gattin,
  Großem geringes Entgelt, und ihrer Tugend zumal —
dennoch: ich setzte den Stein, auf daß die Erinnrung ihr daure.
  Nur unserm Kinde zulieb sucht' ich nicht selber den Tod.
Sei denn auch dieses mein Dank: dir, Gattin, noch bring' ich dies Opfer,
  sehe noch fürder das Licht, wie auch verhaßt es mir sei.

### 440

Mir und dir, Sevēra, du göttliche unter den Frauen,
  hat diese Wohnung bestimmt Moira, wie Eisen so hart.
Möchte ich also auch hier dein Gatte ewiglich heißen,
  Candidus, der hierzuland wohl der Geringste nicht war. —

Möchten es, lieber Gemahl, die Unsterblichen also denn fügen:
  würde den schaurigen Tod nimmermehr fürchten, so ich
dir zur Seite hier läge und dein Arm liebend mich hielte:
  lebten unsterblich wir doch beide im Totenreich fort.

### 441

Das ist kein schweres Beginnen, die wackeren Männer zu loben,
  überall findet sich leicht Anlaß zu rühmlichem Preis.
Du auch gewannest ihn dir, Dionysios, welcher nun einging
  in der Persephone Haus, das für uns alle bereit.

Nur den vergänglichen Leib, Dionysios, deckt diese Erde,
  doch deine Seele, sie lebt, ging zu den Göttern nun heim.
Mutter und Brüder und Freunde, sie werden dich nimmer vergessen,
  ließest im Tode zurück allen das bitterste Weh.
Auch die du Heimat genannt, von Natur und nach Satzung der Menschen,
  beide gedenken noch dein, liebten dich um deine Art.

### 442

Baukis, der jungen, gehör' ich. Am vielbeweineten Grabstein
  hemm deinen Schritt und sprich so zu dem unteren Gott:
„Neidisch bist du, o Hades!" Und so du die Bilder dann ansiehst:
  Baukōs trauriges Los zeigen sie alle dir an.
Sieh, mit den Fackeln, zu denen die Hochzeitslieder erklangen,
  hat der Schwieger dahier nun ihren Holzstoß entfacht.
Ach und Hymenaios hat die festlichen Weisen des Jubels
  umgestimmt auf den Sang, welcher am Grabe ertönt. —

Stēlen und ihr, Sirenen, und trauriger Krug du der Toten,
  welcher das Wenige birgt, das hier als Asche verblieb,
grüßet den Wanderer mir, der am Grabe vorüberschreitet,
  sei es ein Mann dieser Stadt, komm' aus der Fremde er her.
Daß dieses Grab eine Junge umschließt, vermeldet auch dieses,
  und daß ich Baukis genannt, Tēlos mir Heimatland war;
sollen es alle erfahren; und daß mir Erinna den Grabspruch,
  meine Gespielin einst, auf diese Male gesetzt.

### 443

Sänger du heldischen Ruhmes, Athen, das veilchenbekränzte,
  das dich im Leben erzog, hat dich ins Grab nun gelegt.
Doch die im Lied du gepriesen, die Helden der Vorzeit, die boten,
  als zu den Sel'gen du kamst, dort dir zum Willkomm den Gruß.
Ach deiner Hymnen Klang ist verstummt und nimmer ertönet
  nun deiner Harfe Musik fürder hellenischem Land.
Süßer als Honig fürwahr entströmte Gesang deinen Lippen,
  wenn du die Leier gestimmt, Führer in festlichem Chor.
Himmlischer Musen hat keine gefehlt, es kam eine jede,
  brachte von Veilchen den Kranz, legte ihn dir auf den Stein;
kündete auch allem Volk, wie der Siege du viele errungen
  und wie nun Hellas nach dir immer in Trauer sich sehnt.

### 445

Männerschreckender Mut, im Namen würdig bezeichnet,
  eignete Thennas Sohn Leon, im Kampfe bewährt,
rühmlicher Eltern Kind. Damatria war seine Mutter,
  er seiner Heimat ein Stolz, allen Verwandten ein Schmuck.
Dreimal schwerer doch wog ihres Leides Bürde im Herzen,
  als er sie alle verließ, als er zum Acheron ging.
Und die Nymphen der Quellen und Echo, des Waldes Genossin,
  suchen den Jäger umsonst und seiner Meute Gebell.

Nicht hat mich Ares gefällt in blutiger Lanzen Getümmel,
  wenn ich mich kämpfend dem Feind mutig entgegengestellt,
sondern ein widrig Geschick verhängte unheilbares Siechtum,
  und ich lasse daheim einsam die Eltern zurück –
nie mehr werden die Hunde den hellen Anruf vernehmen,
  wenn ich zu lustiger Jagd über die Felsen mich schwang –,
lasse gar trauriges Leid der Mutter, der Zweizahl der Schwestern
  und meinem Vater dazu Leid ohne Ende und Ziel.
Unmündig bleibt im Hause ein Kind, eine Waise, der niemals
  wie der Sirene der Laut ewiger Klage verstummt. –
Doch du, trauriger Hades, wie grausam auch immer du sein magst,
  führe du ihnen den Sohn hin zu der Seligen Sitz.

### 447

Moschion hat ihren Sohn Posidonios nur für die Moira
  großgezogen, den Sohn, den sie in Liebe gepflegt,
hat ihre Hoffnungen hier dem Grab und der Asche gelassen.
  Trug sie vordem ihr Haupt hoch, ihres Stolzes bewußt,
heute geht sie gebeugt und kinderlos traurig des Weges.
  Unstetes Leben! Wie schnell fliegt alles Hoffen davon!

Trauriges Schicksal hat mich, der kaum sein Leben begonnen,
  hin zu des Hades Haus, gnadenlosem, entrafft;
hat ans Grab ihres Kindes die Mutter geführt, wo sie gramvoll
  stumm vor stummem Stein nun ihre Tränen verströmt.
Linderung wird ihrem Schmerz, wenn ich nächtens im Traum ihr erscheine,
  doch mit dem ersten Licht wird wieder Freude zu Leid.

Niemals weckte ein Grab wohl Gefühle der Freude, und wer gar
  schon in der Jugend verstarb, schuf seinen Eltern nur Leid.
Zwiefaches Weh doch entrang sich Moschion, ärmster der Mütter,
  als sie, des Pflegers beraubt, stöhnend den Sohn hier begrub.
Immer wird sie nun wimmern an trauriger Stätte, verlassen
  von ihrem einzigen Kind – ich werde Asche nur sein.

Jammernd um ihren einzigen Sohn, den innig geliebten,
  hat die Mutter den Stein an diesem Wege gesetzt.
Unerträgliches Leid sah ihr Alter. Wie glücklich Menander,
  daß er vor solchem Gram, vor solchem Kinde verstarb.

### 449

Musas strahlende Augen, die Nachtigall süßester Lieder,
  birgt dieses schlichte Grab, stumm ward ihr lieblicher Mund:
liegt nun starr wie ein Stein, die kluge, die weithin gerühmte.
  Werde die Erde dir leicht, welche, du Schöne, dich deckt.

Welcher schändliche Dämon hat schändlich meine Sirene,
  Nachtigall, dich mir geraubt und deinen süßen Gesang,
in einer einzigen Nacht von frostigem Tau überwältigt?
  Tot bist du, Musa, dein Blick leuchtet dem Auge nicht mehr,
und dein Mund ist verschlossen, der goldige. Von deiner Schönheit,
  von deiner Klugheit dazu blieb dir das mindeste nicht.
Fort mit euch, Qualen des Herzens. Umsonst alles Hoffen der Menschen.
  Wie es sich füge, bestimmt einzig das dunkle Geschick.

### 450

Wahrlich die Nymphen erbauten, die Nymphen für dich, Isidora,
  Töchter der strömenden Flut, hier deine Wohnung, mein Kind.

Neilo machte den Anfang, die älteste Tochter des Neilos,
    schuf eine Muschel der Art, wie in des Vaters Palast
tief auf dem Grunde des Flusses sie selber solch Wunder bewohnet.
    Und Krēnaia sodann, welche sich Hylas geraubt,
fügte die Säulen daran, auf daß eine Grotte sich wölbe
    jener ähnlich, in der Hylas die Gattin umfängt.
Und die Nymphen der Berge bestimmten den heiligen Baugrund:
    solltest geringeren nicht haben als diese, mein Kind.
Werde nicht länger, o Tochter, mit Klagen noch Opfer dir bringen,
    seit ich die Wahrheit erkannt: bist eine Göttin ja nun.
Naht euch mit Spenden daher und frommem Gebet Isidora:
    wurde, von Nymphen geraubt, Nymphe nun selber mein Kind.
Sei mir gegrüßet denn, Tochter. Du heißt eine Nymphe, die Horen
    schütten die Gaben dir aus, wie sie die Jahreszeit bringt:
weiße Milch und des Öles erlesene Feinheit der Winter,
    und Narzissen dazu breitet er üppig dir hin;
Frühling sendet dir dann der fleißigen Biene Erzeugnis,
    spendet der Rosen Duft, eben der Knospe entblüht;
Sommers Glut von der Kelter des Bakchos Gabe und Reben,
    dir zum Kranze gereiht, Zweige mit Trauben behängt.
All das wird dir zuteil und jährlicher Opfer die Fülle,
    wie es Unsterblichen ziemt. Halt' es denn selber auch so:
werde nicht länger, o Tochter, mit Klagen noch Opfer dir bringen.

### 451

Priesterin war die hier liegt im Grabe, dem tränenbeströmten.
    Hätt' einen Tempel verdient statt einer Gruft, als sie starb.
Raubte der hämische Hades die ewig Jungfrau geblieben,
    wundert euch nicht, denn zu Staub wurden Heroen sogar.

Bin eine Tote und Staub, und bin ich denn Staub, so auch Erde;
ist nun die Erde ein Gott, bin ich selber ein Gott, keine Tote.

### 452

Ewiger Schlaf hält Eros gefangen im Reiche des Hades.
    Liebe und Sehnsucht sind nicht dort bei den Schatten zu Haus.
Sondern der Tote liegt starr wie ein Stein, der feststeht im Erdreich,
    hat sich das zarte Blut erst mit dem Fleische gelöst.
Daher, solange du lebst, ergreife, was Edles sich bietet:
    trägst du noch Liebe im Sinn, nütze die Gaben der Zeit.

Wasser und Erde und Luft: die Summe von diesem, das war ich.
    Nun bin ich tot und dem All gab ich das alles zurück.
Allen steht dieses bevor. Was weiter noch? Woraus ich herkam,
    dahin ging ich zurück, als mir das Sterbliche schwand.

### 453

War nicht, wurde und war, bin nicht mehr. Dieses ist alles.
 So einer anderes sagt, lügt er: ich werde nicht sein.

   O wahre, Kind, die Zunge, daß du niemals fällst.
   So sie nur plaudert, richtet sie gar wenig an.
   Doch wenn sie strauchelt, hast du argen Leids genug.

### 454

Geh nicht vorüber diesem Spruche, Wanderer,
 bleib stehn und höre erst noch die Belehrung an:
Kein Fährmann ist im Hades und kein Nachen auch,
 kein Pförtner Aiakos und auch kein Höllenhund.
Und wir die Toten alle hier im Schattenreich
 sind Bein und Asche nur und weiterhin auch nichts.
Die Wahrheit sprach ich. Zieh des Weges, Wanderer,
 sonst schein' ich dir im Tode gar ein Schwätzer noch.

Bringt meiner Stēlē nicht Myrrhen und Kränze: sie ist nur von Marmor.
 Zündet auch Feuer nicht an: wäre vergeudete Müh.
Schenkt mir im Leben von dem, was ihr habt: die Asche hier tränkend
 macht ihr aus Erde nur Schlamm: Wein nehmen Tote nicht an.
Tot werd' auch ich einmal sein. Dann häuft mir den Hügel und saget:
 „Das, was er war vor der Zeit, ward er nun wieder im Tod."

### 459

Kleophon kehrte zurück. Doch er kehrte zurück, um des Sohnes,
 um der Gemahlin Tod eigenen Auges zu schaun.
Wiedersah er die Lieben. In finsterer Nacht doch erbebend
 stürzte das Haus und begrub alle, die in ihm gewohnt.
Ihn nur verschonte das Unheil, damit er in Gram sich verzehre
 um seines Hauses Verlust, Gattin und Diener und Sohn.

Hier liegt des Kleophon Sohn Kallippos und hier auch Aristo,
 hier liegen Mutter und Kind, beide vom Vater beweint.
Nicht ein gewöhnlich Geschick bezwang uns, sondern des Hauses
 Einsturz brachte mit eins Dreien den bitteren Tod.
In der verderblichen Nacht zu später Stunde entschlummert
 wohnen im Dunkel wir nun hier in Persephones Reich.

### 460

Mich, Hekataios' Tochter Theophile, wünschten zur Gattin,
 war ich auch fast noch ein Kind, Jünglinge viele der Stadt.
Aïdes kam ihnen allen zuvor mit seinem Verlangen,
 weil ich ihm schöner erschien, als es Persephone ist. —

Die Inschrift selbst, aus Stein gehauen, hier am Grab
  beklagt das Mädchen aus Sinope, Theuphile.
Hat doch der Vater seiner Tochter Fackelzug
  zur Hochzeit nicht, zur Grube nur den Weg geführt.

Nicht empfing dich die Kammer, Theophile, sondern die Stätte,
  wo du nun ewiglich schläfst, freitest Menophilos nicht,
wurdest mit Pluton vereint. Hekataios bleibt, deinem Vater,
  von seiner Tochter nur traurig der Name zurück;
sieht wohl dein steinern Bild, doch jegliche Hoffnung begrub ihm
  hier in des Kindes Grab Moiras gottlose Macht.

Welche im Glanze der Schönheit unter den Sterblichen prangte,
  zehnte der Musen, zugleich eine der Chariten war,
reif zur Hochzeit, ein Muster der Zucht, Theophile hat nicht
  Hades mit gieriger Hand sich in das Dunkel geholt:
Pluton entzündete ihr die Fackel zur Feier der Hochzeit,
  führte als Gattin sie heim drunten im nächtigen Reich.
Schweiget denn, Eltern, die Klage und setzet dem Jammer ein Ende:
  seht, der Unsterblichen hat einer die Tochter gefreit.

### 462

Stand an der Schwelle zur Mannheit und hatte noch Wangen wie Mädchen
  dieser Jüngling, und doch raubte ihn neidisch der Tod,
mitten aus tüchtigem Wirken der Hände. O hämischer Dämon,
  freventlich schnittest du ab Hoffnungen, eh sie erfüllt.
Du aber, Erde, sei leicht und freundlich nun Aquilinus,
  lasse ihm aus seinem Grab liebliche Blumen erblühn,
wie sie Arabiens Flur und Indien üppig hervorbringt,
  daß dieses Hügels Duft künftiger Menschen Geschlecht
Kunde noch gebe, wie hier ein Liebling der Götter begraben:
  gießet denn Spenden ihm aus, haltet die Tränen zurück.

Zwanzig Jahre erreichte, den jähe das Schicksal hinwegnahm.
  Weilt bei den Seligen nun: dies seiner Züchtigkeit Lohn.

### 463

Dies ist der Tempel Pomptillas, o Wanderer, die für den Gatten
  selbst sich das Schicksal erfleht: wo gäb' es süßeren Tod?

Als sich der Odem des Gatten dem Leib zu entringen getrachtet,
  als er der Lēthē Trank schon an die Lippen gesetzt,
neigte sich über Philippos, den sterbenden, liebend Pomptilla,
  nahm um den eigenen Tod willig sein Leben zum Dank. —

Welche Gemeinschaft zerschnitt ein grausamer Dämon! Pomptilla
    wählte den eigenen Tod, löste den lieben Gemahl:
leben durfte Philippos, der selber zu sterben begehrte,
    eines nur wünschet: daß bald Seele mit Seele sich eint.

Du allein hast vermocht, der Moira Verhängnis zu wenden,
    hast mit deinem Gebet grausame Mächte besiegt,
herzenskluge Pomptilla. Dein Ruhm geht über die Länder:
    gabst für den Gatten allein selber dein Leben dahin.

Nicht mehr Penelope preist, Euadne nicht fürder im Liede,
    die sich dem toten Gemahl nach in die Flammen gestürzt;
auch nicht Laodameia, die eignen Entschlusses zum Hades
    einst ihrem Gatten gefolgt in ihrem maßlosen Weh!
Schweigen gebiet' ich Alkestis, um deretwillen die Moiren
    brachen das strenge Gesetz, daß wieder lebe Admet.
Siehe, die Heldinnen alle, die vielgepriesen der Aion
    eintrug mit ehernem Stift in der Erinnerung Buch,
alle besiegt sie die eine Atilia, die für Philippos
    selbst sich das Ende gewünscht, das ihrem Gatten bestimmt.

Mögen aus deinem Gebein dir Veilchen entsprießen und Lilien,
    mögest, Pomptilla, du hier blühen in Rosen und Mai'n,
mögen der Erde dahier entwachsen in duftender Fülle
    Krokus, Levkoi, Amarant, decken dir Hügel und Grab,
daß wie dem schönen Narziß, Hyakinthos, dem ewig beweinten,
    dir auch Erinnerung bleibt, wenn deine Blumen hier blühn.

## 472

Wie ich am Feste der Götter und deinem ersten Geburtstag
    herzlich den Freuden des Mahls mich mit den andern ergab,
quälten dich elende Schmerzen, da eben die Zähne dir wuchsen,
    warfen mich selber, mein Kind, jähe in bitteres Leid.
Denn schon am dritten Tage, Theogenes, mußtest du sterben,
    machtest den Eltern mit eins jegliche Hoffnung zunicht.

Eben noch stöhnte der Vater am frischen Hügel des Söhnchens,
    war auch das Leichenmahl, wie es dem Toten gebührt,
eben erst ausgerichtet: als Tryphera, welche im Hause
    immer den Bruder gesucht in ihrem kindlichen Sinn,
vier Tage später bereits das gleiche Schicksal ereilte;
    beide erlagen sie so mitleidloser Gewalt.
Ach und die Eltern hassen die öde gewordene Wohnung,
    in der um Tochter und Sohn nimmer die Klage nun schweigt. —

War wie Honig so süß und atmete Wonne, das Kindchen,
    war wie Chariten so zart, welches die Gruft hier umschließt:
Tryphera, die wir beweinen, der Eltern herzige Freude,
    die nun ein feindlicher Gott grausam dem Leben entriß.

## 474

Der seine Kurzweil war, seinen Hund hat der Herr hier begraben,
    dankte dem braven Tier derart für Freude und Lust.
Liebe wird, wie du siehst, auch solchem Tiere vergolten:
    seiner Treue zum Lohn ward ihm der Grabstein gesetzt.
Nimm, der du dieses liest, einen wackeren Mann dir zum Freunde,
    der dich im Leben liebt, deiner im Tod nicht vergißt.

## 475

War nur ein kleines Hündchen, die Theia, und war doch in einem
    anhänglich, lieb, eine Zier — nahm das nun alles ins Grab.
Ach und das Mädchen weint um die zarte Gespielin und härmt sich
    um seines Pfleglings Verlust, dem es die Liebe bewahrt.

# REGISTER

## 1. VERZEICHNIS DER GEDICHTANFÄNGE

ἃ βάλε τοι Μοῦσαι 390
ἁ λάλος ἐν ζωοῖσι 216
ἁ τριέτις κούρα 147
ἄγγελε Φερσεφόνης 434
Ἀγήνακτος Ἀπολλόδοτος 64
Ἀίδης μὲν σύλησεν 313
ἀθάνατόν με θανοῦσι 12
ἀθάνατος ψυχή 465, 11
Ἀθηνοδώραν τὴν ἀγαθήν 413
Ἀθηνόδωρον ὅσδε 412
αἲ γὰρ ἐμοί, φίλ' ἄνερ 440, 5
αἰαῖ, σεῖο, Κομαλλίς 90
αἰαῖ συλλέκτροιο 347
αἴθ' ἐμὶν ἦς αὐδά 374
αἴθε σε μήτ' ἰδέειν 290, 5
αἰθὴρ μὲν ψυχάς 12, 5
Αἰλιανῷ τόδε σῆμα 353
αἱμύλα κωτίλλουσα 228
αἰνὴ Φερσεφόνεια 208
Αἰσχύλον Εὐφορίωνος 19
Ἀκίλιον Θεόδωρον 409
ἀκμαῖόν σε Ἀίδης 186
ἀκμᾶς ἐστακυῖαν 5
ἄλσεϊ καρποτόκῳ 124
Ἄμμη γυναικὶ τῇνδ' 404
ἄνδρας μὲν πόλις ἥδε 12, 9
ἄνδρες, τοί ποτ' ἔναιον 2
ἀνδρὸς ἀριστεύσαντος 77
Ἀνδρόμαχος μέγα πένθος 141
Ἄνδρων ἐνθάδε κεῖται 62
ἄνθεα πολλὰ γένοιτο 341
ἄνθρωπε, ὃς στείχεις 47
ἄνθρωπος κἀγώ τις 280
ἄνθρωπος τοῦτ' ἔστι 327
ἀντὶ γυναικὸς ἐγώ 54
Ἀντιγόνῳ Λεύκη 239
Ἀντιλόχου ποτὶ σῆμα 48
Ἀντιοχῇ Θεμίσωνος 131
ἄξια σοῦ, Θέλφουσα 14
ἄξιον οὐνόματος 445

ἀπλήρωτ' Ἀίδη 268
Ἀρέσκουσαν τήνδε 318
ἅρμενος ἦν ξείνοισιν 117
ἁρπαλέη νοῦσος 197
ἄρτι με νηπιάχοις 309
ἄρτι με νυμφιδίων 471
ἄρτι τέκνου νεόχωτον 472, 7
ἀρτίγαμος, σώφρων 288
Ἀρχία υἱὸς ὅδ' ἔστ' 116
Ἄρχωνος Νικώ 139
ἀσκήσαντα ὅσα χρή 69
Ἀσπασίας ναόν 110
ἀστὴν Ναυκράτεως 437
ἀστοῖς καὶ βασιλεῦσι 115
ἀστοῖς καὶ ξείνοισι 36
Ἄσων ἐνθάδε κεῖται 125
Ἀτθίς, ἐμοὶ ζήσασα 438, 5
Ἀττικοῦ Ἡρώδης 247
Ἀχιλλέως παῖς 405

βαιὸν ἐπιστήσας 323
βαιόν σοι τὸ μεταξύ 344
Βιττὼ καὶ Φαινίς 127

Γαλλονίας οὔτ' ἔργον 436
Γάστρωνος τόδε σᾶμα 53
γήρᾳ δή, Κλεόνικε 187
γηραιὰν ἄνοσον 68
Γλήνῳ Νιγρῖνος παιδί 403
γνῶθι μετ' εὐσεβέεσσι 322
γνωτὴ ἐμὴ Τσατεχᾶνι 397

δαίμονες ἀθάνατοι 465
δαίμονος ἀντιάσασα 331
δαιτὶ καὶ εἰλαπίναις 472
δάκρυα μὲν δειλοῖς 457, 9
δάκρυα νῦν σπένδω 345
Δϝεινία τόδε σᾶμα 23
δεινή μ' εἰς Ἀίδην 158
Δῆλος μέν σ' ἔθρεψε 202

## Verzeichnis der Gedichtanfänge

δὶς δέκα καὶ δισσούς 330
δμωὶς δρηστοσύνησι 243
Δωρόθεον, ξένε, τόνδε 135
Δώσιον ἥδε χθών 66

ἕβδομον εἰς δέκατόν τε 157
εἰ γένετ' ἰατρῷ 215
εἰ θέμις ἦν, θνητήν 99
εἰ θεός ἐσθ' ἡ γῆ 220
εἰ καὶ βουκόλοι ἄνδρες 176
εἰ καί μευ δολιχός 457
εἰ καί μοι θυμός 336, 3
εἰ καὶ Μοῖρα πρόμοιρον 464, 27
εἰ καὶ σοῦ κεύθει 448, 9
εἰ κέκρικας χρηστήν 209
εἴ σε Τύχη προὔπεμψε 91
εἰ τὰ θεῶν τιμᾶν 108
εἴ τι δικαιοσύνης 71
εἴ τι καὶ εἰν Ἀίδαο 210
εἰ τὸ καλῶς θνήσκειν 16
εἰκοσετῆ τὸν παῖδα 462, 11
εἴκοσι πληρώσαντα 302
εἷλε σόν, Ἡράκλειτε 191
εἰπέ, ποτὶ Φθίαν 181
εἰπεῖν τίς δύναται 372
εἰς θρήνους ἐφύλαξας 352
εἰς ἴα σου, Πώμπτιλλα 463, 25
εἴσιδε τὸν Νεμέας 172
εἴτε ἀστός τις ἀνήρ 50
Ἑλλάδι καὶ Μεγαρεῦσιν 6
Ἑλλάδος ὑμνῳδόν 443
ἐν ἀρώμασι καὶ στεφάνοις 422
ἐν γαίῃ μὲν σῶμα 465, 7
ἐν μὲν ὑπ' ἀγκαλίσιν 465, 13
ἔνθα Γεωργόν ἔθηκας 241
ἐνθάδ' Ἀναξάνδρου 55
ἐνθάδ' ἀποκεῖται Θεονόη 406
ἐνθάδ' ἐγὼ κεῖμαι νεκρά 451, 5
ἐνθάδ' ἐγὼ κεῖμαι Ῥόδιος 219
ἐνθάδ' ὁ ταῖς Μούσαις 244
ἐνθάδε γῆ κατέχει 65
ἐνθάδε τὴν Ἀγάθωνος 123
ἐνθάδε τὴν πάσης 61
ἐνθάδε τὸν πάσησι 256
ἐνθάδε Φίλων κεῖται 35
ἐννέα ἐτῶν ἐβίων 105
ἐννέα Πιερίδων 443, 9
ἐννέα τοι δεκάδων 155
ἐντεῦθ' ἀρχιερεύς 421
ἐξ εὐδαιμοσύνης 162
ἐξ ὕδατος καὶ γῆς 452, 7
ἐπ' ὠκυμοίρου τοῦτον 231
ἑπτὰ βίου δεκάδας 97

ἑπταέτης Ξενοφῶν 249
ἑπταέτους ὁ τάφος 272
ἐργάτις οὖσα γυνή 103
ἐσθῆς τοῦτο γυναικός 78
ἐσλὸς ἐὼν Πολύιδος 56
ἔστ' ἂν ὕδωρ τε ῥέῃ 29
ἕστηκεν μὲν Ἔρως 452
ἔστιν τοὔνομά μοι 305
ἔστρεψεν Μοιρῶν 463, 11
ἔσχατον ὠδίνων 194
Εὐαγόρου κούρην 164
εὕδεις, ὦ φιλότεκνε 446
εὕδιον ἐκ μακάρων 334
Εὐρυμάχου ψυχήν 74
εὐτυχία ζώοντες 156
Εὔτυχος Εὐτυχέους 310
Εὐτύχου ἠρίον εἰμί 270
εὐψύχει, Κύριλλα 263

ζήσας ὡς δεῖ ζῆν 255
ζῶν ἔτι Ἀπολλῶνις 242
Ζώπυρον Εἰφικράτους 112
Ζωσίμη ἡ πρὶν ἐοῦσα 258

ἡ γενεῇ δόξῃ τε 151
ἡ μὲν καλλικόμοις 456, 5
ἡ μίτος, ὥς φασιν 389
ἡ ποτε κυδιόωσα 293
ἡ στερχθεῖσα χύδην 126
ἦ καλὸν τὸ μνῆμα 40
ἦ μάλα δὴ περὶ σεῖο 469
ἦ μάλα δὴ πικρόν 44
ἦ μάλα δὴ φθίμενον 226
ἦ ῥά τις αἰχμήτου 39
ἥδε μέν, ἡνίκα πνεῦμα 463, 3
ἥδε πέτρος κεύθει 355
ἥδε σε, Νικόγενες 113
ἠίθεον Καλόκαιρον 296
ἠιθέους προλιποῦσα 455
ἥκει καὶ Νείλου 222
ἦλθεν ἀπὸ ξείνης 459
ἦλθες ἐμῆς ζωῆς 267
ἡλικίαν μὲν ἐμήν 107
ἡλικίη, μορφῇ 396
ἡλικίης χοϊκῶν 223
ἤλυθες οὐκ ἀβάτως 198
ἡμᾶς καὶ ζῶντας 114
ἤματι μὲν γενόμην 153
Ἡμέριον λιγύμυθον 384
ἤμην ὡς ἤμην 311
ἢν ὅσα τερπνὰ τοκεῦσι 148
ἢν ὅτε μοῦνον Ὑγῖνον 303
ἢν χρόνος, ἡνίκα τόνδε 138

ἠρία καὶ στῆλαι 171
ἡρπάσθη μεγάρων 301
'Ηρώδης οἳ τήνδε κόμην 356
ἡρώων πάντων 360

θάρσει· τέθνηκας 264
Θειοδότου πάϊς εἰμί 467
Θειοφίλην με θύγατρα 460
θεσμοὶ μὲν μεμέληντο 314

'Ιγορίοιο τάφος 276
ἱερὸς οὗτος ὁ χῶρος 393
'Ινδὸν ὅδ' ἀπύει 458
'Ιουλιανὸς μετὰ Τίγριν 377
'Ιουλίττα σώφρων 381
'Ισθμέ, παλαιγενέος 348
ἱστορίας δείξας 382

καὶ γράμμα πέτρης 460, 5
καὶ ζῶσαι πλούτου 468
καὶ πινυτήν, Στρατόνικε 329
καὶ σοῦ ἀποφθιμένου 469, 5
καὶ σὺ πάρος μούσησιν 342
καὶ φθιμένων ἀρετᾶς 213
Καλλία Αἰγίσθοιο 24
καρτερὸς ἐν πολέμοις 38
κάτθανον, ἀλλὰ μένω σε 262
κείμεθ' ὁμοῦ τρεῖς παῖδες 168
κείρατο μὲν πλοκάμους 149
κεῖσαι δὴ παρὰ μητρί 188
κεῖσαι δή, τέκνον 466, 7
κεῖται μὲν γαίῃ 465, 9
Κεκροπία μὲν ἐμοί 315
κἢν σπεύδῃς, ὦ ξεῖνε 395
κλαίει μέν σε τέκνον 466
Κλαυδίᾳ ὠκυμόρῳ 282
κλαύσατε πάντες ἐμόν 320
Κλεομάνδρου τόδε σῆμα 60
Κλώδιος, ὦ παροδῖτα 284
κοινὸν φῶς ἐσιδοῦσα 365
κομψὰν καὶ χαρίεσσα 433
Κόσμος ὅδε εὐμοίρως 298
κοῦρον ἔχω Κριτίην 297
κοῦρος Χρυσόχοος 104
κρύπτει μὲν χθὼν ἥδε 81
κωφῆς ἐκ πέτρης 324

λάϊνά σοι τύμβων 438
Λαμπίδος ἧρα τάφου 424
λείψανα Λουκίλλης 373
λῆξον στερνοτύποιο 437, 17
λοιμῷ θανούσης 51
λοίσθια δὴ Δορκώ 225
λυπρὸν ἐφ' Ἡδίστῃ 142

Λύσανδρον προγόνοισι 85
Λυσέα ἐνθάδε σῆμα 25

μάρτυς ἥλιος 70
Μειδίου υἱὲ Μένανδρε 204
μελλόγαμόν με κόρην 159
μὴ κίνει λίθον ἐκ γαίης 482
μή μοι πεῖν φέρεθ' ὧδε 182
μή μου ἐνυβρίξῃς 183
μή μου παρέλθῃς 454
μὴ μύρα, μὴ στεφάνους 454, 9
μὴ παρίῃς πολύδακρυν 326
μή τις ἀδάκρυτος 170
μηκέτι Πηνελόπην 463, 15
μητέρα ἔξηκα ὁσίως 106
μητέρι καὶ γενετῆρι 378
Μίκκης οὔνομα μοῦνον 354
μικρὰ μὲν ἡ λίθος ἐστίν 251
Μίλητος τύμβῳ 283
Μιλητουπόλιος 287
μνᾶμ' ἐπ' 'Ολιγείδᾳ 42
μνῆμα δικαιοσύνης 57
μνῆμα τόδε κλεινοῖο 76
μνῆμα φιλοφροσύνης 238
μνήμην τῆς ἰδίας 392
μνησθεῖσ' ὧν εἰς πίστιν 143
Μοῖρα λυγρὰ μήπω 447, 7
μοῖραν ἐμὴν δάκρυσον 319
μοιρίδιοι κλωστῆρες 349
Μουσῶν ἀοιδήν 439, 23
Μοψαῖον κόνις ἥδε 253
μύρεο τᾷδε Κίνωνα 169
μυρί' ἀποφθιμένοιο 140

Νειλογενὴς Μυρτώ 221
νηλὴς ὦ θάνατος 394, 11
νήπιος ἐν τύμβῳ 435
Νικίεω δέρκου 174
Νικοκράτης νέος ὤν 367
νύμφας Βαυκίδος εἰμί 442
νὺξ μὲν ἐμὸν κατέχει 391
Νύσης εὐτάκτου 366

Ξάνθον ἐγὼ στάλα 136
ξεῖνε, τίς εἶ; - Ζήνων 461
Ξένου ταφὰν τάνδε 411

ὁ πολλὰ πλεύσας 419
ὁ τᾶς ἀοιδᾶς ἁγεμών 414
ὁ τῆς σοφίης μελῳδός 415
ὁ τὸν πολυστένακτον 410
ὁ τύμβος ἐσθλὸν υἷα 471, 9
οἱ μὲν ἐμὲ κτείναντες 478
οἵδε παρ' Ἑλλήσποντον 11

# Verzeichnis der Gedichtanfänge

οἴδε παρ' Εὐρυμέδοντα 8
οἴδε πάτραν πολύδακρυν 17
οἴδε Συρακοσίους 13
οἵην συζυγίην 463, 7
οἶκον ἔδωχ' Ὑμέναιος 84
οἰκτρὰ πατὴρ ἐπὶ σοί 195
οἷς ἀρετῆς κατὰ πάντα 212
ὀκτωκαιδεκέτης 118
ὀκτωκαιδεκέτιν 316
ὄντως αἱ Νύμφαι 450
Ὀππιανὸς κλέος ἔσχον 388
ὅσσα γυναικείης 257
ὀστέα μὲν καὶ σάρκας 218
ὀστέα μὲν κρύπτει 129
ὅστις μὴ παρετύγχαν' 49
ὅτι μὲν πρόμοιρος 417
οὐ γάμον, οὐχ ὑμέναιον 471, 19
οὐ δολιχὴ παρ' ὁδόν 325
οὐ δορί με δμαθέντα 445, 9
οὐ Λήθης, Ἑρμαῖε 343
οὐ λόγον, ἀλλὰ βίον 333
οὔ με πατήρ, ὦ ξεῖνοι 160
οὐ μόνον αὐχοῦμεν 299
οὐ νῆας— τί δέ μοι 300
οὐ νόθον ἐκ προτέροιο 201
οὐ ξένος, ἀλλ' ἀστός 362
οὐ τάφος, ἀλλὰ λίθος 364
οὔ τί σε νώνυμνον 189
οὐ τὸ θανεῖν ἀλγεινόν 121
οὔ σπάνις ἐστὶ γυναικί 72
οὐδὲ θανὼν ἀρετᾶς 199
οὐδὲν ἐπ' ἀνθρώπων ἴδιον 379
οὐδένα λυπήσασα 468, 3
οὐθεὶς μόχθος ἔπαινον 441
οὐκ ἄλλου, παροδῖτα 137
οὐκ ἔθανες, Πρώτη 399
οὐκ ἔπιον Λήθης 438, 11
οὐκ ἔστ' οὐδὲν τέρμα 95
οὐκ ἔσχον τὸ ζῆν 260
οὐκ ἤμην, γενόμην 453
οὐκέτι δὴ μάτηρ σε 192
οὐκέτι σοι μέλλω 450, 11
οὐκέτι τὰν ἁβρόπαιδα 444,5
οὔνομά μοι Ζήνων 461, 9
οὔνομά μοι Μενέλαος, ἀτάρ 250
οὔνομά μοι Μενέλαος, ὁδοιπόρε 145
οὔνομά μοι Φιλόστοργος 304
οὔνομα Χρυσόγονος 248
οὔποτε γηθόσυνος 447, 13
οὗτος ὁ γῆς τέμνων 289
οὗτος, ὃς ἐνθάδε κεῖται 59
οὕτως πάντες ὄναισθε 261
οὐχ ὁσίως ἥρπαξες 351

24 Peek

οὐχὶ κεναῖς δόξαις 470, 5
οὐχὶ κρόκῳ παστός 193
οὐχὶ πέπλους, οὐ χρυσόν 92

παῖ πατέρος σαυτοῦ 102
παῖδά τοι ἰφθίμαν 83
παιδοκομησαμένη 447
παιδὸς ἀποφθιμένοιο 45
παῖς ἔτι νηπίαχος 290
Πάλλαντος εἴ τιν' οἶσθας 420
πάντα ὅσα τοῖς χρηστοῖς 245
πάντα Χάρων ἄπληστε 269
πάντα χθὼν φύει 370
παρθένε Θειοφίλα 460, 9
παρθένε, πρόσθε γάμου 346
Παρθενόπην κύνα θάψεν 474
παρθένος οὖσα τέθνηκα 307
πᾶσι θεοῖς θύσας 246
πᾶσι νόμος τὸ θανεῖν 369
πᾶσιν ἄμεμπτον ἀεί 67
πᾶσιν δακρυτός 150
πάτρην Ἡράκλειαν 180
πάτρης καὶ γονέων 437, 11
πατρίδ' ἐμὴν συγγνούς 165
πατρὶς μέν μοί ἐστι 306
πένθεα καὶ στοναχάς 152
πένθους καὶ στοναχῆς 93
πέντε με καὶ δεκέτιν 279
πέτρης εἰναλίοιο 128
πιέν, φαγὲν καὶ πάντα 479
πιστῆς ἡδείας τε χάριν 79
πλεῖστα μὲν εὐφρανθείς 456
πλεῖστον ἐν ἀνθρώποισι 73
Πλουτάρχου τόδε σῆμα 275
Πλωτία, οὐκ ἐπὶ σοί 200
πόλλ' ἀρετῆς μνημεῖα 63
πολλὰ μεθ' ἡλικίας 100
Ποπιλίης τάφος οὗτος 271
πορθμίδος εὐσέλμου 444
πότνια Σωφροσύνη 80
ποῦ σοφίης ἐρατῆς 211
Πούλχρα, σαοφροσύνης 368
Πραξίλλης τόδε σῆμα 236
Πραξιτέλει τόδε μνᾶμα 28
πρὶν μὲν Ὁμήρειοι 207
Προκλείδας τόδε σᾶμα 32
Πρόκλος ἐγὼ γενόμην 312
προξενίας ἀρετῆς τε 20
προσφώνησον, ὁδῖτα 119
πρωθήβην ἔτι κοῦρον 462
πρωτεύσαντα νέων 196
πρώτη Νύμφιον εἶδεν 398
Πωμπτίλλης ὅδε νηός 463

Ῥουφῖνα Κέλερος 416
Ῥουφίνης ἐμέθεν 400
ῥυσαλέης γραίης 274
Ῥώμης ἠδ' Ἀσίης 286

Σαλούιος Ἀριστείδου 386
σᾶμα τόδε Ἀρνιάδα 27
σάρκας μὲν πῦρ ὄμματ' 58
σὲ τὰν ποθεινάν 233
σεμνὴν Πηνελόπην 359
Σευῆρον πολύμητιν 357
σῆμ' ἐσορᾷς, ὦ ξεῖνε 273
σῆμα Θεόγνιδός εἰμι 31
σῆμά με Νυκτελίοιο 237
σῆμα μὲν ἴσθ' ὅτι τοῦτο 175
σῆμα πατὴρ Κλείβουλος 34
σῆμα Ῥόδης· Τυρίη 277
σῆμα τόδε Εὐδαίμων 336
σῆμα Φιλίνῳ τοῦτο 240
σῆμα φίλου παιδός 33
σῆμα Φρασικλείας 30
σῆς ἀρετῆς ἕστηκεν 87
σῆς ἀρετῆς, Νικοπτολέμη 88
Σιμία εἰμὶ τάφος 109
σκύλαξ ὁ τύμβῳ 458, 13
σμικρὸς οὐ σμικρὸν 423
σοὶ καὶ ἐμοὶ τόδε δῶμα 440
Σπάρτα μὲν πατρίς 37
στᾶθι πέλας, παροδῖτα 177
στάλα μανύτειρα 429
στᾶλαι καὶ σειρῆνες 442, 9
στάς, ξένε, τάνδ' ἄθρησον 448
στέλλεο Φερσεφόνας 203
στέμματ', ἀφ' ὧν πτοίη 394
στέργω καὶ φθιμένα 144
στῆθι καὶ οἴκτιρον 46
στῆθι λᾶον κατενῶπα 473
στῆθι φίλον παρὰ τύμβον 427
στήλη σοι λέξει 217
σύμβολα μὲν τέχνης 385
Συνναδεὺς θεράπων 291
σῶμα μὲν ἐνθάδε σόν 441, 5
σῶμα μὲν ἐντὸς γῇ 75
σῶν, Θεόδωρ', ὕμνων 443, 5
σώφρονα Κρησκεντῖναν 295
σωφροσύνας αἰδοῦς τε 266
σωφροσύνην ἤσκουν 98
σωφροσύνης ἀρετῆς 122

Ταρσέα Μουσαῖον 254
τᾶς Ἀφροδίτας 232
τέκνον ἐμῆς θυγατρός 96
τέκνον ἐμὸν Παῦλα 335

Τέρτιον εἰκοσετῆ 308
τέσσαρα τέκνα λιπών 292
τῇδε Μενανδρείων 278
τηλοῦ μὲν Φρυγίη 227
τηλυγέτῳ ἐπὶ παιδί 447, 19
τὴν Διὸς ἀμφίπολον 294
τὴν διτόκον μονόπαιδα 132
τὴν ἱερὰν κεφαλήν 252
τὴν κάλλος ζηλωτόν 460, 15
τὴν κυανῶπιν Μοῦσαν 449
τὴν μελίπνουν, ὦ ξεῖνε 472, 15
τὴν ὁσίην χαίρειν 178
τὴν πᾶσιν θαυμαστά 317
τὴν περικαλλέα Παρθενόπην 350
τὴν πολλοῖς δήμοισι 380
τὴν σὴν εὔνοιαν 265
τὴν τρίβον ὃς παράγεις 476
τήνω τοι τόδε σᾶμα 224
τί κλαίεις με, πάτερ 259
τί πλέον, ἐν μορφῇ 205
τί πλέον ἔστ' εἰς τέκνα 163
τί σπεύσας, Ἀίδη 401
τίπτε μάτην, ὦ ξεῖνε 328
τίς ἂν προσοίσει 481
τίς ἦν σ' ὁ θρέψας; 430
τίς θάνεν; — Ἡρωίς 426
τίς θνητῶν κραδίας 89
τίς θρήνων ἀδαής 455, 5
τίς μου τὴν σειρῆνα 449, 5
τίς σε, γύναι, Παρίην 428
τίς σου μοῖρα, τάλαινα 332
τλήμονες, οἷον ἀγῶνα 10
τλῆτε, νέοι, πόδα θέντες 21
τὸ πρὶν μὲν πάτρα 206
τὸ πρὶν ὁ σὺν Μούσαις 154
τὸ σᾶμα Δαμόνικος 407
τόδ' Ἀρχίου 'στὶ σῆμα 52
τοῖος ἐὼν Εὔγνωτος 161
τοῖσιν ἀνειρομένοις 321
τὸν γλυκερὸν χαρίεντα 467, 4
τὸν δεκαὲξ ἐτέων 167
τὸν Ἐπιμάχου με παῖδα 464
τὸν Ἑστιαίου 470
τὸν λιγυρὸν κόλποις 133
τὸν μέγαν ἐν Μούσαισι 358
τὸν Μούσαις, ὦ ξεῖνε 130
τὸν πάσης πολυβύβλον 134
τὸν σοφίης προὔχοντα 387
τὸν τάφον ἠργάζοντο 363
τὸν τέχνῃ λάμψαντα 446, 5
τόνδ' ἀρετᾷ λάμψαντα 22
τόνδ' Ἀσκληπιάδην 82
τόνδε ποτὲ Σπάρτα 146

Verzeichnis der Gedichtanfänge

τόνδε τοι, Ἀστέρι, βωμόν 338
τόνδε τοι, ὦ Πάρι, τύμβον 337
τοὐπικλέος παιδός 26
τοὺς ἀγαθοὺς ἔστερξεν 94
τούσδε ποτὲ φθιμένους 3
τοῦτ' Εὔοδος βροτοῖς 465, 17
τοῦτο μόνον θνητοῖς 214
τοῦτο σαοφροσύνας 438, 15
τύμβε, τίνος τόδε σῆμα; 425
τύμβον δαιδάλεον 281
τύμβος ὁ μυριόκλαυστος 451
τύμβῳ τῷδε Βόηθον 111
τῷ κενῷ τύμβῳ 229
τῶν αὑτοῦ τις ἕκαστος 43
τῶνδε δι' ἀνθρώπων 7

υἱὸς Βίωνος Ἀπίων 234
υἱὸς ἐγὼ Κάλλιππος 459, 7
υἱοῦ Τλασίαϝο 18
υἱοῖς δυσίν με ἔθηκεν 408
ὕπνος ἔχει σε, μάκαρ 339

Φιλοστράτα βέβηκα 418
φράζε, γύναι, γενεήν 431
φράζε, τίνος γονέως 432
φρόντιζ', ἕως ζῇς 480

χαῖρε, Ἡρακλείδα 185
χαῖρε, Κλέων, καί σοι 120
χαῖρε, Κρίτων· σοὶ μέν 184
χαῖρε Λεοντιανοῦ 340
χαῖρέ μοι, ὦ ζωή 402
χαῖρέ μοι, ὦ Μητρόδωρα 375
χαῖρε, τάφος Μελίτης 101
χαῖρε, Χάρων, οὐδίς 41
χαίρετε, ἀριστῆες 9
χαίροις, ὦ παροδῖτα 371
χθονίων ἔνερθε 439
χρῆμα τὸ πᾶν Θείας 475

ψυχολιπὴς πολύδακρυς 166
ψυχρὸν ὕδωρ δοίη 376

ὦ ξεῖν', ἀγγέλλειν 1
ὦ ξεῖν', εὔυδρον 4
ὦ ξεῖνε, τόνδε τύμβον 235
ὦ ξένε, θάησαι 173
ὦ ξένε, Μύσης παῖδα 230
ὦ παῖ, φυλάσσου 453, 3
ὦ παρ' ἐμὸν στείχων 179
ὦ παριών, ὑγίαινε 477
ὦ τὸν ἀείμνηστου 86
ὦ Χρόνε, παντοίων 15
ὧδ' ὑπ' ἐμοί, παροδῖτα 285
ὤλεο δὴ στυγερῷ 190
ὡς ἀγαθὸν καὶ παῖδα 361
ὡς φυτὸν ἀρτιθαλές 383

## 2. VERZEICHNIS DER EIGENNAMEN

(Verszahlen sind nur bei den längeren Gedichten angegeben.)

### a) DIE TOTEN UND IHRE ANGEHÖRIGEN · VERFASSER VON EPIGRAMMEN

Ἄβα 412
Ἀβάσκαντος 286, 3
Ἀγαθάγγελος 466, 1
Ἀγάθη 313, 4
Κλαύδιος Ἀγαθῖνος 359, 8
Ἀγαθόκλεια 180
Ἀγαθοκλῆς 208. 253 (Ἀγαθοκλίων)
Ἀγαθόνικος 314, 1
Ἀγάθων 123
Ἀγασικλῆς 122
Ἀγέμας 213, 4
Ἀγῆναξ 64
Ἀγλαοφῶν 155
Ἀγχίαλος 174, 4

Ἄδμητος 299, 3
Ἀθήναιος 430
Ἀθηναΐς 315, 6
Ἀθηνίων 173, 13
Ἀθηνοδώρα 413
Ἀθηνόδωρος 412
Ἀθηνοκλῆς 63
Αἴγισθος 24
Αἰθέριος 313, 3
Αἰλιανός 353
Αἰνέας 67
Αἰνείας 393, 1
Αἰσχίνης 114
Αἰσχύλος 19 (d. Tragiker). 331, 7

Ἀκαταμάχητος 408
Ἀκύλας 362
Ἀκυλῖνος 462, 5
Ἀλεξάνδρα 351, 5
Ἀλέξανδρος 140. 143, 9. 394, 5
Ἀλίνη 176. 235, 4. 429, 3
Ἀλκαίνετος 116
Ἀλκήν 469, 2
Ἀλκιάδας 117
Ἄλκιμος 325, 3
Ἀλκμεωνίς 178
Ἄμμη 404
Ἀμμία (481)
Ἄμμιον 211
Ἀμμωνία 437, 9, 15, 19
Ἀμμώνιος 168, 2, 3. 210. 415
Ἀμφαρέτη 96
Αὐρήλιος Ἀμφικτύων 267
Ἀμφίλοχος 222
Ἀμώμητος 172
Ἀνάξανδρος 55
Ἀνδρέας 137, 8
Ἀνδρόμαχος 141
Ἄνδρυς 281, 2
Ἄνδρων 62
Ἀνθίππη 73
Ἀντίγονος 239
Ἀντίλοχος 48
Ἀντίνοος 420, 2
Ἀντιοχίς 217, 6
Ἀντίπατρος 124
Ἀντίφιλος 92
Ἀντιφῶν 69. 471, 5
Ἀπᾶς 235, 4
Ἀπίων 234, 1
Ἀπολλόδοτος 64
Ἀπολλώνιος 143, 9. 165, 3. 173, 13. 291.
  378, 8. 407
Ἀπολλῶνις 242
Ἀπολλώς 205, 3. 306
Ἀράτα 444, 3, 8
Ἀράτιος 183
Ἀργόναϊς 124
Ἀρέσκουσα 318, 1, 16
Ἀριδείκης 189
Ἀριστάναξ 141
Ἀρισταρέτη 167, 15
Ἀρίσταρχος 212
Ἀριστέας 334, 11
Ἀριστείδης 386
Ἀριστίνη 416
Ἀριστόδαμος 179
Ἀριστόδημος 280 (Akrostich)

Ἀριστόδικος 111
Ἀριστοκλῆς 100
Ἀριστοκράτης 139, 5
Ἀριστόμαχος 209. 293, 9
Ἀριστόπολις 459, 8
Ἀρίστων 206, 3. 434
Ἀριστῶναξ 203, 3
Ἁρμόδιος 437, 6, 16, 20
Ἀρνιάδας 27
Ἁρποκρατίων 423
Ἀρσινόα 429, 3
Ἀρσινόη 437, 7
Τερέντιος Ἀρτεμίδωρος 279, 3
Ἀρχαγάθα 162, 6
Ἀρχεδίκη 77
Ἀρχέμαχος 83
Ἀρχίας 52. 116
Ἀρχιδίκη 209, 6
Ἀρχίππη 428, 6
Ἄρχων 139
Ἀσιατικός 408
Ἀσκληπιάδης 287
Ἀσκληπιόδοτος 231, 1
Ἀσπασία 110
Ἀσπασίη 78
Ἀστέρι(ο)ς 338
Ἄστη 238
Ἀσφαλίων 290, 6
Ἄσων 125
Ἀσώπιχος 95
Ἀτθίς 438, 2, 5, 15
Ἀτίνια 352, 1
Ἄτταλος 269
Ἀττικός 247
Αὔγη 435
Ἀφροδισία 164, 7
Ἀφροδισίη 126
Ἀφροδίσιος 305
Ἀχιλλεύς 326, 7. 405

Αὖλος Βαβύλλιος 428, 3
Βακχίδας 479
Βαλεντῖνα 394, 5
Βασιλόκλεια 417, 5
Βάσσιλλα 380, 6, 10
Βαυκίς 442, 1
Βαυκώ 442, 4
Βελτίστη 106
Βένους 303, 5
Βιόηρις 457, 7, 15
Βιότη 79
Βίττη 54
Βιττώ 127

## Verzeichnis der Eigennamen 361

Βίων 234, 1
Βόηθος 111
Βότριχος 146
Βοῦς 230

Γάιος 177. 363
Γαλλονία 436
Γάστρων 53
Γέμελλος 277
Γεμίνιος 259
Γέμινος 259
Γεώργιος 467, 1, 4
Γεωργός 241
Γλαυκιάδης 94
Γλαῦκος 31
Γλῆνος 403
Γλυκέρα 72
Γοργίας 334, 2
Γόργος 134
Γραφικός 355

Δαμαίνετος 83. 144, 7
Δαμασίστρατος 26
Δαμασσαγόρας 138
Δαματρία 445, 3
Δαμάτριος 147
Δαμόνικος 407
Δαμότιμος 226
Δάμων 168, 2
Δαφναῖος 171
Δάφνις 238
Δάψιλος 466, 3
Δεινῆς 55
ΔϜεινίας 23
Δεινίας 186
Δεξώ 226, 6
Δερξίας 181
Δημήτριος 150. 202, 2. 216
Δημοκλέης 125
Δημόστρατος 67
Δημῶναξ 425, 3
Διλίπορις (395)
Διογείτης 65
Διογένης 194, 10. 220
Διογενίς 110
Διοδώρα 332, 5
Διόδωρος 33. 197. 220
Διομήδης 338
Διονυσία 92. 317, 3
Διονύσιος 20. 133. 148, 5. 157, 5. 308, 5.
   336, 1, 3. 432, 19 (Dichter). 441, 3, 5
Διόσκορος 326, 7

Διοσκουρίδης 288
Διότιμος 167, 13
Δόξα 319, 2
Δορκώ 225
Δύνατις 256
Δωρίς 322
Δωρόθεος 135
Δῶρος 145
Δώσιος 66

Εἰράνα 203, 4
Εἰρήνη 202, 6
Εἰφικράτης 112
Ἑκαταῖος 333. 460, 1, 8, 11
Ἐλάτη 431, 6
Ἑλένη 292
Μαρκία Ἑλίκη 392, 15
Ἑλλάς 169
Ἐλπίς 143. 284, 3
Ἐλπιτύχη 328, 8
Ἐπαρχίς 428, 5
Ἐπήρατος 166
Ἐπίγονος 137
Ἐπικλῆς 26
Ἐπίμαχος 464, 1, 6
Ἐπίνικος 332, 5
Ἐπιτύγχανος 389, 4
Ἐπιτυγχάνων 420, 17
Ἐπιφανία 398
Ἐρατώ 214
Ἑρμαγόρας 282
Ἑρμαῖος 343, 1
Ἑρμέρως 293, 9
Ἑρμίας 129
Ἑρμογένης 158, 5
Ἔρως 452, 1
Ἑστιαῖος 470, 1, 9
Εὐαγόρας 164
Εὐανδρίδας 470, 2
Εὔβιος 85
Εὔβουλος 229
Τι. Κλαύδιος Εὐγένης (268)
Εὔγνωτος 161
Εὐδαίμων 336, 1, 6
Εὔδαμος 227, 5
Εὔδημος 163, 14
Εὐθύδαμος 224
Εὔθυλλα 79
Εὐκλῆς 179
Εὐκοσμίδης 52
Εὐμοιρῆς 189
Εὔοδος 465, 14, 17
Εὐρύδικος 22

Εὐρύμαχος 74
Εὐρυμενίδης 471, 10
Εὐτόνιος 387
Εὐτυχής 310
Εὐτυχία 123. 365
Εὐτυχίδης 293, 7
Εὔτυχος 270. 289. 310
Εὐφάνης 69. 71
Εὐφορίων 19
Εὐωπίδης 78
Ἐχεκρατίδης 56

Ζήλων 144, 10
Ζηνόβιος 360, 4
Ζήνων 458, 11, 23. 461, 1, 7
Ζώης 316, 4
Ζώπυρος 112
Ζωσίμη 258
Ζώσιμος 300, 7
Ζωτικός 383

Ἤγιλλα 107
Ἡδίστη 89. 142
Ἡδύλη 194, 1
Ἠίθεος 393, 2
Ἡλιόδωρος 285, 1. 461, 1, 15
Ἡμέριος 384, 1
Ἡράκλεια 99
Ἡρακλείδας 185
Ἡρακλείδης 193, 3. 288. 380, 5
Ἡράκλεις 360, 9
Ἡράκλειτος 191
Ἡρᾶς 427, 7
Ἤριννα 442, 16 (d. Dichterin)
Ἡρώ 471, 6, 15, 20
Ἡρώνδας 117
Ἡρώδης 164, 26 (Dichter). 165, 24 (ebs.).
    247 (Ἀττικός). 252. 356, 1, 4
Ἡρωίς 426

Θαρσύμαχος 199, 3
Θαυμάσιος 413
Θειογένης 472, 5, 9
Θειόδοτος 467, 1
Θεῖος 438, 1, 9, 13, 18
Θειοφίλη 460, 1, 6, 9, 16, 22
Θεμιστοκλῆς 131
Θεμιστώ 437, 7
Θεμίσων 131
Θέννας 445, 2, 16
Θέογνις 31
Θεόδωρος 221. 342. 409, 3, 4. 443, 1, 5, 10.
    (478). Ἀκίλιος Θεόδωρος 409, 1

Θεοκρίτα 147
Θεονόη 406
Θεόξενος 405
Θεόπειστος 324, 3
Θεόφιλος 315, 4
Θεόφρων 170
Θέρμιν (Θέρμιον) 439, 4, 24
Θεύδοτος 66. 198
Θευδώρα 148
Θευκλείδης 299, 5
Θέων 196, 3
Θηδόσιος 429, 3
Θράσων 47
Θρέπτος 255

Ἴασις 109
Ἰγόριος 276
Ἱέραξ 411, 7
Ἴναχος 207, 4
Ἰουλιανός 377 (d. Kaiser)
Ἰούλιος 177
Ἰουλίττα 381
Ἱππίας 77
Ἱπποκράτης 240
Ἰσιάς 128. 205, 2
Ἰσιδώρα 450, 1
Ἰσίων 349
Ϝίσων 28
Ἰωνίς 358, 5

(Καδάνας) 227
Καλλίας 24
Καλλίγονος 419, 6
Καλλίνικος 419, 1
Καλλιόπα 140
Κάλλιππος 459, 7
Καλλίστιον 300, 7
Καλλιστώ 316, 2
Καλόκαιρος 296
Καλοῦς 197
Κάνδιδος 440, 4
Καπίτων 344, 2
Καπίων 225
Καρίνη 114
Κατάφρονις 396
Κέλερ 416
Κίβλις 402
Κιλικία 293, 7
Κίλλη 378, 8
Κίνων 169, 1
Κλεαρίστη 196
Κλείβουλος 34
Κλειδημίδης 80

Κλείδημος 80
Κλειογένης 194, 12
Κλειορόδη 148
Κλείσφυσσα 144, 8
Κλειώ 207, 7
Κλεοδόξα 162, 5
Κλεοίτης 45
Κλεόμανδρος 60
Κλεόνικος 187
Κλεοπάτρα 448, 1, 9
Κλεοφῶν 459, 1, 7
Κλευμάτρα 182
Κλευμαχίς 207, 10
Κλέων 120
Κόθαινα 233, 1
Κοῖνος 153
Κομαλλίς 90
Κόσμος 298
Κρατίστα 83
Κρησκεντῖνα 295
Κρῖος 59
Κριτίης 297
Κρίτων 184
Κροῖσος 46
Κυδίλα 144, 5
Κύριλλα 263. 281, 2

Λαίνιλλα 257
Λαμπίς 424
Λάμπων 181
Λαυδίκη 325, 3
Λέαινα 191
Λεαρέτη 40
Λέαρχος 186
Λεοντεύς 22
Λεοντιανός 340
Λεόντιος 199, 7
Λεοντώ 307
Λευκεία 315, 14
Λεύκη 239
Λεύκων 114
Λέων 191. 445, 2, 20
Λεωνίδας 404
Λικινία Χῖα 261
Λόλους 435
Λουκίλλη 373
Λούκιος 292
Λούκουλλος 342, 7
Λύκων 188
Λυσάνδρη 163, 13
Λύσανδρος 85
Λυσανίας 439, 4
Λυσᾶς 439, 28

Λυσέας 25
Λύσιλλα 68
Λυσίνους 229

Μᾶ 124
Μάγνος 358, 3
Μαιάνδριος 82
Μαίανδρος 82
Μακαρεύς 91
Μαλίχα 65
Μαρθίνη 346
Μάριος 331, 9
Μαρκελλῖνος 272
Μᾶρκος 301, 1, 8. 436
Μαστοῦς 115
Ματρέας 216
Ματρόδωρος 232, 8
Μάτρων 437, 7
Μάχαιος 162, 7
Μεγιστίας 76
Μειδίας 204
Μελάνθιος 446, 1, 5
Μέλας 376
Μελινώ (468)
Μελίτη 101
Μένανδρος 204. 447, 21. 470, 9
Μενεκλῆς 414
Μενεκράτης 18. 232, 8
Μενέλαος 145. 250. 437, 1
Μενέσαιχμος 45
Μενεσθεύς 175
Μεννέας 141
Μένων 81. 100
Μεσσία 396
Μηνᾶς 457, 8, 15. 466, 3
Μηνεόδωρος 285, 3
Μηνογένης 435
Μηνόδωρος 227
Μηνοφίλα 433, 2
Μηνόφιλος 460, 10
Μητρόβιος 358, 6
Μητροδώρα 375
Μητρόδωρος 216
Μητροφάνης 421
Μίδης 29
Μίκκη 354
Μικυλίων 105
Μίλητος 283
Μιλτιάδης 384, 2
Μνησαρχίδης 108
Μοδέστα 331, 1
Μόρφων 251
Μόσχιον 204. 447, 2, 16

Μόσχος 291
Μοῦσα 449, 1, 4, 8. 466, 12
Μουσαῖος 254
Μόψος 253
Μυρρίνη 51
Μυρτώ 221
Μύση 230

Νανηλίς 378, 7
Νάννιον 216, 4
Ναννίς 280, 8
Νάρκισσος 364
Νεμέα 172
Νεολλαρίων 102
Νιγρῖνος 403
Νικαία 332, 4
Νίκανδρος 266. 432, 3
Νικαρέτη 103
Νίκαρχος 160, 6. 455, 2
Νικασώ 185
Νίκη 304
Νικήφορος 292
Νικίας 174, 1
Νικόβουλος 87
Νικογένης 113
Νικόδικος 43
Νικοκράτης 367
Νικόλαος 477
Νικόμαχος 300, 8
Νικομήδης 170
Νικόπολις 228, 4
Νικοπτολέμη 88
Νικώ 139. 274
Νόητος 231, 2
Νουμήνιος 106. 153. 430
Νυκτέλιος 237
Νύμφιος 398
Νύσα 366

Ξάνθος 136
Ξεινοκλῆς 39
Ξενόκλεια 455, 1, 5
Ξένος 411, 1
Ξενόφαντος 34
Ξενοφῶν 249
Ξένων 160, 5

Οἰνάνθη 390, 2
'Ολυμπιάς 393, 5
'Ολιγείδας 42
'Ομάρα 397

'Ονασικλῆς 273
'Ονήσιμος 101
'Ονησώ 58
'Ονίας 429, 4
'Οππιανός 388 (d. Dichter)
'Ορέστης 81
Ὄρφη 293, 9
'Οσθίλος 42
Οὐίβιος 341

Πάλλας 420, 1
Παμφίλη 84
Πανταλέων 70. 213, 4
Παπίας 241
Παρθενόπη 350, 1, 10
Πάρις 337
Παρμονίς 389, 4
Πασίων 302
Παῦλα 335, 1, 8
Παυλῖνα 394, 8
Παῦλος 415, 5
Πεισιάναξ 26
Πεῖσις 149, 6
Πέλοψ 417, 6
Πηλεύς 299, 6
Πλαύτα 132
Πλειστίας 37
Πλούταρχος 275
Πλοῦτος 217, 5, 7
Πλωτία 200
Πόθων 81
Πολλείας 169
Πολύιδος 56
Πολυκράτης 180
Πομπηία 352, 5
Πομπήιος 352, 4
Ποπιλίη 271, 1, 7
Ποσειδώνιος 202, 5
Ποσιδώνιος 447, 1
Πούδενς 352, 5
Πουλυδαμαντίς 195
Ποῦλχρα 368
Πραξίλλη 236
Πραξιμένης 18, 5
Πραξιτέλης 28
Πρῖμα 321
Πρῖμος 244
Πρόθυμος 349
Πρόκλα 303, 6. 415, 5. Κλαυδία Πρόκλα 282
Προκλείδας 32
Πρόκλος 312. 400, 1
Πρώτη 399
Πρωτόμαχος 119

Πτολεμαῖος 164, 7. 165, 3
Πυθαγόρης 20
Πύρρος 122
Πῶλλα 301, 2
'Ατιλία Πώμπτιλλα 463, 1, 5, 8, 13, 25
Πωτάλα 190

'Ράδων (? 'Ραδώ?) 279, 4
'Ρόδη 277
'Ρόδιος 178. 219
'Ρουστικός 352, 3
'Ρουφῖνα 400, 1. 416, 1
'Ρουφῖνος 313, 3
'Ροῦφος 274 (Akrostich) 301, 5

Σαβῖνος 339
Σαλούιος 386
Σαραπίων 228, 6
Σάτυρος 140, 8
Κλώδιος Σεκοῦνδος 284, 1
Σέλευκος 175
Σέξτος 385
Σευήρα 440, 1
Σευῆρος 357
Σεύθης 464, 2
Σήμων 25
Σίμαλος 439, 5
Σιμίας 109
Σῖμον 99
Σιμυλίς 188
Σίμων 456, 3
Σίννας 469, 6
Σόλων 401
Σοφοκλῆς 471, 5, 9, 23
Σπουδοκράτης 86
Στησίας 33
Στράβων 378, 7
Στρατονίκη 203, 1
Στρατόνικος 329
Στράτων 278, 9
Σύμη 158, 5
Σύμμαχος 456, 4, 6
Συριανός 312
Σφαῖρος 221
Σωγένης 330, 6
Σωκράτεια 432, 4, 18
Σωκράτης 470, 7
Σωσαγόρας 167, 16
Σωσαμενός 149, 4
Σώσανδρος 213, 5
Σωσίνους 57
Σώστρατος 198, 8. 428, 5
Σωφρόνα 279, 2

25 Peek

Τασκομένης 162, 14
Τελέας 324, 3
Τερτία 308, 5
Τέρτιος 308, 1
Τέττιχος 50
Τηλέμαχος 86
Τηλεφάνης 49
Τίμανδρος 477
Τιμέας 224
Τιμείας 196, 5
Τιμέλας 152, 11
Τιμοκλέης 95
Τιμόκριτος 38. 130
Τιμώ 146, 6
Τλασίας 18
Τρυφέρα 293, 8. 472, 10, 17
Τσατεχᾶνις 397
Τύριννα 151
Τυρώ 149, 4

Τινηία 'Υγεία 351, 11
'Υγῖνος 303, 1

Φαίδας 138
Φαίδιμος 52
Φαῖδρος 265. 315, 13
Φαινίς 127
Φαναγόρας 61
Φάνεις 36
Φειδίας 187
Φείδων 168, 2
Φέρης 299, 6
Φηλικίτας 359, 2, 7
Φίλαγρος 107
Φιλέας 154
Φίλη 52
Φίλητος 311, 10
Φιλίνη 188
Φιλῖνος 240
Φίλιππος 210. 463, 3, 9
Φιλίσκος 152. 207, 5
Φιλιστίων 410
Φίλιστος 172
Φιλοκράτεια 409, 5
Φιλοκράτης 201
Φιλονίκη 163, 13
Φιλόξενος 53. 102. 192
Φιλόστοργος 304
Φιλοστράτα 418. Φιλοστράτη (468)
Φιλόστρατος 102
Φίλτατος 351, 5
Φίλων 35. 166, 10. 215
Φιλωνίδας 233, 2

Φοῖνιξ 455, 3
Φρασίκλεια 30

Χαιρήμων 193, 3
Χαίριππος 21
Χαιρίων 105
Χαρίτων 303, 5
Χαρμάδας 162

Χάρων 41
Χελιδών 294
Χῖα Λικινία 261
Χρήστη 159. 292
Χρυσάνθη 75
Χρυσόγονος 248
Χρυσόχροος 104

Ὠκεανός 271, 2

## b) GOTTHEITEN · HEROEN · PHILOSOPHEN · DICHTER

Ἀγεσίλας 183
Ἅιδης 126, 4. 139, 2. 148, 3. 149, 3 152, 11. 159, 1. 160, 7. 163, 2. 166, 4, 11. 174, 1. 184, 1. 186, 1. 188, 4. 194, 3. 199, 2, 9. 200, 4. 202, 4. 203, 8. 205, 4. 206, 5. 207, 9. 210, 1. 211, 4. 214, 4. 216, 7. 217, 5. 228, 4. 262, 4. 268, 1. 273, 1. 276, 8. 279, 5. 284, 8. 285, 4. 300, 3. 302, 6. 303, 4. 313, 1. 316, 8. 324, 4. 330, 3. 332, 4. 335, 9. 340, 2. 346, 5. 350, 10. 388, 2. 401. 411, 2. 437, 20. 439, 18, 21. 442, 2, 3, 10. 445, 19. 446, 3. 451, 3. 460, 18. 471, 4. — Vgl. Ἀγεσίλας, Ἀιδωνεύς, Πλουτεύς, Πλούτων, Φθόνος
Ἄδμητος 299, 3. 463, 20
Ἀθαναία 448, 4. Ἀθηναία 156, 4. Ἀθηναίη 318, 6, 9. 461, 12. Ἀθήνη 315, 7
Αἰακίδαι 384, 3
Αἰακίδης 286, 3
Αἰακός 194, 11. 216, 8. 454, 4
Αἴας 4
Ἀιδωνεύς 376
Αἰδώς 80
Ἄλιφος 196, 2
Ἀλκείδης 323, 6
Ἄλκηστις 393, 8. 463, 19
Ἀλκίνοος 140, 7
Ἀμάζων 392, 12
Ἀνακρέων 232, 2
Ἀπόλλων 153. - Vgl. Λητοΐδης, Φοῖβος
Ἀρετά (-ή) 80, 2. 149, 1. 206, 7
Ἄρης 27. 38, 2. 46, 2. 94. 136, 5. 173, 9. 286, 5. 445, 1, 9
Ἄρτεμις 203, 5. 318, 10
Ἀσκληπιάδης 82
Ἀσκληπιός (287, 6)
Ἄτη 378, 6
Ἀτρεῖδαι 138, 4

Ἀφροδίτη 230. 232, 1. 318, 5. 392, 4. — Vgl. Κύπρις, Παφίη
Ἀχέρων 118. 194, 4. 227, 3. 271, 3. 309, 2. 425, 4
Ἀχιλλεύς 137, 5, 10. 417, 12
Ἀχώ 445, 7

Βάκχος 450, 21
Βρόμιος 150, 2. 278, 5. 382, 2
Βύζας 342, 5

Γένεσις 417, 11

Δαναός 194, 8
Δημήτηρ 183, 3. 203, 7. 439, 2
Δηώ 289, 1
Διόνυσος (420, 11). — Vgl. Βάκχος, Βρόμιος, Εὔιος

Εἰλειθυίη 390, 3
Ἕκτωρ 137, 5
Ἐνδυμίων 323, 6
Ἐπίκουρος 201, 3. Ἐπικούρειος 470, 8
Ἐρινύς 432, 7
Ἑρμείας 193, 8. 391, 9. Ἑρμῆς (-ᾶς) 167, 19. 202, 7. 266. 306, 9. 321, 6. 343, 3. 434, 1
Ἔρως 450, 20
Ἔρωτες 383, 2
Ἕσπερος 310, 10
Εὐάδνη 463, 15
Εὔιος 225, 6
Εὔμαιος 207, 2

Ζεύς 95, 5. 161, 6. 163, 2. 214, 1. 294, 1. 305, 4. 310, 8. 391, 8. 421, 7. 478

Ἥλιος 145, 4. 360, 4
Ἡμέρη 127

## Verzeichnis der Eigennamen

Ἡρακλῆς 95, 5. 437, 2. — Vgl. Ἀλκείδης
Ἠριγενείη 391, 7
Ἠχώ s. Ἀχώ

Θερσίτης 372
Θέτις 137, 10. 417, 12

Ἴακχος 323, 5
Ἰδομενεύς 199, 10
Ἱππόλυτος 137, 6
Ἴσις 317, 7
Ἰφικλῆς 463, 18

Καπανεύς 463, 16
Κέκροψ 428, 8
Κέρβερος 454, 4
Κῆρες 76, 3
Κλωθώ 211, 1
Κόρα (-η) 417, 8. 432, 15. 460, 11. Κούρα 203, 7
Κρηναία 450, 6
Κύπρις 318, 8. 448, 3
Κωκυτός 390, 6

Λαοδάμεια 381, 4. 463, 17
Λάχεσις 319, 8
Λήδη 393, 8
Λήθη 148, 6. 156, 6. 193, 4. 195, 6. 196, 3. 206, 6. 306, 10. 328, 5. 343. 390, 12. 419, 2. 429, 5. 438, 11. 463, 4. 465, 20
Λητοΐδης 134, 4

Μαία 202, 7
Μέμνων 374, 1
Μένανδρος (278, 1)
Μίνως 166, 13. 168, 15. 194, 11. 209, 2. 284, 8
Μοῖρα 22, 7. 85, 3. 137, 10. 152, 5. 157, 2, 8. 163, 8. 165, 15. 166, 10. 167, 13. 197, 4. 314, 2. 326, 10. 328, 4. 350, 6. 391, 3. 435, 5. 440, 2. 447, 7. 460, 14. 462, 2, 11. 467, 5
Μοῖραι 131, 4. 133, 4. 142, 1. 164, 14. 193, 10. 200, 1. 205, 7. 211, 8. 233, 4. 274, 10. 284, 7. 305, 8. 316, 10. 369. 381, 5. 388. 389, 1. 400, 2. 417, 11. 419, 9. 431, 9. 437, 4. 463, 11
Μοῦσα 448, 5 — δεκάτη 252, 2. 380, 5. 460, 16
Μοῦσαι 130, 1. 136, 3. 151, 1. 154, 1. 157, 6. 244. 336, 2. 358, 1. 361, 7. 390, 1. 395, 9. 423, 2. 433, 2. 439, 24. — Vgl. Πιερίδες

Ναΐδες 351, 10
Νάρκισσος 463, 29
Νεῖλος 450, 3
Νειλώ 450, 3
Νέμεσις 162, 2. 291, 4
Νέστωρ 364, 4
Νιόβη 335, 5
Νύμφη 450, 14, 15. Νύμφαι 248, 1. 450, 1, 2, 14. Νύμφαι Ὑδριάδες 445, 7

Ὅμηρος 135, 7. (361, 2). Ὁμήρειος 207, 1. 358, 2
Ὀρειάδες 450, 9
Ὄρθρος 127, 3
Ὄσιρις 306, 5. 426, 6

Παφίη 278, 5
Πεπρωμένη 401, 4
Περσεφόνη 61. 87, 3. 94, 4. 99, 5. 122, 4. 144, 6. 154, 6. 157, 2. 164, 4, 24. 183, 3. 196, 4. 203, 1. 208. 210, 1. 335, 9. 350, 2. 434, 1. 441, 4. 459, 12. 460, 4. — Vgl. Κόρη, Φερσέφασσα
Πηλεΐδης 286, 5
Πηλεύς 299, 6
Πηνελόπη 359, 1. 381, 4. 463, 15
Πιερίδες 211, 2. 361, 2. 443, 9
Πλάτων 470, 7. Πλατώνειος 189, 6
Πλουτεύς 350, 3. 351, 1. 417, 8
Πλούτων 136, 7. 359, 6. 434, 5. 460, 19
Πρίαμος 137, 5
Πυρρωνιαστάς 414, 4

Ῥαδάμανθυς 209, 1

Σειρήν 445, 18
Σελήνη 465, 3
Σωκράτης 470, 7
Σωφροσύνη 80

Τέρβος 395, 11
Τιτάν 465, 4
Τυρταῖος 130, 7
Τύχη 16. 88, 4. 91. 95, 2. 142, 6. 143, 4. 198, 6. 204, 5. 301, 7. 308, 6. 324, 6. 344, 2. 427, 16. 431, 14. 445, 11. 471, 7

Ὑάκινθος 463, 29
Ὑδριάδες 445, 7
Ὕλας 360, 1. 372, 2. 450, 6, 8
Ὑμέναιος 84. 442, 7

Φαέθων 467, 6
Φέρης 299, 6

Φερσέφασσα 439, 2
Φθόνος 256. 288, 5. 297, 4. 350, 3. 360, 7,
  10. 364, 5. 388, 4
Φοῖβος 153, 3. 164, 9. 165, 10. 287, 6
Φωσφόρος 310, 10

Χάρις 460, 16
Χάροψ 451
Χάρων 269. 394, 16. 454, 3
Χρόνος 15

Ὧραι 450, 15

## c) GEOGRAPHISCHE NAMEN (ETHNIKA · DEMOTIKA)

Ἀβυδηναῖος 306, 5
Ἀγγελῆθεν 107
Ἀθῆναι 37. 202, 1. 342, 3. 428, 7. 456, 7.
  — Vgl. Κεκροπία
Ἀθηναῖος 19. 67. Ἀθηναῖοι 9, 2. 12, 11.
  20, 2
Αἴγυπτος 162, 10
Αἰθιοπίς 420, 4
Αἰξωνεύς 105
Αἰτωλός 162, 7. Αἰτωλοί 130, 3. 186, 2
Ἀκραιφιεῖς 161, 14
Ἀλεξάνδρεια 135, 3
Ἀλεξανδρεύς 305, 2
Ἀμφίλοχοι 469, 2, 7
Ἀντιοχεύς 131
Ἀνώπολις 162, 11
Ἀράβιοι 462, 7
Ἄραθθος 27
Ἀρκαδία 146, 5
Ἀρκεσίνα 167, 14
Ἀρσινόα 458, 5
Ἀσίη 286, 1
Ἀσίς 175, 4
Ἀττικός 287, 1. 413, 1
Αὐσονίη 275, 2
Αὐσόνιοι 336, 12. 384, 4. 400, 6

Βεσσοί 206, 3
Βιθυνός 457, 8, 15
Βοιωτός 161, 3. Βοιωτοί 15, 4

Γέλα 19, 2

Δῆλος 202, 1. 461, 2
Δωρίς 189, 1

Ἔλαιος 199, 5
Ἐλάτεια 226, 1
Ἑλικών 2
Ἑλικώνιος 467, 6
Ἑλλήσποντος 11
Ἑρμοῦ πόλις 326, 6
Ἐρταῖοι 199, 5

Ἑσπερίς 444, 5
Εὐρυμέδων 8

Ἡράκλεια 180
Ἡρακλεώτης 117. Ἡρακλειῶτις 106
Ἡρακλεόπολις (437, 2)

Θάσος 471, 17, 24
Θαυμακία 181, 2
Θέλφουσα 14, 1
Θεσπιάς 2
Θεσσαλία 81. 299, 2
Θρῆιξ 457, 5
Θυάτειρα 227, 1. 431, 5

Ἰθάκα 224, 2
Ἰλλυριοί 469, 3
Ἰνδός 458, 1, 21. Ἰνδοί 420, 11. 462, 7
Ἴος 135, 8
Ἴσαρα 360, 3
Ἰσθμός 348
Ἰταλία 254. 270, 2. — Vgl. Αὐσονίη

Καλυδών 458, 3
Κάλυμνα 113
Καῦνος 192, 6
Κεκροπία 315, 1. 384, 3. 456, 4
Κεκροπίς 134, 5
Κιβύρα 411, 5
Κίλιξ 430, 1
Κλάριος 134, 4
Κόρινθος 4. 385, 2
Κούρου πεδίον 457, 4
Κρῆσσα 139, 5
Κρήτα 149, 1. 162, 12
Κυθηρία 65
Κυλλήνιος 306, 9

Λάκαινα 130, 7
Λακεδαιμόνιοι 1
Λακεδαίμων 299, 1
Λίμυρα 311, 10
Λοκροί 3

Λυδοί 431, 5
Λυκίη 311, 10
Λύκων πόλις 306, 1

Μάγνης 432, 19
Μαλεαῖος 181, 3
Μαραθώνιος 19, 3
Μεγαρεῖς 6
Μελιτεύς 80, 3
Μέμφις 194, 8
Μεμφίτης 427, 7
Μῆδοι 3. 8. 19. 76
Μιλήσιος 283. 349
Μιλητούπολις 287, 1
Μινύαι 201, 6
Μουνιχία 21, 5
Μύκονος 428, 7
Μυσός 457, 6

Ναύκρατις 437, 1
Νεῖλος 222
Νικαεύς 410

Ὄγχηστος 161, 4
Οἴα 417, 6
Οἰανθεύς 18, 2
Ὀπόεις 3

Παρίη 428, 1. Πάριος 156, 2
Πάρος 432, 3
Πατρεύς 405
Πάφος 141, 2
Πειραιεύς 100, 3
Πελοπόννησος 65
Πιριρίσσα 194, 7
Ποτείδαια 12, 6, 10
Πτολεμαΐς 461, 15
Πυθώ 390, 16
Πύλιος 364, 4

Ῥόδιοι 141, 4
Ῥώμη 286, 1

Σαλαμίς 4. 191, 3. Κύπρου 425, 3
Σαλυ(μ)βρία 20
Σάμη 325, 3
Σιδώνιος 201
Σινωπεύς 31. Σινωπίς 460, 6
Σμύρνα 129, 6. 216, 3
Σπάρτα 37. 76, 4. 146, 1. 181, 6
Σπερχειός 76, 2
Στροφάδες 140, 6
Συνναδεύς 291
Συρακόσιοι 13
Συρία 165, 12

Ταρσεύς 254
Ταρσογενής 352, 5
Τεγέα 7
Τένεδος 138, 3
Τηλία 442, 15
Τίγρις 377
Τιθόρεια 135, 5
Τμῶλος 129, 1. 229
Τύλισος 209, 5
Τυρίη 277, 1

Φαρίη 306, 2
Φθία 181, 1
Φλυεύς 86
Φοίνισσα 235, 4
Φρυγίη 227, 1
Φρύγιος 457, 11

Χῖος 456, 3, 6

Ὠκεανός 390, 9

## 3. SACH- UND MOTIVREGISTER

Abkunft, edle 127. 137, 8. 138. 144, 8. 151. 299. 315, 4. 409, 2
Ablehnung: der üblichen Gemeinplätze 219. 311 — der Klage um den Toten 158, 8. 304, 5. 365, 3. 457, 9. 464, 16, 28 — von Totenspenden 182. 454, 9 — des Glaubens an ein Fortleben 311, 6. 453 — der Mythen vom Totenreich 454, 3 — von Scheinwerten 92
Äther, Seele im 12, 5. 74. 218, 3. 250. 351, 8. 391, 4
Akrostichon 274. 280
Alter, Tod im 68. 105. 114. 124, 2. 127. 134. 135. 145. 156, 7. 173, 7. 184. 187. 215. 274. 277, 5. 294. 298, 6. 327. 334. 358, 7. 382. 387. 394, 15. 446. 456

Altersangaben der Toten: 6 Monate 401 — 10 Monate 323 — 1 Jahr 216, 5. 472, 2 — 2 Jahre 228, 3. 408. (+ 2 Monate — 5 Tage) 310, 3. (+ 8 Monate) 297 — 3 Jahre 147. 216, 6. 217, 5. 223. 290, 2. 319, 6 — 5 Jahre 231, 4; 303. 351 — 6 Jahre 170 — 7 Jahre 162, 5. 249. 272. 363. 434, 4 — 8 Jahre 126. 343, 5. 383. 455, 4 — 9 Jahre 93. 332, 6. 345, 8 — 11 Jahre 202, 4. 465, 13 — 12 Jahre 131. 464, 12 — 14 Jahre 153. 171. 282. 418. 419, 8 — 15 Jahre 279. 307. (+ 6 Monate) 306 — 16 Jahre 167 — 17 Jahre 157 — 18 Jahre 22, 4. 118. 285, 2. 316. 408. 426, 4 — 20 Jahre 84. 162, 3. 163, 3. 196. 289, 3. 302. 304. 305, 7. 308. 315, 13. 326, 4. 328, 7. 349, 6. 362. 392, 14. 429, 6. 461, 6. 462, 11. 471, 11, 21 — 22 Jahre 330 — 23 Jahre 154. 234, 2 — 24 Jahre 384, 8 — 25 Jahre 107. 160, 5. 293, 8 — 27 Jahre 140, 4. 151, 3. 152, 5. 324, 4 — 28 Jahre 425, 8 — 29 Jahre (+ 10 Monate) 299, 4 — 30 Jahre 198. 471, 2 — 32 Jahre 270, 7. 419, 5 — 35 Jahre 194, 5. 437, 5 — 36 Jahre 432, 11 — 40 Jahre 284, 3. 430. 465, 15 — 50 Jahre 177, 4 — 60 Jahre 317, 8 — 70 Jahre 97. 385 — 80 Jahre 470, 4 — 86 Jahre 179, 3 — 90 Jahre 105. 155. 246. — Vgl. Jugend, Kind, Mädchen, Säugling
Alterspflege: die Eltern der A. verlustig 93. 141. 163, 10. 167, 17. 315, 12. — Vgl. Dank
Arm und reich dem Tode verfallen 214. 274, 7
Arzt 41. 82. 135. 138. 215. 359, 8. 408, 4. 409. 446
Asche des Toten: vom Bruder in die Heimat gebracht 141. 270
Aufforderung: Beifall zu klatschen 278, 8 — dem Toten den Gruß zu entbieten 119. 126, 5. 140, 7. 145, 5. 176, 5. 178. 179 — zur Klage um den Toten 45—50. 133. 163, 13. 169. 170. 171. 235, 2, 6. 271, 6. 313, 7. 319. 320. 326 (vgl. Mitleid) — die Todesnachricht in die Heimat des Toten zu bringen 1. 158, 7. 180. 181 — mit der Totenklage einzuhalten 157, 7. 158, 8. 165, 20. 168, 12. 211, 9. 259. 302, 3. 310, 5. 316, 13. 351, 5. 353, 5. 389, 7. 437, 17. 460, 21 — dem Toten nachzueifern 17. 21. 161, 15. 191, 5 (vgl. Ermahnungen) — zum Lebensgenuß 248. 371. 448, 8. 452, 5. 465, 17
Aulet, s. Flötenspieler

Beifallklatschen, s. Aufforderung
Berufe der Toten, s. Arzt, Dichter, Flötenspieler, Grammatiker, Hymnode, Kaufmann, Landmann, Pantomime, Sänger, Schauspieler, Schreiber, Seemann
Besonnenheit, s. σωφροσύνη
Bildung, s. Μοῦσα(ι) S. 367, παιδεία
Blumen auf dem Grabe 58. 147, 4. 341. 462, 6. 463, 25
Brüsteschlagen 193, 5. 200, 3. 314, 7
Bürger: geachtet (geliebt) von Bürgern (und Fremden) 36. 55. 117. 156, 5. 187. 360, 5. — Vgl. Liebe, Trauer

Charon, Nachen des 195, 2. 444. — Vgl. Χάρων S. 368

Dank der Kinder: den Eltern durch den Tod geraubt 160, 7. 163, 10. 211, 4. 226, 6. — Vgl. Alterspflege
Dichter 91, 3 (?). 470. 154 (?)
Diener(innen) 240. 241. (243). 265. 291. 298. 336. 338. (366). — Vgl. Sklaven

Ehebrecherin 305, 4
Eintracht der Gatten 101, 2. 233, 7. 439, 13
Elysium 306, 8. 354, 2. — Vgl. Fromme, Selige
Epheben 22, 3. 157, 5. 166, 6
Epikureer 201, 3
Erben, Vergeßlichkeit der 242

Erde: Von Erde genommen, zu Erde geworden 100 — ,,Sei die Erde dir leicht!''
   120. 183, 4. 200, 8. 210, 3. 228, 5. 426, 5. 429, 9. 433, 9. 449, 4. 462, 5. 470, 10.
   — Vgl. Gottheit
Ergebenheit, s. Treue
Ermahnungen: ,,Sei getrost!'' 168, 12. 263. 264. 380, 9 — ,,Fasse dich!'' 299, 6.
   301, 6. — Vgl. Aufforderung, Lebensregeln

Familie, s. Abkunft
Fleiß 103. 128, 3. 366
Flötenspieler 225. 402
Frauen, unverheiratete 51. 54. 58. 61. 65. 72. 73. 75. 103. 110. 151. 178. 200. 209.
   214. 235. 257. 263. 317. 318. 322. 335. 402. 448. 449. 451. 468 (vgl. Dienerin)
   — verheiratete 68. 77. 78. 83. 84. 88. 90. 92. 96. 101. 106. 107. 123. 127. 128.
   132. 139. 142. 143. 144. 164. 180. 185. 190. 194. 195. 203. 205. 221. 233. 236.
   238. 271. 274. 277. 281. 293. 294. 301. 321. 325. 328. 331. 347. 352. 354. 359.
   365. 373. 381. 389. 390. 392. 396. 397. 417. 424. 426. 428. 429. 431. 432. 436.
   437. 438. 439. 440. 442. 444. 455. 463. 465. 466. 468
Fremde, Tod in der 113. 129. 135. 141. 146. 192. 227. 254. 437. 439. 569
Freundschaft 28. 31. 79. 108, 2. 110. 311, 3. 342, 7. 402, 2. — Vgl. φιλία
Frömmigkeit (Pietät) 88. 106. 108. 123. 128, 8. 134, 5. 139, 6. 155. 156, 8. 177, 6.
   178; 208. 209. 210. 236. 246. 271, 4. 294, 4. 298, 6. 317, 9. 352. 358, 5. 406.
   417, 9. 421, 3. 470, 3 — kein Schutz vor dem Tode 151, 9. 284, 7. 408, 5 — Die
   Seelen frommer Menschen leben weiter 339, 4
Fromme: Stätte (Haus) der F. 22, 8. 134, 6. 144, 6. 154, 6. 166, 14. 167, 20. 194, 9.
   207, 5. 208, 3. 216, 7. 316, 5. 321, 5. 322. 330, 6. 350, 2. 354, 5. 432, 16. 445, 20.
   462, 12. 470, 11. — Vgl. Elysium, Selige

Gedächtnis (Ehre) des Toten: vom Sohn wiederhergestellt 361
Geld: für Geld kein Freikauf vom Tode 214. — Vgl. Arm und reich
Gemeinsam gelebt, gemeinsam bestattet (gestorben) 124. 156. 312. 400, 9. 412, 1.
   — Vgl. Wünsche
Gerechtigkeit 57. 59. 65. 71. 108. 208, 4. 209, 4. 393, 12. 436, 2. 477
Geruch, übler der Toten 464
Gift, Tod durch 286, 6. 439, 7
Glücklich die in der Jugend Gestorbenen! 314, 9. 324, 11 — die unverheiratet
   Gebliebenen 309, 7 — der vor dem Sohn gestorbene Vater (die Mutter) 148, 5.
   (292, 3). 447, 21
Götter: nicht allmächtig 326, 9 — um Menschen unbekümmert 308, 7 — tadelns-
   wert 162, 13 — Auch Göttersöhne sterblich 306, 7. 326, 10. 451, 4 (vgl. Ἀχιλλεύς
   S. 366)
Gottheit: Erde = Gottheit, Toter = Gottheit 220. 451, 5
Grab: ein Hafen 274, 4. 300, 2 — ein Haus der Freiheit 280, 10 — Grab statt
   Hochzeitskammer 174, 9. 211, 5. 285, 5. 309, 5 — angeredet 101. — Vgl.
   Blumen, Stein
Grammatiker 342, 4
Gruß: an den Wanderer 158, 5. 371. 442, 11 (vgl. Segenswünsche) — an den Toten
   41. 120. 184. 185. 221. 228, 5. 340, 1. 375. 428, 9. 430, 5 (vgl. Aufforderung)
Gute Menschen schlafen nur 271, 8 — sterben vor der Zeit 288, 5. — Vgl. ἀγαθός,
   χρηστός

Haare, Lösen der 200, 6 — Raufen der 80, 4. 314, 7. 466, 5 — Scheren der 149.
   356. 421, 2 — als Totenspende 356
Hades: Hochzeiter 203. 205. 276, 8. 460 — Jäger 174 — neidisch 149, 3. 159. 270, 8.
   279, 5. 302, 2. 346, 2. 362, 3. 442, 3. 451, 3. 462, 3 (vgl. Φθόνος S. 368) — un-

bekümmert um Menschenleid 126, 4; um ἀρετή 139, 2 — unbesiegbar 200, 4. 206, 5 — unvernünftig 93, 4 — urteilslos 483, 3 — Bitten an H. 160, 7. 359, 5. 445, 19 — Vorwürfe gegen H. 207, 9. 268. 269. 351. 352. 401. 434, 5. 462,3. — Vgl. Ἅιδης S. 366

Haus: durch den Tod verödet 84. 151, 5. 152, 7. 195, 8. 438, 14

Hermes, Bitte an 202, 7. 266 — Frage an 433, 1 — den Toten beklagend 193, 8. — Vgl. Ἑρμείας S. 366

Heros (Heroisierung) 144, 3. 168. 255. 417, 8

Himmel, Seele im 296. 345, 10. — Vgl. Olymp

Hochzeit, Tod vor der 30. 89. 148. 154, 5. 159. 285, 8. 307, 3 — Klage um verlorene H. 158. 160. 163, 4. 166, 11. 188, 3. 193. 234, 5. 279. 282, 4. 320, 5. 344. 346. 425, 7. 442. 471, 1, 12, 19

Hochzeitskammer, s. Grab

Hoffnung: unser Leben ohne H. 449, 11 — Hoffnungen unerfüllt geblieben 81. 91. 316, 9. 460, 13 — unstet 363, 4 — der Tyche unterworfen 95, 2 — Hoffnungen der Eltern durch den Tod vereitelt 154. 159. 231, 6. 279, 6. 319, 9, 12. 350, 4. 447, 3. 460, 14. 462, 4. 472, 6

Hunde 458. 474. 475. 476

Hymnode 443

Inseln der Seligen, s. Selige

Jugend, Tod in der 8. 9. 11. 44. 50. 56. 66. 79. 84. 91. 92. 99, 3. 100. 113. 121. 133. 174. 186. 225. 226. 230. 231. 255. 283. 287. 288. 300. 313. 314. 315, 8. 325. 337. 350, 7. 354, 5. 376. 388. 405. 427, 11. 433, 8. 447. 467 — Wen die Götter lieben, lassen sie in der J. sterben 273, 4. — Vgl. Altersangaben, Mädchen

Jungfrauen, s. Mädchen

Kampfpreis der Gerechtigkeit 71 — der Liebe (Treue) 474, 3

Kaufmann 286. 425

Kenotaph 129, 5. 229

Kind: gleich nach der Geburt gestorben 416. 426 — Kleinkind 223. 310. 435. — Vgl. Altersangaben, Säugling

kinderlos gestorben 139, 6. 140, 3. 151, 6. 195, 3. 234, 2. 417, 3. 418, 5. 429, 8

Klage um den Toten: zu nichts nütze 162, 8. 301, 8. 389, 8. — Vgl. Ablehnung, Aufforderung, γόος, θρῆνος

Klugheit, s. πινυτή, σοφία

Körper: im Tode in Elemente aufgelöst 452, 7 — Kleid der Seele 353, 6 — unvergänglich 354, 3 — Körper-Seele 12, 5. 74. 218. 353. 354. 355. 441, 5. 465, 5, 7, 9, 11

Kränze 22, 5. 81. 206, 8. 272, 3. 284, 6. 344, 6. 348, 3. 394, 1. 407, 4. 433, 4. 443, 10

Krankheit 82. 132. 197. 226. 332, 7. 391, 2. 408, 4. 419, 4. 431, 10. 432, 7. 445, 11. 461, 5. 464, 15. 466, 9. 472, 3. — Vgl. Pest

Krieger 1—17. 21. 27. 32. 36. 38. 39. 46. 50. 94. 116. 125. 130. 136. 146. 161. 169. 173. 186. 191. 199. 206. 212. 457. 469

Kummer, s. Leid, Trauer

Landmann 289

Leben, s. Leihgabe, Schuld

Lebensgenuß, s. Aufforderung

Lebensregeln 259. 327. 453, 3. 477. 479. 480

Leergrab, s. Kenotaph

Leid (um den Toten), s. ἄλγος, ἄχος, ὀδύνη, πένθος, στεναχή. — Vgl. Tränen, Trauer

Leihgabe: das Leben, eine L. der Zeit 260
Liebe: zwischen Brüdern (Schwestern) 174, 3. 270, 5. 468, 2 — der (Mit-)Bürger 441, 10 (vgl. Bürger) — der Eltern 86, 4. 403 — der Gatten 101, 2. 143, 10. 144, 1. 166, 12. 238. 381, 7. 389, 6. 428, 4 — zwischen Herrn und Diener 336, 2 — zwischen Herrn und Hund 474. 475 — der Kinder 461, 16 — zwischen Verwandten 441, 8. — Siehe πόθος, στοργή, φιλία
Löwe als Grabwächter 112. 427
Lobpreis des Toten (allgemeines, Tugendkataloge) 28, 3. 36. 70. 73. 78. 103. 107. 115. 133. 139. 143. 151. 202. 255. 256. 257. 288. 308. 311. 318. 329. 336. 338. 355. 364. 392. 396. 406. 409. 427. 436. 448. — Vgl. Besonnenheit, Bildung, Eintracht, Fleiß, Frömmigkeit, Gerechtigkeit, Klugheit, Schönheit, Sparsamkeit, Tadel, Tapferkeit, Treue, Tüchtigkeit, ἀγαθός, ἀρετή, ἐσθλός, παιδεία, πινυτή, σοφία, σωφροσύνη, χρηστός

Mädchen (Jungfrauen) (30). (40). (79). (99). 126. 147. (148). (158). 159. (163). 188. 228. 230. (261). 282. (295). 307. (316). 319. (320). 332. (346). 350. 351. 368. (374). 399. 406. 418. (433). 450. (460)
Mahnreden, s. Aufforderung, Ermahnungen
Mimos-Darsteller 253. 380
Mitleid mit dem Toten 45—50. 89. 174, 5. 235, 6. 326, 2. 455, 5. — Vgl. Aufforderung (Klage)
Moira(i), Spindeln der 22, 7. 142. 164, 14. 200. 349, 1. 369 — allmächtig 328, 4 — unentrinnbar 131, 4. 437, 23 — ungerecht 133, 4. 211, 1 — unvernünftig 435, 5 — ihre Entscheidungen unabwendbar 284, 7. 369 — angeredet (Vorwürfe) 205, 7. 435, 5. — Vgl. Tyche, Μοῖρα(ι) S. 367
Mord 150, 3. 160, 4. 181, 5. 204, 4. 305, 5. — Vgl. Gift

Naiaden, geraubt von 351, 10
Nymphen: die Tote eine Nymphe geworden 450, 14

Olymp: Wohnstatt der Toten 287, 5. 318, 7. 391, 6. 399, 8. 465, 11. — Vgl. Himmel
Opfergaben für die Toten 168, 14. 189, 4. 310, 11. 450, 13. — Vgl. Ablehnung
Opfertod 463
Orakel 10, 8

Pantomime 382
Persephone, Kammer (Haus) der 61. 87. 94, 4. 99, 5. 122, 4. 144, 6. 157, 2. 196, 4. 441, 4. 459, 12 — Bitte an 154, 6. 208. 432, 15. 439 — Eifersucht der 203, 1. — Vgl. Περσεφόνη S. 367
Pest 51
Phthonos, s. Φθόνος S. 368
Platoniker 470, 7
Pleiaden: Toter zu den Pl. entrückt 334, 4
Priester(innen) 134, 4. (178). (294). (317). 326, 9. 421. (451)
Pyrrhon-Schüler 414

Rechtskundiger 384 — Rechtsstudent 314
Reichtum 468. — Vgl. Arm und reich
Ruhm (und verwandte Begriffe) 9. 16. 21, 3. 89. 105. 108. 117. 132, 5. 151. 164, 5. 168, 4. 184. 186. 199. 213. 222. 224. 247. 275, 2. 281, 8. 295. 321, 3. 333. 334, 12. 342, 5. 355, 4. 388, 1. 391, 10. 400, 7. 428, 6. 441, 2. 452, 5. 457, 13. 471, 17. — Vgl. δόξα, εὔκλεια, εὐλογία, κλέος, κῦδος

Sänger(in) 132?. 414. 415. (449)
Säugling 96. 323, 3. 435
Schauspieler 91. 278. 410. — Vgl. Mimos-Darsteller
Schicksal, s. Moira, Tyche, Πεπρωμένη S. 367
Schiffbrüchige 18. 23. 60. 225. 235. 300. 455
Schlaf (des Todes) 284, 2. 307, 4. 333, 3. 334, 3. 391. 438, 7. 446, 1. 452 — „Der Tote schläft nur" 271, 8. 339. 446
Schlange: als Grabwächterin 173 — Uräusschlange 473
Schmerz (um den Toten), s. Leid, Tränen, Trauer
Schönheit 45. 89. 132. 136, 4. 137, 4. 149, 8. 202, 2. 205, 4. 236. 26?. 276, 5. 293. 305, 7. 315, 9. 318. 331, 2. 332, 8. 350. 351, 7. 360, 6. 374. 384, 6. 392, 4, 12. 393, 4. 396, 1. 433. 448, 3. 449. 460, 15 — kein Schutz vor dem Tode 148, 4
Schreiber 336. 461, 12
Schuld: das Leben eine Sch., mit dem Tode zurückgezahlt 198, 2. 244. 268
Schwalbe 319, 5. 398
Seele, s. Äther, Körper, Himmel
Seemann 35. 145. 419
Segenswünsche: für den Wanderer 24. 50, 4. 126, 5. 139, 7. 145, 6. 164, 1, 21. 165, 1, 21. 176, 5. 234, 10. 261. 421, 5. 424, 4. 427, 15. 428, 10. 429, 10. 431, 13. 432, 17. 437, 10 — für die Hinterbliebenen 124, 6. 128, 7. 164, 23. 179, 6. 213, 7. 415, 5. 420, 19. 431, 13. 437, 8. 439, 19. 478
Selige: Insel (Stätte) der S. 209, 3. 353, 3. 355, 1. — Vgl. Elysium, Fromme
Silbenrätsel 395
Skelett 372
Sklaven 150, 3. 207. 258. 392, 8. 411. 420. — Vgl. Diener
Sokratiker 470, 7
Sonne als Zeuge 70
Sparsamkeit 103
Stein: auch Grabsteine (können) klagen 174, 5. 331, 8. 460, 5. 461, 3 — angeredet 171, 1. 442, 9
Sterne: der Tote ein Stern geworden 304, 6. 310, 12. 343, 5
Stoiker 405
Symbole auf Grabsteinen 385. 433

Tadel: der Tote ohne T. 55. 67. 77, 4. 90, 6. 108. 120. 136, 3. 139, 3. 226, 3. 232, 6. 311, 5. 324, 5. 389, 5. 439, 29
Tapferkeit 39. 393, 4. — Siehe ἀρετή
Tod: erwartet alle 48. 214. 262. 369. 452, 9 (vgl. Arm und reich) — beendet die Mühen des Lebens 124, 2. 274, 5. 308, 8 (vgl. Grab = Hafen) — ein Erlöser 267. 391, 2 — „Auch im Tode vereint" 114. 440 (vgl. Gemeinsam gelebt). — Vgl. Schlaf
Todessehnsucht 409, 6
Todesumstände: Tod am Fest der Demeter 203, 7 — am Geburtstag Apollons 153 — beim Opfern für Isis 317
Todesursachen: von Bär zerrissen 152 — Feuersbrunst 408, 3 — Fischgräte 325, 8 — Geburt (Kindbett) 83. 132. 142. 180. 190. 194. 205, 5. 426. 432, 9. 437, 3 — Hauseinsturz 459 — Schrecken (übernatürliche Erscheinung) 304, 3 — Speerwurf in der Palästra 167 — Steinschlag 171 — Wagenlast 217. — Vgl. Gift, Mord, Krankheit, Pest, Schiffbrüchige
Totenmahl 472, 8
Totenspenden, s. Opfergaben
Tränen 22, 4. 48. 89. 133, 3. 150. 151, 4. 167, 17. 172, 4. 195. 204, 2. 234, 7. 235, 2, 6. 271, 6. 272, 3. 301, 6. 315, 11. 316, 4. 318, 14. 319. 329. 332, 6. 335. 338. 340, 5.

345. 346, 6. 347, 6. 352, 8. 356, 4. 398, 4. 407, 5. 409, 4. 425, 6. 433, 10. 437, 13. 438, 6. 447, 10. 461, 4, 16. 466, 6. 472, 4. 475, 3. — Vgl. Leid, Trauer
Trauer: der Stadt (Heimat) 18, 4. 20, 4. 43. 53. 60. 81. 149. 193, 7. 301, 6. 315, 7. 427, 11. 471, 24. — Vgl. Leid, Tränen
Traum, Erscheinen des Toten im 335, 10. 447, 11
Treue 79. 143, 9. 165, 13. 265. — Vgl. εὔνοια
Trostgründe 158, 9. 200. 301, 9. 302, 3. 365, 3. 370. 417, 11. 460, 22. 464, 30. — Vgl. Götter, Ἀχιλλεύς S. 366
Tüchtigkeit, hausfrauliche 84. 90, 5. 123, 3. 318, 6. 448, 4. — Vgl. ἀρετή
Tugend, s. ἀρετή
Tyche: blind waltend 142, 6. 308, 6 — unerforschlich 198, 6 — unentfliehbar 301, 7 — urteilslos 324, 6 — angeredet (Vorwürfe) 204, 5. 471, 7. — Vgl. Moira, Τύχη S. 367

Unsterblichkeit, s. Fromme, Heroen, Ruhm, Seele, Selige

Vaterland, Tod für das, s. Krieger
Verfluchung 160, 7. 439, 16. 478
Vergeßlichkeit der Hinterbliebenen 242. 379
Vergleiche (Bilder) 251. 274, 4. 280, 10. 287, 2. 295, 3. 297, 4. 299, 6. 300, 2. 307. 308, 7. 318, 4. 323, 5. 335, 2, 5. 351, 3. 360, 4, 8. 383. 384, 7. 390, 8. 391, 4. 393, 3. 425, 10. 434, 6. 445, 18. 449, 3, 6. 452, 3. 467, 4, 6
Verständigkeit, s. πινυτή, σωφροσύνη
Vorfahren, Vorbild der 191, 6 — „Würdig der V." 12, 3. 14, 1. 199, 7

Warnung vor Grabfrevel 183. 261. 291, 3. 378, 2. 412, 5. 431, 15. 481. 482
Wasser, kühles für die Toten 376. 426, 6
Weisheit, s. σοφία
Wöchnerinnen, s. Todesursachen
Wünsche der Toten 143, 8. 312, 4. 355, 5. 400, 10. 422. 440, 5. — Vgl. Segenswünsche

Zeit: die Erinnerung an die Toten nicht auslöschend 88. 281, 8 — angerufen 15
Züchtigkeit, s. σωφροσύνη
Zuspruch, s. Ermahnungen

---

ἀγαθός 38. 48. 50. 63. 94. 122, 3. 130, 4. 140, 8. 161, 16. 255. 271, 8. 277, 6. 288, 2. 353, 1. 364, 3. 381, 1. 392, 6. 413, 1
αἰάζω 198, 4. 204, 3. 300, 7
ἄλγος 130, 5. 195, 7. 197, 2. 270, 3. 287, 4. 301, 10. 319, 3. 330, 4. 401, 3. 461, 8. 471, 16. 472, 12
ἀρετή 20. 22. 34. 57. 61. 63. 82, 4. 85. 86. 87. 88. 91, 4. 97. 108. 122. 137, 2. 139, 2. 151, 2. 165, 8. 184. 257. 276, 2. 281, 8. 284, 5. 293, 6. 295, 2. 318, 11, 15. 322. 330, 2. 361, 7. 380, 3. 384, 5. 433, 7. 438, 16. 444, 3. 448, 11 — (πολεμική) 7. 8, 6. 11, 4. 12, 2. 12. 16. 17. 199. 212. 213. 457, 6, 16. — Vgl. Ἀρετά S. 366
ἄχος 20, 4. 54. 285, 7. 447, 14

γόος 118, 2. 166, 2. 174, 8. 200, 2. 234, 6. 302, 2. 345, 10. 384, 9. 467, 2, 7. 471, 20

δόξα 89, 3. 108, 3. 117, 2. 151, 1. 165, 5. 179, 5. 186, 4. 274, 3. 281, 8. 333. 334, 12. 380, 2. 428, 6. 471, 3, 17

(ὀ)δύρομαι 50, 4. 149, 2. 162, 8. 164, 15. 172, 4. 231, 7. 285, 8. 335, 2

ἐσθλός 56. 72. 78. 194, 11. 215, 6. 226, 3. 322, 3. 330, 4. 334, 2. 336, 10. 351, 9. 420, 9. 439, 5. 470, 9. 471, 9
εὔκλεια 105, 2. 276, 2. 420, 20
εὐλογία 16, 4. 106, 2. 441, 2
εὔνοια (εὔνους) 164, 11, 18. 165, 5, 13. 240. 265. 336, 10. 404. 420, 8. 474, 4. 475, 2

ἡμίθεος 10, 4. 127, 4. 255

θρῆνος (θρηνέω) 136, 6. 166, 3. 172, 4. 174, 8. 200, 3. 204, 3. 302, 3. 344, 7. 352, 1. 417, 10. 455, 5. 460, 21. 464, 22, 28

κλαίω 79, 4. 216, 4. 234, 9. 259, 1. 270, 5. 279, 7. 287, 5. 309, 4. 318, 13. 320, 1. 326, 8. 438, 14. 459, 5. 466, 1. 476, 3
κλέος 132, 5. 164, 5. 165, 7. 184, 2. 213, 1. 222, 2. 224, 4. 299, 3. 320. 342, 5. 361, 6. 388. 391, 10. 400, 7. 452, 5
κῦδος 9, 1. 21, 3. 275, 2. 295, 2. 338, 2. 355, 4
κωκύω 149, 5. 162, 7. 167, 16. 195, 8. 313, 7. 447, 17, 19

λύπη (λυπέω) 67. 98, 2. 310, 5. 416, 3. 417, 9. 456, 1

μύρομαι 140, 2. 154, 5. 196, 6. 198, 4. 345, 2. 447, 10. 466, 2

ὀδύνη 26, 3. 80, 4. 126, 3. 301, 10. 347, 7. 362, 2
οἰκτίρω 45. 46. 47. 50. 337, 7 — οἰκτίζω 170, 3

παιδεία 130, 6. 140, 5. 202, 3. 315, 10. 382, 5
πένθος (πενθέω) 42, 2. 44, 1. 60, 2. 64, 1. 81, 4. 93, 1. 132, 6. 141, 1. 149, 2. 152, 1. 163, 12. 167, 18. 190, 4. 200, 5. 279, 2. 288, 6. 289, 5. 290, 3. 301, 9. 303, 2. 309, 3. 310, 6. 316, 13. 320, 3. 323, 3. 335, 6. 347, 10. 349, 5. 384, 9. 431, 10. 435, 4. 437, 13, 22. 441, 8. 445, 15. 447, 5, 9, 16. 455, 3. 466, 10. 472, 14
πινυτή (πινυτός) 139, 3. 149, 8. 170, 3. 315, 10. 318, 12. 329. 353, 1. 355, 4. 393, 8. 467, 5
πόθος (ποθέω, ποθεινός) 64, 2. 86, 2. 87, 4. 101, 3. 102, 3. 104. 112, 2. 123, 3. 129, 5. 176, 6. 188, 2. 194, 10. 205, 2. 233, 1. 234, 4. 238, 2. 243, 1. 264, 2. 288, 3. 298, 5. 309, 1. 318, 15. 330, 2. 340, 4. 367. 389, 3. 396, 3. 409, 6. 437, 11. 452, 2. 455, 7. 459, 3. 460, 20. 466, 4. 475, 3

σοφία (σοφός) 52. 69. 134, 3. 135, 4. 136, 3. 211, 1. 271, 2. 313, 6. 329, 4. 333. 358, 1. 380, 5. 384, 4. 387, 1. 393, 12. 395, 9. 406. 415, 1. 433, 5. 448, 5. 449, 10. 462, 3. 470, 6
στεναχή (στεναχέω) 28, 2. 90, 3. 93, 1. 151, 4. 152, 1. 167, 1. 193, 7. 226, 6. 286, 8. 314, 5. 338, 4. 370. 447, 16. 471, 20, 24. 472, 7, 14. 473, 3
στοργή (στέργω) 110, 2. 143, 10. 144, 1. 174, 3. 238, 2. 270, 5. 389, 6. 403, 1. 428, 4. 437, 23. 441, 10. 461, 16. 474, 3, 6. 475, 2
σωφροσύνη (σώφρων) 34. 48. 57. 69. 72. 75. 80. 81. 90, 5. 91, 4. 92. 97. 98. 105. 107. 122. 135. 136, 2. 137, 4. 185. 207, 3. 226, 3. 239. 266. 275. 281, 3. 288. 295. 315, 1, 8. 316, 6. 318, 15. 321, 6. 322, 1. 347, 1. 354, 3. 359, 9. 368. 381, 1. 396, 1. 420, 8. 438, 15. 441, 10. 448, 4, 12. 460, 17. 462, 12. — Vgl. Σωφροσύνη S. 367

φιλία (φιλέω) 86, 4. 101, 2. 166, 12. 239, 2. 336, 2. 342, 7. 350, 9. 360, 5. 381, 7. 402, 2. 441, 8. 466, 2, 4. 468, 2. 475, 1 — φιλότης 79, 1. 452

χρηστός 101. 108. 178, 2. 208. 209. 245. 430, 2. 437, 9

## 4. VERGEICHENDE ÜBERSICHT

(GV — Griechische Grabgedichte)

| | | | |
|---|---|---|---|
| 4 — 1 | 179 — 110 | 539 — 77 | 767 — 136 |
| 5 — 2 | 182 — 238 | 548 — 83 | 796 — 384 |
| 6 — 3 | 187 — 403 | 556 — 131 | 804 — 234 |
| 7 — 4 | 202 — 239 | 558 — 133 | 809 — 298 |
| 8 — 5 | 205 — 404 | 566 — 294 | 833 — 256 |
| 9 — 6 | 213 — 240 | 575 — 383 | 840 — 147 |
| 11 — 7 | 228 — 282 | 581 — 413 | 842 — 154 |
| 13 — 8 | 241 — 408 | 585 — 295 | 851 — 301 |
| 14 — 9 | 249 — 242 | 587 — 475 | 857 — 308 |
| 17 — 10 | 255 — 379 | 588 — 423 | 861 — 310 |
| 18 — 11 | 261 — 280 | 590 — 296 | 862 — 37 |
| 20 — 12 | 287 — 106 | 591 — 297 | 863 — 84 |
| 21 — 13 | 290 — 111 | 598 — 116 | 866 — 139 |
| 25 — 14 | 306 — 123 | 603 — 414 | 868 — 148 |
| 27 — 15 | 320 — 35 | 616 — 386 | 869 — 223 |
| 28 — 16 | 321 — 36 | 639 — 275 | 886 — 314 |
| 31 — 17 | 326 — 55 | 640 — 277 | 888 — 38 |
| 40 — 21 | 328 — 103 | 645 — 270 | 889 — 56 |
| 42 — 18 | 330 — 104 | 647 — 271 | 890 — 72 |
| 43 — 19 | 336 — 62 | 651 — 411 | 902 — 138 |
| 45 — 20 | 337 — 64 | 654 — 272 | 903 — 146 |
| 48 — 22 | 344 — 63 | 657 — 378 | 904 — 222 |
| 53 — 23 | 350 — 219 | 658 — 276 | 905 — 117 |
| 62 — 24 | 355 — 367 | 661 — 231 | 908 — 255 |
| 65 — 51 | 356 — 368 | 668 — 281 | 910 — 257 |
| 68 — 30 | 370 — 244 | 675 — 380 | 914 — 43 |
| 70 — 32 | 377 — 373 | 679 — 124 | 920 — 141 |
| 73 — 27 | 378 — 248 | 681 — 278 | 922 — 140 |
| 74 — 52 | 382 — 249 | 683 — 279 | 924 — 318 |
| 76 — 31 | 391 — 247 | 686 — 409 | 930 — 105 |
| 77 — 53 | 392 — 246 | 691 — 474 | 931 — 97 |
| 80 — 60 | 393 — 405 | 698 — 126 | 932 — 118 |
| 88 — 366 | 394 — 406 | 703 — 128 | 945 — 157 |
| 92 — 236 | 397 — 377 | 709 — 284 | 947 — 158 |
| 94 — 76 | 425 — 125 | 710 — 285 | 949 — 159 |
| 97 — 78 | 432 — 283 | 711 — 286 | 953 — 302 |
| 99 — 122 | 433 — 410 | 718 — 287 | 965 — 389 |
| 102 — 224 | 459 — 243 | 719 — 288 | 968 — 313 |
| 111 — 109 | 468 — 245 | 720 — 289 | 977 — 309 |
| 128 — 237 | 474 — 127 | 727 — 381 | 988 — 307 |
| 130 — 273 | 480 — 291 | 734 — 290 | 989 — 418 |
| 140 — 25 | 488 — 61 | 735 — 400 | 999 — 155 |
| 152 — 42 | 492 — 69 | 739 — 292 | 1010 — 299 |
| 154 — 33 | 493 — 65 | 742 — 382 | 1021 — 303 |
| 156 — 26 | 496 — 66 | 746 — 293 | 1024 — 416 |
| 157 — 34 | 499 — 68 | 749 — 130 | 1031 — 250 |
| 164 — 40 | 504 — 115 | 758 — 132 | 1047 — 421 |
| 165 — 28 | 515 — 253 | 764 — 134 | 1060 — 312 |
| 167 — 57 | 522 — 254 | 766 — 135 | 1068 — 315 |

| | | | |
|---|---|---|---|
| 1090 — 306 | 1263 — 174 | 1474 — 330 | 1611 — 385 |
| 1097 — 304 | 1280 — 323 | 1475 — 329 | 1612 — 372 |
| 1098 — 305 | 1286 — 175 | 1476 — 331 | 1613 — 356 |
| 1105 — 98 | 1289 — 322 | 1478 — 396 | 1625 — 217 |
| 1113 — 311 | 1294 — 321 | 1479 — 342 | 1628 — 357 |
| 1114 — 388 | 1298 — 324 | 1480 — 397 | 1636 — 44 |
| 1118 — 93 | 1308 — 326 | 1483 — 346 | 1637 — 94 |
| 1120 — 150 | 1312 — 176 | 1484 — 339 | 1639 — 95 |
| 1121 — 151 | 1313 — 473 | 1485 — 334 | 1640 — 212 |
| 1122 — 152 | 1314 — 177 | 1488 — 39 | 1645 — 361 |
| 1126 — 220 | 1322 — 325 | 1491 — 88 | 1655 — 214 |
| 1127 — 143 | 1324 — 395 | 1492 — 87 | 1656 — 369 |
| 1128 — 144 | 1342 — 119 | 1498 — 70 | 1661 — 370 |
| 1129 — 300 | 1344 — 178 | 1499 — 102 | 1662 — 262 |
| 1132 — 260 | 1345 — 179 | 1501 — 225 | 1663 — 121 |
| 1150 — 164 | 1353 — 180 | 1502 — 226 | 1678 — 347 |
| 1151 — 165 | 1356 — 181 | 1505 — 196 | 1680 — 163 |
| 1154 — 166 | 1362 — 478 | 1506 — 227 | 1681 — 205 |
| 1155 — 167 | 1363 — 182 | 1508 — 162 | 1684 — 390 |
| 1157 — 168 | 1364 — 327 | 1512 — 228 | 1685 — 374 |
| 1162 — 316 | 1365 — 476 | 1513 — 199 | 1686 — 71 |
| 1163 — 317 | 1366 — 328 | 1516 — 201 | 1688 — 108 |
| 1164 — 392 | 1367 — 480 | 1518 — 202 | 1693 — 209 |
| 1167 — 420 | 1368 — 479 | 1522 — 344 | 1694 — 210 |
| 1171 — 29 | 1370 — 183 | 1523 — 415 | 1697 — 99 |
| 1174 — 112 | 1373 — 482 | 1526 — 265 | 1698 — 91 |
| 1175 — 229 | 1375 — 481 | 1536 — 195 | 1699 — 215 |
| 1177 — 230 | 1384 — 41 | 1539 — 198 | 1702 — 100 |
| 1179 — 216 | 1386 — 86 | 1545 — 335 | 1704 — 365 |
| 1182 — 358 | 1387 — 101 | 1546 — 336 | 1705 — 73 |
| 1185 — 274 | 1388 — 184 | 1547 — 345 | 1709 — 153 |
| 1186 — 85 | 1390 — 221 | 1549 — 200 | 1712 — 398 |
| 1195 — 259 | 1391 — 120 | 1551 — 203 | 1713 — 419 |
| 1197 — 417 | 1392 — 185 | 1552 — 204 | 1714 — 258 |
| 1201 — 422 | 1396 — 375 | 1554 — 332 | 1715 — 114 |
| 1202 — 241 | 1397 — 340 | 1564 — 80 | 1717 — 156 |
| 1213 — 477 | 1409 — 341 | 1566 — 348 | 1724 — 412 |
| 1219 — 371 | 1410 — 376 | 1569 — 402 | 1729 — 207 |
| 1222 — 261 | 1411 — 263 | 1570 — 267 | 1732 — 360 |
| 1223 — 45 | 1412 — 264 | 1571 — 394 | 1736 — 359 |
| 1224 — 46 | 1415 — 79 | 1572 — 208 | 1745 — 129 |
| 1225 — 47 | 1418 — 233 | 1575 — 266 | 1747 — 58 |
| 1226 — 50 | 1422 — 407 | 1584 — 211 | 1755 — 74 |
| 1227 — 48 | 1429 — 337 | 1587 — 269 | 1760 — 218 |
| 1228 — 49 | 1430 — 338 | 1589 — 268 | 1763 — 353 |
| 1230 — 169 | 1447 — 113 | 1590 — 401 | 1764 — 354 |
| 1231 — 170 | 1449 — 187 | 1593 — 349 | 1765 — 391 |
| 1232 — 235 | 1450 — 188 | 1594 — 350 | 1767 — 252 |
| 1237 — 319 | 1451 — 189 | 1595 — 351 | 1772 — 355 |
| 1243 — 320 | 1458 — 186 | 1596 — 352 | 1778 — 75 |
| 1248 — 171 | 1462 — 190 | 1600 — 96 | 1785 — 59 |
| 1255 — 172 | 1466 — 191 | 1603 — 161 | 1790 — 107 |
| 1260 — 173 | 1467 — 197 | 1606 — 142 | 1792 — 232 |

Vergleichende Übersicht        379

| | | | |
|---|---|---|---|
| 1794 — 251 | 1861 — 429 | 1911 — 443 | 1981 — 466 |
| 1796 — 363 | 1866 — 430 | 1912 — 444 | 1985 — 455 |
| 1804 — 137 | 1870 — 431 | 1918 — 445 | 1987 — 456 |
| 1809 — 364 | 1871 — 432 | 1921 — 446 | 1988 — 459 |
| 1810 —  92 | 1873 — 437 | 1923 — 447 | 1989 — 460 |
| 1812 — 333 | 1874 — 438 | 1925 — 448 | 2000 — 467 |
| 1813 — 362 | 1875 — 439 | 1938 — 449 | 2002 — 461 |
| 1822 — 160 | 1876 — 440 | 1941 — 451 | 2005 — 463 |
| 1823 — 193 | 1881 — 433 | 1942 — 452 | 2016 — 468 |
| 1827 — 192 | 1883 — 434 | 1959 — 453 | 2017 — 469 |
| 1829 — 343 | 1884 — 435 | 1965 — 457 | 2018 — 470 |
| 1830 — 399 | 1886 — 436 | 1968 — 458 | 2038 — 471 |
| 1833 — 425 | 1889 — 441 | 1970 — 462 | 2039 — 472 |
| 1842 — 426 | 1897 — 450 | 1975 — 464 | 2054 — 387 |
| 1843 — 427 | 1906 — 454 | 1978 — 465 | 2061 — 393 |
| 1860 — 428 | 1910 — 442 | | |

## 5. IN DEN GV NICHT ENTHALTENE GEDICHTE

54. 67. 81. 82. 89. 90. 145. 149. 194. 206. 213. 424

## 6. ABWEICHUNGEN VOM TEXT DER GV

48, 2   [δάκρ]υ [κ]ατάρξον                GV 1227   [χσένε, κ]ατάρ[χ]σον
139, 8  τοιαύτην δέ                       GV  866   τοιαυτήνδε
156, 1  ἐ[νὶ ξυνῇ ποτε μ]ο[ίρᾳ]           GV 1717   ἐ[νὶ ξυνῇ κατὰ π]ό[τμον]
181, 2  Θαυμακίαν                         GV 1356   Θαυμακιδᾶν
211, 7  πηοὶ μέν                          GV 1584   ἦ ῥ' οἱ μέν
211, 9  ὦ πανόδυρτε                       GV 1584   ὦ [μῆτέρ] τε
261, 1  ὄναισθε βίου, πάροδοι, τόδε       GV 1222   ὄνασθε βίου, πάροδοι· τὸ δέ
290     Zwei Gedichte                     GV  734   Ein Gedicht
303, 4  Ἀίδαο πύλην                       GV 1021   Ἀίδαο πόλιν
306, 7  οἶτον ἐπέσπεν                     GV 1090   οἶτον ἐπισπ[εῖν]
331, 2  καλλίστη                          GV 1476   καλλίστη
336     Zwei Gedichte                     GV 1546   Ein Gedicht
353, 5  ἴσχεο δὴ στεναχῶν                 GV 1763   ἴσχεό ⟨το⟩ι στοναχῶν
394     Zwei Gedichte                     GV 1571   Ein Gedicht
411, 1  Ξένου — ὀρεωκόμου                 GV  651   ξένου — Ὀρεωκόμου
415, 3  κεῖσαι ταφῇ                       GV 1523   κεῖσαι ταφίς
416, 6  ἀντ' ἀφωνίας                      GV 1024   ἀνταγωνίας
443, 11 [ὅσον αὐχ]ήσαντα                  GV 1911   [ὅτ' ἐπαυχ]ήσαντα
460, 13 κέρσας                            GV 2002   κεράσας
465, 8  οὐ φθιμένων                       GV 1978   οὐ φθίμενον